독일연방공화국 60년

1949~2009 분단국가에서 민주통일국가로

60 Jahre Bundesrepublik Deutschland
1949~2009 von Teilung zur Einheit

Edited by
Ik-Sup Shim, Marc Ziemek

ORUEM Publishing House
Seoul, Korea
2009

Konrad
Adenauer
Stiftung

독일연방공화국 60년

1949~2009 분단국가에서 민주통일국가로

심익섭, M. 치멕 공편

| 발간사 |

역사의 전환점

독일연방공화국 60주년과 베를린 장벽 붕괴 20주년, 2009년은 독일 역사상 가장 중요한 두 사건을 기념하는 해입니다. 지난 세월 동안 독일연방공화국은 폐허가 된 분단국가에서 경제발전과 민주화 과정을 거쳐 통일국가의 모습을 갖추기까지 많은 일들을 겪었습니다.

그리고 지금, 기본법 토대 위에 설립된 독일연방공화국 60년의 역사는 세계적인 성공사례라고 평가되고 있습니다. 오늘날 독일인들은 독일기본법에 자부심을 느끼며 자유, 민주주의, 법치주의의 가치를 소중하게 여기면서 존중하고 있습니다. 세계 대공황 이래 80년 만에 전 세계적으로 몰아닥친 총체적 위기 속에, 독일 역시 최악의 경제위기에 직면하고 있음에도 불구하고 독일의 정치는 민주주의적 책임을 다하고 있습니다. 독일의 기본법은 서구 세계가 파시즘의 악몽에서 깨어나 민주주의에 뿌리를 두고 함께 공존할 수 있게 해주는 토대가 되었고, 구동독 지역의 독일인들도 20년 전부터 이러한 삶을 영위할 수 있게 되었습니다.

구동독과 구서독은 서서히 내적인 통합을 통하여 하나가 되어 가고 있습니다. 오늘 독일의 젊은 세대는 분단국가에 대해 잘 기억하지 못하거나, 과거의 동독에 대하여 전혀 알지 못하는 경우도 있을 정도입니다. 분명한 것은 이제 구동독 지역의 경제적 발전도 상당한 수준에 도달하고 있다는 것입니다. 물론 20년 만에 모든 문제를 극복하기에는 분단의 역사가 너무 길었고, 아직은 구동독 지역의 재건이 완성단계에 돌입했다고 말할 수는 없습니다. 예컨대 과거 슈타지(Stasi)에 소속되어 있던 비밀경찰 처리 문제, 신 연방주(동독 지역) 내의 다문화 사회 정착 문제 등이 여전히 남아 있습니다.

독일이 이처럼 통일 후 많은 문제와 직면하게 된 것을 본 한국은, 그럼에도 불구하고 통일에 대한 염원을 포기하지 않았습니다. 제가 한국에서 지낸 약 3년의 기간 동안 통일 관련 문제는 그 어느 때 보다도 뜨겁게 논의되었고, 지금도 여전히 학계와 정부 차원은 물론 사회 전 분야에서 치열하게 논의되고 있습니다. 이러한 때에 콘라드-아데나워 재단의 한국사무소 소장으로서 <독일연방공화국 60년> 출판사업을 기획하여 성공적으로 기념출판물을 만들게 된 것을 큰 영광으로 생각합니다.

2009년 11월에 있는 독일 콘라드-아데나워 재단(KAS) 창립기념일 및 연례행사를 기념하여 재단의 국제교류부와 한국인 장학생회인 '한국아데나워학술교류회(KAVKAS)' 회원들이 기고해 주신 독일의 역사, 국가조직, 법체계, 정치교육, 경제, 사회, 문화 등 전반에 관한 원고를 엮어 출판물을 만들게 되었습니다. 이 책은 독일연방공화국의 모습을 여러 각도에서 조명하고 있다는 점에서, 그리고 무엇보다 한국에 많은 시사점을 준다는 점에서 큰 의의가 있다고 생각합니다.

무엇보다도 기꺼이 원고를 기고해 주시고 함께 참여해 주신 모든 KAVKAS 회원분들에게 이 자리를 빌어 진심으로 감사드립니다. 앞으로도 재단과 재단 사업을 적극 후원해 주시고 협력해 주시기를 부탁드립니다.

특히 이 책이 한국의 모든 독자 여러분께 흥미롭고 유익한 시간을 선사하길 바랍니다.

감사합니다.

2009년 8월
독일 콘라드-아데나워 재단(KAS) 한국사무소 소장
마르크 치멕(Marc Ziemek)

7

| 서 문 |

2009년, 독일연방공화국이 환갑 나이가 되었다.

제2차 세계대전의 전범국가로서 그리고 철저히 파괴된 패전국가로서 독일은 미국·영국·프랑스·소련의 4대연합국 분할점령에 의한 군정체제를 거쳐, 1949년 두 개의 분단된 국가로 태어났다. 독일연방공화국(서독)과 독일민주공화국(동독)이 바로 그들이었다. 그리고 지난 1990년 모두가 불가능하다고 생각했던 통일을, 그것도 역사적인 평화적 방법으로 이끌어 냈다. 어느새 베를린 장벽이 붕괴된 지 20년을 맞은 지금 독일은 폐허 속의 분단국가에서 선진 민주통일국가로 발전하였다. 21세기 독일은 가장 모범적인 자유민주주의 국가요 세계의 주도국가로 확고하게 자리매김하고 있는 것이다.

독일은 유럽의 중심부에 위치하고 있으며, 지리적으로는 주변 아홉 개 국가와 국경을 맞대고 있다. 총 면적은 357,000km², 아우토반 12,600km 및 철도가 38,206km에 이르고, 인구는 약 8,200만 명으로 유럽에서는 러시아 다음으로 많은 나라이다. 그러나 독일의 막강한 경제력과 같은 정량적인 통계자료보다 우리가 눈여겨 보아야 할 것이 있다. 전쟁과 패망을 딛고 일어선 기적적인 경제성장이나 강대국 간의 냉전체제 속에서 착실하게 자결권을 확보한 점, 그리고 국내적으로는 '독일의 가을'로 불리는 학생운동의 과격화 등을 극복해나가는 과정에서 보여준 독일의 지혜가 바로 그것이다. 어떻게 초토화된 땅에서 살아남은 전쟁미망인들의 여린 복구의 손놀림이 60여 년이 흐른 지금에 와서는 세계화를 선도하는 미다스의 손으로 바뀔 수 있었는가?

이 책은 이런 문제의식을 갖고 독일의 현대사를 다양한 시각에서 분석해 본 것이다. 해당 분야 최고의 전문가들이 법, 정치행정, 경제, 사회문화, 자연과학 등 각 분야별 시각에 따라 독일연방공화국의 지난 60년을 조명한 것이다. 특히 단순히 피상적으로 독일에 대한 현상 소개에만 그치는 것이 아니라 실제 운영이나 발전과정을 심층 분석함으로써 이론(Theorie)과 실제(Praxis)의 조화를 강조하는 독일의 정신을 꿰뚫어 보고자 노력하였다. 법이나 규정처럼 질서를 중시하는 독일이지만, 오늘의 세계 선도국가가 되기까지에는 제도의 합리적인 실제 적용이 더욱 중요하게 작용했다고 판단된다.

한국과 독일은 가깝고도 먼 나라처럼 느껴진다. 특히 현대를 사는 한국인에게 있어서 독일은 '라인강의 기적'과 '한강의 기적'이라는 공통분모, 분단국가로부터 통일국가로 가는 과정에서 늘 눈앞에 가까이 밀착해 있는 존재로 보여진 것이 사실이다. 그러다 보니 독일이 우리에게는 지향해야 할 하나의 모델로 회자되면서도, 사실 제대로 독일을 이해하는 데는 소홀했었다. 이를 감안하여 본서는 철저하게 독일의 현장을 냉철한 시각에서 중립적으로 기술하려고 노력하였다. 그런 점에서 이 책은 독일을 가장 최근에 여러 각도에서, 그리고 최대한 객관적으로 이해하고 서술한 기록물이 될 것으로 믿는다. 따라서 학계나 정부는 물론 일반인들과 공부하는 학생 등 사회 각 분야에서 독일 지역연구나 독일을 이해하고자 할 때 이 책이 훌륭한 참고자료가 될 것으로 확신한다.

실제로 이 책의 집필자들은 해당분야로 독일에서 최고학위를 받고 귀국하여 한국대학에서 활동하고 있는 전문가들이다. 그러나 편저자의 노력에도 불구하고 여러 전문가들의 합작품이라는 점에서 책 전체를 관통하는 일관성에는 일정한 한계가 있음을 시인하고 미리 독자들의 양해를 구하는 바이다. 최대한 통일성을 기하려고 노력했으나, 전공 분야에 따라 용어가 일부 다르게 번역된 경우와 보는 시각에 따라서는 같은 사안에 대한 분석이 상이한 점들이 일부 있었음을 독자들께 알려드린다. 또한 극히 일부는 중복되어 언급할 수밖에 없는 경우도 있었다. 이 모든 경우는 귀한 글을 써 주신 집필자들의 잘못이 아니라 편저자의 노력 부족이었음을 고백하면서, 집필해 주신 분들과 독자 여러분의 깊은 이해를 당부드리는 바이다.

이 책은 독일의 현 집권여당인 기민당(CDU)과 함께하는 정치재단 <콘라드-아데나워재단(KAS)>의 전폭적인 성원에 힘입어 빛을 보게 되었다. 올해 아데나워재단 한국사무소가 개설 30주년이 될 정도로, KAS는 독일 국내뿐 아니라 전세계적으로도 저명한 싱크탱크재단으로 위상을 확고히 하고 있음은 주지하는 바와 같다. 그리고 책의 내용물인 글을 집필하는 데 수고를 아끼지 않으신 분들은 아데나워재단의 장학금을 받아 독일에서 유학한 한국인 장학생모임인 <한국아데나워학술교류회(KAVKAS)> 회원들이다. 해당 분야의 전문가들이긴 하지만 지난 봄부터 여름까지의 극히 짧은 시간 안에 논문을 써 주시고 기술적인 자문을 해 주신 필자들의 헌신적인 노력으로 이런 귀중한 성과물을 만들어 냈다는 데 커다란 자긍심을 느끼는 바이다. 이 자리를 빌어 필자 여러분들과 아데나워재단에 깊은 감사를 드린다.

지난 60년 독일현대사를 역사학자의 관점에서 전체적으로 조망할 수 있도록 요약해 주신 안병직 교수님(서울대), 평화적 통일이라는 역사상 전례가 없는 하나의 거대한 실험을 쉽게 정리해 주신 이장희 교수님(한국외대)의 집필 참여에 우선 감사드린다. 독일 지방자치행정을 집필해 주신 이승철 교수님(한남대)과 공법질서와 공법체계를 체계적으로 정리해 주신 이원우 교수님(서울대), 그리고 대중에게는 접하기 어려웠던 독일의 사법(私法)체계를 소개해 주신 최병규 교수님(건국대)은 해당 분야의 최고 권위자들이시기도 하다. 사회적 시장경제로 대표되는 경제 부분의 김강식 교수님(항공대)과 문화예술 분야의 변학수 교수님(경북대)의 쉽고도 흥미진진한 설명은 이 분야에 목말라 했던 한국 독자들의 커다란 공감을 살 것으로 확신한다. 특히 그동안 독일을 소개하는 저서에서 빠져 있던 과학기술정책을 기술해주신 김기은 교수님(서경대)과 지속가능한 환경기술 및 녹색성장을 쉽게 소개해주신 이우균 교수님(고려대) 분야는 한국정부의 국정방향과도 맥을 같이하여 정책적 차원에서 더욱 의미가 크다고 하겠다. 그리고 국가체제 및 정치행정체계와, 우리에게는 민주시민교육으로 잘 알려진 독일 특유

의 정치교육 부분은 공동편저자인 심익섭(동국대)과 M. 치멕(KAS)이 담당하여
전체 11개 장에 이르는 완성된 성과물을 만들어 낼 수 있었다.

논문만이 아니라 본서는 귀한 자료로서의 가치를 극대화하고자 노력하였다.
특히 첫 번째 부록인 독일기본법의 한글화 작업은 지금까지 일반인은 물론 전
문가들도 접하기가 쉽지 않았던 것인데, 이번에 연방의회 2009년 판이 편저자
에 의해서 완전 번역·편집되었음을 밝힌다. 또한 두 번째 부록인 독일연방공화
국 60년 주요 연표 역시 그동안 부분적으로 한국 독자들이 접했던 독일 현대사
를 일목요연하게 시계열적으로 조망해 볼 수 있는 지혜를 줄 것으로 기대한다.
이들 두 가지 귀한 자료는 번역과정과 편집과정을 거치면서 일정 부분 주관적
오류가 있을 수 있다는 점을 밝힌다. 아울러 이 자리를 빌어 번역 및 편집과
관련한 모든 책임은 편저자에게 있음을 밝힌다.

본서가 출간되기까지 많은 분들의 노력이 있었다. 무엇보다도 책 내용의 집
필을 총체적으로 책임진 한국아데나워학술교류회와 책 발간을 지원한 독일 콘
라드-아데나워재단에 감사드린다. 특히 집필까지 담당해 준 M. 치멕 서울사무
소 소장에게 한국아데나워학술교류회의 이름으로 감사 인사를 드린다. 또한 여
름방학을 반납하고 무더위 속에서 원고 정리와 궂은 일을 인내하며 끝까지 정
성껏 도와준 동국대학교 사회과학대학 김경동, 김여정 조교의 노고를 치하하는
바이다. 마지막으로 현실적인 어려움에도 불구하고 흔쾌히 출판을 결정해 준
오름출판사 부성옥 사장님과 짧은 시간에 탁월한 능력을 발휘해 준 최선숙 선
생님 이하 오름 편집팀에게 진심으로 고마움을 전한다.

이 자리를 빌어 독일연방공화국 정부수립 60년과 아데나워재단 서울사무소
개설 30년을 축하하면서, 이 작은 책 한 권이 독일을 제대로 이해하는 데 보탬
이 되고 나아가 한국과 독일의 관계를 더욱 견고하게 이어주는 가교역할을 하
는데 조그마한 도움이 되기를 기대해 본다.

2009년 8월 4일
한국아데나워학술교류회(KAVKAS) 회장
심익섭

| 차 례 |

표 차례

그림 차례

제1장

독일연방공화국 60년
역사적 개관

안병직 | 서울대

I. 머리말

이 글은 올해로 건국 60주년을 맞은 '연방공화국 독일(Bundesrepublik Deutschland)'의 역사를 개관하고자 하는 것이다. 독일연방공화국의 역사는 여러 가지 관점에서 접근할 수 있지만 이 글은 지난 60여 년간 연방공화국이 성취한 업적과 발전에 주로 초점을 맞추고 있다. 실로 독일연방공화국은 1949년 건국 이후 오늘에 이르기까지 정치, 경제, 사회, 외교 등 여러 측면에서 눈부신 성공을 거두었다. 전쟁으로 폐허가 되고 분단되었던 국가가 경제를 재건하고 민주주의를 발전시켰으며, 국제사회의 신뢰를 회복함과 아울러 분단을 극복하고 통일을 성취하였다.

물론 독일연방공화국의 역사에는 실패와 좌절, 시행착오도 적지 않았다. 하지만 제1차 세계대전 후 바이마르공화국이 시도한 독일 역사상 최초의 의회민주주의의 실험이 불과 14년 만에 실패로 끝난 민족사의 맥락에서 보면 연방공화국의 성취는 돋보일 수밖에 없다. 바이마르공화국과의 비교가 연방공화국의 역사를 개관하는 이 글의 전면에 등장하는 이유도 바로 거기에 있다.

이 글은 6개의 절로 구성된다. 제2절과 마지막 제7절은 시기적 구분에 따른 것이며, 나머지 제3절에서 제6절까지는 동일한 시기를 대상으로 각각 상이한 주제를 다룬다. 구체적으로 제2절은 연방공화국의 전사(前史)에 해당하는 1945~49년 시기를 대상으로 패전 직후의 상황, 연합군의 점령정책, 분단국가의 건설 과정 등을 서술한다. 이 서술의 이면에는 전후 동서냉전이 독일의 분단에 어떤 영향을 미쳤는가 하는 물음이 자리잡고 있다.

제3절은 1949년~89년 시기의 연방공화국, 즉 통일 이전 구서독의 역사를 정치 발전의 측면에서 서술한다. 서독의 정치사에 대한 서술에서 제기되는 물음은 어떻게 연방공화국이 바이마르공화국과는 달리 안정된 정당정치와 의회민주주의의 발전을 이루어 '민주주의의 모범생'이 될 수 있었는가 하는 점이다. 기본법의 헌정구조, 선거법, 정당제도, 국민의 정치의식 등이 분석의 초점이다. 제4절의 주제는 전후 서독의 경제부흥과 복지사회로의 발전과정이다. '라인강의 기적'이라 일컫는 전후의 급속한 경제성장, 1950년대부터 본격화된 연금, 주택, 가족을 위한 사회정책, 그리고 70년대 이후 성장이 뒤따르지 않는 복지국가의 한계 등이 그 주된 내용을 이룬다.

제5절은 전후 서독사회에 나타난 사회적 갈등과 변화의 양상을 다룬다. 사회적 갈등에 대한 분석은 계급, 세대, 성(性), 민족 등 여러 측면을 포괄한다. 즉 서독사회가 노동자, 학생, 여성, 외국인 등의 문제로 어떤 갈등을 겪었고, 어떻게 이를 해결하고자 하였는지 밝히고자 하는 것이다. '국제질서 속의 분단국가'라는 제목이 붙은 제6절이 제기하는 문제는 동서냉전체제 아래 분단국가 서독이 대외적으로 어떻게 대처하였는가 하는 점이다. 1950년대 아데나워 정부가 시도한 서방편입정책과 1960년대 말부터 브란트 정부가 추진한 새로운 동방정책이 집중적인 분석의 대상이다. 동서독이 통일된 오늘날의 시점은 당시 거센 비판과 열띤 논란의 대상이 된 두 대외정책 노선의 공과를 새롭게 평가할 필요성을 제기한다.

마지막 제7절이 다루는 것은 분단국가가 아니라 통일된 민족국가로서 연방공화국의 역사이다. 서술의 주안점은 크게 두 가지다. 1989~90년 동독의 붕괴와 동서독의 통일과정, 그리고 1990년 이후 통일독일의 발전양상이 그것이다. 통일을 염원하는 우리 사회의 관점에서는 통일의 배경과 문제점이 특히 주목을 끌 것이다.

II. 패전, 점령, 분단 ─ 독일연방공화국의 건국까지

1939년 나치 독일이 폴란드를 침공함으로써 시작된 제2차 세계대전은 1945년 5월 독일의 무조건 항복으로 유럽 대륙에서는 끝을 맺었다. 전쟁은 독일의 패배로 끝났지만 패전에 대한 대다수 독일국민의 감정은 일차적으로 안도감이었다. 그들에게 전쟁의 종결은 다른 무엇보다도 무차별 폭격에 의한 공포, 그리고 전체주의적 독재정권의 억압과 감시에서 벗어나게 되었음을 의미한 것이다.

그럼에도 종전(終戰)으로 독일 국민들의 고통이 끝난 것은 아니었다. 5년이 넘는 기간 동안 인적·물적 자원이 총동원된 총력전의 피해는 가히 파국적이었다. 전쟁을 통해 600만 명이 넘는 군인과 민간인이 목숨을 잃었고, 대다수 도시들은 폭격으로 많은 부분 폐허로 변하였다. 전전(戰前) 가옥 다섯 채 가운데 한 채가 완전히 파괴되었으며, 기차 운행이 가능한 철로는 전체의 1/10 수준에 불과하여 철도 교통은 마비되었다. 산업생산은 원자재, 에너지, 교통수단의 부족으로 전쟁 직후 거의 멈추었으며, 1947년까지도 전쟁 이전 1936년의 1/3 수준에 머물렀다. 패전이 초래한 독일의 총체적 파국에는 대규모 인구이동도 포함되었다. 전후에 소련과 폴란드는 전쟁 전의 독일 동부 영토를 자국의 영토로 편입하였고, 독일인 주민들을 추방하였다. 패전으로 동부 독일의 주거지에서 추방된 실향민의 수는 총 1,200만 명에 달하였고, 이들의 대량 이주는 사회적 혼란과 무질서를 가중시켰다.

혼란이 극에 달한 전쟁 직후 독일 국민의 일상에 나타난 특징은 생존을 위한 몸부림이었다. 특히 심각한 것은 식량을 비롯한 생필품의 부족이었다. 국내 농업생산은 수요를 채우기에 턱없이 모자랐지만 외화부족으로 식량의 수입은 불가능하였다. 그리하여 전시에 도입된 식량배급제는 전쟁이 끝난 뒤에도 계속되었으며, 배급되는 식량의 양은 그것만으로는 많은 사람들이 기아의 고통에서 벗어나지 못할 정도로 불충분한 것이었다. 식량 부족이 정점에 달한 1946~47년 동안 주민 1인당 1일 식량배급량은 정상 필요치 2,500칼로리의 절반 수준인 1,300칼로리를 넘어서지 못하였다. 그리하여 굶주린 도시민들은 옷가지나 귀금속, 가구 등을 들고 농촌으로 몰려가 감자, 달걀, 우유 등 부족한 식량과 교환하였다. 아울러 도시에서는 암시장이 성행하였고, 화폐 대신 빵, 버터, 담배 등이 교환의 수단이 되었다.

전후 독일은 파국의 상황에 처하였지만 스스로 그러한 상황을 헤쳐 나갈 수 있는 길은 없었다. 독일은 패전과 더불어 승전국이었던 미국, 소련, 영국, 프랑스의 연합군에 점령되었고 독일의 운명은 그들의 손에 놓였던 것이다. 미국, 소련, 영국 3개국은 전시였던 1945년 2월 얄타회담에 이어 1945년 8월 포츠담회담을 통해 전후 독일 처리문제에 합의하였다. 프랑스는 회담에 참석하지 못하였으나 그 결과는 대체적으로 받아들였다. 포츠담회담에서는 전후 독일사의 흐름에 큰 영향을 미치는 중요한 결정들이 내려졌다. 우선 나치 독일의 동부 영토였던 폼머른, 슐레지엔, 동프로이센 지역이 폴란드와 소련에 할양되고 오데르와 나이세 강을 경계로 한 독일의 새로운 영토가 확정되었다. 이 새 영토의 크기는 전쟁 전에 비해 약 1/4가량 줄어든 것이었다.

전쟁 직후 독일 영토의 통치권은 전적으로 연합군이 장악하였다. 승전 4개국은 수도 베를린과 나머지 독일 전역을 4개의 점령지역으로 분할하여 점령군 최고 사령관이 각각 통치하도록 하였다. 그러나 포츠담회담에서 결정한 것은 독일의 분할통치였지 국가의 해체는 아니었다. 독일을 여러 점령지구로 분할하면서도 하나의 경제권으로서의 통일성은 유지하기로 하였으며, 개별 군정지구와 달리 전체 독일에 관한 사항은 각국의 점령군 최고사령관들이 공동으로 참여하는 통제위원회에서 처리하기로 하였다.

포츠담에서 독일의 분할 통치를 결정한 연합국 측의 목표는 독일이 다시는 전쟁을 도발하지 못하게 한다는 것이었다. 그리하여 이 회담에서 연합국들은 독일의 정치, 경제, 사회질서를 근본적으로 변화시켜야 한다는 점에 합의하였다.

포츠담의 합의에 따라 연합국들이 단행한 개혁 조치들은 모두 동일한 어두(語頭: De-)를 가진 용어로 표현할 수 있었다. 즉 '탈군국화(Demilitarisierung)', '탈집중화(Dezentralisierung)', '탈카르텔화(Dekartellisierung)', '민주화(Demokratisierung)' 등이 그것이다. '탈군국화'는 독일군의 무장해제와 해산을 의미하였다. '탈집중화'는 중앙 집중화된 관료제와 행정체계의 개혁을 뜻하였다. '탈집중화'의 주요 대상은 프로이센이었다. 독일 영토의 2/3를 차지하고 국가 속의 국가로서 기능한 프로이센은 패전 후 오데르와 나이세 강 동쪽의 영토 조정과 연합국 간 점령지역의 분할 통치에 의해 정치적 통일성을 상실하고 해체되었다.

'탈카르텔화'는 카르텔이나 신디케이트 등의 형태로 결합한 거대한 기업연합체를 해체하려는 조치였다. 이 조처는 자본집중에 따른 시장독점과 군산(軍産) 밀착의 폐단을 제거하고 전승국에 대한 전쟁배상 비용을 마련하려는 데 그 목적을 두었다. 구체적으로 '탈카르텔화'는 화학, 철강, 은행 등 세 가지 산업분야에서 이뤄졌다. 화학산업의 경우 세계최대 규모의 기업연합이었던 'IG파르벤'이 '바스프', '회히스트', '바이에르' 등 상대적으로 규모가 작은 여러 기업으로 분리되었다. 철강산업의 카르텔은 30개 가까운 기업으로 해체되었으며, 산업자본과 결합하였던 거대 은행 '도이치 방크', '드레스드너 방크', '코메르츠방크' 등은 각각 지역단위의 은행으로 탈바꿈하였다.

'민주화'는 나치 독재가 지배한 독일을 민주국가로 개조하기 위한 시도였다. 민주화와 관련하여 연합국들이 중점을 둔 것은 침략 전쟁과 대량인종학살의 주역이었던 나치세력의 척결이었다. 민주화의 전제로서 나치 척결에 가장 적극적이었던 것은 미국이었다. 그리하여 미군의 주도 아래 연합군 당국이 주재하는 전범재판이 1945년 11월부터 1946년 6월까지 뉘른베르크에서 진행되었다. 이 재판에서는 12명의 고위 나치 지도자에게 사형이 선고되었으며, 나치의 핵심 조직이었던 당과 친위대(SS), 돌격대(SD), 게슈타포 등은 범죄단체로 규정되었다.

연합국 측의 '탈나치화'작업은 나치 지도부뿐만 아니라 추종세력도 그 대상으로 삼았다. 즉 미군정 지역에서는 18세 이상 성년 주민 전체를 대상으로 신원명세서를 작성토록 하고 이를 심사하여 나치에 대한 협력의 정도에 따라 여러 등급으로 나누어 징역, 벌금, 선거권 박탈 등의 조처로 각각 상응한 책임을 물었다. 이처럼 각 점령지구마다 군정 당국의 관할 아래 탈나치화정책이 추진되었지만 뉘른베르크 재판 이후에는 사실상 여론의 관심을 끌지 못하면서 큰 진척이 없었다. 전후 대다수 독일국민들에게는 과거사보다는 현재의 삶이 더 시급하고 절실한 문제였던 것이다.

연합국들은 탈나치화를 통해 나치즘의 유산을 청산하는 한편 민주주의를 위한 새로운 정치 질서를 아울러 모색하였다. 그러나 군정 초기 민주화정책에는 자율보다 통제의 요소가 두드러졌다. 연합국들은 독재정권을 지지하였던 독일국민의 정치적 능력을 신뢰하지 않았던 것이다. 1946~47년 지방선거가 실시되기 전까지는 군정 당국이 관할 주정부의 지사와 장관, 도시의 시장과 농촌지역의 군수에 대한 임면권을 행사하고 세부행정까지 통제하였다. 정당과 노조의 결성은 당국의 허가를 받도록 하였으며 지역적 차원을 벗어나는 활동은 허용하지 않았다. 아울러 신문과 방송에 대해서도 당국의 허가와 검열을 거치도록 하였다.

이처럼 정치활동이 엄격히 통제되었지만 제한된 범위 내에서나마 허용되자 나치 집권 이후 사라졌던 정당들이 다시 등장하였다. 이 정당들은 군정 아래서는 초지역적 정당 활동이 금지된 탓에 전국조직이 없이 지역 단위에서 결성되었다. 그리고 다양한 정당들이 출현하였지만 주요 정당들은 모두 전쟁과 나치독재 이전으로 거슬러 올라가 바이마르 시대에 그 뿌리를 두고 있었다. 이는 서방 3개국뿐 아니라 동부의 소련 군정지역에서도 마찬가지였다. 좌파 정당인 사민당(SPD)과 공산당(KPD)은 전통적인 노동자 정당이 부활한 것이었고, 서방 3국의 서부 점령지구와 동부의 소련점령지구에서 각각 다른 이름으로 출현한 두 자유주의 정당(FDP, LDP)은 부르주아 정치세력의 명맥을 이은 것이었다. 그리고 가톨릭과 개신교 세력을 통합한 기민당(CDU)은 가톨릭 중앙당(Zentrum)의 전통을 계승한 것이었다.

한편 종전 후 연합국들은 분할 통치를 통해 패전국 독일의 전후 문제를 처리하기로 합의하였지만, 시간이 흐를수록 연합국들의 분할 통치체제는 문제점을 드러내었다. 연합국이 포츠담회담에서 분할통치를 결정하면서도 연합군 통제위원회를 두었던 것은 개별 점령지구와는 별개로 독일전체와 관련된 문제를 상호

협의하여 처리함으로써 분할통치가 분열과 분단에 이르는 상황을 방지한다는 의도였다. 하지만 독일을 점령한 연합국들은 처음부터 이해관계를 달리 하였고, 그런 만큼 갈등이 불가피하였다. 예를 들면, 프랑스는 향후 독일이 통일된 국가로 재건되기를 원치 않았고, 이에 따라 포츠담회담에서 합의한 전국적인 중앙행정기구의 창출은 물론이거니와 단일경제권을 유지하기로 한 결정조차도 거부하였다.

그러나 연합국들의 분할통치에서 갈등을 초래한 주요인은 프랑스의 비협조적 태도가 아니라 전후 본격화되기 시작한 동서 냉전, 즉 미·소 간 대립이었다. 동서 이데올로기 대립에 따라 미국과 소련은 점령지에 각자의 세력을 구축하고자 하였고 점령정책을 그 수단으로 삼았다. 예컨대 소련은 동부의 점령 지구에 농지개혁과 산업국유화 등을 바탕으로 계획경제 체제를 도입하려 한 반면 미국은 확고하게 자유 시장경제질서를 확립하고자 하였다.

연합국 간 이해관계가 엇갈리고 상호 불신과 긴장이 고조됨에 따라 만장일치 합의제로 운영하기로 한 통제위원회는 사실상 제 기능을 수행할 수 없었다. 독일전체와 관련하여 정책적으로 조율해야 할 사항에 대해 전혀 합의에 이르지 못하는 상황은 특히 경제적으로 큰 문제가 되었다. 즉 이미 파국에 이른 독일경제는 분할 통치에 따라 하나의 단일 경제권이 아니라 점령구역 각각의 여러 경제권으로 나눠짐으로써 더욱 악화될 수밖에 없었다.

이러한 상황에서 미국은 독일의 경제를 살리는 것이 급선무라는 판단에서 이를 위해 포츠담의 합의에 구애받지 않는 정책을 적극적으로 추구하기 시작하였다. 즉 미국은 전쟁배상을 위해 서방점령 구역의 독일 산업설비 일부를 소련에게 이전하기로 한 합의를 무효화하였고, 루르 지역을 연합국 공동의 관할 아래 두자는 프랑스와 소련의 요구를 일축하였다. 그리고 1947년 1월에는 영국과 협의하여 양국의 점령구역을 하나의 '통합지구(Bizone)'로 합쳤으며, 이어서 분할통치를 고집하던 프랑스까지 설득하여 서방 3개 연합국의 점령 지구를 하나로 통합하였다. 나아가 미국은 마셜플랜, 즉, 유럽의 재건을 위한 대규모 경제원조 계획을 발표하고 점령국 독일의 경제 재건에 본격적으로 나섰다. 뿐만 아니라 1948년 6월에는 서방 3개국 점령 지구를 대상으로 그동안 미루었던 통화개혁을 단행함으로써 전후 독일의 경제회복에 큰 영향을 미치는 또 하나의 결정적인 조치를 추가하였다.

서방 점령지구의 통합, 마셜플랜, 통화개혁 등은 근본적으로 모두 공산주의 봉쇄를 목표로 한 미국의 대외정책노선에 따른 것이었고, 그런 만큼 이 일련의 조치에 대해 소련은 크게 반발하였다. 즉 점령지구 통합에 동참하라는 서방측의 요구에 대해 분할통치를 명시한 포츠담의 합의에 어긋나는 것으로 규정하고 항의하였다. 마셜플랜에 대해서는 유럽을 미국에 경제적으로 예속화하려는 조치라고 반발하면서 동부독일 군정지구를 포함하여 소련의 세력권 내에 있던 동유럽 지역 전체에 대해 미국의 경제 원조를 거부하도록 하였다.

특히 서방측의 통화개혁에 대해서는 강력한 대응조치로써 맞섰다. 즉 소련은 서방측의 통화개혁을 사전 경고로 저지하고자 하였고, 그것이 효과가 없자 자신들의 군정지역에 대해 따로 통화개혁을 시행하였다. 그뿐 아니라 서방 전승국의 관할 지역이었던 서부 베를린으로 향한 모든 교통로를 차단하는 극단적인 조처를 취하였다. 전후 독일의 경제재건에 통화개혁이 필수적이라는 점은 당시 누구나 인정하였음에도 소련이 서방측의 통화개혁에 극단적으로 반발한 데는 이유가 있었다. 소련은 서방 전승국들의 화폐개혁을 단순한 경제정책이 아니라 서방 점령지역에 새로운 독일국가를 건설하려는 계획의 사전 준비단계로 파악한 것이다.

실제로 1946년 이후 냉전이 표면화되자 서방전승국, 특히 미국과 영국은 새로운 독일국가의 건설이라는 목표를 향해 움직이고 있었고, 소련과의 정치적 타협이 불가능하다면 서방 점령지에서만이라도 이 목표를 실천하고자 하였다. 양국은 통합지구 창설 후 점령구역 전역의 경제정책을 총괄하는 중앙행정기구와 은행 등을 설치하였고, 한 걸음 더 나아가 최종 목표로서 통합정부 수립의 문제를 고려하기 시작하였다.

미국과 영국의 의도가 관철되는 데는 프랑스의 소극적인 태도와 독일국민의 민족주의 정서가 변수였다. 하지만 마셜플랜 이후 상황은 미국과 영국 양국의 정책에 유리한 것이었다. 총 15억 6천만 달러에 달하는 미국의 대규모 경제원조는 실질적 측면뿐만 아니라 심리적 측면에서 효과가 컸다. 즉 그것은 미국에

대한 신뢰와 우호감, 경제회복에 대한 자신감을 불어 넣었으며, 전후의 경제적
어려움으로 독일의 전쟁배상에 집착하던 프랑스의 비협조적 태도를 누그러뜨리
는 데도 기여하였다.

한편 소련의 입장에서는 미국을 중심으로 한 서방 전승국들의 움직임은 패전
국 독일에서 소련의 영향을 배제하려는 시도였고, 특히 서방이 주도하는 국가건
설은 동부 독일 군정지역에 대한 소련의 지배권을 위협하는 것이었다. 그런 맥
락에서 베를린 봉쇄라는 소련의 강경조치는 방관할 수 없는 상황에 대한 일종
의 자구책이라고 할 수 있었다. 하지만 서방 전승국 관할 서부 베를린과 서부
독일 지역 사이의 육상 교통로를 봉쇄한 소련의 강경책은 성공을 거두지 못하
였다. 미국과 영국은 마치 하나의 섬처럼 소련 점령구 안에 고립된 서베를린
지역 주민을 위해 수송기를 동원하여 생필품과 물자를 공수함으로써 소련의 봉
쇄 조치에 맞섰다. 비행기 추락이나 사고로 인해 많은 인명 피해가 발생한 공수
작전 앞에 소련도 근 1년 가까이 끌어왔던 봉쇄조치를 결국 철회함으로써 무릎
을 끊었다.

이 사태로 소련은 기대하였던 결과를 얻지 못했을 뿐 아니라 많은 것을 잃었
다. 봉쇄조치는 무엇보다도 200만 명의 서베를린 주민을 사실상 인질로 삼았다
는 점에서, 도덕적 관점에서 소련의 위신에 부정적 영향을 미쳤다. 특히 이 사태
를 통해 소련은 자유를 위협하는 존재라는 인식을 심어 주었으며 서베를린은
자유의 상징이 되었다. 반면 미국을 비롯한 서방 전승국들은 소련의 봉쇄조치를
겪으며 상호 연대를 다질 수 있었다. 특히 소련의 강경책에 대해 무력동원을
자제한 미국은 위기가 전쟁으로 확대되기를 원치 않던 독일 국민들의 지지를
얻을 수 있었다. 결국 소련의 조치는 서방 연합국의 국가건설계획을 지연시키기
보다는 오히려 촉진시키는 결과를 낳았다.

실제로 서방 전승국들은 베를린 봉쇄 후 소련과의 대립과 간극은 이제 더
이상 메울 수 없다는 판단 아래 관할 지역에서만이라도 단독정부를 세우는 작
업을 서둘렀다. 즉, 서방 군정당국은 점령구역 내 총 11개 주(Land)의 지사들에
게 헌정기초 작업을 위촉하였고, 각 주는 주의회(州議會: Landtag)를 대표하는 64
명의 의원으로서 1948년 9월 제헌위원회를 구성하였다. 제헌위원회는 연방주의

적 권력 분산을 희망하였던 서방 전승국들의 의사에 따라 연방공화국을 국체(國體)로 하는 헌법초안을 마련하였다.

이 법안은 1949년 5월 서방 군정당국과 각 주의회에 제출되어 승인을 받음으로써 법적 효력을 갖게 되었다. 1949년 8월에는 서방점령구역 전역에서 총선거를 통해 연방의회가 구성되었으며, 이어서 9월 연방의회는 총선결과에 따라 연정에 합의한 기민당의 아데나워와 자민당의 호이쓰를 각각 연방 수상과 대통령으로 선출하였다. 이처럼 헌법이 제정되고 중앙정부가 구성됨으로써 서방 전승국이 점령한 서부 독일지역에는 전후 새로운 국가로서 '독일연방공화국'이 탄생하였다.

한편 소련은 그동안 단독정부 수립을 향한 서방연합국의 움직임에 대해 점령지구 내 주민을 동원하여 분단 반대 캠페인을 전개하였다. 다른 한편으로는 선거를 통해 '인민위원회'를 구성하고 헌법을 제정하는 등 별개의 분단국가 건설이라는 대응조치를 준비하였다. 이런 준비 과정을 거친 소련은 서독에 연방공화국이 수립되자, 즉각 이에 대응하여 1949년 10월 점령지구 내 '독일민주공화국(DDR)'을 창건하였다. 미·소 간 냉전이 낳은 또 하나의 이 분단국가는 소련 군정당국의 압력 아래 사민당을 흡수하여 새로 조직된 공산당, 즉 통합사회당(SED)이 국가권력을 독점하였으며, 노동자와 농민을 위한 사회주의를 표방하였다.

이처럼 1949년 독일은 전후 서방전승국과 소련이 점령한 지역에 각각 독자적인 정부가 수립됨으로써 분단되었다. 종전 직후 연합국의 분할통치가 분단에 이르리라고 예측한 독일 국민은 별로 없었다. 그러나 그로부터 불과 4년 뒤 분단은 돌이킬 수 없는 현실이 되었다. 이 예상하지 못한 현실에 대한 독일 국민들의 반응에는 두 가지 특기할 만한 점이 있었다.

그 하나는 동서독 주민 모두 분단을 지속적이 아니라 일시적인 것으로 여겼다는 것이다. 예컨대 서독의 헌법을 제정한 제헌위원회는 연방공화국의 건국이 통합된 단일국가 건설에 앞서 어디까지나 잠정적이고 임시적 조치에 지나지 않음을 분명히 하기 위해 헌법 대신 '기본법'이라는 표현을 사용하였다. 동독의 헌법을 기초한 인민위원회 역시 자신들의 헌법이 독일 전체에 법적 효력을 갖는 것임을 강조하였다.

다른 하나는 분단에 대한 동서독 주민의 반응이 엇갈렸다는 점이다. 일반적으로 동독 주민들은 소련 군정당국이 주도한 '민주공화국'의 창건을 자신들의 의지에 부합하지 않는 것으로 보았고 그런 만큼 분단에 대해 부정적이었다. 반면, 서독 주민들의 반응은 대체로 긍정적이었다. 그들은 분단국가 연방공화국의 건국을 불가피한 선택으로 받아들였다. 서독 주민들이 단독정부의 수립에 지지를 보냈던 데에는 연합국 군정의 경험이 작용하였다.

서방 전승국 군정지구의 주민들은 다른 무엇보다도 미국의 대규모 경제원조와 통화개혁 이후 나타난 신속한 경제회복의 조짐에서 시장경제의 효과를 피부로 느낄 수 있었다. 특히 서독 주민에게 통화개혁은 전후 역사의 전환점으로서 단독정부의 수립보다도 더 큰 의미를 가질 정도로 깊은 인상을 남겼다. 배급제로 텅 비었던 상점 선반을 하루아침에 가득 채워 놓았던 통화개혁의 효과를 그들은 마치 마법처럼 경험한 것이다.

서독의 주민들은 그동안 정치적 숙청과 공산당의 권력독점, 사유재산제도의 폐지 등 소련 군정지구에서 진행된 일련의 정치적·경제적 변화를 우려와 경계의 눈길로 지켜보았다. 그들로서는 분단을 '불행 중 다행'으로 여길 수밖에 없었다. 그들에게 분단은 불행이지만 더 큰 불행을 막을 수 있고 나아가 미래를 기약할 수 있는 선택이었던 것이다. 이러한 인식을 서독 사민당의 지도자 슈마허는 소위 '자석이론(Magnet-Theorie)'으로 공식화하였다. 서독이 정치적·경제적으로 동독을 압도할 정도의 매력적인 국가로 발전하면 그것이 자석의 자기력(磁氣力)처럼 통일을 가져오는 흡인력으로 작용하리라 보았던 것이다.

III. '민주주의의 모범생' — 정당정치와 의회민주주의의 발전

1919년 제1차 대전에서의 패전과 함께 독일에는 바이마르공화국이 성립하였다. 바이마르공화국은 독일 역사상 최초의 민주공화국이었지만 1933년 나치의 집권과 함께 종언을 고하였다. 신생공화국의 민주주의 실험이 불과 14년의 단

명으로 끝난 데는 여러 가지 요인이 작용하였다. 그 가운데 하나는 대의정치의 이상에 충실한 나머지 정치적 불안정을 초래한 헌정구조의 문제점이었다. 즉 헌법이 규정한 비례선거권제가 정당의 난립을 초래하였고, 의회해산권과 비상대권 등 대통령이 가진 권한이 의회정치의 불안정과 권력남용의 원인이 되었던 것이다.

서독의 기본법을 제정하기 위해 모인 제헌위원회는 바이마르공화국의 역사적 교훈을 잊지 않았다. 제헌위원회에서 논의를 주도한 기민당과 사민당 소속 위원들은 신생국가의 정치, 사회, 경제질서 등을 놓고 논란을 벌였지만 바이마르공화국의 실패를 되풀이 하지 않아야 한다는 데는 의견의 일치를 보았다. 그리하여 제헌위원회는 바이마르의 전철을 밟지 않기 위해 바이마르 헌법을 기본법의 토대로 삼으면서도 여러 가지 취약점을 보완하였다. 즉 연방주의 체제로 중앙권력을 분산하였으며, 국가권력의 남용에 대비해 기본권의 보장을 강화하였다. 또 의회의 불신임권을 제한하여 수상의 지위를 강화하였고, 대통령의 선출은 간선제로 바꾸었으며, 그 기능도 국가수반으로서 국가를 대표하는 것으로 축소하였다. 아울러 기본법을 수호하기 위해 헌법재판소를 설치하였다.

실패한 역사를 반복하지 않겠다던 '건국의 아버지들'의 각성과 다짐이 과연 제대로 이루어졌던가? 1950년대 중엽 스위스의 한 저널리스트는 서독의 정치를 분석한 저술을 출간하면서 이 저서의 제목에서 간명한 답변을 제시하였다. 즉 '본은 바이마르가 아니다(Bonn ist nicht Weimar)'라는 것이었다. 국민의 절대 다수, 그리고 모든 사회계층이 서독의 정치 체제에 지지를 보내고 있다는 점에서 신생국가 서독에는 바이마르공화국과는 달리 민주주의가 훌륭하게 정착하였다는 것이 바로 그가 주장하는 바였다.

바이마르와 비교할 경우 전후 서독의 민주주의 발전에 나타난 특징은 무엇보다도 정치적 안정이었으며, 정치 안정에 기여한 중요한 요소 가운데 하나가 정당이었다. 1949년 최초의 연방의회 선거 당시에는 도합 12개의 정당이 있었고 군소 정당들도 상당한 정치적 지지를 확보하고 영향력을 행사하였다. 그러나 1950년대를 거치면서부터 정치적 지지기반이 제한된 군소 정당들의 정치적 영향력은 거의 사라졌으며, 특히 1960년대 이후에는 유권자들의 선택이 사실상 몇몇 주요 정당에 고정되었다. 군소정당의 난립으로 정치적 혼란을 겪은 바이마르공화국과는 달리 서독의 정당정치가 주요 정당을 중심으로 안정될 수 있었던 데는 여러 가지 제도적 장치가 작용하였다.

1953년부터 연방의회와 지방의회 선거법에 도입된 이른바 '5% 조항'이 그러하였다. 이 조항은 선거에서 5% 이상 득표율을 획득한 정당에 한해서만 의회의 의석을 배정하는 것이었다. 이 조항에 따라 정치적 지지기반이 없는 정당은 존속이 어려워 군소 정당의 난립 가능성이 줄어들었다. 기본법도 정치적 안정을 뒷받침하는 조항을 담고 있었다. 서독의 기본법 21조에 따르면 정당의 목표와 활동이 자유민주주의라는 헌정의 기본질서와 충돌할 경우 국가는 연방헌법소의 판결을 통해 정당의 해산을 명할 수 있었다.

정치적 결사와 활동의 자유를 보장하면서 동시에 그 한계도 설정한 이 조항에 따라 1952년에는 신나치 성향의 '사회주의제국당(SRP)'이 해체되었고, 1956년에는 '공산당(KPD)'이 금지되었다. 이처럼 좌·우 극단적 성향의 정치세력을 견제하는 수단이었던 기본법의 정당규제 조항은 바이마르 헌법이 추구한 대의정치의 이상에서 보면 문제시될 수도 있다. 그러나 극단적 이념대립으로 바이마르공화국을 혼란과 무질서로 몰아갔던 정치적 위험요인을 제거하였다는 점에서는 그에 대한 평가가 달라질 수 있다.

더구나 정당에 대한 규제는 신중하였다. 1950년대 극좌, 극우 정당이 금지된 이후에도 서독에는 1960년대 민족민주당(NPD)과 공산당(DKP), 1980년대 말 공화당(Republikaner) 등 자유민주주의 체제에 적대적인 정당이 출현하였지만 이들은 용인되었다. 그럼에도 극우 성향의 이들 정치세력의 영향력은 극히 제한되었다. 이들이 지방선거에서는 최소 득표율의 장벽을 넘어서는 성공을 거두는 경우가 있기는 하였지만, 연방의회에 진출한 적은 한 번도 없었다.

유권자들의 지지를 바탕으로 연방과 지방의회의 의석을 장악하며 서독의 정당정치를 주도한 주역은 4개 주요 정당들이었다. 즉, 기민당, 사민당, 자민당, 그리고 바이에른의 지역정당이면서 연방의회에서는 기민당과 하나의 교섭단체를 구성하는 기사당(CSU)이 바로 그들이다. 이들 정당들은 바이마르공화국의 정치세력과 정치적 연속성을 가지면서도 바이마르 시대와는 뚜렷이 대비되는 특징을 가지고 있었다. 즉, 계급이나 종파 등 특정 사회집단의 이익을 대변하고 자 하였던 바이마르의 정당들과는 달리 이들은 모두 유권자 누구나 지지할 수 있는 국민정당을 지향하였다는 점이다.

예컨대 기민당은 종파적으로는 가톨릭과 개신교 모두를 아울렀으며, 사회적으로는 중간계급의 시민, 기업가, 소상인, 봉급생활자, 농민, 실향민, 심지어는 노동자에 이르기까지 때로는 이해관계가 상충되기도 하는 다양한 사회집단을 지지층으로 끌어들이고자 하였다. 건국 초창기에는 전통적인 계급정당의 이미지를 탈피하지 못하였던 사민당 역시 국민정당을 향한 새로운 흐름을 쫓아가지 않을 수 없었다. 즉, 1950년대 내내 야당으로만 머물던 사민당도 1950년대 말 새로운 당 강령을 통해 반자본주의적 전통과 완전한 결별을 선언하고 노동자 중심의 계급정당에서 국민정당으로 탈바꿈하였다.

정당의 탈계급화, 탈이념화 추세는 정당들 사이에 정치적 타협을 용이하게 하였고 이는 연정의 구성과 운영에 긍정적인 요인이 되었다. 서독의 정당정치를 이끌었던 4대 주요 정당들은 정강의 차이에도 정치상황에 따라서는 원칙적으로 모두 상호 연정을 구성할 수 있었고, 이 다양한 가능성은 실제 현실화되었다. 그리고 이 과정에서는 의회 내 다수세력의 형성에서 캐스팅 보트를 쥔 자민당의 역할이 특히 두드러졌다. 즉 연방의회 차원에서는 1949년부터 1966년까지는 기민·기사당과 자민당이, 1966년부터 1969년까지는 기민·기사당과 사민당이, 1969년부터 1982년까지는 사민당과 자민당이, 1982년부터 1990년 동서독 통일까지는 다시 기민·기사당과 자민당이 각각 연정을 구성한 것이다.

이처럼 전후 서독의 정치무대에 등장한 4대 정당체제는 정당정치의 안정을 통해 바이마르 시대와 대비되는 서독 민주주의의 성공적 발전에 기여하였다. 그러나 다른 한편으로 이 체제는 정치발전에 부정적인 영향을 미쳤던 문제점도 아울러 가지고 있었다. 그 문제점은 1960년대 후반, 즉 기민·기사당과 사민당이 이른바 대연정을 이루고 있던 시기에 드러났다.

집권 기민·기사당이 건국 후 오랫동안 지속해왔던 자민당과의 연정을 그만두고 사민당을 새로운 파트너로 맞이한 배경에는 1960년대 중엽에 이르러 전후 처음으로 당면한 심각한 경제위기가 있었다. 당면한 위기를 극복하기 위해서는 무엇보다도 정치적 안정이 필요하다는 인식에서 오랫동안 여야로 대립해왔던 정당들이 연정에 합의한 것이다. 그 점에서 대연정은 그동안 서독의 의회민주주의가 그만큼 성숙하였음을 보여주는 하나의 사례였다고 해석할 수도 있다.

그러나 기민·기사당과 사민당의 연정에 대한 당시 서독 국민들의 반응이 긍정적인 것만은 결코 아니었다. 거대 정당 '코끼리들끼리의 결혼'에 대해서는 견해가 엇갈렸고 세찬 비판이 제기되기도 하였다. 즉 대연정으로 자민당이 야당이 되었지만 의회 내 세력이 미약해 야당의 역할을 기대할 수 없고, 사실상 연정에 대한 견제세력이 존재하지 않는 위기상황이 발생하였다고 본 것이다. 그리하여 1968년 서독정부가 학생들의 소요사태에 대처하기 위해 헌법에 보장된 기본권의 일부를 규제하는 비상사태법을 제정하였을 때, 그것은 견제 받지 않는 권력의 남용과 횡포로 받아들여졌다.

그러나 대연정에 대한 비판은 단순히 대연정 자체만을 겨냥한 것이 아니었다. 오히려 그것은 서독의 정당정치와 의회민주주의, 나아가 기존의 사회질서 전체를 문제 삼았다. 정당정치의 발전과 함께 정당이 정치적 의사결정과정을 독점함으로써 국민들에게 정치에 대한 관심과 참여가 아니라 소외와 무관심을 가져왔고, 기성 정당이 지배하는 의회와 정부는 구태와 타성에서 벗어나지 못하고 있으며, 이를 타파하기 위해 새로운 변화와 혁신이 필요하다고 주장하는 이들이 등장한 것이다.

이들의 목소리를 대변한 것이 소위 '원외저항단체(APO)'세력이었다. '의회 바깥의 저항'은 1960년대 후반 대연정기 동안 의회 내 견제세력이 없는 상황을 배경으로 본격적인 활동을 시작한 새로운 정치세력이었다. 의회 바깥에서 의회정치를 비판하며 기성 정당에 도전하는 정치세력의 등장은 전후 서독의 안정된 정치질서를 위협하는 새로운 현상이었다. 물론 하나의 정치세력으로서 '의회 밖 저항'의 기반은 다양한 세대와 계층을 포함한 다수가 아니라 주로 젊은 세대, 특히 대학생들을 중심으로 한 소수에 국한되었다. 뿐만 아니라 '의회 밖 저항' 세력은 한 번도 제대로 조직화되지 못하였고 1960년대 말 이후 사실상 사라졌다. 그럼에도 1960년대 후반 그들의 존재와 활동이 서독사회에 미친 정치적 영향력과 파급효과는 결코 과소평가할 수 없다.

　무엇보다도 기성질서에 대한 그들의 도전과 비판은 민주주의에 대한 인식과 관념을 바꾸어 놓았다. 민주주의의 의미는 이제 더 이상 국가의 헌법이나 통치구조와 관련된 법적, 제도적 문제에만 국한되지 않았다. 그것은 스스로가 주체가 되어 정치에 참여하고 공동체의 문제를 스스로 결정할 수 있는 권리의 의미로 확대되었다. 민주주의에 대한 이 새로운 인식은 1970, 80년대를 거치면서 정치행태나 정치세력의 측면에서 여러 가지 새로운 변화를 가져왔다. 그 가운데 하나는 시민운동의 출현이었다. 즉, 1970년대 이후 서독사회에 등장한 반전, 반핵, 환경, 여성 등 여러 다양한 시민운동은 정당정치와 대의제 민주주의의 문제점에 대한 각성을 바탕으로 직접적인 방식으로 정치에 참여하고자하는 시도였던 것이다.

　시민들이 직접 참여하는 '풀뿌리 민주주의'에 대한 관심과 욕구는 시민운동의 출현에만 그치지 않고 기성 정당정치의 지형도도 바꾸었다. 1980년 '녹색당(Die Grünen)'의 창당은 기성 정당에 대한 불만과 환멸이 새로운 정당의 출현으로 이어졌음을 보여주었다. 환경문제를 정치적 모토로 삼았던 녹색당은 1983년 연방의회 진출에 성공하였지만 의도적으로 4대 정당체제에 참여를 포기함으로써 기성 정당과 구별되는 반기성(反旣成) 정치세력으로서의 자기 정체성을 강조하였다. 하지만 내부적으로는 풀뿌리 민주주의의 이상을 고집하는 근본주의와 현실정치에의 참여를 희망하는 현실주의 사이에 노선투쟁과 갈등이 심각하였다. 오랫동안의 열띤 논란 끝에 결국 현실주의 노선이 관철되어 1980년대 중엽부터 주 의회에서 사민당과의 연정에 가담하였고, 동서독 통일 이후인 1990년대 말에 이르러서는 연방의회 차원에서 사민당과 연정을 구성하였다.

　이처럼 1960년대 중엽 '의회 밖 저항'세력의 출현에서 1980년대 후반 의회정당으로서 녹색당의 정착에 이르기까지의 과정은 '본이 바이마르와 다르다'는 사실을 다시 한번 확인시켜준다. 전체적으로 볼 때 전후 서독의 의회민주주의는 정치 안정과 사회통합에 성공하였고, 이 과정에서는 여러 가지 한계와 문제점이 있었지만 정당이 중요한 역할을 하였다. 계급정당에서 국민정당, 이념정당이 아닌 정책정당으로 발전한 서독의 정당들은 바이마르 시대와는 달리 대립과 충돌보다는 타협과 조정을 통해 책임정치와 원활한 정권교체의 모범을 보여주었다.

그러나 전후 서독이 유럽의 다른 어떤 나라보다도 안정된 정치발전을 이룩하며 민주주의의 모범생이 된 이유를 정당의 역할에서 찾을 수만은 없다. 서독의 민주주의 발전을 설명하기 위해서는 적어도 두 가지 점을 함께 고려해야 한다. 우선 본이 바이마르와 달랐던 근본적인 배경에는 유권자로서 선거를 통해 정부와 정당의 정책을 평가하였던 국민들이 있었다. 패전 당시 탈나치화 목표를 내건 점령군의 재교육 대상이었던 국민들이 새로운 국가의 건설과 함께 민주사회의 성숙한 시민으로 성장한 것이다. 사실 패전에 대한 독일사회의 반응은 제2차 대전의 경우 제1차 대전과는 판이하게 달랐다. 다른 무엇보다도 전쟁의 원인이나 패전에 대한 책임전가가 없었다. 정치지도자뿐 아니라 일반 국민들도 독일의 파국은 역사적으로 잘못된 길을 밟았던 독일 자신의 책임이며 파국에 이른 역사를 되풀이하지 않는 길은 자기 갱신에 있다는 인식을 공유한 것이다.

12년간의 독재와 전쟁이 가져다 준 경험에 대한 정신적 각성이 전후 서독 국민의 정치의식과 행태를 바꾸어 놓았다면, 전후 서독의 경제발전은 이러한 변화를 뒷받침하였다. 흔히 '라인 강의 기적'이라 일컫는 전후 서독의 경제적 번영은 국민 대다수에게 물질적으로 풍요로운 삶을 제공하였고, 이를 통해 신생 공화국의 정치체제는 국민들의 광범위한 지지를 얻을 수 있었다. 그 점에서 전후 서독이 경제적으로 어떻게 발전하였고 그것이 서독사회를 어떻게 바꾸어 놓았는지 관심거리가 아닐 수 없다.

IV. '라인강의 기적'과 그 이후— '사회적 시장경제'와 복지사회

1949년 5월 연방공화국이 출범하였을 때의 경제상황은 1년여 전에 실시한 통화개혁의 효과를 확연히 보여주고 있었다. 인플레이션은 진정되고 통화가치는 안정되었으며 시장에서의 수요는 동면하던 생산력을 자극하였다. 그럼에도 향후의 전망은 결코 장담할 수 없는 것이었다. 의식주 기본생활에서도 물자는 여전히 부족하였고 실향민과 소련 군정지구로부터의 탈주민을 비롯한 수많은 실업자가 일자리를 찾고 있었으며, 교통시설의 복구 등 전후 경제부흥을 위한 과제가 첩첩이 쌓여 있었다. 게다가 임금이나 봉급으로 생활하는 사람보다는 가옥, 공장, 부동산 등 실물자산의 소유자에게 유리하였던 통화개혁의 문제점도 정책적으로 풀어야할 과제였다.

이처럼 신생공화국의 어려운 출발 여건을 고려하면 1950년대를 거쳐 60년대 중엽에 이르기까지 연방공화국 초기의 경제발전은 대단한 것이었다. 물론 전후 서독이 이룬 경제발전 양상은 단기간의 고도 경제성장이라는 점에서 서독을 훨씬 능가하는 국가의 사례들을 알고 있는 오늘날의 관점에서는 그리 대단치 않아 보일는지 모른다. 그러나 적어도 당시에 그것은 누구도 예상치 못하였고, 가장 낙관적인 전망까지도 훨씬 뛰어넘는 경이로운 것이었다.

이런 놀라운 경제발전의 양상은 우선 몇 가지 경제지수를 통해 드러난다. 1951년에서 1965년까지 15년간 서독경제의 연평균 실질성장률은 7.0%에 달하였으며, 1950년 8.1%(1/4분기 12.2%)를 기록한 실업률은 1960년에는 1.0%, 1965년에는 0.5%, 1971년 0.7%로 집계되어 1960년대에는 사실상 완전고용이 지속되었다. 1950년부터 1965년 사이 명목임금은 3배가량, 실질임금은 2배 이상 증가하였으며, 1970년까지 20년 동안 가구당 평균 가처분 소득은 4배 정도 늘어났다.

이 인상적인 경제 수치들이 의미하는 바대로 1950년대 이후 서독은 실로 독일역사상 유례가 없는 경제적 번영을 경험하였다. 당시 국외의 관찰자들이 전후 서독의 극적인 경제성장을 가리켜 '기적'이라고 감탄한 것도 무리가 아니었다. 그러나 그것은 단순한 기적이 아니었으며, 거기에는 기적을 가능하게 한 여러 요인들이 있었다.

패전 직후 독일의 상황을 종종 '영점(零點: Stunde Null)'이라는 용어로 표현하지만, 적어도 공업생산능력의 측면에서 서독의 상황은 이와 달랐다. 우선 전쟁 전의 독일은 미국에 버금가는 세계적인 공업생산국이었다. 전쟁으로 생산시설과 설비가 많이 파손되었지만 전반적으로 큰 타격은 없었으며, 손실된 부분도 새로운 설비투자를 통해 만회하는 상황이었다. 뿐만 아니라 전후에는 그동안 낡은 산업시설이 근대적인 설비로 대체되기도 하였는데, 이 과정에서는 미국의 경제원조가 도움이 되었다.

물론 마셜플랜이 독일의 경제재건에 실제 얼마나 기여하였는지에 대해서는 논란이 있다. 전후 유럽의 복구에 필요한 자원과 물자의 대부분은 미국이 아니라 유럽 자체에서 조달되었다는 점을 지적하며 마셜플랜의 영향력을 의문시하는 주장도 있다. 그런 논의를 감안하면 전후 서독 경제발전의 요인으로서 마셜플랜의 중요성을 지나치게 강조하는 것은 경계할 필요가 있다. 미국의 도움은 발전의 원동력이라기보다는 오히려 촉매제로 작용하였다고 보아야할 것이다.

한편 생산설비 외 자본이나 노동력 등 다른 생산요소에서도 전후 서독은 경제발전에 유리한 여건을 갖추고 있었다. 서독 경제는 자본의 투자처로서 매력을 가지고 있었다. 통화개혁 후 서독의 물가와 통화가치는 안정되었으며, 특히 미국의 달러가 그 안정성을 뒷받침하였다. 아울러 전후 서독에는 수백만에 달하는 실향민과 탈주민을 포함하여 잘 훈련된 노동력이 풍부하였다.

산업생산을 자극하는 시장수요라는 측면에서도 서독의 국내외적 여건은 신속한 경제발전에 큰 도움이 되었다. 시장의 수요와 관련해서는 전후 복구 작업이라는 국내적 요인의 역할도 있었지만 그보다는 국제적 요인이 더 중요하였다. 전후에 세계경제는 회복과 상승세가 뚜렷하였다. 낮은 임금과 높은 노동생산성 등 생산품의 가격과 기술에서 경쟁력을 갖추었던 서독은 이를 통해 거대한 상품수출시장을 확보할 수 있었다. 특히 1950년대 초 한국전쟁이 가져온 특수(特需)는 서독 경제가 번영으로 발돋움하는 데 결정적인 동력을 제공하였다.

전후 서독의 경이적인 경제부흥에는 이렇듯 공급과 수요의 측면에서 여러 요소들이 작용하였지만 이들은 모두 필요조건의 의미를 가질 뿐이다. '라인 강의 기적'을 충분히 설명하기 위해서는 그 '기적'의 상징적인 인물인 에르하르트가 지향하던 경제정책을 빼놓을 수 없다. 군정시절 통합지구 경제책임자였고, 건국 초기 기민당 정부의 경제상이었던 에르하르트는 자신의 정책목표를 이른바 '사회적 시장경제(Soziale Marktwirtschaft)'라는 모토로써 압축적으로 표현하였다.

사회적 시장경제란 근본적으로 자유시장경제의 원칙에 입각한 것으로서 사기업이 자유롭게 경쟁하고 물가와 임금, 이윤 등이 시장에서의 수요와 공급에 따라 결정되는 경제질서를 가리킨다. 동시에 그것은 대자본의 시장지배나 부의 불균형 분배 등 시장경제의 문제점을 보완하고 사회적 약자를 보호하기 위해 국가가 정책적으로 개입하는 경제체제를 의미한다.

자유시장경제의 신봉자였던 에르하르트가 채택한 정책은 비약적인 경제성장을 통해 그 유효성을 증명해 보였다. 하지만 처음부터 그러한 정책적 선택이 당연시되었던 것은 아니다. 나치시대 독점 자본주의의 폐해를 경험한 독일 국민들 가운데는 종전 후 주요자원과 생산설비의 사회화를 요구하는 이들이 많았으며, 노동자의 경영 참가제를 요구하는 목소리도 강하게 나타났다. 예컨대 1946년 헷센과 작센 지역의 경우 주민투표 결과 2/3가 기간산업의 사회화를 지지하였다. 기간산업의 사회화는 군정당국의 반대로 좌절되었지만, 사실 군정 시기 동안 자유시장경제체제에 대한 사회적 합의는 결코 순조롭지 않았다.

연방공화국의 건국을 논의할 때 신생국가의 헌정구조와는 달리 경제체제는 논란과 갈등의 영역이었다. 시장경제에 대한 옹호와 비판, 자본주의 경제체제의 수용과 혁신에 대한 입장은 정당 간 그리고 부분적으로는 정당 내부에서조차도 엇갈렸다. 기민당의 경우 1948년까지도 당 내부에는 탄광의 사회화를 요구하는 목소리가 있었으며, 사회적 시장경제가 당의 공식적 강령으로 채택된 것은 통화개혁 이후인 1949년이었다. 사민당의 경우는 1950년대 중엽에 가서야 국가가 통제하는 계획경제의 요소를 당 강령에서 삭제하고 공식적으로 사회적 시장경제를 수용하였다.

그러나 급속한 경제성장을 통해 증명된 시장경제의 효율성만으로 서독에서 사회적 시장경제체제가 확립될 수 있었던 이유를 설명하기에는 부족하다. 라인강의 기적을 가져온 것은 시장의 힘이었지만 시장 자체가 서독 주민들의 삶에 풍요를 선사한 것은 아니었다. 대중적 풍요라는 경제성장의 사회적 효과를 창출한 것은 부의 집중을 가져오는 시장경제의 문제점을 보완한 국가의 사회정책이었다.

아데나워 정부가 출범하였을 때, 서독에는 전쟁과 패전의 결과로서 시급히 해결해야 할 심각한 사회문제가 산적한 상황이었다. 이에 따라 사회정책의 우선순위도 1950년대 전반까지는 전쟁의 피해를 복구하는 데 있었다. 1952년에 제정된 전쟁피해분담법(Lastenausgleichsgesetz)과 1953년에 입법화된 실향민법(Vertriebenengesetz)이 그러하였다. 전자는 전쟁으로 입은 부동산 및 동산의 재산

피해에 대해 국가가 부분적으로 보상하는 조처였는데, 피해분담의 원칙에 따라 전시 재산피해가 없었던 국민들에게는 특별재산세가 부과되었다. 이 법은 1960~70년대를 거치면서 수혜 대상자의 범위를 조금씩 확대하였다. 그 결과 이 법을 근거로 1980년대 후반까지 총 5,700만 명이 전쟁피해보상을 신청하였고, 총 1,300억 도이치 마르크(DM)가 이들에 대한 보상비로 지출되었다.

한편 실향민법은 종전 후 난민으로서 서독에 정착한 엄청난 수의 실향민과 탈주민들의 문제를 해결하기 위한 것이었다. 이 법의 주요 내용은 두 가지였다. 그 하나는 그동안 동독과 국경을 맞대고 있는 몇몇 지역에 집중적으로 수용되어 해당 주민의 불만을 초래한 실향민들을 지역별 할당을 통해 서독 각지로 분산 배치하는 것이었다. 다른 하나는 이주자들이 새 주거지에 정착할 수 있도록 주택을 제공하고 취업을 위한 직업교육 경비를 지원하는 것이었다.

이 조처로 1960년대 초까지 전체적으로 총 47억, 1명당 환산할 경우 평균 약 6,000마르크가 실향민 지원에 소요되었다. 많은 비용이 들어갔지만 정책적 효과는 비용을 능가하는 것이었다. 즉 실향민에 대한 적극적인 지원정책은 난민의 경제적 궁핍, 경제성장에 따른 부의 집중, 지역적 불균형 발전 등을 해소하는 데 기여하였다. 그뿐 아니라 정치적으로 과격한 성향의 실향민 단체가 출현하던 상황에서 실향민들의 정치세력화 가능성을 미리 차단함으로써 정치적 불안 요소를 제거하는 효과를 거두었다.

전후 복구를 위한 사회정책에는 사회공공주택의 건설도 포함되었다. 1950년 연방정부는 서민들에게 저렴한 임대료로 주택을 공급하기 위해 지방자치기관, 교회, 노조 등 공익단체의 주택건설을 지원하는 조처를 입법화하였다. 이 법이 제정된 뒤 1956년까지 총 300만호의 주택이 건설되어 실향민을 비롯한 저소득층에 공급되었다. 이로써 전후의 심각한 주택난은 크게 완화되었다.

전후 복구의 차원을 넘어 경제성장의 과실을 본격적인 복지의 일환으로 수혜할 수 있는 기회를 제공한 정책은 1957년 개정된 연금법이었다. 여야 간 오랜 논의를 거친 이 새로운 연금법은 소위 '세대간 협약'의 원칙에 바탕을 두었다는 점에 그 특징이 있다. 세대 간 협약이란 현재의 취업자가 은퇴자의 연금을 부양하는 방식을 의미하였다. 이 방식에 따라 연금은 더 이상 취업활동 당시 수령자본인과 고용주가 분담한 납부금에 의해 고정되지 않고 연금을 납부하는 현 취업자의 임금과 연계되어 결정되었다. 그리하여 연동제 연금(dynamische Rente) 방식이 도입된 뒤 연금액이 전반적으로 크게 증가하였고, 연금생활자들은 노령기의 궁핍에서 벗어날 수 있게 되었다.

연금정책과 더불어 역대 서독 정부가 사회정책상 역점을 두었던 또 하나의 분야는 가족정책이었다. 연방정부에 가족부를 신설한 아데나워 정부는 소득이 불충분한 다자녀 가정을 위해 아동지원비(Kindergeld) 제도를 도입함으로써 자녀양육을 지원하는 가족정책의 틀을 만들었다. 셋째 이후의 아동을 대상으로 1954년부터 지급되기 시작한 아동지원비는 1970년대 이후 전 가구, 전 아동으로 확대되고 금액도 증가하였다. 그리하여 1976년부터 1982년 사이 아동지원비 지출은 무려 8배 이상 늘어났다.

아동지원비 외에도 사회적 약자를 위해 사회안전망을 구축하려는 노력은 1960~70년대를 거치면서 더욱 강화되고 확대되었다. 우선 의료보험, 실업급여 등 이미 전전(戰前) 바이마르 시대를 거치며 사회복지정책의 기본으로 정착한 기존의 제도들이 한층 더 발전하였다. 공공 의료보험은 질병의 치료뿐 아니라 요양까지 수혜의 폭을 넓혔고, 실업급여의 수령 기간과 액수도 늘어났다.

기존의 제도가 향상되었을 뿐만 아니라 여러 가지 새로운 복지시책들도 추가되었다. 예컨대 저소득 가정을 대상으로 한 주거보조비, 임신 및 출산지원비, 학업 및 직업교육비 지원(BAföG) 등이 그러하였다. 이렇듯 전반적으로 1970년대에 이르면 광범위한 사회계층에게 포괄적인 사회보장제도가 마련되고 수혜의 기회가 보장되었다. 이에 따라 복지는 더 이상 자유시장경제의 단순한 보완책이 아니라 국가가 반드시 이행해야할 의무이자 국민 누구나 누릴 수 있는 당연한 권리라는 인식이 정착되었다.

복지를 권리로서 인식하는 것은 복지사회의 발전에 필수적이지만 다른 한편 복지를 향유하는 데는 현실적으로 한계가 있음도 부인할 수 없다. 경제적 뒷받침이 없이 복지국가의 실현은 불가능한 것이고 경제성장이 뒤따르지 못하는 한 복지정책은 한계에 부딪치고 문제점을 드러낸다. 복지국가로 향한 전후 서독의 발전도 예외가 아니었다. 급속한 경제성장이 벽에 부딪치자 복지제도 역시 개혁의 필요성에 당면할 수밖에 없었던 것이다.

전후 서독사회가 경제성장에 한계가 있다는 사실을 실감한 것은 1970년대에 접어들어서였다. 라인 강의 기적이라는 장기간에 걸친 지속적인 경제성장에 종지부를 찍은 경기변동은 이미 60년대 중엽에 나타났지만 그 영향이 크지 않았고 짧은 시간 내 회복할 수 있었다. 그에 비해 1973년 전 세계를 강타한 오일쇼크와 함께 도래한 경제위기는 그 파급효과가 컸다. 2배 이상 급등하는 유가의 영향으로 1973~74년 물가상승률은 7%에 달했다. 반면 경제성장률은 1974년 0.4%, 1975년에는 마이너스 성장을 기록하였고, 실업자는 각각 60만, 110만 명으로 급증하였다. 이렇듯 1970년대 중반 서독사회는 물가상승, 실업, 국가부채의 증가 등의 문제를 통해 무제한적 경제성장이란 불가능한 것이며 따라서 복지란 결국 제로섬 게임의 성격을 지닌 것이라는 사실에 직면하였다.

그럼에도 복지시책은 경제현실과는 동떨어진 방향으로 움직였다. 1960년대 말 정권교체에 성공한 사민당과 자민당 연립정부는 집권기 동안 사회보장제도를 확대하는데 치중하였을 뿐 기존의 제도를 경제여건의 변화에 맞춰 개혁하는 데는 소홀하였다. 특히 사회정책을 종종 선거 전략에 활용하는 경향은 1950~60년대 보수 기민당 정부 때와 별 차이가 없었다. 예컨대 1976년 연방정부는 선거가 끝난 뒤 경제여건을 고려하여 선거 전에 약속한 연금인상을 유보하려다 여론의 악화로 취소하기도 하였다. 또한 1977년 이후 연금연동제는 명목소득이 아니라 물가를 고려한 실질소득과 연계됨으로써 실질적 보장은 오히려 더욱 강화되었다. 뿐만 아니라 1975년에는 연금수령 연령도 대폭 하향 조정되었다. 이는 조기퇴직을 유도하여 증가하는 실업을 해소하려는 의도의 산물이었다. 연금정책이 노령자의 복지가 아니라 노동시장의 상황에 대응하는 실업정책의 수단이 된 것이다.

서독의 경제는 두 번째 오일쇼크가 닥친 1970년대 말까지 정체를 벗어나지 못하였다. 경제침체는 그 해법을 둘러싸고 연정 내부에 갈등을 초래하였고, 1980년대에 접어들어 결국 정권교체의 원인이 되었다. 그리하여 1982년 다시 등장한 기민·기사당과 자민당의 연립정부는 경제정책과 사회정책에서 변화를 추구하였다. 경제적 자유주의 요소를 강화하고, 친 기업적이며 성과 위주의 정책을 폈으며, 재정 긴축, 감세, 투자촉진, 일자리 창출에 나섰다.

정부의 새로운 경제정책, 그리고 석유파동 이후 세계경제의 호황 덕분에 1980년대 서독의 경제는 침체를 벗어났다. 특히 수출이 확대되면서 80년대 말에는 4~5% 대의 높은 성장률을 기록하였다. 이처럼 경제가 전반적으로 성장세를 보였지만 대량실업이라는 70년대 이래 서독 경제의 만성적인 문제는 개선되기는커녕 더욱 악화되었다. 제1차 오일쇼크 당시 100만이 넘었던 실업자 수는 1983년에는 230만 명을 넘어 실업률 9.1%를 기록하였고, 이후에도 내내 200만 명 이상의 수준을 유지하였다.

전체적으로 1970년대 이후에는 그 전에 비해 경제 여건이 달라진 만큼 연금, 의료보험, 실업보험 등 주요 사회보장제도에 일대 개혁이 필요한 상황이었다. 정권교체 후 기민당과 자민당 연립정부는 그 필요성을 인식하고 사회복지의 감축에 나섰다. 즉 연금 인상을 억제하고 자녀양육, 출산장려, 직업교육 등에 대한 지원도 전반적으로 줄였다. 그러나 근본적인 개혁은 이뤄지지 않았다. 당의 강령과 정책에서 사회보장의 이념이 갖는 비중은 기민당 역시 사민당에 결코 뒤지지 않았다.

레이건이나 대처 정부시절의 미국이나 영국 등에 비해 서독의 경우 사회보장제도의 개혁은 상대적으로 매우 제한된 범위 내에서 이뤄졌을 뿐이다. 국민의 여론도 결코 복지제도의 개혁에 유리하지 않았다. 80년대 긴축재정으로 사회보장의 혜택이 줄어들자 서독에서는 이른바 '2/3 사회(Zwei-Drittel-Gesellschaft)'라는 비판이 제기되었다. 국민들 가운데 1/3이 경제적 불평등으로 고통과 희생을 겪는 반면, 나머지 다수인 2/3가 그 혜택을 누린다는 뜻이었다.

고실업, 저성장, 만성적 재정적자의 문제점을 안고서도 복지제도의 개혁이 쉽지 않았던 가장 근본적인 이유는 국민들에게 있었던 것이다. 다시 말해 대중민주주의를 바탕으로 한 복지국가체제 자체가 개혁의 한계였던 것이다. 즉 유권자의 대다수가 복지제도의 수혜자이고, 어떤 정당이든 그들의 지지를 얻어야만 집권하고 개혁을 추진할 수 있는 구조에서 고통과 희생을 요구하는 복지제도의 근본적인 개혁은 사실상 불가능하였던 것이다.

V. 변화하는 사회 ─ 사회적 갈등과 변화의 양상

1933년 나치 집권부터 1949년 연방공화국의 건국까지 독일은 독재, 전쟁, 연합국의 군정 등 여러 가지 커다란 변화를 겪었다. 그럼에도 1940년대 말 서독사회에는 역사적 단절보다는 연속성이 더 두드러졌다. 우선 정치가 집단이 그러하였다. 초대 연방 수상이었던 아데나워를 비롯한 여야 정당의 주요 정치지도자들은 대부분 이미 바이마르 시기부터 정치활동을 시작한 인물들이었다. 정치가뿐만 아니라 가톨릭 및 개신교회의 종교지도자, 주요 기업인과 노조 지도자, 대학교수 등 사회 여러 분야의 엘리트들에게서도 전쟁 이전 시기와 인적 연속성이 두드러졌다.

이러한 현상은 전통적 엘리트를 재생산하는 교육제도와 깊이 관련된 것이었다. 1950년대 초 18세 연령 전체 인구 가운데 고등교육 진학자는 단 2%에 불과할 정도로 교육을 통한 사회적 신분상승의 길은 극히 제한되어 있었다. 아데나워 정부의 출범을 '복고'로 여겼던 당대 서독사회 일각의 인식은 사회유동성이란 관점에서 보면 일리가 있었던 것이다.

그럼에도 연방공화국의 역사를 뒤돌아보면 변화는 신생공화국의 출발과 더불어 이미 시작되고 있었다. 아데나워 정부가 집권한 1950년대 이래 서독 사회에는 새로운 정치, 경제질서에 상응하여 사회, 문화의 차원에서도 다양한 양상의 새로운 변화들이 나타난 것이다. 1950년대를 거치면서 서독사회에 나타난 가장 큰 특징 가운데 하나는 대중소비사회로의 변화였다. 두말 할 나위 없이 그것은 독일역사상 초유의 급속한 경제성장이 가져온 직접적인 결과였다. 즉 광범위한 주민계층이 늘어나는 수입과 소득을 배경으로 의식주의 일상생활에서 물질적 풍요를 누리기 시작한 것이다. 예컨대 라디오에 이어 1950년대 말 대중매체로 등장한 TV, 전축, 냉장고 등 가전제품이 일반화되고 자동차도 널리 보급되기 시작하였다. 풍요로운 삶의 상징이었던 자동차의 경우 1970년대에 접어들면 보급률이 미국의 수준에 근접하였다.

경제적으로 윤택해지자 노동시간이 줄어들고 여가 시간이 늘어나기 시작하였다. 즉 1950년대 말에 이르면 주 5일 근무제가 도입되고 노동시간은 주당 44

시간으로 1950년대 평균 주당 48시간에 비해 4시간 정도 단축되었다. 여가 시간이 늘어나면서 여가 활동도 달라졌다. 스포츠나 클럽활동 등 전통적인 여가활동 외 여행, 특히 해외 휴가 여행이 새로운 여가활동 패턴으로 자리 잡기 시작한 것이다.

물질생활뿐 아니라 대중문화의 영역에서도 변화가 뚜렷하였다. 1950년대 이후 서독의 대중문화에는 독일적 전통을 강조하는 바이마르나 나치 시기의 민족주의 성향 대신 개방성, 개인주의, 자유주의 성향이 두드러졌으며, 서방 특히 미국의 영향력이 강하게 나타났다. 서독의 대중문화를 지배한 '아메리카니즘'은 다양한 장르에서 확인할 수 있었다. 50년대 서독에서 가장 인기 있는 작가는 헤밍웨이였으며, 국내보다는 미국에서 제작된 수입영화가 각광을 받았다. 연극에서도 독일작품보다는 외국작품이 더 많이 상영되었으며, 고전음악이나 전통음악을 대신하여 재즈와 '로큰롤,' 샹송 등 외국음악이 젊은 층을 중심으로 대중적 인기를 누렸다.

대중소비와 상업적 대중문화의 발전이 뚜렷한 1950년대 서독사회의 변화를 당대의 사회학자 쉘스키(H. Schelsky)는 경험적 사회분석의 대상으로 삼았다. 그는 자신의 연구결과를 토대로 전후 서독사회가 전통적인 계급사회에서 '평등화된 중간신분사회(nivellierte Mittelstandsgesellschaft)'로 탈바꿈하고 있다는 주장을 제기하였다. 즉 서독 주민 대다수가 경제적 안정과 여유를 누리면서 계급적 구별은 사라지고 하나의 계층으로 균등화되었다는 것이었다.

쉘스키의 주장은 19세기 후반 독일제국 시기나 20세기 전반 바이마르 시기와 비교해 중간계층이 두터워졌다는 의미에서 계급구조의 변화를 지적한 것으로 이해한다면 수긍할만하다. 또 표준화된 의식주 생활방식과 소비패턴, 상업적 대중문화가 지배하는 여가와 문화 활동 등에서 계급적 차별성보다는 동질성이 두드러졌다는 점도 경험적 사실로 수용할 수 있다. 그럼에도 중간계급으로 균등화됨으로써 서독사회에는 계급이 소멸하였다는 쉘스키의 주장은 문제가 있다. 임노동이나 소득에 따른 빈부 격차 등 계급사회의 구조와 관계 자체가 사라졌다고 보기는 어렵기 때문이다. 실제로 노동자들과 노동운동은 연방공화국 출범이후 내내 사회적 통합의 주요 과제 가운데 하나로 남아 있었다.

물론 전체적으로 전후 서독사회의 노동자 통합은 성공적이었다. 바이마르공화국 시기의 노사 간 첨예한 계급갈등이나 전후 유럽 다른 국가에서 등장한 전투적 노동운동은 서독에서 찾아보기 어려웠다. 1960년대 중엽에 전후 처음으로 경제위기가 닥쳤을 때 성립한 '노사정 대타협'이 상징하듯이 서독에서는 노사 간 투쟁 대신 협의와 타협의 문화가 정착하였다.

상대적으로 평화로운 노사관계를 정립할 수 있었던데는 정부 및 기업과 아울러 노조가 중요한 역할을 하였다. 전후에 결성된 노조는 노조활동과 정치활동을 엄격히 분리하고자 하였다. 정치노선에 따라 노조조직이 분리되어 갈등을 겪었던 지난 역사적 경험에서 교훈을 얻었던 것이다. 그리하여 전후 서독의 노조는 '통합노조'의 원칙을 내세워 조직을 단일화하였으며, 산별노조를 중심으로 노사협상 창구를 단일화하였다.

1950년대 고도 경제성장은 노조활동에 유리하였다. 수요가 공급을 앞서는 노동시장의 상황에서 노조는 임금 인상 외 노동시간 감축 등 노동조건의 구조적 개선에 대한 요구를 성공적으로 관철시킬 수 있었다. 50년대 후반 금속산업분야부터 주 5일, 45시간제가 시작되었으며, 질병으로 인한 무노동에 대해서도 임금 지불이 보장되었다. 노동시간은 1970년대 중엽까지 주당 40시간으로 더욱 단축되었고, 단축된 노동시간은 90%에 달하는 노동자들에게 적용될 정도로 보편화되었다. 60년대 말부터는 연가(年暇)가 늘어나기 시작하여 1980년대 후반에는 연 6주의 휴가가 노동자의 권리로 인정되었다.

서독의 노사관계가 안정될 수 있었던 데에는 이를 뒷받침한 중요한 두 가지 제도가 큰 역할을 하였다. 그 하나는 노동자들의 경영참여를 보장하는 공동결정제도(Mitbestimmung)였다. 공동결정제도는 노사 대표로 구성되는 경영감독위원회(Aufsichtsrat)를 설치하여 기업경영에 대한 노동자들의 참여를 보장하는 것이었다. 이 제도는 50년대 초 국가 기간산업이자 전통적으로 노사갈등이 심각하였던 석탄 및 철강산업에 처음 도입되었고, 곧 다른 산업분야로 확대되었다. 탄광과 철광 산업에서는 감독위원회가 주주와 노동자 대표 각 5명씩 노사동수로 구성된 반면 그 밖의 산업분야에서는 노동자 대표권이 1/3로 제한되었다. 이에 따라 노동자들은 정부와 기업을 향하여 제한된 노동자 대표권을 강화해

줄 것을 요구하며 지속적으로 투쟁하였다. 노동자들의 투쟁은 1970년대 후반에 종업원 2,000명 이상의 기업의 경우 노사동수로 감독위원회를 구성하도록 법을 개정함으로써 결실을 맺었다.

공동결정제와 더불어 기업 내 노동자들의 권익을 뒷받침하였던 또 다른 제도는 노동자 대표로 구성되는 공장평의원회(Betriebsrat)였다. 1952년 법제화된 공장평의원회는 감독위원회에 비해 상대적으로 지위가 취약하였지만 종업원의 인사, 근로조건, 복지 문제 등에서 노동자의 이익을 대표하는 중요한 기구였다. 통상 평의원은 노조의 추천을 받았고 노조와 긴밀한 협력관계를 유지하면서 기업경영의 자의성을 견제하는 기능을 수행하였다. 감독위원회나 공장평의원회 제도가 법제화되기까지는 노사 간 갈등도 많았지만 제도가 정착된 뒤에는 노사 대립의 평화적 해결과 생산적인 협력관계에 크게 기여하였다.

노동자 문제는 19세기 산업화 이래 이미 경험해온 것이었다면 1960년대에 접어들면서 서독사회는 지금까지 전혀 경험하지 못한 새로운 문제에 당면하였다. 1960년대 후반 대학생들이 중심이 된 '젊은이들의 반항'이 그것이다. 학생운동의 형태로 등장한 '젊은이들의 반항'은 1966년 대연정이 성립하면서 본격화되었고, 1968년 봄 정점에 달하였다. 서베를린, 본 등 일부 도시에서 시작한 학생운동은 그동안 비교적 평화적인 집회나 시위에 그쳤으나 이때에 이르면 전국적으로 확산되었으며, 폭력적 가두투쟁의 형태로 과격화하는 양상을 보였다. 이처럼 폭동으로 비화하는 학생운동을 진압하기 위해 정부와 의회는 비상사태법을 제정하여 강력하게 대처하였다.

처음에 학생운동은 대학의 낙후된 교육 여건의 개선을 요구하면서 시작되었지만 곧 정치를 포함한 사회 기성질서 전반에 대한 전면적인 비판과 거부로 발전하였다. 이에는 여러 가지가 배경으로 작용하였다. 즉 자본주의와 관료제 국가로부터의 해방을 부르짖는 일부 진보적 지식인의 이념, 기성정당과 의회민주주의에 대한 비판으로 등장한 '의회 바깥의 저항'세력의 활동, 전후 망각된 나치 과거사 문제를 제기하기 시작한 교회의 태도 등이 학생들에게 영향을 미쳤던 것이다.

그러나 역사적 맥락에서 보면 '68학생운동'은 이미 1962년 소위 '슈피겔 사건'에서 서막이 올랐다. 이 사건은 서독의 유명 주간지 슈피겔의 국방관련 기사에 대한 경찰조사가 언론탄압 논란을 불러일으키며 정치스캔들로 발전한 것이었다. 슈피겔 사건은 초대 수상으로 14년간 장기 집권한 아데나워의 퇴진으로 이어졌다. 그 점에서 그것은 국가건설과 경제부흥에 매진해온 전후시대의 종언을 의미하였다. 그리고 슈피겔 사건을 둘러싼 논란에서 나타난 현실 변화의 시도는 '68운동'에서 정점에 이르렀다. 즉 68운동은 전후 성장한 새로운 세대가 경제부흥기의 풍요롭고 안락한 생활에 만족하고 현실에 안주한다고 여긴 기성세대를 향하여 불만을 토로하고 비판을 제기한 것이었다.

기성의 가치와 권위를 부정하고 나선 68운동은 처음에는 여론의 주목을 끌었다. 그러나 점차 폭력성이 증가하자 여론은 이에 등을 돌렸고 이에 따라 68년 봄을 고비로 68운동은 급속히 쇠퇴하였다. 현실보다는 이상에 치우친 젊은이들의 반항이 가져온 구체적인 결과는 미미하였다. 기성 정치와 경제질서에 근본적인 변화는 없었다. 그럼에도 68학생운동이 서독사회에 미친 영향은 결코 과소평가할 수 없다. 그것은 부정적인 측면과 긍정적인 측면이 동시에 존재하는 복합적이고 양면적인 것이었다.

우선 학생운동의 부정적인 유산으로서는 1970년대 서독뿐 아니라 전 세계의 이목을 집중시키며 맹위를 떨친 테러리즘을 들 수 있다. 그것은 학생운동에 나타난 폭력성을 계승한 것이었다. 68운동의 쇠퇴 이후 운동 세력의 대다수는 이상을 포기하거나, 제도권 내로 흡수되었지만 일부집단은 그에 집착하였다. 그들은 운동의 목표를 대중의 동원과 조직이 아닌 다른 방식으로 달성하고자 하였고 테러를 그 대안으로 선택하였다. 그들은 소규모 테러 집단으로 조직화되었는데 그 가운데 대표적인 것이 적군파(RAF)였다. 이 적군파는 정치가, 고위관료, 기업가 등 요인납치와 살해, 군사시설 및 공공기관 습격, 비행기 납치 등 일련의 테러 행위를 주도하였다. 국가와 공권력에 대한 전면 거부와 도전을 의미하는 이러한 테러행위는 서독정부가 인명 희생을 무릅쓰고 강력하게 대응하고 지도부를 검거함으로써 70년대 후반 대부분 진압되었지만 부분적으로는 80년대와 90년대까지 이어졌다.

다른 한편 68학생운동은 서독사회에 여러 가지 면에서 긍정적인 유산을 남기기도 하였다. 68운동을 계기로 서독 국민들의 사고와 의식에 변화가 나타났고, 보수적이고 권위주의가 지배하던 사회 분위기가 탈권위적이고 민주적으로 바뀌었다. 그리고 유대인 대학살이라는 끔찍한 나치범죄에 대한 자기비판과 반성이 시작되고 민족사에 비판적인 새로운 기억 문화가 출현하였다. 또 68운동이 제공한 동력을 토대로 70년대 사민당 정부는 개혁정치를 추진하였고, 여성, 환경, 반전, 반핵운동이 활성화되었다.

68운동과 1970년대 개혁정치의 관계를 보여주는 대표적인 사례로서 교육개혁을 들 수 있다. 60년대 후반 학생운동이 낙후된 교육의 문제점에서 출발한 만큼 68년 이후 각 정당은 교육문제에 많은 관심을 보였고 특히 집권 사민당은 교육개혁에 박차를 가하였다. 이에 따라 우선 교육에 대한 국가의 투자가 늘어났다. 1960년 국민총생산액(GNP)의 2.4%를 차지하던 교육재정이 1970년 4.1%, 1975년에는 5.5%로 증가하였다. 교육개혁의 초점은 교육제도의 확충과 교육문호의 개방이었다. 연방과 주정부는 김나지움, 대학 등 중등 및 고등교육기관의 신설에 나서 1964년 26개에 불과한 대학이 1974년에는 49개로 증가하였다. 이에 상응하여 1950년 단 2%에 지나지 않던 대학 진학률도 1980년대 중엽 20%로 상승하면서, 13만 명 수준이던 대학생 수가 133만 명을 넘어 10배 이상 증가하였다.

아울러 교육시스템에도 변화가 나타났다. 즉 전통적으로 '기본학교(Hauptschule)', '실용학교(Realschule)', '인문학교(Gynasium)' 등 세 종류로 분할된 중등교육기관 외 이들을 하나로 통합한 새로운 유형의 '통합학교(Gesamtschule)'가 설립되었다. 통합학교는 교육이 계급구조를 재생산하는 현상을 막기 위해, 중등학교 수준에서는 사회적 출신, 지적 능력, 진로 희망과는 별개로 계급 초월적인 교육을 제공하려는 목적에서 도입되었다. 사민당은 교육개혁의 핵심으로 통합학교의 확산을 의욕적으로 추진하였다. 하지만 제도적 혼란과 교육의 질적 저하를 우려한 보수 정당과 교사, 학부모들의 반대에 부딪혀 성공을 거두지 못하였다.

결과적으로 1970년대 교육개혁을 통해서도 교육에서 계급별 차이는 그다지 해소되지 않았다. 그럼에도 변화는 있었다. 성별 불평등이 크게 개선되었다는 점이 그것이다. 70년대를 거치면서 중등 및 고등교육을 이수하는 여성의 비중이 크게 증가하였는데 김나지움의 경우 종래 남학생에 못 미쳤던 여학생의 비율이 남학생을 추월하였다.

사실 교육에서 확인된 남녀 간 기회균등 문제는 전후 서독사회에 나타난 또 하나 중요한 흐름을 보여주는 것이었다. 기본법은 남녀평등을 헌법적 이념으로 천명하였지만 현실은 규범과 많이 달랐다. 여성의 지위와 역할에 대해서는 전후에도 전통적인 인식이 지배적이었다. 여성의 역할과 활동은 일차적으로 가정과 관련되었고, 여성의 취업활동은 경제적으로 강요되지 않는 한 선호의 대상이 아니었다. 가정에 대한 인식을 지배한 것도 가부장적 모델이었다. 여성에 대한 차별은 사회적 차원에서도 두드러졌다. 남녀 임금 차별은 1950년대 중엽 법적으로 금지되었지만, 고용이나 승진 기회 등 취업 활동에서 여성이 실질적으로 받는 불이익은 크게 개선되지 않았다.

그럼에도 시간이 흐름과 더불어 서서히 변화가 나타났고 특히 1970년대를 거치면서 변화는 가속화되었다. 이에는 여성해방을 부르짖는 여성운동과 아울러 위로부터 국가의 여성정책이 한몫하였다. 교육과 마찬가지로 여성문제 역시 사민당이 시도한 개혁정치의 주요 테마였다. 우선 가족법이 개정되면서 남성 우월권은 폐지되었다. 부부는 가사와 자녀양육의 부담을 분담해야 하고, 동등한 권리를 가진 파트너로 규정되었다. 이혼이나 낙태 등에서도 여성의 권리와 자유를 강화하는 방향으로 법이 개정되었다.

무엇보다도 1970년대 이후 여성에 대한 사회적 인식이 크게 바뀌었다. 여성의 직업 활동은 당연하다는 인식이 보편화되었고, 여성 취업자가 크게 늘었다. 여성의 공직 진출도 더 이상 예외적인 현상이 아니었다. 물론 교육분야를 제외하고는 현실에서의 변화는 여전히 제한적이었지만 시대적 추세로서 성 평등은 지속적으로 개선되고 확대되었다고 할 수 있다.

노동자, 대학생, 여성 문제와 아울러 전후 서독 사회가 당면한 또 하나의 과제는 외국인 문제였다. 계급, 세대, 성 등과 함께 민족 내지 인종 문제가 사회적 갈등의 한 축을 이루고 있었던 것이다. 전후 한동안 서독사회는 대외적 인구이동에서 보면 전입이 아니라 전출국가였다. 외국인의 국내 이주보다는 서독 주민의 국외 이민이 더 많았던 것이다. 이러한 현상은 전후 서독의 경제부흥이 본격화되면서 완전히 달라졌다. 급속한 경제성장의 과정에서 부족한 노동력을 보충하기 위해 국외에서 외국인 노동자들을 초빙함에 따라 외국인이 집단적으로 유입되기 시작한 것이다.

서독 정부는 1955년 이탈리아를 필두로 70년대 초까지 스페인, 그리스, 터키, 모로코, 포르투갈, 튀니지, 유고슬라비아, 한국 등 유럽, 아프리카, 아시아 지역 여러 국가와 차례로 노동인력공급 계약을 맺고 이들 나라에서 노동자들을 모집해서 서독 내 기업에 공급하였다. 이런 방식으로 서독으로 유입된 '초빙노동자' 수는 1964년에 이미 100만 명을 넘어섰다. 전체적으로 1950년대 말부터 1970년대 초 사이 외국인 노동자의 수는 13만에서 260만 명으로 무려 20배가량 증가하면서 가히 통제되지 않는 팽창세를 보여주었다. 이 가운데는 1960년대 말까지는 유고 출신, 1970년대 이후에는 터키 출신 노동자가 나라별로 가장 큰 비중을 차지하였다.

초빙노동자는 처음에는 단순히 노동력 확보라는 경제적 관점에서만 다루어졌다. 그러나 일단 전입한 이후부터 그들의 문제는 경제적으로만 처리할 수 없는 것이 되었다. 그들은 일자리뿐 아니라 다양한 인간적 욕구를 가지고 있었기 때문이다. 처음에 계약된 취업기간이 끝나면 귀국할 예정이던 초빙노동자들이 시간이 흐를수록 체류 기간을 늘려갔고, 나아가 가족을 초청하고 아예 정착하는 경향도 나타났다. 여러 가지 요인이 이런 현상을 부추겼다. 야간, 교대, 도급, 컨베이어벨트 노동 등 힘든 노동조건과 작업환경을 감수하고 직장에 대한 충성도가 높은 초빙노동자들을 기업이 선호한 것도 한 요인이었다. 아울러 유럽 지역 출신 노동자들에게는 유럽 내 국가 간 자유 이주의 권리가 국제법적으로 인정된 것이 영향을 미쳤다.

국외에서 노동인력을 모집하는 제도는 1973년 경제위기와 함께 최종적으로 폐지되었다. 그리고 1970년대 후반 외국인 노동자 수도 190만 명으로 감소하였다. 그러나 이때에는 이미 많은 외국인 노동자들이 정착을 완료하였다. 게다가 서독의 경제상황으로 그동안 귀국한 것은 주로 유럽 출신 노동자들이었던 반면 잔류한 노동자들은 터키, 모로코, 튀니지 등 비유럽 문화권 출신이었던 것도 문제였다. 1980년대에 접어들어 서독정부는 귀국 장려금 형태의 인센티브제를 도입하는 등 외국인 노동자를 돌려보내는데 정책의 초점을 맞추었지만 큰 효과가 없었다. 출신지로 귀국하려는 희망은 체류기간이 늘어날수록 줄어들었고, 특히 초빙 노동자의 자녀들이 문제였다. 이들은 우선 수적으로 상당한 비중을 차지하였다. 서독에서 출생한 신생아 가운데 외국인 자녀의 비율은 1974년 17.8%, 1988년 11.3%에 달할 정도였다. 이 자녀들의 존재는 두말할 나위 없이 외국인 노동자의 귀국을 더욱 어렵게 하는 요인이었다. 부모와는 달리 출신지역에서 출생하거나 성장하지 않은 2세들은 서독보다 본국에서 더욱 이방인으로 느껴 귀국 후 적응이 어려웠기 때문이다.

외국인 노동자들에 대한 서독 사회의 태도는 양면적이었다. 한편으로는 그들을 환영하고 기본적인 권리를 보장해 주려는 노력이 있었다. 예컨대 1972년부터 외국인 노동자에게도 공장평의원 선거에서 선거권과 피선거권이 주어졌다. 다른 한편으로 서독사회에는 정치적으로나 법적으로 외국인들의 사회적 통합을 결정적으로 제약하는 장애요인이 남아 있었다. 많은 외국인 노동자들이 사실상 영구 이주상태에 있었지만 이들에게 참정권이나 시민권을 부여하여 통합하려는 시도는 없었던 것이다. 특히 비유럽 문화권 출신의 경우 통합은 사실상 불가능하다고 생각하는 사람들도 많았다.

1970년대까지 외국인 문제는 초빙노동자나 그 자녀가 중심이었으나 그 이후에는 새로운 요소가 추가되었다. 즉 80년대에 접어들어서는 제3세계의 빈곤, 정치적 박해, 전쟁 등을 피해 국제적으로 난민이 증가하였고, 서독에도 이들 난민이 대량 유입된 것이다. 그런데 이들 가운데는 정치적 박해가 아니라 경제적 문제로 일자리를 찾아 유입한 위장 난민들도 많았고, 이들의 존재는 서독 주민들의 고용 및 주거 여건을 악화시키는 요인이 되었다.

그 결과 외국인에 대한 서독 주민들의 부정적인 인식이 커졌으며, 일부 극우 세력을 중심으로 외국인에 배타적이고 적대적인 분위기가 형성되었고, 심지어 테러가 발생하기도 하였다. 이러한 사실을 고려하면 1980년대 중엽 서독의 시민권을 얻어 귀화를 희망한 외국인의 비율이 단 6%에 지나지 않았다는 사실은 결코 놀라운 일이 아니다. 노동자, 학생, 여성 등과는 달리 외국인의 통합 문제에서만큼은 서독사회가 그동안 뚜렷한 성공을 거두지 못하였던 것이다.

VI. 국제질서 속의 분단국가 — 대외관계와 대외정책

1949년 건국 당시 서독은 국제적으로는 아무 역할도 못하는 무력한 존재였다. 외교권을 가지고 대외적으로 연방공화국을 대표하는 것은 서방 연합국들의 군정책임자들이었다. 따라서 건국 초기 서독으로서는 대외적 주권을 확보하는 것이 다른 무엇보다도 시급하였다. 수상 아데나워의 판단도 그러하였다. 서독이 국제법상으로 주권을 회복하고 국제사회의 일원으로 동등한 지위를 인정받는 것이 대외정책에서 그의 우선적인 목표였던 것이다. 이러한 목표를 실현하기 위해 아데나워에게 중요한 것은 미국을 비롯한 서방 연합국과의 관계였다. 아데나워는 서독이 한때 적대국가로서 전쟁을 치렀던 연합국 세력에 대해 충실하고 믿을 수 있는 친구임을 입증할 때 비로소 통제와 구속에서 벗어나 주권국가로서 국제적 지위를 회복할 수 있다고 생각하고 그들의 신뢰를 얻기 위해 노력하였다.

아데나워는 냉전체제 아래 서방 연합국들의 신뢰를 얻을 수 있는 열쇠는 무엇보다도 군사적 기여에 있다고 생각하였다. 그리하여 그는 건국초기부터 서독이 서방군사 동맹세력의 일부로서 무장하는 대신 연합국은 서독의 주권을 제한하는 점령조례를 폐지하는 방안을 모색하였다. 아데나워의 구상에 대한 반응은 처음에는 부정적이었다. 국제적으로 나치가 도발한 전쟁에 대한 기억이 아직 생생하였고 국내적으로도 반군국주의 입장에서 반대 여론이 강하였다.

그러나 1950년 한국전쟁의 발발과 함께 상황은 그의 구상에 유리하게 바뀌었다. 공산주의 세력의 도발에 대한 위기의식이 고취되었고 이에 따라 1952년 서독과 서방연합국들 사이에 '독일조약'이 체결됨으로써 그의 정책에 돌파구가 마련되었다. 전후 점령체제를 법적으로 종결한 이 조약에서 서방연합국들은 서독과 서베를린의 방어를 약속하고 대외관계를 제외하고는 서독정부의 통치권을 인정하였으며, 서독은 군대 창설을 약속하고 서방동맹권역으로 흡수되었던 것이다.

서방세력의 신뢰를 얻어 주권국가로 인정받기 위해 아데나워가 외교적 노력을 집중한 것은 인접 서부유럽국가, 특히 프랑스와의 정치, 경제, 군사적 협력이었다. 우선 그는 루르 지대의 석탄에 대한 국제적 통제, 즉 서방 연합국과 인접한 벨기에, 네덜란드, 룩셈부르크 등 6개국의 관할권을 인정하였으며, 1951년에는 프랑스, 이탈리아, 베네룩스 3개국과 함께 '유럽석탄철강공동체(ECSC)'의 창설에 합의하였다. 서독은 생산량에서 약 40%의 비율을 차지하며 가장 큰 비중을 차지하였지만 이 국제기구의 통제권에서는 프랑스와 이탈리아 등과 동등한 권리를 행사하는 데 만족하였다. 그러나 이 국제기구에 참여함으로써 서독은 전후 처음으로 국제법상 하나의 국가로 인정받을 수 있었다.

아데나워는 '서방편입'이라는 외교적 목표를 위해 서독이 때에 따라서는 국가적 이익의 많은 부분을 양보하면서까지도 국제적 협력에 최대한 성의를 보여야한다고 생각하였다. 아데나워의 이런 태도는 자르란트 문제 처리에서 잘 드러났다. 점령기간 중 자르 지역을 독일의 영토에서 분할한 프랑스는 서독 건국 후에도 이 지역을 자국의 보호령으로 만들고자 하였는데, 아데나워는 여론의 비판을 무릅쓰고 이를 수용하고자 한 것이다.

아데나워의 적극적인 양보의 태도에도 경제협력과는 달리 서독의 대외적 주권 회복이나 재무장등 정치, 군사 문제에서는 프랑스와 협의가 쉽지 않았다. 독일의 재무장에 두려움을 가졌던 프랑스는 프랑스, 이탈리아, 베네룩스 3국이 중심이 된 '유럽방위공동체(EVG)'에 서독을 참여시키는 방안을 제시하였다. 서독의 군대 창설은 허용하되 통합 유럽군의 일부로서 편입하여 그 지휘권은 국제적 통제에 종속시키자는 것이었다. 독자적인 군대를 따로 보유하는 다른 회원국에 비해 불평등한 조처였으나 서독은 이를 수용하고자 하였다. 그러나 이 계획은 정작 프랑스 의회가 반대함으로써 수포로 돌아갔다.

서독을 유럽과 대서양을 묶는 방어체제 내로 편입시키고 이를 통해 서독의 안보를 확보하고 주권국가로서의 국제적 지위를 회복하려던 아데나워의 노력은 유럽방어공동체의 좌절에도 이내 결실을 거두었다. 서방 연합국들은 유럽공동체계획이 실패하자 즉각 대안을 모색하였고 그 해결책을 1955년 파리조약으로 구체화하였다. 이 조약을 통해 서독은 공식적으로 주권국가로 인정받았으며, 연합국의 관할권으로 유보된 서베를린 및 전체독일과 관련된 사항을 제외하고는 독자적으로 대외정책을 수행할 권리를 되찾았다. 그리고 서독은 군대를 보유하

게 되었으며, 북대서양조약기구(NATO) 정회원국이 됨으로써 동맹의 파트너로
서 다른 주권국가와 대등한 국제적 지위를 얻게 되었다. 다만 핵 및 생화학 무
기의 생산과 중무기(重武器)의 보유는 금지되었다. 아울러 서독은 영토상 분단되
었지만 정통성을 지닌 유일한 독일국가임을 확인받았다.

파리조약에서는 자르란트 문제의 처리에도 합의가 이루어졌다. 서유럽 국가
들의 국제적 통제 아래 자치권을 부여한다는 것이었다. 그러나 자르 지역의 유
럽화안은 이 지역 주민의 국민투표에서 부결되었고, 독일계가 다수를 차지하는
주민들의 의사에 따라 자르 지역은 1957년 서독의 영토로 복귀하였다.

파리조약을 통해 서독은 서방동맹체제로 통합을 완료하였고 전후 서독의 서
부국경문제는 최종적으로 해결되었다. 파리조약에 이르기까지 아데나워의 서방
편입정책에는 여러 가지 걸림돌이 많았다. 우선 그의 대외정책은 국내적으로
야당인 사민당, 노조, 개신교회 등을 중심으로 비판이 제기되면서 격렬한 논란
의 대상이 되었다. 아데나워의 친서방 정책에 대한 불만 가운데 하나는 그의
정책이 서독의 국익을 대변하지 못하고 지나치게 양보한다는 것이었다. 서독이
아니라 '연합국의 수상'이라는 아데나워에 대한 비난은 그러한 불만을 담고 있
었다. 더 본질적인 비판은 분단의 현실에 미치는 영향을 고려한 것으로서 아데
나워가 소련과의 협의 없이 일방적인 서방편입정책을 추구함으로써 통일의 희
망이 사라진다는 주장이었다.

아데나워의 정책이 통일을 위해 소련과의 협상 가능성을 충분히 활용하지
않는다는 비판은 소련의 반응에 의해 뒷받침되었다. 소련은 서독의 서방편입을
막기 위해 여러 차례 외교적 공세를 취하였다. 1952년 스탈린은 유럽방위공동
체 논의에 맞서 서독에 대해 동서독 자유 총선거에 입각한 통일방안을 제안하
였다. 그러나 서독과 서방연합국들은 스탈린을 신뢰하지 않았다. 스탈린의 제안
에 대해 서방세력은 총선에 대한 국제적 감시를 요구하였지만 스탈린이 이를
수용하지 않자 더 이상의 협의를 포기하였다. 그의 제안을 진지하게 고려하기에
는 그에 대한 불신이 너무 컸던 것이다.

스탈린의 의도에 대해서는 당대뿐 아니라 그 이후에도 논란이 지속되었지만
그동안 새로이 발견된 자료들은 그것이 장기적인 관점에 입각한 선전 책략의

일환이었다는 점을 시사한다. 실제로 아데나워의 정책을 좌절시키려는 소련의 시도는 스탈린 사후에도 계속되었다. 소련은 1955년 파리조약의 체결을 앞두고 다시 중립화와 비무장화를 전제로 독일 통일 방안을 논의하고자 제안하였으나 서방측은 이를 수용하지 않았다.

사실 아데나워에게 독일의 중립화 방안은 결코 고려의 대상이 아니었다. 그는 독일이 중립화되면 미국은 유럽을 포기할 것이고 미국이 유럽에서 떠날 경우 소련의 영향력이 유럽을 지배하게 될 것이라 생각하였다. 그리고 독일의 통일은 소련의 영향력이 배제되고 동독을 포함한 동유럽 질서가 변화되었을 때에야 비로소 가능하다는 것이 아데나워의 판단이었다. 아데나워는 소련을 변화시킬 수 있는 것은 서방세계의 강력한 힘이며, 그 점에서 서독의 서방편입이야말로 장기적으로 통일이 가능한 상황을 창출할 것이라고 믿었다. 소련을 비롯한 동유럽에 대한 아데나워의 대외정책은 한마디로 '힘의 정치'에 바탕을 두었던 것이다.

'힘의 정치'는 동독을 대상으로 한 독일정책에서는 이른바 '할슈타인 독트린'으로 구체화되었다. 그것은 국제법상 서독이 독일민족을 합법적으로 대표하는 유일한 국가이며, 동독을 인정하는 나라와는 외교관계를 단절한다는 원칙을 의미하였다. 서독은 자신의 경제력과 미국의 지원을 이용하여 1960년대에 이르기까지 이 원칙을 일관되게 적용하고자 하였다. 예외가 있었다면 소련과의 관계였다. 서독은 억류된 독일포로 문제 등을 내세운 소련의 압력에 1955년 소련과 외교관계를 맺었던 것이다.

아데나워의 대외정책을 어떻게 평가할 수 있을까? 그의 일방적인 친서방 정책이 동서독 분단을 조장하였다는 비판은 정당한 것인가? 냉전이 고조되는 상황에서 분단의 심화 현상은 사실상 불가피하였다는 점을 고려한다면 그런 비판에 공감하기는 어렵다. 마찬가지로 종종 지적되는, 중립화를 통한 통일의 가능성도 현실적으로 과연 얼마나 실현가능하였는지 의문이다. 아데나워는 비록 단기적으로 분단국가의 이해관계에 도움이 되지 않더라도 아무 조건 없이 서방동맹에 편입되는 것이 서독과 유럽의 장래에 바람직한 길이라 믿었다. 아데나워의 생각은 제1차 대전 뒤 전후 처리과정에서 바이마르공화국이 선택한 외교정책의 결과에 비추면 설득력이 있다. 1922년 라팔로조약을 통해 서방세력과 협의 없이 러시아와 관계 정상화에 나섰던 독일의 단독 행동은 서방세력으로부터 고립과 불신을 자초하였던 것이다.

아울러 비록 사후(事後) 결과론적 관점이지만 아데나워의 서방편입이야말로 궁극적으로 통일을 가능하게 한 요인으로 볼 수도 있다. 1989~1990년 동독체제의 붕괴와 동서독의 통일 과정에서는 서독의 자유롭고 풍요로운 삶에 대한 동독 주민들의 동경이 결정적인 역할을 하였다. 동서독의 통일은 분단 당시 서독에 등장한 소위 자석이론처럼 서독이 동독을 흡수하는 형식으로 진행된 것이다. 서독의 번영과 발전은 서방편입의 결과였던 만큼 아데나워의 결단이 없었더라면 최소한 1990년의 형태로 동서독 통일은 불가능하였다고 할 것이다.

아데나워의 서방편입정책이 구체적인 결실을 맺기까지는 다소 시간이 걸렸고 적지 않은 대가를 치르기도 하였다. 하지만 그것이 거둔 여러 성과만큼은 부인하기 어렵다. 서독에 대한 서방세계의 신뢰, 프랑스와의 관계 개선, 서유럽의 정치, 경제, 군사적 통합 등은 1차 대전 후 바이마르공화국으로서는 어림도 없는 외교적 성과였다. 실제 1950년대에 접어들어 아데나워의 외교적 노력이 성공을 거두기 시작하자 초기의 반대는 많이 사라졌고, 서방편입은 대외정책의 기조로서 인정받았다. 그리하여 1957년 상품, 자본, 노동이 자유롭게 이동하는 '유럽경제공동체(EEC)'의 창건을 추진한 아데나워의 정책은 야당의 지지를 받을 수 있었다.

아데나워의 대외정책 가운데 그의 비판자까지 흔쾌히 동의할 수 있는 업적은 프랑스와 우호관계의 수립이었다. 집권 초기부터 프랑스와의 관계를 개선하고자하였던 아데나워의 노력은 1950년대 말 드골이 집권한 뒤 한층 더 힘을 얻었고 1963년 프랑스와 우호조약을 체결함으로써 꽃을 피웠다. 이 조약과 더불어 역사적으로 갈등과 대립으로 점철되었던 두 나라 사이에 화해와 협력의 새로운 시대가 열렸다. 양국 간 1년에 두 차례 정기적으로 정상회담을 열기로 한 합의사항이 지금까지 이행되고 있으며, 1970년대 이후 서독 국민들이 가장 우호적으로 생각하는 국가로 프랑스를 꼽게 되었다는 사실은 1945년 당시에는 아무도 상상할 수 없던 일이다.

다른 한편 아데나워의 대외정책이 모두 성공적인 것만은 아니었다. 동독이나 소련을 비롯한 동구권 세계에 대한 그의 정책은 1950년대 후반부터 문제점을 드러내었다. 특히 동독의 존재를 인정하지 않았던 할슈타인 독트린은 이집트, 유고슬라비아, 그리고 제3세계 여러 국가들로부터 지속적으로 도전받았다. 분단문제의 해결책으로서 내세운 '힘의 정치'도 현실적으로는 힘을 발휘하지 못하였다. 1950년대 말 서베를린에서 서방 군대의 철수를 요구한 소련의 공세에 서독은 강력하게 대응하지 못하였고, 1961년 동독이 설치한 베를린 장벽도 수수방관할 수밖에 없었던 것이다.

1950년대 후반에 접어들어 냉전의 긴장상태가 누그러지면서 동독과 동유럽에 대한 아데나워의 정책은 경색되고, 지나치게 적대적인 것이 되었다. 변화하던 국제정세에도 서독은 현상유지를 고집할 뿐 중부유럽을 비핵지대화하자는 제안이나 군축 문제 등에 유연하게 대처하지 못하였다. 동서 냉전완화 추세에 적응하지 못한 서독은 동서 관계에 짐이 되었던 것이다.

이에 따라 서독의 대외정책의 변화가 불가피해졌고, 60년대 접어들어 아데나워가 퇴진하면서 변화가 나타나기 시작하였다. 먼저 변화의 조짐이 나타난 것은 서베를린이었다. 1963년 당시 미국 대통령 케네디가 방문한 뒤 서베를린 시장 브란트는 '작은 걸음의 정치'를 내세우고 동독과 통행증 협정을 맺었다. 이 협정에 따라 장벽 설치 후 처음으로 서베를린 주민이 동베를린의 친척을 방문할 수 있었다. 연방정부 차원에서도 변화의 시도가 있었다. 아데나워를 뒤이은 에르하르트 정부의 외상 슈뢰더(G. Schröder)는 동구권과의 관계를 개선할 수 있는 방안을 모색하였다. 그러나 그런 시도는 집권 기민·기사당 내부의 반대와 견제로 제대로 추진될 수 없었다. 대외정책에서의 근본적인 변화는 1960년대 말 정권교체 시기까지 기다려야 했다.

1970년대 초 브란트와 쉘이 이끄는 사민당과 자민당 연립정부는 이른바 '동방정책'이라는 새로운 대외정책을 추구하였다. 그것은 한 마디로 아데나워의 서방편입정책과 대칭적 균형을 이루는 정책이었다. 서방편입을 통해 서방세력과 화해와 협력의 관계를 수립한 것처럼 동방정책을 통해 동구권과의 관계를 개선하고 정상화하려는 것이었다. 동방정책은 우선 소련을 필두로, 폴란드, 체코 등과 차례로 맺은 일련의 쌍무조약으로 구체화되었다. 서독은 이 조약들을 통해 다른 무엇보다도 소련을 비롯한 동구권 국가가 서독에 대해 가지고 있는 안보상의 불안과 우려를 불식시키고자 노력하였다. 그리하여 서독은 오데르와 나이세 강을 경계로 전후 획정된 독일의 영토변화를 인정하였다. 그 밖에 서독은 이들 조약에서 상대국과 외교관계의 수립, 무력 사용의 금지, 국제적 긴장완화를 위한 노력 등에 합의하였다.

동방정책은 동독을 상대로 한 새로운 독일정책을 포함하였다. 새로운 독일정책은 한 마디로 '접근을 통한 변화'를 추구하는 것이었다. 그동안 서독은 할슈타인 원칙을 포기하는 등 동독에 접근하기 위해 노력하였지만 결정적인 장애물이 있었다. 동독의 지도자 울브리히트가 서독의 새로운 독일정책에 부정적이었다. 그러나 1971년 소련의 압력으로 울브리히트가 퇴진하고 호네커가 새로운 지도자로 등장함으로써 돌파구가 마련되었다. 동독에 접근하려는 서독의 노력은 '통행협정'으로 첫 결실을 맺었다. 동서독 간 최초로 합의한 이 협정에서 서독은 이미 협정 직전 4대 전승국들 사이에 합의한 대로 서베를린에 대한 영토적 권리를 포기하였다. 그 대가로 동독은 서독과 서베를린 사이 사람과 물자의 자유로운 왕래를 보장하고 서독 주민의 동독 여행과 방문을 허용하였다.

새로운 독일정책은 1972년 동서독 간 '기본조약'의 체결로 한 단계 더 진척되었다. 이 조약에서 서독은 동독의 국경과 주권을 보장하며 동독은 서독과 교류관계를 확대하기로 합의하였다. 기본조약에서 서독은 분단현실을 받아들여 사실상 하나의 국가로서 동독의 실체를 인정하였다. 그러나 그것이 동독을 국제법상 서독과는 완전히 다른 별개의 국가로 받아들인다는 의미는 아니었다. 이 조약에서 동서독이 상호 대사관이 아니라 상주대표부를 설치하기로 한 것도 그 때문이었다. 독일민족은 분단되었지만 하나로 존속한다는 것이 서독의 분명한 입장이었다. 그리하여 서독정부는 별도의 동독 시민권은 인정하지 않았으며, 기본조약에 독일통일에 대한 부칙을 따로 첨부하여 이 조약이 통일의 목표와 모순되는 것이 아님을 명시하였다.

서독의 새로운 동방정책은 국제적으로 큰 반향을 일으켰다. 특히 1970년 폴란드를 방문한 브란트가 바르샤바 유대인 게토 기념비 앞에 무릎을 꿇고 과거사를 사죄하는 모습은 전 세계의 이목을 집중시켰다. 브란트는 이듬 해 동서 긴장완화와 화해에 기여한 공으로 노벨평화상을 수상하였다. 그러나 국내적으로 브란트의 동방정책은 아데나워의 서방정책과 마찬가지로 처음에 많은 비판에 직면하였다. 야당인 기민·기사당과 실향민 단체 등은 서독 정부가 동방정책을 추진하면서 영토에 대한 독일인의 정당한 권리를 포기하고 일방적 양보로 일관하였다고 비판과 분노를 표출하였다.

야당은 총리 불신임 투표에 나섰고, 특히 기사당은 헌법소원을 통해 기본조약의 위헌성을 가려 줄 것을 요청하였다. 집권세력 내부에서조차 반대가 만만치 않았는데 사민당과 자민당 소속 의원 가운데 일부는 항의의 표시로 기민당으로 당적을 변경해 의회 비준마저 쉽지 않았다. 헌법재판소의 합헌판결과 총선에 나타난 국민 다수의 지지를 통해서야 겨우 논란을 잠재울 수 있었다.

그러나 동방정책에 대한 당시의 반대와 비판은 지나친 면이 있었다. 동방정책으로 동부유럽의 독일 영토를 상실하게 되었다는 주장이 제기되었지만, 따져 보면 영토 상실의 궁극적인 책임은 전쟁을 도발한 히틀러에게 있다 할 것이다. 동독의 존재를 인정함으로써 통일을 포기하고 분단을 영속화하였다는 비판도 받아들이기 어렵다. 동독을 고립시키는 정책은 실패하였고, 동독과 새로운 관계를 모색해야 한다는 점은 이미 분명하였기 때문이다.

물론 단기적으로 동방정책은 그 비판자들이 인정할 만한 가시적인 성과를 거두지는 못하였다. 적대 국가들과 외교관계는 정상화되었지만 쌍방 간 불신의 벽을 하루아침에 허물 수는 없었다. 새로운 동방정책을 통해 동유럽권과 교역이 급증할 것이라는 서독의 기대도 충족되지 못하였다. 만성적인 외화 부족에 시달리던 동유럽 국가들의 실상에 어두웠던 것이다.

그럼에도 서독은 동방정책을 통해 잃은 것보다는 얻은 것이 더 많았다. 동방정책은 동구권과 적대관계를 청산하는 계기가 되었으며, 특히 동독과 평화공존하고 갈등을 해소하는 길을 열었다. 그 점에서 브란트 이후 역대 서독정부의 대외정책은 매우 시사적이다. 1974년 등장한 사민당의 슈미트 정부뿐 아니라 1982년 정권교체에 성공한 기민당의 콜 정부도 동방정책을 대외정책의 기조로서 계승하였다. 이들 정부는 모두 대외정책의 연속성에 유의하며, 한편으로는 미국 및 서부유럽과 긴밀한 협력관계를 유지하면서도 다른 한편으로는 동독 및 동구권과의 관계 개선을 지속적으로 추구하였다.

따라서 1970년대 중엽 이후 서독 정부의 대외정책은 복잡한 양상을 보였다. 서독의 대외정책은 미소 관계와 국제정세의 변화에 민감하게 반응하지 않을 수 없었기 때문이다. 그러면서도 서독은 동서 긴장완화와 동서독 평화공존이라는 대외정책의 목표를 일관성 있게 추구하였다. 예컨대 슈미트 정부는 70년대 말 나토가 소련의 핵무기 증강 배치에 맞서 방어력 증강과 군축협상이라는 '이중결의'로 대응하였을 때 미국과 갈등을 빚으면서도 군축협상을 선호하였다. 또 슈미트 정부는 전략 핵무기와 재래식 병력 감축협상에만 관심을 두었던 미국과 소련을 상대로 중거리 탄도 미사일 문제를 제기하기도 하였다. 1980년대 콜 정부도 중부유럽에 배치된 중거리 미사일을 제거하려는 슈미트 정부의 정책을 이어받아 미국과 소련을 상대로 설득을 계속하여 마침내 미사일을 철수시키는 데 성공하였다.

이처럼 대외정책의 기조가 유지됨에 따라 1970년대 말부터 1980년대 중엽까지 동서 긴장고조의 시기에도 동독과의 관계는 지속적으로 확대, 개선되었다. 1976년에는 동독과 우편 및 전화협정이 체결되었고, 1978년에는 베를린과 함부르크 사이에 새로운 고속도로가 건설되었으며, 1983년에는 콜 정부가 동독에 10억 도이치 마르크(DM)의 차관을 제공하였다. 서독이 제공하는 각종 경제적 지원에 대해 동독은 동독 주민에 대한 여행 규제의 완화, 서독의 TV 방송 시청 허용, 문화 및 스포츠 교류 확대 등의 조치를 취하였다. 1987년 성사된 호네커의 서독공식방문은 70년대부터 추진된 새로운 동방정책의 정점이었다. 그것은 '접근을 통한 변화'를 추구한 새로운 독일정책을 통해 동서독 간 평화가 정착되고 왕래와 교류가 증대되었음을 상징적으로 보여 주었다.

다른 한편 동서독이 통일된 오늘날에 관점에서 보면 동방정책에는 비판을 면하기 어려운 여러 가지 문제점과 한계가 드러난다. 즉 서독은 1980년대 말 동독정권이 예기치 않게 붕괴할 때까지 동독의 실상을 제대로 파악하지 못하였으며, 오히려 협력과 지원을 통해 독재정권을 안정시키고 연장하는 데 기여하였다고 할 수 있다. 뿐만 아니라 서독의 여야정당 모두 총선용 선거 전략으로서 동독정권과 막후 접촉과 밀약을 서슴지 않았던 반면 동독 내 체제비판 세력에 대한 관심과 지원은 소홀히 한 면도 있었다.

통일 이후 결과론의 시각을 반영한 이러한 비판이 다 정당하다고 할 수는 없을지 모른다. 그러나 1980년대 말 붕괴직전까지 동독정부가 권력수단을 동원하여 체제를 비판하고 저항하는 세력을 억압하려 하였다는 점은 분명하다. 그 점에서 '접근을 통한 변화'를 내세운 동방정책이 '변화 없는 접근'에 머물렀다는 지적은 일리가 있다. 사실 동방정책은 동독의 변화보다는 평화공존을 지향하였고, 그 점에서 본질적으로는 현상유지 정책이었다. 분단을 극복하기 위해 분단을 수용해야한다는 것이 동방정책의 근본적인 딜레마였던 것이다.

VII. 분단에서 통일로 ─ 동독의 붕괴와 동서독의 통일과정

1949년 분단 상황 아래 동부와 서부 독일에서 소위 '이중의 국가건설'이 진행되고 있을 때 양측 주민들은 분단이 향후 수십 년간 지속될 것이라고는 예상하지 못하였다. 마찬가지로 그로부터 근 40여 년이 흐른 1989년 동독 현실사회주의의 몰락이 임박하였을 때조차도 동서독이 통일되리라 믿었던 사람은 거의 없었다. 오랜 분단기간 동안 통일에 대한 기대가 사실상 사라진 가운데 통일은 그야말로 아무도 예상치 못한 상태에서 갑작스럽게 찾아왔던 것이다.

동독 사회주의정권의 붕괴와 동서독의 통일이라는 이 극적인 변화를 가져온 것은 무엇일까? 뒤돌아보면 적어도 1980년대에 접어들면서 동독체제에는 위기의 징후들이 나타나고 있었다. 경제적으로는 비능률과 낮은 생산성, 낙후된 생산기술과 설비, 외화부족 등 사회주의 계획경제의 한계가 뚜렷하였다. 특히 생필품 공급이 원활하지 못해 소비생활 수준에 대한 주민들의 불만이 컸다. 정치적으로도 비록 대다수 주민들은 국가안전부 산하 비밀경찰 '슈타지(Stasi)'의 광범위한 억압과 통제 아래 침묵하였지만 평화, 인권, 환경운동의 출현이 보여주듯 교회를 중심으로 통합사회당의 일당독재체제에 대한 비판세력이 존재하고 있었다.

　그럼에도 동독 내부의 불만과 비판은 정권의 안정을 위협할 만한 것이 결코 아니었다. 체제붕괴의 결정적인 요인은 오히려 동독 내부가 아니라 외부에 있었다. 동독정권의 몰락은 1980년대 중엽 소련의 새로운 권력자로 등장한 고르바초프의 개혁, 개방정책의 결과였다. 그 점은 동독정권의 붕괴 과정에서 여실히 드러났다.

　1989년 5월 소련의 영향으로 개혁노선을 추구하던 헝가리 정부가 오스트리아의 국경을 개방한 것이 붕괴의 도화선이었다. 헝가리의 국경개방과 더불어 동독을 탈출하고자하는 동독 주민들이 부다페스트뿐 아니라 프라하, 바르샤바의 서독 대사관과 동베를린의 서독 상주대표부에 몰려들었고, 이들은 동독정부가 통제할 수 없었던 동구권의 변화에 힘입어 원하던 바를 이룰 수 있었다. 아울러 9월부터는 동독 곳곳에서 여행의 자유, 언론통제 폐지, 자유선거를 요구하는 목소리가 공개적으로 등장하였고, 특히 라이프치히 시에서는 매주 월요일마다 수만 명이 모여 집회를 열고 시위에 나섰다.

　거리에 나선 동독 주민들의 체제비판과 저항은 동독을 방문한 고르바초프가 동독 수뇌부에 개혁을 촉구한 뒤 더욱 힘을 얻었고, 안팎의 압력에 동독정권이 굴복하면서 유혈사태 없는 '평화로운 혁명'이 진행되었다. 즉 10월에 호네커가 퇴진하였으며 11월에는 베를린 장벽이 철폐되고 여행의 자유가 인정되었다. 이어서 통합사회당이 '민주사회당(PDS)'으로 당명을 바꾸었고, 헌법을 개정하여 일당독재를 포기하였으며 비판세력을 동참시켜 개혁의 방안을 모색하였다. 그러나 동독을 떠나는 주민의 수가 급증하는 가운데 자유선거를 통해 새로운 정부를 구성하는 것 외의 다른 선택은 없었다.

　1990년 3월 동독에서는 총선이 치러졌다. 총선을 앞두고는 서독 정부와 정당, 언론의 개입이 본격화되었다. 사실상 서독 정당들의 대리전 성격을 띤 총선에서 서독의 기민당이 지원한 정치세력이 승리를 거두어 새 정부를 구성하였다. 총선에 나타난 민심은 명백하였다. 투표한 유권자의 2/3가 서독과의 신속한 통합을 지지하였다. 이에 따라 동서독 통일과정이 빠르게 진행되었다. 1990년 7월 '경제, 통화, 사회통합'협약이 발효됨으로써 서독의 시장경제와 화폐, 사회보장제도가 동독에 적용되었다.

　동서독을 포함한 전체 독일에 관련된 문제는 제2차 대전 전승국들의 소관이었던 만큼 독일의 통일에는 그들의 동의가 필요하였다. 서독의 콜 수상은 동독의 붕괴과정이 시작되었을 때 처음에는 통일에 대해 조심스러운 태도를 취하였다. 1989년 11월에 발표한 '독일통일을 위한 10대 방안'에서 국가연합의 단계를 거치는 점진적인 다단계 통일방안을 제시하였다. 하지만 이후 사태의 진행을 보면서 통일을 실현할 절호의 기회를 포착하였고, 이를 놓치기 않기 위해 적극적이고 과감한 외교적 노력을 펼쳤다.

　전후 질서에 큰 변화를 가져오는 독일의 통일에 대해 대외적으로 지지와 협력을 얻는 일은 쉽지 않았다. 특히 소련의 경우 나토에 가입한 통일독일의 존재란 받아들이기 어려운 것이었고, 영국의 대처 정부도 독일의 통일에서 역사적 불행이 반복될 소지가 있다고 보고 우려하였다. 그러나 콜 정부는 전후 독일 국경의 준수, 서방과의 동맹관계 유지, 유럽통합 지속 등의 약속을 내세워 미국의 부시 정부와 프랑스 미테랑 정부의 지지를 얻었고, 그들의 지지를 바탕으로 영국을 설득하였다. 소련에 대해서도 독일병력의 감축, 동독 주둔 소련군의 철수 비용부담, 대규모 경제지원 등을 약속하여 양해를 구하였다. 이런 노력에 따라 동서독 정부와 전승 4개국이 참가하는 '2+4'회담이 마련되었고, 여기에서 독일통일에 대한 국제적 합의가 도출되었다. 1990년 9월 이 회담에서 체결된 평화조약은 국제법적으로 독일의 통일에 대한 마지막 걸림돌을 제거하였다.

　동서독 통일과정은 1990년 10월 3일 '통일조약'이 발효됨으로써 마침내 법적으로 완료되었다. 이 조약의 주된 내용은 그사이 5개로 개편된 동독의 각 주(Land)가 서독연방공화국에 가입하는 데 대한 제반 규정들로 구성되었다. 즉 이 조약은 동독이 기본법을 비롯해 서독의 법과 제도 일체를 수용하여 서독의 영토로 편입되는 것을 의미하였다. 서독은 그동안 열띤 논의 끝에 본 대신 베를린을 통일 독일의 수도로 확정하여 동서독 동반자 관계의 상징적 의미를 부여하였지만 통일은 서독이 동독을 흡수, 통합하는 형태로 이루어졌던 것이다.

　그럼에도 동독의 주민들은 통일을 열렬히 지지하였고, 통일에 큰 기대를 걸었다. 통일에 대해 야당인 사민당을 중심으로 일부 유보적이고 소극적인 목소리가 나타났던 서독에서도 다수의 주민은 통일을 환영하였다. 통일 직후 치러진

총선에서 통일을 적극적으로 추진한 콜 정부가 동독뿐 아니라 서독 지역에서도
야당인 사민당에 승리를 거두었던 사실이 이를 증명하였다.

그러나 통일이 가져온 환호와 열광, 감격의 분위기는 그리 오래가지 않았다.
통일 이후 독일에는 그동안 간과하거나 미처 예상 못한 여러 가지 어려움이
나타났다. 우선 동독의 경제는 추정한 것보다 훨씬 열악하였고, 이에 따라 동독
의 경제 재건을 위한 비용이 엄청나게 불어났다. 특히 신탁청을 설립해 동독시
절 국영기업을 민영화하려던 계획은 극히 부진하였다. 설비 현대화나 환경복원
비용 지원 등의 조건에도 매각이 쉽지 않았다. 사기업의 투자가 기대보다 저조
한 가운데 동독지역의 전화, 철도, 도로 등 인프라 개선이나 노동력의 재교육
등에 대한 정부지출은 예상을 훨씬 뛰어 넘었다. 과도한 정부지출은 재정을 악
화시켰고 물가를 자극하였다. 이미 통일 전후시기 활력을 잃었던 독일경제는
결국 1993~94년 전후 최악의 경기침체를 맞았다.

천문학적으로 증가한 통일비용의 부담은 주로 서독 주민들의 몫이었다. 1992
년 정부, 기업, 노조는 연대협약을 통해 늘어난 통일비용을 국가의 빚이 아니라
국민의 세금으로 충당하기로 합의하였다. 이에 따라 우편요금과 휘발유세 등
소비세가 인상되었고 소득세 부담도 부분적으로 늘어났다. 통일 후 서독 주민들
은 경제적 '부담'을 의미하는 '분담' 없이 '분단'을 극복하기 어렵다는 사실을
절감하였다.

그러나 통일은 서독 주민보다는 동독 주민에게 더 많은 어려움과 고통을 가
져왔다. 통일 후 동독 주민들의 임금, 연금, 가계 소득은 서독의 70~80% 수준에
이르렀다. 생산성이나 통일 이전 경제수준 등을 고려하면 이러한 격차는 감수할
만한 것이었다. 하지만 그동안 사회주의 체제에 익숙하였던 동독 주민들에게는
시장경제 도입 자체가 고통이었다. 특히 기업의 구조조정, 매각 등으로 노동자
의 대량해고가 불가피하였던 동독지역에서는 실업이 가장 큰 문제였다. 1993년
동독지역의 전체 실업률은 약 15% 수준이었고 일부 지역에서는 40%에 달하기
도 하였다. 해고와 실업, 높은 물가 등 통일 이후 동독 주민이 당면한 현실은
통일이 되면 서독 주민처럼 풍요롭고 안락한 삶을 누리리라는, 통일 전의 장밋
빛 기대와는 큰 차이가 있었던 것이다. 이에 따라 동독 주민들 사이에는 통일

이후 '이등국민'으로 전락하였다는 불만과 아울러 부분적으로는 사회주의 옛 시절에 대한 향수도 등장하였다.

한편 통일 독일은 한동안 경제뿐 아니라 정치, 사회적으로도 여러 가지 어려움을 겪었다. 통일 후 등장한 주요 정치적 이슈 가운데 하나는 구동독 사회주의 정권의 과거사 처리문제였다. 인권탄압, 정치사찰, 탈주민 발포 등에 대한 책임 규명과 처벌 문제를 두고 논란이 있었다. 호네커를 비롯한 정권 수뇌부가 사실상 면죄되거나 가벼운 처벌을 받는 데 그침으로써 비판이 제기되었지만 전체적으로 사법처리 방식은 비교적 신중하고 무난하였다. 사실 나치에 뒤이은 공산주의 '제2의 독재'정권의 과거사 처리문제도 나치독재처럼 결코 간단한 것이 아니었다. 이는 특히 체제 비판자까지 정보원으로 고용한 비밀경찰의 방대한 정치사찰 자료가 공개되면서 드러났다. 통일 후 등장한 동독 출신 고위 정치가나 유명 인사들 가운데는 비밀경찰의 첩보원으로 활동한 경력이 밝혀지면서 국민들에게 충격과 실망을 주는 사례가 적지 않았던 것이다.

뿐만 아니라 통일 이후 독일에는 한동안 정치적 부패와 비리 스캔들이 이어졌다. 특히 개인적인 비리는 아니지만 콜 수상까지 정치자금 문제에 연루되면서 정치에 대한 환멸과 무관심이 커졌고 이를 반영한 듯이 투표율이 저하되고 정당 가입률이 떨어졌다. 기성정당에 대한 불신과 함께 극단적 성향의 정치세력이 힘을 얻었다. 공화당(Republikaner), 독일민족연합(DVU) 등 극우 세력이 구동독 지역을 중심으로 지방선거에서 상당한 지지를 확보하였고, 극좌 집단도 몇몇 테러 행위를 통해 여론의 주목을 끌면서 다시 고개를 들었다.

극우 세력의 부상에는 외국인 문제도 한몫하였다. 사회주의 몰락 후 동구권에서 난민이 쇄도함에 독일 내 체류 외국인 수가 급증하였고, 이는 국수주의 극우 세력의 외국인 혐오증을 자극하였다. 1991~93년 사이 약 4,700여 건의 정치폭력이 발생하였는데 이들 대다수가 '신나치' 집단으로 총칭되는 극우세력에 의한 것이었다. 외국인 난민뿐 아니라 정주 터키계 주민들에 대한 테러도 잇달아 사망자가 수십 명에 달하였다.

통일 직후 독일이 당면한 여러 가지 혼란과 문제점에도 동서독이 통일된지 근 20여 년이 지난 지금 '통일의 대차대조표'는 전체적으로 긍정적으로 평가할 만하다. 정치, 경제, 사회, 외교 등 모든 분야에서 통일 이후 독일의 발전 양상은 본이 바이마르가 아니었던 것처럼, 베를린 역시 바이마르가 아님을 보여 주었다. 통일의 큰 변화를 겪으면서도 정당정치와 의회민주주의 체제의 근간은 흔들리지 않았다. 극우성향의 군소 정치세력이 기성정당의 세력기반을 일시적으로 잠식하기도 하였지만 기존 정치질서를 흔들 정도는 아니었다. 1998년 사민당과 녹색당의 연정, 2005년 기민·기사당과 사민당의 대연정 등 통일 이후 정권교체는 모두 기존 정당정치의 틀 안에서 이루어졌다.

경제적으로 독일은 엄청난 통일비용에 큰 타격을 받았지만 세계 최대 수출국의 하나이자 유럽통합의 동력으로서 경제대국의 지위를 잃지는 않았다. 물론 독일의 경제는 갑작스러운 통일이 가져온 후유증에서 아직 완전히 벗어나지는 못하였지만 2000년대 이후 조금씩 회복세를 보여 주었다. 특히 철도, 공항, 도시개발 등에 대한 그동안의 투자는 적어도 외견상 구동독 지역을 구서독과 구분하기 어려울 정도로 바꾸어 놓았다.

동서독 주민의 내면적 통일과정은 아직도 더 많은 시간을 필요로 하지만 문제를 지나치게 심각하게 여기거나 과장할 필요는 없어 보인다. 1990년대 후반 여론조사에서 80%가 넘는 압도적인 다수가 통일을 긍정적으로 평가하였다. 사실 통일 이후 나타난 동서독 주민의 갈등은 오랜 분단에서 비롯된 불가피한 것이었고 단시일내에 해소하기 힘든 것이었다. 지난 20여 년이 상호 적응과 학습과정이었다고 본다면 향후 전망은 낙관적이다. 특히 2005년 이후 메르켈의 집권은 통일 이후 동독출신 정치가가 처음으로 수상이 되었다는 점에서 동독 주민들에게는 심리적 보상효과를 가져다주었다.

대외적으로도 독일은 통일 후에도 국제사회의 신뢰를 잃지 않았다. 통일독일의 대외정책은 독일 통일에 대한 우려가 기우였음을 보여주었다. 통일 후 민족주의에 대한 새로운 관심과 평가가 등장하였지만 유럽통합의 노력은 계속되었다. 1991년 마스트리히트조약은 독불 협력과 유럽통합의 의지를 상징하는 것이었다. 통일독일은 프랑스를 비롯한 여러 유럽연합국가와 개별적으로 다민족 군을 창설함으로써 군사적 측면에서도 유럽통합을 위해 적극 노력하였다.

통일 후 독일의 대외정책에서 달라진 것이 있다면 독일이 유럽 외부 세계로 자신의 역할을 확대하고 있다는 점이다. 1990년대 이후 근자에 이르기까지 독일은 캄보디아, 소말리아, 보스니아, 아프가니스탄 등 지구상의 분쟁 지역에 의료, 건설, 군사교육을 위한 병력을 보내거나, 때로는 전투병력까지 파견하였다. 이것은 1955년 이래 나토지역 외 병력파견을 금기시하였던 대외정책 노선과 비교해 보면 커다란 변화라고 할 것이다. 유엔이나 나토가 주도하는 집단군사행동에 참여하는 것을 헌법에 위배되지 않는 것으로 판정한 1994년 헌법재판소의 판결은 이러한 변화를 뒷받침하였다.

그러나 독일정부는 나토 외부 지역에 병력을 파견하는 문제에 대해서는 언제나 신중하였고 이 때문에 때로는 우방 미국과 갈등을 빚기도 하였다. 그런 관점에서 보면 통일 이후 대외정책에 나타난 독일의 모습은 적극적으로 군사적, 정치적 팽창을 시도하기보다는 오히려 새로 얻은 힘과 영향력에 대해 스스로 견제하고 조심하는 형상이다.

68 | 독일연방공화국 60년

▌참고문헌

Berghahn, V. R. 1987. "Modern Germany. Society." *Economy and Politics in the Twentieth Century.* Cambridge University Press.

Bergmann, K. u.a. Hg. 1997. *Geschichte und Geschehen A4. Geschichtliches Unterrichtswerk für die Sekundarstufe I.* Stuttgart: Ernst Klett Verlag.

Fullbrook, M. 1992. 김학이 옮김. 『분열과 통일의 독일사』. 개마고원.

_____. 1992. *The Two Germanies, 1945-1990. Problems of Interpretation.* London.

_____(ed.). 2001. *20th Century Germany. Politics, Culture and Society 1918-1990.* London.

Hobsbawm, E. 1997. 이용우 옮김. 『극단의 시대: 20세기 역사』. 까치사.

Kleßmann, C. 1986. *Die doppelte Staatsgründung. Deutsche Geschichte 1945-1955.* Bonn.

Mütter, B. u.a. Hg. 1998. *Geschichtsbuch 4. Die Menschen und ihre Geschichte in Darstellungen und Dokumenten.* Von 1918 bis 1995. Berlin (Cornelson Verlag).

Orlow, D. 1995. *A History of Modern Germany 1871 to Present.* Englewood Cliffs.

Plato, A. von. 2003. *Die Vereinigung Deutschlands –ein weltpolitisches Machtspiel.* Bonn.

Thränhardt, D. 1997. *Geschichte der Bundesrepublik Deutschland 1949-1990.* Frankfurt a.M.

Wehler, H. U. 2008. *Deutsche Gesellschaftsgeschichte. Von der Gründung der beiden deutschen Staaten bis zur Vereinigung 1949-1990* (Bd. 5). München.

권형진. 2005. 『독일사』. 대한교과서주식회사.

이민호. 2003. 『새독일사』. 까치사.

정해본. 2004. 『독일현대사회경제사 1945-1990』. 느티나무.

|제2장|

독일의 국가체제
정치행정체제

심익섭 | 동국대

I. 서론

2009년 독일은 기본법(GG/Grundgesetz)으로 불리는 헌법 제정 60주년을 맞았다. 독일정부수립 환갑나이를 되돌아보면 한마디로 제2차 세계대전에 대한 철저한 반성과 전후처리로 모범적인 민주국가요 강대국 독일로 새롭게 탄생했다고 할 수 있다. 전범국가라는 흔적을 청산하고 독일에 존재했던 민주주의 전통을 부활시키는 총체적 사회 변혁과 함께 연합국과의 공조로 새로운 독일을 만들어 냈다. 특히 민주시민의식을 위한 철저한 재교육정책과 문화정책에 의한 독일의 전통 계승과 함께 서유럽 내지 대서양의 가치체계로 통합하려는 노력이 오늘의 독일을 이끌어 낸 것이다. 결국 독일의 자기정화와 민주화 그리고 서구적 민주규범으로의 통합이야말로 독일 60년의 성과를 가름하는 핵심이라고 하겠다.

역사상 가장 발전된 헌법을 가졌던 바이마르공화국(Weimarer Republik)은 제1차 세계대전 후 전후처리의 실패로 인해 오히려 가장 전체주의적인 국가로 전락하

고 말았다. 반면 제2차 세계대전 전후처리 결과로 탄생한 독일연방공화국은 가
장 극단적인 전체주의 국가로부터 가장 자유로운 민주주의 국가로 다시 태어난
것이다. 제정 당시 '기본법'은 그 명칭에서 보듯이 궁극적인 헌법이 아니라 임
시 헌법으로 생각되었다. 이 후 기본법은 안정된 민주주의 공동체의 튼튼한 기
반임이 입증되어, 지난 1990년 10월 3일 재통일 이후 새로운 기본법으로 독일
전역에 발효되어 오늘에 이르고 있다.

독일의 국가형태는 민주주의적이며 의회주의적인 연방국가임을 독일헌법인
기본법 제20조가 규정하고 있다. 이러한 민주주의 원칙에 입각하여 국가의 모든
권력은 국민으로부터 나온다고 명시하고 있다. 동시에 국가의 권력분립은 양원
제에 의하여 연방의회와 연방상원이 함께 갖고 있는 '입법,' 연방수상을 정점으
로 한 내각중심의 국정운영을 위한 '행정,' 그리고 철저히 중립적이며 독립적인
판사 중심의 '사법'으로 3권 분립이 분명하게 규정되어 있고 실천되고 있다.

이러한 독일의 국가구조와 정치행정체제는 기본법에 토대를 두고 있으며, 헌
법으로서의 기본법이 독일의 법적 및 정치행정적 질서의 기초가 된다. 이때 외
형적 구성 형태는 국민이 직접 선출한 대표들에 의하여 연방의회(Bundestag)가
구성되고, 그 연방의회에서 연방수상(Bundeskanzler)을 선출하는 의원내각제 형
식을 취하고 있다. 상징적인 국가 최고통치권자는 연방대통령(Bundespraesident)
이며, 양원제하의 연방상원(Bundesrat)은 지역 대표성을 띠는 독특한 시스템을
이루어 지방분권과 지역균형발전을 지향하고 있다.

독일기본법은 제2차 세계대전에서의 패배 이후 점령국 지배체제하에서 만들
어졌음에도 불구하고 독일의 헌법 사상과 역사적 전통에 뿌리를 두고 있다. 그
만큼 전후 독일 통치구조로서 위화감 없이 정착하기가 용이하였다고 할 수 있
다. 특히 독일기본법은 권력구조나 통치체계에 있어서 바이마르공화국의 비극
과 제3제국(Dritte Reich)의 실패를 반복하지 않으려는 고뇌가 깊이 포함되어 있
었다. 민주주의의 미숙 때문에 붕괴되지 않을 수 없었던 바이마르체제와 자유와
인권을 무시한 독재체제로 전쟁을 야기시켰던 히틀러의 나치체제에 대한 철저
한 반성의 결과물이 바로 독일기본법이라고 할 수 있다.

한마디로 독일은 과거 권위주의적 군주제와, 이상에만 치우쳤던 바이마르공

화국, 그리고 제3제국 독재체제의 경험을 바탕으로 새로운 형태의 국가체제를 정착시켰다고 할 수 있다. 국민으로부터 나온 국가권력은 연방의회의 선거를 통하여 행사되고, 국민은 선거권에 의해서 정부를 선택하는 것이다. 국민에 의하여 선출된 대표에 의해서, 구체적으로는 의회에서의 토론을 통하여 국정을 결정하는 의회민주주의를 실현하고 있는 것이다. 나아가 정치적 국정운영과정은 입법, 사법 그리고 행정이 기능적으로 명확하게 역할 분담을 하고 있다.

무엇보다도 제도만이 아니라 국민생활의 모든 영역에서 개인의 자유와 정치권력 선택의 평등성 그리고 참여원칙이 강조되어 독일 국민 개개인은 자신들의 권리를 헌법차원에서 분명하게 보호받고 있다. 이 장에서는 지난 60년 동안 독일의 국가체제, 즉 정치행정시스템이 어떻게 안착되었으며, 나아가 전례 없는 새로운 제도들을 어떻게 합리적이고 민주적으로 운영하고 있는지를 종합적으로 정리해 본다.

II. 독일 국가체제의 기초

1. 국가질서의 근간

1949년 5월 23일 제정된 독일기본법은 민주주의를 향한 독일 국민의 각오와 의지의 표현이었다. 특히 국가질서의 근간을 함축하고 있어 '헌법의 요약 (Verfassung in Kurzform)'이라고도 부르는 기본법 제20조에는, 절대 훼손할 수 없는 국가구성의 5대 기본원칙으로 다음과 같이 명시하고 있다:

- 공화주의
- 민주주의
- 연방국가주의

- 법치국가주의
- 사회국가주의

우선 독일의 헌법상 국가명칭이 '독일연방공화국(BRD/Bundesrepublik Deutsch-land)'이라는 데서 보듯이 공화주의와 연방국가주의적 국가형태의 기본 원리는 쉽게 이해할 수 있다. 선거를 통해 선출된 연방대통령이 국가수반이라는 점에서 군주정에 대비되는 공화정을 대외적으로 표현하고 있는 것이 바로 공화주의 원칙인 것이다. 연방국가 원칙은 연방(중앙정부)뿐만 아니라 16개의 개별 주들도 하나의 고유한 국가적 특성을 갖는다는 데 근본 의미가 있다. 연방과 주의 국가적 업무배분 및 관할권 분담에 따르면 입법의 중점은 연방 차원에 주어지고 있으며, 주는 법의 집행이라는 행정을 중점적으로 관할하게 된다. 이 같은 연방제적 업무분담은 기본법의 권력분립 및 권력균형 체제의 본질이기도 하다.

한편 민주주의적 국가형태의 근간은 '국민주권의 원칙'이다. 즉 민주주의 원리는 모든 국가권력은 국민으로부터 유래한다는 것이며, 독일기본법은 직접적이며 대의적인 민주주의를 명시하고 있다. 다시 말해 국가권력은 국민에 의해 인정되고 승인되어야 한다는 차원에서 민주주의 원칙을 강조하고 있는 것이다.

기본법이 명시하고 있는 법치국가 원칙의 핵심은 법의 지배 사상이다. 그 핵심은 권력의 분할인데, 그 의미는 상호 독립적인 입법, 행정, 사법기관 상호간의 견제와 한계설정을 통한 국가권력의 절제에 있다. 이러한 권력분립 메커니즘은 특히 국민 개개인의 자유를 보호하는 데 기여한다. 법치국가 원칙의 또 다른 본질적 요소는 모든 국가 행위에 대해 예외 없이 법이 적용된다는 데에 있다. 행정의 합법성 원칙은 법의 집행이 법에 상치되지 않는 방식, 특히 헌법과 법에 반하지 않는 방식으로 이루어져야 함을 의미한다.

그리고 사회국가의 원칙은 전래의 법치국가 사상에 대한 현대적인 보완이다. 사회국가란 모든 국민이 사회공동체의 테두리 안에서 실질적인 인간의 존엄성과 가치를 구현할 수 있도록 국가가 제도를 구축하고 정책을 시행하는 것을 말한다. 즉 사회국가의 원칙은 국가에게 사회적 약자를 보호할 의무와 사회적 정의를 위해 항상 노력해야 하는 의무를 지우는 것이다. 이 원칙은 특히 정교하게 발전된 독일의 사회안전망에서 실체적인 모습을 보여주고 있으며, 논리적으로는 독일식 '사회적 시장경제(Soziale Marktwirtschaft)'에서 그 진면목을 볼 수 있다.

독일에서는 이러한 국가구성의 다섯 가지 원칙에 대해 처음부터 정치세력 간에 기본적인 합의가 이루어져 있다는 것이 지난 60년간 정치적 안정의 초석이 되어왔다. 전후 독일은 처음부터 나치즘과 공산주의라고 하는 좌우의 양 극단주의를 배제하는 데 국민적 합의가 이루어졌다. 나아가 전체주의 경험과 전쟁에 대한 반성으로서 새로운 가치에 구속된 자유 민주주의를 채용하였다. 기본법의 핵심은 자유로운 민주질서를 위해 모든 권력에 대한 자의적 지배를 불가능하게 하였다는 것이다. 이를 바탕으로 국민의 자기결정에 따라 형성된 다수파의 의지를 옹호하고, 자유와 평등의 기반 위에 선 법치국가적 질서를 지향했던 것이다.

예를 들어, 자유권이 배제되었던 나치시대의 반작용으로 기본권이 국가권력을 구속할 수 있도록 하였고(기본법 제1조 3항), 국민 기본권의 본질적 내용들은 어떠한 경우도 침해할 수 없도록 못박은 것이다(제19조 2항). 나아가 바이마르공화국 헌법과는 달리 인민투표적 요소를 헌법에서 제거하고, 대통령의 지위는 국가의 상징적 대표자에 지나지 않도록 조정하였으며, 그 대신 연방수상인 칸쯜러(Kanzler)의 지위가 강화된 새로운 국가구조를 지향한 것 등이 그것이다. 그리고 독일이 오늘날까지 어떠한 헌법상의 위기도 겪지 않고 지속적으로 발전할 수 있었던 것은 바로 이러한 기본법적 국가질서와 정치적 안정 노력 덕분이었다고 할 수 있다.

"인간의 존엄은 불가침이다. 이를 존중하고 보호하는 것은 모든 국가권력의 의무이다"라고 명시한 기본법 제1조는 독일 정치질서의 기본규범으로서 국가체제의 기본적인 토대가 된다. 기본법상 제시된 자유로운 민주적 기본질서는 폭력지배나 자의적 지배를 배제하고, 다수의사와 자유 및 평등의 원칙에서 국민이 스스로 자기결정을 하는 법치국가 질서개념으로 이해한다는 것이다. 이를 위해 인권의 존중, 생명과 인격의 자유로운 발전, 국민주권, 정부의 책임, 행정의 법률적합성, 재판의 독립, 복수정당제의 원리, 반대의견의 합헌적 형성, 정당의 기회균등 등을 적시하고 있는 것이다. 특히 권력구조상 모든 전체주의적인 경향을 반대하기 때문에 기본법은 연방제의 강조, 권력분립의 강조, 권력남용에 대한 사전봉쇄, 국가원수(연방대통령)의 권한축소와 연방수상 지위의 강화, 의회 다수파의 자의성 배제 등을 강조하고 있다.

2. 헌정체제의 원리: 권력의 제한과 안정의 추구

초기 독일정부 수립을 위한 본(Bonn) 공화국 헌정체제 논의의 핵심은 바이마르공화국과 같은 다수결민주주의의 요소를 중심으로 할 것이냐, 독재가능성의 최소화에 중점을 두는 입헌주의적 요소를 강조할 것이냐 하는 문제였다. 이때 헌법제정자들은 바이마르공화국이 제3제국의 선동정치로 변질되었다는 판단에서, 새로운 헌정의 원칙으로 직접민주제에 기반을 둔 다수결민주주의원칙보다는 입헌주의적 민주주의원칙을 선호하게 되었다.

입헌주의적 민주주의원칙은 권력의 적극적 사용보다는 권력의 제한에 보다 관심을 가진 입장이다. 권력에 일정한 방향을 부여하거나 어떤 사회적 목적을 위해 이용되어야 하는가라는 권력의 행사에 관심을 갖기보다는, 권력이 어떻게 제한되어야 민주주의가 가능할 것인지에 일차적 관심을 갖는 것이었다. 따라서 입헌주의적 민주주의는 전통적인 수평적 권력분립은 물론 수직적 권력분립에도 관심을 기울이게 된다.

수평적 권력분립의 구체적 방안의 하나는, 입법부를 양원제로 구성하여 주정부의 대표로 구성된 상원이 직접선거에 의해 구성된 하원에 대해 입법부 내 견제세력이 되게 하는 새로운 것이었다. 권력분립을 보다 확실하게 보장하기 위해 제4의 권력으로서 헌법재판소를 두는 것도 수평적 권력분립의 주요 요소가 된다. 전후 독일에서 입법부와 행정부의 수평적 권력분립은 의회와 정부가 대결하는 형태가 아니라 의원내각제를 통해 여당과 야당이 대결하는 것으로 구체화되었다. 바이마르공화국의 헌정체제에서 발생했던 의회와 대통령의 대결 문제는 대통령의 권한을 대외적으로 독일을 대표하는 것에 한정함으로써 해소되었다.

한편, 수직적 권력분립의 대표적 방안으로 구상한 것은 연방제와 지방자치제이다. 연방제에서 행정부는 중앙정부와 주정부로 분할되고, 주정부는 연방정부에 대한 집행부 내의 견제세력이 된다. 연방정부와 주정부에 의한 권력분할은 다수당에 의한 연방차원에서의 정치적 우위를 견제하는 장치로 지역의 자율권을 보장함과 동시에 독재에 대한 방어의 효과를 갖는다.

그러나 독일 역사에서 연방주의는 단순히 이와 같은 정치적인 의미만을 갖지 않았다. 연방주의는 독일제국과 바이마르공화국은 물론 서독의 국가형성에서 단순히 정치적 통합 방식이나 독재의 방지로서만 논의된 것이 아니라 독일의 오래된 전통의 하나인 문화적 다양성과 역사적 공동체에 대한 존중의 의미를 갖고 있다. 나아가 '독일연방공화국'이라는 정식국호가 말해주듯이 독일은 제국 시대와 바이마르 시대 강력한 지역권력주체인 주들이 행사한 패권을 방지하고 연방주의의 진정한 의미를 실현하기 위해 주들 사이의 경제적·사회적 균형을 이루기 위한 의지의 표현으로 연방제를 이해한 것이다. 그리고 연방과 주 간에는 보충성의 원리(Subsidiaritaetsprinzip)를 도입하여 갈등을 사전에 차단하였다.

독일의 헌정체제가 권력의 제한에 중점을 두는 입헌주의적 민주주의원칙에 따라 구성되었다면, 헌법은 '가치체계와 가치의 순위'로서의 헌법이라는 원리에 따라 제정되었다. 헌법은 독일이 지향하는 가치체계를 명시한 것이며, 동시에 가치들 사이의 충돌을 조정하는 가치의 순위를 정한다는 것이다. 독일의 기본법이 천명하고자 한 가치는 역시 나치 전체주의의 역사에 대한 방어였다. 이는 인간이 태어나면서부터 소유한 존엄과 자유는 국가 이전의 가치이며, 헌법과 국가는 개인의 이런 불가침의 권리를 지켜주는 의무를 갖는다는 것이다.[1]

불문헌법의 전통을 갖고 있는 영국이나 미국, 프랑스와는 달리 독일은 역사적으로 불문헌법의 전통을 갖지 못하고 입헌주의 국가가 되었다. 불문헌법은 대부분 혁명적인 상황에서 개인의 자유와 평등, 인권과 같은 지고한 가치의 인

---

[1] 서구의 다른 나라에서 이런 천부인권의 가치는 성문헌법이 아니라 불문헌법의 전통 속에서 만들어졌다. 장구한 세월에 걸친 불문헌법의 전통을 가진 영국(1215년 Magna Carta)이나 근대국가 건설과정에서 「독립선언서」(1776)와 「인권선언서」(1789)와 같은 불문헌법의 전통을 갖게 된 미국과 프랑스가 좋은 사례이다.

정과 법적·정치적 보장에 대한 이상을 역사적으로 생생하게 기록한 상징적 기록물로써 단순한 법의 의미 이상을 담고 있다. 반면에 이런 불문헌법의 전통을 갖지 못한 독일에게 있어서 헌법은 국가의 구조와 권력체계를 규정한 형식적 문서일 뿐이었다. 이 때문에 불문헌법의 전통이 가진 인간의 존엄과 권리에 대한 천명을 성문헌법에서라도 상징적으로 보여주기 위해 서독은 기본법 제1조에 기본권을 명시하였다.[2]

바이마르공화국과 나치정권의 비판적 계승자로서 독일의 자기규정과 가치지향의 선언은 기본권을 헌법에 처음 명시하는 것으로 그치지 않았다. 기본법은 기본권 내용에서도 몇 가지 특이한 조항을 포함하고 있다. 우선 기본권이 독일 국민에게만 적용되는 것이 아니라 독일 영토에 머무는 모든 인간에게 적용된다는 보편적 기본권을 제시한 점이다(기본법 제25조). 외국인과 유대인이 나치정권의 박해에 아무런 보호막 없이 희생되었다는 점에서 모든 인간의 기본권, 즉 모든 인간이 독일국적 소유자와 똑같이 독일법에 의해 기본권의 보장을 받아야 한다는 것이다.

이 조항의 연장으로서 독일은 일찌감치 모든 정치적 망명자와 피난민을 적극 수용하고 보호해야 한다는 난민법을 제정하였고(기본법 제16조 2항), 사형의 금지(기본법 제102조)도 헌법에 명시되었다. 이 조항 역시 양심범과 정치범을 처형했던 나치정권의 과오를 염두에 둔 조항이라고 할 수 있다. 이는 또한 불문법적 전통의 부재를 보완하기 위해 실정법의 성격을 넘어 독일의 국가정체성과 가치를 담고자 한 결과라고 할 수 있다.

---

2) 독일기본법은 제1조에서 "인간의 존엄성은 불가침이다"라고 하였고, 존엄성을 존중하고 보호하는 것이 국가권력의 '의무'라고 규정하고 있다. 이런 기본권을 헌법의 서두에서 열거하는 것은 1849년 프랑크푸르트국민회의 헌법에서 기원한다. 반면에 바이마르헌법 제1조는 "독일제국은 공화국이다"라고 국가 정체를 밝히고, 이어서 "국가권력은 국민으로부터 나온다"는 국민주권의 원칙을 부가하였다. 그리고 기본권은 109조(법 앞의 평등과 보통선거권의 부여), 111조(거주이전의 자유), 114조(개인의 자유의 보장), 117조(통신의 자유), 118조(의사표현의 자유)에서 보장하였다.

3. 민주주의의 수호

바이마르공화국의 정치적 혼란은 민주주의체제가 자체의 방어체계 없이 존립할 수 없다는 것을 보여 주었다. 히틀러가 주도하는 나치당은 바이마르헌법의 테두리 내에서 합법적인 집권에 성공했고, 법적 정당성을 가장하여 민주적인 제도들을 하나하나 훼손시켜 나갔다. 이런 경험으로부터 전후 독일의 헌법기초를 담당한 의회위원회(Parlamentarischer Rat)는 민주주의에 대한 방어 장치의 필요성을 절감하고 제도를 마련하였다. 헌법은 전국 득표율이 5%에 달하지 못한 정당이나 지역구에서 3석 이상을 확보하지 못한 정당은, 연방의회에 진출할 수 없다는 조항을 통해 소규모 정당의 난립을 저지했다. 물론 정당금지 조항과 같은 원천적 봉쇄는 아니지만 이 조항은 신생 소수 정당의 원내진입을 어렵게 한 것이다.

정치적 변동을 최소화하고자 하는 노력은 수상에 대한 의회의 불신임안을 '건설적 불신임제도(Konstruktives Misstrauensvotum)'로 보완한 것에서도 드러난다. 건설적 불신임제도는 잦은 정권교체와 정권 공백에 따른 정치혼란을 최소화하기 위하여 새로운 수상이 선출될 경우에만 수상의 해임을 가능하게 하는 불신임제도를 의미한다. 반대를 위한 반대의 반복이 초래하는 정국의 불안정을 방지하려는 의도에서 만들어진 제도이다. 특히, 이 제도는 수상의 의회선출제도와 함께 정부와 의회에서의 수상의 위상을 높인 제도라고 할 수 있다.

좀 더 적극적인 민주주의 방어책은 민주질서에 반하는 정당과 단체를 금지(기본법 제21조 2항)하는 헌법규정이다. 이에 따라 실제로 1952년 극우정당인 사회주의제국당(SRP)이, 1956년에는 공산당의 정치활동을 금지시켰다. 민주주의의 방어라는 독일 헌정체제의 목표는 다분히 바이마르공화국의 아픈 경험을 염두에 둔 것으로서, 1972년에는 반급진주의법(직업금지법)을 두어 헌법에 적대적인 견해를 가진 사람들이 공무에 참여할 기회를 제한하기도 했다. 그러나 정당금지 판결이나 공직 참여 제한은 민주주의 수호를 위해 어느 정도까지 민주적인 원칙이 제한될 수 있는가라는 정치적 논란을 가져왔다. 따라서 독일은 이러한 문제에 대한 최종 결정권을 정치적으로 중립적인 헌법재판소만이 할 수 있도록 규정하고 있다.

또 다른 민주주의 방어책은 기본권의 제한이다. 독일 헌법기초자들은 민주주의에 대한 직접적 공격의 위험성을 간파하고, 이러한 행태의 자유권은 기본권으로 보장할 수 없다고 규정하였다(기본법 제18조). 즉 기본권을 최대한 강화하면서 동시에 그 기본권을 수호하는 민주주의라는 원칙을 반대하는 행위는 기본권에 포함된 의사표현의 자유라 하더라도 제한되어야 한다는 것이다. 이 조항은 기본권의 보호를 위해서는 민주주의 자체가 유지되어야 하고, 따라서 '방어 가능한 민주주의'를 위해 기본권 중 의사표현의 자유, 언론·집회·결사의 자유와 예술·학문·연구·교육의 자유가 제한받을 수 있으며, 사유재산 역시 민주주의를 침해하는 목적으로 사용될 수 없다고 규정한 것이다. 나아가 민주적 원칙과 기본권을 명시한 헌법조항은 개정을 금지(기본법 제79조)함으로써 향후 비민주적 세력에 의한 헌법의 변질을 막았다.3)

민주적 체제를 방어하기 위한 마지막 보루로 마련된 헌법재판소(기본법 제93조)는 독일 사법전통에 없었던, 새로 만들어진 기관이다. 나치정권의 부정의(不正義)에 속수무책이었던 법실증주의의 파국에 대응하여 형식적으로뿐 아니라 실질적으로도 법치국가를 실현할 수 있어야 한다는 문제의식에서 마련되었다. 헌법재판소는 법실증주의의 보완일 뿐 아니라 현대 국가에서 일반적으로 수용하는 다원주의적 가치의 문제를 해결할 마지막 장치로서 마련되었다. 정당들의 세력관계에 의해 구성되는 의회가 입법과정에서 보편성을 확보하기 힘들다는 점에서 헌법의 보편적 가치에 부합하지 않는 법률에 대한 호소를 정파 간의 권력투쟁에서 벗어나 심판할 제도적 장치가 필요하다고 본 것이다. 실제로 헌법이 보편적 가치의 체계로서 기능할 수 있게 되었으며, 이런 점에서 독일의 헌법재판소는 말 그대로 '헌법의 수호자' 역할을 하고 있다.

한편 독일은 연합국 분할통치시대부터 연방수상이 국정에서 헤게모니를 행사하는 '수상민주주의(Kanzlerdemokratie)'라고 불리는 독특한 의회민주주의를 발

---

3) 개정이 금지된 헌법조항은, 기본권을 규정한 1조와, 독일을 민주적이고 사회적인 연방국가로 규정하고 국민주권과 저항권을 명시한 20조다.

전시켰다. 초대 수상 콘라드 아데나워(Konrad Adenauer)는 기본법이 미처 규정하지 못한 정부운영의 융통성을 수상의 권한 강화로 연결시키면서 정책결정과정에서 수상의 지배권을 확보했다. 특히 점령정책의 유보조항 때문에 국방과 외교분야는 연합국 통제를 위해 수상직속으로 두었던 것을 적극 활용해 헤게모니를 쥐는 '수상민주주의'를 구축할 수 있었다. 1949년 정부수립 이후부터 1963년 수상직을 넘겨주기까지 14년간 계속된 아데나워의 수상지배 메커니즘은 비판적 시각에도 불구하고 국민의 심판을 받아 지속되었고, 의회민주주의 원칙을 준수했다는 점에서 민주적 정당성을 확보했다.

그러나 전후의 긴박한 정치·경제 상황이 안정된 후 독일인들은 경직된 정치체제에 대해 비판을 제기하기 시작했다. 직접민주제의 약화로 인해 차단되었던 다양한 국민의 목소리는 정치적 불만과 위기에 대한 행동으로 나타났다. 특히 1950년대 청년 사민당원들을 중심으로 '원외저항단체(APO/Ausserparlamentarische Opposition)'을 구성하고, 아래로부터의 민주주의를 실현하려는 운동이 일어났다. 문제를 더 심각하게 만든 것은 집권당이었던 기민-기사당이 제1야당이었던 사민당과 대연정(1966년~1969년)을 구성하여, 의회 내에 야당이 부재하는 상황을 가져옴으로써 의회민주주의에 대한 회의와 비판이 커지게 되었다. 이 때문에 의회를 대신하는 원외야당(APO)운동은 더욱 설득력을 갖게 되었다.

이후 독일은 국제정세 변화에 따라 유럽정치무대에도 본격 등장하는 기회를 갖게 되었다. 그러나 국제정치에서의 영향력 강화는 1955년 재무장 반대운동과 핵무기의 독일 배치 반대운동으로 이어지기도 했다. 60년 본격화되는 '핵무기 반대운동' 등에서는 독일정치의 '민주주의 결핍'을 비난하는 근본적 비판운동의 강화를 초래하게 된다. 이런 일련의 사태는 유럽 전역에서 일어난 68학생운동의 영향을 받으면서 풀뿌리 민주주의(Basisdemokratie)에 대한 요구와 시민불복종운동으로까지 발전했다.

주요 정치적 문제에 대한 최종 결정을 헌법재판소에 위임함으로써 정치적 안정을 보였던 독일 민주주의는 1960년대 말부터 본격적으로 시작된 민주주의 자체에 대한 문제제기와 전후 독일사회의 불충분한 과거청산 및 권위주의 문화에 대한 도전과 맞물려 위기를 맞이했다. 그러나 68학생운동을 정점으로 한 독일사회에 대한 비판은 실질적인 개혁을 가져오기도 했다. 독일의 급격한 변화와 그에 따른 정치행정영역에서의 세력 변화, 그리고 새로운 정치문화에도 불구하고 독일민주주의는 기본방향을 유지하면서 위기를 통해 의회민주주의를 풍부하게 하는 계기를 만들어냈다.

III. 독일의 통치구조

1. 국가구조의 기본원리

국가형태란 국가의 조직구조와 그 국가의 기본적인 가치질서가 어떠한 것인가를 기준으로 한 국가의 유형을 의미한다. 현대적 의미의 국가형태는 단순히 조직차원만이 아니라 그의 정치적 내용까지 동시에 고려해야 한다. 전통적 국가형태 분류는 고대로 거슬러 올라간다. 그리스의 플라톤의 경우 이상국가론의 입장에서 지배자의 수와 그 윤리적 특성에 따라 국가형태를 군주국과 민주국으로 구분하였다. 아리스토텔레스는 1인 지배의 군주국과 소수 귀족지배의 귀족국, 그리고 전체 국민이 최고 권력담당자가 되는 민주국으로 3분하기도 하였다.[4]

이어서 신학적 국가관으로부터 르네상스적 · 자유주의적 국가관으로 관점변화를 시도한 중세 말 마키아벨리는 그의 『군주론』에서 권력보유자 수에 따라 국가를 군주제와 공화제로 2분하였다. 이는 19세기 법실증주의적 국가관에 입각한 옐리네크(G. Jellinek) 등에 의한 국가의사의 구성방법에 따른 군주국과 공화국으로의 분류로 이어지면서 근대의 지배적인 국가형태론이 되기도 했다.

---

[4] 이때 아리스토텔레스는 군주국은 폭군정(暴君政)으로, 귀족국은 과두정(寡頭政)으로, 민주정은 중우정(衆愚政)으로 변질될 가능성이 있음을 경고하였다.

현대의 국가형태는 이의 연장선상에서 군주국-공화국, 민주공화국-전제공화국, 단일국가-연방국가-국가연합 등으로 유형화되어 오늘에 이르고 있다. 한국의 경우 공화국이면서, 전제주의·군국주의·전체주의를 거부하는 민주공화국이고, 동시에 통치권을 중앙에 통합시키는 단일국가이다. 이에 대하여 독일은 공화국과 민주공화국이라는 점에서는 우리와 같으나, 통치권을 각 주(州)에 분산시키는 연방국가라는 점에서 우리와는 분명한 차이가 있다. 또한 독일의 경우 조약에 의해 성립하는 주권국가들의 잠정적인 정치적 결합체로서의 '국가연합'이 아니라, 연방차원의 영구적 결합체로서의 '연방국가'라는 점에서 또한 특징이 있다.5)

독일헌법인 기본법(GG)은 독일연방공화국의 총체적인 법적·정치적 기본질서를 규정하고 있는데, 우선 국가질서의 5원칙으로 전술한 것처럼 공화주의·민주주의·연방주의·법치주의·사회민주주의 등을 제시하고 있다. 이를 토대로하여 국가구조의 원칙들이 나오는데, 국가형태와 관련해서는 3대 기본원리를 분명히 명시하고 있다. 독일 헌법상 국가구조와 운영을 위한 원칙들은 매우 다양하나, 독일연방공화국 정치행정에 대한 조직구조상의 일반원칙을 보면 다음과 같이 세 가지로 요약할 수 있다.

① 연방국가의 원칙

이 원칙은 주(Land)를 연방(Bund)의 국가적 고유권력을 가진 지분국(支分國)으로 간주하는 것이다. 이러한 연방국가의 원칙에 의하여 독일연방을 구성하는 16개 모든 주는 주의회 선거에 의하여 독자적인 의회를 구성하고 주지사를 주(州) 스스로 선출하게 된다. 물론 주마다 독자적인 헌법을 갖춤으로써 모든 주는 나름대로의 권력구조를 갖추게 된다.

---

5) 연방국가의 예로는 미국, 스위스, 독일 등을 들 수 있고(구소련 또한 유사), 국가연합의 예로는 1787년 이전의 미국, 1958년의 아랍국가연합, 영연방공동체, 독립국가연합(CIS) 등을 들 수 있다.

② 지방자치의 원칙

지방자치와 분권구조를 빼고는 독일행정을 제대로 이해할 수 없을 정도로 오늘날 독일의 지방자치는 수직적 권력분립을 위한 국가구조의 핵심적인 형태로 자리잡고 있다. 독일 지방자치의 기본단위인 게마인데(Gemeinde)와 군(Kreis)이 풀뿌리 민주주의의 초석인데, 지방자치의 원칙은 바로 이들을 중심으로 한 각종 자치단체에 자율성을 허용한다는 것이다.

③ 권력분립의 원칙

앞의 지방자치가 수직적인 권력분립인데 대하여, 권력분립의 원칙은 입법, 행정, 사법 등 수평적 권력분립(3권 분립)으로서, 이를 각기 담당할 기관을 조직화한다는 것이다. 그리고 행정집행의 경우는 다시 통치차원과 연결된 정부와 단순히 관료적인 행정으로 구분하여 운영한다.

이러한 3대 기본원칙은 "모든 국가권력은 국민으로부터 나온다"라는 민주주의 원리에 토대를 두고 국민중심의 국가권력이 행사되는 곳임을 최고법 차원에서 선언하고 있는 것이다. 국민은 선거와 투표를 통하여, 그리고 지방자치의 시민참여 정신에 입각하여 직접적으로 국가권력을 행사하며, 나아가 국민들은 입법·사법·행정의 특별기관들을 통해 간접적으로 국가권력을 행사한다.

이때 헌법이 정한 입법기관은 연방의회와 연방상원이며, 법을 집행하는 국가적 행위는 연방차원의 경우 연방수상과 연방장관(Bundesminister)을 중심으로 하는 연방정부가 맡고 있다. 그리고 사법기능은 헌법차원에서는 연방헌법재판소(Bundesverfassungsgericht)가 맡는다. 이러한 연방차원의 수평적 권력분립은 바로 연방국가 원리와 지방자치 원리에 의해서 그대로 주(州)와 지방자치단체에 연계되어 있다.

2. 통치구조의 특성

독일의 국가구조는 입법·사법·행정의 3권 분립이라는 수평적 권력분립과
"연방–주–지방자치단체(Bund-Land-Gemeinde)"로 이어지는 수직적 권력분립이
혼합된 형태를 취하고 있다. 이때 독일 국가구조상 연방의회는 국가권력의 최고
기관으로서 정치의 중심이 되고 있으며, 의원내각제의 특성상 행정부는 의회에
대하여 책임을 지게 되어 있다. 의회에 대하여 책임을 진다는 것은 행정감독권의

〈그림 2-1〉 독일연방공화국 국가구조

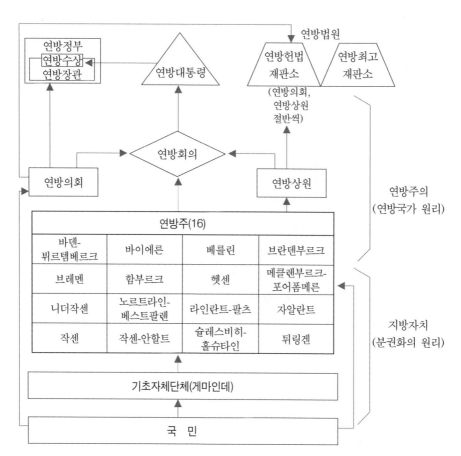

확립으로 행정행위와 관련된 모든 것이 의회에서 공개되도록 한다는 것이다. 그리고 사법권은 정치·행정과는 철저히 독립되어 운영되고 있다.

이러한 기본 통치구조와 독일의 헌법기관을 중심으로 한 국가구조를 전체적으로 조망해 보면 <그림 2-1>과 같다.

독일정치의 구심체는 국민의 직접선거에 의해서 구성되는 연방의회인데, 이는 영국이나 미국의 하원에 해당한다. 그러나 무엇보다도 독일연방주의를 가장 분명하게 보여주고 있는 국가구조는 역시 연방상원이다. 참의원 성격의 연방상원은 전체 16개주의 인구비례에 따라 배분되는데, 이들 상원의원들은 각 주의 파견관 역할을 함으로써 매우 강하게 주정부에 의한 지역의 권한을 연방차원에서 대변하거나 지방분권의 역할을 강화시키는 기능을 담당한다.

<그림 2-1>의 전체구성에서 보듯이 독일은 연방대통령은 존재하나 대통령제가 아니라 의원내각제 형식을 취하고 있다. 즉 대통령의 입장은 철저히 중립화되어 있어 분명한 의원내각제 형식을 취하고 있다. 전통적인 영국식 의회 우위형이기 보다는 좀 더 현대화된 내각우위의 내각책임제를 운영하고 있다고 할 수 있다. 이 때문에 독일에서 정치·행정적 핵심 통치기관은 연방수상과 연방장관들로 구성된 연방정부이다. 연방수상(칸쯜러)은 대통령의 제안으로 연방의회에서 선출되며, 수상 중심의 '칸쯜러원칙'에 입각하여 연방수상은 각부장관을 지명하여 내각을 구성하고 이끌어가는 국가권력의 중추적 권한이 주어진다.

따라서 독일은 의원내각제의 확립에도 불구하고 영국처럼 연방정부가 연방의회의 위원회에 지나지 않는다거나, 의회의 지시대로 행동하지 않으면 안 된다는 단순한 생각은, 독일의 헌법사상이나 헌법구조에서 볼 때 익숙하지도 않고 정착되어 있지도 않다. 이 때문에 독일의 연방정부와 연방의회는 어디까지나 개별적인 독립체로서 대등한 관계의 존재로 이해되고 있다. 연방의회에 의해서 연방정부가 구성되지만 이는 단순한 집행기관이 아니라 국가를 통솔·지도하는 권한을 헌법으로부터 직접 획득하고 있다는 것이다. 전통적인 의원내각제와는 달리 연방의회가 절대적이라는 사고는 거부되고 있다는 것이며, 상대적으로 의회에 대한 정부의 독자적 입장을 강조하고 있음을 알 수 있다.

IV. 독일의 연방제도

1. 독일연방주의의 일반적 특성

본래 연방제는 중앙정부와 지방정부 간에 정치권력을 헌법에 의하여 분할하는 통치구조로서, 이는 흔히 자원·인종·민족·언어·종교 등 다양한 배경과 방대한 영토를 가진 국가에서 국가 전체적 통일성과 지역적 다양성을 동시에 조화시키려는 제도로 발전된 것으로 이해된다. 이러한 점에서 단일민족에 의한 독일이나 오스트리아의 연방주의는 오히려 역사적 결과물이라고 보는 것이 더욱 설득력이 있게 된다. 미국, 캐나다, 인도, 호주, 러시아, 브라질, 멕시코 등처럼 인종적 다양성을 지닌 거대국가의 경우 자신들의 지역주의 성격 때문에 독특한 연방제를 실시하는 반면, 독일이나 오스트리아 그리고 스위스나 벨기에 등 전통적인 유럽국가에서의 연방제적 배경은 상이하다는 것이다.

오늘날에 와서 연방제는 그 성격이나 국가모형을 중심으로 할 때, 크게 세 가지로 유형화할 수 있다. 미국식 연방제와 독일식 연방제, 그리고 스위스식 연방제가 그것이다. 독일의 경우 하나의 민족이 굳이 이처럼 연방국가를 형성한 것은 역사적으로 지역주의에 바탕을 둔 분권화된 독일의 전통에서 기인한다. 오랫동안 통일국가를 형성하지 못하고 분리된 채 살아왔던 독일에서 연방주의야말로 지역적·역사적·문화적으로 결핍되어 있는 상태를 보완해줄 것으로 기대했다. 광역을 단위로 한 지역들이 개별적인 주형태의 자치국가를 운용함으로써, 지역의 자존심 유지와 동시에 게르만 민족이라는 하나의 총체적 틀을 형성할 수 있는 방안이었다는 것이다.

이처럼 독일연방제는 미국이나 스위스처럼 서로 다른 민족들에 의해 구성된 연방국가가 아니라는 점에서 일체성이 강한 특징이 있다. 따라서 독일의 연방주의는 미국이나 스위스식 연방주의와는 달리 다양성에 기초하기보다는 전통적인 독일 제후국가들의 공간적 지배권을 현대적으로 인정한 형식을 취했다. 주들이 연합하여 형성한 '특수연방체제(Spatal-Federal System)'로서의 성격을 갖고 있다고 할 수 있다.

　역사적으로 볼 때 연방주의는 사회공동체의 동화 및 통합을 가장 효과적으로 촉진시킬 수 있는 구조적 원리를 가졌기 때문에 그 정당성이 일찍부터 인정되었다. 실제로 연방국가가 발생하게 된 역사적 배경을 살펴볼 때 연방국가의 효시라고 할 수 있는 1789년의 미합중국은 물론, 1848년의 스위스연방, 1866년의 북독일연방 및 1871년의 독일제국 등 모든 연방국가의 성립이 주로 분산된 정치권력을 통합시킴으로써 민족적 결합과 정치적 통일체를 형성한다는 목적과 필요성 때문에 이루어졌다. 즉 연방국가적 구조야말로 분산된 정치활동 단위를 통합체로 유도하고 일체화시킬 수 있는 수단이라는 점에서 채택되었다는 것이다.

　일반적으로 연방제에는 지역의 다양한 이익을 대변하면서 단일성(통일성)을 동시에 보장해 주고, 지역자율성을 통해 다양성에 입각한 다각적 이익을 얻을 수 있으며, 중앙정부의 권력남용을 견제하고 1인 전제정치를 방지하는 데 있어서 단일제보다 훨씬 효과적이라는 장점들이 있다.

　이를 토대로 독일연방주의의 특징을 요약하면 다음과 같이 정리할 수 있다.

① 행정기능과 관리를 중시하는 '집행중심적 연방주의'의 성격
② 단일성이 강한 '단일체계적 연방체제'
③ 수평적 분권에 의한 '지분적(支分的) 연방체제'
④ 연방과 주정부가 분야별로 수직적인 부서 간 협조메커니즘을 추구하는 '협동적 연방주의(Kooperative Foederalismus)'
⑤ 전체적으로는 '준연방주의(Pseudofoederalismus)'의 특성이 강함

　독일의 연방주의가 오늘날 독일 권력구조나 국가체계에서 지닌 의미는 대단히 크다. 독일연방주의가 합리적으로 운영되는 핵심메커니즘과 관련하여 제도적으로 이해해야 할 부분으로는 최소한 다음과 같은 것이 있다.

① 연방상원: 독특한 지역대표성에 따른 구성(주의 국정참여)
② '정당연방국가': 정치정당의 지역중심, '아래로부터'의 구조와 운영

③ 연방국가적 재정질서: 재정을 통한 국가통합지향
④ 유럽통합과 독일연방주의 원리: 유럽차원에서 국가를 넘어서는 초광역권
　(지역고권)의 강화

2. 독일연방주의의 전개과정

오늘의 독일은 연방(국가)과 주(권역)로 구성되는 연방국가이다. 역사적으로 볼 때 독일연방국가는 연방주의의 특수한 표출형태로서, 여기에는 개별 주들이 연방과의 관계하에서 자신의 고유한 국가성을 인정받는다는 정치적인 기본원리가 내재되어 있다. 특히 독일헌법은 이러한 원칙을 연방과 주의 관계에서 분명히 하고 있는데, 예를 들면 주에서의 연방위상과 입법과정에서 주의 원칙적 동의를 명시적으로 강조하고 있는 것이다.

한마디로 독일연방주의는 수평적 권력분립 원리의 보충이라고 할 수 있다. 즉 3권 분립이라는 수평적 권력분립에 대하여 연방주의라는 수직적 권력분립을 보완한 개념이다. 구체적으로 독일연방주의는 공공과제들을 지역적인 주(州)들에 의해서 스스로 성취하도록 하는 메커니즘으로서, 지역주민들은 이때 역사적·문화적 동질성에 입각해서 자율적으로 공동체 차원에서 과제를 수행하게 된다.

독일연방주의의 제도적 전통은 1806년까지 이어진 독일제국이나 「라인연합」 (Rheinbund) 그리고 1815년의 「독일연합」(Deutsche Bund)에서 연유한다고 할 수 있는데, 이때 38개 '지방국'으로 구성된 국가연합이 결성되었다. 이후 통일국가 형성의 기폭제가 되었던 1849년의 프랑크푸르트 「파울교회」(Paulskirche)에서의 제국헌법(Reichsverfassung) 성립과정에는 39개국이 참여하였으며, 이를 토대로 1866년에는 22개 지방국(支邦國)으로 구성된 「북독일연합」(Norddeutsche Bund)이 결성되기에 이른다. 이 북독일연합은 1870년 헌법연합(Verfassungsbuendnis) 형태로 발전하였으며(북독일연합 외에 바이에른, 뷔르템베르크, 바덴, 헷센 등이 참여), 드디어 1871년에는 '철혈재상'으로 불리우는 프로이센의 비스마르크(O. von Bismark)에 의하여 25개 지방국으로 구성된 「독일제국」(Deutsche Reich)이 탄생함으로써

연방제에 의한 최초의 독일이라는 국가가 역사의 전면에 나타나게 되었다.

　비스마르크의 통일독일 완성으로 당시까지의 국가연합 형태는 본격적으로 연방국가 형태로 발전될 수 있는 계기가 마련되었다. 제1차 세계대전 이후 1919년 출범하는 바이마르공화국의 경우 24개의 주로 구성된 연방국가 개념으로 출발하였으며(1933년에는 17개로 통합), 이는 제2차 세계대전 이후 독일연방공화국으로 이어진다. 1949년 분단에 의해 새로 들어선 서독정부는 히틀러에 의한 제3제국의 철저한 중앙집권제에 따른 독재체제를 사전봉쇄하기 위한 조치로 다시 11개 주(이 중 1951년에 1개주가 통합되어 10개가 됨)와 베를린(당시는 "서베를린")으로 구성된 「독일연방공화국」을 창설한 것이다. 그리고 1990년 동서독이 다시 재통일되어 구동독지역에서 5개 주가 편입됨으로써 수도 베를린을 포함한 16개 주로 구성된 연방국가로 오늘에 이른다.

　독일헌법상 '연방제에 의한 국가통일'이라는 이상을 실현하기 위한 연방주의적 기관이 바로 연방상원이다. 연방상원은 총 69명의 각 주 대표들로 구성되는데, 중요한 점은 미국의 상원이 개인이 보유하는 하나의 지위인 반면 독일의 상원은 다만 주를 대표할 뿐이라는 것이다. 이 때문에 연방의회에 상원이 참석할 경우 사안에 따라 각 주에서 파견되는 상원들의 얼굴이 달라진다.

　매우 정교하게 연방주의와 지방분권을 표현해주고 있다고 할 수 있는 연방상원에서 연방차원의 국가행정에 대한 주(지방)의 국정참여를 구체화시킨다. 나아가 연방차원을 넘어선 유럽연합과 관련되는 사항을 지역차원에서 공동 대응하는 것도 이러한 정치메커니즘에서 나온다. 현대국가의 경향이기도 한 '세방화(Glocalization)' 전략을 제도적으로 실현하고 있다고 할 수 있다. 물론 연방입법과정에는 연방상원만이 아니라 연방의회와 연방정부가 함께 참여한다. 이들 3주체가 모두 연방법안에 대한 제안을 할 수 있으며, 궁극적으로는 이들 안에 대하여 연방의회가 의결한다. 그러나 연방의회를 통과한 법률안은 연방상원의 동의를 거치게끔 하고 있는 것도 연방주의와 지방분권 원리에 입각하여 강력한 연방-주 간의 협력의지를 표현하고 있는 것이라고 할 수 있다.

3. 독일의 연방국가 원리

독일연방국가의 특성은 단일국가에 대립되는 국가형태로서 연방과 주(支邦) 간의 주권관계가 가장 핵심적 문제이나, 현대국가의 구조적 원리로 보면 연방-주 간의 기능배분, 협력방법, 상호영향관계 등이 중심과제로 등장한다. 독일연방국가의 중요한 개념적 특성들을 살펴보면 다음과 같이 네 가지로 요약할 수 있다.

① 복수국가 간의 결합: 연방국가의 구성요소적 특징으로 단일국가와 대비되는 개념이다.
② 복수국가 간의 헌법적 결합: 연방국가의 결합형식상의 특징으로서, 헌법적으로 결합한다는 것은 국제법상의 국가결합형태의 하나인 국가동맹(Staatenbuendnis)이나 국가연합(Staatenbund)과 구별된다는 것이다.
③ 단일국가적 대외관계: 연방국가의 기능적 성격으로서, 국가동맹이나 국가연합과는 달리 대외적으로는 전체국가에 의하여 단일의 국가로 기능한다는 것이다.
④ 지방국(주)의 국가성: 연방국가의 내부조직적 특징으로서, 연방 내부적으로는 주(州)들이 고유한 국가적 성격을 보유함으로써 독자적 권력기관을 가진다는 것이다.

한편 연방국가의 구조에 관한 이론은 여러 가지가 있는데, 독일의 경우 「2원적 구조론」(Zweigliedrigkeitslehre)이 통설로 되어 있다. 즉 연방국가의 구조는 "주(支邦)-연방-전체국가"라는 3원적 요소로 구성되어 있다는 "3원적 구조론"과는 달리, 독일의 전통적 연방국가 논리는 연방과 지방국(支邦國)의 2원적 요소로 구성되어 있다는 것이다. 이때 연방기관은 동시에 전체국가의 기관을 의미함으로써, 연방과 전체국가를 동일시한다는 점이 중요하다.

이처럼 독일의 연방국가 논리는 다음과 같은 두 가지 점에서 3원적 구조론이나 부분국가론과 다르다. 하나는 연방이 주를 포섭하고 있기 때문에 연방이 주보다는 개념상 상위에 있다는 것을 인정하는 것이고, 다른 하나는 연방이 입법권 행사 등 주에 영향을 미치는 국가 활동을 할 수 있다는 사실을 인정하고 있다는 점이다. 이러한 점에서 독일의 연방국가가 과거에는 국민통합의 수단으로서 도입된 것이지만, 오늘날에 와서는 분권화 논리나 지방자치이론과의 연계 선상에서 현대 민주주의 국가의 구조적 원리로 승화되어 있다고 할 수 있다. 예를 들어, 1871년 당시의 독일제국이라는 통일국가 탄생이 연방국가를 표방했던 것이 통합목적이었다고 해도, 현대의 독일연방공화국에서의 연방주의적 정당성은 그보다 훨씬 더 많은 것이 내포되어 있다는 것이다.

현대 독일의 연방국가적 구조가 지니는 정당성의 근거들 중 중요한 것을 보면 다음과 같다.

① 권력분립의 관점: 수평적 권력분립에 대한 수직적 권력분립의 추가
② 민주주의의 관점: 사회공동체의 다양성을 최대한 존중하려는 제도
③ 법치국가의 관점: 조직적·기능적 권력분산 효과는 결국 법치국가 실현에 유리
④ 사회국가의 관점: 연방국가와 사회국가는 상호 보충성의 원리에 의거하여 자유와 평등의 실현에 기여함

특히 독일의 연방국가 원리 중에서 독특하게 발전된 개념으로 2원적 구조론을 바탕으로 하되, 한걸음 더 나아가 '협동적 연방주의'로 발전시킨 것을 들 수 있다. 이는 연방국가적 구조를 연방과 주 간의 엄격한 대립이나 단절관계로 보지 않고 대등·협조적 관계로 이해한다는 전통적 독일식 논리이다. 여기서 중요한 것은 업무의 필요상 이루어지는 행정사항의 통일성이나 조정은 행정의 중앙집권화라는 점에서 그 성격이 전혀 다르다는 것이다. 본래 연방과 주간의 엄격한 조직적·기능적 분리를 그 이념으로 했던 미국식의 철저한 2원적 연방주의(Dual Federalism)도 점차 협동적 연방주의로 변화되고 있다는 사실에서 독일연방국가의 미래지향적 모습을 볼 수 있다.

이러한 협동적 연방주의와 함께 독일연방국가를 이해하는 또 다른 개념으로

'연방주의적 정치연루체계(System foederativer Politikverflechtung)'이다. 본래 정치 연루는 연방과 주 간의 협동 및 서로 얽히고 섥혀 있음을 의미하는 독일 특유의 연관성 개념이다. 여기서 '연루'의 개념은 보다 제도적이고 형식적인 상호관계 형태로서 헌법적·법률적 근거에 입각하고 있는 반면, '협동'은 독일연방국가 내에서 이루어지는 비공식적인 여러 가지 상호관계 형태들을 강조하고 있다고 할 수 있다. 예를 들어 연방이나 주의 정부수반들 간의 협조나 연방과 주정부 관련 장관 및 연방행정과 주행정 간의 협력시스템은 '협동'이라고 할 수 있으며, 정당정치적인 연방과 주의 관계라든가 재정제도와 관련된 공동재정메커니즘 등 은 독특한 정치적 연루라고 할 수 있다.

독일연방의 구성요소는 주인데, 현재 독일은 16개의 주로 구성되어 있다. 1990년 통일 이전까지 서독은 11개의 주로 구성된 연방국가였으며, 동독은 15 개의 관구(Bezirk)로 구성된 사회주의통일당(SED) 일당이 지배하는 일당체제 국 가였다. 통일 이후 동독 관구는 해체되어 본래의 5개주 체제로 재편되면서 독일 연방공화국에 편입되어 현재 16개의 주가 된 것이다.

오늘의 독일연방은 하나의 도시(즉, 기초자치단체인 게마인데)이면서 주(州)로 되 어 있는 베를린, 함부르크, 브레멘 등 3개의 도시국가가 있다. 그리고 과거 서독 지역에 있었던 바덴-뷔르템베르크, 바이에른, 헷센, 니더작센, 노르트라인-베스 트팔렌, 라인란트-팔츠, 자알란트, 슐레스비히-홀슈타인 등 8개의 주가 있고, 과 거 동독지역에서 통일과 함께 편입된 브란덴부르크, 메클렌부르크-포어폼메른, 작센, 작센-안할트, 튀링겐 등 5개 주를 포함하여 총 16개로 구성되어 있다.

현재 각 주별로 각종 통계 자료를 비교 정리해 보면 <표 2-1>과 같다.

현재 독일연방국가는 각 주 간의 수평적 권력배분의 측면이 매우 강하며, 각 주 내의 지방자치단체들은 자기의 고유권한을 갖고 있다. 결국 이는 각 수준 별로 정부 간의 권한이 법적으로 배분되어 있다는 것이며, 동시에 각 수준의 정부들이 다른 정부의 일방적 간섭 없이 자기들의 영역에서 결정권한을 갖는다 는 의미가 된다. 실제로 각급정부들은 자기들에 주어진 권한영역 안에서는 질적 인 면뿐만 아니라 각자의 통치기구를 갖고 있어 연방정부의 권한은 상대적으로 약한 실정이다. 물론 각수준의 정부들은 자기들의 기능을 합리적으로 수행하기

〈표 2-1〉 16개 연방주 비교

주	BIP 2005 (억 유로)	인구수 2005	1인당 소득 2005	실업률 (%) 2005	가톨릭 비율 (%)	연방 상원 인원	주간재정 조정제공 2006	주정부 집권당 2006	전후 지배정당 (장관비율)
바덴-뷔르템베르크	3,307	10,739,285	30,793	7.0	38.0	6	Yes	CDU+ FDP	CDU (75.1)
바이에른	4,037	12,468,519	32,378	7.8	58.0	6	Yes	CSU	CSU (89.5)
베를린	795	3,396,990	23,433	19.0	9.2	4	No	SPD+ PDS	SPD (54.7)
브란덴부르크	481	2,558,622	18,799	18.2	3.1	4	No	SPD+ CDU	SPD (70.9)
브레멘	245	663,909	36,903	16.8	12.2	3	No	SPD+ CDU	SPD (73.8)
함부르크	800	1,744,215	45,866	11.3	10.1	3	Yes	CDU	SPD (73.4)
헷센	1,978	6,095,262	32,451	9.7	25.6	5	Yes	CDU	SPD (68.0)
메클렌부르크-포어폼메른	313	1,707,872	18,327	20.3	3.4	3	No	SPD+ PDS	SPD (40.8)
니더작센	1,884	7,995,482	23,563	11.6	17.9	6	No	CDU+ FDP	SPD (48.5)
노르트라인-베스트팔렌	4,891	18,060,193	27,082	12.0	43.0	6	Yes	CDU+ FDP	SPD (62.8)
라인란트-팔츠	975	4,059,910	24,015	8.8	46.9	4	No	SPD	CDU (61.5)
자알란트	275	1,051,155	26,162	10.7	65.3	3	No	CDU	CDU (57.2)

작센	758	4,275,371	17,729	18.3	3.7	4	No	CDU+ SPD	CDU (96.1)
작센-안할트	481	2,472,505	19,454	20.2	4.1	4	No	CDU+ SPD	SPD (46.4)
슐레스비히- 홀슈타인	690	2,833,023	24,356	11.6	6.1	4	No	CDU+ SPD	CDU (55.6)
튀링겐	447	2,336,865	19,128	17.1	8.1	4	No	CDU	CDU (80.0)
독일전체	22,455	82,459,178	27,232	11.7	31.5	–	–	CDU/ CSU+ SPD	CDU/ CSU (48.8)

* 화폐단위: 유로(EURO)
* 자료: Schmidt, 2007: 200

위하여 수직적인 부서 간 연합(합동)체제를 구축하기도 한다.

V. 정치제도와 정치문화

1. 정치제도: 헌법기관

지난 60년을 되돌아보면 독일연방공화국의 정치체제는 제2차 세계대전 이전의 혼란과는 달리 매우 안정적으로 발전되어 왔다. 특히 통일 이후에도 이질적인 동서독의 정치통합이 원만하게 정착되었다고 할 수 있다. 독일기본법에는 국민으로부터 나오는 국가권력을 행사하는 입법, 행정, 사법의 권력기관들이 명시되어 있다.

다음의 <그림 2-2>에서 보듯이 연방의회, 연방상원(참사원), 연방정부, 연방대통령, 연방헌법재판소, 그리고 오직 연방대통령 선출을 위해 열리는 연방회의(Bundesversammlung)가 바로 그것이다. 연방주의에 따라 연방주에는 독일연방의회 대신 주의회가, 연방정부 대신 주정부가, 연방헌법재판소 대신 주헌법재판소(슐레스비히-홀슈타인 주는 제외)가 있으나, 연방상원과 연방대통령에 상응하는 주의 기관은 없다.

독일 헌법기관들이 전체적으로 서로 원활히 기능하는 것은 독일연방공화국 정치체제 발전의 전제조건이자 그 결과였다. 매우 복잡한 정치제도를 갖고 있으면서도 지난 60년 동안 그 체제에 대한 정당성이 위기에 처한 적이 없음이 이를 증명한다. 바이마르공화국은 물론 다른 서방국가들과 비교할 때에도 독일의 헌법체제에서 심각한 구조적 결함을 발견할 수 없는 것이다. 바이마르 헌법체제의 위기를 그 헌법이 지닌 구조적 문제들(순수 비례선거제도, 건설적 불신임투표 부재, 대통령과 수상의 2중 권력구조 등)로 설명하려는 것이 피상적이라고는 하나, 위에서 언급한 사실들은 헌법을 통해 독일에서의 정치활동에 긍정적인 여건이 마련

<그림 2-2> 독일 헌법기관

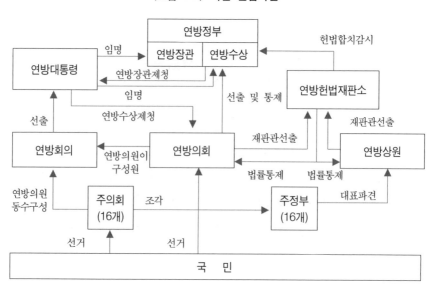

되었음을 보여준다.

1) 연방의회

연방의회는 4년마다 국민에 의해 선출되는 독일의 국회로서 지난 2002년 제
15대 이래 328개 지역구가 299개로 축소·유지되고 있다. 의원내각제에 의거하
여 연방의회에서 연방수상이 선출되는데, 연방의회에서 연방수상을 선출하거나
혹은 연방수상의 신임을 물을 때 과반수를 얻지 못할 경우 연방대통령에 의해
해산될 수 있다. 그러나 독일 정치가 안정되어 있음을 보여주듯이 연방의회가
회기 전에 새로운 선거를 치른 경우는 매우 드물다. 한편 독일국가구조상 연방
의회는 국가권력의 최고기관으로서 정치의 중심이 되고 있으며, 행정부는 의회
에 대하여 책임을 지게 되어 있다. 의회에 대하여 책임을 진다는 것은 행정감독
권의 확립으로 행정의 모든 것이 의회에서 공개되도록 한다는 것이다.

독일의 입법기관은 양원제로 구성되는데 연방의회와 연방상원(참의원)이 그
것이다. 연방의회는 독일국민을 대표하는 기관으로서 정원이 598명인데, 이들
은 보통, 직접, 평등, 비밀선거의 원칙에 입각하여 선출된다. 연방의회 의원들은
299개 지역선거구에서 당선된 299명과 각 주별 비례대표제에 의해 당선된 299
명으로 구성된다. 이처럼 독일의 선거제도는 비례대표제와 소선거구제를 접합
시킨 독특한 제도, 즉 '1인2표제(또는 '정당투표제')'를 실시하고 있는데, 각 정당
별 의석배분은 비례대표인 두 번째 득표수, 즉 제2투표의 득표율에 따라 결정된
다. 나아가 군소정당의 난립을 막기 위해 제2투표에서 최저 5%를 득표하거나,
3개의 소선거구(제1투표)에서 당선자를 낸 정당만이 의석배정을 받도록 제한하
고 있다. 이처럼 연방의회 의원정수는 법정 598명이나, 직선에 의한(제1투표) 추
가의원(Ueberhangsmandat)에 의하여 실제는 항상 이보다 많다(16대 의회의 경우 실
제는 614명). 따라서 실제숫자에 따라 대통령 선출을 위한 '연방회의'의 주의회
대표도 동일하게 변하게 된다(2009년 5월 연방대통령 선거인단은 실제의원수의 두
배인 1,228명).

〈표 2-2〉 연방의회 정당별 의석수 변화

의회 회기	CDU-CSU	FDP	녹색당	좌파연합	SPD	기타	의원수 (실제)	추가 의원수
1대(1949~53)	142	53			136	79	410	2
2대(1953~57)	250	53			162	44	509	3
3대(1957~61)	278	43			181	17	519	3
4대(1961~65)	251	67			203		521	5
5대(1965~69)	251	50			217		518	0
6대(1969~72)	250	31			237		518	0
7대(1972~76)	234	42			242		518	0
8대(1976~80)	254	40			224		518	0
9대(1980~83)	237	54			228		519	1
10대(1983~87)	255	35	28		202		520	2
11대(1987~90)	234	48	44		193		519	1
12대(1990~94)	319	79	8	17	239		662	6
13대(1994~98)	294	47	49	30	252		672	16
14대(1998~02)	245	43	47	36	298		669	13
15대(2002~05)	248	47	55	2	251		603	5
16대(2005~09)	226	61	51	54	222		614	16
평균의석비율 1949~2005	45.2%	9.1%	2.9%	1.3%	39.5%	1.9%		

* 자료: Schmidt, 2007: 142

2) 연방상원(연방참의원)

연방상원인 참의원은 전체 16개주의 인구비례에 따라 선출되는데, 이들 상원 의원들은 각주의 파견관 역할을 함으로써 강하게 주정부(지역)의 권한을 연방차 원에서 대변하거나 특히 입법과정에 참여가 보장됨으로써 주의 역할을 강화시 키는 기능을 담당한다. 이러한 연방국가적인 요소는 갈수록 정당국가적인 요소 들이 증가하면서 정치적 중첩현상이 나타나고 있기도 하다. 연방과 주의 다수당 이 다를 경우 입법과정이 갈수록 복잡해진다는 것이며, 독립된 중재위원회가 개입되면 그만큼 정치적 책임감이 소멸된다는 점에서 딜레마가 존재한다.

독일의 국가권력구조상 매우 중요한 변수가 연방의회와 연방상원에 의한 정 치과정인 것이다. 현재 연방상원은 총 69명으로 구성되어 있는데, 주의 크기에 따라 3명에서 6명까지의 대표를 파견하여 구성한다. 16개 주는 주민 수에 따라 3표(메클렌부르크-포어폼메른, 함부르크, 자알란트, 브레멘), 4표(작센, 라인란트-팔쯔, 베를린, 작센-안할트, 튀링겐, 브란덴부르크, 슐레스비히-홀슈타인), 5표(헷센), 6표(노 르트라인-베스트팔렌, 바이에른, 바덴-뷔르템베르크, 니더작센)의 투표권을 갖는다. 연방상원은 해당 주 정부의 일원 혹은 그 위임자들로 구성되며, 개인에게 주어 진 지위는 아니다. 따라서 '상원의원'이라는 직함의 신분은 사람이 특정되지 않 는 특이한 성격을 갖는다.

3) 연방정부

독일연방정부는 연방수상인 칸쯜러(Kanzler)와 연방장관들로 구성되며, 이들 이 독일의 정치적 핵심통치기관이다. 독일의 연방수상은 실질적으로 독일정치 의 핵심역할을 수행하는 가장 강력한 권한을 갖고 있다. 연방수상은 연방의회에 서 과반수의 득표(절대다수결)를 한 사람으로 대통령에 의해서 임명된다. 특히, 수상의 지위는 강력하여 연방의회가 미리 후임총리에 대한 합의를 본 연후가 아니고는 연방의회는 수상에 대하여 불신임의 대상이 되지 않는다.

연방대통령이 상징적 국가원수라면 연방정부는 실질적인 최고 국가정치행정 기관으로서 국가기관 중 가장 중요한 역할을 담당한다. 나아가 정부와 행정을 포함하는 상위개념으로서 권력분립 원리에 입각한 집행권 및 행정권이 연방정부에 귀속되어 있다. 한마디로 의회민주주의를 중시하고 의회주의를 중심으로 한 정부체제임에도 불구하고 행정집행권은 물론 정치적 권한 역시 정부가 의회와 나누어 가짐으로써 실제로는 연방의회 등 여타 국가기관들을 압도하는 권한을 지니고 있다.

4) 연방대통령

독일의 국가권력구조상 형식적으로 국가원수인 연방대통령의 주요 권능은 다음과 같다:

- 국가원수: 국제법상 독일연방공화국을 대표(헌법 제59조 1항)하는데, 외국 과의 조약에 대한 서명과 인준 등 총체적인 연방대표권, 외국대사 및 공사 로부터의 신임장 접수 등.
- 연방수상 및 연방관청 책임자에 대한 임명과 해임: 연방수상 추천 및 임명 (제63조 2항)과 정부 최고권한자로서 연방공무원이나 연방재판소 판사 등 의 임면권(제60조 1항, 제64조 1항).
- 최고의 공증기관: 연방법률에 대한 정본작성과 공포 권한으로, 입법과정의 완료단계에서 형식적인 심사권한에 의거 최종확정과 법률의 공포권.
- 연방의회 소집 및 해산권: 국가통치권 차원에서 연방의회 소집을 요구(제 39조)하고, 연방수상의 제안으로 의회를 해산할 수 있는 형식적 권한(제63 조 4항, 제68조 1항).
- 사면권(제60조 2항): 전통적인 국가원수로서의 권능.

이러한 형식적 권능에도 불구하고 의원내각제인 독일의 국가권력구조하에서 연방대통령은 의례적이고 상징적인 기능을 할 수밖에 없다. 국가권력구조상 연 방대통령의 핵심적인 법적 위상(역할)은 다음과 같다:

- 유일한 상징적 존재
- 불가침권/치외법권

- 최종서명권 / 부서권
- 대통령 탄핵의 제한

독일 연방대통령은 헌법상 국가원수로서 임기는 5년이며 1회에 한하여 재임이 가능하다. 대통령의 선출은 연방의회 의원전체와 그와 동수의 16개 주의회에서 선출된 대표들로 구성되는 연방회의(소위 '대통령선거인단')에서 선출된다(과반수 이상 득표자 당선). 이때 연방회의 구성원 숫자는 법정 연방의회 의원인 598명이 아니라 초과인원을 포함한 실제 국회의원 612명을 기준으로 하기 때문에, 2009년도 선거인단 총 숫자는 1,224명이었다. 초대 대통령 호이스(Theodor Heuss: 1949-59)와, 뤼프케(Heinrich Luebke: 1959-69), 바이체커(Richard von Weizsaecker: 1984-94)에 이어 지난 2009년 5월 23일 제13차 연방회의에서 쾰러(Horst Koehler) 대통령이 2004년에 이어 재선에 성공하였다.

의원내각제에서 대통령은 상징적 권한을 행사하긴 하나 대통령에 대한 국민의 직접선거를 피한 것은 강대한 권력을 가진 대통령의 출현을 막기 위한 독일인들의 고뇌의 결과였다. 결국 이 때문에 과거 바이마르공화국의 제국대통령(Reichspraesident)과는 달리, 전후의 대통령 권한은 형식적·의례적인 것에 한정되어 있다. 그러나 국내외로 독일을 대표하고 법률을 확정하는 등 국가대표 기능을 수행한다는 점에서 그 기능을 과소평가해서는 안 된다. 실제로 연방대통령은 그의 활동을 통해 사회의 구심점이 되고 준거기준을 제공하는 역할을 수행하며 정치적 구도에 영향을 미칠 수 있다.

5) 연방헌법재판소

독일에는 대법원격인 5개의 연방최고법원이 있는데, 연방행정재판소, 연방노동재판소, 연방재정재판소, 연방사회재판소, 연방최고재판소 등이 그것이다. 바로 사법권 역시 전문화를 시켜 입법권과 행정권에 대응한다는 논리이다.

그런데 이들 사법제도와는 별도로 독일헌법 제95조에 의하여 최고 헌법사항을 담당하기 위해 특수한 법원으로 연방헌법재판소를 규정하고 있다. 연방헌법재판소는 한마디로 '헌법의 수호자(Hüter der Verfassung)'로서, 일반적인 사법부와는 달리 최고의 정치적인 판단을 내리는 기관이다.

그의 권한은 기관분쟁의 조정에서부터 연방과 연방주 사이의 이견 해석, 정

〈표 2-3〉 연방헌법재판소 소원절차(대상), 소송권자 및 소송대상

관할권 (헌법소원대상)	소송권자	소송대상
추상적 규범통제 (헌법93조1항2호)	연방정부, 주정부, 최소 1/3 이상 연방의회의원	입법권자
구체적 규범통제 (헌법100조1항)	각급 법원	입법권자
헌법소원 (헌법93조1항4a)	개인(국민)	입법권자
기관(권한)쟁의 (헌법93조1항1호)	연방의회, 연방상원, 연방정부, 연방대통령, 연방의회 교섭단체, 연방의회 개별의원	국가기관 간의 헌법쟁송 사항
연방소송(연방-주권한쟁의) (93조1항2a, 3호, 84조4항2호)	연방정부, 주정부	국가기관 간의 헌법쟁송 사항
위헌정당의 금지 (헌법21조2항)	연방의회, 연방상원, 연방정부 (경우에 따라 주의회)	반헌법적 정당/ 국가헌법의 수호
기본권 실효심판 (헌법 제18조)	연방의회, 연방정부, 주정부	반헌법자/ 국가헌법의 수호
탄핵심판 연방대통령(61조)판사(98조)	연방의회, 연방상원	집행부 내지 사법부 보호, 국가헌법의 수호
연방의회 선거소송 (헌법41조2항)	해당 의원 등 (연방헌법재판소법48조)	민주주의 수호
주(州) 헌법쟁송 (헌법99조)	주 기관	국가기관 간의 헌법쟁송 사항
지방자치단체 헌법소원 (헌법93조1항4b호)	게마인데와 게마인데연합	입법권자

당 활동의 금지 결정 나아가 시민들이 제기한 헌법소원을 처리하는 데까지 이른다. 기본적으로 연방헌법재판소의 중요성은 민감한 정치적 사안들(낙태문제, 병역거부문제, 정당재정문제 등)에 대하여 결정을 내린다는 데 있다. 현재 총 16명의 헌법재판관에 의한 2원체제로 운영되고 있는데, 하나는 '기본권법원(院)(Grundrechtssenat)'이고, 다른 하나는 '국가법원(院)(Staatsrechtssenat)'인데, 각 원별로 현재 8명의 재판관이 임명되어 있다.6)

연방헌법재판소의 핵심적인 헌법소원 대상인 관할권과 그에 대한 소송권자와 소송대상을 정리해 보면 <표 2-3>과 같다.

2. 정당제도

현대 민주주의 사회를 '정당국가'라고 부르듯이, 독일 정치의 특징을 한마디로 표현하면 '정당민주주의(Parteidemokratie)'라고 할 수 있다. 독일 정치에서 정당이 차지하는 중요성을 의미하는 것으로서, 특히 제2차 세계대전 이후 독일의 정당들은 정부구성 기능, 여론형성 기능, 정부비판 기능, 정치엘리트 교육과 양성기능, 국민에 대한 정치교육 기능, 독일 문화의 해외전파 기능 등 다양한 기능을 수행하고 있다. 특히 독일의 기본법(제21조)에서는 정당을 헌법상의 하나의 핵심적 존재로 인정하고 있다.

독일에서 정당은 국민의 정치적 의사결정에 기여해야 한다. 그리고 이를 위하여 정당은 '헌법적 기관으로서의 지위'를 인정받고 있는 것이다(연방헌법재판소). 결국 정치적인 의사결정 과정에서 정당이 중추적인 역할을 하고 있고, 이를 위해 정당설립의 자유와 복수정당제를 기본법 차원에서 천명하고 있다(제21조). 그러나 무엇보다도 정당의 최종 목적은 의회에서 다수 의석을 확보하여 정치적 권력을 행사하는 것이다. 바로 선거에서의 승리가 중요하다는 것이다.

---

6) 본래 헌법재판소 재판관 정수는 각 원별로 12명이었는데, 1956년 10명으로 줄었다가, 1963부터는 8명으로 축소되어 오늘에 이르고 있다.

특히 독일은 선거공영제를 도입하여 정당 발전을 후원하는 등 다양한 지원책을 가동하고 있다. 물론 정당 지원 못지않게 정당의 의무 또한 강조되고 있기도 하다. 이때 가장 중요시하는 것이 바로 정당 내부 의사결정 과정의 민주성 확보이다. 독일기본법은 모든 정당에게 '정당민주주의,' 즉 내부 민주주의 질서 유지를 요구하고 있다. 특히 정당 내부에서 행해지는 각종 투표나 조직 구성 과정에서의 민주성 확보를 강조하고 있다. 여기에는 정당 내부에서 행해지는 각종 투표들이 민주주의적인 일반 원칙에 따라야 할 뿐만 아니라, 정당 운영에 있어서도 민주성, 특히 인사나 재정의 투명성을 강하게 요구하고 있다는 것이다.

〈그림 2-3〉 정당민주주의와 정당조직체계

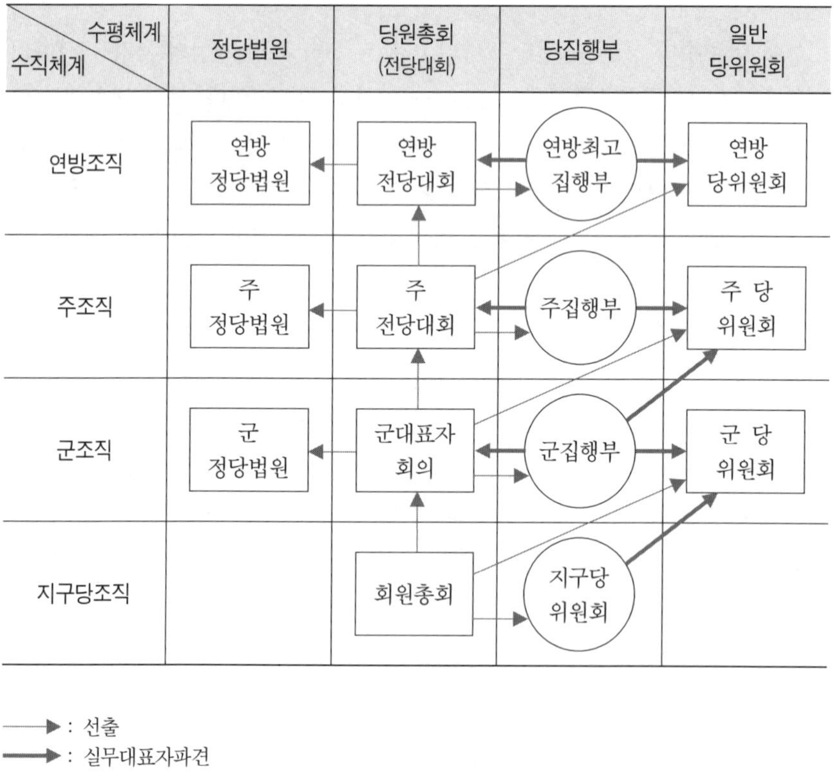

수평체계 / 수직체계	정당법원	당원총회 (전당대회)	당집행부	일반 당위원회
연방조직	연방 정당법원	연방 전당대회	연방최고 집행부	연방 당위원회
주조직	주 정당법원	주 전당대회	주집행부	주 당위원회
군조직	군 정당법원	군대표자 회의	군집행부	군 당위원회
지구당조직		회원총회	지구당 위원회	

──▶ : 선출
━━▶ : 실무대표자파견

풀뿌리 차원에서의 의견 수렴으로 중앙당의 모든 결정들이 이루어지는 전체 정당민주주의 메커니즘을 요약 정리해 보면 <그림 2-3>과 같다. 여기서 보듯이 정당운영메커니즘은 하의상달모델, 즉 풀뿌리 조직인 지역 당조직에서 시작하여, 군조직과 주조직을 거쳐 연방(중앙) 당조직으로 이어지고 있는 것이다.

독일 정당제도에서 특이한 것은 연방헌법재판소에 의한 정당해산 제도이다. 정당해산 심판이란 정당의 목적이나 활동이 기본법에 위배될 때 연방헌법재판소가 해당 정당의 해산을 명령하는 결정을 한다는 것이다. 즉 위헌적인 정당을 해산하는 심판제도가 있다는 것이다. 물론 정치적 자유를 침해할 수 있다는 점에서 상징적인 의미를 갖고 있으나, 독일 헌법재판소는 지난 60년 동안 1952년과 1956년 두 차례 헌정질서를 위반하는 정당에 해산 명령을 내린 적이 있다.

전후 독일 정당의 발전과정은 다음과 같이 네 단계로 크게 구분할 수 있다.

① 정당형성기(1945~1953): 새로운 정당 설립 및 연방의회 선거 참여
② 정당집중기(1953~1976): 양대 정당(CDU/CSU, SPD) 및 군소정당(FDP)로 정립
③ 전환기(1976~1990): 새로운 녹색당의 연방의회 진입 등 정당체제 변화
④ 정당분화기(1990~현재): 통일 이후 구동독 배경정당 등 다양화 진행

현재 연방의회를 구성하고 있는 독일의 정당현황을 보면 다음과 같다.

1) 기독교민주당(기민당: CDU=Christlich-Demokratische Union)

기독교민주연합으로 불리면서 제2차 세계대전 이후 창단된 기독교민주당(기민당)은 구교와 신교 그리고 보수주의, 자유주의자들이 연대한 일종의 연합체적인 성격이 강하다. 전국적인 조직을 가지고 있으나 바이에른 주에서는 활동하지 않지만 대신 이 지역에서는 자매정당인 기사당(CSU)이 활동하고 있다. 기민당은 정부수립 이후 자민당(FDP)과의 성공적인 연립정부 구성과 초대 수상 아데나워(1949~1963년까지 14년 집권)와 에르하르트의 지도력을 바탕으로 보수 지향적인 국민정당으로 발전하였으며, 역대 연방의원 선거에서 유권자의 35~40%에 달하는 지속적인 지지를 확보하여 왔다.

특히 1980년대 말부터 콜 수상을 중심으로 한 조속한 통일정책의 추진과 구동독 기민당과의 성공적인 합당을 통하여 1990년 구동독과 구서독이 동시 실시한 연방정부 구성을 위한 총선에서 43.8%의 지지율을 획득하였으며, 1994년 연방의원 선거에서도 41.5%의 지지율로 승리하여 정권을 유지하였다. 콜 수상은 1982년부터 1998년까지 무려 16년 동안 집권한 최장수 총리기록을 갖고 있기도 하다.

정부수립부터 집권당이었던 보수적인 기민당은 1966년 최대 야당인 진보적인 사민당과 소위 대연정(大聯政)을 구성하여 권력을 양대 정당이 공유하게 되었다. 그리고 1969년에는 처음으로 사민당과 자민당의 연립정부에게 정권을 내주어서 1982년까지 야당의 역할을 하였다. 통일 이후인 1998년 연방의원 선거에서 패배하여 사민당과 녹색당에게 정권을 내주었다. 그렇지만 2005년 사민당 소속 슈뢰더 수상의 연방의회 재신임 획득 실패와 이에 따른 연방의회 선거에서 다시 제1당이 되었다. 그러나 투표 결과 기대했던 성과를 얻지 못하여 결국 사민당과 다시 대연정을 구성하였다. 기민당은 지난 60년 동안 연방의회에서 기사당(CSU)과 공동으로 원내 교섭단체를 구성해오고 있다.

2) 기독교사회당(기사당: CSU=Christlich-Soziale Union)

기독사회연합인 기독교사회당(기사당)은 바이에른 주에서만 활동하는 정당이다. 이 말은 다른 15개 연방주에서는 기민당이 존재하나, 바이에른 주에는 기민당이 없다는 것이다. 즉 기사당은 기민당과의 자매 정당으로서의 독특한 성격을 지니고 있고, 기민당보다는 보수적 성향이 더 강하다고 볼 수 있다. 기사당은 독립적인 정당의 자율성과 당 강령을 유지하면서, 연방의회에서 기민당과 함께 원내 교섭단체를 구성하여 바이에른 주의 지역정당이라는 한계를 극복하고 있다. 기민당과 기사당은 상호 협력적인 정치 파트너로서의 관계를 유지하고 있으며, 연방의회에서도 공동으로 원내 교섭단체를 구성하여 정치적 생명을 같이하고 있다. 결국 기사당은 그 탄생부터 지금까지, 그리고 앞으로도 기민당과의 연관성하에서 존재하는 정당이라고 할 수 있다.

3) 사회민주당(사민당: SPD=Sozialdemokratische Partei Deutschland)

사회민주당(사민당)은 독일 정당 중 가장 오랜 역사를 가지고 있고, 이념적 성격이 기민당보다는 상대적으로 강하며, 노동자 계층의 강력한 지지를 받고 있는 정당이라고 볼 수 있다. 사민당은 1863년에 창당한 '독일노동자총연맹'과 1869년 창당한 '사회민주주의노동당'이라는 두 정당의 정치적 이념을 기반으로 출발하였으며, 한때 독일제국 의회의 사회주의 계열 정당에 대한 활동 금지 결정에 따라 정치 활동이 중단되기도 하였다. 제1차 세계대전 후 출범한 바이마르공화국에서 사민당은 두 차례 집권 정당이 되는 등 왕성한 정치 활동을 보였으나, 나치 시대에는 정치 활동은 물론 당이 완전 해산되는 시련을 겪기도 하였다.

그러나 제2차 세계대전 이후 사민당은 다시 당 재건 사업을 추진하였으며, 특히 1959년 고데스베르크(Bad Godesberg) 회의를 기점으로 하여 기존에 유지해 왔던 마르크스주의적인 계급정당과 이념정당의 원칙을 포기하고, 대신 사회민주적이며 중도좌파적인 성향으로 전환하여 국민정당으로서 새로운 출발을 하였다. 독일정부 수립 후 1960년대 중반까지 줄곧 야당 역할을 해온 사민당은 1966년 기민당과 함께 대연정을 구성하였으며, 1969년에는 자민당과의 연합을 통하여 연방의회에서 과반수 의석을 확보함으로써, 처음으로 연방수상을 배출하는 집권 정당이 되었다. 그러나 1982년 다시 기민당-기사당-자민당 연합정당에게 정권을 내주었다.

1980년대 말 통일 분위기가 성숙되었을 당시 기민당의 조속한 통일정책과는 달리 사민당은 순차적이고 점진적인 통일을 주장하다가 통일 직후 총선에서 패배하였다. 당시 사민당이 총선에서 참패하게 된 또 다른 이유는 사회주의 국가였던 동독이 무너진 상황에서 국민들에게 사민당이 사회주의 색채를 가진 정당이라는 강한 인식이 있었기 때문이다. 사민당은 1994년 연방의원 선거에서도 1990년 총선 결과보다는 약간 향상된 36.4%의 지지율을 확보하는 데 그쳐 정권 획득에는 실패하였으나, 1998년 총선에서는 슈뢰더 총재의 강력한 리더십 아래 40.9%의 지지율로 승리하여 녹색당과 연합하여 연방정부를 구성하였다.

2002년 연방의회 총선에서 승리하여 다시 녹색당과 연립정부를 구성하였던 슈뢰더 수상은, 2005년 국민의 지지가 낮아지는 상황에서 연방의회에 대하여 재신임을 요구하였으나 실패하였다. 그 결과 연방의회는 조기 해산되었으며, 이후 실시된 연방의원 선거에서 사민당은 기민-기사당 연합에 근소한 차이로 패배하여 연방수상 자리는 다시 기민당에게 넘어갔다. 그러나 사민당은 기민-기사당과 연합하는 대연정에 참여함으로써 정권의 일부를 유지할 수 있었다.

4) 자유민주당(자민당: FDP=Freie Demokratische Partei)

자유민주당(자민당)은 기민당보다 보수적 성향이 강한 정당으로 경제적 자유주의를 당의 중심 이념으로 하고 있다. 자민당은 정부 수립 이후 기민-기사당과 사민당의 양대 거대정당 구조 속에서 자신의 정치적인 발언권이나 영향력을 지속적으로 유지해 온 정당이다. 즉, 자민당은 지속적으로 6%~10% 정도의 지지율을 확보하면서, 양대 정당과 번갈아 연립정부를 구성하여 집권당의 역할을 수행하여 왔다.

따라서 그 지지율에 비하여 실제 자민당의 위상은 상대적으로 확대되었으며, 연방정부 내부에서도 강한 정치적 영향력을 행사할 수 있었다. 특히 양대 정당인 기민당과 사민당이 정권을 획득하기 위해서는 자민당과의 연합이 필수적이었기 때문에, 자민당은 국내·국제적 정치 환경에 따라 연정 상대를 선택할 수도 있었다. 예를 들어 1969년 기민당과의 기존 연정을 파기하고 야당이었던 사민당과 연정을 구성함으로써 20년간 지속되어 오던 기민당의 집권을 마감시키는 등 독일의 정치 무대에서 실질적인 캐스팅 보트(Casting Vote)를 행사한 정당이다.

그러나 1980년 들어 녹색당이 연방의회에 새로이 진입한 이후 자민당의 위상은 상대적으로 낮아지기 시작하였다. 환경, 여성, 평화 문제 등에 대한 녹색당의 주장은 유권자의 높은 관심을 받기 시작하였으며, 기민-기사당과 사민당 양대 거대 정당, 특히 사민당은 연정 파트너로서 자민당보다 녹색당에게 더 많은 관심을 가지게 되었다. 결국 이러한 배경으로 인하여 1998년 사민당이 녹색당과 연정을 구성한 이후 자민당은 줄곧 야당의 역할을 수행할 수밖에 없었으며, 2005년 연방의원 선거에서도 10% 가까운 지지율을 획득하였음에도 불구하여 기민/기사당과 사민당이 대연정에 합의하는 바람에 야당에 머물러 있어야 하였다.

5) 녹색당(Buendnis 90/Die Grünen)

1970년대 말부터 산업화에 따른 자원의 고갈, 오존층 파괴, 지구 온난화 현상, 생태계 파괴 등 환경 파괴에 대한 국민들의 자각과 함께 환경 문제가 정치적으로 이슈화되면서 환경 보호, 개발 억제, 핵 반대 등을 정치 이념으로 하는 녹색당은 처음에는 지방자치 차원과 주(州) 정치 무대에서 두각을 나타내었다. 이러한 풀뿌리 지방정치 무대에서의 저력을 바탕으로 1983년에는 연방의원 선거에서 5.6%라는 지지율을 확보하여 전후 새로운 정당이 연방의회에 처음으로 진출하는 기록을 세우게 되었다.

그러나 통일 이후 1990년 첫 번째 총선에서 구동독 좌파 정당과의 연합에 관한 문제로 인하여 당내의 분열이 일어나게 되었고, 서독에 의한 일방적 흡수통일에 대한 반대 노선을 견지하여 지지율이 3.9%에 불과, 연방의회로의 진출이 좌절되기도 하였다. 이후 1994년 총선에서는 구동독 시민운동 연합조직인 '동맹 90(Bündnis 90)'과 연합하여 지지율 7.3%를 확보함으로써 1990년 선거의 패배에서 벗어나 연방의회에 다시 진출하게 되었다.[7] 또한 1998년 연방의원 선거에서는 사민당과 연합하여 정부를 구성함으로써, 최초로 집권당이 되기도 하였다.

녹색당은 1980년대 연방의회 진출 이후 기민당, 사민당, 자민당 등 기존 정당에 대한 정치적 견제 세력으로서 입법 및 정책과정에 활발히 참여함으로써 기존 정당에게는 상당한 위협적인 정당으로 평가되기도 하였다. 그러나 1990년 이후 녹색당이 제기하였던 환경 보호, 여성차별 철폐, 인권 보호, 핵 폐기 등에 관한 이슈가 상당 부분 집권 정부에 의하여 수용되었고, 다른 정당 역시 녹색당이 강조하는 주제에 대하여 적극적인 태도를 보이기 시작하자 다른 정당과의 차별성이 약화되면서 한때 정치적 위기를 맞기도 하였다. 특히 1990년대 이후 원내에 진출한 구동독을 배경으로 한 민사당과의 차별성 문제로 인하여 여전히 당 진로에 대한 진통을 겪고 있는 정당이기도 하다.

---

7) 녹색당의 독일어 당명은 원래 'Die Grünen'이었으나, 1993년 구동독 중심의 '동맹 90'과 연합한 이후 당명을 'Bündnis 90/Die Grünen'로 개정하였다.

6) 민주사회당(민사당: PDS=Partei des Demokratische Sozialismus)

민주사회당(민사당)은 구동독 공산당인 사회주의통일당(SED)의 후신이다. 1989년 구동독 붕괴 과정에서 사회주의통일당은 생존을 위하여 변신을 꾀하였는데, 그 일환으로 정당의 명칭을 사회주의통일당/민주사회당, 즉 SED/PDS로 개칭하였다. 아울러 사회주의 국가 공산당의 일반 원칙인 공산당의 영도적 역할 원칙, 1당 독재 원칙 등을 강령에서 폐지하여 민주적 정당으로의 탈바꿈을 시도하였다. 법적 통일 직전인 1990년 2월 사회주의통일당의 색채를 완전히 떨쳐버리기 위하여 당명에서 'SED'라는 용어조차 떼어버린 민사당은 동년 3월에 있었던 동독 인민회의 총선에서 유권자 16.4%의 지지를 받았다.

동독에서 창당된 우파연합, 사민당보다는 낮은 지지율이었지만, 예상 밖의 좋은 결과를 받은 것으로 평가되고 있다. 1당 독재, 당의 영도적 지위 등의 원칙을 포기한 민사당은 대신 인권의 보장, 자연 보호 등 진보적인 민주강령을 채택하여 통일 후 구동독 주민에게 설득력 있게 받아들여졌다. 특히 민사당은 통일을 앞두고 자신들의 신변에 두려움을 느낀 동독 주민에게 민사당이야말로 통일 이후 구동독 주민의 권익을 대변하는 유일한 정당임을 강조한 선거 전략이 적중하였다.

동독 내부에서 일단 입지를 굳힌 민사당은 통일 직후 행해진 연방의원선거에서 전국 유권자의 2.4% 지지를 받았다. 그러나 2.4%의 지지는 대부분 구동독 유권자의 지지로서 구동독 지역에서는 10%의 지지를 받았지만, 구서독에서의 지지율은 극히 미미할 뿐이었다.[8] 이후 민사당은 1994년 4.4%, 1998년 5.1%의 지지를 받았으며, 2005년 총선에서는 8.7%의 비교적 높은 지지를 받았다. 또한 당원도 점차 증가하여 기존 정당을 위협하는 정치 세력으로 자리잡아가고 있다. 특히 최근 구동독 지역의 어려운 경제 사정, 높은 실업률 등은 주로 구동독 주민의 이익을 대변하는 민사당에게 세력을 확장할 수 있는 좋은 기회가 되고 있다. 그러나 이러한 점은 반대로 민사당의 발전을 저해하는 장애 요인으로도

---

8) 그럼에도 불구하고 민사당은 통일 독일의 연방의회에 당당히 진출하였다. '5% 봉쇄 조항(Sperrklausel)'이 구서독과 구동독 지역으로 분리되어 적용되었기 때문이다.

작용하는데, 민사당은 구동독 주민만을 대변하여 구동독 지역만을 기반으로 하는 소위 지역정당이라는 한계를 벗어나지 못하고 있다.

이러한 이유 때문에 연방의회에서 원내 교섭단체를 구성하고 있는 등 정치적 위상의 향상에도 불구하고 아직 기존 정당 및 정치인들은 민사당을 정치적 파트너로서 인정하지 않고 있다. 이에 대한 대표적인 예가 2005년 총선 이후 사민당, 기민당 등 기존의 모든 정당들이 민사당과의 연정 구성을 거부한 점, 그리고 연방의회 부회장 선거시 각 원내 교섭단체에서 추천한 인사는 무조건 부회장으로 당선시키는 관례를 깨고 기존 정당 소속 의원들이 연방의회 부의장 후보 중 유독 민사당(좌파연합)이 추천한 후보만을 거부하여 탈락시킨 점 등이다. 민사당은 2005년 연방의회 총선 직전 '노동과 사회정의 실현을 위한 선거연합(Die Wahlalternative Arbeit und Soziale Gerechtigkeit: WASG)'과 연대하였으며, 연방의회에서는 이 WASG와 함께 '좌파연합(Die Linke)'이라는 명칭으로 원내 교섭단체를 구성하고 있다.

3. 선거제도

다른 민주국가에서처럼 독일에서도 선거는 가장 적극적이고도 효율적인 정치 참여 방식이다. 독일에는 연방의원 선거만이 아니라, 주의원선거, 지방의원 선거, 자치단체장 선거, 유럽의원 선거 등 수많은 선거가 있는데, 모두 18세 이상 독일 국적자에게 선거권과 피선거권이 부여되고 있다. 4년마다 열리는 연방의회 선거는 그 중에서도 독일 정치 방향을 판가름하는 중요한 선거이다.

독일은 다수대표제와 비례대표제의 요소를 함께 지닌 혼합선거제도를 채택한 대표적인 국가이다. 일반적으로 정부형태와 선거제도는 경쟁세력 간의 갈등과 타협에 의해 채택되며 그 결합 형태는 다양한데, 이 중에서 가장 선호되는 결합형태가 바로 의원내각제와 비례대표제이다. 전후 독일이 의원내각제적 정부형태와 혼합선거제도를 채택하는 것은 '바이마르공화국의 교훈' 때문이었다. 독일의 선거제도는 지난 60년 동안 개정을 거듭했는데, 보통, 직접, 자유, 평등,

비밀투표라는 선거법의 기본원칙을 제외하고는 선거구, 의원수, 선거권과 피선거권, 봉쇄조항 내역, 표의 산출절차와 의석배분, 선거구 분할 등이 여러 차례 변경되었다.

특히 2표제는 독일 선거제도의 가장 독특한 특징이라고 할 수 있다. 현재 연방의회 의원 정수는 598명이다. 이 중 절반인 299명은 선거구에서 최다 득표한 자가 선출되며, 나머지 299명은 정당지지율에 따라 배분된 이른바 '전국구' 의원들이다. 독일에서 발전시킨 특유의 정당투표제에 의하여 모든 유권자들은 두 개를 기표하게 되는데, 하나는(제1투표) 지역구별로 후보자에게 투표하고, 다른 하나는(제2투표) 정당에 투표하는 방식이다. 이러한 2표제는 부분적으로 매우 정교한 투표행위를 가능하게 한다. 또한 독일은 후보자들의 중복 입후보(제1투표 후보이면서 동시에 제2투표 후보자 명단에도 올리는 것)를 허용하기 때문에 투표상황은 매우 복잡해진다.

더욱 독특한 것은 제2투표의 득표율(즉 정당지지율)에 따라 최종 의석수가 확정되기 때문에 실제로는 오히려 제2투표(정당투표)가 의석수 배분의 핵심적인 역할을 하고 있다. 독일의 선거제도는 소선거구제와 비례대표제를 접합시킨「정당명부식」제도, 즉 정당투표를 가미한 '2중투표제'를 실시하고 있다. 이에 따라서 각 정당별 의석배분은 비례대표인 두 번째 득표수, 즉 제2투표 결과에 따라 결정된다. 나아가 군소정당의 난립을 막기 위해 제2투표에서 5% 이상을 득표하거나, 3개의 소선거구(직접 후보자에게 기표하는 제1투표)에서 당선자를 낸 정당만이 의석배정을 받도록 제한하고 있다.

비례대표제에서 실제 의석배분을 하는 방식으로는 '동트방식(d'Hondt-Methode)'과 '하레-니마이어방식(Hare-Niemeyer-Methode)'이 있는데, 1985년까지 독일은 최대수 방식인 동트방식을 채택하다가 비례성이 약하고 큰 정당에게만 유리하다는 비판으로 이후, 하레-니마이어방식으로 대체되었다. 이는 한 정당이 획득한 의석수는 정당의 득표수를 유효투표의 총수로 나눈 후 이에 총 의석수를 곱함으로써 산출되어진다. 잔여의석은 잔여치의 크기에 따라 분배되는데, 이 방식은 소수정당에 유리하다고 할 수 있다.

<표 2-4>는 독일 연방의회의 역대 투표율과 정당별 득표율을 정리한 것이다.

〈표 2-4〉 연방의회 투표율 및 정당별 제2투표 득표율

연도	투표율	CDU/CSU	FDP	녹색당	좌파연합	SPD	기타	국민정당득표율	중도좌파좌익정당득표율	집권정파득표율	집권당득표율(투표율)
1949	78.5	31.0	11.9			29.2	27.9	42.9	29.2	42.9	33.7
1953	86.0	45.2	9.5			28.8	16.5	54.7	28.8	54.7	47.0
1957	87.8	50.2	7.7			31.8	10.3	57.9	31.8	57.9	50.8
1961	87.7	45.4	12.8			36.2	5.6	56.2	36.2	58.2	51.0
1965	86.8	47.6	9.5			39.3	3.6	57.1	39.3	57.1	49.6
1969	86.7	46.1	5.8			42.7	5.4	51.9	42.7	48.5	42.0
1972	91.1	44.9	8.4			45.8	0.9	53.3	45.8	54.2	49.4
1976	90.7	48.6	7.9			42.6	0.9	56.5	42.6	50.5	45.8
1980	88.6	44.5	10.6	1.5		42.9	0.5	55.1	44.4	53.5	47.4
1983	89.1	48.8	7.0	5.6		38.2	0.4	55.8	43.8	55.8	49.7
1987	84.3	44.3	9.1	8.3		37.0	1.3	53.4	45.3	53.4	45.0
1990	77.8	43.8	11.0	5.1	2.4	33.5	4.2	54.8	41.0	54.8	42.6
1994	79.0	41.4	6.9	7.3	4.4	36.4	3.6	48.3	48.1	48.3	38.2
1998	82.2	35.2	6.2	6.7	5.1	40.9	5.9	41.4	52.7	47.6	39.1
2002	79.1	38.5	7.4	8.6	4.0	38.5	3.0	45.9	51.1	47.1	37.3
2005	77.7	35.2	9.8	8.1	8.7	34.2	4.0	45.0	51.0	69.4	53.9
평균	84.6	43.2	8.8	6.4	4.9	37.4	5.9	51.9	42.1	53.4	45.2

* 자료: Statistisches Bundesamt (Hg.): *Statistisches Jahrbuch für die Bundesrepublik Deutschland*(verschiedene Ausgaben), Forschungsgruppe Wahlen 2002 und 2005a

그리고 지난 60년간의 의회 회기별 연방의회 정당별 의석수를 정리해 보면 앞의 <표 2-2>와 같다. 회기 시작 초기의 통계이기는 하지만, 독일 연방의회 선거 결과는 1957년 제3대 의회에서 기민-기사당이 278석(<표 2-2> 참조)의 50.2%로 과반수를 석권한 때를 제외하고는 어느 정당도 절대지지를 받지 못했다. 이 말은 지난 60년 동안 독일정치는 최소한 두 개 이상의 정당에 의한 연정으로 이끌어져 왔음을 의미한다.

또한 16대에서 16명의 추가의원이 생겼듯이 늘 의원 정수보다는 많은 의회를 구성해 왔다. 나아가 초창기를 빼고는 무소속(표에서는 기타로 분류) 의원이 없다는 점도 정치 안정을 겨냥한 정부수립 초기 의지가 구현된 것으로 이해할 수 있다. 반대로 통일 이후에는 구동독을 배경으로 하는 좌파계열의 정치단체가 추가된 것도 독일 정치의 큰 특징이라고 할 수 있다. 전체적으로 특기할 사항은 <표 2-4>에서 보듯이 세계적인 정치적 무관심과는 달리 독일총선 평균투표율은 84.6%(최저 77.8%~최고 91.1%)의 비교적 높은 투표참여를 보이고 있다는 점이다.

4. 독일의 정치문화

정치문화는 특정한 시점에 한 사회 내 시민들이 갖고 있는 정치적 태도, 사고, 가치정향 등을 모두 합한 개념이다. 따라서 정치제도의 사회적 기초에 깔린 주관적인 차원이 그 중심을 이룬다. 그리고 이 정치문화 속에는 실제적인 태도 및 행동방식과는 구별되는 규범과 가치관의 유형이 정해져 있게 된다. 프로이센, 나치, 히틀러 등에서 연상되듯 과거 오랫동안 독일의 정치문화는 권위주의적이며 비민주적인 것을 특징으로 하고 있었다.

1959년 『시민문화(The Civic Culture)』라는 책으로 본격 정치문화연구 시대를 연 알몬드와 버바(G.A. Almond & S. Verba)도 일찍이 전통적인 독일의 정치문화의 특징들로 강한 민족의식과 국가주의, 정치적·사회적 긴장과 부정적 통합, 정치·사회의 경직성, 정치참여의 소극성과 신민문화 등을 지적하였다. 그러나 독일인들의 수동성은 1945년 이후 최소한 서독지역에서는 빠른 시간 안에 민주적인 정치문화로 전환되는 대표적인 국가가 되었다.

실제로 알몬드와 버바의 연구가 이루어진 1950년대에는 독일에서 참여란 수동적이며 형식적인 것으로 파악되었으나, 70년대로 넘어오면 독일의 권위주의적인 태도가 남아 있다는 연구들이 더 이상 나타나지 않고 있다. 국가 이상주의와 관료국가 사상이 늘 지배적이었고 정치보다는 법을 앞세워 타산을 따지며 갈등을 회피하려는 정치문화로부터, 독일은 급속하게 민주주의적 태도로 변화되어 가장 안정된 민주주의 모델 국가로 비치게 만들었다고 하겠다. 자신들의 기본법과 정치제도에 대한 자부심이 명백하게 커졌다는 것이며, 수동적인 정치 성향은 적극적인 참여로 대체되었다. 오늘날 독일의 정치참여 수준은 다른 유럽 국가들에 비하여 높게 나타나고 있으며, 민주주의에 대한 지지와 만족도 또한 높게 나타나고 있다. 독일국민들의 민주시민의식과 정치의식이 매우 높다는 것이다.

비민주적인 전통에도 불구하고 특히 80년대 이후 빠르게 선진화된 정치문화로 탈바꿈하게 된 이유로는 다음과 같은 것을 지적할 수 있다.

- 민주적인 합리적 정치제도를 도입하였고, 이에 대한 국민적 자긍심으로 정착시켰다는 점이다.
- 민주주의를 정착시키려는 정치지도자의 의지와 이를 위한 실천이 있었기 때문이다.
- 무엇보다도 시민사회의 발전과 각종 사회운동의 발전이 있었다는 점이다.
- '라인강의 기적'으로 회자되는 눈부신 경제발전이 또한 안정적인 정치발전을 이끌어 주었다.
- '규정문화'라고 할 정도로 제도를 좋아하는 독일인들의 독특한 성과물로는 전후 독일에서 정치교육(Politische Bildung) 또는 민주시민교육을 제도화하고 실천한 것이다.

이처럼 다수의 독일 국민들은 타인의 의견과 태도에 대하여 높은 관용성을 보이고 있으며, 폭력·테러·전쟁 등 극단적인 방법에 대하여는 특히 부정적인 태도를 보이고 있다. 이렇게 발전되었던 독일 정치문화는 1990년 재통일 이후 두 개의 정치문화가 혼재하는 어려움이 있었으나, 바로 전 국민적인 정치교육의 체계적 접근으로 심리적인 간극을 극복할 수 있었다. 즉 구서독의 민주적 정치문화와 구동독의 사회주의적 정치문화를 시민의식으로 승화시킬 수 있었던 것이다. 베를린 장벽이 붕괴된 지 20년이 흐른 지금도 여전히 남아 있는 심리적 단절을 지속적인 민주시민교육으로 극복하고 있다는 것이다.

한편 독일국민은 일반적으로 정부관료제에 대해 만족하는 경향이 강하다. 국민의 정부신뢰가 강하다는 것이며, 이는 실제로 다른 나라들처럼 정치인들의 '관료때리기' 현상을 찾아볼 수 없다는데서 알 수 있다. 연방부처의 장관 이외에는 거의 모든 근무자들은 직업관료들로서 정권변화가 관료제에 영향을 주지 않는다는 원칙이 적용되고 있는 것이다. 이러한 독일의 정부관료제를 둘러싼 환경으로부터 다음과 같은 정치행정문화와 관료행태를 형성하기도 했다.

- 전통적으로 국가주도의 사회발전이 강해, 관료주의가 앞선 경험에 기인하여 국가를 사회보다 우월하게 인식하는 국가주의 전통이 강한데, 이로부터 어느 정도 특권적인 정부관료의 인식이 남아 있다.
- 독일 특유의 공권력에 대한 행정법원의 존재와 관료의 압도적인 법학전공에 의한 지배현상은 독일행정의 법치주의적인 정치행정문화에 기여하였다.
- 지난 20세기 정치적 참화를 경험했던 독일정치사에 대한 역사적 교훈으로 국민들은 안전성과 안정성, 예측가능성에 큰 가치를 부여하게 되었는데, 이로부터 갈등회피의 정치행정문화가 나타났다.
- 임용에서의 고등교육요건과 전후 중상층 출신의 행정관료들로 인하여 자유민주주의 가치에 자긍심을 갖고 동시에 관료제에 대한 의회의 통제에 찬성하는 태도를 나타내는 등 독일정부관료제 자체의 민주화가 또한 정치행정문화에 크게 작용하였다.

VI. 행정구조와 정치행정과정

1. 연방정부

연방정부는 3권분립 중 행정집행권을 담당하는 독일연방의 최고 정책결정 기구로서, 연방수상과 연방장관으로 구성된다. 특히 독일의 연방정부는 넓은 의미로는 '행정기관'이 포함되나, 독일 관료제의 전통을 인정하여 연방정부라고 구체화할 경우에는 연방수상과 연방장관이 구성하는 '내각(Kabinet)'과 유사한 개념으로 이해할 필요가 있다. 연방정부는 업무 수행시 다음과 같은 세 가지 기본원칙에 따른다. 이 중 가장 중요한 것은 수상우선의 원칙이라고 할 수 있는데, 이미 아데나워 수상 이래로 '수상민주주의'라는 말이 생겼으며, 이는 독일 정치체제의 안정성을 대변하는 개념으로 정착되었다.

① 칸쯜러(수상) 원칙(Kanzlerprinzip): 연방수상이 국정 운영의 이념과 정책의 기본 노선을 제시하고 이에 대한 책임을 진다는 원칙으로, 국가정책을 결정할 경우 수상우선의 원칙을 먼저 고려한다는 것을 의미한다.
② 부처책임 원칙(Ressortprinzip): 연방수상의 국정운영 기본노선과 내각결정의 테두리 안에서 각 부처장관들은 자신의 관할권을 재량껏 발휘하고 이에 대해 책임을 진다는 원칙으로, 각 각료들은 그들 각자의 업무영역만을 책임진다는 관할책임의 원칙이다.
③ 합의제 원칙(Kollegialprinzip): '내각원칙'으로도 불리우는데, 연방의 모든 법안이나 주요 정책은 내각회의의 심의와 결정을 거쳐야 한다는 원칙으로, 각료들 사이에 의견충돌이 있을 경우에는 내각의 합의에 따른 연방정부가 결정한다는 원칙이다.

1) 연방수상

독일의 정치행정체제를 특별하게 '수상민주주의'라고 부르듯이, 연방수상은 독일 국정 운영의 최고 권력자이며 최고 책임자로서, 정치행정체제의 구심점이다. 연방수상은 연방대통령의 제안으로 연방의회에서 선출된다(헌법 제63조). 연방수상 후보는 대통령이 지명하는데, 의회에서 과반수를 득표하지 못할 경우 2주 이내에 재선거에 들어간다. 연방수상은 동시에 연방의회 의원이 되며 주의회나 주정부 구성원을 겸할 수 없다. 특히 연방수상은 연방의회 의원으로서의 불가침권과 치외법권 등의 고유권을 향유하는 것이지 수상으로서 이러한 특별지위를 누리는 것은 아니다. 그럼에도 불구하고 독일 권력구조상 연방수상은 최강의 권한을 갖는다.

그의 정치적 권능은 단순하게 기술할 수 없을 만큼 모든 국가의 정치 및 행정 사안을 관할하기 때문에 이를 '수상 원칙'이라고 부르고 있다. 연방수상의 헌법상의 권능을 정리해 보면 다음과 같다.

① 국정방향 결정권: 연방수상은 독일의 국가발전 방향이나 정책노선의 총체적 정립권한을 갖는다. 독일기본법에는 연방수상이 대내외적 정책노선을 결정한다고 명시하고 있으나, 지난 60년을 돌이켜 보면 거의 연정으로 정부를 구성함으로써 수상의 정치력이 중요한 변수가 되기도 했다.

② 인사결정권한: 인사제도의 통일은 독일연방주의와 지방분권하에서 국가전체의 통일성을 위해 중요한 변수인데, 기본적인 인사제도와 인사운영 전반에 대한 결정권한을 연방수상이 갖고 있다.

③ 조각권: 국가권력의 조직고권으로서 연방장관의 경우 형식적으로는 연방대통령이 임명하나 연방수상이 제청한다는 실질적 권한을 의미한다. 그러나 늘 연정체제로 연방정부가 운영되어 왔다는 점에서 정치적 역학관계가 조각권의 변수가 된다.

④ 국가국정운영권: 연방수상은 헌법상의 권한, 연방장관을 포함한 연방의 모든 행정인력과 자신의 역량을 집결시켜 국민에게 비전을 제시하고, 국가사회발전을 위한 국정운영의 구심적 역할을 수행할 권능이 있다.

⑤ 비상시 군통수권: 독일의 군통수권은 특정인에게 집중되지 않은 것이 특징인데, 평상시의 연방국방장관에게 주어진 통수권은 연방대통령이 연방

〈표 2-5〉 독일 역대 연방수상 및 여야구조

집권년도 (집권기간)	연방수상 (소속 정당)	출생 년도 (수상)	집권당 (연정 참여정당)	야당 (야당후보)	수상 득표율 (연방 의회)	연정 지지율 (연정 정당)	수상 선출배경
1949 (1949 ~1963)	K. 아데나워 (기민당)	1876	기민/기사당, 자민당	사민당 (K. 슈마허)	50.2	96.7	연방의회 선거
1963 (1963 ~1966)	L. 에르하르트 (기민당)	1897	기민/기사당, 자민당	사민당 (W. 브란트)	55.9	90.6	아데나워 수상 퇴임
1966 (1966 ~1969)	K. G. 키징거 (기민당)	1904	기민/기사당, 사민당 대연정 (大聯政)	사민당 (W. 브란트)	68.5	78.1	에르하르트 수상 퇴임
1969 (1969 ~1974)	W. 브란트 (사민당)	1913	사민당, 자민당	기민/기사당 (K. G. 키징거)	50.6	98.8	연방의회 선거
1974 (1974 ~1982)	H. 슈미트 (사민당)	1918	사민당, 자민당	기민/기사당 (H. 콜)	53.8	98.5	브란트 수상 퇴임
1982 (1982 ~1998)	H. 콜 (기민당)	1930	기민/기사당, 자민당	사민당, 녹색당, 민사당(1990년) (H. 슈미트)	51.5	91.8	건설적 불신임 투표
1998 (1998 ~2005)	G. 슈뢰더 (사민당)	1944	사민당, 녹색당	기민/기사당, 자민당, 민사당 (H. 콜)	52.7	99.7	연방의회 선거
2005 (2005 ~2009)	A. 메르켈 (기민당)	1954	기민/기사당, 사민당 대연정	자민당, 녹색당, 민사당 (G. 슈뢰더)	64.7	88.6	임기조정 연방의회 선거

* 이 표는 집권 수상을 중심으로 정리한 것으로서 집권 기간 안에는 다수의 수상선출 선거가 포함되어 있다. 이곳에서는 수상 집권기간 중 첫 번째 집권 당시의 통계자료임을 밝힌다

의회 승인하에 국가방어태세를 선포하면 군통수권은 연방수상에게 귀속
된다.

이처럼 강력한 권능을 지닌 연방수상에 대하여 연방의회는 그를 통제하는
가장 큰 수단으로 '신임문제(Vertrauensfrage)'를 제기할 수 있다. 그러나 국가행
정의 연속성을 위하여 연방의회는 후임수상을 확정치 않는 한 불신임을 이유로
해임할 수는 없다. 즉 '불신임투표(Misstrauensvotum)'가 수상해임의 전제인데, 그
내용은 해임결의가 아니라 새로운 수상을 선출하는 것임을 의미한다.

지금까지 역대 연방정부를 구성한 연방수상을 중심으로 집권당과 야당 그리
고 당시의 수상선출 투표결과 및 수상선출 배경 등을 정리해 보면 <표 2-5>와
같다.

2) 연방장관

부처책임의 원칙에 입각하여 연방수상은 각부 장관을 지명하여 내각을 구성
한다. 각 부처의 업무영역과 기본적인 업무추진 방향은 '수상민주주의' 원리에
의거하여 연방수상이 관장한다. 그러나 실제 업무수행은 수상으로부터 완전히
독립되어 자유로운 상태에서 장관의 책임하에 자율적으로 진행되는 것이 특징
이다. 즉 연방수상이 정치적 기본방침을 결정하면, 그에 입각하여 각 부처 장관
들은 자신의 부처업무 분야에서 부처의 자율성과 장관책임성에 따라 업무를 추
진한다는 것이다. 바로 이러한 원리들이 독일의 '부처책임 원칙'이다.

이처럼 철저히 부성조직의 자율성이 강한 상황에서 연방정부는 실제로 합의
기관으로서 남게 된다. 바로 연방수상과 각부장관, 그리고 각부 장관 간의 이러
한 대등한 권한을 연방정부라는 합의체가 조정의 장(場)이 되어준다는 것인데,
이를 독특한 '내각제원리(Kabinettsprinzip)'라고 부른다. 결국 앞의 자율적인 부성
조직원칙은 동료적 합의논리를 중시하는 내각원리와 상대적인 조화를 이루게
된다.

독일 연방장관은 그 신분상 정당 소속의 직업정치가로서 독일의 전통적인
직업공무원과는 다르고, 한국의 장관인 '정무직공무원'과도 다르다. 연방장관의

수는 정권에 따라 차이가 있는데, 통일 후 콜 수상하에서는 17명이었는데, 1998년 사민당의 슈뢰더 수상하에서는 14명으로 줄었다가, 2005년 메르켈 수상이 취임하면서 15명이 되었다. 이 중 연방외무부장관은 부수상으로서 수석장관직을 겸하고 있다.

현 독일연방정부의 내각을 구성하는 15개 부처를 정리하면 다음과 같다:

① 연방외무부(AA=Bundesaussenministerium)

② 연방내무부(BMI=Bundesministerium fuer Inneren)

③ 연방법무부(BMJ=Bundesministerium fuer Justiz)

④ 연방재정부(BMF=Bundesministerium fuer Finanzen)

⑤ 연방경제기술부(BMWI=Bundesministerium fuer Wirtschaft und Technologie)

⑥ 연방노동사회부(BMAS=Bundesministerium fuer Arbeit und Soziales)

⑦ 연방식품농업소비자보호부(BMELV=Bundesministerium fuer Ernaehrung, Landwirtschaft und Verbraucherschutz)

⑧ 연방국방부(BMVg=Bundesministerium fuer Verteidigung)

⑨ 연방가족노인여성청소년부(BMFSFJ=Bundesministerium fuer Familie, Senioren, Frauen und Jugend)

⑩ 연방보건부(BMG=Bundesministerium fuer Gesundheit)

⑪ 연방교통건설도시개발부(BMVBS=Bundesministerium fuer Verkehr, Bau und Stadtentwicklung)

⑫ 연방환경자연보호원자력안전부(BMU=Bundesministerium fuer Umwelt, Naturschutz und Reaktorsicherheit)

⑬ 연방교육연구부(BMBF=Bundesministerium fuer Bildung und Forschung)

⑭ 연방경제협력발전부(BMZ=Bundesministerium fuer wirtschaftliche Zusammenarbeit und Entwicklung)

⑮ 연방수상실(Bundeskanzleramt)

2. 연방입법과정

본래 행정국가의 전통이 강한 독일의 경우 오늘날 대부분의 국가에서 나타나는 정치와 행정 간의 불균형관계가 갈수록 심화되고 있다. 한마디로 연방정부와 연방의회가 상대적으로 독립하여 상호 견제와 균형을 한다는 본래의 의회주의

〈그림 2-4〉 연방입법과정

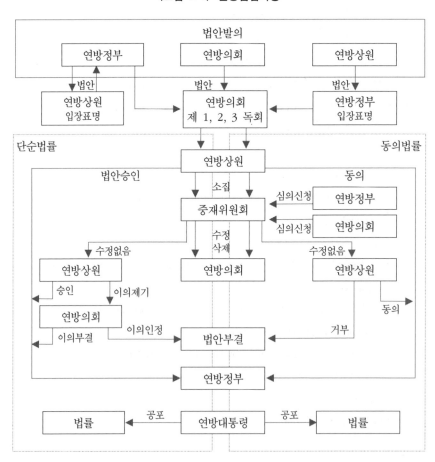

* 헌법개정은 연방의회와 연방상원 2/3 절대다수결을 요함

적 통치제도가 갈수록 정부주도형으로, 즉 행정권 우위현상이 심화되고 있다는 것이다. 이러한 현상은 특히 입법과정에서 나타나고 있는데, 제도적인 절차와는 상관없이 갈수록 정부제출 입법안이 차지하는 비율이 늘어나고 있다는 점에서 현저하게 나타난다.

이러한 경향은 입법 작업이 점차 전문화되어가고 있는 가운데 본래 법률집행자의 지위에 있는 정부가 현저하게 입법자로서의 위상을 강화시키고 있다는 것이다. 이것은 갈수록 정부가 노골적인 입법자로 등장하고 있음을 보여주는 것이며, 실제의 입법작용과 관련하여 정부 내부관료의 비중도 높아지고 있다. 물론 이러한 경향은 제2차 세계대전 이후 현대국가의 일반적인 경향이기는 하지만, 정부와 의회 간의 합리적인 관계정립은 독일정치사적 측면에서 보아도 지속적인 쟁점이 되고 있는 부분이다.

여기서 독일 헌법 및 정치메커니즘을 총체적으로 고려하여, 제도적 차원에서의 연방입법과정을 정리해 보면 <그림 2-4>와 같다. 여기서 보듯이 입법의 중심에는 연방의회가 있으며, 시간이 갈수록 역할 비중이 커진 곳은 연방상원이다. 이는 중앙 정치권에 지역의 입장을 대변한다는, 독일 특유의 지방분권 논리를 적극 적용한데서 나타난 결과라고 할 수 있다. 나아가 연방정부 또한 입법과정에서 그 위상이 강해지고 있음을 이 그림에서 볼 수 있다.

3. 주정부

독일의 주정부 구조는 기본적으로 연방과 비슷하다. 연방국가로서 독일의 주는 기본법상 고유의 주권을 갖고 있고 자체적으로 헌법도 보유하는 하나의 국가로서, 우선 주정부는 주지사(도시국가는 시장)와 각 부처 장관으로 구성된다. 16개 주정부의 조직과 운영 방법은 그의 지리적·역사적 배경, 그리고 사회적 여건에 따라 다양한데, <표 2-6>에서처럼 주정부의 호칭에서도 차이를 보이고 있다. 대부분 '주정부'로 부르지만 도시국가(베를린, 브레멘, 함부르크)에서는 '세나트,' 바이에른에서는 '국가정부'라고 부른다. 그런가 하면 주정부 수장(首長)

〈표 2-6〉 독일 주정부 호칭

주	주정부호칭	주지사호칭	장관호칭
일반명칭 (12개주)	Landesregierung (주정부)	Ministerpraesident (주지사)	Landesminister (주장관)
베를린	Senat (세나트)	Regierende Buergermeister (집권시장)	Senator (세나토)
브레멘	Senat (세나트)	Buergermeister (시장)	Senator (세나토)
함부르크	Senat (세나트)	Erster Buergermeister (수석시장)	Senator (세나토)
바이에른	Staatsregierung (국가정부)	Ministerpraesident (주지사)	Staatsminister (국무장관)

호칭도 보통 '주지사'라고 부르지만 베를린에서는 '집권시장'으로 칭하고, 장관
호칭 역시 '주장관'이 일반적이나 도시국가에서는 '세나토,' 바이에른 주에서는
'국무장관'이라고 부르는 것이다.

4. 독일의 행정체제

1) 행정구조 및 행정기능

독일연방공화국 행정체제는 수평적으로 조직화되어 있고 서로 독립되어 있으
면서 동시에 상호간에 긴밀한 중첩관계를 형성하는 등 대단히 복잡한데, 이를
단순하게 일별해 보면 외형상 다음과 같은 세 가지의 주요한 단계로 구분된다:

- 연방행정
- 주(州) 행정

- 지방자치행정

이들 각 행정단위는 서로 분명한 경계를 지닌 일련의 행정사무영역을 가지고 있기 때문에 단순하게 한 부분을 보아서는 독일행정의 전체를 파악하기 힘들다. 즉 연방·주·지방자치행정이 각각 독자적으로 행동하기 때문에 독일행정의 전체구조는 강하게 지방분권성을 갖고 있다는 특징이 있다. 한마디로 철저히 분권화되어 있는 독일의 정치행정체제에서 지방자치행정은 바로 독일행정의 근본바탕이며, 핵심적인 개념으로서 자치행정을 빼놓고는 독일행정을 정확하게 설명할 수 없다고 할 수 있다.

이 때문에 처음 보기에 독일의 국가와 행정구조는 매우 복잡하고 개관하기가 난해하게 보인다. 왜냐하면 행정의 단계가 복잡할 뿐만 아니라 연방제의 전통으로 국가차원의 중앙정부(연방)에 의한 직접행정이 미약하며, 나아가 지방자치규정조차도 지역마다 자치적으로 만들기 때문에 지방마다의 정치행정구조와 운영메커니즘이 다양하기 때문이다. 특히 모든 행정의 중심이 중앙이 아니라 주와 지방자치단체에 있으며, 지방자치제도의 행태면에서 볼 때 서구모델들의 전시장처럼 지방마다 다양한 정치행정구조를 이루고 있기 때문에 더욱 그러하다.

독일 국가행정의 전체구조를 3단계로 구분하였으나, 도시국가나 소규모 주들은 몰라도 대부분의 주(대규모 주)들의 행정단계는 더욱 세분화되어 있다. 즉 주행정 아래에 주정부관구(Regierungsbezirk)가 주행정의 하급특별단계로 존재하고 있고, 나아가 지방자치행정의 최하위 단계 위에는 군(Landkreis)과 자치시가 기초자치단체인 게마인데와 동일한 단계로서 자리잡고 있는 것이다.

이에 따라 독일행정의 실질적인 전체구성은 지방자치 계층구조와는 상관없이 다음과 같은 다섯 단계로 도식화할 수 있다. 이 중에서 연방, 주, 군, 자치시, 군소속 게마인데 등은 각자의 법인격을 갖고 민선의 대의기관을 갖는 행정단위들이나, 주정부 관구는 주의 일선기관(중간단계)으로서 독립성이 없다.

① 1단계: 연방(1개)
② 2단계: 주(16개)

③ 3단계: 주정부관구 및 광역게마인데연합
④ 4단계: 군(Kreis) 및 자치시(Kreisfreie Stadt)
⑤ 5단계: 게마인데(Gemeinde, 군소속 게마인데 등의 기초자치단체)

이처럼 강력한 분권화에 의한 지방자치가 독일행정의 핵심임에도 불구하고 독일의 국가통합이나 민족적 동질성을 전혀 위협받지 않고 있다. 여기에는 기본적으로 다음과 같은 다섯 가지 요인이 지역주의를 극복하는 국가행정의 통일성 확보에 주요한 기능을 하고 있다:

- 연방 전체의 통일적인 법질서체계
- 통일적으로 규정되어 있는 공무원제도(보수체계, 임용조건 등의 통일)
- 정치정당의 전국적인 조직체계(수직적 지방자치행정구조와 보완적 내지 병행성을 지닌 통일구조로서의 정당)
- 연방 전체의 통일적인 경제질서체계(사회적 시장경제원리 등)
- 연방 전체의 통일적인 행정의 전체구조(내부조직의 균형조정)

연방제국가인 독일에서 국가행정은 특히 연방과 주 간의 권능관계가 중시된다. 독일기본법 제30조는 "국가적 권능의 행사와 국가적 과제의 수행은 이 기본법이 별도의 규정을 정하지 않는 한 주의 권한에 속한다"라고 규정함으로써 일단 국가적인 행정기능들은 원칙적으로 주에 우선권을 주고 있다. 이에 따라 정치적인 입법권능을 정리해 보면 연방 고유입법사항과 주 고유입법사항으로 나누어지는데, 일반적으로 연방사항으로 명시된 것 이외의 행정사무(기능)는 주의 권능에 속한다.

행정계층별 기능배분 문제는 지난 2006년 장기간 논란 끝에 개정된 기본법에 잘 나타나 있다. 이때 개헌의 핵심은 독일연방제의 개혁이었는데, 특히 연방과 주 간의 기능재조정이 중요하다. 새로운 정부 간 관계 원칙에 따라 연방과 주의 복합적 결합구조가 완화되고, 중앙집권적 성격이 약화되는 등, 기본법 개헌 이전보다 주의 입법권한이 상당히 강화되었다.

이를 요약하면 다음과 같이 정리된다.

(1) 연방입법사항
• 연방독점입법사항(예시)
 − 외교, 국방, 국제테러리즘, 국경수비에 관한 사항
 − 국적관련사항, 국민보호문제, 주민등록에 관한 사항
 − 여권제도, 출입국 관리에 관한 사항
 − 금융통화, 도량형, 표준시제도에 관한 사항
 − 관세, 대외무역, 자유무역, 문화재 보호, 선박협정에 관한 사항
 − 철도, 항공교통에 관한 사항
 − 우정 및 통신에 관한 사항
 − 특허 및 출판권에 관한 사항
 − 재정에 관한 사항
 − 평화적인 핵에너지 생산과 이용에 관한 사항

• 경쟁입법사항
 연방이 우선권은 있으나 연방이 일차적으로 입법권을 행사하지 않을 경우
 주가 입법할 수 있는 분야이다. 주도 하나의 국가로서 연방과 경쟁하면서
 법률을 제정할 수 있게 한다는 취지에서 만들어진 제도이다. 여기에는 민
 형법과 소송법에 관한 사항, 외국인 체류관련 사항, 산업노동사회보장 사
 항, 공정거래에 관한 사항, 국토개발계획과 수자원관리, 결사와 집회관련
 사항, 자연보호와 경관보호, 해운 및 수로에 관한 사항, 인간의 생명을 위
 한 바이오의학 관련사항, 공무원보수 및 후생복지에 관한 사항 등 갈수록
 매우 다양해지고 있다.

(2) 주입법사항
 독일 헌법은 주의 입법권을 구체적으로 명시하고 있지 않으나, 기본법에
 명시된 연방입법 사항 이외에는 그 밖의 모든 분야가 주의 입법권이라고 밝히

고 있다. 많은 경쟁입법 사항에서도 연방이 입법하지 않으면 주가 입법할 수 있는 것이다. 특히 지난 2006년 헌법개정으로 주의 전속적 입법권한은 확대되었다.

주의회가 중심이 된 일반적인 주의 입법사항이라고 할 수 있는 것으로는 다음과 같다(예시):

- 신문과 방송 등 언론에 관한 사항
- 경찰관련 사항(자치경찰)
- 교육에 관한 사항(초, 중등 및 대학교육) 및 대학제도에 관한 규율
- 주 발전 및 도시계획에 관한 사항
- 도로, 수자원에 관한 사항
- 형의 집행, 집회에 관한 사항
- 폐점 등에 관한 입법사항
- 공무원과 주법관의 신분에 관한 사항

(3) 지방자치단체 입법사항

단체자치 이론에 입각하고 있는 독일에서 지방자치단체는 연방이나 주처럼 국가권력을 갖고 있지는 않다. 따라서 지방의회는 법률을 제정할 수는 없으나, 지방자치단체도 고유사무에 대해서는 '조례'를 통하여 입법권을 행사할 수 있다. 지방의 조례는 주에서 제정한 지방자치법의 틀 안에서 제정된다.

대표적인 지방자치단체의 입법사항에 관한 사례는 다음과 같다:

- (지방자치단체) 예산에 관한 사항
- 영업세, 토지세 등 지방세에 관한 사항
- (지방자치단체) 도시계획에 관한 사항
- 해당 지역의 사용료, 수수료, 분담금에 관한 사항

2) 독일관료제: 인사제도

일찍이 베버(M. Weber)가 이념형으로서의 관료제(Buerokratie) 이론을 정립한 것처럼 독일의 정교한 행정시스템의 전통은 인사제도에 있어서도 한국공무원제도에까지 영향을 주고 있다. 특히 독일의 정부관료제는 현대 행정학의 발달에 있어 초석이 된 고전적 이론형성에 지대한 공헌을 하였다. 현대 공무원제도의 한 축인 '직업공무원제도(Berufsbeamtentum)'를 탄생시키고 발전시킨 대표적인 국가로 인정받고 있다. 독일 공무원제도의 근간은 18세기 이전으로 거슬러 올라가는데, 그 주요 특징은 법에 의한 신분의 규정이다.

오늘날 독일 공무원제도의 특징을 보면 아래와 같이 요약할 수 있다:

- 국민의 공복으로서의 봉사와 성실의 원칙
- 정치적 중립 원칙, 책임정신과 공익성의 강조
- 직무수행의 독립성과 전문성의 중시
- 직업공무원제도를 겨냥한 종신고용제, 계급제도 인정
- 공무원에 대한 국가의 책임 원칙

독일 공무원은 철저한 직급제를 고수해 왔다. 독일 공무원은 전통적으로 학력을 기준으로 임용이 제한되는 네 개의 직급군(職級群)으로 구성되어 있으며, 이

〈표 2-7〉 독일공무원 계급제도

직급군	직급	요구되는 학력
단순직 공무원	A2(A1)~A6	초등학교 졸업(총9년수학)
중급직 공무원	A6~A9	중학교 졸업(총10년수학)
상급직 공무원	A9~A13	고등학교 또는 전문대졸
고급직 공무원	A13~A16 B1~B11(간부급)	대학교 졸업

직급군은 다시 일반직공무원 계급구조인 16개 등급(A1-A16)으로 세분화되어 있다. <표 2-7>에서 보듯이 가장 하위그룹인 단순직공무원(Einfacher Dienst)은 기본학교(초등학교) 졸업 후 직업학교 졸업 수준을 전제하고 있으며, 중급직공무원(Mittlerer Dienst)은 중등학교인 레알슐레(Realschule), 상급직공무원(Gehobener Dienst)은 김나지움(Gymnasium)이나 전문대학, 고급직공무원(Hoeherer Dienst)은 대학 이상의 학력을 요구하고 있다. 그리고 독일공무원은 그 직능에 따라 직업공무원(Beamte), 계약공무원(Angestellte), 노무원(Arbeiter)으로 크게 구분된다.

2005년 통계를 보면 독일 공무원 총수는 480만 명 정도이다. 지난 1950년 228만 명에서 통일 직전인 1990년에는 약 492만 명으로 두 배 이상 늘었으며, 이는 통일 이후 첫 해(1991년) 670만 명까지 급증했다가 지속적으로 감소 조정되고 있다. 2005년 통계를 독일의 공무원 신분 소속에 따라 정리해 보면 다음과 같이 직접행정기관에 420만 명이 근무한다(88%). 이러한 직접행정기관 근무 공무원 이외에 독일에는 간접행정기관에 근무하는 공무원들도 있다(60만 명, 전체 공무원의 약 12%). 한편 이 중 계약공무원과 노무원이 약 2/3 이상을 차지하며, 정작 '종신직인 공무원'은 약 1/3 수준에 머물러 있다.

이들 공직자를 소속 정부별로 구분해 보면 다음과 같다:

- 연방소속 공무원: 연방부처와 각급 연방행정관청 근무 공무원으로 연방군 포함(55만 명, 약 11.5%).
- 주소속 공무원: 주정부 소속 공무원으로 대표적으로는 경찰과 교육공무원 (216만 명, 약 45%).
- 지방자치단체소속 공무원: 선출직 공무원과 지방행정기관 근무 공무원 (149만 명, 약 31%).

독일 전체공직자 중에서 여성이 차지하는 비율은 1960년만 해도 약 28%에 불과했으나, 2005년에는 52%로 폭발적으로 증가하였다. 한편, 독일에서 공무원의 기본적인 의무를 보면 성실근무의 의무, 공익과 정치적 중립의 의무, 청빈의 의무, 상급자에 대한 지원·자문·복종 의무, 비밀유지의 의무 등이 있으며, 이

에 대하여 공무원의 권리로는 정치활동의 자유권, 단결권, 생활권 등을 제시할
수 있다.

VII. 전망

지금까지 살펴보았듯이 독일의 국가체제는 과거에 대한 끊임없는 반성과 현
실에 대한 냉철한 이성적 판단, 그리고 미래지향적인 관점에서 만들어지고 운영
되어 왔다고 할 수 있다. 누구도 독주할 수 없도록 연방수상과 대통령에게 권력
을 분점토록 한다거나, 신분이 아니라 지역대표성을 투영하고 있는 연방상원의
운영은 그들의 지혜로 새롭게 만들어진 것이다.

그런가 하면 1인2표의 정당투표제나 지역구와 전국구를 절반씩 배분한 것
역시 그들의 민주주의에 대한 열망을 제도적으로 담고 있는 절묘한 제도이다.
이외에도 수많은 창의적 정치행정제도들은 지난 60년 동안 다른 국가들에게 중
요한 모델로서 늘 회자되곤 했다.

독일 국가구조의 본질은 민주주의 경합원리를 바탕으로 하고 사회적 다원주
의를 수용하고 있다는 데 특징이 있다. 민주주의 경합이론은 다원적으로 조직화
된 사회에서 같은 정도의 정당성이 인정되는 여러 이익이 존재한다는 공동 인
식이 전제된 것이다. 이 말은 정치적 의사형성은 여러 다원화된 이익집단들의
공개적인 논의 과정으로부터 결과한다는 것이다. 이 때문에 독일의 국가질서와
정치·행정의 운영에는 이러한 공통의 확신을 바탕으로 하여 견해의 다양성과
사회적 대립을 분명하게 인정하고 있다. 이를 기본전제로 하는 총체적 국가시스
템이 형성되어 기능적인 역할을 다양하게 담당하고 있는 것이다.

특히 전후 독일의 정치행정체제가 국민적 신뢰 속에 안착된 결과는, 여전히
시스템의 지속성과 안정성이 문제가 되고 있는 한국 국가체제에는 시사하는 바
가 크다고 할 수 있다. 실제로 독일식 법치국가와 관료제를 수용하고 있는 우리
의 정치행정이 여전히 불신의 늪에서 빠져나오지 못하는 현실을, 다시 독일의

성공으로부터 배우는 겸허한 자세가 필요한 때이다. 독일의 직업공무원제도는 이미 한국의 공무원제도 속에 자리잡고 있으며, 독일의 지방자치 이론인 '단체 자치논리'는 그대로 한국의 지방자치의 논거로 작용하고 있다. 60년이 지난 지금 두 나라의 운영성과는 왜 다른지 지혜가 필요하다는 것이다.

지금에 와서는 독일의 수평적 권력분립과 수직적 권력분립 메커니즘을 배우려는 논의가 활발하기도 하다. 선거제도를 말할 때 늘 독일의 정당투표제가 언급되고, 독일의 50-50 비율의 비례대표모델이 논의되는가 하면, 특히 개헌과정에서는 지역대표성을 갖고 연방상원을 구성한 독일인들의 국정체제를 학습하는 데 열심이기도 하다. 하나하나를 언급할 수도 없을 정도로 독일과 우리의 관계는 분단과 통일은 물론 정치행정체제에서도 상호 타산지석으로 삼는 긴밀한 관계를 이어왔다고 할 수 있다.

한마디로 독일이 과거의 절대주의와 왜곡된 민족주의의 뿌리를 단절하고 선진화된 자유민주주의 체제를 구축할 수 있었던 것은 그들의 철저한 제도적 완성노력에 기인하고 있다고 할 수 있다. 국왕이 없으면서도 제2차 세계대전 이후 보다 발전된 내각책임제적인 의원내각제를 만들어낸 것이나, 철저한 수평적 권력분립(3권 분립)과 수직적 권력분립(지방자치)을 조화시킨 것 등이 좋은 예라 할 수 있다. 여기에다 실제 제도운영의 민주화를 위한 시민의식의 제고 차원에서 철저한 민주시민교육(정치교육)을 지원한 것이 또한 결정적인 계기가 되었다고 하겠다.

결국은 이처럼 철저한 제도화와 민주적 운영을 위한 노력이 토대가 되어 역사상 전무후무하게 민족분단을 평화적으로 극복하고 재통일시킬 수 있었다. 그리고 21세기를 맞아 제2의 라인강의 기적과 함께 통일독일은 선진 자유민주주의 국가로서 미래의 비전을 지닌 국가발전을 이어나가고 있다.

▋참고문헌

Alemann, Ulrich von. 2003. *Das Parteiensystem der Bundesrepublik Deutschland.* Opladen: Leske+Budrich.

Avenarius, Hermann. 2003. *Die Rechtsordnung der Bundesrepublik Deutschland.* Bonn: bpb.

Conze, Eckart. 2009. *Die Suche nach Sicherheit.* Muenchen: Siedler Verlag.

Der Fischer Weltalmanach. 2009. *Chronik Deutschland 1949-2009.* Frankfurt: Fischer Taschenbuch Verlag.

Gramm, Christof/Stefan U. Pieper. 2009. *Grundgesetz.* Buergerkommentar. Baden-Baden: Nomos.

Hesse, Jens Joachim/Thomas Ellwein. 1998. *Das Regierungssystem der Bundesrepublik Deutschland.* Opladen: Westdeutscher Verlag.

Ismayr, Wolfgang, Hrsg. 2007. *Die politische Systeme Westeuropas.* Opladen: Leske+ Budrich.

Koenig, Klaus/Heinrich Siedentopf. Hrsg. 1997. *Oeffentliche Verwaltung in Deutschland.* Baden-Baden: Nomos.

Korte, Karl-Rudolf. 2003. *Wahlen in der Bundesrepublik Deutschland.* Bonn: bpb.

Lueder, Klaus, Hrsg. 1997. *Staat und Verwaltung.* Berlin: Duncker & Humblot.

Poetzsch, Horst. 2004. *Die deutsche Demokratie.* Bonn: bpb.

Rudzio, Wolfgang. 2000. *Das politische System der Bundesrepublik Deutschland.* Opladen: Leske+Budrich.

Schmidt, Manfred G. 2007. *Das politische System Deutschlands.* Muenchen: C.H. Beck.

Schwan, Heribert/Rolf Steininger. 2009. *Die Bonner Republik 1949-1998.* Berlin: Propylaeen Verlag.

www.bundesregierung.de (Das Bundesregierung-Portal).

www.deutschland.de (Das Deutschland-Portal).

|제3장|

독일의 통일외교와 통일정책

이장희 | 한국외대

I. 문제제기

독일은 40여 년에 걸친 민족분단을 극복하고 1990년 10월 3일 마침내 통일을 달성하였다. 독일통일은 통일의 대내외적 요인들을 잘 상호결합하여 서독 기본법 제23조에 의한 동독의 서독연방에 편입(acession)통일 형태로 이루어졌다.

이처럼 독일은 지난 20세기 분단국가로 있었던 베트남, 예멘과는 달리 유일하게 평화적 방법으로 분단체제를 극복한 복 받은 나라이다. 1945년 5월 8일 제2차 세계대전에서 패배를 인정한 독일은 미, 소, 영, 불 4대 연합국의 군사점령상태에 들어가 분단국가로 전락되었다. 1949년 이후 동 베를린을 수도로 독일민주공화국(동독)이, 본(Bonn)을 수도로 독일연방공화국(서독)이 각각 수립되었던 것이다. 즉, 독일 땅에는 두 개의 독립정부가 수립되어 본격적으로 분단체제가 출발되었고, 어쩌면 이러한 독일의 분단은 냉전의 희생물이자, 동시에 전범국가로서 독일 스스로 자초한 것이기도 하다.

그래서 주변국들은 독일통일에 대해서는 한반도 통일보다도 더 부정적인 입장을 취해왔다. 그럼에도 불구하고, 서독은 통일외교로서 이러한 장애물을 슬기롭게 극복하여갔다. 즉, 서독은 국내적 차원, 민족적 차원, 국제적 차원의 세 가지 차원에서 모든 교류와 협력을 법제도화한 기초 위에 소련과 주변 유럽 이웃국가들을 잘 설득시켜 평화롭게 민족통합을 진행하였다. 국내적으로는 1949년 기본법에 기초해 정치·경제·사회 측면에서 민주적·법치주의적 질서를 탄탄히 하여 국내적 내공을 쌓았다.

즉, 서독 정치체제에서 자유, 인권, 정의 등에 입각한 법치국가적 질서가 보장되고 민주적 정치문화의 기반 위에서 정치·사회 제세력 간의 정치적 갈등이 성공적으로 관리되었다. 반면 동독 정치체제에서는 동독의 지배층이 당에 의한 관료주의적 권력독점을 고수함으로써 사회발전은 불가능하였다.

서독의 사회적 시장경제제도는 동독의 계획경제와는 달리 고도의 생산력발전을 이룩하여 국민생활수준을 향상시키는 한편, 사회보장제도를 통하여 자유경쟁의 폐해를 최소화함으로써 사회경제적 측면의 우위를 확보하였다.

동서독의 정치·경제·사회의 이러한 우열관계는 동독 주민의 정체성을 서독 사회지향적으로 형성시킴으로써 독일통일의 외적요인이 변화될 경우 통일과정을 서독에 유리하게 촉진시킬 수 있는 기반을 만들었다.

민족적 차원에서는 1972년 동서독 기본조약에 기초하여 인적, 물적 교류와 신뢰를 제도하화고, 실천해 나갔다. 서독은 외부압력보다는 동서독 접근을 통한 체제내부 변화를 유도하였다. 국제적 차원에서는 1975년 유럽안보협력회의(CSCE/KSZE: Conference on Security and Cooperation in Europe)를 통해 민족적 차원의 교류협력 합의를 다시 한번 담보하여 실천해 나갔다.

특히 독일연방공화국은 냉전질서에 기초한 초기 할슈타인정책을 1969년 이후 동방정책(Ostpolitik)으로 전환하여 통일외교를 착실하게 다져나가서 마침내 1990년 10월 3일 민족분단의 사슬을 끊었다. 본고에서는 이같이 분단체제를 슬기롭게 극복한 서독의 통일외교와 통일정책을 시대적 전개상황에 맞추어 분석하고 검토해 본다.

II. 서독의 통일정책 개관: 서독의 할슈타인정책과 동방정책

우리는 서독의 통일정책과정을 시대별로 크게 3가지로 나눌 수 있다. 첫째는 서독정부 수립후 대(對)동독에 관한 적대적 대결정책을 통해 국제사회에서 동독을 힘으로 고립시켰던 할슈타인 원칙을 고수하던 시기(1949~69)이다. 둘째는 적극적인 교류협력을 통해 동독의 실체를 인정하고, 1973년에 UN에 동시 가입한 동방정책 실행 이후의 시기(1969~89)이다. 셋째는 1989년 11월 9일 동독의 평화혁명으로 크렌츠(Egon Krenz) 동독서기장이 베를린장벽을 개방한 이후 서독 기본법 제23조에 의해 동독이 서독으로 편입되면서 민족적·국가적 통일을 완성한 시기이다.

첫째, 적대적 대결시기는 동서독이 어느 한 체제에 다른 체제의 흡수, 합병을 강요하던 단독대표권 주장시기였다. 둘째, 적극적 협력시기는 당장 현실적으로 어려운 정치적·국가적 통일을 유보하고, 중부유럽의 평화와 안전을 위해 독일 내의 두 개의 국가를 실질적으로 인정한다는 「1민족, 2국가론」을 새로운 통일정책으로 내세워, 상호긴장을 완화하고 평화공존을 통해 민족적 협력과 교류를 추진하였다. 즉, 이산가족 상봉과 같은 비정치적 분야에서의 협력을 증대시켜 나감으로써 통일을 먼 장래의 가능성으로 보던 시기이다.

셋째, 통일전개과정 시기는 1989년 11월 베를린장벽 붕괴 이후 서독의 수상 콜(H. Kohl)이 주독소련군 철수비용을 부담함으로써 소련을 설득시키고, 통일에 소극적 입장을 취하던 유럽의 프랑스와 영국을 설득시키는 통일외교 전개과정과 그 마무리 시기이다. 이시기에 콜 수상은 독일의 통일을 더 이상 늦출 수 없다고 판단, 통일의 내적 및 외적 조건을 빠른 속도로 충족시켰던 것이다.

그는 1990년 3월 18일 동독 역사상 처음으로 실시된 자유선거에 의해 새로 탄생된 동독과 화폐통합, 경제통합 그리고 사회통합 조약을 체결함으로써 서독의 마르크화가 전독일의 유일한 수단으로 되었던 것이다. 당시 동서독 화폐가치는 4.5:1의 비율이었다. 그럼에도 불구하고 1:1 비율로 교환해 준 것은 동독의 강력한 요구도 있었지만, 경제적 고려가 아닌 통일을 앞당기기 위한 정치적 결단에서 나온 것이다.

대결시기의 산물인 할슈타인정책(1955.9.23)은 당시 외교부 차관 할슈타인(W. Hallstein)의 구상으로 서독은 동독과 외교관계를 가지는 제3국의 행위를 비우호적 행위로 간주한다는 것이다. 이는 동독을 국제사회에서 고립화하는데 큰 영향을 끼쳤다.

적극적 협력시기의 통일정책은 1969년 10월 28일 독일연방의회에서 선언한 브란트(Willy Brandt)의 동방정책이다. 동방정책의 기본 철학은 현실을 극복하기 위해서는 현실을 인정해야 한다는 것에서 출발한다. 그 2대 실천 원칙은 접촉을 통한 변화(Wandlung durch Ahnnaerung)와 무력포기이다. 여기에서 서독의 바르(Egon Bahr)와 소련의 그레미코(Gremyko) 간의 비밀 협상에서 만들어낸 '바르 페이퍼(Bahr Paper)'는 동방정책의 기본 계획이었다. 향후 모스크바조약(1970.4)으로 시작된 모든 동방정책의 구체적 조약정책 계획은 바로 '바르 페이퍼'에서 기초한다고 볼 수 있다.

1989년 11월 9일 베를린 장벽붕괴 이후 통일전개과정 시기는 콜 서독 수상이 지혜로운 통일외교로서 여러 가지 정치·군사적인 어려운 장벽을 소련과 유럽 주변 우방국의 협조를 유도케 한 시기이다. 1990년 3월 18일 동독 최초 자유총선거에서 서독 기민당(CDU)이 지지하는 자유민주총연합이 동서독 마르크(DM) 화폐 교환율을 실제교환비율보다 높인 것은 통일정책적 대결단이었다. 또 콜 수상이 소련을 설득하기 위해 주독소련군 철수비용의 전액부담도 분단극복을 위한 정치적 결단이었다.

동방정책의 입안과 그 출발은 진보 정당인 서독 사민당(SPD)이 1969년에 시작했지만, 보수당인 기민당 정권은 민족적 관점에서 정파를 초월하여 이것의 장점을 잘 계승하여 독일통일로 훌륭하게 마무리하였다.

1989년 11월 평화적 혁명에 이어 신속하게 1990년 3월 18일 선거를 통하여 역사상 동독 내에 자유경선된 최초의 의회가 생겨났다. 이어 1990년 7월 1일 '화폐·경제 및 사회통합에 관한 양독조약'이 발효되었다. 또 동독의 인민의회는 1990년 8월 23일, 1990년 10월 3일부로 서독가입을 의결하였다. 구체적 사항은 다음에서 상세히 설명할 것이다.

III. 동독의 통일정책 개관

동독은 초기에는 적극적 통일정책을 지향하였으나, 1967년 이후에는 소극적 통일정책을 폈고, 마침내 2민족 이론(Zwei Nation)개념을 내세워 통일자체를 거부하는 정책으로 돌아섰다. 이는 동독이 시간이 갈수록 정치, 경제, 사회 발전 면에서 서독과의 체제우위경쟁에서 뒤처졌기 때문이다.

그래서 동독의 통일정책은 크게 세 시기로 나눈다. 국내법적 통일지향의 시기(1949~54), 국제법적 통일지향의 시기(1955~67), 통일거부시기(1968~89)가 바로 그것이다.

1. 국내법적 통일지향의 시기(1949~1954)

통일지향 시기는 다시 1949~54년 사이에 국내법적 차원에서의 노력과, 1955~67년까지는 국제법적 차원에서의 시도로 나누어 볼 수 있다. 1949~54년까지의 첫 단계에서는 동독은 계승 및 동일성이론(Schmid, 1980: 23-32)하에 자신의 전 독일에 대한 단독대표권과 정통성을 주장하면서, 전독일통일에 관한 선거법 제정에 의거하여 민주적 자유선거를 통한 평화적 통일을 하는 국내법적 해결을 시도했다.

이 당시에는 동독이나 서독 모두 재통일, 즉 옛 영토의 전면수복을 전제하고 있다는 점이 일치한다. 그리고 포츠담선언의 결의에 따른 독일의 민주적 재건설도 독일제국의 계속성을 인정한 통일된 독일이었다. 그러므로 미국과 영국은 전독일의 중앙행정부를 세우는데 큰 반대를 하지 않았다. 그러나 프랑스는 4개 연합국(미국, 영국, 소련, 프랑스)들의 점령지역이 재통합되어 통일된 독일이 재건되는 것에 상당한 위협을 느끼고 중앙행정부 설립에 반대하였다(Evangelisches Staatslixikon, 1976: 28).

그래서 중앙행정부는 조직이 되었으나, 제기능을 발휘 못하고, 각국 점령지역 연합군사령부들의 통치력만 강해져 결국 분단으로의 길을 걷게 되었다. 1952년

3월 15일 소련이 독일의 중립화와 군사동맹에의 비가입만 보장되면 통일시켜줄 수 있다는 중립화 통독안을 제안하기도 했으나, 동서진영의 상호불신과 관계악화로 묵살되었다.

그리고 그 당시 서방연합국들은 한국전쟁의 영향으로 공산당이 무력으로 독일을 통일할지도 모른다는 생각을 했다. 이 때문에 소련봉쇄의 수단으로 결성된 북대서양조약기구(NATO)의 강화를 위해서는 서독의 무장과 서독의 주권회복이 필요하다고 보았다. 이에 1952년 5월 26일 서방전승국인 미국, 영국, 프랑스는 독일조약(Vertrag über die Beziehungen zwischen der BRD und den drei Mächten)을 체결하여 서독을 주권국가로 승인해 주었다.

그러나 독일의 재통일과 베를린문제에 대해서는 서방 3대국의 계속적인 권한을 주장하는 단서조항을 붙였다. 다시 말해 독일의 재통일은 전승국의 동의 없이 이루어질 수 없다는 것이다. 게다가 유럽 중심으로 형성할 예정이던 방위체제인 유럽방위공동체가 1954년 8월 30일 프랑스의회의 비준부결로 실패하자, 서구지역에 미국주도의 NATO군사동맹은 뚜렷하게 자리잡게 되었다(Chronik der Deutschen, 1983: 973).

그리고 서독도 1954년 10월 23일 북대서양조약기구에 가입하게 되고, 1957년에는 유럽경제공동체(EC)의 창설회원국으로서 참여하게 되어 전적으로 서방의 군사 및 경제동맹권에 속하게 되었다. 이 당시 서독의 통일정책은 UN감시하 자유선거에 의한 자유전독일정부의 수립이었다. 이는 동방진영의 힘의 우위에 의한 통일정책이었지, 협상에 의한 통일의 모색이 아니었다. 그러므로 동독은 서방국가들로부터 자신의 독일 단독대표권과 정통성은 물론 국가로서의 국제법적 승인마저 위협받게 되었다.

이에 소련은 동독을 서독에 맞먹는 국가로 키울 필요성이 생겼고, 1954년 3월 25일에는 일방적으로 동독을 주권국가로 인정해 주었다. 그리고 동독도 서독으로부터의 군사적 위협을 피하기 위해 1955년 5월 14일 바르샤바조약기구에 가입했다. 이로써 동독도 동구의 경제·군사동맹권에 속하게 되었다. 따라서 동독은 서독과의 국내법적 해결을 통한 평화적 재통일의 어려움을 인식하게 되었다(Pusylewisch, 1984: 270-271).

2. 국제법적 통일지향의 시기(1955~1967)

1) 통일정책변화의 배경

1954년 3월 25일 소련이 동독을 주권국가로 승인하자 서독과 서방측은 이를 인정하지 않았다. 그리고 서독의 아데나워 수상은 1955년 9월 25일 할슈타인 원칙을 발표, 동독의 외교관계수립을 막는데 총력을 기울였다. 이 원칙에 따르면 서독은 제3국이 동독과 외교관계를 체결하는 것을 비우호적 행위로 본다는 것이다.

그 근거로 아데나워 수상은 전독일에 대한 서독의 단독대표권을 들었다. 이에 따라 동독은 서방으로부터의 외교적 고립을 피할 수 없었다. 게다가 선거법 제정에 의거한 통일의 국내법적 해결이 불가능함을 인식한 동독은 이제 종전까지의 계승 및 동일성이론에 입각한 통독안을 포기하고, 국제법적 해결 방안으로 두 국가이론에 입각한 국가연합안을 내놓게 되었다.

동독은 이 같은 통일정책변화의 이유로서 제3제국(1933~45년의 히틀러집권시기)의 파시스트국가는 이데올로기상 그들의 사회주의·민주주의국가(DDR)가 계승할 수 없다는 점을 들었다(Pusylewisch, 1984: 272). 그래서 동독은 지금까지의 자유선거에 의한 통독방안을 지양하고 정치적 협상과 평화적 협력의 방법으로 통일을 지향하는 국가연합을 제안하게 된 것이었다.

그러나 동독이 이 국가연합안을 내놓게 된 숨은 목적은 서방국가들로부터 국제법적으로 국가승인을 받기 위한 것이었다. 그리고 여기에서 제기할 만한 사실은 동독의 통일개념이 독일제국 전영토의 재통일에서 동서독만의 통일로 바뀌었다는 점이다.

2) 두 국가이론

양독에 의해서 각각 주장된 단독대표권은 서독보다 동독에서 훨씬 먼저 포기되었다.

1951년, 1952년경부터 동일성 및 승계이론을 포기하는 법적 견해가 점차 대두되었다. 그리고 1955년에는 두 국가이론이 공식적으로 등장했는데, 그 내용은 다음과 같다.

① 독일제국은 1945년 5월 8일의 무조건 항복으로 국제법주체로서의 자격이
  소멸되었다.
② 옛 독일제국의 영토 위에는 독일민족의 두 국가가 생겼다.
③ 두 독일국가는 독일제국의 계승국가이다.
④ 독일의 재통일이란 미래에는 하나의 완전국가로 두 부분국가가 통합되는
  것으로 이해된다.
⑤ 국가적 불연속성이 있음에도 불구하고 독일인민의 민족적 통일은 존속한다.

이 두 국가이론은 동독과 서독이 각각 하나의 국가라는 관점에서 출발하며,
이 사실은 1972년 동서독 간의 기본조약에서도 인정되고 있다. 그러나 이론상
으로 두 국가(동서독)와 독일제국과의 관계를 명확히 설명해 주지는 못하고 있
다(Münch, 1982: 34).

  3) 국가연합안(Konföderation)
  상기 두 국가이론에 근거해 구체적으로 나타난 국제법적 통일정책이 국가연
합안이다. 이안은 1957년 1월 30일 독일사회주의통일당(SED)의 제30차 중앙위
원회에서 공식적으로 발표되었고, 그 해 7월 26일에는 인민의회에서 보고되었
다. 이 국가연합안은 독일인 스스로가 통일과업의 완수를 위해 동·서독이 서로
정치적으로 협상하자는 것으로 그 첫 단계로서 동·서독이 국제법적으로 조약을
체결하자는 것이었다. 이와 같은 국가연합안의 골자는 다음과 같다(Schweisfurth,
1987: 19-36).

① 독일문제는 독일인 스스로가 해결해야 한다.
② 그 첫 단계로서 두 독일국가 간의 이해와 협조가 있어야 한다.
③ 동독을 국가로서 승인하는 것을 암시하는 국제법적 조약을 양독 간에 체
  결한다.

④ 조약이 추구해야 할 합의내용은 특히 독일 영토 내에서의 핵무기 운반체의 금지, 바르샤바조약기구와 북대서양조약기구에서의 양국의 탈퇴, 독일 영토 내에서의 연합군의 철수 등이다.

⑤ 주권이 있는 두 독립 독일국가 간의 국가연합안은 하나의 중간해결책이다.

⑥ 공동의 전독일기구는 처음부터 집행력을 가지는 것이 아니고, 우선 자문·권고적 기능을 갖는다.

⑦ 국가연합의 기간 중에는 서독에 대한 사회주의의 침투가 의도되지 않는다.

⑧ 하나의 '통일된 민주독일'을 향한 양국의 통합은 과정으로 간주된다.

⑨ 공동국민의회를 구성하기 위한 선거제도를 상호 양해한다.

⑩ 재통일은 동독의 이해와 노동자의 사회적 소득의 희생 위에 이루어져서는 안 된다.

그러나 1967년 이 국가연합안은 최종적으로 포기된다(SBZ-Archiv, 1967: 123-128). 이는 동독이 서독에게 사회주의적 개혁을 요구했기 때문이다. 이때부터 이 안은 그 자체가 목적이 아니고 독일의 통합을 위한 수단이라는 것이 밝혀졌다. 이러한 새로운 요구가 서독에서는 시간이 흘러감에 따라 이루어질 수 없었다. 나아가 이 국가연합안은 동독이 서독의 할슈타인 독트린으로 인해 받게 된 외교적 고립을 피하고 국제법적 승인을 받기 위한 작전에 불과했다는 점이 노출되었다. 아울러 동독은 이 안의 제의로 서독의 영토 위에 원자핵이 설치되는 것도 막으려 했다. 그러나 이제는 이러한 숨은 목적들을 관철시킬 수 없게 되자, 동독은 이 안에 대해 흥미를 잃게 된 것이다.

그리고 이 안의 포기는 1966년 12월 1일 서독에서 사민당이 정권에 참여하면서 추진한 긴장완화정책과도 무관하지 않다.

1968년 3월 11일 서독의 키징거(Kissinger) 수상은 '분단된 독일의 민족상황에 관한 보고'에서 서독에 대한 국제법적 승인을 동독이 서독과의 협상에 대한 전제조건으로 삼지 않는다는 조건하에 서독이 양국에 관련되는 문제들을 해결하기 위해 동독과 협상할 용의가 있음을 밝혔다.

이렇게 서독이 과감한 긴장완화정책, 소위 동방정책과 더불어 국가연합안에 대해서도 '같은 민족'이라는 개념하에 그 접근을 시도하자(Pusylewitsch, 1984: 277), 동독은 그들의 노선을 분명히 밝힐 필요가 있었다. 이에 대안으로 내놓은 궁여지책이 두 민족이론(Zwei Nationsthese)이다. 이 이론으로 동독은 그들의 분단 정책을 옹호했고, 서독이 주장하는 '특별한 관계(Besondere Beziehungen zwischen beiden Staaten: 독일에는 두 국가가 있으며, 그 두 국가는 서로 외국이 아니고 그들의 관계는 특별한 관계이다)'이론을 반대하는데 사용했다.

3. 통일거부시기(1968~1989)

1) 1968년 헌법하의 통일정책

동독의 통일정책에 가장 큰 영향을 미친 역사적 사건은 1969년 서독에 사민 당정부가 들어서면서 적극적으로 펼친 긴장완화정책인 동방정책이다. 서독의 사민당 정부는 소련과 1970년 8월 12일 불가침조약을 맺는 한편, 폴란드, 루마 니아, 유고 등 다른 동구권국가들과는 경제협조를 약속하는 등 화해정책을 사용 하여, 동독을 외교적 고립상태로 몰고 갔다(Schmid, 1975: 45-52).

이 때문에 서독으로부터 우선 국가로서의 국제법적 승인을 받고서야 서독과 의 협상에 응하겠다고 하던 동독의 대서독정책은 동구권, 특히 소련으로부터 많은 압력을 받게 되었다. 여기에서 동독은 외교·경제정책의 관점에서는 명분 상 대서독 개방정책과 긴장완화를 계속해야 하고, 국내정치적으로는 내심 대서 구경계심(對西歐警戒心)과 더불어 아직 명백한 분단정책을 펴야 한다는 딜레마 에 빠지게 되었다.

그래서 1970년에 들어서 동독은 지금까지 취해온 국가연합안을 포기하고 두 민족이론을 내걸었다. 그 시초로서 1970년 1월 19일 동독의 울브리히트(Ulbricht) 는 국제기자회견을 갖고 동서독은 '특별한 관계'라는 서독의 주장을 반박하면 서, 최초로 동독은 민족통일은 부인하고, 사회주의 독일민족국가라는 소위 두 민족이론을 언급했다. 그러나 울브리히트는 당시의 국제정세변화에 유연하게 대처하지 못했다.

따라서 1968년 헌법에서도 겉으로는 사회주의를 말하지만, 동독의 독자적인 노선을 강조하기 위해 '민족'이라는 개념을 사용하여 소련으로부터 눈총을 받던 울브리히트는 또한 이와 같은 대서독정책의 경직성으로 말미암아 1971년 5월 제8차 사회주의통일당(SED) 전당대회 직전에 물러나게 된다. 그 뒤를 이어 호네커(Honecker)가 제1당서기장으로 취임하게 되었는데, 이와 더불어 대서독정책에서도 큰 변화를 가져오게 되었다(김영일, 1976: 209-215).

호네커의 지도하에서 소련 패권주의의 영향을 강하게 받은 사회주의통일당은 독일의 분단이 30년 이상 계속되는 동안 새로운 세대가 등장했을 뿐만 아니라 유럽의 국제정세도 크게 변했다는 점을 인식했다. 1971년 사회주의통일당의 제8차 전당대회에서의 다음과 같은 결의는 동독의 이같은 변화를 잘 나타내준다: "사회주의적 독일민족으로 생성된 사회주의 동독과 옛 시민적 민족이 존재하는 독점자본주의적 서독과의 사이에는 결코 어떠한 특별한 독일내적인 관계가 있을 수 없으며 있지도 않을 것이다." 다시 말해, 이제는 서독과 같은 민족이라는 관계도 부정함으로써 통일의 가능성을 배제하는 이른바 두 민족이론이 공식적으로 등장한 것이다.

이와 같은 두 민족이론은 1972년 7월 3일 노르덴(Albert Norden: SED의 중앙위원 겸 정치국원)의 "한 민족의 두 국가가 존재하는 것이 아니라, 상이한 사회질서를 가진 국가에서는 두 민족이 존재한다."는 명제에서 잘 나타나고 있다. 이 두 민족이론은 동독이 국적(Nationalität)과 민족(Nation)을 어떻게 구분하고 있는가를 살펴보면 더욱 명백해진다.

주지하는 바와 같이 Nationalität은 사람들이 어떤 민족에 속하는 것을 얘기하고, Nation은 어떤 종족개념을 뜻한다. 그러나 동독은 오히려 Nationalität를 어떤 종족적 개념(ethnische Charakteristik)으로 파악하고 있는 반면, Nation은 이 종족적 개념에 덧붙여 사회, 정치, 경제, 이데올로기적 관계라는 계급적 성격을 포괄하고 있다(Pusylewisch,1984: 281).

이에 따르면 '국적'은 독일민족의 통일체이며, '민족'은 여러 사회구성체의 과정을 거치는 변증법적 통일체로 파악되고 있는 것이다. 그러므로 서독은 1972년 12월 21일 '동독과 서독의 기본관계에 관한 조약(Vertarg über die Grundlagen der Beziehungen zwischen der BRD and DDR)'에서도 '독일민족'의 개념을 규정하는데 실패했다.

이 기본조약은 서독 사민당정부의 동방정책이 거둔 성공으로 동·서독 간의 기본관계를 정립하고 있다. 기본조약 제1조는 양독은 서로를 평등한 국가로 인정한다는 점, 제3조는 상호간 영토의 보전을 전폭적으로 존중한다는 점, 제4조는 서독이 전체독일의 단독대표권을 포기한다는 점, 제6조는 양국의 주권을 서로 인정하고 상호간 독립과 주권을 존중한다는 점, 제8조는 양독은 상호 상주대표부를 교환한다는 점 등을 규정하고 있다. 이로써 양독의 관계는 소위 '특별한 관계'를 이루게 되는데, 이는 독일에 두 국가가 있지만, 이 두 국가는 서로 국제법적으로는 외국이 아닌 관계라는 것이다(이장희, 1994: 260-264).

다시 말해 제3국이 동독을 국가로 인정해 주는 것에 대해서는 양독이 개의하지 않겠지만, 서독 자신은 동독을 국제법상 국가로 승인하지 않겠다는 것이다. 이는 동독이 1949년 국가수립 이후 이제까지 노력해 오던 국제법상 국가로서의 국가승인을 서독으로부터 사실상 인정받지 못한 것이나 다름없다. 그러므로 양독은 기본조약 제8조에 따라 1974년 3월 14일 국제법상 국가들이 교환하게 되어 있는 대사교환 대신에 상주대표부를 교환하고 있는 것이다.

이 기본조약은 서독이 종전까지 주장해 왔던 독일에 대한 단독대표권을 포기하고, 동독의 국가로서의 실체를 인정하여 비록 국제법적인 국가승인은 아니나 국내법적으로는 '한 민족 두 국가'를 받아들였다는 점에서 의의가 있다. 그러나 서독은 아울러 이 기본조약의 체결이 훗날 양독의 재통일과 모순되지 않음을 강조하고 있다. 이 동·서독 기본조약체결 이후 동·서독은 편지 및 선물교환, 이산가족재회, 동독으로의 여행허가 등으로 최소한 생활권의 통일은 어느 정도 이룰 수 있게 되었다.

그리고 동독도 외교적 독립에서 벗어나 국제사회의 평등한 일원으로 인정받게 되었다. 그래서 동독의 UN(1973년 9월 18일) 및 UNESCO 등 국제기구에의 가입과 더불어 서방국가와의 외교관계도 실현되었다. 그리고 이 기본조약으로 1968년 헌법 제8조 2항의 통일조항은 그 기능을 잃게 되었다.

전체적으로 요약하면, 1968년의 통일정책은 1972년 기본조약체결까지는 헌법

제8조 2항에 따라 어느 정도 두 국가이론 및 국가연합론을 내세워 통일의지를 담고 있다. 즉 통일된 독일이라는 전통속에서 공산주의와 독일민족이라는 양극을 맴돌며, 공산주의 지배하의 통일을 지향했다. 그러나 1970년 들어 특히 기본조약체결 이후 국가연합안은 완전히 포기되고 두 민족이론이 등장하여 동독의 민족통일은 완전히 부인되게 되었다.

2) 1974년 헌법하의 통일정책

1972년 기본조약체결 이후 동·서독 간의 관계는 이 조약에 근거해 교통·통신·문화·기술·경제 등의 분야에서 꾸준한 진전을 보이고 있다. 동독은 1973년 2월 9일 영국과 프랑스 등 서방국가로부터 국가로서 승인을 받고, 또 1973년 9월에는 UN에 가입하게 됨에 따라 더 이상 통일의 필요성을 느끼고 있지 않은 것 같았다. 그리고 사회주의국가와의 동맹을 강화하기 위해 1975년 10월 7일 동독은 소련과 우호동맹조약을 체결했다.

이 우호조약은 동독이 1955년, 1964년에 이어 세 번째 맺는 것인데, 여기에서도 동독의 통일에 대한 태도를 엿볼 수 있다. 즉, 1955년, 1964년의 우호조약에서는 통일이란 말이 언급되고 있으나, 1975년의 조약에서는 통일이나 평화조약이라는 단어가 전혀 눈에 띄지 않고 있다. 이와 같이 동독은 독일통일을 포기하고, 사회주의국가로서의 자주성을 강조하게 된 것이다. 1976년 5월 사회주의통일당(SED)의 제9차 전당대회에서 채택된 공산당당헌에서도 공산주의국가인 소련의 우월성이 강조되고 있다.

그러나 서독도 기본조약을 체결했다고 해서 통일을 포기했던 것은 아니다. 서독의 기본조약에 대한 입장은 당초부터 동독과 매우 달랐다. 서독은 기본조약을 통해 동독과의 관계개선에 주력하여 양독의 사람, 조직, 제도사이의 긴밀한 협력과 연결에 중점을 두고, 동서지역의 격리된 삶을 완화하려고 했다.

반면 동독은 기본조약 현실 중에 나타나는 사람, 조직, 제도 사이의 협력과 연결은 이로 인해 동독의 사회·정치적 발전의 과정이 방해되지 않는 한에서만 허용된다는 입장이다. 이와 같이 기본조약에 대한 동서독의 입장은 상이했지만, 양독은 인적, 물적 교류 등 기능적인 접근을 통한 생활권의 통합은 지향하였다.

그리고 동독은 그 교류바탕을 두 민족이론에 두고 있다. 이러한 기능적인 접근을 통해 진전된 사항들은 1974년 4월 25일의 위생조약, 비상업적 자금교류에 대한 합의, 1974년 5월 8일의 스포츠관계규정에 대한 외교문서에의 조인, 1974년 12월 11일의 동·서독민간사회 간의 쓰레기 및 폐수처리에 관한 합의, 1974년 12월 12일의 8억 5천만 독일마르크의 스윙(Swing)규정(1976~81년)의 연장, 1977년 10월 19일의 편지교환에 대한 조인 등을 들 수 있다.

그리고 1975년 8월 1일에는 동독의 호네커 당 서기장과 슈미트 서독수상이 유럽안보협력회의의 모임에서 자리를 같이 하였다. 이 자리에서 서독은 동독에게 수십억 마르크의 차관공여를 제의하는 한편, 대신 동서독 간 교통문제를 보다 완화시켜줄 것을 요구했다. 그 다음 1981년 12월 11일에는 서독의 슈미트 수상이 직접 동독을 방문하여 차관 연장문제 및 여행자를 위한 체재비축소, 교통에 대한 공동계획, 환경보호문제, 상호경제협력 등의 문제를 논의했다.

1985년 7월 5일 서독은 1986년부터 1990년까지 8억 5천만 마르크의 초과신용대부를 인정했다. 이와 같이 동서독 간의 경제교류, 인적교류는 날로 늘어났다. 그러므로 그 당시 양독이 정치적으로는 비록 통일을 이루지 못했으나, 사실상 생활권상으로는 통일(Lebensraumeinheit)을 이루어나가고 있었다.

서독은 동독을 외국으로 생각치 않았기 때문에 교역상 관세를 부과하지 않는다. 그러므로 이 무역은 외국무역과는 다른 특별한 종류의 무역이다. 이처럼 서독을 통해서 동독의 물건은 유럽경제공동체로, 나아가 세계로 수출되었다. 다시 말해 동독의 경제도 서서히 서구의 경제권으로 편입되고 있다고 할 수 있을 것이다. 그래서 동서독 간에 오고가는 교역량은 1984년 당시 연간 약 150억 마르크를 상회하고 있었다.

그리고 서독인의 동독방문도 1984년 이미 연 370만 명에 육박하였다. 게다가 부활절·성탄절에 선물보내기 운동, 편지쓰기 운동 등으로 양독의 감정은 더욱 가까워지고 있는 것이었다.

요약컨대 1974년 헌법하에서 동독의 통일정책은 두 민족의 이론아래 서독과의 통일을 완전 부정하는 상태라고 할 수 있다. 그러므로 1974년 헌법하에서는 통일정책이란 있을 수가 없었다. 그러나 기본조약의 체결을 통해 동서독이 적어도 생활권만은 통일했다는 것은 미래의 완전한 통일을 위한 거보(巨步)라고 할 수 있을 것이다.

IV. 적대적 대결시기의 서독의 통일외교와 정책

이 시기는 기독교민주당(CDU) 집권하의 통일정책으로서 크게 세 기간으로 나누는데, 첫째는 아데나워 수상 시대(1949~63), 둘째는 에르하르트 수상 시대 (1963~66), 셋째는 키징거 수상하의 통일정책시기이다.

1. 아데나워 수상 시대(1949.9~1963)

서독 초대 아데나워 수상은 통일정책과 관련된 외교정책의 주목적을 다음에 두었다.

① '오데르-나이세(Oder-Neisse)강' 국경의 불인정을 통해 1937년 12월 31일 현재 구독일 영토의 수복을 위해 동독을 결코 인정하지 않겠다고 했고, ② 서독 은 서방측과 결속하여, 이 여세로 소련과 동독을 굴복시켜 통독을 하겠다는 것 이며, 그래서 서방측과의 결속을 통일보다 우선시키고, ③ 독일의 영구분단을 어떠한 방법으로든지 극복하겠다는 의지를 표명했다. 이처럼 아데나워의 강경 한 대동독 통일정책은 동서긴장완화시대를 거침으로써 조금씩 명분보다 현실에 타협하는 쪽으로 완화되지 않을 수 없었다.

아데나워의 초기 냉전시대에서의 통일방안은 "전독일을 통한 완전한 자유선 거의 실시"였다. 다시 말하면 아데나워는 당시 UN 감시하의 총선을 통한 통독 안을 관철시키려 했다(Christian, 1985: 5). 이는 당시 UN에서 서방측이 절대 우세 하였으므로 통독도 UN에 의존하려고 했다. 물론 당시 야당인 사민당의 슈마허 (Kurt Schmacher)는 독일의 통일과 비무장화, 중립화를 주장하고, 북대서양조약기구, 유럽경제공동체에의 가입 등 서방측과의 결속을 반대했다.

그러나 아데나워는 1951년 4월 18일 유럽석탄철강공동체(ECSC)에 가입하고, 5월 2일 유럽이사회(Council of Europe), 1952년 5월 27일에는 '유럽방위공동체' 참가를 결정하였고, 1954년에 북대서양조약기구에 가입하여, 정치적·군사적 및 경제적으로 서방측과의 결속을 다지게 되었다.

한편 소련은 1952년 3월 10일 중립화 통독안을 서방측에 제안했다. 그러나 아데나워와 서방측은 소련 제안의 성실성을 의심하여 거절하였다. 이 소련안은 독일이 중립화와 군사동맹에의 비가입만 유지한다면 통일시켜줄 것이라는데 중요한 의의가 있다. 서방측은 이 안이 서독의 서방측 동맹국에의 가입을 저지하기 위한 술책으로 보고 거절했다. 그 뒤에도 수차례의 소련측의 서신교환이 있었음에도 불구하고 서독의 서방측과의 결속노력은 계속되었다.

1952년 5월 26일 본(Bonn)에서 서독과 서방측 3개 국가 사이에 소위 '독일조약(Deutschlandvertrag)'을 체결했다. 또한 이날을 기하여 4대국 관리하에 있었던 베를린을 서독의 자치지역으로 병합하였다. 이 조약은 서방측의 점령체제를 종식시키고, 서독에게 부분적 주권을 인정하는 동시에 서방국의 서독내 군대주둔권을 인정하고, 이들의 잔류방위비를 부담, 독일통일을 촉진토록 했다. 이 조약은 서독을 서방측체제에 완전히 흡수시키는 기초를 마련했다.

1953년 9월 6일 아데나워는 2번째 선거에서 압도적 승리를 얻었고, 이는 소련 및 동독에 대항하여 서방측에 결속하여 우세한 힘을 바탕으로 한 통독정책을 펴는데 결정적 영향을 주었다. 한편, 소련은 그들의 중립화안이 서방측과 서독에 의해 거절되자, 1954년 3월 25일 동독이 주권국가임을 선언하고, 소련군이 안전보장을 위하여 동독 내에 잔류할 것을 명백히 하였다.

서독은 1954년 10월 23일 '유럽방위공동체'가 프랑스의회의 비준거절로 수포로 돌아가자, 1955년 5월 6일에 정식으로 NATO와 서구동맹국(WEU)의 회원국이 되고, 1955년 9월 23일 아데나워는 할슈타인 독트린을 기본독일정책으로 선언하였다. 이어서 1956년 8월 17일 연방헌법재판소는 독일공산당(KPD)을 헌법위반이라고 선언하고 금지시켰다. 한편, 동독은 서독의 군사적 위협을 피하기 위해 1950년 9월 29일 동유럽경제상호원조회의(COMECON)의 회원국이 된 이래

1955년 14일 '바르샤바조약'을 체결하여 회원국이 됨으로써 완전히 소련공산주의의 경제적·군사적 체제로 편입되어 동서독은 냉전체제의 어느 한 쪽에 가담하게 된 것이다.

어떻든 동서냉전의 경쟁적 분위기속에서 서독은 1955년 5월 5일 완전주권국이 되었고, 동독은 1955년 9월 20일 완전주권국가로 되어, 독일땅에는 사실상두 개의 주권국가가 성립되어 분단국체제가 완성되게 되었다. 그러나 1950년중반을 기하여 국제적으로는 동서독의 당사자간 문제로 간주하려는 경향이 있었다(Hillgrueber, 1984: 17).

특히, 스탈린 사후 소련의 흐루시초프는 미국과 평화공존을 표방하고 통독문제는 주권을 회복한 동서독 간의 내부문제로 보려고 하였다. 이 때문에 동서독쌍방은 각각 종래의 강경한 입장만을 고수할 수가 없게 되었다. 그러나 이당시서독은 1956년 9월 1일 독일통일에 관한 대소각서를 발송하였는데, 여기서 소련이 통독방해정책을 쓰고 있음을 비난, 다시 1957년 5월 24일 대소 통독각서를공표하였는데, 이 각서의 기본내용은 모두 냉전시대에 주장했던 강경일변도의통일정책이었다.

이에 대응하여 1956년 12월에 동독의 사회주의통일당(SED) 제1서기인 울브리히트(Ulbricht)는 서독의 할슈타인 독트린에서 오는 국제사회에서의 고립을 피하고 국제법적 승인을 받을 속셈으로 국가연합(confederation)안을 최초로 주장하였다. 이 안의 첫 단계는 동서독이 국제법적으로 연합하자는 것으로 현존하는양독의회의 대표들로써 전독이사회를 구성하여 동이사회가 양독국가를 접근시키는 역할을 담당하자는 것이다.

1957년 7월 27일 그로테볼(Grotewohl) 동독 수상은 국가연합안을 공식화시키고, 이를 위해 ① 양독은 NATO와 바르샤바조약에서 각각 탈퇴할 것이며, 양독의 군사력을 제약하고, 국민징병제를 폐지할 것과, ② 전독에서 외국군대가 철수하도록 공동 또는 개별적으로 4개국과 절충하여 이를 요구할 것을 제안했고소련과 동구국가들은 1957년 8월 2일 이를 지지하였다. 그러나 서방측은 이것은 구주의 평화구조를 위협하는 요소를 내포하고 있다고 하여 이를 거부하고자유선거에 의한 독일의 통일을 재강조 하였다. 한편, 1959년 두 차례에 걸쳐 제네바에서 독일문제와 베를린문제에 관해, 서방측의 제안으로 양독의 대표를 포함한 4대국 외상회의가 열렸다.

여기서 서방측은 5월 14일 헤르터(Herter) 미국무장관으로 하여금 베를린 문제, 통독, 유럽안보안을 총망라한 4단계 일괄처리방안을 제안하였다. 이 안에 대해 그레미코 소련외상은 반대하였으며, 1959년 1월 초의 평화조약안을 고집하여 타결점을 찾지 못했다. 이 제네바 회의에서 동서양측이 전독안구성안에는 타협을 할 수 있었으나, 결국 기한부 베를린(Berlin)안 때문에 사실상 성과 없이 끝나버렸다.

그후 계속 소련은 동독의 국가연합안을 대변하고, 서방측은 서독의 자유선거를 대변하게 되어 쌍방간의 의사조정과 타협은 큰 진전이 없었다. 그러나 그뒤 독일통일문제는 독일의 국내문제라는 것으로 방향이 전환되었다. 이는 당시 미국의 케네디와 소련의 흐루시초프의 동서해빙 분위기 때문에 동서독의 강경한 입장은 수정되지 않을 수 없었다.

특히, 당시 아데나워는 미국의 통독안이 동독정권을 사실상 인정하고, 오데르-나이세선을 독일과 폴란드의 국경선으로 인정하려는 타협적 태도에 완강히 반대했다. 그래서 서독은 오히려 프랑스와 같은 중부유럽국가와의 긴밀한 우호관계 결속으로 선회하기 시작했다. 이 당시 미·소는 국제적 긴장완화에 주력하였고, 통독문제에 대하여 큰 관심을 갖지 않았다.

1960년 6월 30일 사민당의 부당수 베너(Wehner)는 연방의회 연설에서 사민당 외교정책의 궤도수정을 촉구했다. 그동안 사민당은 아데나워가 서독을 서방의 군사동맹과 서방측 국가동맹에 결속시키는 것은 전체독일의 분단을 심화시키고, 나아가 독일의 재통일 가능성을 방해한다고 기민당의 정책을 비판해왔다. 이제 사민당은 외교정책에 있어서 기민당과 공통된 태도, 즉 서방측과의 결속을 지지하고 나섰다.

또 1960년 사민당은 종전의 정강의 골격인 '생산수단의 사회화'를 폐기하는 고데스베르크강령(Godesberger Programm)을 채택했다(Weidenfeld, 1981: 61). 이러한 사민당의 '부르주아'정당적 변신은 서서히 정권을 획득하기위한 준비이며, 일반 국민의 현실적 여론을 수렴하여 반영한 것으로서 추후 동방정책의 첫 신호를 의미하기도 한다.

특히 이 당시 동독은 1961년 8월 13일 동 베를린을 재봉쇄하고, 8월 22일에는 동베를린경계선을 따라 콘크리트장벽을 구축하여 긴장이 고조되었다. 1961년 9월 총선에서 독일기독교민주당／기독교사회당은 이전보다 많은 의석을 잃어 절대다수를 확보하지 못하고 자유민주당(FDP)과 소연정(小聯政)을 구성했다. 새 연정의 시정방침도 전과 다름없이 냉전지향적인 강경일변도였고, 국력의 향상이 통일에 직결된다고 보고 있었다.

그러나 아데나워의 정책은 그 당시 이미 동서긴장완화를 원하던 미국의 정책과 상치되었기 때문에 재조정이 불가피하였다. 케네디 대통령의 등장 이후 미·소 간에는 점차 냉전을 청산하기위한 노력이 엿보였고, 독일문제에 있어서도 두개의 독일론과 '오데르-나이세'국경선의 기정사실화 및 동서독 불가침조약체결 등이 논의되어, 아데나워는 이러한 미국의 타협정책에 불만을 느끼고 케네디를 설득하여 대동독 강경노선을 추구하도록 노력하였다. 그 뒤 아데나워는 독·불구축의 구성에 노력하여 미국과의 친선을 소홀히 하는 경향이 있었다. 이러한 대동독 강경노선을 폈던 냉전의 기수 아데나워도 동서긴장완화의 대세에 밀려 1963년 10월 은퇴하게 되었다.

2. 에르하르트 수상 시대(1963~1966)

아데나워의 후계자 기민당의 에르하르트(Erhard) 수상의 통독정책은 큰 불안정성을 띠어, 뚜렷한 방향이 결여된 것 같았다. 에르하르트는 경제전문가이지, 외교에 있어서는 경험이 없었고, 수상으로서 개인적으로 아데나워에 비교하여 권위와 인기가 없었다. 그래서 정당과 내각을 제대로 이끌 수 없었다. 그래서 그는 서독을 미국에 무비판적으로 편들게 하였고, 미국의 월남전 개입의 지지와 관련하여 많은 비판을 받았다. 또 프랑스와의 관계 및 사회주의국가들과의 관계도 부드럽게 정상관계를 유지하지 못했다. 에르하르트의 독특한 정책인 1966년 3월 25일 평화각서와 독일재통일백서도 사민당, 자민당의 동방정책, 통독정책 때문에 큰 빛을 발하지 못했다.

에르하르트정부의 설정목표는 ① 서독은 부분적 군축조치에 응할 용의가 있다. ② 동서협정에 있어서 독일문제는 소외되어서는 안 되며 독일분할이 합법화 내지 고정화돼서는 안 된다. 동독정권의 불승인정책은 견지되어야 한다. ③ 미·불·영·소 4대국은 독일과의 강화조약이 체결 가능할 때까지 상설독일문제위원회를 설치할 것. ④ 서방삼대국의 베를린주둔권과 베를린에의 자유통행, 시민의 자유의사에 관한 결정권 등 서방측 제권리는 불변할 것이다. ⑤ 서독은 대소관계의 정상화를 도모하고, 동구제국과의 관계개선을 점진적으로 수행한다.

상기 에르하르트 수상의 4대국 상설위원회의 설치와 동구제국과의 관계개선 용의는 그의 특색있는 정책으로 보인다. 이어 그는 1966년 3월 25일 서독정부의 세계각국에 대한 평화각서를 전달하고 유럽에 있어서 평화유지와 군비축소를 위한 노력을 경주하라고 요구했다.

그렇지만 아데나워가 소련과의 양자관계에 치중하는 반면에 에르하르트와 외상 슈뢰더(Schröder)는 동방정책에 있어서 유럽의 여타 사회주의국가와도 다양한 접촉을 가졌다. 이는 특이한 변화로 보인다. 미국 존슨(Johnson) 대통령의 긴장완화정책의 조건에 부응하여 에르하르트정부는 특히 경제정책 개선과 관련하여 바르샤바조약국과의 관계촉진을 지지했다.

이 경우 이를 통해 동독이 고립될 것이라는 추측도 나올 수 있다. 한편으로는 이는 정치적인 시대착오이기도 하고, 다른 한편 동독체제가 주변사회주의 국가들의 압력으로 통독정책에 양보를 강요받을 것이라는 희망도 있었다. 그러나 이러한 희망은 무위로 끝났다. 동독의 울브리히트는 소련에 더욱 강하게 밀착하여 소위 '울브리히트 독트린(Ulbricht Doktrin)'까지 내놓았다.

요컨대 에르하르트의 외교정책은 미국보다 동구국가와의 관계개선을 꾀했다. 이는 연립정부내 자유민주당과 기민당의 아데나워파(派)의 지지를 받는 반면, 기사당은 강한 반발을 받았다. 물론 기민당의 '아데나워' 초기는 서방측, 미국과 강한 결속을 통한 힘의 우위를 바탕으로 한 통독정책을 폈으나, 동서긴장완화로 인한 미국의 지나친 현실 타협적 태도에 불만을 느낀 기민당은 1960년 초부터 프랑스와 오히려 결속을 공고히 함으로써 통독문제를 융통성 있게 다루려고 했다. 그러나 연립정당 내 기사당은 전통적인 통독입장을 고수하여 에르하르트의 타협적인 통독정책에 제동을 걸었던 것이다. 이에 자유민주당은 더이상 기민당과의 연정(聯政)에서는 새로운 동방정책, 통독정책의 실현이 불가능함을 깨닫고 기민당과의 결별을 하지 않을 수 없었다.

그럼에도 불구하고, 에르하르트는 아데나워 수상 밑에서 경제장관을 역임했고, 서독의 라인강의 기적의 실질적 장본인이다. 그는 서독의 독일마르크를 세계의 경화 엔, 달러와 같은 위치로 높였고, 사회적 시장경제원리를 정착시킨 인물로 평가되고 있다.

3. 키징거 수상 시대(1966~1969)

1966년 12월 1일 사민당과 대연립정부를 구성한 기민당의 키징거 수상은 전체적으로 기민당/기사당의 동구국가에 대한 지금까지의 정책이 경직되어 있음을 인식했다. 특히 1968년 당시 대연립정부의 구성의 도덕성에 큰 의문을 품고 원외재야저항세력인 소위 재야단체(APO)가 결성되어 많은 시위가 있었다. 그 중심인물이 더치케(Dutschke)이다.

그럼에도 불구하고 키징거 수상은 대연립정부의 정부수반으로서 진보적인 사민당과 보수적인 기민당/기사당사이를 적절히 조화·유지시키면서 동방정책과 통독정책의 기초를 다졌다. 그는 외상으로 사민당의 브란트(Brandt)를 기용했다. 키징거는 1966년 12월 13일 시정연설에서, ① 미국 및 NATO제국과의 동맹관계유지, ② 프랑스와의 협조계속, ③ 동구제국과의 외교관계수립의 용의, ④ 뮌헨협정의 무효선언, ⑤ 핵무기의 제조와 보유의 포기, ⑥ 민족자결원칙에 의한 독일의 재통일을 강조했다(Weidenfeld, 1981: 72-73). 이에 대해 1966년 12월 31일 울브리히트는 사민당이 정권에 가담하고 적극적 통일정책을 펴자 당황한 나머지 종래의 독일국가연합(Cofederation) 개념을 변경시키는 정책선언을 발표하였다(Haker, 1974: 448).

그 주요골자는, 양독 간의 국교정상화, 양독 간의 불가침조약 체결, 유럽의 현국경 인정, 현재무력의 절반 감축, 핵무장 부인, 양독의 모든 유럽국가에 대한 관계 정상화, 양독의 강대국에 의한 중립화 보장 등이다.

서독은 이에 직접 대응하지 않고, 1967년 1월 31일에는 루마니아와 국교를 맺음으로써 사실상 할슈타인 독트린을 포기하였다. 또 서독은 1967년 3월 29일 분단된 독일의 양지역간의 정상적인 공존을 위한 구체적 계획을 제시하는 전독 선언(All German Declaration)을 발표했다. 이어 동독 수상 슈토프(Willi Stoph)는 서독수상 키징거에게 두 독일국가 간에 관계정상화를 위한 협의를 할 것을 제 안하는 공한(公翰)을 보냈는데, 이제까지 관례와는 달리 서독은 최초로 이를 공 식적으로 접수하고, 1967년 6월 13일에 회신에서 동서독양정부의 대표가 실질 문제를 협의할 용의가 있음을 알림으로써 중대한 정책전환을 하였다.

또 1967년 9월 18일 슈토프 동독 수상이 양국간의 관계정상화에 관한 조약초 안을 담은 서신을 키징거 수상에 발송했고, 9월 28일 키징거 수상은 이를 거절 하는 회답을 보냈다. 이때부터 동서독의 정부 간에는 많은 서신왕래가 행하여졌 다. 그러나 키징거와 슈토프 사이의 서신교류는 큰 효과를 거두지 못했다. 그 이유에는 첫째, 동독승인문제에 관한 이견, 둘째, 그의 연립정부내의 보수파의 압력 등이었다(Cristian, 1985: 12).

이어 1968년 1월 31일에는 서독은 유고슬라비아와 국교를 재개하여 동독을 궁지에 몰아넣었다. 이 때문에 동독은 의도적으로 긴장을 고조시켰지만, 6월 18 일 서독외상 브란트의 동독방문을 계기로 다시 정상화 되었다.

이어 7월 5일에는 소련이 서독과의 무력행사 포기선언을 제의하여, 7월 12일 키징거 수상이 이에 대한 회신을 보냈다. 8월 9일 동서인민위원회가 동서각료 회의에 대하여 서독의 단독대표권과 할슈타인 원칙을 포기하는 조건하에 서독 과의 불가침조약을 체결하도록 수권하였다.

그런데, 이와 같이 서독의 동방정책이 무르익어가는데, 예기치 않게 1968년 8월 20, 21일 체코에서 자유화운동이 일어났다. 동독을 포함한 바르샤바조약국 들이 체코에서 이를 무력으로 침공하는 탄압사태가 벌어져 동서독관계에 큰 짐 이 되었다. 그럼에도 불구하고, 8월 21일 서독의 키징거 수상은 동방정책을 지 속할 것이라는 TV회견을 하고 서독의 외교정책의 불변을 강조하고 의연하게 대처하였다.

1968년 9월 26일에는 1956년에 헌법재판소 판결에 의해 해산된 독일공산당(KPD)의 재건이 'DKP'라는 이름으로 서독에서 허용되었다. 이와 같은 동서독 간의 긴장완화의 노력의 기세로 양독 간에 있어서 무역도 점차 본 궤도에 올랐다. 1968년 12월 6일에는 1975년 12월 31일까지 유효한 1951년 베를린협정을 보완하는 양독내독의 무역협정에 합의하게 되었다.

이 당시 야당인 자민당(FDP)도 통독정책에 있어서 매우 새롭고 진보적인 안을 제출하였고, 사민당(SPD)과 같은 보조를 걸었다. 이것이 1969년 10월 1일 사민당과 자민당이 연립정부에 합의를 한 이유이기도 하다.

키징거 수상의 동독국가와의 긴장완화정책은 처음에는 매우 성공적이었으나, 동독은 그들의 사회주의동맹국들로 하여금 이 서독의 동방정책을 반대하는 전선을 구축하였다. 특히 사회주의국가들이 교류조건으로서 핵무장 포기, 동독 승인, 유럽에서 현재국경선 인정, 단독대표권 포기, 할슈타인 독트린 포기, 조약과 협정에서 서베를린의 제외 등을 내걸어 키징거 정부는 무력포기(Gewaltrerzecht)의 이념을 추구하였다.

이 무력포기는 법적으로 유럽의 현장을 직접 인정(Anerkennung)할 필요 없이 유럽의 현장을 존중(Achtung)하는 선택의 여지가 있는 가능성을 제시해 주기 때문이다. 동시에 키징거 정부는 무력포기를 쌍무적으로 협상하려 했고, 바르샤바조약처럼 '블록' 간에 정착시키려고 하지 않았다. 이는 소련의 목적 때문에 이 무력포기를 통한 실마리도 무산되었다.

키징거 수상은 연립정부내의 압력(특히 기사당의 압력)이 있음에도 불구하고 새로운 변화를 인식케 한 통독정책을 단행했다. 또 그는 독일을 동서 간의 가교라고 말하고, 서방지향적 '코스'의 절대성을 최초로 상대화시켰다. 그는 미국과의 관계에서도 독일인의 자존심을 지키면서, 반미주의에도 빠지지 않고 일정한 거리를 유지했다. 그는 존슨 대통령의 긴장완화 분위기에 적응하면서도 독일의 단독대표권을 고수했다. 결론적으로 그는 동독과 최초로 정부 간 공식접촉의 길을 튼 인물이다.

V. 적극적 협력시기의 서독의 통일외교와 정책 (1969~1989.11.9)

1. 브란트 수상 시대(1969~1974)

두 번째의 교류협력 시기는 1969년 사민당이 집권하여 브란트가 수상이 되자 시작되었다. 브란트 수상은 서독의 단독대표권을 철회하고, '오데르-나이세 (Oder-Neiße) 강'의 국경을 사실상 존중했다. 또 당장 현실적으로 어려운 정치적·국가적 통일을 유보하고, 중부유럽의 평화와 안전을 위해 독일 내에 2개의 국가를 인정한다는 '1민족 2국가론'으로 생활권의 실질적 통일을 시행하였다. 이로써 서독은 동독을 민족 내부적으로 국가 대 국가의 관계가 아니면서(특별관계), 대외적으로는 국가 간의 관계로 인정하는 '2국가론(국제법상의 국가가 아님)' 을 받아들이고 상주대표부를 교환했다(Brandt, 1989: 224-225).

이는 1972년 기본조약으로 약속되었고, 이 결과 상호긴장을 완화하고 평화공존을 통해 민족적 협력과 교류를 추진하여 이산가족 상봉과 같은 비정치적 분야에서 협력을 증대시켜 나감으로써 통일을 먼 장래의 가능성으로 보았다.

바꿔 말하면 서독은 이념과 체제를 달리하는 동독과 더이상 대치·대결하는 것보다 유럽중심인 중구의 평화와 안전 및 실질적인 독일통일이라는 개념을 도입함으로써 동독과의 협상을 통해 양독 간 기본관계의 정상화를 잠정적으로나마 규정하고자 했던 것이다. 다시 말해 이는 현실을 극복하기 위해서는 현실을 간접적으로 인정해야한다는 브란트의 동방정책의 철학에서 나온 것이다. 이 동방정책의 중요한 구체적 정책은 접촉을 통한 변화와 무력포기이다. 이러한 잠정적인 기본관계를 제도화하기 위해서 서독정부는 제1차, 제2차 동·서독 정상회담(1970) 및 독일·폴란드 관계정상화회담(1970), 4대국 베를린협정(1971), 통행협정(1971) 등 동서독기본조약(1972) 외교적 공세를 적극적으로 전개했다.

이러한 일련의 맥락에서 1969년 10월 29일 '쉘' 외상은 할슈타인 원칙을 폐기하는 공식선언을 하였다. 브란트의 가장 큰 업적은 동방정책의 구체적 성과물인, 1972년 12월 26일 양독관계를 정상화시킨 기본조약(Grundlagevertrag)의 체결과, 1973년 9월 18일 양독의 UN동시가입이라 할 수 있을 것이다.

2. 슈미트 수상 시대(1974~1982)

슈미트는 1974년 5월 17일 사민당·자민당연립정부의 수상으로서, 첫 시정연설을 통해 지금까지의 브란트의 통일정책을 지속할 것을 천명했다. 그는 브란트의 동방정책이 기본 조약속에 약속된 대로 그것을 점차적으로 구체화시키고, 정착화 시키는데 모든 노력을 다했다. 그러나 이 기본조약도 내용상 많은 결점이 있었고, 1971년 6월 집권한 동독의 호네커는 일방적인 해석을 강화했고, 동시에 제도적이고 경직된 통독정책을 폈다. 그래서 기본조약에 부수된 미해결 문제의 연속적이고 신속한 해결은 하나의 환상으로 드러났다. 그래서 양독관계는 정체될 뿐만 아니라, 호네커 정부의 지식인에 대한 적대감은 독일 최근세사의 슬픈 기억을 연상케 했다. 소련과의 관계도 악화되었기 때문에 통독정책이 당장 필요로 했다.

1973년 브레주네프(Brezhnev)의 본(Bonn) 방문 후에 이루어진 독·소 간의 우호적 분위기는 체념적인 현실주의에 굴복했다. 이는 1978년 그의 방문 때도 마찬가지였다. 그러나 서독과 동유럽상호원조회의 국가 간, 특히 소련과의 무역관계는 매우 적극적으로 발전해 갔다. 1973년에는 서독은 소련의 가장 중요한 서구의 무역파트너였다. 이러한 경향은 정치적 방해가 있기는 해도 계속 유지되었다.

슈미트 수상은 구체적으로 상호 도움을 주는 동방정책상의 현실주의를 실천했다. 그는 동구국가보다 비공산주의 선진국과의 관계에 더 큰 비중을 두었다. 이 당시 미국의 카터(Carter) 대통령의 우유부단한 외교정책의 실패로 소련은 이 긴장완화를 군사적인 잠재적 우위성 확보에 적절히 이용했다(Christian, 1985: 12-13).

그 예로 1979년 1월 소련의 아프가니스탄 침공, 우랄산맥에 '로케트의 설치',

1981년 폴란드 개혁 당시 소련의 대응 등은 이러한 맥락에서 이해될 수 있다. 더구나 소련은 미국과의 관계에서 군사적 우위를 확보한 이상 유럽에서 긴장완화의 필요성이 없게 되었다. 이것은 서독의 통독정책에 부정적인 영향을 끼쳤다. 그 당시 미·소의 중거리탄도 미사일 독일배치라는 긴장상황 속에서 슈미트는 동독의 호네커를 방문한다. 여기서 양독의 지도자들은 독일땅에서 더이상 전쟁이 발발해서는 안 된다는 평화의지와 같은 민족간의 유대의식을 다짐했다. 여기서 서독은 동독에게 내독(內獨) 무역관계에서 초과신용대부(Swing)를 연장해 주었다.

슈미트의 통독정책은 전 유럽적인 맥락에서 볼 때 쌍방간의 국면에서 다자간의 국면으로 느슨해지는 것이 눈에 띈다. 그 일환으로 서독은 1975년 8월 1일 유럽안보협력회의의 최종결의에 서명했다. 헬싱키(Helsinki)에서의 유럽안보협력회의 모임에서 양독의 정상이 1975년 우연한 회담을 개최한 것은, 다자간 국면에서 통독문제가 다루어지는 좋은 예이다. 비록 슈미트는 독일인의 이해를 지속적으로 이러한 유럽안보협력회의와 같은 긴장완화를 위한 다자간모임에서 관철시키려고 했지만, 큰 성과는 없었다.

유럽안보협력회는 그 나름의 독특한 동태성은 없다. 그것은 자신이 영향을 미칠 수 없는 국제정치적 사건에 의존되었기 때문이다. 그럼에도 불구하고 유럽안보협력회는 상호간의 정보교환의 수단으로, 동서관계의 현상태의 지표로서 일정한 의미를 가지고 있다. 특히 유럽안보협력회의 인권규정과 군사적 신뢰구축조치는 동서독의 교류협력에 많은 기여를 하였다(이장희, 1989: 33-49).

실제로 슈미트/겐셔 정권 중 독일의 외교정책, 특히 동방정책과 통독정책은 강대국 관계에서 매우 어려운 조건하에 있었다. 그래서 서독은 유럽과 미국·소련 사이에 균형, 그리고 선진국과 개도국 사이에서도 균형을 유지해야만 했다. 슈미트 수상 재직기간 중 국제정치적 수평이 급격히 변하여, 소련은 70년대 후반기 그들의 안전보장적 위치를 확보하는데 미국의 약점을 이용하여 당당한 세계적 강대국이 되었다. 한편 국제사회에서 중국의 발전적인 등장은 전통적인 양극구조를 상대화시켜 대서양동맹의 회원국의 행동반경을 확장시켰다.

또 제3세계 국가들이 국제무대에서 발언권을 높이는 경향이 뚜렷해졌다. 나

아가 동유럽, 서유럽에 있는 국가들이 경직된 동서대립을 해소시키려는 경향이
눈에 띄었다. 전 유럽적 긴장완화 경향은 이해관계와 전략상 망설이기는 했지만
실제로 명약관화했다. 동서독관계에서도 낡은 적대적 감정이 새로운 공동이해
를 추구하면서 소멸하였다.

슈미트 정부는 동독을 크게 환대함으로써 혹시 그에 상응한 반대급부가 주어
질 것이라는 희망을 가졌다. 이를 위해 국내정치적으로는 이것을 설득시키면서
동독정부에 적절한 영향을 끼치려고 시도했지만 유감스럽게도 그렇지 못했다.
정권말기인 1982년 슈미트 수상은 안보정책문제에서도 그의 당의 지지를 받을
수 없었고, 동방정책과 통독정책에서도 환상에 가까운 위험성을 보여주었다.

그러나 그는 주어진 테두리 내에서 외교정책을 관철시킨 점과 세계의 힘을
미국에서 서유럽의 수도로 변천케 한 것은 그의 외교적 공적으로 보아야 할
것이다. 특히 그는 안전보장과 긴장완화 사이에 균형 유지를 위해 노력하였다.
결론적으로 그는 동방정책을 정착화시켰고, 그리고 분단된 서독의 국제적 위상
을 높인 인물로서 평가받을 수 있다.

3. 콜 수상 시대(1982~1989)

1969년 브란트 수상 이래 13년 만에 정권을 담당하게 된 기독교민주당은
1982년 10월 1일 콜(Kohl) 수상을 중심으로 기사당·자유민주당과 연립정부를
출범하였다. 콜 수상은 그의 첫 시정연설에서 통독정책의 지속성을 강조하면서,
"…중부유럽과 동유럽의 국가들에 대한 적극적인 평화정책은 독일외교정책의
과제이다. 이미 체결된 조약과 헬싱키 최종결의에 기초하여 서독정부는 계속
긴장완화에 노력할 것이다. 우리는 독일 및 유럽의 분단을 인간이 견디어 낼
수 있도록 하고 중부유럽 및 동부유럽에 있는 우리 이웃과의 선린관계를 유지
하는데 우리의 모든 힘을 다해 헌신할 것이다"라고 선언했다.

새 정부의 통독정책의 구체적 성과를 일별해 볼 때, 통독정책이 지금까지 상
대적으로 보잘 것 없었지만, 사민·자민 연립정부처럼 동독에게 끈질기게 졸라

댄 것은 사실이다. 그 결과 당시 동독정부에 의한 국경통제의 방식과 분위기가 많이 개선되었다. 1982년 11월 20일에 함부르크~베를린 간 고속도로가 개통되었다. 1983년 4월 통행여행자 2명의 사망 후, 서독정부의 압력과 비판 및 공적여론 때문에 세관검사절차가 간편하게 되었다. 1983년 10월 국경의 자동발사장치도 서독의 압력으로 완전히 멀리 철거되었다. 그러나 발포명령은 여전히 유효했다.

1983년 동독은 65,000명에게 서독으로의 여행을 허가하고, 1984년에는 4,000 명에게 여행을 허가했다. 이로써 동독정부는 자국으로부터 비판적 세력을 국외로 멀리 내보내려고 했다. 이것이 성공했는지 또는 이러한 전망이 새로운 해외 여행신청을 유도할 것인지는 그 당시로는 쉽게 예측할 수 없었다. 그럼에도 불구하고 어쨌든 당시 정부 간 접촉, 예를 들면 해당 관계장관 사이의 접촉이나 보다 낮은 수준의 접촉 등은 놀랄 만큼 강화되어가고 있었다.

서독정부는 1983년 9월 14세 이하 청소년들에게 동독 입국시 강제로 바꾸어야 하는 동독 화폐액의 기준대상으로부터 면제한다는데 합의하였다. 그리고 이 금액은 퇴직연금 수혜자에게는 15마르크로 인하되었다.

또한 1983년 10월 '튀링겐~바이에른' 경계에 있는 로덴(Roden)강의 정화조치에 대한 합의서가 조인되기도 했다. 1983년 11월 15일과 1985년 3월에는 양국 체신장관 간에 우편통신 교류를 쉽게 촉진시키고, 자동장거리전화를 확대하고, 전화 및 텔렉스 연결을 높여주는 규정이 합의될 수 있었다. 1984년 1월에는 서 베를린 장관이 동베를린으로 이어진 지하철(S-Bahn)의 유지와 경영에 대한 책임을 인계받았다. 그리고 1985년 7월에는 내독무역을 원활히 하고 확고하기 위하여 차관에 관한 새로운 합의, 일련의 새로운 협정을 체결하기에 이르렀다.

콜/겐서(Kohl/Genscher) 정부기간 중 양독사이의 여행 및 방문교류는 약간 적극적으로, 비록 서독에서 동독으로 일방적이기는 하지만 발전되었다.

또 1984년 7월 뮌헨 환경문제회의에서도 매우 긍정적인 효과를 주는 접촉을 했다. 동독과 국경을 넘어선 환경문제의 공동대책에 대해 여러 번의 전문가 대화가 있었지만 동독은 서독보다 조금 소극적이었다. 그러나 포괄적인 정보 및 경험교류와 대책의 가능성은 열려있다.

문화·법적교류, 학문기술과 같은 부문은 1972년 기본조약체결 이래 통일을 향한 이질화 극복의 일환으로 서독은 동독과 꾸준한 협상을 해왔다. 이 결과 다른 부문에 비해 조금 늦은 감은 있으나, 1986년 5월 6일에 마침내 문화협정의 체결에 성공했다. 이는 양측이 문화, 예술, 교육, 학술 전반에 걸쳐 상호협력과 교류, 공동사업을 위해 전문가를 교환하고 공동회의를 소집하며, 자료와 문헌을 교환할 수 있는 정부 간 차원의 공식적인 길을 터놓았다.

나아가 1987년 9월 동독 호네커의 서방방문을 계기로 양독 간에 환경보호, 과학기술 그리고 원자력의 평화적 이용에 관한 3가지 협약까지 체결되어, 이는 양독의 상호이익과 국민들의 복지를 향상시키고 촉진하는 길을 터놓았다. 뿐만 아니라 1987년 8월 27일 서독의 사민당(SPD)과 동독의 통일사회당(SED)이 이념 상의 접근을 의미하는 대결보다 공동생존 추구가 더욱 중요하다는데 합의를 한 것은 체제의 접근가능성이라는 높은 양독 간의 차원을 보여준 것 같다.

콜 정부의 동방정책은 지속성과 변화라는 흥미있는 혼합을 보여주고 있다 (Christian, 1985: 20). 이러한 지속성은 야당인 사민당으로부터도 동의를 얻고 있었다. 동방정책에서 콜 정부가 소련과의 접촉을 강조하기위한 이미지를 두려고 공개적으로 얼마나 노력하고 있는가는 뚜렷이 드러나고 있다. 콜은 그의 전임자 슈미트의 중개적 역할을 이어받고 싶어했다. 왜냐하면 군비축소와 초강대국의 영향력이 이 중개역할을 통해 독일에게 유리한 영향을 줄 것이기 때문이다. 그래서 1985년 11월 콜 정부는 미·소 정상모임 전에 여기에 끼어들기위해 독일의 독특한 업적을 여러 번 암시했다.

확실히 콜 정부는 레이건(Reagan) 정부로 하여금 군축제안을 하도록 노력했다. 전략방위구상(SDI)문제에서도 겐셔 외상과 콜 수상은 레이건 정부로 하여금 'SALT-조약', 'ABM조약', 'SALT II'를 내용 속에 포함하도록 유도했다. 본 (Bonn)사람들은 레이건 정부에게는 이러한 영향력을 미쳤지만, 소련에 대해서는 그 영향이 미흡하게 미쳤다. 특히 당내 수뇌부들이 이것을 어렵게 했고 또 한편으로는 모스크바의 빈번한 권력교체가 이 기간 중 지속적 동방정책의 진행을 어렵게 하였다. 그러나 1983년 9월 6일 마드리드 후속회의에서 동서독 간의 인적교류의 개선, 확장은 큰 성과로 볼 수 있다.

생각건대, 콜/겐셔 정부는 동방정책 및 통독정책에서 그들의 전임자와의 지속성을 방식이나 신뢰에 있어서 놀랄만한 범위 내에서 유지하였다고 말할 수 있다.

VI. 한반도 통일에 주는 시사점

세기말의 기적으로 기록되는 독일통일은 이미 1980년대 초부터 잉태됐다. 당시 카터 대통령의 인권정책으로 유럽에서 바르샤바 조약기구와 소련의 군사력은 나토와 미국의 군사력보다 우세했다. 레이건 대통령은 1981년 1월에 들어서자 미국 군사력 증강정책을 강력하게 추진했다. 소련은 중부유럽을 겨냥하는 중거리 핵미사일 SS-20를 배치했다. 이에 대항해 나토 국가들은 서독에 퍼싱 II를 배치했다. 핵전쟁이 발발할 수도 있는 일촉즉발의 위기가 조성됐다. 대규모 반핵시위가 서독 전역에서 일어났다. 핵이 터지고 난 뒤의 그 다음날을 그리는 "그 이튿날"이라는 영화가 제작됐다.

그러나 국내총생산(GNP)이 미국에 훨씬 뒤지는 소련은 군사비지출에서 도저히 미국을 따라갈 수 없었다. 과도한 군사비지출로 소련 경제는 악화됐으며, 이 와중에서 개혁을 주장하는 고르바초프가 1985년에 소련에 등장했다. 그리고 1978년 폴란드 출신의 요한 바오르 II세가 교황으로 이래 이미 선출되어 있었다. 또한 유럽통합의 견인차인 프랑스와 독일의 우호관계로 유럽통합의 분위기는 무르익었다. 독일통일을 위한 유럽의 국제적 환경은 이렇게 조성됐다.

이러한 하드웨어 속에서 동방정책을 통해 1972년 12월 기본조약체결 이후 꾸준히 늘어난 인적·물적 교류가 독일의 평화적 통일을 이끌어낸 소프트웨어가 됐다. 서독은 인적 교류와 물적 교류를 철저히 연계시켰다. 그래서 동독국민들이 자유와 복지를 훨씬 더 많이 누리는 서독의 실상을 사실대로 알도록 했다. 비록 동독국민들의 서독방문은 60세 이상이라는 연령제한을 받았지만, 다른 동독국민들은 통신위성을 통해 전파되는 TV를 통해 서독의 실상을 알 수 있었다. 그리고 동독에는 형식적이고, 미약했지만, 야당이 있었다. 이 야당을 통해 동독국민들은 "우리 임금님은 벌거벗었다"고 얘기를 할 수 있는 사고를 할 수 있었다.

서독은 또한 동독 정부와 국민을 따로 생각했다. 그래서 물적 교류시에도 돈 대신 물품을 보냄으로써 동독 주민들에게 직접적인 혜택이 돌아가도록 했다. 그리고 경제교류를 활발히 함으로써 동서독 경제가 상호보완적 체제가 되도록 노력했다. 그래서 동독의 경제난은 서독의 도움 없이는 도저히 타개할 수 없는 정도에 이르렀다. 이에 1989년 11월 9일 베를린 장벽 붕괴시 '우리는 한민족'이라고 외치던 동독 주민들은 1990년 들어 젊은이들이 더욱 서독으로 빠져나가면서 경제가 마비상태에 빠지자, 이판사판인 심리상태로 이제는 한걸음 더 나아가 '우리는 같은 민족'이라고 외치면서 무조건적인 통일을 외치기 시작했다.

이때부터 콜 수상과 겐셔 외상의 발걸음이 바빠지기 시작했다. 18년간 외상에 재임함으로써 주변국들의 외상과 언제든지 전화 한 통화로 용건을 해결할 수 있을 정도의 친분을 쌓은 겐셔 외상의 수완이 유감없이 발휘됐다. 지금도 만일 두터운 친분에 얽힌 겐셔 외상의 발 빠른 통일외교가 없었다면, 독일통일의 조기매듭은 어려웠을 것이라는 점은 자타가 모두 인정하는 바이다.

1990년 3월 18일 동독 최초의 자유총선에서 서독 기민당이 지원하는 동독 기민당은 과반수에 가까운 48.15%를 얻었다. 이 총선에서 기민당은 동·서독 마르크의 1:1 동률교환을 선거공약으로 내세웠다. 서독 마르크를 주지 않으면, 우리가 서독 마르크가 있는 서독으로 직접 가겠다는 동독인들의 서독 이주위협 압력에 정권유지에만 관심을 두었던 집권당이 손을 든 것이었다.

이후 경쟁력이 있었던 동독산업들은 동구 수출시장도 무너지자, 급속히 붕괴됐다. 게다가 부동산의 원상복귀원칙이 정해지자, 동독의 부동산에 소송이 걸리면서 서방자본의 진출이 늦어졌다. 이로 인해 실업은 늘어나고, 동독경제는 심한 침체를 못 벗어났다. 따라서 서독의 복구자금은 밑빠진 독에 물 붓기식으로 동독국민의 실업수당에 거의 소진됐다. 이에 따라 1993년 당시 독일의 통일비용은 앞으로 10년 동안 당초보다 훨씬 늘어난 2조~3조 마르크로 이미 예상했다. 이에 서독 국민들은 세금인상에 강력히 반발했으며, 실업으로 불안과 공포에 휩싸인 동독인들은 '독일은 독일인에게'라는 구호를 외치며, 동구에서 몰려든 난민들을 향해 테러를 가했다. 극우 민족주의 정당인 공화당에 대한 지지율은 지난 1993년 선거에서 8%로 치솟았다.

독일통일은 그러나 국내뿐만 아니라 국외에도 영향을 미쳤다. 서독은 이 동독 복구자금 확보와 악성인플레 방지를 위해 고금리정책을 취했다. 이 고금리 정책은 1993년 9월 중순 경기부양을 위해 금리인하를 주장하는 영국 등과 충돌함으로써 유럽 외환시장의 위기, 나아가 유럽 통합의 위기를 자아냈다. 이 유럽 통합의 위기는 많은 사람들에 의해 독일통일의 가장 큰 후유증으로 지적되고 있을 정도였다.

이와 같이 자본주의 체제와 사회주의 체제의 결합에 세계 최초로 돌입한 독일은 통일이전 강력한 경제력을 가졌음에도 불구하고 통일 이후 국내외적으로 실업, 난민, 신나치즘의 발호, 유럽통합의 위기라는 내우외환을 앓고 있다. 그러나 내우외환의 후유증을 극복하려는 독일국민의 태도는 우리에게 귀감이 된다.

1993년 4월 역시 통일 후유증의 일환으로 독일에는 체신 파업이 한달가량 계속됐다. 노조원들은 5.3%의 임금인상을, 경영측은 4.5%의 인상률을 제시했다. 경영측은 독일산업의 국제경쟁력을 내세우며, 노조측을 설득했다. 그리고 하후상박의 협상선을 찾아 경영측의 안대로 통과됐다. 어떠한 폭력사태도 일어나지 않았다. 무서운 것은 노조원들이 모두 국제경쟁력을 의식할 정도로 국제감각이 있었다는 것이다. 그러므로 독일경제는 1993년에도 연 1천3백억 달러라는 무역흑자를 누렸다.

콜 총리 또한 1994년의 전당대회에서 통일비용과 관련해 "이제는 진실을 말해야 될 순간"이라면서 통일에 대한 그의 낙관론이 잘못된 것이었음을 시인하고, 그의 정치생명을 걸면서 세금을 1995년부터 인상할 방침임을 국민들에게 밝히고, 이해를 구했다.

이와 같이 독일은 비록 정치적 통일은 했지만, 경제적·사회적 및 정신적 통일과 관련해서는 심한 후유증을 앓았다. 그러나 정부 지도자들과 국민들은 그 어려움을 솔직히 시인하고 서로 공감대를 넓혀감으로써 문제해결을 시도하였다. 우선 독일통일 이후 나타난 많은 문제점을 기억하고, 후발통일국인 우리는 반복하지 말고 단단히 대비해야 할 것이다. 이러한 독일통일의 상황은 통일을 앞두고 있는 우리에게 많은 시사점을 준다.

동서독의 인구는 통일전 6천1백만 대 1천7백만이었다. 그런데 남북한은 4천4백만 대 2천3백만이다. 이것은 곧 독일의 경우에는 서독인 3.6인이 동독인 1사람을 부양하는 것이지만, 한반도의 경우에는 남한인 1.9인이 북한 1사람을 부양해야 한다는 소리이다. 즉, 1인당 통일비용의 부담이 우리가 독일보다 훨씬 높다는 것이다. 더구나 동서독의 경우에는 통일 이전부터 앞으로의 통일을 대비해 서독이 동독의 경제수준을 올려놓는 데 앞장섰다.

그러나 우리의 경우에는 이러한 작업조차도 전혀 되어 있지 않다. 이러한 상태에서의 급격한 통일은 한반도에 자칫 동서독보다 더 큰 혼란을 야기할 우려가 있다. 뿐만 아니라 우리 사회 자체도 입으로 감상적 통일론만 외칠 뿐, 민주화의 과정에서 아직도 집단 이기주의의 수준을 못 벗어나고 있는 상황이다.

이러한 측면에서 우리는 앞으로의 통일을 위해 무엇보다도 우리 사회 자체의 민주성·도덕성의 제고, 민주시민교육 강화, 통일교육·평화교육의 강화, 강한 경제력을 함양해야 한다. 한편 북한 주민들이 "우리 임금님은 벌거벗었다"는 사실을 스스로 깨닫도록 함으로써 북한의 질서있고, 평화스런 변화를 유도하도록 해야 할 것이다.

아울러 통일이란 상호 배움과 이해의 과정이라고 생각할 때, 정부당국은 민간부문의 인적·물적교류의 활성화로 북한의 실상을 정확히 이해하는데 보다 전향적 노력을 기울여야 할 것이다. 이 전향적 노력에는 두 가지 처방이 필요하다. 하나는 정부는 향후 국민들의 민족관, 역사관, 세계관의 개혁을 위해 북한의 객관적 실상을 정확히 파악하는 민간단체의 통일교육을 적극교류의 지원해야 할 것이다. 둘째는 남북 쌍방정부는 인적 물적교류에 장애물인 냉전적인 법제도의 개폐에 적극성을 가져야 할 것이다. 전자의 경우에 독일에서는 연방정치교육원이 그 역할을 훌륭하게 해냈다. 후자의 경우에는 독일에서는 인적·물적 교류를 통해 접촉자체를 규제하거나 범죄시하는 법령은 없었다.

VII. 결어

독일은 평화통일을 위한 내적 준비와 외적 준비를 꾸준히 갖추어 대내외적 여건이 모두 성숙되었을 때, 축구게임에서처럼 멋진 문전처리를 함으로써 분단 45년 만에 평화통일을 완성했다. 국내적으로는 법치민주주의에 기초해 경제력을 다졌고, 민족적으로는 이것을 동서독 교류를 통해 동독에도 나름대로 확산시키는 노력을 꾸준히 했다. 분단 45년 기간 중 정치적 분단기간에도 동독 주민들은 교류협력을 통해, 경제적으로나 문화적으로는 서독과의 민족동질성을 거의 공유할 정도였다.

또 동서독은 1973년 UN에 동시 가입했고, 1975년 유럽안보협력회의(CSCE)에도 동시 가입함으로써 통일외교의 외적 틀을 만들어 냈다. 뿐만 아니라 1972년 기본조약에 기초해 전분야 교류협력을 추진해 4대국 점령기간 중에도 평화통일에 대한 치밀한 통일외교를 했고, 1989년 11월 베를린 장벽 붕괴 후에도 소극적 태도를 보인 주변국을 안심시켜 설득시키는 통일외교를 착실히 함으로써 통일독일을 이루어냈다.

이러한 것은 갑자기 이루어진 것이 아니다. 이것은 역사적으로 초기 아데나워 정부가 라인강의 기적을 통해 조속히 전후복구를 한 강한 경제력과 법치민주주의의 정착에서 출발한 것이다. 서독의 강한 경제력과 법치민주주의의 바탕에 힘입어 1969년 브란트의 동방정책은 힘을 받을 수 있었다.

이로써 1990년 10월 3일 국가적 분단이 끝났다. 독일의 독일통일은 자유와 민주주의 그리고 법치국가를 보장하는 국가에서 함께 살고자하는 독일 양쪽 부분의 사람들의 소원이 표현된 것이다. 독일인들이 가졌던 민족의 통일성(Einheit der Nation)과 하나임(Zusammengehoerigkeit)에 대한 인식은 40년 넘게 변함없이 강력하였다. 1989년 가을의 평화롭고도, 민주적이었던 혁명과 더불어 지금까지 동독에 살아온 사람들 스스로의 힘으로 분단을 극복하였다.

특히 1969년 브란트는 수상 취임 즉시 과거 나치정부시 고통을 받은 이웃국가들에 진솔하게 사과를 하였다. 특히 독일이 전범국가로서의 소극적 국가이미지를 청산하고, 이제 유럽의 평화와 국제사회의 책임있는 일원임을 분명하게 한 점도 통일 독일에 대한 주변국의 우려를 걷히게 한 것이다. 이제 통일독일은 유럽연합(EU)의 견인차로서, 국제사회의 존경받는 선진국으로서 국제평화와 국제사회에 큰 기여를 하고 있다.

▌참고문헌

Bundesministerium fuer innerdeutsche Beziehung. 1985. *DDR Handbuch Band 2 M-Z.*

Bundesministerium fuer innerdeutsche Beziehungen. 1984. *DDR Handbuch Band 1 A-L.*

Chronik der Deutschen. 1983. Chronik Verlag.

Dieter. Blumenwitz. 1989. *Denk ich an Deutschland, Antworten auf die Deutsche Frage.* Muenchen.

Günter, Schmid. 1975. *Die Deutschlandpolitik der Regierung Brandt/Scheel.* München: tuduv.

Hacke, Christian. 1985. *Von Adenauer zu Kohl: Zur Ost- und Deutschlandpolitik der Bundesrepublik.*

Hacker, J. 1974. *Der Rechtsstatus Deutschlands aus der Sicht der DDR.* Köln.

Hillgruber, Andreas. 1984. "Ein Pfad und drei Holzwege." In: *Die Welt,* 7.

Ingo von Münch 1982. *Grundbegriffe des Staatsrechts 1, 2.*

Innerdeutsche Beziehungen. 1986. *Die Entwiklung der Beziehungen zwischen der BRD und DDR 1980-1986. Eine Dokumentation, Bundesministerium fuer innerd eutsche Beziehungen.* Bonn.

Karin, Schmid. 1980. *Die deutsche Frage im Staats- und Völkerrecht.* Baden-Baden: Wolfgang.

Kim, Y, S. (Hrsg.). 1984. *Homogenitaet in der Politik geteilter Staaten Deutschland und Korea.* Kiel: German Institute fuer Korean Studies.

Klessmann, Christoph. 1970. *Zwei Nation Staaten, eine Nation. Deutsche Geschichte.* Bundeszentrale fuer politische Bildung.

Kreuz. 1976. *Evangelisches Staatslixikon, 2 völlig bearbeitete und erweiterte.* Berlin.

Press- und Informationsamt der Bundesregierung. 1987. *Bulletin.* Bonn (Nr.83).

Pusylewitsch, von Teresa, *Die Wiedervereinigungspolitik der DDR.*

Rechtsstellung Deutschlands. 1989. *Beck-Texte im dtv.2. erweiterte Auflage.*

SBZ-Archiv. 1967. *Ulbricht auf dem VII: Parteitag der SED.*

Schaeuble, Wolfgang. 1991. *Der Vertrag, DVA.* Stuttgartt.

Schmidt. 2009. "Was 'Reunification' the final objective of willy Brandt's Ostpolitik?"

Schweisfurth, Theodor. 1987. *Die Deutsche Konföderation der große.*

Weidenfeld, Werner. 1981. *Die Frage nach der Einheit der deutschen Nation.* Muenchen.

김영탁. 1997. 『독일통일과 재건과정』. 한울아카데미.

서병철. 1988. 『통일독일을 위한 동서독 관계의 조망』. 지식산업사.

_____. 1999. 『통일의 저력』. 백산문화.

윌리엄 카 (이민호·강철구 역). 1991. 『독일근대사』. 탐구당.

유임수 외. 2000. 『베를린 시대의 독일공화국』. 엠애드.

이영기. 1990. 『독일통일의 해부』. 국제언론문화사.

이장희. 1989. "Helsinki 인권규정이 분단국가에 주는 의미."

_____. 1994. "동서독 가본조약에 관한 국제법적 분석."

_____. 1994. "독일통일의 국제법적 조명."

통일원. 1991. 『독일통일관련 자료집 (II)』. 통일원.

| 제4장 |

독일의 지방자치행정

이승철 | 한남대

I. 서론

독일의 통일은 1990년 10월 3일 서독 측이 전적으로 동독 측의 행정 및 정치, 경제체계를 인수함으로써 이루어졌다. 정부의 행정권 인수는 1990년 4월에서부터 1990년 11월까지 이루어졌으며, 이로써 구동독의 15개 행정구역은 새로이 5개 주로 재개편되었다.[1] 독일이 통일되었을 때 우리나라 국민들은 우리도 이제는 통일을 이룰 수 있지 않을까 하는 막연한 기대감과 또 다른 한편에서는 긴박한 느낌을 가졌던 것 또한 사실이다.

그러나 통일이란 하루아침에 이루어지는 것이 아니다. 적어도 독일은 통일을

---

1) 행정 관료는 총 150만 명 중 90만 명만 남고 60여만 명이 감축되었으며, 경찰은 사상 및 주민의 악화된 인식으로 말미암아 거의 구제되지 못한 것으로 알려지고 있다. 또한 군은 대략 10~15% 정도 사상적으로 아주 순수한 군인만 구제되었는데, 그나마 모두 1계급 강등되면서 서독 출신 군의 직접통제를 받았다. 행정에서도 마찬가지로 서독 측이 16,000여 명의 관료를 파견하여 구동독의 행정체계를 관리 감독하였다. 그리고 1990년 12월 2일 통일 독일의 하원선거가 있었다.

위해 분단된 이후부터 끊임없이 노력해 왔다는 사실을 잊어서는 안 된다. 이산 가족의 왕래, 우편물 교환, 각종 공동사업 등을 통해 이미 상당기간 동안 사전교 류가 있었다. 특히 통일 시점에서 양 독일 간의 주 정부 차원에서 또는 지방자치 단체 차원에서 상호간 자매결연에 의한 지원체계를 마련하면서, 다종다양한 측 면에서 경제 및 통화, 사회의 통합작업이 이루어지도록 하였다. 궁극적으로 1993년 4월 18일에는 연대협정을 체결하여, 양 독일 간의 지방재정조정을 통한 사회경제적인 형평성 확립에 관한 노력이 전개되었다.[2]

이와 같이 독일의 통일과정에서 행정이 담당하였던 역할은 매우 지대한 것이 었는데, 특히 각 지방자치단체의 역할분담은 그리 크게 드러나지는 않았지만 실제 주민의사의 일치된 수렴을 통한 통일비용의 분담 등 핵심적인 부분에서 크게 기여하였던 것으로 파악되고 있다.

따라서 본고에서는 독일의 통일에 결정적으로 기여할 수 있었던 독일의 지방 자치행정의 본질을 논의하여 본 뒤, 통일에 핵심적인 역할분담을 가능하게 할 수 있었던 지방행정과 지방의회의 역학관계를 비롯한 주민참여의 실제와 특히 지방재정운용체제를 실증분석하여 보고자 한다.

II. 독일 지방자치행정의 역사적 개관

독일의 지방자치행정의 본질은 바로 자치권의 확립에 스스로의 노력을 경주 하면서, 그 지방에 가장 적합한 고유의 체제를 발전시켜 왔다는 것에 있다. 따라 서 그만큼 체제의 다종다양한 발전 모습을 보여 주고 있는데, 이는 역사적으로

---

2) 이와 같은 많은 노력의 결실로 이루어낸 통일도 실제 사회에서는 자본주의와 사회주의의 충돌로 말미암아 많은 불협화음이 나타나면서, 이후 많은 사회문제가 도출되었고, 특히 문 제해결에 대한 인식의 격차를 보였다. 서독 측의 상대적인 박탈감과 동독 측의 상대적인 빈곤감이 대립하면서 사회에서 많은 갈등의 원인을 제공하였기 때문이다. 이와 같은 모습 은 통일 이후에도 행정, 특히 지방자치행정의 역할이 더욱 강조되면서 지속적인 역할분담 이 이루어져야 한다는 것을 의미한다.

오랜 기간 동안 연방제적 조직구조를 갖는 국가로서 강한 지방분권의 형성을 강조하여 온 과정에서 그 배경을 엿볼 수 있다.

중앙집권적인 정치 및 행정체제는 실질적으로 독일 왕국이 선출에 의한 왕국이었던 19세기 이전까지만 지속되었다. 동시기에 프랑스에서 볼 수 있었던 세습군주제는 독일에서는 단지 짧은 기간 동안에만 볼 수 있었다. 독일에서는 왕권이 세습되지를 않고, 선거에 의하여 항상 새로운 지배자, 즉 선제후(Kurfürst)를 선출하였기 때문이다.

프랑스가 일찍이 권력의 중심지로서 파리를 수도로 형성시켜 가면서 중앙집권적인 정치체제를 발전시켜 가는 동안, 독일에서는 중세기부터 이미 수도의 개념을 불필요한 것으로 간주하였다. 왜냐하면 독일왕국에 의하여 통치되었던 각 지역들이 선거에 의하여 새로이 선출된 황제의 영역으로 전환되었기 때문이다. 이러한 맥락에서 선출된 황제는 지속적으로 그의 수도를 유지할 필요도 없었고, 또한 할 수도 없었다. 그는 가히 영지를 돌아다니면서 상황에 따른 다양한 관점에서 그의 왕국을 통치하여야만 하였다.

강력한 중앙집권적인 요소의 결여는 각 지방을 고려한 다양한 통치 및 행정체제의 형성을 촉진시켰다. 중세기부터 도시왕국들은 이미 각 지방차원에서 고유의 제도적 장치를 갖추기 시작하였다. 마그데부르크 또는 뉘른베르크 등의 도시법들은 기타 다른 도시의 법규 제정에 많은 영향력을 미쳤던 전형적인 성격을 가진 것으로 판단하고 있다. 다만 쾰른의 지방 길드(조합)체제는 네덜란드 및 플로렌즈의 도시법에서 기인한 것으로 파악되고 있다.

1871년 프로이센의 선도 아래 이룬 통일 왕국의 달성과 함께 베를린(Berlin)을 수도로 정하게 되었다. 그리고 이때까지 독일에서는 다수의 상이한 지방행정체제의 모형이 형성되었다. 물론 이러한 지방행정체제의 다양성에 대한 통일이 의도적으로 논의되고 시도되었지만, 이의 실현화가 무척 어려웠던 가운데 독일은 연방체제의 형성으로 굳어지게 되었다. 다만 나치 시대라는 짧은 기간 동안 총통제를 도입함으로써, 이 시대는 연방제의 예외기간으로 존재하게 되었다.

1945년 이후 독일의 각 주의 입법기관에 의하여 형성된 지방자치행정의 관련 조직의 형식은 바로 시 협의회(Magistratsverefassung)제도이다.[3) 시 협의회 제도

는 프로이센 시대의 슈타인 남작(Freiherrn vom Stein)의 행정개혁에 근원을 갖고
있다. 부연하면 시 협의회 제도는 1808년 슈타인에 의한 프로이센의 도시법으
로부터 비롯된 것이며, 이와 관련된 지방자치행정의 관련조직 형식이 모든 프로
이센의 도시에 적용되었다. 그리고 이 시점으로부터, 비록 1808년 슈타인의 도
시법에 따른 시 협의회가 단지 제한된 활동권한만을 가졌었음에도 불구하고,
독일의 근대 지방자치행정이 시작된 것으로 본다.

시 협의회 제도의 채택 이후 주민들은 그들의 대표기관으로서 시 대표자회의
를 선출하게 된다. 시 대표자회의는 다시 집행기관으로서의 시 협의회와 협의회
의 수장인 시장을 선출한다. 시 협의회는 단순히 시 대표자회의의 결정에 따른
집행역할만을 수행하였다. 결정권한은 전 영역에 걸쳐 시 대표자회의가 가지고
있는 가운데, 시 협의회의 역할은 단지 제안의 상정에 그치고 있었다. 그러나
이러한 시 협의회의 역할은 지속적인 행정임무의 달성을 어렵게 하였기 때문에,
실권이 없는 이러한 관점에 따라 시 협의회제도는 종종 '비실질적인(unechte)'시
협의회제도로 표현되기도 한다.

반면 시 협의회가 시 대표자 회의의 중요한 결정에 동의권을 행사하였던
1831년 초기의 시 협의회 및 1853년 베를린의 시 협의회 등은 '실질적인(echte)'
시 협의회로 불리기도 한다. 이후 '실질적인' 시 협의회제도가 베를린에서 나치
시대를 제외한 1950년대까지 적용되었다. 기타 지역에서의 '실질적인' 시 협의
회제도는 이미 20세기 초엽에 자취를 감추었다. 시 대표자회의의 결정과정에서
이제 더 이상 시 협의회의 동의를 필요로 하지 않았기 때문이다.

바이마르공화국이 한창 꽃피우고 있을 19세기 후반 이래 남부 독일에서는 전
혀 다른 지방자치행정제도가 형성되었다. 바이에른과 바덴-뷔르템베르크 주에서
는 남부 독일의 전형적인 지방자치행정체제(Süddeutsche Ratsverfassung)를 발전시
켜 왔는데, 이는 지방의회의 지배적인 역할을 도모한 것이다. 지방의회 중심형
체제는 프로이센의 시 협의회모형과 대응되는 가운데, 지방자치행정의 역할분

---

3) 헷센 및 슐레스비히홀슈타인 주 그리고 브레머하펜(Bremerhaven)은 새로운 지방자치단체 법
   규의 제정으로 말미암아 단지 일부분만 이 형식과 관련을 맺고 있다.

담에 따른 제2의 기관을 인정치 않는 것이다. 왜냐하면 시민이 시장과 의회 의원을 모두 선출하는 가운데, 시장은 지방의회 내에서도 수장역할을 담당하면서 행정과 정치의 임무에 관한 공동추진을 가능하게 하기 때문이다. 따라서 여기에서는 시장이 무척 중요한 기능을 수행하게 된다.

라인란트팔츠와 자를란트 주에서는 시장이 강력한 권한을 행사하는 시장중심형 지방자치행정체제(Bürgermeisterverfasssung)가 발전되어 왔다. 시장중심형 체제는 시장이 지방자치행정기관의 수장일 뿐만 아니라, 시민에 의하여 선출된 의회 대표기관의 수장 또한 맡게 되는 특징을 가지고 있다.4) 시장중심형 체제에서도 시장의 실권확보 여부에 따라 실질형과 비실질형이 있다. 라인란트팔츠 주와 슐레스비히홀슈타인 주의 소규모 지방자치단체에서 볼 수 있듯이 시장이 의회 대표기관의 구성원으로서 투표권을 행사하는 경우 '실질적인' 시장중심형이라 할 수 있다. 그러나 자를란트 주와 슐레스비히홀슈타인 주의 대규모 지방자치단체에서 볼 수 있듯이 시장이 의회대표기관에서 투표권을 행사하지 못할 경우, 이는 '비실질적인' 시장중심형이라 할 수 있다. '실질적인' 시장중심형은 1856년 라인의 도시법 이후 적용되어 온 것이고, '비실질적인' 시장중심형은 바이마르 공화국 시기에 작센과 튀링겐의 지방자치단체에서 발전되어 온 것이다.

독일의 서부(노르트라인-베스트팔렌 및 니더작센)와 북부지방(슐레스비히홀슈타인 주)에서는 행정관리 중심형(Direktorialverfassung) 지방자치행정체제가 발전되어 왔다. 이는 지방자치행정의 수장이 비록 명예직으로 지방의회에 의하여 선출되지만, 실제 행정임무는 지방의회에 크게 구속되지 않는 전문적인 직업 행정 관료로 하여금 맡게 하는 형식이다.5)

---

4) 라인의 시장체제중심형이라 불리기도 한다. 이 형식은 프랑스 나폴레옹의 라인란트(Rheinland) 점령시기에 영향력을 받아 프랑스 지방행정의 요소가 명백하게 수용된 것으로 보고 있다.
5) 독일의 지방자치행정체제의 발전과정에서 이 형식은 비교적 낯설은 모형이라 할 수 있다. 행정관리 중심형은 바이마르 시대 때 튀링겐의 지방자치행정체제에서 전례를 찾아볼 수 있다고는 하나, 2차 세계대전 이후 영국수비대의 영향력에 크게 의존하여 형성된 것으로 파악하고 있다. 영국인들은 영국의 지방정부(local government)를 모범으로 삼아, 독일의 영국 점령지 내에서 이 형식을 취하도록 강요한 것이다. 영국 지방정부의 성격은 명예적인 시장과 더불어, 이의 하부구조에 직업 행정 관료인 주무행정관료(시 서기 또는 행정부서장)를 지방자치단체의 행정관리자로 설정한 것이다.

한편 영국인의 영향력으로 말미암아 영국적인 지방의회체제를 채택하고 있었던 슐레스비히홀슈타인은 지방자치단체의 자치행정의 조직형식에 관한 고유의 결정권한의 행사가 가능해지자마자, 곧 이곳에서 예전에 적용 실시하였던 시 협의회 및 시장중심형으로 전환하였다.

한편 독일에서는 지방자치행정의 발전과 함께 지방의회 또는 시의회의 의원을 선출하는 선거제도가 또한 매우 독특하게 발전되었는데, 이는 특히 비례대표제에 의한 선출방식에서 찾아볼 수 있다.

정당정치가 발달하면서 정당은 후보자들의 성명이 차례로 기입된 비례대표리스트를 제출하면서, 정당의 득표수에 따른 배분절차를 거쳐 의석을 할당받을 수 있는 것인데, 이 제도의 공평한 운용을 위하여 선거에 누적식(Kumulation)과 줄무늬식(Panaschieren) 투표제를 도입하고 있는 것이다. 누적식은 후보명부 내에서 한 후보자에게 3표까지 줄 수 있는 방식이고, 줄무늬식은 후보명자의 부에서 다수의 후보자에게 자신의 표를 나누어 줄 수 있는 방식이다.6) 주 의회 또는 지방의회에 관련 정당이 한 명의 의원도 배출하지 못하였을 경우, 유권자의 특정수를 확보할 수 있게 함으로써 형평한 의석의 배분을 유도하면서, 특정 정당의 특정 정책의 지지와 이를 통한 정책의 수혜를 기대해볼 수 있는 것이다.

---

6) 베를린, 노르트라인-베스트팔, 자를란트, 슐레스비히홀슈타인 주를 제외한 독일의 대부분의 지방자치단체에서 이 제도를 채택하고 있다. 새로 편입된 구동독의 5개 주(브레머하펜, 메클렌부르크포어포메른, 자를란트, 작센안할트, 튀링겐)도 이 제도를 채택하고 있는 가운데, 특히 함부르크, 브레멘 등은 5표까지 허용하고 있다.

III. 독일 지방자치행정의 구조와 기능

1. 시 협의회중심형 지방자치행정체제

헷센 주의 도시 및 대형지방자치단체, 슐레스비히홀슈타인의 도시 및 브레머하펜의 시 협의회의 지위는 각각 매우 상이하나, 대부분 비실질적인 권한을 갖는 비교적 약한 지위를 가지고 있다. 비실질적인 시 협의회체제에 따른 최상급 지방자치행정기관은 지방자치단체 대표자회의, 시 대표자회의 등으로 부르고 있는 지방의회라 할 수 있다.

지방자치단체 대표자회의는 지방자치단체의 모든 중요 사안에 대한 결정기관이다. 조례 및 규칙을 제정하고 지방자치단체의 예산을 의결한다. 지방자치단체의 대표자회의는 또한 결정의 사전준비단계에서 전반적인 이해를 돕기 위한 각종 위원회를 설정할 수 있다. 위원회는 사안의 중요성을 판단하면서 본 회의에의 상정 여부를 검증하는 사전결정의 권한을 위임받고 있다.

대표자회의의 회의는 의원들에 의하여 선출되는 의장에 의하여 이끌어진다. 지방의원들은 주민들의 선거에 의하여 선출된 뒤, 4년간의 임기를 갖는다. 또한 지방의원들은 자유로운 의원활동의 원칙이 적용되는 가운데 명예직으로 활동하며, 특히 유권자와의 개별적인 위탁 관계와 무관하여야 한다.

의장직의 명칭은 각 주마다 상이한데, 슐레스비히홀슈타인 주에서는 주민의 수장 또는 시 총재, 헷센 주에서는 지방자치단체 대표자회의의 의장 또는 시 대표자의 수장으로 불리고 있다. 의장은 시장과 더불어 지방자치단체를 대표할 의무를 지닌다.

이 체제하에서의 행정기관은 시 협의회인데, 또 다른 측면에서 이는 위원회로 구성되어 운영되는 지방자치단체의 간부회의라고도 할 수 있다. 시 협의회는 시장과 명예직인 ─ 대도시의 경우 직업 관료인 ─ 위원들로 구성된다. 직업관료인 시 협의회위원들은 대표자회의로부터 헷센 주의 경우 6년, 슐레스비히홀슈타인 주인 경우 6~12년, 브레머하펜의 경우 12년의 임기를 보장받는다. 명예직위원의 임기는 대표자회의의 선출기간과 연계된다.

헷센 주에서는 대표자회의를 통한 재선임으로 위원의 임기가 12년까지 연장될 수 있다. 헷센 주에서 대표자회의의 의원이 동시에 시 협의회의 위원이 될수 없는 반면, 슐레스비히홀슈타인 주에서는 대표자회의의 의원이 명예직인 시협의회의 위원으로는 선출될 수 있다. 그들은 선출된 이후 한편으론 시 협의회의 수장 또는 위원으로서, 또 한편으로는 대표자회의의 의원으로서 직을 유지할수 있는 것이다.

시 협의회는 기본적으로 다수결에 의한 원칙을 채택하면서 대표자회의의 결정을 위한 제안을 준비하고, 결정된 이후에는 집행기관으로서의 역할을 수행하는 임무가 주어진다. 시 협의회는 평상시 계속되는 행정임무를 수행하면서, 지방의 법적 대표자가 된다.

시 협의회의 수장은 시장이 되고, 가부동수인 경우 헷센 및 브레머하펜의 경우 실질적인 결정권을 갖는다. 직업 관료인 시 협의회 위원들에게는 원칙적으로 전문 관할부서가 배정되고, 업무는 이들에 의하여 모두 자립적으로 이루어진다. 헷센 주에서는 시 협의회가 각종 위원회를 설정할 수 있는 권한을 가지고 있으며, 이들 위원회는 시 협의회의 보조기관으로써 활동한다. 대리위원회로도 표현되는 이들 각종 위원회에는 시장, 시 협의회 위원, 대표자회의 의원, 대표자회의로부터 선출된 전문가인 주민이 참여한다. 각종 위원회의 수장은 시장 또는 시협의회 위원이 담당한다.

2. 지방의회중심형 지방자치행정체제

남부 독일의 바이에른 주와 바덴-뷔르템베르크 주에서 적용하고 있는 지방자치행정체제는 지방의회중심형이라 할 수 있다. 지방의회중심형에 따른 지방자치행정의 가장 중요한 기관은 지방의회 또는 시의회라 할 수 있는 지방자치단체 대표자회의와 양 기관의 수장을 겸하고 있는 시장이라 할 수 있다.

지방의회는 결정기관으로서 주민에 의한 선거로 선출된 의원들로 구성되며,

자유로운 의원활동의 원칙이 보장된다. 의원의 임기는 바덴-뷔르템베르크 주의 경우 5년, 바이에른 주의 경우 6년이다. 지방의회 의원은 명예직으로 활동하며, 유권자의 위탁이나 지시와는 무관하여야 한다.

지방의회는 조례 및 규칙을 제정하고 지방자치단체의 예산을 의결하는 보편적인 임무 이외에, 법이 시장의 결정권한에 포함된 사안으로 위임하여 놓지 않는 한 해당 지방자치단체에 속한 모든 사안을 관장한다. 지방의회의 위임에 따라 각 의원은 개별적으로 지방의회의 결정을 사전준비하기 위한 각 위원회에 배속된다. 각 위원회는 특히 중요치 않다고 판단되는 사안에 대해서는 상정을 차단할 수 있는 결정권한을 부여받고 있다. 위원회의 수장은 시장 또는 지방의회가 위임하여 대표할 수 있는 의원이 맡게 되는데, 모두 표결권을 행사할 수 있다.

시장은 완벽한 표결권한을 가지고 지방의회의 의장이 되면서, 동시에 행정의 수장이 된다. 시장은 일반적으로 입법화된 조례 또는 규칙에 의하여 사안을 처리하는 가운데, 지방의회의 결정에 따른 집행기관이라 할 수 있다. 대형 지방자치단체에서의 시장은 직업 관료로서의 지위가 부여되며, 소규모 지방자치단체에서의 시장은 명예직으로서 활동한다. 시장은 주민에 의하여 직접 선출되며, 바이에른 주에서의 임기는 6년, 바덴-뷔르템베르크 주에서의 임기는 8년이다.

바덴-뷔르템베르크 주의 소규모 지방자치단체에서는 지방의회에 의하여 선출된 대표의원(Stellvertreter)이 시장직을 수행하기도 한다. 또한 10,000명 이상의 주민을 가진 지방자치단체의 지방의회는 시장을 대리하기 위한 한 명 또는 다수의 직업 관료직인 부시장(Beigeordnete)을 선출하게 되는데, 임기는 8년이며 관할업무를 지휘하게 된다. 그들은 시장과 지침에 따라 연계되어 있다. 바이에른 주에서의 이와 같은 기능은 지방의회로부터 6년간의 임기를 보장받고 있다.

특히 여기에서 지방의회로부터 선출되어 시장, 부시장 등 전문 행정직을 맡게 되는 대표자들은 이중기능을 가지고 있다. 하나는 대표자로서 지방자치행정기관에서 지침과 연계된 행정관리자로서의 역할을 수행하며, 또 다른 하나는 지방의회의 회의에 참여하면서 관련 위원회에서 그들의 업무영역에 관하여 대표하고 있는 것이다. 다만 지방자치단체의 대표자들은 지방의회에서와 각종 위원회에서 단지 자문에 관한 표결권만을 가질 뿐이다.

　지방자치행정기관들의 역학관계에서 기능상의 역할분담을 살펴보면 남부 독일의 지방의회중심형이 실제에서 시장중심형에 강하게 동화될 수 있다는 것을 명백하게 보여주고 있다. 주민에 의한 선거로 말미암아 오히려 시장에게 강한 권한의 부여가 정당화되어 질 수 있는 가운데, 남독의 지방의회중심형에 따른 시장이 시장중심형에 따른 시장보다 더욱 강한 위치를 확보할 수 있다고 판단할 수 있다.

　주민을 통한 시장의 직접 선출은 남부 독일의 지방의회중심형이 기타 다른 주에서보다 정당에 관한 무소속 시장이 더욱 많이 배출될 수 있는 여지를 보여주고 있는 가운데, 바이에른 주에서뿐만 아니라 바덴-뷔르템베르크 주에서의 지방자치단체 관련 법규는 주민에게 다양하면서도 절대적인 참여의 권한을 보장하고 있다. 바이에른 주에서는 적어도 1년에 한 번 정도 대표자의 지휘 아래 주민회의를 개최하고 있다. 특히 주민회의에서는 지방의회에 대한 권고를 결정할 수 있다. 바덴-뷔르템베르크 주에서도 규칙적으로 주민회의가 개최된다. 지방의회에 대한 주민의 신청이 허용되고, 중요 사안에 대해서는 주민청원 및 주민결정의 가능성까지 존재하고 있다.

3. 시장중심형 지방자치행정체제

　라인란트팔츠, 자를란트 및 슐레스비히홀슈타인 주의 소규모 지방자치단체에서 적용하고 있는 시장중심형 지방자치행정체제는 2개의 지방자치행정기관 즉, 지방의회 또는 시의회[7]와 시장 간의 협력관계 설정으로 성격지어 볼 수 있다.

　라인란트팔츠 주에서는 주민 수에 따라 5명에서 59명까지의 지방의회 또는 시의회 의원을 원칙적으로 순수한 비례대표제에 의거하여 임기 5년으로 선출한다. 자를란트 주에서도 이와 같으나, 다만 의회의원의 수를 27명에서 63명까지

---

7) 슐레스비히홀슈타인 주에서는 지방자치단체 대표자회의를 의미한다.

설정하고 있다.8) 슐레스비히홀슈타인 주에서의 임기는 4년이다. 주민에 의하여 직접 선출되는 지방의회 의원은 명예직이며, 유권자의 위탁 또는 지침과는 무관하여야 하는 가운데, 자유로운 의원활동의 원칙이 보장된다.

지방의회는 보조기관으로서 위원회를 설정하고 있으며, 의회의 결정에 대한 준비를 확인하고 이해하면서 중요하지 않은 사안에 대해서는 의회에의 상정을 차단시키는 역할을 수행한다. 사전준비기관으로서 또한 결정기관으로서 위원회의 수장은 시장 또는 관할업무영역에 따른 부시장이 담당한다. 자를란트 주에서는 수장직을 지방의회 의원에게 위임할 수 있다. 라인란트팔츠 주에서의 지방 또는 시 의회는 시장의 관할사안이거나 또는 위원회의 결정으로 별도로 위임되지 않는 한 모든 자치행정사안에 대하여 결정한다. 특히 지방의회는 조례 및 규칙의 제정과 지방자치단체의 예산을 의결한다.

지방 및 시 의회의 의장은 시장이 담당하고 있는 가운데, 라인란트팔츠 주에서는 시장이 결정기관인 지방의회에 속하여 표결권을 갖는 반면,9) 자를란트 주의 시장은 지방의회에 속하지 않는 관계로 표결권을 갖고 있지 않다. 시장은 물론 지방의회에서 선출되지만 지방의회와는 분리되어 있기 때문이다. 시장은 직업 관료직으로 활동하는 한 지방의회로부터 법정의원수의 2/3의 다수표결로 10년간의 임기로 선출된다. 명예직으로 활동하는 시장은 임기 5년을 부여받으며, 이 기간 동안 표결권을 유지한다. 자를란트 주에서의 시장은 직업 관료직으로만 활동하게 되는데, 왜냐하면 행정구역개편으로 말미암아 이제 더 이상 소규모 지방자치단체가 존재하지 않기 때문이다.10) 슐레스비히홀슈타인 주의 대형

---

8) 이는 지방자치단체의 행정구역개편에 관한 개혁으로 말미암아 지방자치단체의 수가 전체 대략 350개에서 50개로 감축되었기 때문이다. 이는 우리가 오늘날 논의하고 있는 행정구역개편 논의에 중요한 사례를 제공할 수 있다.

9) 그러나 라인란트팔츠 주의 대도시형 지방자치단체에서의 시장은 모든 행정사안에 대한 마지막 결정권한을 갖고 있지 못하다.

10) 행정구역개편을 통해 지방자치단체의 광역화를 이룬 자를란트 주에서는 단지 직업 관료직인 시장만 존재하며, 40,000명 이상의 주민을 가진 모든 도시형 지방자치단체에서는 뷔르거마이스터(Bürgermeister)가 아닌 오버뷔르거마이스터(Oberbürgermeister)라고 불리는 시장에 의해 이끌어진다.

지방자치단체에서도 지방의회가 의회의 지휘자로서 시민의 수장인 시장을 선출하는 과정에서 직업 관료직인 시장을 설정하고 있다.

시장을 대리하기 위하여 라인란트팔츠 주의 지방자치행정체제는 부시장의 선출을 명문화하고 있는데, 그의 활동은 대형 지방자치단체에서는 직업 관료직으로, 소규모 지방자치단체에서는 명예직으로 수행되고 있다.

지방의회로부터 직업 관료직으로 선출된 부시장은 10년간의 임기로 각 업무영역에 따른 지휘를 담당하고 있는 반면, 명예직으로 선출된 부시장은 시장의 대리역할과 상황에 따른 업무영역을 관장하며 임기는 5년이다. 부시장은 시장과의 관계에 있어 단지 일부분만 관련지침과 연계되어 있다. 시 의회의 상정을 대비한 조례 및 계획안의 형성에 대하여 시장은 시 간부회의에서 합의적으로 결정하여야 하는데, 둘 또는 다수의 직업 관료직인 부시장을 갖추고 있는 도시형 지방자치단체에서의 간부회의는 결정기관으로서 기능한다.

라인란트팔츠 주에서처럼 자를란트 주에서도 시장의 대리 및 특정 업무영역의 지휘를 위하여 명예직인 부시장을 시 또는 지방의회에서 선출한다. 그러나 20,000명 이상의 주민을 갖는 지방자치단체에서는 임기 10년의 직업 관료직인 부시장을 설정할 수 있다. 직업 관료직인 부시장은 지방의회에서 표결권을 갖고 있지 않다. 라인란트팔츠 주에서도 적어도 일 년에 한 번 주민회의의 개최가 요구되고 있는데, 여기에서 주민에 의한 결정은 존재하지 아니한다.

4. 행정관리중심형 지방자치행정체제

행정관리중심형 지방자치행정체제는 및 니더작센 주에서 적용하고 있기 때문에, 북독일지방자치행정체제(Norddeutsche Ratsverfassung)라 불리기도 한다.[11] 행정관리 중심형에 따른 지방자치행정의 중심기관은 지방의회 또는 시 의회로

---

[11] 행정관리 중심형 지방자치행정체제는 제2차 세계대전 이후 영국의 점령지역 내에서 영국식으로 강요된 체제라 할 수 있다. 물론 바이마르 시대의 튀링겐의 지방자치행정체제에서 전례를 찾아볼 수 있다고도 한다.

불리는 지방자치단체 대표자회의이다.

대표자회의의 의원은 주민들에 의한 직접선거에 의하여 니더작센 주인 경우 임기 4년, 노르트라인-베스트팔렌 주인 경우 임기 5년을 보장받는다. 지방의회 의원은 명예직이며, 유권자의 위탁 또는 지침과 무관하여야 하는 가운데 자유로운 의원활동의 원칙이 보장된다. 니더작센 주에서 지방의회 의원은 지방자치단체의 주민 수에 따라 5명~69명, 노르트라인-베스트팔렌 주에서는 7명~67명이 선출된다. 또한 여타의 다른 지방자치행정체제에서 보았던 것처럼 지방의회는 지방자치단체의 모든 중요 사안에 대한 결정기관이며, 특히 조례 및 규칙의 제정과 지방자치단체의 예산의 의결을 관할한다.

지방의회는 위원회를 설정할 수 있으며, 위원회는 보조기관으로서 의회의 결정에 대하여 사전준비 작업을 수행한다. 노르트라인-베스트팔렌 주에서는 위원회가 별로 중요치 않은 사안에 대해서는 의회에의 상정을 차단할 수 있는 권한을 위임받고 있다. 행정의 지휘 및 관리는 관료로서 지방자치단체 및 시의 행정 관리자가 맡게 되는데, 이들은 의회로부터 12년간의 임기로 선출된다. 니더작센 주에서는 이들 주무 행정 관료들의 최초 선출에서 6년간의 임기를 보장하여 준다. 이들은 관료로서 법규를 통하여 위임된 모든 임무를 관할하는 가운데 직접적으로 행정을 관리 감독한다. 그리고 이러한 기능으로부터 이들은 외부에 대한 지방자치단체의 법적대리인이 된다.

노르트라인-베스트팔렌 주의 대규모 지방자치단체에서는 행정지휘를 직업 관료직인 부시장이 담당하는 가운데, 행정 관리자들을 통솔하면서 고유의 관할 영역을 지휘 감독한다. 이들의 선출은 12년을 임기로 지방의회를 통하여 이루어진다. 노르트라인-베스트팔렌 주의 소규모 지방자치단체에서는 명예직인 부시장이 5년의 임기로 지방의회에서 선출된다.

행정관리중심형의 전형적인 하자라 판단할 수 있는 지방의회와 지방자치행정과의 연결고리 형성을 위해 니더작센 주에서는 지방의회와 행정관리자 사이에 양자 간의 완충역할을 담당할 수 있는 행정위원회가 설정되어 있다. 시 협의회와 유사하게 조직화된 행정위원회는 위원장으로서 명예직인 시장 및 부시장이라 불리는 2명~10명의 지방의회 의원, 관료이면서 단지 자문에 관한 표결만을 담당하는 지방자치단체 또는 시 행정관리자로 구성되기 때문에 행정과 정치 간의 역학관계에서 충분히 조정 역할을 수행할 수 있다고 보기 때문이다.

행정위원회의 임무는 의회의 결정에 대한 사전준비 및 기타 다른 지방자치단체 기관의 관할임무에 속하지 않는 사안에 대한 결정 등이다. 따라서 행정위원회는 개별적으로 행정임무에 관한 결정권한을 사전 확보하고 있기 때문에, 보조기관이 아니라 고유의 지방자치단체의 한 기관으로서의 성격을 갖고 있다고 보아야 한다.

특히 니더작센 주에서는 또 다른 측면에서 지방자치행정의 독특한 모형을 채택하고 있는데, 이는 바로 총괄 지방자치단체(Samtgemeinde)라는 형식에서 찾아볼 수 있다.12) 니더작센 주의 인구 2,000명 미만의 소규모 지방자치단체 또는 이들 지방자치단체가 모여 구성한 총괄 지방자치단체에서는 지방의회 의원을 임기 4년으로 선출하며, 또한 명예직인 시장을 의장으로 선출한다. 총괄 지방자치단체란 인접한 소규모 지방자치단체를 한 집단으로 구성하여 행정력을 응집하여 생존 차원의 경쟁력을 강화시키면서, 행정임무를 공동으로 처리하는 등 시너지화한 행정성과를 기대하고자 하는, 특히 법적인 자율권을 결합시키고자 하는 지방자치행정의 새로운 형식이라 할 수 있다.

---

12) 바덴-뷔르뎀베르크 주의 관리공통제(Verwaltungsgemeinschaft), 라인란트팔츠 주의 관리 공통제와 맥을 같이 한다. 총괄 지방자치단체에는 최대한도로 10개의 지방자치단체가 소속될 수 있으며, 이를 지방자치단체의 조합으로 이해하기도 한다. 니더작센 주의 대략 1,000여 개의 지방자치단체 중 약 750여 개가 총괄 지방자치단체에 소속되어 있는 것으로 파악하고 있다. 특정사안에 따라 협력관계 구축을 통한 광역화한 행정을 통합 추진해 경쟁력을 강화하고자 하는 우리나라의 특별지방자치단체의 개념과도 같은 맥락에서 이해해 볼 수 있다. 특히 이러한 모습은 보다 실질적인 지방자치단체의 광역화를 기초로 한 행정구역개편의 전형이 될 수 있다.

IV. 명예직제의 채택

독일의 지방자치행정체제에서 명예직제의 채택은 지방자치행정을 운용하는 데 있어 무척 중요한 장치로 나타나고 있다. 특히 현재 우리나라에서 지방의회 의원의 유급제 의정비의 과다 문제가 논란이 되고 있는 실정에 비추어 명예 직제를 살펴보는 것은 매우 의미 있는 일이라 사료된다.

1. 명예직제의 개념

명예직제의 개념은 지역의 전문인사가 그들의 일상적인 직업생활을 영위하면서, 일부 자유 시간을 활용하여 보수를 받지 않고, 주민사회의 의사를 바탕으로 지방자치행정의 발전을 위하여 헌신하는 제도라 할 수 있다. 즉, 명예직제는 ①지방자치행정에 대한 관심과 전문성을 갖춘 주민이, ②지방자치단체의 발전을 위하여, ③한편으론 일상적인 직업생활을 영위하면서, ④일부 자유 시간을 활용하여, ⑤보수를 받지 않고, ⑥주민사회의 의사를 배경으로, ⑦지방자치행정에 능동적으로 참여하여 헌신하는 제도라 할 수 있다.

명예직제는 바로 주민정신과 지방자치행정에 대한 공동체의식으로부터 비롯된 것으로써, 또한 주민의 의무라 할 수 있다.

2. 명예직제의 주요 특성

1) 자치행정의 가치 제고

명예직제의 채택은 주민들의 적극적인 참여정신을 바탕으로 지방자치행정의 임무 분담을 위한 자발적인 충원이라는 관점에서, 이는 곧 행정에 대한 주민의 협력을 의미한다. 특히 이러한 과정에서 주민의 뜻이 구체화되어 지방자치행정에 대한 주민의 이익과 관심사가 명예직제를 통하여 대표될 수 있어 자치행정의 가치를 더욱 제고할 수 있다.

2) 행정의 민주성과 정당성 제고

명예직제는 민본을 중심으로 한 참여를 보장하면서, 행정의 민주주의적인 원칙을 현실화 시킬 수 있다. 일반적으로 모든 행정권은 주민들의 정당이나 선거참여, 또는 기타 유권자 행동 등에 의하여 민주주의적으로 정당화될 수 있는 것이지만, 명예직제에 따른 행정참여 또한 하나의 민주화 과정이라 할 수 있기 때문이다.[13]

특히 행정의 정책형성이나 결정과정에 주민의 의사가 훨씬 다양하게 직간접적으로 영향력을 미치게 할 수 있음으로써, 오히려 민주성을 바탕으로 한 행정의 정당성 확보를 제고해 줄 수 있다.

3) 행정에 대한 주민서비스의 제고

주민이 자치행정에 대하여 관심을 가지고 봉사할 수 있는 기회를 갖는 것은, 한편으론 주민의 법적 권한이며, 또 다른 한편으로는 주민의 의무라 할 수 있다.

다만 지방자치행정의 명예직제가 모든 주민에게 공평하게 제공되어 있는 것은 아니다. 행정에서 아무리 명예직제의 모집과 충원을 요구한다 하더라도 일정한 전문성이나 자격이 없으면 그들의 법적 권한이나 의무를 표명할 수 있는 기회가 제공되기란 그리 쉽지 않기 때문이다. 따라서 주민은 행정참여를 통한 주민서비스의 제공 차원에서 개별적으로 각각의 전문성에 알맞게 허용된 명예직제의 분야에 합목적적으로 진출하는 것이 바람직하다.

4) 경제성 제고

명예직제는 기본적으로 실질적인 경비를 제외한 무보수를 원칙으로 한다. 이

---

13) 특히 지방자치행정에 있어 정당의 참여가 허용될 경우, 명예직제는 정당으로부터도 모집과 충원이 있어야 한다. 정당으로부터의 명예직제의 창출은 주민의 정치적 의사결정에 기여할 수 있고, 특히 대의적인 관점에서 특정 정책에 대한 주민의 대표성을 확보할 수 있기 때문이다.

는 재정 및 예산의 현저한 경제적 절약을 추구할 수 있다. 명예직제는 주민참여를 통하여 지방자치행정을 직접 담당하거나 자문한다는 명예가치로서 더욱 중요한 성격을 갖기 때문이다. 보상의 대가로서가 아니라 개별적인 주민의 의무라는 성격에 보다 정당성을 부여하는 것이다.

5) 행정의 효율성과 능력의 제고

명예직제는 물론 최대한의 자유재량권의 확보를 통해 행정의 여러 구조와 단계에 적용이 가능하다고는 하나, 전체 행정조직에 효율적인 타당성 내지는 동질성을 부여할 수 있는 것은 아니라고 본다.

그럼에도 불구하고 명예 직제를 행정임무의 최적달성 능력을 제고할 수 있는 장치로 판단하는 것은, 효율성을 강조해야만 하는 행정 관료제의 구조적인 측면을 고려하여, 명예직제는 기존 행정체계를 자극하여 실행능력을 제고시키면서 경쟁력 있는 행정체제로 도약시킬 수 있는 동기부여의 장치인 것만은 분명하기 때문이다.

V. 주민참여의 실제

1. 주민 및 거주민의 권한과 의무

주민과 거주민의 차이는 매우 중요한 의미를 갖는다. 지방자치단체의 주민은 만 18세가 된 상태에서, 독일기본법 제116조에 의한 독일인을 의미 한다. 주민의 신분은 법적인 전제에 따라 자동적으로 획득된다. 상실도 마찬가지이다. 지방자치단체의 주민은 지방자치단체의 선거에 대해 능동적인 선거권을 행사할 수 있다(기본법 20조 2항).

지방자치단체의 주민이 되기 위해서는 독일국적을 가지고 일정기간 동안 지방자치단체에서 거주하여야 한다.14) 따라서 다수의 지방자치단체에 걸쳐 행사하는 주민권이란 있을 수 없다. 다수의 거주지가 있다 하더라도 반드시 주거주지를 명확하게 결정하여야 한다. 지방자치단체의 거주민은 그곳에 거주하는 사람으로서 외국인일 수도 있고 무국적자일 수도 있다. 지방자치단체의 거주민은 지방자치단체의 공공시설을 사용할 수 있는 권한을 갖는다. 뿐만 아니라 지방자치단체의 행정사안에 대하여 청원권과 불만에 대한 소원을 제기할 수 있으며, 특히 몇몇 주에서는 주민과 같은 정치적 참여권을 갖기도 한다.15)

주민권과 더불어 주민의 의무가 존재한다. 예를 들어, 특별한 주민의 의무로써 명예직 활동을 수행할 의무가 있다. 물론 몇몇 주에서는 일정한 사전 전제조건하에 이를 거절할 수 있다. 바덴-뷔르템베르크 주에서는 거절이 일시적인 주민권의 박탈로 이어 질 수도 있다. 명예직제에 의한 활동은 주민의 의무를 기초로 하여 이루어지며, 물론 적합한 보상을 요구할 수 있다. 거주민의 의무는 본질적으로 지방세의 납부와 같은 납세의 의무라 할 수 있다.

2. 주민회의

주민회의는 지방자치단체의 주민들을 위한 토론의 광장이다. 주민회의에서 바로 지방자치행정의 대표자들과 지역사안에 대해 논의하면서 현안문제를 토론할 수 있는데, 대부분의 지방자치행정체제에서는 주민들을 위한 이러한 자치행사를 설정하도록 명문화하고 있다.

바덴-뷔르템베르크, 헷센, 라인란트팔츠, 바이에른 주 등 몇몇 주에서는 지방자치단체가 주민회의를 적어도 일 년에 한 번은 개최하도록 이를 의무로 설정하고 있다. 그러나 바이에른 주가 적어도 일 년에 한 번 반드시 주민회의를 개

---

14) 예를 들어 노르트라인-베스트팔렌 주에서는 3개월, 바덴-뷔르템베르크 주에서는 6개월을 뜻한다.
15) 바덴-뷔르템베르크, 니더작센, 노르트라인-베스트팔렌, 라인란트팔츠, 자를란트, 슐레스비히홀슈타인 주 등의 거주민은 주민과 같은 정치적 참여권을 갖는다.

최하여야 한다고 명문으로 확실하게 규정한 반면, 기타 다른 주에서의 이러한 의무는 단순히 강제적인 조항일 뿐이다. 특히 바이에른과 바덴-뷔르템베르크 주에서의 주민은 일정기준 이상의 주민이 서명하였을 경우, 스스로 주민회의의 개최를 신청하고 집행할 수 있다. 또한 주민회의는 지방자치단체에 의하여 형성된 정책이나 사업일정을 수정 보완할 수 있으며, 주민회의로부터의 제안과 권고가 발생하였을 경우 지방자치단체는 이를 3개월 이내에 처리하도록 하고 있다.

지방자치단체는 주민회의의 리더를 선정하며 일정을 확정하는 가운데, 주민회의의 제안과 권고를 어느 정도 수준에서 평가하여 정책형성절차에 상정할 것인지를 결정한다. 특히 라인란트팔츠 주에서의 시장은 주민회의의 리더가 되며, 지방의회에 주민회의의 경과에 대해 설명하여야 한다.

그러나 이러한 모습으로부터 주민회의의 소집과 의안의 반영 등에 대해 주민 스스로 선도할 수 없다는 한계가 지적되기도 한다(Schmidt-Eichstaedt; 1986: 42-43). 누가 주민회의에서 발언할 수 있는가에 대해서는 확실하게 정해진 바가 없는 가운데, 다수의 지방자치행정체제에서는 이에 관해 침묵하고 있다. 단지 바이에른, 라인란트팔츠 및 바덴-뷔르템베르크 주에서의 지방자치단체 법규만이 누가 발언할 수 있는가에 대해 확정하고 있다. 즉, 원칙적으로 발언권의 범주에 지방자치단체의 주민(바이에른)과 또는 거주민의 포함(바덴-뷔르템베르크 및 라인란트팔츠) 등을 명시하고 있는 것이다. 또한 위 3개 주에서는 주민회의의 리더의 허가 또는 주민회의의 결정을 통하여 예외가 가능하다고 밝히고 있다.

대형 지방자치단체에서는 실제적으로 누가 발언을 할 수 있는지 없는지, 또는 주민 또는 거주민의 신분을 가지고 있는지 없는지에 대해 통제하기가 매우 어려운 실정이다. 주민회의를 통한 주민참여권의 긍정적인 측면은 지방자치단체의 정책결정에 대한 직접적인 의견교환을 통한 의사전달체계의 확립에서 확실하게 찾아볼 수 있다.

그럼에도 불구하고 사전에 포섭·동원된 참여에서 일부 주민에 의한 하자있는 주민회의의 인위적인 선도와, 지방정치가들의 환상적인 언변과 함께 전시적인 능력과시의 무대로 주민회의가 오·남용될 위험성 또한 내재되어 있는 것도 사실이다. 그리고 이러한 이유들로 말미암아 가장 기본적인 지방자치단체의 문제해결 방안을 주민회의에서 직접 찾을 수 있는 기회가 상실될 수 있음에도 불구하고, 주민회의에 대한 주민의 주의력과 관심사는 점진적으로 줄어들고 있는 실정이다.

3. 주민청원과 주민결정

주민청원의 개념은 각 개별적인 주마다 상이한 의미를 지니고 있다. 헷센의 지방자치행정법규가 주민청원으로써 적용하고 있는 반면 바덴-뷔르템베르크, 니더작센, 자를란트 주에서는 주민신청, 라인란트팔츠 주에서는 주민발안을 적용하고 있다. 바덴-뷔르템베르크 주의 지방자치행정법규가 주민권으로부터 주민의 결정에 의하여 설정된 신청이라 이해하고 있고, 또한 노르트라인-베스트팔렌 주의 지방자치행정법규가 주민신청으로서 청원권을 명문화하고 있는 것을 보면 이 부문에 대한 용어의 혼란이 대단하다는 것을 알 수 있다. 그러나 무엇보다도 주민청원, 주민신청, 주민발안 등이 일정한 주민들의 이익과 관심사에 대한 보호를 촉구한다는 관점은 동일하다 할 것이다. 이 부문에서 가장 특이한 관점은 바덴-뷔르템베르크 주의 지방자치행정법규가 단독적으로 허용하고 있는 주민결정이라 할 수 있다.

지방자치단체 차원에서의 주민결정은 직접민주주의의 요소를 갖춘 가운데, 주민결정은 지방의회의 최종적인 결정효력을 갖는다고 하였다. 그러나 주민결정의 대상은 지방자치행정법규에서 일정한 목록의 제시를 통하여 매우 제한되어 설정되어 있는 실정이다.[16] 지방의회의 2/3 이상의 다수결 또는 일단의 주민집단이 적어도 주민의 15%에 상응하는 서명을 제출하게 되면 주민결정을 이끌어 낼 수 있다. 지방자치단체의 크기에 따라 주민의 서명 수는 3,000명에서 24,000명까지 이를 수 있다. 이는 곧 주민결정 이전에 주민결정은 주민발안으로

---

16) 목록에 명문화되어 있는 설정 그 자체가 주민결정의 효력발생에 제한적일 수밖에 없고, 그나마 지방자치행정의 내부조직과 같이 주민결정으로서도 쉽게 건드릴 수 없는 영역이 대부분이어서 제도 자체에 스스로의 한계가 있다는 지적이 있다.

부터 생성되기 시작하여 성과 있는 주민청원을 확립해야만 한다는 것을 의미한다.

주민결정에 대한 비판은 절차상의 많은 소모 및 진성이지 못한 정보로부터의 위험, 그리고 이와 연계된 주민의사의 조작을 거론함으로부터 비롯된다. 그러나 일정 부분 책임을 상실한 지방의회의 역할 보완 차원에서, 다른 한편으론 직접 민주주의의 구현 차원에서 주민의사의 신뢰성을 바탕으로 한 이상적인 지방자 치행정의 구현을 위해 주민결정은 새로운 이해하에 보다 깊은 자리매김이 있어 야 할 것으로 보고 있다.

그럼에도 불구하고, 특히 바덴-뷔르템베르크 주의 주민결정에 대한 긍정적인 경험과 성과가 분명히 검증되었음에도 불구하고, 기타 다른 주에서의 주민결정 의 도입에 대한 논의는 비록 여러 차례의 시도가 있었음에도 불구하고 모두 거부되었다.

VI. 지방재정 운용체제

독일은 통일을 이루기 세 달 전, 즉 1990년 7월 1일 이후 양 독일 간의 통화 교환 등[17] 사회경제적인 통합을 시도하였다. 환언하면 연방예산으로부터 200억 DM(독일마르크), 신용시장으로부터 950억 DM을 조달하여 통일기금을 형성하 고, 이로써 구동독 지역의 사회보장 및 사회간접자본의 확충을 도모하여 구동독 의 사회경제적인 수준을 서독수준으로 끌어올리고자 시도한 것이다.

그 동안 서독 측은 통일을 사전계획하면서 1989년 초 동독의 경제생산성은 서독의 30% 수준으로써 동독이 부채의 증분을 통한 자금의 조달이 용이치 않다 면 1990년 생활수준은 현재 대비 약 25~30% 수준으로 급격히 낮아질 것이며, 이로써 동독의 통치는 더 이상 지속하기가 불가능하게 될 것이라 분석하면서 이 정도 규모의 기금이면 충분히 의도하였던 바 통일 이후 양독 간의 사회경제

---

17) 양독 통화 간 화폐교환 비율은 1:1인 가운데, 주민 1인당 4,000DM까지 교환이 가능하였다.

적인 형평성을 달성할 수 있으리라 판단한 것이다.[18]

그러나 통일이 되었을 때 동독의 부채가 무려 3,000억 DM에 달하였으며, 통일 이후 동독의 산업을 점검해 본 결과 90% 이상이 폐기 대상이었다는 사실은 이미 통일기금을 기초로 한 서독으로부터 동독으로의 재정이전이 이 정도의 규모만 가지고서는 어림도 없다는 사실이 입증되었다. 이는 당시 동독 경제의 실상과 사회간접자본 및 생활환경의 열악한 정도를 쉽게 가늠해 볼 수 있는 가운데, 이미 동독으로의 엄청난 재정이전을 예고하는 것이었다.

1991년 1,060억 DM으로부터 1995년 1,560억 DM으로 서독으로부터 구동독으로의 재정이전은 해마다 급증하였다. 특히 1993년에는 사회보장을 강조하여 이중 400억 DM을 이 부문에 책정하였다(<표 4-1>). 그리고 이로써 통일비용을 같이 부담하고 있었던 각 지방자치단체의 재정결손액은 이미 1991년 40억 DM으로부터 1994년 150억 DM으로 크게 증분하였다(<표 4-2>). 지방자치단체가 중앙정부인 연방차원의 사업이라 할 수 있는 통일부문에 재정 기여를 할 수 있다는 이와 같은 상황은 매우 중요한 의미를 갖는다.

독일의 지방자치단체가 연방의 사업에 교부할 수 있는, 이른바 역교부가 가능한 것은[19] 지방자치단체가 고유의 재정자치를 이루어 자체 재정력의 확보가 어느 정도 안정된 수준에 이르러야 가능한 일인데, 이는 바로 독일의 지방자치단체의 재정력확보를 근본적으로 지지해 주고 있는 독특한 조세제도와 지방자치단체 간 재정력의 형평성 도모를 위한 지방재정조정을 강조하는 재정운용체제로부터 기인하는 것으로 분석된다.

부연하면 독일의 조세제도에는 지방재정력의 안정적인 확보와 지방자치단체 간 재정력의 형평성을 도모하기 위한 이른바 지방재정조정의 수단으로 공동세(Gemeinschaftssteuer)라는 제도가 운용되고 있는데, 이러한 모습은 비단 지방재정

---

18) 이러한 판단이 있었음에도 불구하고 1990년 통일이 될 때까지도 동독을 중요 산업국가로 간주하는 사람이 많았다.
19) 구조적으로 국세와 지방세의 비중이 약 80:20인 상황에서 중앙과 지방재정 및 지방교육재정의 비중이 대략 40.7:41.4:17.9인 우리나라에서 지방자치단체의 중앙정부에 대한 역교부는 상상조차 하기 힘든 실정이다.

〈표 4-1〉 통일 이후 서독으로부터 구동독으로의 재정이전 추이

연도	총액(마르크)
1991	1,060억 DM
1992	1,150억 DM
1993	1,290억 DM
1994	1,390억 DM
1995	1,560억 DM

* 자료: Bundesinnenministerium

〈표 4-2〉 통일 이후 통일비용부담으로 인한 지방자치단체의 결손액 규모

연도	총액(마르크)
1991	40억 DM
1992	170억 DM
1993	160억 DM
1994	150억 DM

* 자료: Bundesinnenministerium

의 자치 확립이라는 측면에서뿐만 아니라, 실제 독일의 통일비용 창출에 일정부분 기여한 측면이 있기 때문에 우리에게는 매우 중요한 시사점으로 남을 수 있다.

독일의 세제와 재정운용체제는 비스마르크시대 이래 정립되어 크게 분리체제(Trennsystem)와 연계교부체제(Finanzzuweisung nach dem Verbundsystem)로 구축되어 발전되어 왔다고 볼 수 있다. 분리체제는 국세와 지방세를 분리해서 각주체가 고유의 과세권을 갖는 것을 의미한다.[20] 조세의 규모에 관하여 국세의

비중이 지방세에 비하여 현저하게 높아 중앙정부의 독점적인 성격이 강하게 내재된 것으로 볼 수 있다. 재정운용체제상 연계교부체제는 연방과 주 정부 간의 수직적인 연계에서 연방정부가 각 지방자치단체의 형평성 있는 재정력의 확보를 위해 일정 재원을 차등 교부하는 것을 의미한다.

그러나 분리체제는 연방정부에 비해 각 지방자치단체가 자체 재정력 확보에 상대적인 경쟁력을 확보하지 못 했고, 연계교부체제는 연방의 일방적인 배분시스템에 따라 상대적으로 지방자치단체가 고유의 재정력 수요를 주장할 수 없었다는 평가를 받아 왔다. 이에 독일은 1969년 재정 개혁을 통해 혼합체제(Mischsystem)를 도입하게 되는데, 이는 특정 조세에 대한 과세지분을 지방재정 조정의 차원에서 연방과 주 정부, 각 지방자치단체가 아예 처음부터 나누어 갖는 것을 의미한다. 조세체제에서 국세와 지방세의 분리체제를 기본으로 하면서도, 특정 조세에 대해서는 중앙과 광역, 기초자치단체가 지분을 나누어 갖는 혼합체제를 병용 채택함으로써 일정 부분 지방자치단체의 재정의 안정을 도모하고 있는 것이다.

현재 전체 조세징수액의 약 4분의 1 정도를 분리체제에 의해 각 주체가 고유의 과세 권한을 행사함으로써 확보하고 있고, 약 4분의 3 정도는 연방과 주정부, 각 지방자치단체가 공동으로 과세권을 행사해서 나누어 갖는 혼합체제에 의한 조세원으로 파악하고 있다(Münch/Meerwaldt, 2009).

혼합체제의 주요대상 세원은 공동세원으로서 근로소득세를 포함한 소득세, 법인세, 부가가치세로 대변되는 거래세 등이다(기본법 106조 3항). 공동세인 소득세와 법인세는 연방과 주정부가 각각 반씩 나누어 갖는 것을 원칙으로 하고 있다(기본법 제106조 제3항 2). 그리고 각 주 정부에서도 각 지방자치단체에게 공동세의 일정 지분을 교부하여야만 하며, 기타 다른 주 정부 차원의 조세도 전부

---

20) 주요 연방세로는 소비세, 주 정부세로는 상속세, 맥주세, 각 지방자치단체의 조세로서는 토지세, 영업세 등을 들 수 있다. 그동안 독일 조세체제의 발전과정에서 특이한 점은 연방세 중 관세(Zölle)는 1975년 유럽연합으로 이관되었고, 주 정부세인 재산세는 1997년 1월 1일 이후 없어지면서, 자동차세는 2009년 7월 1일 이후 연방으로 이관될 내용들을 들 수 있다.

또는 일정 지분을 교부할 수 있도록 하고 있다.

　이러한 맥락에서 각 지방자치단체의 재정력의 형평성과 재정수요의 안정적인 해결을 보장하기 위하여[21] 공동세는 먼저 지방자치단체에게 15%를 배정하고,[22] 나머지 85%에 대한 절반씩을 재정조정의 차원에서 연방과 16개 주 정부가 공히 나누어 가져간다.[23] 연방과 주 정부 간의 거래세에 관한 지분은 법으로 확실하게 정해지지 않는 가운데, 세입·세출규모 등 연방과 각 주정부 간의 개별적인 상황에 따라 탄력적으로 나누어지게 된다(기본법 106조 제4조 1).

　따라서 여기에는 배분에 관한 연방과 주 정부 간의 갈등, 또는 주 정부 간의 경쟁체계가 항상 내재되어 있다고 보아야 한다. 배분기준에 대한 논의가 계속되는 가운데, 연방상원은 2년 마다 한 번씩 각각의 지분을 의결하게 된다.

　특히 1998년 1월 1일 이후 거래세는 각 지방자치단체도 주 정부로부터 일정 지분을 배분받을 수 있게 됨으로써(기본법 제106조 5a항), 위와 같은 경쟁 관점은 앞으로도 끊임없이 지속될 전망이다. 무엇보다 독일 통일 이후, 특히 구동독 지역의 편입에 따른 연방과 주 정부 간의 재정조정을 위해서 1995년 새로이 마련된 연방 재정법에 따른 탄력적인 거래세의 배분이 중요한 역할을 수행한 것으로 분석하고 있다.

　지방자치단체의 현실과 여건을 바탕으로 실질적인 재정력의 형평을 위한 거래세의 차등 배분은 실제 구동독 지역으로의 만족할 만한 재정 이전을 위한 전략적인 지방재정조정장치였다고 평가하면서, 특히 연방정부는 통일과정에서 1993년 이래 자신의 지분을 줄이는 인내를 감당하면서, 전체 주정부의 지분을 37%에서 44% 정도로 상향 조정한 것으로 밝혀지고 있다(Münch/Meerwaldt, 2009). 기타 독일의 지방재정운용체제에서 특이한 점은 정책의 수혜에 대한 이익의 분담 또는 갈등관리 차원에서 분담금(Beiträge)이 제도화되어 있다는 것이다.

---

21) 지방자치단체의 재정력의 형평성 제고에 관해 독일기본법은 명문으로 규정하고 있다. 독일기본법 제107조 제2항 참조.
22) 이 15%는 각 지방자치단체 주민의 소득세에 대한 담세력에 따라 다시 나누어진다. 독일기본법 제106조 제5항 참조.
23) 주 정부가 자체지분에 대해 직접 과세한다. 지역과세(örtliches Aufkommen)에 관해서는 독일기본법 제107조 제1항 Satz 1 참조.

주 정부는 지방자치단체 간 재정조정을 위한 일정지분의 분담을 각 지방자치단체에 할당하면서, 재정력이 좋은 지방자치단체는 많이 부담하면서 적은 교부를, 재정력이 좋지 않은 지방자치단체는 적게 부담하면서 많은 교부를 받게 함으로써 각 지방자치단체 간의 재정력의 형평성을 도모하고 있다. 이 장치는 고유의 과세권을 침해하지 않는 차원에서, 특히 누진 차원의 분담에 의한 차등교부로써 지방자치단체 간 재정력의 형평성을 도모하고자 하는 수평적인 지방재정조정의 가치를 갖고 있는 상황에서, 특히 담세력에 구속된 공동세제를 보완하기 위한 장치로 판단하여야 한다.

나머지 부분은 우리나라의 재정운용체제와 크게 다르지 않다. 역시 지방세가 사용료, 수수료 등의 지방세외수입과 함께 지방재정의 주요 자주재원이 되고 있고, 교부세도 보통과 특별목적에 따라 교부하는 것과 지방채(Kredit)를 설정하고 있는 모습도 유사하다.

VII. 결론

독일의 지방자치행정에서 가장 중요하게 눈여겨 볼 대목은 바로 각 지방자치단체가 고유의 가장 바람직한 모습을 스스로 지속적으로 발전시켜 온 것이라 할 수 있다. 그러면서 중앙행정은 진정한 지방자치와 나아가 재정자치를 이룰 수 있도록 제도적으로 인정하고 배려하고 있다는 것이다.

이러한 관점에 비추어 지방자치행정의 발전을 논의하는 과정에서 가장 중요시되는 중점사안은 바로 분권을 기초로 한 고유의 자치행정능력의 강화라 할 수 있다. 그 중에서도 재정분권을 보장하여 실효성 있는 실질적인 지방분권의 발전을 도모하는 것이라 할 수 있다. 그리고 이러한 문제의 해결과정에는 적어도 다음과 같은 두 가지 방향에서 실마리를 찾아보아야 한다.

첫째, 중앙정부의 의지가 필수불가결하게 내재돼 있어야 한다. 최우선적으로 지방자치단체의 의사를 중앙정부가 수렴하여 이를 자치에 이룰 수 있도록 지원체계를 구축하면서, 지방자치단체의 국가차원의 정책형성과정에 대한 참여의 확대를 제도적으로 도모해 주어야 한다.

이러한 맥락에서 독일의 지방자치행정에서 중요한 역할을 담당하고 있는 기관은 바로 주지사와 각 주에서 파견한 각료들로 구성되어 있는 연방상원이라 할 수 있다. 이 기관의 성격으로부터 지방자치단체장들의 의결권을 확보할 수 있는 가운데, 국정참여의 폭을 넓히면서 국회와 중앙 및 지방자치단체 간의 완충역할을 기대할 수 있고, 또한 각 지방자치단체 간의 갈등관리와 이해대립 해소, 국고보조금 사업 또는 지방자치단체 간 비용분담사업의 우선순위 선정 등 지방자치단체 간의 의견조정이나 통제도 가능하기 때문이다. 특히 이 기관은 조세규모의 조정 등 지방자치단체 간의 수평적인 지방재정조정도 도모할 수 있어, 지역 간의 재정력의 균등화를 통한 형평발전을 모색해 볼 수 있는 중요한 장점을 갖추고 있다. 우리나라도 지방자치단체가 보다 긴밀하고 대등하게 국회나 지방의회, 중앙정부와의 관계를 유지하면서 대응할 수 있도록, 각 지방자치단체의 장들의 모임으로 구성된 하나의 대표기관을 원(院)으로 구성하여 상원화하는 양원제를 채택하여 위와 같은 기능을 담당하도록 하였으면 한다.

둘째, 지방자치단체의 자치권 확보를 위한 고유의 노력이다. 주지하다시피 최근 들어 지방분권을 강조하다 보니, 한편으론 민주성을 근간으로 한 경쟁중심 사고를 중심으로 지역의 개별적인 이익을 추구하여 가는 것은 좋은데, 또 다른 한편으로는 그러한 것을 추진하는 과정에서 지역이기주의가 만연하여 정책의 수혜 정도나 또는 비용분담의 과정에서 지방자치단체 간의 큰 격차가 발생하여 사회적 위화감이 조성되는 등 형평발전에 많은 문제점이 제기되고 있는 것 또한 사실이다.

그리고 이러한 문제점을 인식하게 되면서부터 지방자치단체 간의 갈등이 빚어지게 되고, 특히 지방자치단체 간의 심각한 재정력의 격차는 주민의 삶의 질에 관한 결정적인 착안점이 되고 있다. 무엇보다 정책사업에 대한 국고보조금의 수혜나 또는 지방자치단체 간 공동사업의 수행을 위한 비용분담의 과정에서 이러한 문제점은 더욱 현저하게 나타나고 있다.

독일의 지방자치행정의 사례에서 나타나고 있는 '총괄 지방자치단체'의 형식은 이러한 문제점을 해결해 줄 수 있는 중요한 장치라고 생각된다. 그리고 이러한 관점은 오랜 논의 끝에 최근 우리나라의 지방자치행정에서 특별지방자치단체의 형식으로 나타나고 있다. 물론 양자 간에는 조합의 형식이라는 관점과 기능상의 통합행정관리라는 관점에서 근본적인 차이가 있으나, 광역화를 근간으로 한 지방자치단체 간의 협력관계 구축으로부터 행정의 시너지화한 성과를 도모한다는 관점에서는 일치한다고 보아야 한다.

특별지방자치단체는 설치 주체를 법인격을 갖는 지방자치단체로 국한하면서, 둘 이상의 지방자치단체가 임무나 기능의 일부를 공동으로 처리할 필요가 있을 때, 임의적으로 설치하는 특정사무 전담 행정기관이라 할 수 있다. 이는 특정사안에 대한 지방자치단체 간의 공동처리의 성격을 띠기 때문에, 지방자치단체 간의 상호협력이 무엇보다 중요시 되는 제도라 할 수 있다.

특별지방자치단체는 지방자치단체 간의 갈등해소 및 균형발전, 중복투자의 방지, 궁극적으로 국가위임사무의 공동처리 등을 통해 광역행정 수요에 대해 보다 효율적으로 대응할 수 있는 제도라 판단되기 때문에 더욱 활성화하는 것이 바람직하다고 생각한다. 특히 최근 논의되고 있는 광역화를 기초로 한 행정구역개편을 시도하기 이전에 특별지방자치단체의 형식을 충분히 활용하여 봄으로써, 행정구역개편에 관한 올바른 기준 또는 표준화의 정립에 따른 모범적인 전형을 스스로 창출하여 자발적인 행정구역개편을 이끌도록 하면서 광역행정을 통한 시너지화한 성과를 도모하는 것이 지방자치행정의 발전에 크게 기여할 수 있다고 판단된다.

▌참고문헌

Banner, Gerhard. 1995. "Modernisierung der Kommunalverwaltung: Der Rückstand wird aufgeholt." In: Frieder Naschold/Marga Pröhl, ed. *Produktivität öffentlicher Dienstleistungen*. Gütersloh.

Benz, Arthur. 1997. "Kooperativer Staat?: Gesellschaftliche Einflußnahme auf staatlicheSteuerung." In: Klein/Schmalz-Bruns, ed. *Politische Beteiligung und Bürgerengagement in Deutschland*. Bonn.

Bormann, Manfred. 1993. *Stadt und Gemeinde-Kommunalpolitik in den neuen Bundesländern*. Bonn: Bundeszentrale für politische Bildung.

Böhret, Carl. 1996. "Gewollt ist noch nicht verwirklicht: Chancen und Hemmungen bei der Modernisierung von Landesverwaltungen." *Verwaltungsrunschau*.

Brake, Klaus. 1997. "Städtenetze: ein neuer Ansatz interkommunaler Kooperation." *Archiv für Kommunalwissenschaften*.

Deutsches Institut für Urbanistik. 2008. *Interkommunale Zusammenarbeit in der Wirtschafts- und Infrastrukturpolitik*.

Eser, W. Thiemo. 1997. "Städtenetze: ein Instrument zur Bewältigung neuer öffentlicher Aufgaben der Regionalentwicklung." *Staatswissenschaften und Staatspraxis*.

Finanzministerium Baden-Württemberg. 2006. *Die Gemeinden und Finanzen*.

Hartmann, Axel. 1997. "Effiziente und wirtschaftliche Kommunalverwaltung." *Die neue Verwaltung*.

Huber, Bernd. 1997. "Der Finanzausgleich im deutschen Föderalismus." *Aus Politik und Zeitgeschichte*.

Institut für Kommunalwissenschaften der Konrad-Adenauer-Stiftung. 1983. *Politik und kommunale Selbstverwaltung*. Köln: Deutscher Gemeindeverlag.

Klein, Ansgar/Rainer Schmalz-Bruns. ed. 1997. *Politische Beteiligung und Bürgerengagement in Deutschland*. Bundeszentrale für politische Bildung.

Kreuder, Thomas. 1997. "Gestörtes Gleichgewicht: Die Gefärdung der politischen Autonomie von Ländern und Gemeinden durch Kostenverlagerungen." *Aus Politik und Zeitgeschichte*.

Kersting, Norbert. 2006. "Interkommunale Kooperation oder Wettbewerb?" *Aus Politik und*

Zeitgeschichte.

Laufer, Heinz/Ursula Münch. 1997. *Das föderative System der Bundesrepublik Deutschland.* Bonn: Bundeszentrale für politische Bildung.

Littmann, Konrad. 1996. "Kritisches zur Krise der öffentlichen Finanzen." *Staatswissenschaften und Staatspraxis.*

Mäding, Heinrich. 1996. "Bedingungen einer erfolgreichen Konsolidierungspolitik der Kommunen." *Archiv für Kommunalwissenschaften.*

Maeding, H. 1996. "Die Budgethoheit der Räte/Kreistage im Spannungsverhältnis zur dezentralen Ressourcenverantwortung." *Vortrag auf dem KGSt-Forum.*

Münch, Ursula/Kerstin Meerwaldt. 2009. *Finanzordnung im Deutschen Bundesstaat.* Bundeszentrale für politische Bildung.

Niclauß, Karlheinz. 1997. "Vier Wege zur unmittelbaren Bürgerbeteiligung." *Aus Politik und Zeitgeschichte.*

Schmidt, Kerstin/Carsten Große Starmann. 2006. "Kommunen im demographischen Wandel." *Aus Politik und Zeitgeschichte.*

Schmidt-Eichstaedt, Gerd. 1985. "Die Machtverteilung zwischen der Gemeindevertretung und dem Hauptverwaltungsbeamten im Vergleich der deutschen Kommunalverfassungssysteme." *Archiv für Kommunalwissenschaften.*

Stober, Rolf. 1981. *Der Ehrenbeamte in Verfassung und Verwaltung.* Königstein/Ts.: Athenäum Verlag.

Thurich, Eckart. 1997. *Bund und Länder.* Bundeszentrale für politische Bildung.

|제5장|
독일의 공법질서와 체계

이원우 | 서울대

I. 독일 법체계에 있어서 공법의 의의와 기능

1. 공법의 의의

독일의 전체 법질서는 공법과 사법이라는 두 개의 법 영역으로 구분된다(전통적인 공사법이원체계). 민법과 상법을 중심으로 하는 사법은 국민 상호간의 관계를 규율하는 데 반해, 공법은 국가기관의 구성과 활동 및 국가와 국민의 관계를 규율한다. 이러한 공법은 이론적으로 헌법과 행정법은 물론이고 형법과 소송법 내지 절차법을 아우르는 매우 광범위한 법 영역을 의미하지만, 통상적으로는 형사법과 소송법은 독자적인 영역으로 제외하고 헌법과 행정법을 중심으로 하는 협의의 공법질서만을 지칭한다.

공사법구분이 반드시 논리·필연적인 것은 아니다. 특히 현대 국가에서 환경법이나 경제법과 같이 공법과 사법의 어느 하나에 배타적으로 귀속된다고 할

〈그림 5-1〉 공법과 사법의 구별

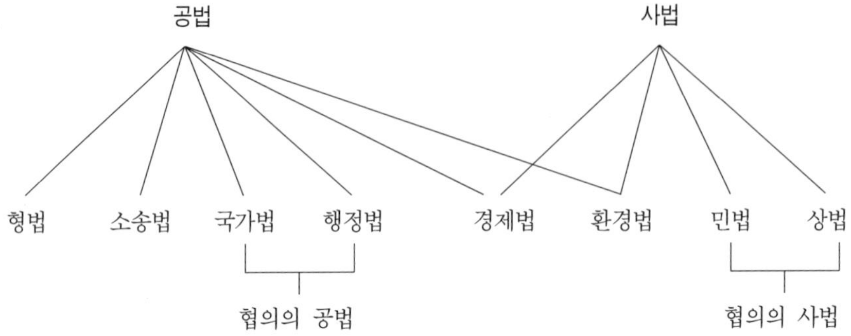

수 없는 새로운 법 영역이 형성·발전되고 있고, 법률생활의 복잡다기화로 인해 구체적인 법률생활에서도 공법문제와 사법문제가 혼재되는 경우가 증가하고 있다. 그러나 독일의 경우 역사적으로 공사법 이원체계로 발전하였음은 물론이고, 현행 실정법규정 및 실정제도 역시 이러한 공사법이원체계를 받아들이고 있다. 이론적으로도 이러한 두 법 영역이 상이한 원리의 지배를 받으며, 뒤에서 보는 바와 같이 상이한 기능을 수행한다는 점에서 이원체계의 정당성이 받아들여지고 있다(<그림 5-1> 참조).

독일공법의 핵심영역은 국가법(國家法) 또는 국법(國法)과 행정법으로 구성되어 있으며, 흔히 공법이라고 할 때는 통상 이 두 영역만을 의미한다(협의의 공법). 다른 나라와 달리 독일공법에서 눈에 띄는 특징은 국가법이라는 용어이다. 우리나라를 포함하여 대부분의 나라에서는 공법을 구성하는 법 영역을 헌법과 행정법이라고 한다. 따라서 국가법과 헌법이 어떠한 의미를 가지는지 검토할 필요가 있다.

국가법(Staatsrecht)은 국가의 기초, 즉 주요 국가기관의 구성 및 활동, 그리고 국가에 대한 국민의 기본적인 권리를 규정하는 규범을 모두 포괄한다(<그림 5-2>의 ①+②). 따라서 국가법은 국가질서에 관한 기본적인 결단(예컨대 의회민주주의, 사회적 법치국가원리, 연방국가원리 등), 최상급국가기관(연방의회, 연방정부, 연방상원 등)의 조직구성 및 관할, 이들 국가기관의 임무 내지 주된 국가기능(입법, 사법, 집행), 기본권, 국가와 국민 상호간의 기본적 관계 등을 규율한다. 이는 국가법이 고도의 정치적인 영역을 그 대상으로 하고 있음을 분명하게 보여준다. 이러한 의미의 국가법을 구성하는 대부분의 규범내용은 형식적으로 하나의 법규범 속에 성문화되어 있는 것이 일반적이다(②). 이 법규범을 통상 '헌법(Verfassung, Constitution)'이라고 일컫는다.

독일에서는 제2차 세계대전 이후 독일연방공화국의 성립 당시의 특별한 역사적 상황에서 "기본법(Grundgesetz)"이라는 이름을 부여받게 되었다. 헌법은 통상의 법률에 비하여 그 제정 및 개정절차가 엄격하고 다른 모든 규범에 우선하는 최고의 효력을 가진다. 그런데 국가법의 모든 규범내용이 전부 헌법전에 규정되는 것은 아니다(①). 선거법이나 정당법과 같이 국가법에 해당하는 내용을 일반 법률에서 규정할 수도 있는 것이다. 또한 헌법전은 내용적으로 국가법에 포함되지 않는 것을 규정할 수도 있다(③). 비록 국가법에 해당하는 내용이 아닐지라도, 헌법이 가지는 형식적 지위와 강력한 존속력을 부여하기 위해 이러한 방식이 채택될 수 있다. 요컨대 국가법은 특정한 규율대상 내지 내용을 기준으로 정의된 법 영역이다.

이에 대하여 헌법은 헌법전에 규정된 모든 규율을 포괄하는 것으로서 그 형식을 기준으로 정의된 것이다(②+③). 우리나라에서 헌법을 실질적 의미의 헌법과 형식적 의미의 헌법으로 구분하는 경향이 있는데, 이러한 구분은 국가법과 헌법의 구별에 대응하는 것이라 할 수 있다(<그림 5-2> 참조). 형식적 의미의 헌법이란

〈그림 5-2〉 국가법과 헌법

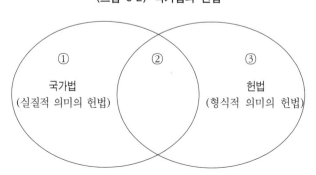

헌법전에 규정된 모든 규율을 대상으로 하는 것이고(②+③), 실질적 의미의 헌법이란 국가법의 내용과 실질을 가지는 모든 규범을 포괄하는 것이다(①+②).

2. 공법의 기능

앞에서 언급한 바와 같이 독일의 공사법이원체계에서 독일 공법은 존재의의 내지 기능에서 사법과 뚜렷하게 구별된다. 사법은 사인 상호간의 거래관계를 규율하고 이익충돌을 회피 또는 조정하는 기능을 수행한다. 따라서 자유로운 당사자들의 합의에 의해 법률관계를 형성하는 것이 원칙이고, 이를 위해 사적자치의 원리가 지배한다. 또한 사인 상호간의 합의는 합의한 당사자들 사이에만 효력이 있다.

이에 반해 공법은 고권 내지 공권력의 주체인 국가를 규율대상으로 하여 공권력 내지 국가권력의 근거를 부여하고 그 방향을 조정하거나 또는 권한의 한계를 설정한다. 한편으로는 국가의 효과적인 활동을 위한 조건을 창출하고, 동시에 다른 한편으로는 국가권력의 상대방인 국민의 자유와 권리를 보장하는 기능을 수행한다. 나아가 현대행정국가에서는 사인 상호간의 이익충돌을 공익적 관점에서 조정하여야 할 필요성이 증대되어, 공법적 규율이 사인 상호간의 관계에까지 확장되고 있는 실정이다.

공법질서는 기본적으로 객관적인 사회질서로서의 성격을 가지기 때문에, 사적자치에 의해 당사자 사이의 권리의무관계만을 규율하는 사법질서와는 달리, 당해 사안에 관련된 당사자 이외에 공동체구성원 전체를 규율한다. 따라서 법률관계는 당사자들의 의사가 아니라 법률규정에 의해 형성되며, 사적자치가 아니라 합법성 원칙이 지배하고, 평등원칙이 공법질서의 핵심원리로 작용한다.

이와 같이 공법은 국가권력을 그 규율대상으로 하고 공동체 구성원 전체를 대상으로 하는 객관적 질서로서의 성격을 가진다는 점에서 정치적인 성질을 강하게 갖는다. 따라서 공법은 정치질서의 변동에 직접 영향을 받으며 이와 함께 변화·발전해왔다고 할 수 있다.

II. 독일 공법질서의 형성과 발전

1. 독일 공법사의 특징

현재는 과거의 반영이다. 현재를 올바로 이해하기 위해서는 그 역사적 배경과 조건을 이해하여야 한다. 오늘날 독일의 공법질서는 독일기본법이 제정된 1949년 이후 60년 동안 새로이 정립된 것이 아니다. 특히 다른 나라와 구분되는 오늘날 '독일' 공법질서의 두드러진 특징들의 대부분은 늦게 잡아도 18세기 이후의 발전을 고스란히 담고 있다. 따라서 최근 60년간 형성된 독일연방공화국 공법질서를 살펴보기에 앞서서, 적어도 오늘날까지 영향을 미치고 있는 공법질서를 중심으로 이들이 어떠한 배경하에서 변화·발전되어 왔는가를 검토하여야 한다. 그런데 독일 공법질서의 발전사를 살펴보기에 앞서 다음과 같은 세 가지 점을 지적하고자 한다.

첫째, 위에서 언급한 바와 같이 헌법은 정치적 성격을 강하게 보유하기 때문에 헌법의 역사는 사상사적 발전 및 일반 정치사회사적 맥락을 떠나서는 제대로 이해할 수 없다. 일반적으로 헌법의 발전은 사회사상이나 정치사상의 발전을 뒤따라간다. 예컨대, 19세기 자유주의적 법치주의의 등장은 18세기 계몽주의 사상의 발전과 시민계급의 정치경제적 성장의 결과로 나타난 것이다. 독일의 공법질서의 형성·발전에 있어서도 이러한 정치사상사적 변화가 결정적인 영향을 끼쳐왔다. 아래에서도 필요한 범위 내에서 이러한 정치경제적·사상사적 배경을 함께 검토하기로 한다.

둘째, 독일 공법질서는 연방(Bund)과 주(Länder)라는 두 차원에서 형성·발전되었다. 17~18세기 근대국가의 성립은 연방(당시 역사적 상황에서는 제국: Reich)이라는 큰 울타리 안에서 이루어졌으나, 구체적으로는 개개 주의 영토 내에서 주의 봉건영주에 의해 수행되었다. 19세기를 풍미했던 입헌주의도 1818~1820년 사이에 남부독일의 주에서 먼저 형성되었고, 1848년과 1871년의 연방헌법(제국헌법)도 이러한 관념을 계승한 것이었다.

1945년 이후 나치의 지배를 극복하고 새로운 상황에 대응하기 위한 헌법적 보장 장치를 먼저 발전시킨 것도 주였다. 이러한 관점에서 연방의 공법질서만을 검토하는 것으로는 독일의 공법질서를 이해한다고 할 수 없을 것이다. 다만 16개 주의 공법질서를 모두 검토하는 것은 지면상 불가능할 뿐 아니라, 오늘날 대부분의 주 헌법이 기본적으로 연방헌법과 유사한 구조와 내용으로 수렴되었기 때문에, 이 글에서는 연방차원의 공법질서만을 그 논의의 대상으로 한정할 것이다.

셋째, 독일 공법은 외국 공법과의 상호작용 속에서 발전해왔다. 1776년 미국 독립선언과 1789년 프랑스 혁명 이후의 프랑스 헌법은 1818~1820년 사이에 제정된 남부독일 지역의 주헌법(die süddeutschen Landesverfassungen)과 1831~1833년의 중부독일 지역의 주헌법(die mitteldeutschen Landesverfassungen)에 영향을 끼쳤다. 특히 1787년 미국헌법은 1848~1849년 프랑크푸르트 국민회의에도 큰 영향을 미치게 된다.

영국헌법의 영향은 상대적으로 크지 않았다고 할 수도 있지만, 의회제도는 영국 의회주의의 발전에 따라 많은 영향을 받은 것이라 할 것이다. 제2차 세계대전 이후 주헌법이나 연방 기본법이 채택한 의회민주주의 내지 의원내각제가 독일의 전통적인 구조를 계승한 것은 사실이지만, 미국·영국·프랑스 등 연합국의 영향하에서 형성되었고, 특히 이후 헌법해석 및 헌법재판의 발전은 미국의 헌법 및 헌법실무의 강력한 영향하에 이루어지게 되었다(Maurer, 1999: 34). 이렇게 발전되어 온 독일 공법은 오늘날 우리나라를 비롯한 세계 여러 나라에서 공법질서의 모델이 되고 있다.

2. 권위주의적 절대국가 시대(17~18세기)

1) 근세사법국가(近世司法國家: der ältere Justizstaat)시대

유럽사에서 어느 시점을 독일 역사의 시작으로 볼 것인지는 매우 어려운 문제이다. 멀리는 중세유럽의 중심에 있던 신성로마제국의 역사를 독일의 역사로

보는 시각도 있다. 그러나 중세 신성로마제국의 법질서에 있어서 오늘날 공법질
서의 뿌리를 찾기는 힘들다. 황제와 황제 선출권을 가진 선제후 및 그 밖의 제
후 등 권력구조에 관한 제도는 있었으나, 그 외에 공권력에 특수한 공법은 존재
하지 않았기 때문이다. 당시에는 영주의 고권(高權: 공법상 권한)도 사권(私權: 사
법상 권한)과 동일하게 취급되었고, 영주의 권한에 대한 통제도 사법재판소(司法
裁判所)인 신성로마제국의 제국재판소에서 담당하였다.

국가권력에 대한 통제를 행정권력 내부의 특별한 기관이 수행하는 국가를
행정국가(行政國家)라 하고, 이 기능을 민사와 형사에 관한 재판을 담당하는 일
반 법원에서 담당하는 국가를 사법국가(司法國家)라 한다. 이러한 구분에 의할
때, 이 시기의 독일은 사법국가체제를 취하고 있었다는 점에서 이 시기를 근세
사법국가라 칭한다.

경제(교환경제)적 발전, 즉 상거래 발전으로 생활관계가 복잡화되면서 점차
행정의 필요성이 증대되었다. 이에 따라 새로운 형태의 고권이 형성되었으며,
이러한 영주의 권한들은 1648년 베스트팔렌 조약에 의해 주의 고권에 속하게
되었다. 그 대표적인 예가 사법고권(司法高權: 민사와 형사에 대한 재판권), 민법과
형법의 입법권, 징세권, 재산권적 특권(regalia: 양조권, 도축권 등 후대 공기업의 연
원이 된 재산적 가치를 가진 특권) 등이었다.

따라서 입법·사법·행정이 분리되지 않고 모두 영주고권의 범위에 포함되었
다. 이러한 고권의 개념범위는 경찰권이라는 개념 아래 점차 확대되어 가축사육
장의 건축까지도 포함하게 되었으며, 18세기 경찰국가의 경찰개념 형성에 영향
을 미치게 되었다. 이러한 영주의 고권은 일반적 최선(das allgemeine Beste: 공익)
을 위해서만 부여하였다. 이러한 고권의 남용은 위법한 것으로 취급되어, '사법
재판소'인 신성로마제국의 제국재판소에 의해 손해배상, 나아가 벌금형을 받기
도 하였다.

2) 경찰국가시대(18세기)

경찰국가시대는 행정국가화가 진행된 시기이며, 독일에서 권위주의적 공법
학이 성립된 시기이다. 이 시기의 특징을 다음과 같이 정리할 수 있다.

첫째, 경찰개념을 중심으로 공법이 형성되기 시작하였다. 영주들은 고권을 확립한 후 사법권의 통제에서 해방되었고, 그 활동영역을 더욱 확대하였다. "경찰(Polizey)"의 개념을 중심으로 국가행정권한이 확대되어 이제 경찰권은 단순히 소극적 질서유지작용에 그치지 않고, 적극적 복리작용으로 확대되었다. 경찰국가는 두 가지 상이한 의미로 사용된다. 하나는 질서유지를 위해 진압적 권력이 과도하게 사용되는 국가로서의 부정적 의미이고, 다른 하나는 경찰이 "질서정연한 공동체의 상태"를 달성하기 위한 적극적 복리작용도 수행하는 적극적 국가로서의 긍정적 의미이다. 이 시대를 경찰국가라고 칭하는 것은 후자의 의미이다.

둘째, 이 시기부터 비로소 공법과 사법의 구별이 확립된다. 영주들은 자신의 고권이 시민의 권리와 동일한 차원에서 다루어지지 않도록 하였고, 국가조직의 특수성을 강조하였는데, 이로 인해 공권력행사를 중심으로 공법과 사법의 구별이 일반적으로 받아들여지게 된 것이다. 이에 따라 법률관계도 영주와 신민 간의 관계와 신민 상호간의 관계로 구별하여, 전자는 권력관계로 보아 대등한 권리주체 사이의 법률관계와 구별하였고, 이를 근거로 법률관계에 대한 심사권을 가지는 사법권의 통제대상에서 제외될 수 있었다.[1] 즉 이 시대에는 행정국가체

---

1) 근대법질서는 두 가지 잘못된 인식을 전제하고 있었다. 첫째, 근대법질서는 이른바 추상적 인간관을 전제로 하였는데, 이에 따르면 모든 시민(개인)은 합리적으로 사유하고 행동하며, 동등한 자유를 누리는 대등한 인격체라고 보았다. 따라서 사적 자치(계약자유)의 원리에 따른 법률관계의 형성은 정의롭고 합리적인 사회질서를 보장할 것이라고 생각하였다. 둘째, 국가(군주)와 개인(신민, 시민)은 지배복종관계에 있으며, 개인은 국가에 대한 관계에서 대등한 지위를 누릴 수 없다는 인식을 전제로 하였다. 그런데 전통적으로 법률관계라 함은 대등한 권리주체(Person, person, 人) 상호간의 권리의무관계를 의미하는 것으로 이해하였기 때문에, 국가와 국민의 관계는 법률관계가 아니라 권력관계로 보아 법치주의의 예외를 인정하였다. 그러나 구체적 인간은 합리적이지도 않고, 사회적 지위에 따라 발휘할 수 있는 역량에 많은 차이가 있다는 점을 인정한다면, 일정한 영역에서는 개인들의 자유로운 합의만으로 합리적인 사회질서의 형성이 보장되지 않으며 공동체의 이익을 위한 국가의 개입이 요구될 것이다. 다른 한편 국가와 국민의 관계도 법치주의에 의한 지배를 받아야 한다면 이것도 법률관계로 파악함으로써 국민의 권익을 법률로 보장할 수 있을 것이다. 사법질서와 구분되는 공법질서의 형성은 이러한 점에서 의미가 있었다. 즉 공법관계의 형성으로 인해 종래 권력관계를 법적 규율 대상으로 포함시키게 되었으며, 나아가 법률관계로 발전한 공법관계는 종래의 사법관계에까지 침투하여 확대되었다. 이에 따라 한편에서는 사법관계에 공법원리가 적용되기도 하고, 다른 한편에서는 공법관계에 효율과 경쟁이라는 사법영

제로 전환되었음을 의미한다.

셋째, 국고(國庫, Fiskus) 관념이 형성되었다. 위에서 언급한 바와 같이 고권적 권력관계 이론이 확립하자, 국민이 국가에 대해 소송하는 것은 거의 불가능하게 되었다. 소송은 법률관계에 대해서만 가능한 것이고 법률관계는 대등한 당사자 간의 관계에서 이루어지는 것인데, 국가는 국민에 대해 우월적인 지위를 보유하고 있고 양자의 관계는 지배복종의 권력관계이기 때문이다. 그러나 재산에 대한 국가의 침해에 대해서는 보상 내지 배상을 받아야 할 필요성이 광범위하게 인정되었다. 국가에 대한 국민의 소송을 부인하면서도 재산권침해에 대한 소송을 인정하기 위해 법기술적 개념으로 국고 개념이 등장하게 된다. 이에 따르면, 공법상 법인으로서 고권적 지위를 가지는 본래의 국가 이외에 국가의 재산법상 의무를 지는 사법상 법인을 국고라 하고, 후자에 대하여는 소송이 가능하다고 한다.

국고는 원래 왕실의 금고 또는 국가의 창고를 뜻하는 것인데, 여기에 별도의 법인격을 부여하고 이를 법적으로 사인으로 취급함으로써 재산문제와 관련해서는 국가에 대해서도 소송을 할 수 있는 가능성을 열고자 한 것이다. 이는 프랑스와는 달리 국가배상이라는 공법적 문제를 민사소송이라는 사법적 방식에 의해 해결하려는 것이다. 이 국고이론(Fiskustheorie)은 여전히 독일 공법학에 큰 영향을 주고 있다.

3. 자유주의적 법치국가 사상의 등장과 입헌군주국가 시대 (19세기 후반~20세기 초)

18세기 계몽사상의 발전의 터전 위에 프랑스 혁명과 나폴레옹에 의한 신성로마제국의 붕괴로 독일에서 시민계급의 자유주의사상이 전개된다. 자유주의로 무장한 시민계급은 군주와 관료계급에 의한 후견과 간섭을 제거하고 국가의 행

─────────

역의 원리가 도입되기도 한다. 민영화를 통해 종래 공공부문이 민간영역으로 전환되기도 하지만, 민영화된 영역에서는 새로운 공적 규제제도가 창설되기 때문에 민간부문에 공적 규율이 다시 확장되기도 한다.

정활동을 소극적 경찰작용으로 국한시키고자 하였다. 시장과 사회라는 사적 부문은 경쟁의 원리에 따른 자율적 조종 메커니즘에 맡겨야 합리적으로 작동한다는 자유방임의 원칙이 주장되었다.

이러한 자유주의적 법치국가사상이 완전히 관철될 수는 없었지만, 상당부분 반영되었다. 입헌군주국가는 권위주의적 군주주권론과 시민계급의 자유주의 법치국가이론의 정치적 타협의 결과였다. 군주권력의 존속을 인정하되 시민의 자유와 재산을 제한하기 위해서는 시민의 대표로 구성된 의회의 동의를 얻도록 한 것이다. 이 시기에는 다음과 같은 공법질서가 형성되었다.

첫째, 자유주의의 중심개념인 '국가와 사회의 분리'를 기초로 법치국가사상이 성장하고, 법률유보원칙이 확립되었다. 여기서 '법률(Gesetz)'이 의회(시민계급)와 집행권(군주)의 충돌을 조정하는 핵심기능을 수행하게 된다. 즉 헌법에서 일정한 사항은 법률에 의할 것을 요구하였는데, 이러한 법률에 의한 규율내용과 범위는 곧 군주권력 제한의 범위를 의미하는 동시에 시민계급에 의한 간여권의 범위를 결정하는 것이었다. 이러한 입헌군주제의 형성에는 1848년 3월 혁명의 실패가 직접적이고도 결정적인 원인이 되었다. 비록 자유주의 혁명은 좌절되었지만, 독일에서 자유주의 세력의 정치적 성장을 보여주었다. 이에 권위주의 세력(군주)은 시민계급의 요구를 어느 정도 수용하여야 할 필요성을 인정하게 되었고, 프랑스에서와는 달리 군주가 먼저 적극적인 이니셔티브를 취하여 헌법을 제정하는 계기를 제공하게 된다. 이러한 헌법을 흠정헌법(欽定憲法)이라 한다.

둘째, 입헌주의의 실현에도 불구하고 영주의 지위와 같은 정치권력구조는 물론이고 관료주의, 교육제도 등 대부분의 공법질서는 여전히 경찰국가적 상태가 지배하였다. 대부분의 공법영역은 이른바 특별권력관계이론에 의해 법률유보의 대상이 아니었고, 집행부의 자유로운 규율에 맡겨져 있었기 때문이다. 이러한 특별권력관계이론은 이른바 국가법인격 불침투성이론에 의해 정당화되었다. 원래 법률관계란 독립된 권리주체 상호간의 관계를 규율하는 것인데, 국가는 하나의 법인격이기 때문에 그 내부에는 법적 규율이 침투해 들어올 수 없다는 것이다. 따라서 일반국민 상호간을 규율하는 사법관계나 일반국민과 국가 사이의 관계(일반권력관계)를 규율하는 공법관계에 대해서는 법률이 간여할 수 있지만,

국가 내부의 질서(특별권력관계)는 법률의 지배를 받지 않는 것으로 이해되었다.

공무원·군인 등에 대한 지배관계, 학교·병원·도서관 등 영조물이용관계, 교도소 수감자에 대한 규율 등이 전형적인 예에 해당하였다. 이러한 특별권력관계론은 오토 마이어(Otto Mayer)에 의해 이론화되어 1970년대에 들어서야 이론적으로 극복되었으나, 법치주의원리에 부합하게 수정되어 특별행정법관계라는 이름으로 여전히 공법질서의 특징으로 자리잡고 있다.

셋째, 자유주의적 경찰개념이 확립되었다. 1794년 제정된 프로이센 일반주법(das Preußische Allgemeine Landrecht)은 경찰권에 대한 일반조항("공공의 안녕과 질서유지 및 공중이나 개인에 대한 위험의 방지를 위해 필요한 작용은 경찰의 직무이다.")을 규정하고 있었는데, 여기서 말하는 경찰의 개념을 둘러싸고 시민자유주의이론과 고권적 권위주의이론 사이에 대립이 있었다. 앞에서 언급한 바와 같이 경찰국가시대에 발전한 경찰개념은 단순히 소극적인 질서유지를 넘어서 적극적인 복리작용까지도 포함하고 있었으며, 이러한 전통은 입헌주의 시대까지 지속되었다. 그러나 1882년 프로이센 고등법원의 이른바 크로이츠베르크 판결(Kreuzberg-Urteil)에서 "경찰은 사회의 복리가 아니라 사회의 안녕과 질서에만 봉사한다."는 해석론을 채택함으로써 경찰개념을 소극적 질서유지로 제한하려던 자유주의 이론이 승리하게 된다. 이것을 제1차 탈경찰화라고 한다.

이러한 경찰개념은 1932년 "경찰관청은 공공의 안녕과 질서를 위협하는 위험으로부터 공중이나 개인을 보호하기 위한 때에는 현행법의 범위 내에서 의무에 합당한 재량에 따라 필요한 조치를 취하여야 한다"는 프로이센 경찰법 규정으로 계승되고, 오늘날 대부분의 주경찰법이 이러한 규정을 두고 있다.

넷째, 이 시기에 들어서 본격적인 행정법의 발전이 이루어진다. 오토 마이어의 독일행정법(Deutsches Verwaltungsrecht I/II, 1895-1896)이 저술되어 오늘날 독일 행정법의 기초를 형성하게 되었다. 로렌츠 폰 슈타인(Lorenz von Stein)의 행정학(Verwaltungslehre) 연구도 이 시기에 이루어졌으며, 이는 후에 미국에서 계승·발전되어 오늘날의 행정학으로 발전되었다.

다섯째, 19세기 후반에 독립적 행정재판소가 등장하였다. 처음에는 최고행정재판소만 형식적으로 행정에서 분리되었고, 행정 통제를 담당하는 하급심기관은 행정청과 법원의 중간적인 성격을 가졌었다. 이러한 행정재판제도는 종래의 사법국가(Justizstaat)모델에서 벗어나 행정의 자기통제에 입각한 프랑스식 행정국가 모델을 취한 것이었다. 이로써 시민의 이익을 저해하는 행정에 대해 합법성 심사가 이루어지게 되었다. 다만 당시는 이른바 열기주의를 채택하여 행정소송의 대상이 될 수 있는 사안이 제한적으로 열거되었으며, 행정재판소는 행정의 합법성만 심사하였지, 그 합헌성은 판단대상이 아니었다.

4. 사회적 법치국가의 성립과 의회민주주의 시대(바이마르공화국)

제1차 세계대전으로 프로이센이 지배하던 독일제국(제2제국)은 붕괴되고, 1919년 의회민주주의에 기초한 바이마르공화국이 수립된다. 당시 제1당인 사회당(SPD)을 중심으로 한 바이마르 연정은 의회의 법률에 의해 사회민주적 제도개혁을 단행코자 하였으며, 이에 따라 자연스레 사회적 법치국가 사상이 구현되었다. 또한 입법에 의한 제도개혁이 강조되면서 공법학에 있어서 법실증주의적 경향이 강화되었다.

이 시기 공법질서 형성에 큰 영향을 미친 배경은 전후 경제·사회적 위기 극복을 위해 행정임무가 급격하게 증대되었다는 것이다. 이에 따라 급부행정영역을 중심으로 새로운 행정작용형식이 형성·발전되었고, 공기업 및 사법형식의 행정작용이 증대하였다.

특기할 만한 것으로 행정재판권의 확대를 들 수 있는데, 1921년 함부르크에서는 모든 행정작용에 대한 사법심사가 허용되었다. 1925년 통상법원에서 법률에 대한 합헌성 심사도 시작하였다. 다만 당시의 합헌성 심사는 사회당이 지배하는 의회와, 의회에 의해 지배되는 사회당정부(의원내각제)의 개혁정책으로부터 기득권을 지키기 위한 보수세력의 무기로 사용되었다.

바이마르공화국에서 정립된 사회적 법치국가 사상은 제2차 세계대전 이후 나치즘을 극복하고 독일연방공화국을 수립함에 있어서나 그후 현재까지 독일의 지배적인 공법질서의 구조적 원리로 확립되었다.

III. 독일연방공화국 공법질서의 형성과 주요내용

1. 국가사회주의(나치)체제의 극복과 독일분단

1) 국가사회주의(나치)체제하에서의 독일 공법질서

나치체제는 독일 공법질서의 암흑기라 할 수 있다. 민주적 정당들이 분쇄되고, 의회주의와 연방주의가 배제되었으며, 모든 사회단체들도 해산되었다. 의회민주주의는 영도자국가(Führerstaat)로 전환되었으며, 모든 헌정질서는 무시되었다. 이 시기의 헌법질서는 그 후 독일 헌법사에 있어서 어떠한 연결점도 가진다고 할 수 없을 것이다. 다만 전후 나치체제에 대한 전면적인 부정의 결과 인간의 존엄성과 자유가 존중되는 민주주의적 법치국가를 채택하게 되었다는 점, 특히 다시는 그러한 독재체제로 돌아가지 않기 위해 종래 헌정사에 대한 진지한 반성을 하게 되었다는 점에서 연결점을 찾을 수 있을 뿐이다.

행정 '법'보다는 '행정'이 중시되었고, 행정의 적극적 기능이 강조될 뿐 행정에 대한 통제는 소홀히 되었다. 포르스토프(Forsthoff)에 따르면, 헌법적 문제는 종결되었으며, 공법학의 당면과제는 행정의 영역에 있다고 보았다. 더욱이 양차 세계대전의 과정에서 전시통제경제체제가 들어서게 되면서 자유국가는 간섭국가(Interventionsstaat)로 전환되었다. 이러한 현실상황을 적절히 포착한 것이 바로 급부행정 내지 급부국가에 있어서 '생존배려(Daseinsvorsorge)'의 개념이었고, 이는 2차 대전 이후 독일연방공화국에 있어서도 중요한 주제로 인정되었다(Stolleis, 2006: 97). 급부행정의 중요성 인식, 행정현실에 대한 고려의 필요성 인식, 주관적 공권의 극복, 공동체 이익의 강조 등은 전통적 개념법학을 극복하고 새로운 행정법학방법론을 형성·발전하는 계기를 제공하였지만, 이러한 논의가 나치체제의 정당화 수단으로 전락하였다(Meyer-Hesemann, 1981: 82).

2) 독일연방공화국(BRD, 서독)의 성립

2차 대전 이후 독일을 점령하고 있던 미국, 영국, 프랑스, 러시아 등 4대 전승국이 독일의 미래상에 대해 합의하지 못하고 결국 서독과 동독으로 분단되자 서독(독일연방공화국)은 오랜 논의를 통해 서독의 정부수립이 분단의 고착화로 이어지지 않도록 하는 장치를 전제로 '본 기본법(Bonn Grundgesetz)'을 제정한다. 즉 서독지역을 아우르는 독일연방공화국을 수립하되 이것이 임시적 성격을 가지는 국가라는 점을 헌법제정에 반영하기로 결정하였다. 이에 따라 명칭도 헌법이 아니라 '기본법'으로 하고, 헌법제정기관도 국민의 직접선거로 구성되는 헌법제정의회가 아니라 주의회에서 선출된 대표로 구성하고 그 이름도 의회위원회(Parlamentarischer Rat)라고 하였으며, 헌법안에 대한 국민투표를 거치지 아니하고 그 대신 주 의회의 비준으로 채택하도록 하였다.

독일연방공화국의 출발점은 나치체제에 대한 전면적인 부정이었으며, 이는 인간의 존엄성과 자유의 존중, 그리고 자유로운 민주주의적 법치국가로 귀결하게 되었다.

3) 독일민주공화국(DDR, 동독)의 공법질서

이에 대하여 동독지역에서는 소비에트연방의 지원 아래 마르크스-레닌주의에 입각한 공산주의체제가 수립되었다. 그러나 나치체제의 극복과 동독 지역 내 시민사회세력의 통합이라는 당시 과제를 수행하여야 했던 역사적 배경 때문에, 적어도 헌법규정에 있어서는 당시 구소비에트연방의 스탈린식 헌법과는 상당한 차이가 있었으며, 기본적으로 바이마르 헌법을 계승하는 구조를 갖추고 있었다(Maurer, 1999: 100). 그러나 이러한 시민적 법치주의적 헌법은 1968년 사회주의 헌법의 제정과 1974년 개정에 의해 완전히 제거되었다. 이후 독일 통일에 이르기까지 동독지역에서는 공산주의 독재체제가 지배하게 된다.

2. 독일연방공화국에서 민주적 법치주의적 공법질서의 재구축과 발전

1) 실질적 법치주의의 확립

이 시기에 서독 공법질서의 형성에서 최우선 과제는 실질적 법치주의 확립이었다. 바이마르공화국에서 나치체제로의 전환이 형식적 합법성을 매개로 이루어졌다는 사실에 대한 반성에 따라 합법률성 내지 합법성이 아니라 인권과 정의에 부합하는 합헌적 합법성이 보장되는 법치주의를 제도적으로 보장할 필요성이 제기된 것이다. 이러한 목적을 달성하기 위해 '기본권의 직접적 효력성(기본법 제1조 제3항)'과 모든 국가권력은 법률과 법에 구속된다는 점(기본법 제20조 제3항)을 명시하였다. 또한 기본법 제19조 제4항에 따르면 국민의 권리침해는 어떠한 경우든 법원에서 다툴 수 있도록 보장되었다. 만일 관할이 불분명한 경우에는 통상재판소가 그 관할권을 행사하도록 규정하였다.

이와 같이 독일연방공화국의 공법질서는 인권탄압과 개인의 기본권침해의 역사에 대한 반성으로 인해 국민의 권리구제라는 '법치주의의 주관적 측면'이 강조되었으며, 이것은 독일 공법질서의 중요한 특징을 형성하게 된다(공법질서의 '주관화(Subjektivierung)' 경향). 물론 행정의 합법성이라는 법치주의의 객관적 측면이 무시된 것은 아니지만, 프랑스, 영국, 스위스 등 다른 유럽 국가에 비하여 독일 공법질서에서는 주관화의 경향이 매우 뚜렷하게 나타나게 되었다. 이에 따라 주관적 공권론이 독일 공법이론의 중심을 이루게 된다.

이러한 특징이 가장 잘 나타나 있는 것이 행정소송제도이다. 권리의 포괄적 구제를 위해 행정소송의 대상도 종래 열기주의에서 개괄주의로 전환하였지만(행정소송법 제40조 개괄조항), 항고소송을 개인의 권리구제를 위한 주관소송으로 파악함으로써, 원고적격을 권리침해로 한정하고 있다. 이에 대해서는 뒤에서 별도로 검토한다.

한편 기본권목록에는 자유권만을 규정하고 사회적 기본권은 원칙적으로 규정하지 않는 대신, 독일연방공화국이 '사회적' 법치국가임을 선언함으로써 국가운영의 과정(입법이나 집행의 과정)에서 사회적 권리가 존중될 수 있게 하였다.

실질적 법치주의의 확립을 위해 도입한 가장 중요한 제도적 변화는 헌법재판제도의 도입이라고 할 수 있다. 실질적 법치주의가 이루어지기 위해서는 헌법재판을 통해 헌법규범이 실효성을 발휘하여야 하기 때문이다. 독일의 연방헌법재판소는 헌법재판을 통해 수많은 헌법규범을 확립하고 국민의 기본권을 보장함으로써, 오늘날 여러 나라에서 입법모델로 기능하고 있다.

2) 의회의 입법권 침해방지

독일연방공화국의 공법질서를 구축함에 있어서 핵심적인 원동력이 나치 독재체제의 극복이었다는 점은 이미 언급하였다. 이를 위해 독일연방공화국의 공법질서에 있어서는 나치체제에서 법치주의를 형해화시키는 데 결정적인 역할을 했던 공법제도들을 철폐하고자 하였다. 우선 나치 시대에 집행부가 입법권을 사실상 행사함으로써 독재체제로 전락하게 되었던 데 대한 반성에서, 의회의 입법권을 침해할 소지가 있는 제도들을 개혁하였다. 독재로의 다리가 되었다고 평가되었던 국가긴급권은 1949년 기본법에서 폐지하였다가 1968년 입법적 비상사태, 대내적 비상사태, 방어전쟁사태 등으로 도입하면서 요건과 절차를 명확하게 하고 의회의 권한을 강화하였다. 남용되었던 집행명령의 근거규정을 삭제하였고, 백지위임의 문제를 해결하기 위해 포괄적 위임입법도 금지하였다.

3) 재량과 불확정개념의 해석·적용에 대한 통제

특히 불확정개념과 재량행위에 대한 법리에 큰 변화가 일어난다. 종래 불확정개념은 재량의 일종이라고 보았고, 재량행위는 사법적 통제의 대상이 아니라고 보았기 때문에, 매우 광범위한 행정영역이 사법적 통제로부터 제외되는 문제가 제기되었었다. 이에 대해 자유주의 공법이론가들은 재량의 범위를 효과재량으로 축소함으로써, 불확정개념의 해석·적용(요건재량)을 재량의 개념에서 배제하고자 하였다. 불확정개념의 해석은 법률요건의 해석문제로서 단 하나만의 올바른 결론이 존재하는 객관적 인식작용에 해당하지만, 재량은 복수의 정당한 결정 가운데 선택의 문제로서 의지작용이므로, 불확정개념의 해석과 재량은 그 본질에 있어서 다른 것이라는 주장이다. 이에 따르면, 법률해석의 종국적 권한은 법원에 있기 때문에 이에 대한 사법심사는 배제될 수 없고, 법률효과에 있어서 복수의 대안 사이의 선택(효과재량)만이 재량행위이고 이는 입법자가 행정에게 독자적인 판단권을 부여한 것이므로 사법심사가 제외된다고 한다(Held-Daab, 1996: 70-263).

제2차 세계대전 이후 이러한 재량론(효과재량설)이 판례와 통설의 지위를 차지하게 됨으로써 불확정개념의 해석·적용에 대해서도 사법심사가 가능하게 되었다. 그러나 불확정개념의 해석·적용이 가지는 전문성에 비추어 사법심사가 적절치 않거나 사실상 불가능한 경우가 많다는 점이 문제점으로 제기되었다. 이러한 문제제기에 대한 대응으로 불확정개념의 해석·적용에 대한 사법심사를 완화하기 위한 이론으로 이른바 판단여지설(Beurteilungsspielraum)이 주장되어 일반적으로 받아들여지고 있다. 이에 따르면 불확정개념의 해석·적용에 있어서도 행정청은 일정한 요건하에서 재량은 아니지만, 판단의 여지를 가지고 있으며, 이 경우 법원은—마치 재량통제에 있어서와 마찬가지로—행정청이 판단 과정에서 요구되는 절차하자·경험칙위반 등 특별한 문제가 없는 한, 행정청의 전문적 판단을 존중하여야 하며, 그 결과 재량의 경우와 유사하게 행정청은 일정한 판단의 자유를 누리게 된다.

2차 대전 이후에는 재량행위를 사법심사에서 배제하는 견해가 극복되었기 때문에 불확정개념을 재량행위로 보더라도 사법심사가 가능하게 되었다는 점, 현대철학의 발전된 이론들에 따르면 인식작용(불확정개념의 해석)과 의지작용(효과의 선택)이 이론적으로 반드시 분리되지 않는다는 점, 유럽통합의 영향 등에 따라 최근에는 불확정개념의 해석·적용에도 재량이 존재한다는 신요건재량설이 유력하게 제기되고 있다.

4) 헌법재판제도의 도입과 발전

(1) 헌법재판제도의 의의

독일 헌법재판의 기원을 신성로마제국의 제국법정에서 찾기도 하지만, 오늘날의 헌법재판과 비교하기는 어려우며, 프로이센 시대에는 헌법재판이 부인되었다. 바이마르 시대에 들어서 통상법원이 일부 헌법재판기능을 수행하기는 하였지만, 그것은 부수적이고 예외적인 현상에 불과하였다. 연방과 주의 권한쟁의 심판이 존재하였지만, 이는 연방상원의 권한이었고, 헌법재판소와 같은 독립된 헌법재판기관은 존재하지 않았다.

2차 세계대전 이후 나치에 의한 국가권력의 남용과 인권침해를 반성하고 실질적 법치주의를 확립하기 위해서는 법의 내용적 정당성을 확보하여야 하는바, 이를 위해 헌법의 규범력을 확보할 필요성이 제기되었다. 이에 따라 본격적으로

헌법의 수호를 임무로 하는 헌법재판제도의 도입이 요구된 것이다. 독일의 헌법
재판제도의 형성에 미국 연방대법원의 헌법재판이 실질적으로 많은 영향을 주
었지만, 독일은 다른 법원과 분리된 최고헌법기관으로 헌법재판소라는 고유의
제도를 형성하였다. 헌법재판은 연방헌법재판소와 각 주의 헌법재판소에 의해
수행되는데, 이 글에서는 연방헌법재판제도만을 간략히 개관하기로 한다.

(2) 연방헌법재판소의 관할

연방헌법재판소는 헌법적 쟁송에 대한 재판을 담당한다. 헌법적 성격을 가지
지 않는 공법상 쟁송은 행정법원에서 담당한다(행정법원법 제40조). 연방헌법재판
소의 구체적인 관할사항은 기본법 제93조와 연방헌법재판소법 제13조에서 정하
고 있는데, 이에 따르면 다음과 같은 유형의 헌법재판을 담당한다.

① 권한쟁의심판

연방헌법재판소는 연방기관 상호간 또는 연방과 주 사이의 권한과 의무에
관한 분쟁에 대해 최종적인 심판을 한다. 독일은 연방국가라는 점에서 우리나라
와는 달리 연방과 주 사이의 권한쟁의가 중요한 심판대상이다. 우리나라는 국가
와 지방자치단체 사이의 권한쟁의가 중요한 심판대상이지만, 독일의 경우 이는
헌법재판의 대상이 아니다.

② 위헌법률심판(규범통제)

우리나라는 법률의 위헌 여부가 재판의 전제가 된 때에 한하여 법원이 위헌법
률심판을 제청하도록 하여 이른바 구체적 규범통제만 인정되고 있지만, 독일의
경우 이에 더하여 구체적인 분쟁과 무관하게 연방정부, 주정부 또는 연방의회
의원의 1/3 이상의 청구에 의하여 위헌법률심판을 할 수 있다(추상적 규범통제).

③ 탄핵심판

연방대통령, 연방과 주의 법관 등 특별한 지위가 부여된 고위 공무원은 헌법
재판소의 탄핵에 의해서만 지위가 박탈된다.

④ 위헌정당해산심판

대의제 민주주의에 있어서 정당의 정치적 제도적 중요성을 고려하여 정당의 해산은 행정처분으로 할 수 없고, 연방헌법재판소의 심판에 의해서만 할 수 있다. 이는 우리나라의 헌법재판에 있어서도 동일하다.

⑤ 기본권실효심판

독일기본법 제18조에 의하면 자유민주적 기본질서를 공격할 목적으로 자신의 기본권을 남용할 때에는 기본권의 효력이 상실된다고 규정하고 있는바, 이에 대한 결정은 헌법재판소의 관할 사항이다.

⑥ 선거무효심판

선거의 유·무효와 국회의원 지위의 취득 및 상실에 대하여는 연방의회가 결정권한을 가진다. 이러한 의회의 결정에 대해 소원이 제기되면 이에 대한 최종적 결정은 헌법재판소가 담당한다.

⑦ 헌법소원

국가공권력의 행사 또는 불행사로 인하여 헌법상 기본권이 침해되었음에도 불구하고 다른 권리구제수단으로 구제를 받지 못하는 경우에는 헌법재판소에 헌법소원을 제기하여 구제를 받을 수 있다. 우리나라와 달리 독일은 법원의 재판도 헌법소원의 대상이 된다.

(3) 헌법재판소의 구성

연방헌법재판소는 총 16인의 재판관으로 구성되며, 이들은 각 8인으로 구성된 2개의 원(Senat)에 속한다. 연방헌법재판소장과 부소장이 각 원의 재판장이 된다. 각 원은 독립된 관할권을 가지며, 그 권한의 범위 내에서 독자적으로 그리고 동등하게 헌법재판소로서 기능한다. 각 원은 다른 원이 결정한 사건에 대한 재심사를 할 수 없다. 어느 원이 다른 원의 판결에 포함된 법해석과 견해를 달리하는 경우에는 두 원을 통합한 전원재판부(Plenum)에서 결정함으로써 헌법재판소 결정의 일관성과 통일성을 보장하고 있다. 각 원은 3인의 재판관으로 이루어진 재판부(Kammer)가 구성되어 있다. 재판부의 관할은 헌법소원심판에 국한되어 있다. 종래에는 헌법소원심판 중 부적법각하 사건이나 명백하게 이유 없는 소원의 기각만을 처리하였으나, 각 원의 업무 부담을 경감시키기 위해 명백히 이유 있는 헌법소원의 인용 등 인용사건에까지 그 권한을 확대해오고 있다.

5) 행정소송제도의 구축과 발전

(1) 행정재판의 의의와 기능

국가권력에 의한 국민의 권리침해를 구제하기 위한 '통상적' 수단은 행정소송이다. 물론 행정소송에 의해서도 구제되지 못하는 경우 보충적으로 헌법소원에 의한 구제를 받을 수는 있지만, 이는 어디까지나 보충적인 수단으로서의 성질을 가진다.

독일의 행정재판은 행정작용에 대하여 국민의 권리를 보호하기 위한 재판권이라는 점에서 비교법적으로 가장 철저한 주관소송의 특징을 가지고 있다. 이러한 독일 행정소송의 주관적 성격은 앞서 독일 법치주의의 특징에서 설명한 바와 같이 독일 공법질서의 주관화 경향을 잘 보여주는 것이다. 즉 독일 행정법원법은 취소소송을 위한 원고적격으로 원고의 권리침해를 요구하고, 나아가 그러한 권리침해가 당해 처분의 위법성으로 인해 야기되었을 것을 요구한다. 행정처분이 아무리 위법하더라도 원고의 권리를 침해하지 않았다면 취소소송을 제기할 수 없다. 이 점에서 행정의 위법성 통제를 목적으로 개인의 권리침해와 무관하게 취소소송을 인정하는 유럽연합, 프랑스, 영국, 스위스 등의 행정소송제도와 다르다(Classen, 1996: 10-87; Bleckmann, 1999: 99-101, 145-171.).

행정법원은, 법률상 명문으로 다른 법원의 관할로 규정되지 않는 한, 원칙적으로 모든 공법상의 쟁송에 대하여 재판권을 가진다(행정재판소법 제40조). 행정법원의 관할사항으로 우선 행정주체 상호간의 쟁송을 들 수 있다. 예컨대 도로관리의무에 대한 지방자치단체 사이의 분쟁을 생각할 수 있다. 그러나 행정재판의 중점이 놓여있는 것은 행정주체와 국민 사이의 분쟁이다. 기본법 제19조 제4

항에 따르면, 공권력행사에 의해 권리가 침해된 자는 누구나 법원에 의한 권리구제를 받을 수 있다. 어떠한 형식의 행정작용에 대해 다투느냐에 따라 취소소송, 의무이행소송, 일반이행소송 등 다양한 소송형식이 규정되어 있다. 또한 행정소송은 성질에 따라 확인소송, 이행소송, 형성소송으로 구분된다.

그러나 공법상 모든 쟁송에 대하여 행정법원이 관할권을 가진다는 개괄주의에 따른 행정재판 관할에는 여러 가지 예외가 인정되고 있다. 공법상 쟁송 중에도 헌법적 분쟁은 헌법재판소가 관할한다. 손실보상과 국가배상에 대한 관할권은 통상법원이 가진다. 특별행정영역의 일부는 독자적인 관할법원이 존재한다. 예컨대 사회보험법적 문제에 대하여는 사회법원이, 조세법적 문제에 대하여는 재정법원이 관할권을 가진다.

(2) 행정법원의 구성과 체계

행정사건에 대한 제1심 법원은 지방행정법원이고, 제2심은 고등행정법원이 그리고 제3심은 연방행정법원이 관할한다. 지방행정법원에는 재판부가 설치되어 있으며, 부는 3인의 직업법관과 2인의 명예법관으로 구성된다. 행정사건은 일반적으로 이러한 합의부에서 심리하지만, 법적으로나 사실상으로 단순한 사건의 경우에는 합의부 대신 단독판사가 재판하기도 한다. 고등행정법원의 재판부도 3인의 직업법관과 2인의 명예법관으로 구성되는 것이 일반적이지만, 일부 주에서는 3인의 직업법관만으로 구성하기도 한다. 명예법관들은 4년의 임기로 임명된다. 연방행정법원의 재판부는 5인의 직업법관들로만 구성된다.

고등행정법원은 지방행정법원의 판결에 대한 항소심을 관할한다. 항소심은 당해 고등법원이 이를 허가하는 경우에만 가능하다. 고등행정법원의 항소심판결에 대하여는 상고를 제기하여 다툴 수 있다. 상고를 제기하기 위해서는, 당해 고등법원이 이를 허용하거나 또는 당해 고등법원이 이를 허가하지 않은 경우에는 이에 대해 항고를 제기하여 연방행정법원의 허가를 받아야 한다. 일반적으로 상고심은 연방법의 위반여부만을 심사한다. 소송의 대상이 주법인 경우에는, 예컨대 경찰법이 문제된 사안의 경우에는, 항소심이 최종심이다. 고등법원에서의 항소심은 법률심이자 사실심으로서 사실문제와 법률문제를 모두 심리한다.

연방행정법원이 제1심이자 동시에 최종심이 되는 경우가 있다. 예컨대 연방과 주 사이 또는 주 상호간에서 제기되는 비헌법적인 공법적 분쟁이 그러하다. 또한 연방행정법원은 연방징계법, 군징계법 등에 따라 공무원의 복무 및 징계에 관한 사건에 대하여도 재판권을 가진다.

연방행정법원의 구성에 있어서 특이한 점은 공익의 대변자로서 연방고등법무관(Oberbundesanwalt)이 파견되어 있다는 것이다. 연방고등법무관은 연방정부(연방내무부)의 직속기관으로서, 연방행정법원의 법의 발견에 조력을 제공하고 개개 법적 분쟁에 대한 결정이 다른 관점에서 공익에 대하여 어떠한 영향을 미치게 될 것인지 지적할 것을 임무로 한다(행정재판소법 제35조 내지 제37조). 이는 행정소송이 가진 공익실현기능을 적절히 고려하기 위한 것이며, 또한 행정전문가의 조언을 통해 전문성을 보완하기 위한 것이다. 주에 따라서는 주법에 의해 지방행정법원과 고등행정법원에 이와 유사한 제도를 두고 있다.

(3) 행정소송절차의 특징

행정법원은 효과적인 권리구제와 공익수행을 위한 행정의 자유를 적절히 조화시켜야 한다. 행정소송절차는 이러한 이념에 따라 규율된다. 여기서는 우리나라와 차이가 나는 행정소송절차 가운데 대표적인 것만을 기술하기로 한다.

첫째, 독일 행정소송은 직권탐지주의(Untersuchungsgrundsatz)를 심리절차상의 원칙으로 채택하고 있다. 이에 따르면, 법원은 법적 분쟁의 해결에 중요한 사실을 직권으로 조사하고 진실을 확인할 의무가 있다. 독일의 경우 직권탐지주의는 민사소송을 제외한 모든 소송에서 적용되며, 민사소송의 경우에는 변론주의를 원칙으로 하고 직권탐지주의를 예외적으로만 적용하고 있다. 이에 상대되는 개념인 변론주의(Verhandlungsgrundsatz)란 어떤 사실을 법원에 제출하고 어떤 사실에 대하여 입증할 것인가에 대한 결정을 당사자가 책임지는 심리원칙을 말한다.

우리나라는 행정소송법 제26조에서 직권심리를 규정하고 있으나, 재판실무상 극히 제한적인 방식으로만 법원이 적극적으로 개입하고 있어서 사실상 거의 변론주의와 다름없이 운용되고 있다. 공법질서가 당사자 사이만의 질서가 아니라 공동체 전체의 질서라면, 행정소송에서 당사자들의 주장과 무관하게 중요한 공익적 요소들이 고려되어야 할 것이다. 따라서 행정소송에서는 독일과 같이 직권탐지주의를 채택하는 것이 타당하다고 하겠다.

둘째, 취소소송은 반드시 사전에 행정심판을 거쳐야 한다(행정심판전치주의). 행정심판은 원칙적으로 차상급행정청이 심사하며, 당해 처분의 위법성뿐 아니라 합목적성에 대한 심사도 행한다. 행정심판에서 실패한 경우에 한하여 취소소송을 제기할 수 있다. 취소소송에서는 합법성심사만이 가능하다. 우리나라는 임의적 전치주의를 채택하고 있기 때문에, 개별 법률에서 특별히 규정하지 않는 한, 행정심판을 청구하지 아니 하고도 행정소송을 제기할 수 있는 것이 원칙이다.

셋째, 연방행정법원의 재판은 변호사 또는 법학교수에 의해 대리되어야 한다(변호사강제주의). 고등행정법원과 지방행정법원에서의 소송은 적절한 소송수행 능력이 있는 사람이면 누구나 소송을 수행할 수 있다.

3. 독일통일과 공법질서의 발전

독일 통일은 구소련의 개혁과 동유럽의 몰락 등 세계정치의 격변기 속에서 급격하게 찾아왔다. 이는 전 세계적인 정치지형에 변화를 가져온 것이지만, 특히 유럽대륙에서는 근본적인 변화를 야기하게 되었다. 이에 따라 독일은 구동독 지역에서의 체제전환, 과거청산, 구재산권처리 등 분단체제의 극복을 위한 과제뿐만 아니라 통일로 인한 재정부담의 증가 등 사회발전을 위한 새로운 과제들을 해결하여야 하는 상황에 처하게 되었다. 통일조약 제5조는 이와 같이 통일에 수반되는 문제들을 해결하기 위해 기본법을 개정할 것을 권고하였다.

이러한 상황에서 독일기본법은 여러 차례 개정되기는 하였지만, 종래 예상과는 달리 큰 틀에 있어서는 기본적으로 종전의 기본법체계를 그대로 유지하였다. 원래 독일기본법은 그 이름에서 나타나는 바와 같이 통일 후 독일 헌법제정을 통해 대체되어야 할 잠정적인 성격을 부여받은 것이었다. 그러나 기본법하에서 독일 공법질서의 모범적인 발전은 이러한 기본법이 현대사회에서 민주적 헌정체제를 발전시켜나가는 데 매우 우수한 체제라는 것을 입증하였다. 통일의 방식도 기본법상 통일을 위한 절차에 따르지 않고, 기본법상 연방가입절차에 따라 동독의 각 주가 개별적으로 서독에 가입함으로써 이른바 흡수통일의 방식을 취하였다. 이에 따라 서독의 공법질서가 구동독 지역으로 확장되었다. 구동독지역의 입장에서는 공법질서의 근본적 변혁이 있었다고 할 수 있지만, 구서독지역은 종래의 기본법 질서가 그대로 유지되는 데 그치게 된 것이다.

통일 과정에서 그리고 통일 이후에 독일기본법이 수차례 개정되기는 하였지만, 통일 그 자체로 인해 헌법질서에 획기적인 변화를 가져오지는 않았고, 기본적으로 종래의 질서가 유지·발전되었다고 할 것이다. 예컨대 통일조약 제5조에 근거한 제42차 기본법 개정으로 추가된 기본법 제3조 제2항 제2문은 남녀평등을 실질적으로 관철시키고 기존의 차별을 제거할 국가의 의무가 새로이 규정되었고, 제3조 제3항 제3문은 장애를 이유로 한 차별금지를 규정하였다.

통일 이후에도 기본권 규정의 개정은 지속되었다. 특히 조직범죄와 국제적 중범죄에 대응하기 위해 기본권을 제약하는 개정이 이루어졌다. 기본법 제13조 제3항 내지 제6항의 신설을 통해 감청의 근거를 부여하였으며, 제16조를 개정하여 독일인을 국제형사재판기구에 인도할 수 있는 근거를 마련하였다. 또한 종래 여성의 집총복무를 금지하여 직업의 자유를 침해하고 있던 기본법 제12조의a 제4항 제2문을 개정하여 연방군에서 여성도 자원에 의해 집총복무를 할 수 있게 하였다. 이는 유럽법원의 판결에 따른 것이었다.

또한 독일연방공화국의 정치체제는 의회민주주의라는 간접민주주의를 근간으로 발전해왔으나, 오늘날 직접민주주의적인 제도들이 활발하게 논의되고 있다. 이러한 직접민주주의에 대한 재평가는 구동독체제에 대한 저항과 독일통일이라는 정치적 과정에서 이루어진 것이었다. 국민발안, 국민소환, 국민표결 등을 내용으로 하는 기본법 개정안이 2/3의 지지를 얻지 못해 폐기 되었으나 과반수의 지지를 받은 바 있으며, 주와 지방자치단체에 큰 영향을 끼치고 있다.

한편 독일통일은 국가재정부담의 급격한 증가를 가져왔으며, 이를 해결하기 위한 모색으로 민영화, 자유화, 규제완화, 행정부분에 경쟁과 효율성원리의 도입 등 1980년대 이래 주장되었던 정책들이 적극적으로 채택되었으며, 그 과정에서 일부 기본법 규정은 물론이고, 연방행정절차법, 연방예산법, 예산기본법 등 중요한 행정관련법령들이 개정되었다. 이러한 법령상의 변화는 국가와 사회의 역할배분에 대한 근본적인 성찰의 기회를 제공하였으며, 공법질서에 새로운 변화를 야기하였다. 이러한 변화는 연방은 물론 주와 지방자치단체에서도 활발하게 이루어지고 있으며, 행정조직법, 예산회계법, 재정법, 공기업법 등 행정법 분야의 개혁을 요구하게 되었다.

4. 유럽통합과 독일 공법질서의 발전

독일의 공법질서를 살펴보면, 독일사회는 유럽의 역사발전과정에서 다른 나라들과는 다른 특별한 길을 거쳐서 발전해왔다는 명제(이른바 Sonderweg-These)를 재확인할 수 있다. 법치주의의 주관화 경향, 공권(론) 내지 보호규범론, 재량(효과재량설), 행위형식 및 행정행위(론), 행정입법(집행명령의 부인) 등 독일 공법질서와 공법이론의 중심축을 형성하는 제도 내지 이론은 다른 유럽의 여러 나라와 매우 다른 독특한 내용으로 형성·발전되어 왔다.

그러나 오늘날 유럽의 통합은 유럽연합 회원국 법질서 사이의 통합을 요구한다. 이에 따른 법질서의 유럽화는 이러한 독일제도 및 이론체계에 대한 수정을 요구하고 있으며, 실제로 여러 부문에서 독일 고유의 제도나 이론들을 좀더 보편적인 형태로 변화시키기 위한 노력이 이루어지고 있다. 이는 법적으로 보장되어 있다. 유럽법은 독일의 국내법에 우선한다. 더욱이 유럽연합은 회원국 국내에 직접 적용되는 규정(Verordnungen)과 회원국의 국내법에 의해 집행되는 지침(Richtlinien)을 제정함으로써 독일 공법질서의 내용을 직접 규율할 수 있다. 기본법 제23조는 유럽의 통합을 위한 독일의 노력의무를 규정하고 있다. 이러한 배경 아래 독일은 독일공법을 유럽연합의 법질서에 맞추어 가려는 노력을 수행하고 있다.

앞에서 살펴본 바와 같이 독일 통일 이후 기본권에 관한 개정도 실질적으로는 직접 또는 간접적으로 유럽통합이나 국제관계의 변화를 반영한 것이다. 그런데 새로운 국가임무조항이나 차별금지조항을 제외하면, 이들 대부분은 종래 독일의 기본권 보호기준을 저하시키거나 상대화시키는 것들이라고 할 수 있다. 이러한 관점에서 기본권보장을 중심으로 하는 독일의 실질적 법치주의는 유럽화 과정에서 새로운 도전에 직면해 있다고 할 수 있을 것이다.

한편 독일 통일과 유럽통합의 가속화는 연방주의에 큰 변화를 가져왔으며, 이는 독일의 국가구조상 가장 의미 있는 변화라고 할 수 있다. 종래 독일의 연방주의는 주와 연방이 기능적으로 분리되지 않고, 모든 차원에서 복합적 결합구조를 이루고 있었다. 예컨대 연방이 광범위한 입법권을 행사하였지만, 중요한 연방법은 주의 대표로 구성된 연방상원의 동의를 요구하고, 집행은 주가 담당함으로써 주의 참여권을 강하게 보장하였다.

그러나 유럽통합의 환경 하에서 각 지역 간의 경쟁이 활성화되자, 한편으로는 주의 자율적 입법권한이 확대될 필요가 있었으며, 연방도 유럽연합의 회원국으로서 독일 전체의 이해관계를 대변하는 데 있어서 매번 주의 동의를 구하지 않고 효과적으로 임무를 수행할 필요성이 제기되었다. 2006년 6월 기본법 개정은 이러한 요구를 반영하여 한편으로는 연방입법에 대한 연방상원의 간여를 축소하고, 다른 한편으로는 연방과 주의 입법관할을 재편하여 주의 입법권을 강화시켰다.

IV. 독일연방공화국 공법질서의 과제와 전망

통일 이후 독일은 오늘날 유럽통합, 세계화, 국가체제의 현대화라는 거시적 변화에 대응하여 공법질서를 개선하여야 한다는 과제를 안고 있다. 이러한 거시적 변화는 한편으로 공법질서의 발전을 위한 도전이기도 하지만, 독일 공법질서의 가치를 훼손할 위험을 야기하고 있다는 점에서 위기이기도 하다. 도전을 극복하여 더욱 발전된 합리적인 공법질서를 구축하여야 하는 것은 물론이지만, 종래 발전시켜온 사회적 법치국가의 업적을 훼손시켜서는 안 될 것이다. 유럽통합, 세계화, 국가체제의 현대화 등 새로운 문제 상황으로 인해 공법질서에 새로이 야기되고 있는 위기의 실체는 경제논리에 의한 이른바 경제화로 인해 공적 가치가 손상될 위험이 증대되고 있다는 것이다.

독일 통일은 심각한 재정문제를 야기하였다. 세계화로 인한 국가 간 입지경쟁은 더욱 많은 기업을 유치하기 위한 세금경쟁으로 발전하게 되었고, 이는 재정문제를 더욱 첨예화시키고 있다. 이러한 재정문제에 대한 대응으로 나타난 것이 국가체제의 현대화이다. 이에 대한 대응으로—대부분의 선진국이 그러하듯이—독일은 민영화를 통해 종래 공공부문을 민간부문으로 전환시켜 공공서비스의 질을 향상시키는 동시에 공공비용부담을 경감하고, 규제완화와 세금인하를 통해 국제적인 입지경쟁에서 독일에 대한 선호도를 높이기 위한 노력을 벌이고 있다.

그리고 국가와 사회의 기능배분에 대한 재검토를 통해 국가의 급부보장책임을 이행함에 있어서 민관협력과 사회적 자율규제에 입각한 제도들을 도입하고 있다.2) 경제적 논리에 의해 공공부문을 개혁하고자 하는 주장은 이미 1980년대 초부터 제기되었고, 80년대 후반과 90년대 전반에 강화되었으며, 이에 따라 1990년대 후반부터는 통신시장의 민영화, 철도 민영화 등 주요 국공유기업의 민영화와 민간위탁이 광범위하게 수행되었다. 연방은 물론 주와 지방자치단체에서도 환경관리시설을 비롯한 여러 공기업들이 이러한 운명에 따라야 했다. 민영화 대상이 아닌 공공부문의 운영에서도 경쟁의 원리와 효율성의 원리가 중요한 원리로 자리 잡게 된 것도 이 시기이다.

공공부문에 이러한 경제논리가 들어옴으로써 공공부문이 더욱 합리화된다는 점에서는 긍정적인 측면이 있지만, 다른 한편에서는 영리를 추구하는 기업과는 달리 공공부문의 활동은 공동체의 목적에 기여하여야 하고, 공동체의 목적은 민주적 정치과정을 통해 결정되어야 한다는 점에서 공공부문에서 경제·경영·효율·경쟁 등의 가치가 지배함으로써 야기되는 위험을 경계하여야 한다는 주장도 강하게 제기되고 있다.

---

2) 민영화는 한편으로 공공부문의 축소를 가져오지만, 다른 한편으로는 민영화된 영역에 새로운 규제체계가 신설되기 때문에 사적 부문에 대한 공적 규율을 확대시키기도 한다.

1960년대와 70년대 많이 논의되었던 공익과 공공복리(Gemeinwohl)의 문제가 2000년대에 들어와서 공법학계를 중심으로 다시 논의되고 있는 것은 이러한 우려를 반영한 것이다. 공법질서의 건전한 발전을 위해서는 현대화·합리화라는 과정을 반드시 거쳐야 하겠지만, 그 과정에서 공적 가치가 훼손되지 않아야 한다는 점에서 이러한 주장을 경청하여야 할 것이다. 독일 공법질서는 한편으로 전통적인 공법질서가 가지고 있었던 경직성과 비효율성을 극복하면서도 공익적 가치를 지속적으로 계승·발전시켜야 할 시대적 과제를 안고 있다고 할 것이다.

V. 맺음말

독일에서는 다른 나라에 비해 민주적 헌정체제가 늦게 확립되었지만, 오늘날 여러 나라에서 입법모델로 받아들여질 만큼 우수한 공법질서를 발전시켜왔다. 이러한 독일 공법질서에 대해서는 두 가지 평가가 존재한다.

한편으로 독일 공법질서는 독일의 독특한 역사적 발전과정을 통해 형성되었으며, 이에 따라 다른 나라에서와는 다른 독특한 이론구조를 토대로 하고 있다는 점에 주목하여 독일 공법질서를 비판적으로 바라보는 시각이 있다. 주관화 경향으로 대표되는 독일 공법질서의 특성은 민주주의 정치 발전의 후진성을 보여주는 것이라 할 수도 있다. 객관소송이나 직접 민주주의에 대한 소극적 태도는 이러한 독일의 역사적 경험을 통해 형성된 것이다.

다른 한편으로는 독일 공법질서의 특성이라는 것이 결국 권위주의체제의 극복과정에서 국민의 권리구제를 충실하게 보장하기 위한 방향으로 발전되어 온 것이고, 따라서 기본권보장이라는 관점에서 다른 어느 나라의 공법질서보다도 우수한 체제를 갖추고 있다는 점을 강조하는 입장이 있다. 오늘날 독일의 공법체계가 여러 나라에서 발전모델로 채택되고 있다는 사실이 이러한 주장을 뒷받침한다고 하겠다.

요컨대 독일은 독일의 고유한 역사적 상황에서 자신들의 문제점을 해결하기 위해 가장 적절한 형태의 공법질서를 발전시켜왔으며, 기본권보장이라는 인류 보편적 가치의 발전에 기여해 왔다. 독일 고유의 문제로 인해 형성된 이론과 제도들은 오늘날 유럽의 통합과정에서 재검토되고 있으며, 발전적으로 재구성 되는 경향을 보이고 있다. 이러한 관점에서 우리도 독일공법이론과 제도를 수용 함에 있어서는 엄밀한 비교법적 검토를 선행하여야 할 것이다. 다른 한편 유럽 통합이나 세계화의 과정에서 독일의 기본권보장 수준이 저하되는 것은 독일의 고유한 가치를 잠식할 뿐 아니라 인류의 보편적 가치의 발전에 비추어도 역행 하는 것이므로 신중한 태도를 견지하여야 할 것이다.

▌참고문헌

Bauer, Hartmut. 2003. "Verfassungsentwicklung des wiedervereinigten Deutschland." In: Isensee/Kirchhof (Hg.). *Handbuch des Staatsrechts. Band I*, 3. Aufl., S.699-789.

Bleckmann, Albert. 1996. *Zur Dogmatik des Allgemeinen Verwaltungsrechts I.*

Classen, Claus Dieter. 1996. *Die Europäisierung der Verwaltungsgerichtsbarkeit.*

Held-Daab, Ulla. 1996. *Das freie Ermessen.*

Maurer, Harmut. 1999. *Staatsrecht.*

_____. 2009. *Allgemeines Verwaltungsrecht.*

Meyer-Hesemann, Wolfgang. 1981. *Methodenwandelinder Verwaltungsrechtswissenschaft.*

Schmidt, Walter. 1994. "Grundrechte: Theorie und Dogmatik seit 1945 in Westdeutschland." In: Dieter Simon (Hg.). *Rechtswissenschaft in der Bonner Republik.* S.188-226.

Stolleis, Michael. 1994. "Verwaltungsrechtswissenschaft in der Bundesrepublik Deutschland." In: Dieter Simon (Hg.). *Rechtswissenschaft in der Bonner Republik,* S.227-258.

_____. 1996. "Öffentliches Recht und Privatrecht im Prozeß der Entstehung des modernen Staates." In: Hoffmann-Riem/Schmidt-Aßmann (Hg.). *Öffentliches Recht und Privatrecht als wechselseitige Auffangordnung,* S.41-61.

_____. 2006. "Entwicklungsstufen der Verwaltungsrechtswissenschaft." In: Hoffmann-Riem/Schmidt-Aßmann/Voßkuhle, *Grundlagen des Verwaltungsrechts, Band I,* S.63-120.

Wolff/Bachof/Stober. 2000. *Verwaltungsrecht. Band 1, 2, 3.*

| 제6장 |

독일의 사법(私法)체계

최병규 | 건국대

I. 머리말

독일은 성문법계, 대륙법계의 대표적인 국가이다. 원래 영미법계 국가에서 교육을 받은 신참자에게 '법이 무엇이냐'고 물어본다면 그는 '법원이 판단을 내리는 것이 법이다'라고 대답할 것이다. 같은 질문을 대륙법계국가에서 한다면 '법은 법률에서 정하는 것이다'라고 대답할 것이다. 법이라는 현상은 어느 곳에서는 법관법(Richterrecht) 이라고 이해되고 다른 곳에서는 법률법(Gesetzesrecht)으로 이해된다. 이는 단순한 법률관계의 대비만이 아니라 아주 근본적인 법질서 자체의 대비성을 나타내준다.

더 나아가 영미법계 국가에서 교육을 받은 법률가에게 양법계의 차이성에 대한 질문에서, 대륙법계에서는 로마법이 결정적인 영향을 미친 데 대하여 그러한 영향이 영국에서는 없었다는 점을 대답으로 얻을 수 있을 것이다. 영어권의 법률가에게는 그들에게는 이해하기 어려운 대륙법질서의 특수성은 이러한 로마법의 영향에 기원하고 있다는 사상이 깊이 각인되어 있다. 따라서 영어권의 법률가는 보통법에 대비되는 대륙법을 시민법(civil law)이라고 표현하고 이에 속하는 나라들을 시민법국가(civil law country)라고 하고, 그 법률가들을 로마법학자(civilian)라고 한다. 이러한 표현방법에서 시민법은 바로 로마법 내지 로마법의 전통에 서 있는 법을 의미한다.

그리고 대륙법계의 발전에서는 학문과 또 이를 담당하는 법과대학이 결정적인 영향을 미쳤고 또한 오늘날도 그러하다. 영미법계 국가에서는 상황이 아주 다르다. 영미법계 국가를 실무가법으로 표현하는데 이는 정확하다. 그리고 영미법계 국가에서는 학문이 영향을 미치지 않는다. 한편 영미법계 국가에서는 주안점을 절차 및 절차법에 두는데 반하여 대륙법계국가에서는 실체법이 전면에 서게 되고 소송은 독자적인 가치를 가지지 않는 실체법의 실현을 위한 수단으로 이해된다.

이와 같이 대륙법계의 전형인 독일의 법률과 법학은 한국을 포함한 다른 나라에 많은 영향을 미쳤다. 이곳에서는 독일의 민법과 상법의 주요내용과 체계를 검토, 연구한다.

II. 독일 사법학의 역사

독일 법학계 내에서 로마법의 계승이 독일민족 최대의 불행이었다고 주장하면서 게르만족 고유의 법을 연구하고 그 부활을 추구하자는 일군의 법학자들에 의해 구체화되었는데, 이러한 법학자들은 '게르마니스트'라고 불리었다. 하지만 이에 대해서는 중세 이래 독일 지방에 계승되어 보통법으로 시행되어왔던 로마법을 그 본래의 순수한 형태로 재현하여, 그것을 독일의 통일법으로 삼아야 한다고 주장하는 일군의 법학자들이 반대의견을 제시하였고, 이러한 후자의 법학자들은 '로마니스트'라고 불리었다.

'로마니스트'의 대표격은 사비니(Savigny: 1779-1861)였는데, 그의 가문은 원래 로트링엔 출신이었지만, 그가 태어난 곳은 독일의 프랑크푸르트였으며, 공부한 곳은 독일의 예나, 라이프찌히, 괴팅엔, 할레, 마부르크 등지였다. 그는 로마법이야말로 독일민족정신의 표현이라고 보았으며, 독일의 법전이 제대로 편찬되기 위해서는 이러한 로마법의 면밀한 연구가 선행되어야 한다고 주장했다.

하이델베르크 대학의 안톤 티보(Anton Thibaut)가 독일국민의 통일을 위하여 통일법전의 편찬을 강조하자, 그에 맞선 사비니가 1814년에『입법 및 법률학에 대한 현대의 사명에 대하여』라는 소책자를 발표하여, 단지 정책적 이유 때문에 국민들의 법적 확신을 무시하고 위로부터의 법전 편찬을 해서는 안 된다는 취지의 반대의견을 개진한 것도 바로 그런 이유 때문이었다.

이후 사비니는 로마법 연구를 계속하면서 정확한 개념구성과 면밀한 논리구성, 그리고 엄격한 법원발견 등의 원칙을 가지고서 독일 내에서 로마법의 새로운 통일적 체계를 수립하기 위해 노력하였다. 그가 1840~1849년에 저술한 8권짜리 저서『현대로마법체계(System des heutigen römischen Rechts)』는 말 그대로 독일 민법학의 기초가 되었으며, 그 영향력은 독일뿐 아니라 세계 여러 나라에 미치게 되었다.

한편 독일은 1848년의 혁명으로 보통선거권을 도입하는 등의 자유주의적 개혁을 이룩한 뒤, 본격적으로 통일운동에 돌입하였다. 당시 세계 최대의 제국을 건설해가고 있던 영국, 광활한 영토와 지하자원을 바탕으로 큰 세력을 형성하고 있던 러시아와 미국, 그리고 숙적 프랑스에 맞서기 위해서는, 여태까지의 분열상을 극복하고 통일된 국가공동체를 수립하여야 한다는 의견이 북쪽으로는 발트해부터 남쪽으로는 알프스의 티롤, 서쪽으로는 슈트라스부르에서 동쪽으로는 동프로이센과 오스트리아에 이르기까지, 모든 독일인의 머릿속을 지배하게 된 것이다.

그런데 1806년까지 신성로마제국의 정통성을 보유한 곳은 프로이센이 아닌 오스트리아였다. 독일 최대의 도시 역시 프로이센의 수도인 베를린이 아니라 대제국 오스트리아의 수도인 빈(Wien)이었다. 독일어를 쓰는 모든 지역의 가장 유명한 음악가와 문인들이 모여들었던 장소도 프로이센의 베를린이 아니라 오스트리아의 빈이었다. 북부 함부르크 사람인 브람스가 수천 리나 떨어진 빈에서 활동했던 것도 이런 이유 때문이었으며, 그만큼 수백 년간 이어진 합스부르크 왕가의 영광은 쉽게 무시할 만한 정도의 것이 아니었다는 얘기이다.

그러나 19세기 중반 당시 프로이센의 국력은 오스트리아의 국력을 벌써 앞지르고 있었고, 결국 빌헬름 1세에 이르러 프로이센은 1866년 '7주 전쟁'을 통하여 오스트리아를 격파하면서, 독일통일의 주도권을 장악하게 되었다. 이후 프로이센의 재상 비스마르크(O. von Bismarck)는 '북독일연방'을 결성하여, 프로이센이 점령한 마인강 이북의 독일지역에 단일한 통화, 통일된 도량형, 통일된 공법을 적용하였고, 이로써 독일통일의 준비 작업을 착실히 진행해나갔다.

그러다가 스페인의 왕위에 호엔촐레른 왕가의 레오폴트 왕자를 옹립하려는 과정에서 프랑스의 나폴레옹 3세가 이에 반대하자, 비스마르크는 프랑스와 전쟁을 벌여 그동안 프로이센의 리더십에 미온적인 반응을 보이던 독일 남부의 공국들까지 모두 끌어들인 상태에서 몰트케 원수의 전격전으로 프랑스군에게 대승을 거두고, 1871년 1월 18일 포성이 아직 그치지도 않은 가운데 베르사유 궁전에서 빌헬름 1세를 황제로 한 독일 통일을 선포하였다. 제국의 명칭은 제1제국인 신성 로마 제국을 계승하는 의미에서 독일 제2제국으로 정하였다.

이렇게 건국된 독일제국은 제국의 위상에 걸맞는, 통일된 민법전을 필요로 하였기 때문에, 프랑스의 민법전(code civil)보다 더욱 진전된 로마법-자연법 연구결과를 바탕으로, 더욱 과학적으로 기술되고 체계적으로 편제된 독일 민법전(BGB)을 1896년 8월 18일에 제정하여(RGBl. 195) 1900년부터 시행하였다.

독일 민법전은 무엇보다 '민법총칙'의 규정을 신설했다는 점에서 그 진보적 의의를 살펴볼 수 있는데, 근대민법전의 효시인 프랑스의 나폴레옹민법전에는 이러한 민법총칙편이 존재하지 않았으나, 전통적으로 이론적 엄밀성, 체계적 명료성, 논리적 일관성에 강점을 갖고 있는 독일인들은 일반에서 특수로, 원칙에서 예외로, 총론에서 각론으로 전개되는 민법편제를 만들어서, 마치 수미일관된 체계를 갖춘 것처럼 민법전을 구성하고 싶었기 때문에, 1900년의 독일 민법전 앞머리에 민법총칙 편을 삽입하여 민법학의 과학화를 이룩하였다.

이러한 민법총칙의 발명은 민법규정의 경제성에도 도움이 되었는데, 예를 들어 법적 거래에 참가하는 사람들이 자기 의사를 표시하고, 착오를 일으키고, 타인의 사기나 강박으로 인해 하자있는 의사를 표시하게 되는 문제, 대리인을 세우는 문제, 권리가 시효로 소멸하는 문제 등은 채권법, 물권법, 가족법을 불문하고 모든 법에 공통적으로 적용되는 문제로서, 이를 반복적으로 규정하지 않고, 일부러 민법총칙으로 뽑아서 민법전의 제일 앞에다 규정해놓은 것은 민법전의 부피를 줄이는 데 크게 기여한 것이라고 볼 수 있었다.

그 뒤 독일은 제1차 세계대전에서의 패배 이후 제2제국이 소멸하고, 바이마르공화국과 나치스의 제3제국을 경험하였는 데, 특히 나치 치하에서 독일법학은 사비니의 '현대로마법체계'이래 줄곧 고수되어오던 자유주의적인 전통, 로마법적인 전통이 부정되고, 독일민족의 피와 영혼에 태고적 부터 흘러내려오는 숭고한 의무내용과 민족고유의 건전한 생활풍속을 중심으로 하여 독일 법학계 전체가 새롭게 환골탈태를 해야 한다는 민족주의적인 주장에 휘말리게 되었다. 그들의 사고에 따르면 자유주의와 개인주의는 반민족적이고 유아적인 이념에 불과하며, 세계최고로 우수한 아리안혈통의 보유자, 독일민족의 성숙에 해를 끼치는 것이라고 생각되었던 것이다.

따라서 나치 법학자들은 독일민족이 개인주의적이고 유아적인 사상의 단계에서 벗어날 수 있도록 민족의식과 공동체의식이 독일의 민법전에도 흘러들어가야 하며, 공동체의 이익은 개인의 이익에 언제나 우선해야 한다는 것이 독일 민법전에 규정되어야 한다고 주장했는데, 특히 라렌쯔는 나치 시절인 1935년에 발표한 논문에서 이러한 사적 자유의 제한이 단순히 예외에 그치는 것이 아니라, 오히려 자유제한의 존재가 보통이고 일반적이어야 한다고까지 주장하였다 (Larenz, 1935: 488-491).

그러다가 나치 독일이 제2차 세계대전에서 패함으로써, 독일은 미국·영국·프랑스·소련 4개 연합국의 점령상태에 들어가게 되었다. 그렇지만 냉전이라는 동서대립의 세계정세 속에서, 1949년에 미국·영국·프랑스 관리지역에는 서독이, 소련 관리지역에는 동독이 성립되었고, 독일은 동서로 분단되고 만다.

그러나 이러한 분단 상태에도 불구하고 독일은 계속 발전하여, 서독의 경우 자본주의 진영에서, 동독의 경우 사회주의 진영에서 가장 모범적인 국가로 평가받았으며, 분단 된지 41년만인 1990년에 독일은 재통일을 이룩하였다. 이후 유럽통합의 움직임에 앞장선 독일은 1992년 유럽연합을 발족시키고, 유럽 단일화폐의 창출을 추진하여, 2002년 1월 1일부터 유로(Euro)가 일반 대중에게 실질적인 현금 화폐로서 유통되게 하였다. 이러한 유로화를 관리하는 유럽중앙은행은 독일의 프랑크푸르트에 자리를 잡게 되었다. 현재 독일 법학계는 이러한 유럽통합의 움직임에 가장 주도적인 역할을 담당하고 있으며, 유럽계약법의 제정을 비롯한 여러 사업 분야에서 매우 활발한 움직임을 보여주고 있는 중이다.

III. 독일 민법

1. 독일 민법

1) 독일 민법전의 체계, 특징과 변천

거의 모든 자유주의 법권에서 그렇듯이 독일에서도 민법은 개인의 생활관계를 규율하는, 가장 일반적이고 기초적인 법에 해당한다. 사회주의나 전체주의를 기본원리로 하는 법체계라면 사회주의 법이론서·법철학서나 전제적 독재자의 법어록집이 모든 법들의 기초가 되겠지만, 독일법처럼 자유주의와 개인주의를 기본원리로 하는 근대법의 체계하에서는 민법이 가장 기초적인 법에 해당한다. 왜냐하면 자유주의 법계의 특징은 시민의 자유와 재산, 그리고 가족생활을 최대한 보호한다는 데 있는데, 바로 그 문제, 즉 시민의 자유와 재산, 그리고 가족생활에 관한 문제를 규율하는 법이 다른 그 어느 법도 아닌, 민법이기 때문이다.

현재의 독일 민법이 만들어진 것은 약 110년 전으로 거슬러 올라간다. 1871년 독일 제2제국의 성립 이후, 수년에 걸친 이론적 검토 작업 끝에 1896년 8월 18일 독일의회에서 통과된 독일 민법전이, 1900년 1월 1일부터 시행되었다. 독일 민법전의 구성은 총칙·채권·물권·친족·상속의 순으로 되어있는데, 이는 1804년에 제정된 프랑스 민법전과 1812년에 오스트리아 민법전이 사람·물권·소권으로 나뉘어지는 가이우스적 인스티투찌오넨 시스템을 따르고 있는 것과 다르다.

독일 민법전 가운데서도 제일 앞부분을 차지하고 있는 것은 민법총칙이다. 민법총칙은 사법의 일반법인 민법 가운데서도 가장 일반적인 규정을 담고 있다. 프랑스 민법전에는 이러한 민법총칙편이 존재하지 않으나, 전통적으로 이론적 엄밀성, 체계적 명료성, 논리적 일관성에 강점을 갖고 있는 독일인들은 일반에서 특수로, 원칙에서 예외로, 총론에서 각론으로 전개되는 민법편제를 만들어서, 마치 수미일관된 체계를 갖춘 것처럼 민법전을 구성하고 싶었기 때문에, 민법전 앞머리에 총칙 편을 삽입하여 민법학의 과학화를 이룩하였다.

그리고 독일 민법이 채권 편과 물권 편을 구분한 것은, 독일이 판덱텐 법학 시절부터 고수하고 있던 '추상성의 원칙(Abstraktionsprinzip)'을 법전의 구성에 반영한 결과라고 볼 수 있다. 원인행위(의무부담행위)로서의 채권행위와 처분행위로서의 물권행위를 구분하고, 원인행위의 실효가 처분행위의 효력에 영향을 미치지 않도록 하기 위해, 아예 처음부터 채권법과 물권법을 준별해버린 것이다. 그리고 친족·상속법을 채권·물권법으로부터 분리해낸 것은 시민의 생활세계가 가족관계와 경제관계로 크게 구분된다는 자연법적 관념을 독일의 입법자들이 갖고 있었다는 데 그 근거를 두고 있다. 이러한 독일 민법전의 편별 방식은 1896년에 제정된 일본 민법이 그대로 따랐으며, 1958년에 제정된 대한민국 민법도 이를 그대로 따르고 있다.

역사적인 의의에서 보면 독일 민법은 오스트리아를 제외한 독일 전역에 적용된 최초의 민법이며, 행위능력의 측면에서 여성의 동등한 권리를 규정한 최초의 법으로 평가를 받는다. 독일 민법의 입법자들은 1900년에 독일 민법이 처음 시행된 이래 현재까지 120여 차례 독일 민법을 개정하였고, 가장 최근에 이루어진 대규모의 중요한 개정은 2001년 10월 1일에 의회에서 통과되어 2002년 1월 1일부터 시행된 '채권법 현대화를 위한 법률'에 의한 개정을 들 수 있다.

독일 민법은 처음 시작부터 로마법적 전통에 충실하게 만들어졌다. 천 년 전의 로마공화정이나 로마제정시대에 적용되던 법을 그대로 따르고 있는 것은 아니지만, 그때에 만들어진 로마법을 계속해서 연구하고 발전시킨 독일의 보통법(gemeines Recht)이 독일 민법의 주축을 이루고 있다. 하지만 독일 민법은 로마법

뿐만 아니라 자연법으로부터도 적지 않은 영향을 받고 있다.

18~19세기경에 기존의 신분법적이고 위계법적인 법문화를 비판하면서 개인의 자유 신장과 권리능력의 평등을 부르짖고 이성과 합리성에 기반하여 모든 법학분야에 과학적 체계를 수립하려 했던 자연법의 영향이 독일 민법 전반에 골고루 스며들어 있다. 이러한 로마법과 자연법의 영향이 가장 크게 드러나는 것은 독일 민법 최고의 원리인 '사적 자치(Privatautonomie)'의 원리이다. 다시 말해 독일 민법은, 모든 개인이 자기결정과 자기책임 속에서 법률관계를 형성할 수 있게 하는, 사적 자치의 실현을 위한 도구이다.

이러한 사적 자치의 원리가 드러나는 독일 민법규정 가운데 가장 대표적인 것은 계약자유에 관한 규정(독일 구 민법 제305조, 현재 독일 민법 311조 제1항)과 유언자유에 관한 규정(독일 민법 제1937조 내지 제1941조), 그리고 사적 소유권 절대에 관한 규정(독일 민법 제903조), 세 종류이다. 물론 독일 민법은 사적 자치의 원리를 민법의 최고원리로서 명시적으로 선언하고 있지는 않다. 당연히 전제하고만 있을 뿐이다.

물론 자유주의와 세계주의의 원리가 지배하는 채권법과는 달리, 독일 민법 내에서도 물권법과 친족법, 상속법은 제정 당시부터 공동체주의적이고 가부장제적인 독일의 전통을 많이 반영하고 있었다. 예를 들어, 남편은 아내의 재산을 관리하고 이용할 수 있었으며(독일 구 민법 제1363조), 혼인생활의 여러 용무들에 관하여 남편만이 결정권을 행사할 수 있었다(독일 구 민법 제1354조). 친권 역시 아버지에게만 주어지고, 어머니에게는 주어지지 않았다(독일 구 민법 제1627조).

하지만 독일 민법은 1875년부터 법률적으로 인정되어오던 이혼의 자유를 그대로 민법 내에 규정함으로써, 가부장제의 보수적 전통으로부터 탈피하려는 움직임도 어느 정도 보여주고 있었다. 그리고 수차례의 개정작업을 통해 민법전 내의 가부장제적 요소들을 조금씩 제거해나가고 있는 중이다.

사회정책적인 관점에서 보았을 때 독일 민법의 기능과 임무는 원래 독일사회의 주축을 형성하는 시민계급에게 적절한 법적 공간을 만들어주는 데에 있었다. 독일 민법전의 독일어명칭은 'Bürgerliches Gesetzbuch'인데, 여기서 'bürgerlich'란 부르주아 시민계급, 즉 귀족계급, 농민계급, 노동자계급과 구별되는 신분으로서의 부르주아 시민계급을 위한 것이라는 의미를 지닌다. 하지만 독일 민법전이 그렇다고 해서 신분법적·계급법적인 성격을 갖는다고 속단해서는 안 된다. 독일 민법은 독일의 모든 개인이, 귀족도 아니고, 농민도 아니고, 노동자도 아니고, 오로지 건전한 시민으로서만 대접받을 수 있다는 의미에서 '민법전'이란 명칭을 가진 것이며, 시민계급에게만 특권을 부여하려는 목적에서 만들어진 것은 아니다. 따라서 독일 민법의 '민(民)'이란 오히려 '관(官)'에 대립하는 개념으로서 파악하는 것이 더 정확할 것이다.

독일 민법전은 사실 독일제국의 성립 전에 제정될 수도 있었다. 이미 독일의 경쟁국인 프랑스는 1804년에 최초의 근대민법전을 제정하였고, 그 이전인 1756년에 바이에른에는 막시밀리안 민법전(Codex Maximilianeus Bavaricus Civilis)이, 프로이센에는 1794년부터 프로이센 일반란트법(ALR)이 존재하였으며, 1810년에는 바덴 민법이, 1812년에는 오스트리아 민법전(AGB)이 제정되어 이미 시행이 되고 있었다. 이러한 배경하에서 자유주의자이자 민족주의자였던 티보는 1814년 독일 제국 내 민사거래를 단순화하고, 민족통일에도 도움이 되기 위해 독일민족 공동의 법전을 하루 속히 제정해야 한다고 주장하였으나, 그의 주장은 보수주의자 사비니에 의해 곧바로 반박되었다. 아직 독일법학의 수준은 그만큼에 이르지 못했다는 것이다.

이후 1871년 독일제국이 성립하자마자 독일 민법전 제정운동은 다시 활기를 띠기 시작했으며, 1873년에 제국의회 의원인 미크벨(Miquel)과 라스커(Lasker)에 의해 독일 민법전 제정을 위한 위임 안이 통과되었고, 베를린대학교 법과대학의 골드슈미트(Goldschmidt)가 중심이 되어 기초한 독일 민법 안(案)이 만들어졌다. 이는 라이프찌히대학교 법과대학의 빈트샤이트(Windscheid) 등이 포함된 제1위원회에 의해 감수되었고, 여기서 만들어진 제1초안은 1888년 제국의회에 제출되었으나, 지나치게 사비니의 자유주의적인 로마법·보통법이론에 편향되었으며, 별로 독일적이지 못하고, 이해하기 어렵다는 이유로 제국의회를 통과하지 못하였다. 이후 플랑크(Planck)의 주도하에 독일 민법전 제2초안이 만들어져 1895년에 제출되었으며, 이는 약간의 수정을 거친 후에 1896년 8월 18일 제국의회를 통과하였다.

하지만 이렇게 만들어진 독일 민법전에 대해서는 많은 비판이 가해졌다. 특히 기에르케(Gierke)는 독일 민법전이 독일법적 사고의 유산을 담고 있지 못하며 독창적이지도 않다고 탄식했으며, 도덕적인 면이나 사회적인 면의 고려도 부족하다고 불평했다. 독일민족의 정신과 관련 없는 로마법의 원칙만을 담고 있으며, 독일민중을 위한 법이 아니라 지식인·법률전문가만을 위한 법이라는 뜻이었다. 특히 독일인들은 모든 권리가 내재적 한계를 갖고 있다고 믿는 반면에, 독일 민법전은 모든 개인적 권리가 무제한하다는 로마법적 관념을 따르고 있어, 독일인들의 법 감정에 맞지 않는다는 것이 기에르케의 불만이었다.

그 밖에도 사회주의적 성향의 법률가들은 독일 민법전이 모든 법적 주체의 형식적 평등에만 너무 집착하여, 각 개인의 경제적이고 지적인 다양성과 차별성에 대응하지 못한다고 비판하였다. 이러한 특성은 독일 민법전이 신속하고, 유연하고, 정보력이 있고, 재력이 있는 사회집단만을 보호하게끔 만들 것이며, 노동자계급을 위한 보호규정의 불충분성은 단지 산업사회 전의 경제현실, 즉 가내수공업적 경제현실에만 적합한 것일 뿐이라고 이들은 비판하였다.

이후 독일 민법전은 제2차 세계대전 후인 1953년에, 가족법분야의 대대적인 개정을 경험하게 되었는데, 이때에 남녀평등에 배치되는 가족법규정들은 모조리 무효화되었다. 또한 1976년에는 이혼법에 있어서 유책주의(Verschuldensprinzip) 대신에 파탄주의(Zerrüttungsprinzip)가 채택되었으나, 이에 대해서는 많은 논란이 빚어지기도 하였다.

1980년대부터는 수많은 소비자 보호 법률들이 제정되었고, 이는 독일 민법전의 전체 조망성을 떨어뜨려, 이에 대한 많은 비판이 제기되었다. 1992년에는 성년후견에 관한 규정들(독일 구 민법 제1896조 이하)이 개정되었고, 1998년에는 아동법의 대개정이 이루어졌는데, 여기서 혼인중의 자와 혼인 외의 자 간에 존재하던 차별은 완전히 폐지되었다.

2) 최근의 개정

2001년에는 1999년 5월 25일의 소비재 매매지침, 2000년 6월 8일의 전자상거래지침 등에 따라 독일 민법전이 대개정되었고, 이러한 과정에서 유럽연합이

주동이 되어 만든 유럽계약법원칙과 소비자보호법 등이 독일 민법전 내에 통합되었으나, 이에 대해서는 독일 민법전의 근본적인 성격 자체를 뒤바꾸는 개정이 이루어진 것이라며 비판의 소리가 드높아지게 되었다. 그 밖에도 소멸 시효법 역시 큰 폭으로 개정되었는데, 2002년 1월 1일부터 시행된 독일 민법의 개정내용은 대략 아래와 같다.

① 불완전이행이 채무불이행의 일반규정 안으로 포섭되었다. 그 결과 하자 있는 급부도 불완전이행으로서 채무불이행의 효과를 발생시키게 되었다.

② 하자담보책임의 제1차적 효과로서 일단 추완 의무(목적물수선 또는 완전물 급부의무)가 규정되고(독일 민법 제439조), 대금감액이나 손해배상, 계약해제와 같은 하자담보책임의 제2차적 효과는 제1차적 효과가 불가능하거나 너무 많은 비용을 발생시킬 때에만 청구될 수 있게 되었으며, 성상(性狀)의 보증이나 악의의 침묵이 있어야만 인정되던 하자담보법상 손해배상책임은 채무자의 과실만으로 발생하게 되었고(독일 민법 제437조), 해제권도 채무자의 과실 없이 계약에 적합하지 않은 급부나 급부불이행으로 발생하게 되어(독일 민법 제323조), 민법 전체적으로 손해배상 및 해제의 요건이 통일되었다.

③ 하자담보책임법상 발생하는 모든 청구권은 2년이라는 특별단기시효에 걸리게 되었다. 다만 채무자가 급부 의무를 위반했느냐(하자담보책임 발생), 급부 부수적 주의 의무나 보호 의무를 위반했느냐(일반적 불완전이행책임 발생)에 따라 배상청구권의 소멸시효가 달라져서, 시효의 완전한 통일은 이루어지지 않았다.

④ 권리의 하자와 물건의 하자에 따른 거추장스러운 구별이 통합되었고, 보호의무(독일 민법 제241조 제2항)와 계약 체결 상 과실(독일 민법 제311조 제2항, 제3항), 행위기초의 탈락=사정변경의 원칙(독일 민법 제313조), 중대한 사유에 의한 계속적 채권관계의 해지(독일 민법 제314조), 손해배상과 해제의 선택적 관계 폐지(독일 민법 제325조)에 관한 규정이 신설되어 기존의 판례법이 성문법에 통합되었다.

⑤ 유럽연합법상 소비자보호에 관한 매매입법지침이 독일 민법전 내에 편입되어, 소비자와 기업인 사이에 맺어진 매매계약 기타 유상계약의 경우 6개월 이내에 하자가 발생하면 이미 물건 인도시에 하자가 존재했다는 것이 추정되고(독일 민법 제476조), 소비자에게 책임을 부담한 최종판매인의 물건공급자에 대한 구상요건이 완화되었으며(독일 민법 제478조), 소비자보호에 관련된 모든 민법규정이 강행 규정화함으로써 채권법의 임의규정원칙이 거의 무너졌다.

⑥ 약관규제법이 독일 민법 제305조 이하에 편입되었다(물론 채권법의 전반적인 강행규정화로 약관규제의 중요성은 사실상 반감되었음). 그 외에도 소비자에게는 계약체결 후 2주 이내에 아무런 근거 없이도 계약을 철회할 수 있는 권리가 부여되었기 때문에(독일 민법 제355조), 의사표시의 자기구속성도 크게 완화되었다.

⑦ 소멸시효법이 크게 개혁되었다. 원칙적으로 30년이던 상대적 소멸시효가 3년으로 단축되는 등 큰 폭의 변화가 있었다(독일 민법 제195조, 제199조).

2. 약관규제법

2002년 1월 1일 발효한 채권현대화법에 의하여 독일에서는 소비자보호관계 특별법이 폐지되고 민법전(BGB)과 해당 명령에 소비자보호관계 규정을 두게 되었다. 즉 채권현대화법에 의하여 이루어진 변경 가운데 중요한 것으로 소비자보호법의 민법에의 통합을 들 수 있다. 약관규제법(AGB-Gesetz), 소비자 신용법 (Verbraucherkreditgesetz), 방문판매법(Haustürgeschäfte-Widerrufsgesetz), 통신판매법 (Fernabsatzgesetz), 주거시설시분할이용법(Teilzeitwohnrechtsgesetz)이 민법에 규정이 되면서 해당법률은 폐지되었다.

과거 약관규제법에 있던 중요한 규정이 대부분 민법 채권편의 제305조 아래에 규정되어 있다. 가령 약관의 개념정의는 민법전 제305조 제1항, 계약에의 편입규정은 제305조 제2항, 의외성규정은 제305c조 제1항, 개별약정 우선의 원칙은 제305b조, 불명확성조항은 제305c조 제2항, 불공정 약관의 무효에 관한 일반조항인 종래 약관규제법의 제6조는 민법전 제306조에서 그대로 규정하고 있다. 그리고 단체소송에 관한 종래의 독일약관규제법 제13조는 민사소송관계 특별법인 금지청구소송법(Unterlassungsklagegesetz)에로 규정이 옮겨졌다.

내용통제의 적용범위에서 소비자계약에서는 소비자가 약관작성과 관련하여 영향을 행사할 수 없는 한, 단 한 번의 이용을 위하여 마련된 약관의 경우에도 내용통제가 미친다(독일 민법 제310조 제3항 제2호; 독일 구 약관규제법 제24a조 제2호). 이는 유럽연합지침을 수용하여 1996년 7월 19일의 법 개정에 의하여 구 약관규제법에서 규정하였던 것이 2002년 채권현대화법에 의하여 독일 민법에 규정되어 소비자계약에 한하여 독일 민법 제305c조 제2항, 제306조, 제307조~제309조는 사전에 작성된 계약조건이 단 한 번의 사용만을 위한 경우에도 적용된다고 규정하게 된 것이다.

약관규제법을 없애고 민법에 해당규정을 둠으로써 약관규제내용이 노동법 관계에도 적용되는 변화가 있게 되었다. 약관규제내용의 적용 예외목록에 관한 독일 민법 제310조 제4항에 노동관계규정이 포함되어 있지 않기 때문이다. 그리하여 약관의 규제내용이, 물론 노동법분야의 특수성은 고려하여야 할 것이지만, 노동법분야에도 적용이 된다. 불공정 약관목록에서는 독일 민법상의 급부장애법이 개정되어 일부 편집상의 개정이 이루어졌다(특히 독일 민법 제309조 제7호, 제8호). 특히 독일 민법 제309조의 생명, 신체, 건강 침해시의 책임배제를 금지하는 목록의 추가는 1993년 4월 15일 유럽공동체의 약관규제지침에서 규정하였던 것을 반영한 것이다. 독일 민법 제309조 제5호 b)에 의하여 비기업간 거래에서의 손해배상 총액 예정 시 손해가 더 적었다는 반대입증이 명시적으로 허용되게 되었다.

그리고 종래 판례에 의하여 인정되던 투명성원칙(Transparenzgebot)은 이제 독일 민법 제307조 제1항 제2문에 규정되어 동 원칙에 위반할 경우 상대방을 부당하게 불리하게 하는 것으로 인정되게 되었다. 독일 약관규제법 제8조의 내용통제의 제한(Schranken der Inhaltskontrolle)규정은 법체계상 내용통제의 예외로 규정되었으며, 독일 민법 제307조 제3항에 규정되었다. 편입통제에 있어서는 편입

요건을 충족하지 않아도 편입된 것으로 인정되던 예외가 삭제되었다는 점을 주복하여야 한다. 즉 종래 관청인가약관에 대하여 계약편입에 대한 예외를 규정하던 조항(독일 구 약관규제법 제23조 제3항)은 해당규정이 없이 삭제되었다. 그 밖에 존재했던 예외규정은 독일 민법 제305a조에 규정되었다.

보통거래약관은 약관사용자가 상대방에게 보통 인정할 수 있는 방법으로 약관을 인식할 수 있는 상태에 두어야 계약에 편입이 된다는 점은 과거와 동일하다. 하지만 이때 특히 상대방이 신체적 장애(Körperbehinderung)가 있음을 약관사용자가 인식할 수 있을 때에는 그러한 장애까지를 고려하여 상대방이 약관을 인식할 수 있는 상태에 두어야만 계약의 내용이 된다(독일 민법 제305조 제2항 제2호)는 내용의 변화가 추가되었다.

IV. 독일 상사법

독일의 상사법은 상법전(HGB), 주식법(AktG), 유한회사법(GmbHG), 보험계약법(VVG), 어음법, 수표법 등으로 구성되어 있다.

1. 상법전

1861년의 독일 상법전(ADHGB)이 프랑스 상법전에 이은 근대적 상법이다. ADHGB를 보통 독일 상법전이라고 번역하지만 이는 오히려 독일통일 상법전이라고 번역하는 것이 맞다. 이 법은 1871년 독일 제2제국이 성립되면서 제국법이 되었고, 그 후 민법전의 제정과 더불어 상법의 개정이 불가피하여 1897년 5월 독일제국 상법전(HGB)이 성립되었다. 이는 1900년 1월 1일부터 시행되었다. 이 상법전의 특징은 다음과 같다.

종래 상법전에 있던 민법규정을 민법전으로 옮기면서 상법으로서의 특색을 한층 명확히 하였으며, 당시의 경제상황에 비추어 절대적·객관적 상행위를 폐지하여 그 당시 프랑스 상법전에서 비롯된 상사법주의와 결별하고 새로운 의미의 상인법주의의 입장을 부활시켰으며, 상인의 범위를 확대하여 영업의 종류에 관계없이 모든 영업자를 상인으로 규정하여 상법의 적용을 받게 함으로써 상업과 산업의 발전에 적응하려고 하였다. 다만, 이때에는 상업등기부에 등기함으로써 상인자격을 취득하게 되어 있었다(이 법 제2조).

그 이후 독일 상법전은 끊임없이 개정되었는데 그 가운데 1998년의 개정이 주목을 요한다. 이 개정에서 종래 상인의 개념을 당연상인(Mußkaufmann), 의제상인(Sollkaufmann), 능력상인(Kannkaufmann)으로 구분하던 것을 폐지하였다. 과거 독일에서는 각각 상이한 법적 효력을 갖는 당연상인, 형식상인(Formkaufmann), 의제상인, 소상인(Minderkaufmann)이라는 분류가 100년 이상 적용이 되어 왔었다. 그런데 이러한 상인의 분류는 더 이상 시의적절하지 못하다는 점이 증명되었다.

독일 상법전은 특히 물품의 제조와 유통을 위하여 제정되었는데 1998년 법개정 당시 새로이 상업등기부에 등기된 기업의 약 85%가 서비스업을 영위하고 있었다. 이에 맞추어서 독일 상법전을 적용시키는 개정을 하였던 것이다. 이와 같이 1998년 개정법에서는 기본상사영업(Grundhandelsgewerbe)의 개념을 포기하였다.

그런 대신 상업(Handelsgewerbe)을 영위하는 자를 상인으로 다루게 되었다. 그런데 이 때 상업은 그 종류와 범위에 비추어 상인적 방법으로 설비된 영업수행(Geschäftsbetrieb)을 요구한다. 그로써 기존의 '당연상인'과 '의제상인'의 양 개념이 하나로 통합되었다. 1998년 개정법에 의하여 독일 상법 제1조 제2항이 "그 종류와 범위에 의하여 상인적 방법으로 설비된 영업경영을 필요로 하는 모든 영업 기업을 상인으로 본다"는 내용으로 새로이 조정되었다. 그리고 구 독일 상법 제2조는 삭제되었다.

2. 주식법

독일의 회사법제의 중추를 이루고 있는 주식법(AktG)의 주요내용을 검토한다.

1) 회사 설립

(1) 회사 종류

독일은 1892년 유한회사법을 입법하여 유한회사제도를 신설하였고, 1937년에는 주식법을 제정하였다. 주식법에서는 주식회사와 주식합자회사에 대한 내용을 규정하고 있다. 상법전에서는 합명회사와 합자회사에 관한 규정만이 남게 되었다. 독일의 회사의 종류로는 합명회사, 합자회사, 주식회사, 유한회사, 주식합자회사, 유한합자회사가 있다.

(2) 정관의 기재사항(설립 시 발행주식 총수, 발행 가능 주식 총수, 주식인수인의 실권 등)

독일에서는 정관에 기재하여야 할 사항은 독일 주식법(이하 '주식법'이라 한다) 제23조에서 규정하고 있다. 즉 정관은 공증을 받아야 한다. 대리권수여자는 공증된 대리권이 있어야 한다(주식법 제23조 제1항). 정관에는 다음의 사항을 기재하여야 한다(주식법 제23조 제2항).
① 발기인
② 액면 주식의 경우 액면금, 무액면 주식의 경우 그 숫자 및 발행가, 수종의 주식이 존재할 경우 각 발기인이 인수하는 주식의 종류
③ 납입된 기본자본금

그리고 정관에서는 다음의 사항을 정하여야 한다(주식법 제23조 제3항).
① 상호와 본점소재지
② 기업의 대상, 즉 산업기업이나 상사기업의 경우 제조되고 판매되는 제조물의 종류를 상세히 기재하여야 한다
③ 기본자본액
④ 기본자본의 액면 주식이나 무액면 주식으로의 분배

액면 주식의 경우에는 액면가 및 각 액면가의 주식수, 무액면 주식의 경우에

는 그 숫자, 그리고 수종의 주식이 존재할 경우 주식의 종류 및 각 종류별 주식의 수, 주식을 무기명식으로 발행하는지 혹은 기명식으로 발행하는지, 이사회의 구성원의 수 또는 그 수를 정할 규정·정관은 회사의 공고를 하는 방법을 정하여야 한다(주식법 제23조 제4항). 정관은 명시적으로 허용되는 경우에만 본법의 규정과 다른 내용을 둘 수 있다. 본법에서 전결적으로 규정하지 않는 한 정관의 보충 규정은 허용된다(주식법 제23조 제5항).

2) 주식 및 주주

(1) 무액면 주식

1998년 무액면 주식의 허용에 관한 법률(Gesetz Über die Zulassung von Stückaktien, StückAG)을 제정하여 무액면 주식의 발행을 허용하였고, 따라서 현재 독일 주식법상 주식은 액면 주식이나 무액면 주식으로 발행할 수 있다(주식법 제8조 제1항). 이와 같이 무액면 주식을 허용하고 있으면서도 액면 주식도 존속한다(주식법 제8조 제1항·제2항). 1998년 3월 25일 주식법을 개정하여 그동안은 액면 주식만 가능하였으나, 그 이후에는 무액면 주식의 발행도 가능하게 되었다. 원래 독일에서도 독일 주식법 제1조 제2항에 의하여 기본 자본은 주식으로 세분하여야 한다. 주식도 기본자본과 마찬가지로 일정한 금액이어야 한다(주식법 제6조). 액면 주식의 금액은 최저 1유로 이상이어야 한다(주식법 제8조 제1항, 제2항).

그러나 주식의 명목가치는 진정한 가치를 나타내지는 못한다. 진정한 가치는 시장가격에 의하여 결정된다. 더블린에서 있은 유럽연합정상회의 결의에 따라 유럽 화폐통합은 그 제3단계에 들어섰으며, 먼저 1999년 1월 1일부터 유로화가 계산상 인정되고 있었다. 1999년에 들어서는 1월 1일에 확정된 교환가치에 따라 독일국내에서만 통용되는 3년간의 유예기간 동안의 화폐로만 명명되어 그 지위가 격감되었었다. 그런데 2002년 1월 1일부터는 현금화폐 유로화가 통용되고 있다.

이에 따라 많은 기업이 이미 장부작성을 유로화로 할 수 있도록 하였으며,

주식시장도 주가를 유로화로 명시하고 있다. 최저액면 주식금액은 1유로(EURO)
이며, 무액면 주식도 기본 자본에 대한 무액면 주식수로 나눈 비율에 의하여
1유로 이하여서는 아니 된다. 1999년 1월 1일의 독일마르크(DM)의 유로에 대한
교환가치에 의하여 1유로는 1.94마르크이어서 5DM은 2.58EURO, 50DM은
25.77EURO로 표시되어야 한다. 결국 독일에서는 주식의 유로화로의 전환을 용
이하게 하기 위하여 무액면 주식(nennwertlose Aktie)을 'Stückaktie'라는 형태로
도입한 것이다.

그러나 독일에서 도입한 무액면 주식은 소위 부진정 무액면 주식이다. 왜냐
하면 기본자본의 요건이 유지되고 있기 때문이다(주식법 제8조 제3항 참조). 독일
에서 무액면 주식제도의 도입은 이와 같은 액면가를 소수점 이하로 표시하여야
한다는 이유에서 출발하였다. 독일에서는 독일마르크의 유로화에 대한 교환가
치를 소수점 둘째자리까지 표시하도록 하고 있는데, 이러한 경우에 자산의 총액
이 변화하게 되기 때문이다. 그 이유는 변환과정에서 생기게 되는 소수점 아래
세 자리 이하의 숫자를 버리거나 반올림 또는 올림 할 경우 원래의 가격과의
차이가 생기게 되기 때문이다. 그러한 이유로 지분 또는 비율을 표시하는 방법
의 무액면 주식의 도입이 이루어지게 되었다.

(2) 주주평등의 원칙

독일에서는 정관자유라는 미명하에 아무런 견제수단 없이 다수파에 의한 전
환이 발생하게 되었다. 그리하여 주식회사 내부에서 귀족적 전제지배가 부활하
지 못하도록 하기 위하여 복수의결권주식을 통제하는 이론으로서 의결권의 남
용법리, 고유권 이론 등이 대두되게 되었고 이와 같은 맥락에서 확립된 것이
주주평등의 원칙이다. 연혁적으로 볼 때 주주평등의 원칙은 독일에서 주식회사
제도가 전개되면서 성립된 역사적 존재로 평가할 수 있다.

독일의 현행 주식법 제53a조는 주주는 동일한 조건하에서는 동일하게 취급되
어야 한다고 규정하고 있다. 이는 1978년에 제2회사법지침을 근거로 하여 도입
된 것이다. 주주평등의 원칙의 효력에 대해서는 이미 학설과 판례가 인정하고
있었으며 명문화는 종래의 학설 등을 확인하는 것에 불과하였다. 그러나 주주평

등의 원칙에 반한 회사의 행위로부터 권리나 이익을 침해받은 주주에게 손해배상청구권이 발생하는지의 여부가 문제된다. 그런데 독일의 통설은 이를 부정하고 있다. 그 배경에는 주주평등의 원칙은 회사의 부당한 차별행위로부터 정당한 주주의 지위를 보전하는데 그 목적이 있기 때문에 불평등행위를 취소하거나 무효화하면 족하다고 보기 때문이다.

주주평등의 원칙의 기준이 되는 것은 자본 참가액이다. 주주의 이익에의 참가, 의결권행사, 증자시의 신주인수권 등은 기본 자본에의 참가비율에 의하여 정하여진다(주식법 제60조 제1항, 제134조 제1항, 제186조 제1항, 제212조).

(3) 주식의 종류

기명주식법(NaStraG: Gesetz zur Namensaktie und zur Erleichterung der Stimmrechtsausübung – 기명주식에 관한, 그리고 의결권행사의 간이화에 관한 법률)을 통하여 독일정부는 새로운 매체의 주식시장에 대한 영향 내지 충격에 대하여 두 가지 방향에서 반응을 보였다. 하나는 기명주식에 관한 법제를 근본적으로 현대화하고 오늘날의 상황에 적응시켰다. 또 하나는 주주총회를 둘러싼 형식적인 방식규정을 재검토하여 가능하면 삭제하였다. 이로써 독일 주식법의 이들 영역을 인터넷시대에 맞게 적응시켰다.

독일에서는 기명주식이 점차 인기를 얻고 있으며, 몇몇 대규모 공개회사들이 그 주식을 기명주식으로 전환한 바 있다. 기명주식법은 바로 이러한 기명주식에 대한 규정을 현대화하고 있으며, 주주총회의 수행을 위하여 요구되었던 형식적 사항들을 줄였다. 이로써 주주총회운영 및 기명주식에 대한 규정에 있어서 독일은 앞서가고 있고, 다른 국가들도 '새로운 매체와 회사법'이라는 주제를 다루고 있으며, OECD도 이 분야에 적극적으로 대처하려 하고 있다. 기명주식법에 대한 입법초안은 1999년 11월 각 주와 단체에 의견조회를 위하여 보내졌다. 이 초안은 긍정적인 반향을 불러일으켰다.

여러 의견들을 토대로 초안에 대한 중요한 변경이 이루어졌다. 기명주식규정에 대하여는 지멘스, 다이믈러크라이슬러, 텔레콤, 드레스드너 은행, 독일은행, 알리안즈 보험회사 및 뮌헨재보험 등 관계기업의 전문가와 함께 한 토론회가

많은 도움이 되었다. 기명주식법은 정부초안으로 국무회의에서 2000년 5월 10
일 결의되었다. 연방상원에서의 제1회 검토는 2000년 7월 14일 이루어졌다. 연
방상원은 초안에 대하여 약간의 제안을 하였을 뿐이다. 2000년 9월 29일 연방의
회에서 제1회 검토가 있었다. 위원회의 검토에서 검토보고를 한 사람은 브링크
만(Brinkmann), 티만(Tiemann), 풍케(Funke), 켄쯜러(Kenzler) 및 벡(Beck) 의원이
었다.

신속한 검토를 한 후에 연방의회 법제사법위원회에서의 종합처리는 2000년
11월 8일 있었으며, 연방의회의 제2, 제3 전체검토는 2000년 11월 16일에 있었
다. 연방상원에 의한 제2 전체검토는 2000년 12월 21일 있었다. 그 후 이 법률은
예정대로 2001년 1월 공포되었고, 공포일에 시행되었다. 다만 독일 주식법 제52
조(사후설립)는 실무계의 강력한 요청에 의하여 2000년 1월 1일부터 소급 적용
되었다.

(4) 소수주주 주식의 강제매매

독일에서는 2001년 법 개정으로 95% 대주주에 의한 잔여주식 강제매수를
허용하고 있다(주식법 제327a조부터 제327f조 까지). 독일에서는 2001년 11월 15일
(2002년 1월 1일 발효) 유가증권취득 및 기업인수법(Wertpapiererwerbs- und
Übernahmegesetz)이 성립되었다. 이 법은 "유가증권취득에 대한 공개 제의 및 기
업인수를 규율하기 위한 법률(Gesetz zur Regelung von öffentlichen Angeboten zum
Erwerb von Wertpapieren und von Unternehmensübernahmen)"의 일부분이다. 이 법률
은 그 밖에 주식법(AktG), 증권거래법(Wertpapierhandelsgesetz), 자본투자회사법
(KAGG, 동법은 2004년 투자법으로 바뀌었음), 은행업법(Kreditwesengesetz) 등의 개
정도 포함하고 있다.

이때 주식법 개정 가운데 가장 중요한 것은 대주주에 의한 축출(Squeeze-Out)
규정이다. "유가증권취득에 대한 공개 제의 및 기업인수를 규율하기 위한 법률"
의 제7조는 독일 주식법의 기업편입(Eingliederung)에 대한 규정 뒷부분에 새로운
제327a조에서 제327f조까지를 신설하고 있다. 이는 현금지급을 대가로 군소주
주를 퇴출시키는 것을 허용하는 규정이다. 이 개정을 통하여 주식회사 운영을

쉽게 할 뿐만 아니라 독일 주식법을 국제적인 기준에 적합시키는 데에도 기여하리라고 평가되고 있다.

(5) 소수주주권

독일 주식법에는 전통적으로 다수자(지배주주)의 세력 또는 영향력을 유효하게 방지하기 위한 제도가 있었다. 다만 주식회사 내부에서 다수자와 소수자 사이에 법적 관계가 존재하는지의 여부 그리고 다수자가 소수자에 대하여 책임을 지는 근거가 무엇인지에 대하여 문제가 있었다.

그러나 현행 주식법은 소수주주권과 관련하여 몇 가지 개별적인 규정들을 두어 소수주주보호를 도모하고 있을 뿐, 다수자의 소수자에 대한 의무에 관하여 일반조항이나 지배주주가 회사 또는 주주에게 가하는 모든 손해에 책임을 지게 하는 일반적인 통제규정을 두고 있지 않다. 오직 손해배상청구권이 행사나 특별검사, 감사선임 등에 관한 소수주주권과 해설청구권 등의 단독주주권 그리고 재무제표의 확정 또는 은행예탁주 등에 관한 규정을 보완하는 것 등에 따라 개별적으로 소수주주의 보호를 도모하였을 뿐이다.

독일의 소주주주권을 유형별로 간략하게 살펴보면, ① 주주의 단순한 의사표시만으로 행사되며 그 효력이 지속되지 않고 주주총회의 경과에 영향을 주는데 불과한 것(예: 총회의사일정공고청구권, 총회에서 이사 또는 감사의 면책을 개별적으로 결의할 것을 청구할 권리), ② 법원의 도움을 받아야만 행사될 수 있는 것(예: 특별감사청구권, 청산인 해임권), ③ 단순한 의사표시만으로 행사될 수 있고 장래에도 지속적으로 효과가 있는 것(예: 임원에 대한 화해 또는 포기에 대하여 이의를 청구할 수 있는 권리, 주주가 회사에게 배상청구권을 행사할 수 있는 권리)이 있다.

그리고 콘체른에서의 소수주주 보호의 문제가 있다. 다만 1998년 독일 주식법이 개정되었는데, 소수주주권에 대하여는 감사회의 책임문제와 관련하여 개정되었다. 독일 주식법 제147조에 의하여 회사는 단순다수에 의하여 주주총회로부터 동법 제93조, 제116조의 청구권을 행사할 것을 요구당하게 되는데, 기본자본의 10%만을 가진 소수주주도 이 청구를 할 수 있지만, 이는 물론 대규모 공중회사에서는 많은 금액을 요구하는 것이며, 실무상 그러한 주식을 갖는 자는 찾기가 쉽지 않을 것이다. 동시에 독일 주식법 제315조에서 의무위반의 의심이 있을 때에는 특별검사에 대한 소수주주의 가중된 책임추궁요건을 완화하도록 한다.

(6) 주주권지침 국내수용

2008년 11월 5일 독일 각의는 주주권지침을 국내법화하기 위한 법률(ARUG/ Gesetz zur Umsetzung der Aktionärsrechterichtlinie)안을 의결하였다. 그리고 동법은 2009년 5월 29일 독일 의회를 통과하였다. 이 법을 입법하게 된 배경에는 상장 회사에서 주주권리 행사에 관한 지침(소위 '주주권지침: Richtlinie 2007/36/EG')을 독일에서 국내법으로 입법하여야 했기 때문이었다.

동 지침은 상장사에서 주주의 정보를 강화하고 국경을 넘는 주주권행사를 용이하게 하는 데에 목적이 있다. 지침을 국내법으로 입법하면서 동시에 지침에 서 언급된 영역에서 독일 주식법을 개정하면서 회사의 부담을 줄여주고 주주의 이익을 위하여 현대화하고 규제완화를 하라는 데에도 동 지침의 취지가 있었다. 더 나아가 유럽연합의 다른 지침들에서 요구하는 설립 시 현물출자의 경우에 규제완화조치도 취하여야 하였다. 2009년 5월 의회를 통과한 주주권지침 국내 입법을 위한 법률의 또 다른 목적은 권리남용적인 주주소송을 제한하는 데에도 있었다.

(7) 인터넷 주주포럼

2005년의 UMAG에서 독일은 주주포럼을 도입하였다. 이는 주주 또는 주주단 체가 연방전자관보상의 주주포럼에서 다른 주주에게 공동으로 주식법상의 신청 또는 청구를 하거나 또는 주주총회에서 의결권을 행사할 것을 권유할 수 있도 록 하는 제도이다. 이는 특히 소수주주로 하여금 이사의 책임추궁을 위하여 인 터넷에서 공동의 소제기(訴提起)를 결의할 수 있도록 국가에 의한 포럼을 갖게 된다는 점에서 의미가 있다.

소수주주는 인터넷에서 소제기 및 신청을 위한 요건을 충족하기 위하여 뜻을 같이하는 자를 구할 수 있다. 그를 위해 연방전자관보에 별도의 주주포럼이 마련되어 있다. 회사에 해를 끼치는 의견에 회사가 대처할 수 있도록 주주는 3일 전에 올리고자 하는 텍스트내용을 회사에 제시하여야 한다. 회사에 의하여 신청이 받아들여지면 그 문구가 5,000자를 넘지 않는 한 그 공표를 위한 비용을 회사가 부담하여야 한다. 주주포럼의 법적 근거는 독일 주식법 제127a조이다.

그런데 주주포럼은 토론이나 채팅을 위한 공간이 아니라 회사의 경영에 관한 주주의 권리행사와 관련하여 주주, 주주단체는 물론이고 누구나 인터넷을 통해 자유로이 접속할 수 있는 게시판으로 평가할 수 있다. 주주, 주주단체는 주주포럼에서 주식법에 의한 제안, 청구 또는 주주총회에서의 의결권행사에 관하여 다른 주주들에게 권유를 할 수 있다. 또한 일반주주들은 이를 자유롭게 열람하여 공동보조를 취할 수 있다는 장점이 있다.

(8) 주식매수청구권

주식매수청구권은 미국의 회사법에서 유래한 제도로서 독일에서는 사업 재편법(Umwandlungsgesetz)에서 지분매수청구권으로 주식매수청구제도를 인정하고 있다. 원래 EC 제6지침은 비안분비례형 분할에 있어서만 주식매수청구권을 인정하고 있으며(제5조 제2항) 그 채택여부조차 가맹국의 임의에 위임하고 있는 바, 이러한 위임에 따라 독일에서는 이에 관한 규정이 없고, 다만 독일 사업 재편법은 양수회사가 분할에 반대하는 각 지분소유자의 지분을 상당한 금전보상과 교환으로 취득하는 것을 인정한다(독일 사업 재편법 제125조, 제29조 내지 제34조 참조).

3) 기관제도

(1) 총론(기본 개념, 기관 구성, 업무 권한 분배 원칙 등)

독일의 경우 감사회 제도를 두어 이원적 기구제도를 채택하고 있으며, 주주총회, 이사회, 감사회가 권한을 수평적으로 분배함으로써 기관 상호 간의 권한 존중과 협력을 통하여 각 기관의 고유한 기능을 수행하도록 하는 점에 특징이 있다. 감사회는 주주 측의 감사와 근로자 측의 감사로 구성되어 소위 기업적 공동결정(Mitbestimmung)이라고 하는 독특한 제도를 이루고 있다.

독일에서는 회사의 업무집행은 이사회에 전속되고, 업무집행에 대한 감독은 감사회에 귀속시키고 있으며, 이사에 대한 인사권을 감사회에 부여하여 감사회 감독의 실효성을 확보하는 한편, 이사의 해임사유를 제한함으로써 감사회의 자의적인 인사권의 행사로부터 이사의 지위의 독립성을 보장해 주고 있다. 감사회는 이사의 업무집행을 감독하는 감독기관이며, 이사에 대한 선임·해임권을 행사하는 인사기관이고, 일정한 경우 회사를 대표하는 대표기관으로서의 지위를 갖는다.

독일의 주식법 제107조 제3항 제1문은 감사회의 의사와 결의를 준비하거나 결의의 감독을 하게 할 목적으로 감사회 내에 한 개 또는 수 개의 위원회를 설치·운영할 수 있도록 규정하고 있다. 이는 1998년 콘트라법(KonTraG: Gesetz zur Kontrolle und Transparenz im Unternehmensbereich; 기업영역에서의 통제와 투명성에 관한 법률)에 의해 명문화된 것으로, 이미 대기업에서는 실무상 대차대조표위원회(Bilanzausschuß/Audit Committee)가 설치·운영되는 예가 적지 않았다. 감사회위원회의 종류로서는 보통 인사위원회, 재정위원회, 투자위원회, 결산위원회 등을 들 수 있으며, 주로 이사의 임용계약의 체결과 변경 등에 관한 사항을 결정하는 인사위원회의 경우 거의 모든 회사에서 운영되고 있다.

(2) 경영판단원칙 수용

독일에서 경영판단원칙에 대한 논의가 오래전부터 이루어져 왔고 2005년 법개정을 통하여 그를 반영한 내용을 주식법에 수용하였다. 그런데 종래 판례에서 경영판단원칙을 이사의 주의 깊은 사업수행의무라는 기준의 구체화를 통하여 이미 고려하고 있었다.

독일의 2005년 기업완전성 및 취소소송 현대화를 위한 법에 따르면 소수주주가 소송을 제기할 가능성이 확대되기 때문에 입법자는 독일 주식법 제93조 제1항에 새로이 제2문을 추가하였다. 이는 기업가로서 재량을 활용하는 과정에서의 오류가 있더라도 책임을 지지 않는다는 내용을 담고 있다. 즉 독일 주식법 제93조 제1항 제1문 뒤에 다음과 같은 내용의 제2문을 신설하였다. "이사가 기업가적 결정을 함에 있어서 적정한 정보에 의거하여 회사의 이익을 위하여 행위 한 것이라고 인정될 때에는 의무위반이 아니다."

(3) 감사(회)

독일의 경우 감사회 제도를 두어 이원적 기구제도를 채택하고 있으며, 주주총회, 이사회, 감사회로 권한을 수평적으로 분배함으로써 기관 상호 간의 권한존중과 협력을 통하여 각 기관의 고유한 기능을 수행하도록 하는 점에 특징이 있다.

감사회는 주주 측의 감사와 근로자 측의 감사로 구성되어 소위 기업적 '공동결정'이라고 하는 독특한 제도를 이루고 있다. 독일에서는 회사의 업무집행은 이사회에 전속되고, 업무집행에 대한 감독은 감사회에 귀속시키고 있으며, 이사에 대한 인사권을 감사회에 부여하여 감사회 감독의 실효성을 확보하고 있다. 한편 이사의 해임사유를 제한함으로써 감사회의 자의적인 인사권의 행사로부터 이사의 지위의 독립성을 보장해 주고 있다. 감사회는 이사의 업무집행을 감독하는 감독기관이며, 이사에 대한 선임·해임권을 행사하는 인사기관이고, 일정한 경우 회사를 대표하는 대표기관으로서의 지위를 갖는다.

우리의 경우에도 주식회사의 감사제도에 관한 근본적인 개선의 필요성을 인정하면서 우리의 입법이 기본적으로는 대륙법(특히 독일법)의 영향을 받은 입법이라는 점, 주주총회가 형해화 되어 있는 실정에서 차라리 감사회가 이사를 선임·해임하는 것이 내실 있는 회사의 운영이고 이를 통해 감사회가 이사의 직무집행을 실질적으로 감독할 수 있다는 점에서 독일식 감사회 제도의 도입을 긍정하는 견해도 있었다.

(4) 감사위원회

독일에서도 기업지배구조를 글로벌 스탠더드에 맞추기 위하여 최근 주식법을 계속 개정하여 왔고 2001년부터 회사지배구조 모범규준을 통하여서도 그를 수용하고 있다. 원래 감사위원회(Prüfungsausschuss / Audit committee) 제도에 대하여 독일에서는 입법에서 명시적으로 규정되어 있지 않았다.

그러나 그에 대해서는 2002년 이래로 독일 회사지배구조모범규준에서 권장
되어 왔다(가령 모범규준 5.3.2.). 감사위원회는 대규모상장회사에서는 관례적인
지배구조로 자리 잡았다. 2007년 모범규준 보고서에 의하면 독일 상장사의
100%, MDAX상장사의 96.3%, TecDAX상장사의 83.3%가 감사위원회를 두고
있다. 2006년 5월 17일 유럽연합의 결산검사인지침에 의하면 감사위원회가 앞
으로 좀 더 비중 있는 지배구조기구가 될 것이다.

동 결산검사인지침은 2008년 여름까지 회원국들이 국내법으로 전환하여야
한다. 동 결산검사인지침 제41조에 의하면 공공적 이익과 관계된 회사들은 예
외규정에 의하여 면제되지 않은 이상, 감사위원회를 설치하여야 한다. 중요한
점은 이 지침에서 주식회사뿐만 아니라 자본시장과 연결된 유한회사도 포함시
키고 있다는 점이다. 감사위원회의 과제는 모범규준에 뿐만 아니라 제8 EU지침
에도 자세히 규정되어 있다. 그런데 양자의 규정이 서로 차이가 있는 경우도
있고 해석을 야기하는 부분도 있다. 어떤 사업과제를 이양하는 경우 감사위원회
는 자신의 판단과 결정 권고를 감사회에 전달하여 감사회구성원들이 정보를 충
분히 얻고 판단할 수 있도록 하여야 한다(주식법 제111조 제1항, 제107조 제3항).

감사회도 감사위원회에게 감사위원회가 그 업무를 정상적으로 수행하는 데
에 필요한 정보를 제공하고 지원하여야 하는 상호관계하에 있다. 감사회 내의
위원회의 종류로서는 보통 인사위원회, 재정위원회, 투자위원회, 결산위원회 등
을 들 수 있으며, 주로 이사의 임용계약의 체결과 변경 등에 관한 사항을 결정
하는 인사위원회의 경우 거의 모든 회사에서 운영되고 있다.

4) 계산

(1) 회계현대화

독일에서는 2004년 이미 회계 관계 입법이 이루어졌다. 즉 2004년 10월 29일
회계개혁법(Bilanzreformgesetz)과 회계통제법(Bilanzkontrollgesetz)이 의회에서 통
과되었다. 이들 법을 통하여 결산검사인의 독립성을 강화하고 국제회계기준(IAS)
을 도입하며 새로운 회계통제절차를 신설하였다. 이들 법을 통하여 독일 상법전

과 주식법이 개정되었다. 그리고 2008년에는 회계현대화법안(BilMoG: Entwurf eines Gesetzes zur Modernisierung des Bilanzrechts)이 논의되어 개정 시행되었다. 즉 독일 각의는 2008년 5월 21일 회계현대화법을 의결하였으며, 의회를 통과한 후 동법은 2009년 5월 29일부터 시행되었다. 이 법률은 비용이 저렴하고 간단한 상법전상의 회계법이 인정을 받게 된다. 또한 상법전상의 회계가 국제 회계표준과의 경쟁에서도 유리하게 된다. 상법전 상의 연말결산은 이익배당의 기초를 이루고 세법상의 이익조사에서도 기초가 된다.

독일의 기업들도 현대화되고 효과적인 회계규정이 필요한 상황이다. 특히 중소기업들도 국제적인 회계표준을 채택하여야 할 필요성이 높아지고 있다. 이러한 요구를 반영하여 상법전상의 회계를 현대화하고 간명화 하려는 것이 회계현대화법률의 취지이다. 즉 회계현대화법률의 목적은 한편으로는 개인상인·인적회사의 회계를 용이하게 하는 것에 있으며, 다른 한편으로는 상법전 상의 회계규정을 대폭적으로 국제회계원칙에 적응시키는 데에 있다.

국제회계기준인 IFRS는 그 세밀성 및 복잡성 때문에 중소기업에게는 적합하지 않다는 비판이 지적되고 있었다. 이에 개정이 이루어진 회계현대화에 관한 법률은 규제완화를 목표로 삼았다. 동 개정 법률은 소규모 영업을 하는 기업들로 하여금 회계작성을 위해 드는 비용을 감축할 수 있도록 하여주고 있다. 소규모 기업들은 상법전 상의 장부의무 및 회계의무로부터 면제된다. 즉 일정한 기준에 해당되는 개인상인(사업연도별 매출액 50만유로, 이익액 5만유로 이하)은 상법전 상의 장부작성 및 회계작성이 면제된다. 주식회사나 유한회사와 같은 자본회사에 대해서도 그 규모에 따라 나누어 회계작성의무를 감면하여준다.

그의 적용을 받는 소규모자본회사는 연평균 480만 유로 이하의 대차대조표총액, 980만 유로의 매출액 이하 및 근로자수 50인 이하라는 세 가지 요건 중두 가지를 충족하는 경우가 해당한다. 그리고 회계작성의무의 감면을 받는 중형크기의 자본회사는 연평균 1,920만 유로 이하의 대차대조표총액, 3,850만 유로의 매출액 이하 및 근로자수 250인 이하라는 세 가지 요건 중 두 가지를 충족하는 경우가 해당한다. 이러한 조치로 인하여 장부 작성 비용, 결산서 작성 비용, 결산비용 및 결산공시 비용이 연간 13억 유로 정도 감소될 것으로 예상하고 있다.

회계현대화법은 국제회계표준국(IASB)의 국제회계표준(IFRS)에 대한 반응이라고 평가하고 있다. 국제회계표준은 자본회사에 주안점이 있는 회계원칙이다. 즉 그것은 재정분석가, 직업투자자 및 다른 자본시장참가자에게 정보를 주기위한 회계원칙이다. 그런데 회계의무를 지는 대부분의 독일 기업은 자본시장과는 거리가 멀다. 그렇기 때문에 모든 회계의무를 지는 기업에게 비용이 많이 들고 복잡한 국제회계표준을 강요하는 것은 맞지 않는 면이 있었다.

국제회계표준국이 최근 공표한 중소기업을 위한 회계초안은 정보제공능력이 있는 연말결산을 제공하지 못한다는 한계가 있어서 대안이 되지 못한다. 그 때문에 독일의 실무계 에서는 그 초안을 여전히 비용이 많이 들고 복잡한 것으로서 강력하게 비판하였다. 따라서 회계현대화법은 다른 방식을 취하였다. 즉 동법은 기존의 인정된 상법전 상의 회계법을 기초적인 것으로 구축하면서 그를 국제회계표준에 동급의 것으로 인정해주면서도 비용이 현저하게 적게 들게 하고 실무에서 쉽게 이해할 수 있도록 하였다.

그리고 세법 상으로도 상법전 상의 회계기준이 세법 상의 이익조사 및 배당조사에서도 기준이 되도록 하였다. 이를 통하여 중소기업들 입장에서는 하나의 단일회계만을 작성하면 모든 목적을 달성할 수 있다는 것이 된 것이다. 독일의 회계현대화법의 시사점은 우선 국내회계 작성규정을 국제규범에 맞추어 수정하면서도 기업에 따라 회계작성의무를 차등화하여 면제 또는 부과하고 있다는 점에서 찾을 수 있다. 그 과정에서 규제완화를 달성하고 특히 소규모 기업에게 혜택이 돌아가게끔 개정하려는 점을 주목하여야 한다. 비용이 저렴하게 발생하도록 하고 하나의 회계장부작성을 통하여 세법상의 목적까지 달성하도록 한 점도 관심을 가져야 한다.

(2) 자본금 및 이익배당

통상적인 자본감소는 의결권의 3/4 이상의 찬성에 의한 주주총회의 승인과 채권자 보호 절차가 필요하다(주식법 제222조-제228조). 자본결손을 전보(塡補)하기 위한 경우 채권자보호절차나 다른 형식이 필요 없다(주식법 제229조-제236조).

주식법상 원칙적으로 배당은 이익처분결의를 위한 정기주주총회에서 결정되나 (주식법 제174조) 일정한 요건하에 정관으로 이사회에 중간배당을 할 권한을 부여할 수 있다(주식법 제59조 제1항). 정관에 현물배당에 관한 규정이 있는 때에 주주총회가 현물배당에 대해 결의할 수 있다(주식법 제58조 제5항). 한편 EU 및 유럽계 국가에서는 건설이자를 인정하고 있지 않다. 독일 주식법에 건설이자에 대한 명문 규정 없다. 출자에 대해서 주주에게 이자 지급을 금지하고 있다(주식법 제57조 제2항).

3. 유한회사법

독일의 유한회사법은 1892년 제정되었다. 이 법은 최근 2008년 대폭적으로 개정되었다. 즉 2008년 10월 23일 독일은 28년 만에 유한회사법(GmbHG)을 대폭적으로 개정하였다. 이 개정법은 2008년 11월 1일 시행되었다. 이곳에서는 2008년 개정의 주요내용만을 살펴본다.

1) 유한회사 사원 확인

개정내용에 의할 경우 유한회사 사원으로 인정되기 위하여 필요한 요건이 조정된다. 하나는 사원명부에의 등재이고 또 하나는 그 명부에 대해 상업등기를 하는 것이다. 사원명부의 사원내역을 등기하게 하고 이를 특히 온라인으로 열람할 수 있도록 함으로써 상업등기 상의 사원명단의 평가를 통하여 외부자의 입장에서는 사원상태를 투명하게 파악할 수 있게 된다.

이로써 회사 뒤에 누가 있는가를 쉽게 파악하려는 해당 유한회사의 잠재 거래상대방에게 유리한 효과가 있게 된다. 이로 인한 신뢰성이 회사의 사업전망에 유리하게 작용할 것으로 보고 있다. 더 나아가 사원명단으로 인해 회사지분을 선의 취득하는 것의 연결고리가 형성된다. 또한 과거에 행하여진 지분양도 및 설립증서의 증명을 위해서는 많은 비용이 드는데 그것이 필요 없게 됨으로써 법적 안정성을 얻게 되고 거래비용도 절감하게 된다.

2) 설립의 용이화 및 파산신청

개정내용에 의하면 유한회사의 설립은 쉬워지고 회사가 해산할 경우에는 사원들이 새로운 책임을 져야만 한다. 회사의 혼란 상태에서 파산사유가 존재할 경우 및 이사의 소재가 불분명한 경우에 개개의 사원에게 파산신청의무가 지워진다. 이러한 파산신청 의무위반의 효과로 이사가 구채권자의 손해비율에 따라 책임을 져야 한다. 신채권자에 대하여 이사는 신뢰손해에 대하여 책임을 져야 한다.

3) 사원명부와 지분양도

유한회사의 사원명부는 사원구조파악 기능 이외에도 영업지분에 대한 선의취득을 가능하게 하기 위해서도 필요하다. 독일 유한회사법 개정내용에 의하면 영업지분이나 그 지분에 대한 권리를 취득하는 사람에게 유리하게, 영업지분관련 등기사항이 취득당시를 기준으로 하여 3년 동안 사실과 다르게 기록되어 있었고 그 기록에 대하여 이의제기가 되지 않았다면 사원명부의 기재가 옳은 것으로 인정되어 선의취득의 대상이 된다. 다만 이는 취득자가 기록이 사실과 다름을 안 경우에는 적용하지 않도록 하고 있다.

한편 기본투자액을 개별적으로 정할 수 있도록 하여 자본납입과 지분양도를 용이하게 하였다. 이로써 설립 시, 지분양도 시 및 상속 시 지분관계를 사원의 수요 및 상속분에 맞출 수 있게 된다. 이는 중소규모회사 및 가족회사의 경우에 도움을 줄 것이다. 또한 허가를 필요로 하는 사업을 영위하려는 회사의 설립은 필요한 허가를 설립등기 후에 받아도 됨으로써 더 쉬워진다. 이로써 정규 설립 유한회사가 허가 이후에 기업대상을 허둥지둥하며 비용을 들여 변경할 필요 없이 사업수행에 필요한 투자를 행할 수 있다.

4) 자본유출금지

개정내용에 의하면 자본납입과 자본유지 부분에서 많은 개정이 있게 된다. 숨겨진 현물출자의 경우 순수한 차액책임만을 질 것을 내용으로 한다. 유한회사가 사원에게 소비대차를 하는 경우 사원에 대한 반환청구권이 완전가치를 담보하는 경우에는 상환금지가 적용되지 않는다. 사원소비대차는 파산 시에 항상 후순위이어서 자본보전적인 사원소비대차와 보통의 사원소비대차 사이에 차이가 없게 된다.

5) 최저자본금 인하

유럽에서는 중소규모 회사 설립의 용이화를 위한 법제도의 경쟁이 있다. 영국의 유한회사의 설립은 간단하고 빠르며 또 비용이 적게 든다. 동 회사의 설립은 원칙적으로 1주일 이내에 가능하고 비용도 15파운드밖에 들지 않는다(당일 등기가 이루어지는 경우에는 30파운드). 즉 설립비용이 명목자본이나 다른 요소에 달려있지도 않다. 그리고 설립 시에 국가기관의 승인을 제출할 필요도 없어 경쟁력이 있다. 그리하여 독일의 유한회사의 설립도 간단화하고 신속화하여야 할 필요성이 있었다. 이에 개정법에 의하면 유한회사 최저자본금액이 2만5천 유로에서 1만 유로로 낮아졌다(개정 유한회사법 제5조 제1항). 이로써 최저자본금은 명목상 1980년 유한회사법 개정 이전의 상황으로 되돌아갔다. 그 당시에는 2만 마르크였다.

원래 독일 학자들은 최저자본금에 대하여 비판이 많았었다. 그 가운데 일부는 최저자본금을 완전히 없애자는 주장도 하였다. 유럽연합에서 유한회사와 유사한 회사를 비교하여 보면 독일은 그 가운데 최저자본금을 기준으로 높은 금액을 요구하는 쪽에 속한다. 회사설립을 용이하게 하기 위하여 유럽의 동향은 이 금액을 낮추는 쪽으로 가고 있다.

최저자본금의 절반 이상이 납입이 되어야 유한회사를 등기할 수 있다는 요건(독일 유한회사법 제7조 제2항 제2문)은 유지가 된다. 그렇기 때문에 유한회사는 5천 유로면 일단 설립이 될 수 있다. 이러한 개정내용은 개정법 발효이후의 새로운 설립에 대해서만 적용된다. 종래 최저자본금제도에 대한 대안으로서 최저자본금을 증액하는 것이나 아예 없애는 것이 논의되고 있었다. 그런데 독일에서도 형식적인 금액을 법률에서 규정하여 요구하는 것은 채권자보호를 위하여 꼭 필요한 것은 아니라고 이해되고 있다.

6) 유한회사의 1인 설립

종래의 독일 유한회사법 제7조 제2항 제3문의 내용은 삭제되고 다음의 내용으로 개정되었다. "등기신청을 위하여 제2조 제1a항의 경우에는 부록2의 표준양식을 사용하여야 한다." 그런데 종래의 제7조 제2항 제3문에 의하면 유한회사설립자 가운데 아직 투자를 하지 않은 사람은 담보를 제공하여야 한다고 규정되어 있었다. 개정 이후에는 1인이 5천 유로를 설립중인 회사의 구좌에 납입하면 유한회사를 설립할 수 있다는 뜻이 되는 것이다.

4. 보험계약법

독일 보험계약법은 1908년 5월 30일 제정되었다. 그러한 독일 보험계약법이 근 100년만인 2007년 7월 5일 대대적으로 개정되어 2008년 1월 1일부터 시행되고 있다. 2000년 개정 준비 위원회를 구성한 후 7년 만에 개정이 되었다. 개정의 주요내용은 다음과 같다.

① 보험자의 상담·조언의무, 설명의무 및 정보의무에 관한 것
② 증권모델의 청약모델로의 변경
③ 중과실비례보상제도의 도입(all or nothing원칙의 포기)
④ 보험료불가분의 원칙의 포기
⑤ 권리보호보험(Rechtsschutzversicherung), 직업능력상실보험 및 의무보험 등의 개별보험종목별로의 법정 최저보호수준의 설정
⑥ 계약의 존속기간에 대한 새로운 규정
⑦ 보험자의 정보의 부실 내지 불완전 제공이나 보험계약자의 고지의무위반에 대한 이의기간, 해제기간, 해지기간에 대한 새로운 규정
⑧ 생명보험에서 배당상품의 경우 잉여금배당을 계약중간에도 정기적으로 실시하도록 한 규정 신설

5. 어음법, 수표법

어음제도의 기원은 12세기경 이탈리아 지중해연안의 도시국가에서 환전업자가 송금을 목적으로 발행한 증서에서 찾을 수 있다. 그 이후 16세기에 배서제도가 생겼으며, 18세기에는 배서인의 담보책임제도가 생겨났다. 수표는 14세기경 남부 이탈리아에서 발생하였으며, 중유럽을 거처 17세기경 영국으로 건너가 본격적으로 발전하였다. 18세기 말 영국에 어음교환소가 생겼다. 유럽에서는 어음수표법이 지방이나 도시에서 관습법 혹은 도시자치법의 형태로 발전하였다. 그런데 근대국가 성립 후에 어음법, 수표법이 통일법으로 발전하였다. 즉 독법계, 불법계, 영미법계의 3개의 다른 체계로 발달하게 되었다.

1912년 헤이그 어음법통일회의에서 통일어음규칙을 제정하고, 통일수표규칙을 채택하였으나 제1차 세계대전으로 빛을 보지 못하였다. 그러다가 1930년 제네바 어음 및 수표에 관한 법률의 통일을 위한 국제회의에서 어음법통일조약을 채택하였다. 1931년 제2차 회의에서 수표법통일조약을 채택하였다. 이는 독법계, 불법계를 절충하였으며, 각국의 특수 사정을 고려하여 유보조항을 두었다. 이 국제조약에 의거하여 독일에서는 1933년 6월 21일 어음법(Wechselgesetz), 1933년 8월 14일 수표법(Scheckgesetz)이 제정되어 오늘에 이르고 있다.

V. 결론

우리 민·상법의 기본 바탕은 독일법에 연유하고 있다는 점은 부인할 수 없다. 그리고 1970~1990년대에 젊은 법학도 및 법조인들의 많은 수가 독일로 유학의 길을 나선 것도 이러한 면에서 이해할 수 가 있다. 다만 개정과정을 통해서 변천하는 모습에서는 점차 종전의 독일법적인 요소가 퇴색해가는 것은 자연스러운 법제사적인 발전 현상으로 파악할 수 있다.

이러한 가운데서도 우리 민법의 개정작업이 진행 중이며, 상법의 개정안이 국회에 장기 계류 중인 마당에 독일법의 제도가 과거 계속 등장하였던 것은 1962년 우리 민법과 상법의 제정이 독일법과의 연결고리를 가져온 것이라는 의미로 파악할 수 있다.

법제의 글로벌화 현상으로 인하여, 그리고 유럽연합의 지속적인 법동화(法同化) 노력의 결과로 인하여 독일법 자체가 유럽법화 내지 세계법화의 현상을 보여주고 있다. 그리하여 종전의 의미의 독일법 고유의 모습이 차츰 사라져 가고 있는 것도 부인할 수 없는 현실이다. 동시에 우리의 민법과 상법도 분야에 따라서 세계법의 방향으로 가고 있다는 점과 함께, 민·상법 특유의 동향을 서로가 찾아가고 있는 법의 현대화를 지향하는 현상으로 평가할 수 있겠다.

▌참고문헌

Baumbach/Hefermehl. 1990. *Wechselgesetz und Scheckgesetz.* 17.Aufl. München,
Baumbach/Hopt. 2008. *Handelsgesetzbuch.* 33.Aufl. München.
Canaris. 2006. *Handelsrecht.* 24.Aufl. München.
Hueck/Canaris. 1986. *Recht der Wertpapiere.* 12.Aufl. München.
Larenz/Wolf. 1997. *Allgemeiner Teil des Bürgerlichen Rechts.* 8. Aufl. München.
Raiser/Veil. 2003. *Recht der Kapitalgesellschaften.* 4.Aufl. München.
Rüffer/Halbach/Schimikowski. 2009. *Versicherungsvertragsgesetz.* Baden-Baden.
Wolf/Lindacher/Pfeiffer. 2008. *AGB-Recht.* München.
Zöllner. 1987. *Wertpapierrecht.* 14.Aufl. München.

김형배. 2004. "독일민법의 계수." 『한독법학』 제15호.
손주찬. 2003. "독일상법이 한국상법에 미친 영향." 『한독법학』 제14호.
이기수·최병규. 2008. 『상법총칙·상행위법』 제6판. 박영사.
_____. 2009. 『어음·수표법』 제7판. 박영사.
이기수·최병규·조지현. 2009. 『회사법』 제8판. 박영사.
이철송. 2009. 『회사법강의』 제16판. 박영사.
이필규·최병규·김은경. 2009. 『2009 독일보험계약법(VVG)』. 세창출판사.
전국경제인연합회. 2009. 『주요국 회사법』.
정찬형. 2009. 『상법강의(상)』 제12판. 박영사.
조규창. 1983. "한국민법과 독일민법의 관계." 『한독법학』 제4호.

|제7장|
독일의 경제

김강식 | 항공대

I. 경제 현황

1. 경제 일반

독일은 경제 규모에 있어서 2007년 GDP 3조 810억 달러로 미국, 일본에 이어 세계 3위의 경제대국이다. 1인당 GDP는 46,498달러에 달하고 있다. 인구는 8,230만 명으로 독일은 EU에서 가장 크고 중요한 내수시장을 가진 국가이다.

독일의 주요 경제 거점 지역으로는 루르지역(과거 제조업 중심에서 하이테크 및 서비스 거점으로 변화 중), 뮌헨과 슈투트가르트 지역(하이테크, 자동차산업), 라인-넥카 지역(화학산업), 프랑크푸르트(금융산업), 쾰른, 함부르크(항만, 항공기 제조, 미디어산업), 베를린, 라이프치히 등이 있다.

독일경제는 최근 높은 성장세를 나타내고 있다. 2007년 경제성장률은 2.5%에 달했으며, 기업의 투자는 8.4% 증가하였다. 이러한 높은 경제성장의 결과 노동

〈표 7-1〉 국가별 GDP

2007년 순위	국가	GDP(10억 달러)
1	미국	13,770
2	일본	4,302
3	독일	3,081
4	중국	3,061
5	영국	2,661
6	프랑스	2,401
7	이탈리아	1,994
8	스페인	1,359
9	캐나다	1,266
10	브라질	1,178
11	러시아	1,167
12	인도	984
13	한국	943

시장이 활성화되고 고용이 증대되어 실업자 수가 크게 감소하였다. 2007년 말 실업자 수는 340만 명으로 집계되었는데 이는 1992년 이래 최저수준이다. 경제 및 노동시장의 이러한 긍정적 변화는 정부의 적절한 경제정책에 기인하여 경제 여건이 전반적으로 개선되었고 또한 기업들이 스스로 경쟁력 강화를 위해 노력한 결과로 나타난 것이다. 이에 따라 기업에서 인건비가 감축되었고, 노동시장의 유연성이 제고되었고, 비효율적 관료주의가 개선되었다. 또 2008년에 기업조세 개혁조치가 실시되었다. 이와 같은 구조개혁으로 기업의 부담이 크게 경감되었다. 기업은 동시에 구매구조 및 원가구조를 최적화하기 위한 노력을 지속해 왔고, 또 제품과 서비스의 혁신을 위하여 부단히 노력하여 경쟁력을 강화

해 왔다.

2. 입지

독일은 외국투자자들로부터 가장 매력적인 투자처 중 하나로 평가되고 있다. 한 투자자문사(Ernst & Young)가 2007년 전 세계의 경영자들을 대상으로 실시한 세계 각국 투자 매력도 조사에서 독일이 유럽 내 최고의 입지로 평가되었다.

1997년부터 2006년 기간 동안 독일 내 외국인 투자가 4,730억 달러 이루어졌으며, 이에는 GE와 AMD의 대규모 투자도 포함되어 있다. 외국인직접투자(FDI) 순위에서 독일은 세계 4위에 위치하고 있다.

외국 기업들은 독일 시장의 강점을 높이 평가하고 있다. 세계 500대 기업들을 포함한 22,000여 개의 외국 기업들이 독일에 진출해서 활동하고 있다. 스페인 통신업체 Telefónica O2 Europe은 2007~2010년 기간에 독일 내 유무선 인프라 구축에 35억 유로를 투자하였으며, AMD는 2006~2009년 기간에 독일 내에 20억 유로를 투자하였다. 2006년 외국기업이 독일에 투자한 금액은 429억 달러에 달한다. 직접투자 프로젝트의 수도 57% 증가하였는데 이는 유럽 국가 가운

〈표 7-2〉 투자매력도 상위 5개국

순위	국가	단위(%)
1	중국	48
2	미국	33
3	인도	26
4	독일	18
5	러시아	12

* 자료: Ernst & Young(2007)

데 가장 높은 수치이다.

독일은 연구개발, 우수한 인적자원, 운송 및 물류시스템에서 국제적으로 특히 높게 평가되고 있으며 이와 더불어 유럽 중앙에 위치한 지리적 여건, 사회 인프라, 법적 안정성, 풍부한 노동력 등도 강점 요인이 되고 있다.

독일 근로자들의 우수한 자질은 강한 경쟁우위 요인이 되고 있다. 독일 근로자들의 81%가 직업교육을 이수하였고, 이들 중 20%는 대학졸업 학위를 가지고 있다. 근로자들의 높은 수준의 업무능력 및 자격에는 독일의 '이원화 직업교육제도'가 기여하고 있다. 대부분의 국가에서 직업교육은 직업학교에서만 이루어지는 것이 일반적인데 비해서 독일의 이원화 직업교육제도에서는 직업교육이 산업체와 학교의 두 기관에서 상호 보완적으로 실시되고 또 교육의 많은 부분이 기업의 실제 업무현장에서 이루어진다는 점에서 그 특징이 있다. 이에 따라 이원화 직업교육에서는 산업체에서 주도적으로 설정한 자격요건에 의거하여 실무중심의 교육이 이루어진다는 점, 그리고 직업능력개발 과정에서 유연성과 적응력을 중시하는 점이 그 특징이자 장점이 된다. 직업교육에서 추구하는 궁극적인 목표는 넓은 범위의 직업기초능력의 배양과 자신의 직업에서 일을 스스로 계획하고, 실행하고, 통제할 수 있는 직업능력을 갖추게 하는데 있다.

3. 기업

독일은 미래 기술에 있어서 선두 위치에 있다. 바이오기술, 나노기술, 정보기술, 그 외 여러 하이테크 분야(생명공학, 항공우주, 전자, 로지스틱)에서 세계적으로 선도적 위치에 있다. 환경기술분야에서 독일은 세계에서 가장 앞서 있으며 특히 풍력에너지설비 생산에 있어서는 세계시장의 50%이상을 점유하고 있다. 정보통신기술분야는 자동차산업과 전기전자산업에 이어 독일에서 세 번째로 큰 산업이다. 독일의 바이오공학 및 유전공학 기술은 세계 최고 수준이며, 나노기술에 있어서는 많은 분야에서 세계 최고 수준을 보유하고 있다.

독일에는 이러한 우수한 기술력으로 세계시장을 점유하고 있는 세계적으로 잘 알려진 유수한 대기업이 많다. 독일의 세계적 기업들은 특히 자동차, 기계 및 통신기기, 화학산업에 많이 분포하고 있다. 메르세데스, BMW, SAP, 지멘스, 아디다스, 포르쉐 등은 세계 유수의 브랜드이다. 2008년 세계 100대 브랜드에

〈표 7-3〉 독일의 10대 제조업체 매출액 순

2006년 순위	기업	매출액(백만 유로)
1	다임러 크라이슬러	151,589
2	폴크스바겐	104,875
3	지멘스	87,325
4	EON	64,197
5	BASF	52,610
6	BMW	48,999
7	티쎈크룹	47,125
8	로버트 보쉬	43,684
9	RWE	42,871
10	도이치 BP	41,569

〈표 7-4〉 독일의 5대 서비스 기업 매출액 순

2006년 순위	기업	매출액(백만 유로)
1	도이치 텔레콤	61,347
2	도이치 포스트	60,545
3	독일 철도	30,053
4	TUI	20,515
5	루프트한자	19,849

<표 7-5> 세계 100대 브랜드 보유 국가

국가	브랜드 수	대표 브랜드(순위)
미국	52	Coca-Cola(1), IBM(2), Microsoft(3), GE(4)
독일	10	Mercedes(11), BMW(13), SAP(31), Siemens(48), Volkswagen(53), Audi(68), adidas(69), Porsche(75), Allianz(82), Nivea(96)
프랑스	8	Louis Vuitton(17), L' Oreal(51), AXA(55), Chanel(60)
일본	7	Toyota(6), Honda(20), Sony(25), Canon(36)
스위스	5	Nescafe(28), UBS(41), Nestle(63), Rolex(71)
이탈리아	4	Gucci(45), Prada(91), Ferari(93), Armani(94)
영국	3	HSBC(27), BP(84), Smirnoff(89)
네덜란드	3	Philips(43), ING(86), Shell(97)
한국	2	Samsung(21), Hyundai(72)
스웨덴	2	H&M(22), Ikea(35)
핀란드	1	Nokia(5)
스페인	1	Zara(62)

* 자료: Interbrand, The 100 Top Brands, *Business Week*

독일 브랜드는 10개가 포함되어 있으며 이는 국가별로는 미국 다음으로 많은 수치이다.

독일에서는 세계 유수의 대기업뿐만 아니라 특히 기계제작, 부품산업, 그리고 나노기술, 바이오기술 등의 미래 성장부문의 수 만개의 제조업분야 중소기업들이 경제의 국제경쟁력의 기초가 되고 있다. 중소기업은 2천만 명의 근로자를 고용하고 있으며 풍부한 직업훈련 기회를 청년층에게 제공한다.

독일경제에 있어서 약 360만 개의 중소기업과 자영업자들은 특히 중요한 구성요소이다. 독일 전체 기업의 99.7%가 중소기업이다. 연매출 5천만 유로 미만, 근로자 500인 미만의 기업이 독일에서 중소기업으로 분류되는데, 독일 전체 근로자의 70%가 중소기업에 고용되어 있다. 독일 중소기업의 48.9%가 서비스업, 31.4%가 제조업, 19.8%가 상업분야에서 활동하고 있다. 중소기업 대부분은 소유경영체제이다. 즉 중소기업의 소유자가 기업을 직접 경영하고 있으며 많은 중소기업들은 후손에게 상속된다. 독일 전체 기업에서 이러한 가족기업의 비중은 약 95%에 달하고 있다. 독일 전체 기업의 약 1/3은 여성경영자가 경영하고 있다. 2006년 한 해에만 471,200개의 기업이 새로 설립되었다. 독일정부는 중소기업 지원을 위하여 2007년 중소기업에게 보다 많은 자유 영역을 제공하고, 관료주의 철폐와 행정절차 간소화 등을 내용으로 하는 법을 제정하였다. 독일 중소기업의 강점으로 시장수요에 따른 제품의 신속한 출시, 국제화, 고도의 전문성, 틈새시장에의 성공적 진입 등을 들 수 있다.

고임금국가로서 독일기업에 있어서 경쟁자들보다 질적으로 앞서는 것은 매우 중요하다. 독일은 국민총생산의 약 2.5%를 연구개발에 투자하고 있다. 이는 EU 평균 1.8%(2006년)에 비해 훨씬 높은 수치이다. 기업이 지출한 연구개발비는 94억 달러로 세계 최고이다. 독일 기업과 개인들은 전 세계 특허의 11.7%를 등록하였으며 이는 세계 3위에 해당된다.

4. 산업

1) 제조업

제조업은 독일 무역의 엔진역할을 수행하며, 2006년 독일 전체 수출의 87%의 비중을 차지하고 있다. 제조업 가운데 핵심 업종으로 자동차제조업, 전자기술업, 기계제작업, 화학산업을 들 수 있다. 이 네 업종에만 288만 명이 고용되어 있으며, 총 7,670억 유로를 생산하였다. 제조업분야에 있어서 독일은 여타 선진국들과 같이 지난 수년간 큰 폭의 구조조정을 실시하였다. 철강, 섬유 등의 일부 전통적 업종들은 판매시장의 변화 및 저임금국가의 압력으로 부분적으로 크게

〈표 7-6〉 자동차 생산량 순위

2006년 순위	국가	생산대수(만대)
1	일본	1,148
2	미국	1,126
3	중국	719
4	독일	582
5	한국	394
6	프랑스	317

위축되었으며, 제약 산업 등에서는 인수합병을 통해 외국기업들을 소유하게 되었다. 제조업은 독일경제의 가장 중요한 기둥이고 매우 넓은 고용 기반을 가지고 있다. 독일 내 제조업분야에 약 800만 명이 일하고 있다.

(1) 자동차산업

독일의 가장 중요한 산업의 하나는 자동차산업이다. 독일 전체 근로자 7명 중 1명이 자동차산업에 종사하고 있으며, 자동차산업은 독일 전체 수출의 17%에 기여하고 있다. 독일은 일본, 미국, 중국에 이어 세계 제4위의 자동차생산국이며, 대표적 자동차제조업체로 폴크스바겐, 아우디, BMW, 다이믈러, 포르셰, 오펠의 6개가 있다. 독일 자동차업체들은 독일 국내에서 연간 약 600만대의 자동차를 생산하며, 외국에서 약 550만대를 생산하고 있다. 독일 자동차의 우수한 기술수준은 매우 높이 평가되고 있다. 독일 자동차제조업체들은 최근 신세대 디젤엔진, 하이브리드 카, 파워트레인의 전동화 등 환경친화적 자동차개발에 집중하고 있다.

(2) 전자산업과 화학산업

전기·전자산업은 전자기기, 계측기, 반도체 생산 등의 다양한 분야에서 적극적 활동을 하고 있다. 전기·전자산업에서는 고도의 혁신이 이루어지고 있으며 이는 독일 기업의 막대한 연구비 지출에 힘입은 것이다. 2006년 독일 기업의 연구비 지출은 94억 유로로 달했다. 지멘스 한 회사만 2006년 약 1,500개의 국제특허를 등록했는데, 이는 세계 3위에 해당되는 것이다. 화학산업 역시 세계적으로 선두적 위치에 있으며 주로 첨단 고급제품을 생산한다. 루드빅스하펜에 본사가 소재한 BASF는 세계 최대의 화학회사이다.

2) 서비스업

서비스업에 약 2,800만 명이 종사하고 있다. 이 가운데 1,200만 명이 서비스업분야의 기업에 고용되어 있고, 약 1,000만 명이 상업, 접객업, 교통 부문에, 약 600만 명이 금융, 임대업, 기업서비스에 종사하고 있다. 이 분야는 약 40%가 중소기업이다. 민간 및 공공 서비스업체는 국민총생산 2조 940억 유로 중 4,680억 유로를 생산하고 있으며(유진수 외, 2006년), 금융, 임대업, 기업서비스업은 6,180억 유로를 생산하고 있다. 서비스분야의 주요 업종으로 은행과 보험을 들수 있는데, 이 산업은 프랑크푸르트에 집중 분포되어 있다. 프랑크푸르트에는 유럽중앙은행, 독일연방은행, 독일증권거래소도 소재하고 있다.

독일은 미국·영국 등 다른 선진국들에 비해 비중이 상대적으로 낮은 서비스산업의 육성을 위해 노력해 왔다. 경제규모에 비해 서비스산업의 비중이 상대적으로 낮은 것은 내수주도 성장에 장애요인으로 작용해왔다. 90년대 이후 독일의 금융, 보험, 부동산, 비즈니스 관련 서비스는 빠르게 성장해 왔다. 기업의 아웃소싱 증가에 힘입어 비즈니스관련 서비스업종은 전체 서비스산업에서 20%를 차지할 정도로 성장했다. 반면 내수활성화에 필요한 유통, 물류, 운송, 관광 등의 분야는 상대적으로 성장이 미흡한 편이다. 이들 분야에서 미국과 영국은 각각 23%, 일본은 20%의 비중을 보인 반면 독일은 18%에 불과하다. 이러한 이유는 상점영업시간 제한, 대형유통매장 입지조건 및 규모제한 등 과도한 정부규제와 각종 진입장벽이 영향을 미친 것으로 볼 수 있다. 정부의 정책적 노력으로 독일의 서비스산업은 총부가가치 대비 70%선을 넘어섰으나 미국·영국 등에 비해서는 여전히 경쟁력이 낮은 것으로 평가된다.

II. 독일경제의 발전

1. 경제발전과정

독일경제는 제2차 세계대전 이후 1960년대 중반까지 매년 5~10%의 고성장을 지속적으로 실현하여 소위 '라인강의 기적'을 이루었다. 이는 우수한 노동력, 고급 기술 및 노하우 등의 국내적 요인과 전후 마셜플랜 등을 통한 미국의 지원, 1950~60년대의 전 세계적 호황, 저렴한 원자재가격 등에 힘입은 것으로 평가된다.

그렇지만 1960년대 중반 이후 성장률이 점차 하락하면서 독일경제는 불황을 맞게 된다. 1967년, 1974~75년, 1980~83년 기간에 독일경제는 심각한 불황을 경험하였다. 이 가운데 1967년의 최초의 불황은 어렵지 않게 극복되었으나 1970년대와 1980년대의 불황은 오일쇼크 등 전 세계적 불황의 여파에서 독일경제도 예외가 될 수 없음을 보여주었다. 독일은 1960년대 4%, 1970년대 3%, 1980년대 2%의 평균성장률을 나타냈다. 1970년대 이후 서독경제는 기술혁신능력이 점차 한계에 달하면서 생산성이 떨어졌다. 1950~73년간 연평균 5%대였던 서독의 노동생산성은 1973~87년 기간에 연평균 1.7%로 급락하였다. 서독의 경제성장이 전후 공급측 요인에 주로 기인하였다면 이때부터는 수요측 요인에 더 강하게 영향을 받으면서 경기변동이 심해졌다고 볼 수 있다.

1980년대 중반 이후 1990년대 초반까지 독일경제는 전후 두 번째로 긴 장기호황을 맞게 된다. 1984년부터 1992년까지 9년간 독일의 평균 경제성장률은 2.78%로서 1974년부터 1982년까지의 평균성장률 1.68%보다 1.1% 더 높게 나타났다. 그러나 많은 경제학자는 이 시기의 호황이 경제의 구조 개혁을 어렵게 만들어 통독 후 통일의 부정적 충격을 크게 했다고 보고 있다.

1993년부터 독일경제는 다시 불황에 접어들었다. 1993년 이후 2004년까지 연평균 경제성장률은 1.2%에 불과하며, 2001년 이후에는 0.65%에 머물렀다. 이 기간 동안 재정적자의 심화, 고실업, 수출과 내수의 양극화, 사회보장제도의 위기 등 총체적 위기가 발생하여서 독일은 '유럽의 병자'로 조롱받게 되는데 그 원인으로 일부 잘못된 통일정책 및 통일로 인한 과도한 재정부담 후유증, 세계화·유럽통합의 심화에 따른 제조업 공동화현상 및 산업구조상의 문제, 과도한 규제로 인한 경제활력의 감소, 경제구조조정의 지연 등이 지적되고 있다.

2006년 이후 독일경제는 다시 뚜렷한 회복세에 진입하였다. 경제성장률은 2003년 -0.3%, 2004년 1.1%에서 2006년 2.9%, 2007년 2.5%로 회복되었고, 동·서독 지역 간 경제성장률 격차도 1%이내로 감소하였다. 이에 따라 노동시장 환경도 크게 개선되어서 10%대를 넘던 실업률도 2007년 8.7%, 2008년 7.4%로 하락했다. 실업자 수는 2005년 486만 명에서 2007년 377만 명으로 감소하였고, 2008년 4월 현재 341만 4,000명으로 1년 전에 비해 56만 3,000명, 2년 전에 비해 130만 명 감소하였다. 이에 따라 사회보장료 납입의무 근로자 수가 증가하였는데 이는 노동시장의 질적 개선을 의미하는 것이다.

2000년대 초반 GDP대비 3%를 넘어섰던 재정수지 적자는 2006년 1.6%로 축소되었고, 드디어 2007년에는 재정수지 균형이 달성되었다. 최근 6년간 세계 제1위 수출국의 위상을 가지고 있는 독일의 경상수지 흑자규모는 2004년 1,029억 유로에서 2007년 1,842억 유로로 증가하였다.

그렇지만 동·서독 지역 간 경제력 격차가 여전히 존재하며, 특히 실업률 격차가 심각해 사회통합의 어려움은 지속되고 있다. 동독지역의 경제성장은 낮아서 1인당 소득의 경우 구동독지역이 서독의 약 70% 수준에서 정체되어 있으며, 노동생산성도 20% 정도 낮은 수준이다. 구동독지역의 실업률은 하락세를 보이고는 있지만 2007년 말 현재 14.4%로 서독의 약 2배 수준을 나타내고 있다(삼성경제연구소, 2008).

2. 수출

독일의 경제적 성과는 무엇보다 대외무역에 기인한 바가 크다. 특히 2004년 이후 경제회복의 견인차 역할을 수행한 것 중 하나는 높은 수출실적이다. 자본

재와 중간재 중심의 독일수출이 급증하며 경기회복을 견인해 왔다. 연평균 수출
증가율은 2001~2003년 3.6%에서 2004~2006년에 10.1%로 크게 증가하였다.

2007년 수출실적은 9,690억 유로로 이는 국민총생산의 삼분의 일 이상에 해
당되고 있다. 독일은 세계 최대의 수출국이며, 2003년 이후 6년 연속 세계 1위
수출국의 위상을 유지하고 있다. 독일 제품의 세계시장 점유율은 2000년 8.6%
에서 2006년 9.2%로 상승하였다. 이에 따라 독일경제는 세계에서 가장 국제화
되어 있고, 세계 경제와 긴밀하게 연계되어 있다. 독일 전체 수익의 1/4 이상이
수출에서 발생되며, 전체 일자리의 다섯 개 중 하나 이상이 수출과 관계된 업무
를 하는 것이다.

수출은 전체 GDP의 45%를 차지하여 독일경제의 버팀목이자 성장의 원동력

〈표 7-7〉 국가별 무역규모

국가	2008년 수출실적		2008년 수입실적	
	순위	금액(백만 달러)	순위	금액(백만 달러)
독일	1	1,530,000	2	1,202,000
중국	2	1,465,000	3	1,156,000
미국	3	1,377,000	1	2,190,000
일본	4	776,800	5	696,200
프랑스	5	629,700	4	718,400
이탈리아	6	565,100	7	566,800
네덜란드	7	537,500	8	485,300
러시아	8	476,000	11	302,000
영국	9	468,700	6	645,700
캐나다	10	461,800	9	436,700
한국	11	458,400	10	459,900

이 되고 있다. 1999~2006년 누적기준으로 순수출(수출-수입)이 실질 GDP성장의 80%를 담당하였다.

독일의 높은 수출 실적은 독일 기업의 강한 국제경쟁력에 기반하고 있다. 그 결과 독일 산업에서 수출비중이 대폭 증대되었다. 1991년에서 2006년 사이 기계산업에서는 수출비중이 52%에서 77%로 상승하였고, 화학산업은 50%에서 70%로, 자동차산업은 43%에서 72%로, 전자산업은 31%에서 47%로 상승하였다. 산업 전체적으로 수출 비중은 35%에 달하였다.

독일의 3대 교역상대국은 프랑스, 미국, 영국이다. 독일은 2006년 프랑스에 850억 유로의 상품과 서비스를 수출하였으며, 미국과 영국에 각각 780억 유로와 650억 유로의 상품과 서비스를 수출하였다. EU의 동구권 확대로 EU 기존 국가와의 교역 외에 동구권 EU 국가와의 교역도 크게 신장되어서 전체 수출의 약 10%가 이 지역으로 이루어졌다. 또한 중국, 인도 등의 아시아 개도국과의 무역 및 경제관계도 지속적으로 확대되었다. 독일의 중국과 인도에 대한 수출은 1993년에 330억 달러였는데 2006년에는 1,040억 달러로 세배 이상 증가하였다. 동기간 아시아 지역에서 활동하고 있는 독일 기업의 수도 1,800개에서 3,500개로 크게 증가하였고, 아시아 지역에 대한 직접투자는 동기간 4배 이상 증가하였다.

수출호조에 힘입어 2005년부터 내수도 회복세에 진입하였다. 수출은 독일경제가 침체를 겪었던 2001~2005년에 내수 부진을 상쇄하면서 경기회복의 기틀을 마련해서 '수출 증가 → 설비투자 회복 → 노동시장 개선 → 민간소비 회복'의 선순환 구조가 복원되었다.

독일의 강한 수출경쟁력의 요인으로 다음을 들 수 있다(삼성경제연구소, 2007).

1) 제조업의 강한 경쟁력

독일은 제조업 강국으로 총부가가치에서 제조업 생산이 차지하는 비중이 25.5%로서 일본(19.3%), 미국(17.0%), 영국(17.4%), 프랑스(15.1%) 등 다른 선진국에 비하여 매우 높다.

독일기업들은 자동차, 화학, 기계, 전기기기분야에서 세계 최고의 경쟁력을 가지고 있다. 포천지 선정 2006년 세계 500대 기업 중 35개가 독일기업이며

그 중 16개가 제조업체이다. 이에는 자동차산업에서 다임러-크라이슬러, 폭스바
겐, BMW, 화학산업에서 훽스터, BASF, 바이엘, 헹켈, 전기기계산업에서 지멘
스, 보쉬, 철강산업에서 티센크루프가 포함되어 있다.

중소기업은 독일 제조업의 든든한 버팀목 역할을 하고 있으며 많은 중소기업
들이 품질과 기술에서 세계적 경쟁력을 가지고 있다. 제조업분야 중소기업에
종사하고 있는 근로자는 약 440만 명으로 전체 제조업 근로자의 약 72%에 해당
된다.

기업의 기술개발 투자 확대와 함께 독일정부의 대폭적 지원이 독일 수출제품
의 품질경쟁력 강화에 크게 기여하였다. 독일의 기술혁신 역량은 세계 최상위권
에 있다. 2003년 독일의 특허건수는 7,111개로 미국(19,222), 일본(13,564)에 이어
3위이며, 2003년 독일의 GDP 대비 R&D 투자는 2.52%로 EU 15개국 평균 1.9%
를 크게 상회하고 있다. R&D 집중산업의 수출기여도는 다른 OECD 국가들보
다 높으며, 독일정부는 2009년까지 R&D 투자에 60억 유로를 추가 지원할 계획
이다. 신상품이나 신제조공법의 개발에서도 독일 기업들은 제조업분야에서 2위,
서비스부문에서 1위를 기록하고 있다.

2) 수출시장

EU 회원국 확대와 무역창출효과 등을 통해 역내 무역의 비중이 점진적으로
증가하는 추세에 있다. 그 결과 독일의 2006년 유로지역내 수출과 EU 역내 수
출이 각각 전체 수출의 42.5%와 63.5%를 차지하고 있다.

이와 더불어 최근 BRICs와 아시아 국가 등 이머징 마켓 국가에 대한 수출이
급증하고 수출 비중도 증가하고 있다. 이머징 마켓에 대한 수출 비중은 20%
미만이지만 점차 증가추세에 있다. 2006년 대 중국 수출은 전년 대비 30%, 러시
아를 포함한 기타 유럽국가 수출은 22% 증가하였다.

3) 자본재 수출

2000년 이후 신흥 개도국의 왕성한 생산 투자활동이 이루어지고 있다. 이러
한 세계적인 투자 붐으로 인해 독일 자본재에 대한 수요가 크게 증가하였다.

특히 중동 산유국과 러시아의 경우 에너지 수출 의존도를 낮추고 장기 성장기반을 구축하기 위해 고유가로 조성된 오일머니로 기계류 등 독일의 자본재를 대거 수입하였다. 독일은 전통적으로 자본재 수출에 강점을 가지고 있어서 자본재 수요 증가의 혜택을 크게 누리고 있다. 자본재 수출은 독일 전체 수출의 45%를 차지하고 있다.

4) 원가경쟁력

독일통일 이후 약화된 원가경쟁력을 끌어올리기 위해 독일의 노사는 1990년대 중반 이후 임금인상 억제 노력을 지속적으로 전개하였다. 그 결과 2000~2006년 독일의 연평균 임금인상률은 1.8%의 낮은 수준으로 유지되었고, 2004년 이후에는 1% 미만으로 더욱 안정되었다. 특히 노사 임금협상을 통해 추가 임금인상 없이 근로시간 연장에 합의하는 사례가 증가하였다. 이러한 임금안정에 힘입어 독일 제조업은 원가경쟁력을 확보하였다. 유로화 환율이 급상승한 2000년 이후에도 임금인상 억제로 실질실효환율은 계속 낮은 수준을 유지할 수 있었다.

5) 국제 분업체계

독일 산업계는 노동집약부문을 저임금 국가로 이전하는 국제분업체계를 구축하였다. 즉 독일 기업들은 EU 경제통합에 따라 값싼 노동력을 활용할 수 있는 동유럽 국가(폴란드, 헝가리, 체크, 슬로바키아, 루마니아 등 5개국 중심)를 중심으로 배후 생산기지를 구축하였다. 즉 본사-해외 거점간 생산 네트워크를 구축하고 해외로부터 중간재(부품 및 소재)를 수입하여 생산성 향상 등을 통해 경쟁력을 제고해 왔다. 특히 자동차 생산업체들이 생산거점 재배치 및 글로벌 생산 네트워크 구축에 가장 적극적이었다.

제조업 생산의 많은 부분이 해외로 이전됨에 따라 독일 본사와 해외 자회사간 무역이 크게 증가하였다. 이에 따라 수출에서 수입 제품이 차지하는 비중이 빠르게 증가하여 1995년 31.1%에서, 2001년 40%, 2005년 41.7%로 증가하였다. 특히 동유럽 5개국에 대한 자본재 수출이 지속적으로 증가하여 1995년 10.9%

에서 2000년 21.7%, 2005년 22.7%로 증가하였다.

이에 따라 독일은 국제 생산 네트워크의 구축을 통해 과거의 단순한 제조업 베이스가 아닌 중간재와 최종재 교역이 활발히 이루어지는 '국제분업의 허브'로 변신하였다. 국제분업체계의 구축으로 생산 공정에서 수입중간재의 비중이 증가함에 따라 수출산업의 외화가득률은 감소하여 2005년 현재 전체 수출(부가가치)의 약 56.6%만이 독일 내 생산 활동으로 이루어졌다.

III. 독일의 사회적 시장경제

독일의 경제체제는 사회적 시장경제체제이다. 사회적 시장경제체제는 민간기업에게 자유로운 경제활동과 가능한 최대의 자유경쟁을 보장하면서 다른 한편으로는 사회적 형평과 시장질서 확립을 위하여 필요한 만큼 정부의 시장개입을 허용한다는 원칙을 기본으로 전후 형성된 독일의 경제체제이다.

1. 사회적 시장경제의 생성

제2차 세계대전이 끝난 후 독일은 경제기반이 완전히 붕괴되어 물자부족, 인플레, 실업 및 빈곤 등 극심한 혼란을 경험하였다. 국민총생산은 1936년 기준의 40% 수준으로 감소하였으며, 공업생산은 67% 감소하였다. 상업용 건물의 20%, 총가옥의 20~25%가 전파되고, 수송망의 40% 및 생산시설의 50%가 파괴되었다. 전쟁 중 사망자 수는 800만 명에 달했고, 1937년 영토의 25%를 잃게 되었다. 다른 국가에 귀속된 영토는 주요 곡창지역을 포함하고 있었다. 종전 이후 구독일지역에 거주하던 주민과 동독지역 탈출자의 증가로 서독지역 인구는 전쟁 전보다 14%정도 늘어남으로써 생활고가 극도에 달하였으며, 총인구의 60%가 영양실조에 시달리는 등 빈곤문제는 심각한 사회적 문제가 되었다.

이러한 경제적 파국 상황에 직면하여 전후 독일의 가장 시급한 국가적 과제는 무엇보다 경제재건과 빈곤문제의 해결이었다. 나치 체제하에서 독일경제는 중앙집권적인 계획경제체제로 운영되었으며, 생산수단의 소유는 형식상 사적 소유로 되어 있었으나 임금 및 가격의 자유로운 결정이 제한되어 있었다.

종전 직후 당시의 경제학의 흐름은 고전적 자유주의 사상과 사회주의적 간섭주의 사상이 지배적이었다. 이러한 시대적 흐름과 달리 독일의 질서자유주의자들은 독일경제의 재건은 기본적으로 질서정책적 문제, 즉 나치체제하의 계획경제체제를 시장경제체제로 대체시키는데 있다고 보았다. 즉 경제질서를 바꾸는 것이야 말로 전후 독일경제가 해야 할 기본적인 문제라고 보았으며 이를 위해서는 분명한 경제정책 이념의 제시가 시급하다고 하였다. 이들은 고전적 자유주의가 경쟁의 기능을 제대로 인식하고는 있지만 경쟁이 가져올 수 있는 여러 사회적 문제, 예컨대 분배의 불공평 및 독과점의 등장 등을 소홀히 다루고 있으며, 이러한 문제는 독일이 19세기 말경에 실제로 경험하였기 때문에 자유방임주의를 독일경제정책의 지도이념으로 삼을 수 없다고 생각하였다. 그렇다고 하여 개인의 자유가 무시되고 국가가 경제활동에 깊이 개입하는 사회주의는 더욱 받아들일 수 없었다.

이들은 기본적으로 시장경제가 가장 능률적인 제도라고 믿고 있으나 시장경제의 기초가 되는 경쟁은 경쟁자체를 위협하는 등 사회적 문제를 야기하기 때문에 공정한 경쟁이 될 수 있도록 국가가 제도적 환경을 만들어 주어야 하며, 공정한 경쟁질서만 확립되면 시장경제 아래서도 사회적 문제가 해결될 수 있다고 생각했다. 이와 같이 사회적 문제를 해결할 수 있는 시장경제질서야말로 새로운 개념의 시장경제질서이며 이 새로운 제도를 가지고서만 독일이 당면하고 있는 경제재건과 사회적 문제를 해결할 수 있다고 생각하였다.

경제에 있어서 사회적 문제를 이처럼 중시한 것은 제2차 대전 후 독일이 안고 있었던 빈곤, 실업 등 심각한 사회적 문제를 사회주의적 방법에 의해서가 아니라 시장경제질서의 바탕 위에서 해결하고자 했기 때문이다. 이 새로운 시장경제가 사회적 시장경제이며, 이는 고전적 자유주의도 아니고 집단적 사회주의도 아닌 그 사이에 있다는 의미에서 제3의 길이라 할 수 있다. 특히 제2차 대전

후 세계가 동서로 나누어지고 자본주의와 공산주의로 양분된 이념구도에서 제3
의 길을 모색하고자 한 독일의 노력이라고 할 수 있다(안석교, 1987).

2. 사회적 시장경제의 내용

사회적 시장경제의 개념은 쾰른 학파의 학자인 뮐러-아르막이 처음으로 표현·
정립하였고(Mueller-Armack, 1946), 에르하르트가 처음으로 정책적으로 실천하였
다. 뮐러-아르막은 중앙관리형 계획경제는 결코 성공할 수 없으며, 또한 고전적
자유주의에 입각한 자유방임형 시장경제도 18~19세기의 경제상황에 맞는 경제
체제로서 사회적·경제적으로 상황이 달라진 20세기에는 적합하지 않은 것으로
주장하였다. 1930년대 세계대공황을 경험하면서 자유방임형 자본주의 시장경제
의 고전적 자유주의 패러다임은 자기수정이 불가피하게 되었다. 그런데 뮐러-아
르막은 중앙관리형 계획경제와 자유방임형 시장경제 중의 양자택일이라는 대안
은 적절하지 않으며, 새로운 제3의 경제체제가 필요하다고 하였으며, 이 경제체
제를 바로 '사회적 시장경제'라고 하였다(Erhard/Mueller-Armack, 1972).

사회적 시장경제는 말 그대로 사회적으로 운영·관리되는 시장경제체제이다.
여기에서 '사회적'의 개념은 경쟁을 최대한 허용하면서 효율성을 추구하는 시
장경제 외에 독일의 경제체제가 추구하는 또 하나의 중요한 가치가 있음을 의
미한다. 즉 사회적 시장경제는 민간경제활동 주체에게 가능한 한 최대의 자유경
쟁을 보장하는 효율성을 추구하는 시스템이지만, 동시에 사회적 형평성을 유지
하기 위해 필요한 만큼의 정부 역할을 강조하고 있다(Kremer, 1993).

사회적 시장경제는 건전하고 효율적인 시장기능과 사회적 형평을 위해 정부
의 개입을 필요로 한다는 특징을 가지고 있다. 이는 경제질서를 경쟁적 시장경
제 원리에 바탕을 두되 사회적 목표 간의 조화로운 균형을 위해 정부의 시장개
입이 필요하다는 것을 의미한다. 즉, 독일의 사회적 시장경제는 경쟁질서의 확
립을 통한 시장경제의 성과를 사회적 목표인 안정, 공정, 발전에 맞추어 배분함
으로써 효율과 형평의 균형을 유지한다. 이는 사회적 시장경제가 모든 사람들에

게 기회의 형평, 사회보장, 높은 생활수준을 보장하는 체계가 가능하다는 것을 의미하는 것이다. 이것은 한편으로는 자유, 자기실현 등의 목표가, 다른 한편으로는 연대, 사회보장, 정의 등의 가치가 독일의 시스템 내에 공존한다는 것을 의미하고 있다.

뮐러-아르막에 의하면 사회적 시장경제의 중심사상은 "……경쟁경제의 기초 위에서 자유로운 창의성과 바로 시장경제의 성과들을 통해 확보된 사회적 형평성과 결합시키는 것"이다. 이는 바로 독일의 사회적 시장경제가 경제에서의 효율성뿐만 아니라 형평성도 체제운영의 중요한 목표로 간주하고 있음을 의미한다. 뮐러-아르막은 사회적 시장경제는 19세기 말에 대두된 노동자문제 등에서 나타난 계급간 갈등을 해소하고 모든 국민의 복지를 보장할 수 있는 체제라고 주장하였다. 뮐러-아르막이 주장하는 정부의 핵심 역할은 첫째, 경쟁경제의 창출과 확보, 둘째, 사회정책관점에서의 소득조정, 셋째, 중소기업의 견실한 유지를 위한 시장정합적 조치, 넷째, 인간적이고 공동결정에 입각한 노사관계의 정립, 다섯째, 시장경제적 경기안정정책을 통한 경기안정이다(Mueller-Armack, 1948).

독일의 사회정책은 사회적 시장경제 원칙에 근거하여 형성되었다고 볼 수 있다. 이러한 사회정책은 사회보험, 사회복지서비스, 주택임대제도, 농산물 지지가격제, 해고보호법, 노동시간 제한, 근로자 경영참여제도 등으로 이루어지고 있다. 이러한 사회정책은 독일의 빈곤해소, 삶의 질 제고, 노사간 갈등해소 등 사회적 안정을 이루는데 결정적 역할을 하였을 뿐 아니라 통일을 무리없이 달성하는데도 크게 기여하였다. 이러한 점에서 독일의 경제체제를 인본적 자본주의라고도 한다(황준성, 1995).

사회적 시장경제체제에서의 경제질서는 스스로 형성되는 자생적 질서가 아니고 국가가 정책의 일환으로 질서의 기본 틀을 적극적·의식적으로 형성하는 것이다. 이는 국가로의 권력집중이 아니라 분권과 동시에 경쟁질서의 구축을 추구하는 것이다. 정부는 자유경쟁시장의 틀을 창출할 책임을 지며, 시장기능을 훼손시키는 직접 통제는 피해야 된다는 것이다. 개인, 단체, 기업 등 경제활동의 주체는 자신의 목표와 이익을 위해서 경쟁하고, 국가는 이들의 경쟁에 있어서 경쟁 법규와 규범을 세우고 경쟁참가자들이 이를 지키도록 관리한다.

사회적 시장경제는 법치를 토대로 한 경제적 자유와 사회적 안정 및 사회적 공정성 간의 조화로운 힘을 형성하는데 있다. 경제적 자유는 경제활동의 자유 및 선택의 자유로서 각자의 이익추구가 타인의 자유를 제한하지 않는 범위에서 각자의 의사결정권을 최대한으로 보장하는 것을 뜻한다. 이는 사회적 시장경제의 주요 구성요소인 경쟁범위 및 질서범위에 구체화되어 있다. 공정성은 능력의 원칙과 수요의 원칙을 기저로 삼고 있는데 비단 소득이나 자산의 분배에만 국한되는 것은 아니며 기업경영 또는 거시경제적 범위를 수립하는데 있어서 의사결정에 대한 모든 이익집단, 특히 노동조합의 적절한 참여까지 포함하고 있다. 안정은 거시적 차원에서의 목표뿐만 아니라 개인 및 단체가 일차적으로 자기책임하에 자신의 실존과 후생을 향유할 수 있는 포괄적 의미를 가지고 있다.

이러한 상위의 목표를 달성하기 위하여 가격 안정, 완전고용, 지속적 경제성장 및 대외균형과 같은 통상적인 정책목표들이 설정되고 있다. 여기에서의 경제성장은 양적·질적 요인을 포함하고 있다. 즉 개체의 자아실현을 위한 물질적 토대를 마련할 뿐만 아니라 포괄적인 의미에서의 삶의 질을 제고하는 과정으로 이해되고 있다.

사회적 시장경제체제는 경제정책을 질서정책과 경과정책으로 구별하고 정부가 해야 할 일을 원칙적으로 질서정책에 국한하고, 경과정책에는 정부가 개입해서는 안 된다고 규정하고 있다. 여기서 질서정책이란 경쟁시장을 형성하기 위한 조건들에 가해지는 정책을 의미하며, 경과정책이란 상황에 따라 변하는 경제의 흐름에 가해지는 정책을 의미한다. 즉, 정부가 해야 할 일은 경쟁시장의 틀을 보전하거나 그 보완에 국한되어야지, 경제의 일반적 흐름에 대한 간섭은 정부가 해서는 안 된다는 것이다. 이는 경제과정에의 정부의 간섭과 정책은 가격기구의 유효한 기능을 해치고 통제파급의 원칙에 따라 결국중앙관리체제로 이어진다고 생각하는데 있는 것이다. 독일의 사회적 시장경제에서 질서정책과 경과정책을 보다 구체적으로 살펴보면 다음과 같다(황준성, 1995).

1) 질서정책

질서정책이란 경쟁시장의 틀을 형성하는 조건에 관한 정책을 의미한다. 여기서 경쟁시장의 틀의 형성이란 '완전경쟁의 유효한 가격체계의 형성'을 의미한다. 이러한 완전경쟁의 유효한 가격체계의 형성을 위해서는 경쟁질서에 필요한 법제적 기초를 정비함은 물론, 그 위에 건전한 통화체계와 함께 독점방지를 위한 '반독점정책'이 특히 중요하게 된다. 사회적 시장경제에서는 경제에서 독점방지를 구체적인 질서정책의 최우선으로 꼽고 있으며 그것을 경제정책의 첫째 목표로 삼고 있었다. 또한 금융기관이나 주식회사 조직 및 정보에서의 독점에 대한 대책도 필요하다고 주장되었다. 즉, 독점은 그것이 공공의 복지를 해치는 경우 내지 그러한 위험이 발생했을 경우에만 통제하기보다는 독점 그 자체가 악이므로 일반적으로 금지해야 한다는 것이다. 독일에서는 독점에 대한 경쟁의 보호를 위해 다양한 법률을 제정해 놓고 있다. 예를 들면, 반불공정거래법, 할인법, 부가물(덤핑, 경품, 프리미엄 등) 등에 관한 규정 등이 있다. 질서정책에 포함되는 또 하나의 중요한 정책이 분배정책이다. 특히 소유와 분배정책을 중요시하고 있는데 그 이유는 크게 다음의 두 가지를 들 수 있다.

첫째, 소유의 분산이 유효한 경쟁시장 질서의 형성과 유지에 필요하기 때문이다. 유효한 경쟁시장의 형성에는 경제결정기능의 분산, 그 기초가 되는 생산수단의 사유제가 필수적이다. 시장기구를 통한 분배만으로는 소득 및 소유의 격차의 발생과 확대로 소득분배의 불평등의 문제가 야기되고 따라서 공정한 경쟁에 필요한 '경쟁조건의 평등'이 파괴되어 시장기구의 사회적으로 유효한 기능, 즉 국민의 필요에 부응한 수급조절기능이 해를 입게 되기 때문이다.

둘째, 재산형성정책은 사회적·인간적 측면에서 중시해야 된다는 것이다. 이에 따라 모든 사람에게 재산소유와 그에 따른 권리를 부여하는 것을 정부의 책임으로 인식하고 다양한 재산형성정책이 도입되었다. 저소득층 재산형성과 주택구입을 위하여 정부보조의 이자가 불입되고 장기간 인출이 불가능한 재형저축수단이 동원되었으며, 저소득층 임대주택사업재원을 정부가 담당하거나 지원하였다. 특히 기업 이윤의 일부를 투자임금의 형태로 근로자가 종사하는 기업의 생산자본에 불입하게 함으로써 근로자의 기업 공동 소유를 정부가 촉진하게

되었다. 독일은 소득분배수단을 누진세체계인 조세정책보다는 재산형성제도에
더 의존하였는데, 이와 같은 사회적 시장경제의 선택은 경제주체의 동기유발을
극대화하고 소비보다는 저축 및 자본형성을 유도하는 경제의 장기적 목적과도
부합하는 것이었다.

2) 경과정책

사회적 시장경제에서 정부의 정책은 원칙적으로 질서정책에 한정되고 경과
정책에 대해서는 일반적으로 배제되거나 소극적이다. 이는 다음의 입장 및 인식
에 근거하고 있다:

- 경제과정을 이끌고 가야 하는 것은 시장이지 정부가 아니다.
- 경제과정에의 개입이 유효하기 위해서는 차례로 또 다른 정부간섭을 불러
  들여야 하며, 마침내는 자유를 억압하는 중앙관리경제가 되고 만다(통제파
  급의 원칙).
- 경제상황에 따른 경과정책은 대부분 이익집단에 의해서 좌우되어 그들의
  이익을 대변해 줄 가능성이 많다.

따라서 독일에서는 경과정책에 해당하는 케인즈류의 재정 또는 금융정책이
거의 없다는 것이 특징이다. 금융정책은 중앙은행으로서 독립성이 확보된 연방
은행이 거의 담당한다. 거시정책의 경우 연방정부의 자문역할을 하는 반독립적
연구기관이 거시경제의 불균형을 예측하여 이에 관한 소견을 정부에 제출하는
정도이다.

일반적으로 금융·재정적 수단이나 정부 투자에 대한 완전고용정책은 더 큰
경제의 위험을 초래할 수도 있다는 것이 케인즈류의 재정·금융정책을 취하지
않는 사회적 시장경제의 이유이다. 즉 케인즈류의 정책은 구조적인 거시경제의
불균형을 시정하는 것이 아니라 그것을 중대시키며 투자의욕의 촉진이 아니라
오히려 그것을 약화시킨다. 따라서 한편에서는 케인즈정책을 통해 완전고용을
실현하려 하나 다른 한편에서는 케인즈정책에 의해 점점 경제의 불균형이 심화

되어 가는 딜레마에 빠지게 됨으로써 이를 해결하기 위해 경제체제는 중앙관리 체제로 갈 수밖에 없을 것으로 믿기 때문이다. 이와 같은 케인즈주의 비판은 흔히 독일에 있어서 임기응변적인 공황대책으로부터 나치체제로 이행하게 되었던 지난날의 경험과 결부되는 것이라고 볼 수 있다.

독일경제는 세계에서 가장 지속적이고 안정적인 성장을 이루고, 경제적 균형, 기업의 경쟁력, 노사협조 등 경제의 거의 모든 면에서 세계의 자본주의 시장경제에서 모범적 성과를 보여 주었다. 이는 바로 독일 고유의 경제체제인 '사회적 시장경제'의 결과라고 볼 수 있다.

3. 사회적 시장경제체제의 문제점

사회적 시장경제체제는 시장내 자유경쟁을 최대한 보장하면서도 사회적 질서의 형성·유지에 대해서는 시장실패를 보완한다는 차원에서 국가 경제·사회 정책을 통하여 직·간접적으로 개입한다. 이로부터 국민의 최저 생활수준을 유지하도록 하였기 때문에 전후 독일경제의 번영과 독일 국민의 복지향상에 크게 기여하였다. 그렇지만 사회적 시장경제체제는 1990년대 이후 글로벌 시대에 적지 않은 문제점을 나타냈다.

사회적 시장경제체제로 '큰 정부'의 폐해가 점차 심화된 것이다. 국민 복지를 위한 독일정부의 적극적 개입으로 인해 정부 지출의 비중이 GDP의 절반가량을 차지하게 되었는데 이는 미국·영국 등에 비해 크게 높은 수준으로 정부 지출을 줄이고 있는 세계적인 추세와 대조적인 현상이다.

사회적 시장경제는 자유경쟁과 사회적 형평성이 조화를 이룬 시기에는 경제성장과 발전에 기여했으나 정부가 시장에 과도하게 개입하면서 독일경제의 성장잠재력이 약화되었다고 비판되고 있다. 특히 분배욕구에 부응한 과도한 사회복지정책의 추진은 사회적 시장경제의 원칙을 훼손하는 부작용을 초래한 측면이 있다. 사회적 시장경제체제가 호황의 성과를 재분배로 나누어 가지는 도덕적 해이를 유발하고, 사회적 시장경제의 원칙인 시장에 의한 효율적 자원배분 및 경쟁에 의한 성장 등의 요소가 점차 축소되어 경제의 활력이 약화되었다. 과도한 재분배 규정은 생산성향상을 저해하고 고소득자에 대한 높은 세율로 노동의 욕이 감퇴했으며, 높은 수준의 임금이 높은 실업률을 초래하는 원인으로 작용하였다.

정부의 과도한 시장개입으로 자유경쟁이 제한을 받으면서 영미식 모델에 비해 글로벌 경쟁 격화, 급격한 기술변화 등에 신속한 대응에 어려움이 초래되었다. 또한 지나친 정부 개입이 기업들의 창의성과 활력을 제한하여 경쟁력이 약화되었다는 비판도 제기되고 있다.

비대화된 공공부문을 유지하기 위해 근로자와 기업에 대한 세금부담을 높임으로써 기업의 경쟁력이 약화되고 기업입지 여건에도 불리하게 작용되고 있다. 의료·연금 등 사회보장제도를 운영하는데 정부 예산의 약 60%가 지출되고 있으며 독일기업과 근로자의 세금 및 사회보장세 부담률은 GDP의 약 40%에 달해 미국·영국보다 훨씬 높은 수준이다. 기업 및 가계의 높은 조세부담은 기업투자와 가계소비의 위축요인으로 작용하였다(안순권·김필헌, 2007).

IV. 구조개혁

1. 노동시장 개혁

독일정부는 복지의존에 따른 근로기피 억제, 자영업 지원 및 적극적 노동정책 추진 등을 위한 개혁을 추진해 왔다. 그 방안으로 2003년부터 2004년 말까지 하르츠(Hartz) I~III법 시행, 연방고용청 및 고용센터를 설치하여 정부의 고용알선기능을 강화하고 세금감면 및 규제완화 등을 통해 저소득 일자리 취업 및 1인 자영업 창업을 촉진하였다. 그 내용으로 월 소득이 400유로 이하(mini-jobs)이면 사회보장세 및 소득세납부를 면제하고, 400~800유로(midi-jobs)일 경우 세금을 대폭 경감하였으며, 수공업법을 개정하여 단순직종에 대한 장인(Meister) 자격증제도를 철폐하는 등 1인 자영업의 창업절차를 간소화하였다.

이와 더불어 실업경감을 위한 자영업 지원정책의 일환으로 창업보조프로그램을 실시하였다. 그 내용으로 실업자들에게 자영업 창업시 창업보조프로그램과 1980년대 후반에 시행된 창업연결프로그램 중에서 선택할 수 있도록 하였고, 창업지원프로그램은 실업수당과 동일한 금액을 6개월 동안 지원받을 수 있는 반면, 창업연결프로그램은 3년간 순차적으로 지불되며, 첫해에는 600유로, 이듬해 360유로, 마지막 해는 240유로를 지불하였다. 그 결과 1994~2004년 기간 중 창업지원 건수는 37,000건에서 350,000건으로 급증했으며, 장기실업자들의 참여율도 상승추세를 나타내게 되었다.

독일정부는 2005년 1월부터 '하르츠 IV'법을 시행하여 실업급여제도를 개정하고 실업급여를 축소하였다. 실업급여 수혜기간을 축소했으며, 2006년 2월부터 취업기피 등 실직자의 구직의무 위반행위에 대한 제재가 강화되었다. 2005년 이후 실직수당의 실직 전 급여대체율은 60~67%에서 53~57%로 인하되었고, 2005년 이후 실업수당의 지급기간은 실직 후 12~32개월간에서 12개월로 축소되었다. 단 55세 이상 근로자에게는 실직 후 18개월간 실업수당이 지급된다. 실업혜택은 실업자의 총자산을 고려하여 자격요건이 결정되고, 추천받은 일자리를 실업자가 특별한 사유 없이 거부할 경우 불이익을 주고 실업급여기간이 단축되었다. '하르츠 IV'법의 시행으로 210만 명이 실업혜택에서 제외되었으며, 장기실업자의 경우 지급액이 기존의 530유로에서 350유로로 대폭 축소되었다. 이 법은 독일에서 제2차 세계대전 이후 가장 크게 복지를 축소한 것으로 평가된다.

연방정부가 지급하던 실업급여와 지방정부가 지급하던 사회복지급여를 통합, 근로능력이 있는 사회부조 수급자를 실업자로 새로 등록하였다. 이에 따라 사회복지급여 수령자는 실업자로 등록하는 동시에 구직노력을 해야만 실업급여를 감액 없이 수급할 수 있도록 변경하였다.

독일정부는 일자리 창출을 위해 노동시장의 유연성을 높이는 개혁을 추진하였다. 이를 위하여 경제사회의 전반적 개혁프로그램인 '아젠다 2010'에 의해 고용보호완화를 추진하였다. 그 주요 내용은 다음과 같다:

- 2004년 1월 이후 신규고용시 해고보호조항 적용대상을 5인 이상 사업장에서 10인 이상 사업장으로 완화
- 창업 후 4년간 해고가 용이한 임시직 근로자 채용 가능
- 경영상 이유로 해고시 해고자 선정기준인 사회적 선택기준을 근속기간, 나이, 부양의무 및 장애 등 4가지로 한정하고 경영상의 이유로 지식, 능력, 인성 등을 감안하여 필요한 직원에 대해서는 고용유지 가능
- 경영상의 이유로 해고시 단순하고 비용절감적인 화의절차에 의해 고용상태 종료가능. 이때 근로자는 해고구제소송을 제기하거나 근속 1년당 1/2개월치 임금에 해당하는 보상금 중 선택 가능

2005년 11월 이후 신규채용자의 수습기간을 기존의 6개월에서 24개월로 연장하였으며, 근로자와 사용자의 공적연금, 의료보험료 등 보조적 인건비 부담을 40% 이내로 감축하였다.

독일은 프랑스 등에 이어 노동시장 경직성이 선진국 중 가장 높은 국가로 평가받고 있었으나, 이러한 노동시장 개혁의 성과로 유연성이 제고된 것으로 분석된다. OECD가 각국의 고용보호법규(EPL)에 의한 노동규제수준을 계량화한 EPL강도지수의 추이를 보면 독일의 경우 1980년대(3.2) → 1990년대 말(2.5) → 2003년(2.2)로 점차 하락추세를 나타내며 2003년 이후 노동시장개혁을 감안하면 독일의 EPL강도지수는 더 하락할 것으로 예상된다.

기업은 단체협약의 예외조항을 적극적으로 활용하여 사업장단위협약으로 노사협상을 이끌어 감으로써 노동시장의 유연성을 제고하였다. 2005년 기준으로 사업장의 13%가 단체협약 예외조항 적용에 해당되었으며, 이들 중 약 절반이 경영난 타개를 위한 근로시간조정을 위해 예외조항을 적용했다. 단체협약에 의한 고용 비중이 구서독지역에서는 1995~2005년 기간 중 72%에서 59%로, 구동독지역에서는1996~2005년 기간 중 56%에서 42%로 하락하였다.

산업의 고용구조가 계약직 위주로 변화하고 있는 것도 노동시장의 유연성을 높이고 있다. 최근 독일 전체 노동자의 40% 이상이 계약직인데, 이는 10년 전에 비해 약 10% 증가한 것이다. 기업들은 법규의 허용 폭이 확대되고 노조의 파워

가 약화됨에 따라 고용기간 2년 미만의 계약직을 적극적으로 고용하고 있는 것으로 나타나고 있다.

독일 노사는 추가적 임금지급이 없는 노동시간 연장(주 35시간 → 40시간)에 합의하는 등 노동시간 연장이 확산되어 왔다. 중소기업에서 노동시간연장 추세가 확산되고 있고, 대기업들 중에서도 노동시간연장을 자발적으로 수용하는 기업들이 늘어나고 있는 추세이다. 독일 기업들은 대외경쟁력 저하, 이익 감소 등으로 생산 공장의 해외이전을 추진했으나, 최근 노동조합과 추가적 임금지급이 없는 근로시간연장에 합의하는 대신 해외공장 이전을 유보하는 사례가 다수 발생하고 있다. 폴크스바겐의 경우 금속노조와 2004년 11월 3일 서독지역 노동자들의 평균임금을 향후 28개월간 동결하기로 합의했으며 그 대가로 2011년까지 노동자 10만3천명의 고용보장을 한 반면, 기존노동자들은 1인당 1천유로의 보너스를 1회만 지급받게 되었고, 신규노동자들의 임금은 기존임금에서 10% 삭감하였다.

노동시장의 유연성이 증대되면서 독일기업들의 고용전망도 개선되고 있다. 독일의 무역·산업관련 기업들의 고용전망을 나타내는 「이포(Ifo)연구소」 고용환경지수는 2002년 말을 저점으로 지속적 상승기조를 나타내고 있다.

2. 재정 개혁

통일 후 독일의 재정은 급격하게 악화되었다. 서독은 1980년대 말에 흑자재정을 달성할 정도로 재정상태가 건실했으나 통일 후 국가재정은 크게 악화되어 재정적자가 2002년 GDP의 3.7%를 기록한 이후 4년 연속 EU의 재정건전화협약의 상한(3%)을 지키지 못하였다. 2005년 중 정부부채 규모도 GDP의 71.1%로 동협약상의 상한선(GDP의 60%)을 4년 연속 위반하였다.

대규모 재정적자의 발생은 주정부 간 재정균등화 관행에 따른 비효율적 재정운영, 구동독지역의 기반시설 구축 및 동독 주민에 대한 사회복지 지출 증가, 고용보조금 지급 증가 등에 따른 것이다. 재정악화로 인해 경기활성화를 위한 재정지출 확대가 어려웠으며, 오히려 세수증대를 위해 세금인상을 고려해야 할 상황이었다. 독일기본법에서 연방정부와 16개 주정부가 재정정책을 공동으로 수립하는 동시에 각 주가 동일한 생활수준을 유지하도록 규정하고 있음(연방주의)에 따라 각 정부의 예산절약 유인기능이 미흡했다. 반면 미국·스위스 등 여타 연방제 국가들은 지방정부가 독립적인 조세 및 지출권한을 보유하고 있다.

독일정부는 2002년 이후 연방주의 개혁 등을 통한 재정건전화를 적극 추진하였다. 2002년 연방정부와 주정부 간의 재정안정협약을 변경하여 주정부의 재정적자 부담 비율을 50%에서 55%로 높이고, 주정부의 연간지출 증가율은 1% 이내로 억제하도록 규정하고, '유럽국민계정체계 1995'를 도입하여 재정회계의 정확성을 높임으로써 재정의 투명성 및 책임성을 제고하였다.

독일정부는 재정건전화를 솔선수범하기 위해 재정지출 합리화, 공무원 감축 및 급여인상 억제도 시행하였다. 2010년까지 공무원 8,000명(전체의 2.6%) 감원계획을 수립하였으며, 연방정부 공무원 및 독일연방은행 직원의 상여금을 삭감하였고, 산업, 주택, 농업 및 소비자보호 등과 관련한 정부지원금을 대폭 삭감하였다. 또한 민관파트너십(PPP: Public Private Partnership) 강화를 통한 공공부문효율성 제고를 위하여 운송, 병원 및 사회인프라분야의 PPP 투자규제완화, PPP 관련 사업의 평가에 대한 정부의 운용방침을 제시하였다.

재정적자 감축 목표의 절반은 재정지출 삭감과 세금감면 축소로 이루어지며, 나머지 절반은 2007년부터 시행된 부가가치세율 3% 인상에 따른 GDP 대비 1%의 세수증대로 이루어지는데 부가가치세율 인상에 따른 세수증대의 1/3은 사회보장비 감축분을 충당하는 것이다.

독일정부는 민간소비 및 기업투자 활성화를 위해 기업, 근로자 및 가계를 대상으로 하는 세제개혁을 2003년부터 단계적으로 시행하였다. 그 내용으로 제2차 세계대전 이후 최대 감세계획으로 2001~2009년 중 약 60억 유로 감세를 실시하였으며, 소득세는 기본세율 및 최고세율을 2001년의 19.9%, 48.5%에서 2005년에는 15%, 42%로 각각 인하하였다. 법인세의 경우에는 2000년 40%에 달했던 세율을 2004년부터 25%로 대폭 인하하였다.

2008년에 시행된 법인세제개혁안은 기업의 세부담을 300억 유로 경감하였다.

이에 따라 특히 제조업분야의 중견기업들의 세 부담은 향후 10년간 24.8% 축소
될 전망이다. 반면, 과세표준의 확대로 전체 세금징수액은 최대 5백만 유로로
축소되었다. 전반적 세율의 인하와 더불어 공제대상을 축소하는 방향으로 개혁
을 실시하였다.

재정 개혁 결과 법인세 및 소득세의 인하조치에도 불구하고 독일의 재정적자
는 2003년 GDP 대비 4%에서 2006년 1.3%로 하락해서 재정적자를 2007년에
GDP의 2.5%, 2009년에 1.5%로 감축하는 내용의 새로운 재정안정프로그램을
2006년 EU집행위에 제출했으나 조기 달성했다.

3. 사회보장제도 개혁

1) 연금제도 개혁

독일정부는 연금재정 악화를 해소하기 위해 2005년 연금개혁법안을 시행했
다. 독일의 공적연금은 최근 수년간 경제성장률 둔화에 따른 보험료 감소로 큰
폭의 적자가 누적되고 있는 가운데 인구의 고령화 등으로 적자가 확대될 전망
이다. 개혁안에서 사용자의 연금보험은 줄이고 근로자의 부담은 늘리면서 노동
자의 퇴직연령을 늦추어 연금부담총액을 확대한 반면 연금급부수준은 인하하였
다. 또 연금지급 개시연령을 2011년부터 2025년까지 65세에서 67세로 단계적으
로 높이는 한편 연금수령 개시 최저연령도 60세에서 63세로 조정하였다. 보험
료율은 19.5%에서 2030년까지 22%까지 상향조정하였으며, 퇴직전 최종소득 대
비 연금액비율을 53%에서 2020년 46%, 2030년 43%로 하향조정하였다. 부과방
식 연금제도의 일부를 개인적립금방식으로 전환하는 등 근원적인 개정이 이루
어졌다. 연금재정의 안정화를 위해 고령화 수준에 따라 연금액을 자동 조정할
수 있는 제도를 도입하였다.

2) 의료보험 개혁

독일정부는 고령화에 따른 의료비 급증으로 의료보험 재정의 적자가 확대됨

에 따라 2004년 의료보험 개혁을 실시하였다. 이는 의약품, 진료비 및 입원비 환자부담을 높여 2007년까지 건강보험비용을 230억 유로 절감하고 350여 개의 의료보험기금을 통폐합하는 것을 내용으로 하고 있다. 이에 따라 환자는 의사의 진찰비 중 분기당 10유로를 부담해야 하며, 처방전에 따른 약값의 10%를 부담하게 되었다. 6주 이상 요양시 보험에서 지급하던 질병급여를 지급하지 아니하며 의학적 사유에 근거하지 않은 불임수술, 출산비용 등을 보험혜택에서 제외하였다. 또한 종합병원의 진료비용 감축을 위해 모든 질병을 질병군으로 분류하여 각 질병군에 상응하는 수가를 지급하는 포괄수가제를 2004년 도입하였다. 진료의 투명성 확보를 위해 2006년부터 전자식 의료보험증을 도입하고 진료영수증 발급을 의무화하였다. 일반의약품에 대한 자유가격제도를 시행하고 복잡한 본인부담제도를 단순화하였다.

4. 경제활성화조치

1) 세금인하 및 재정투융자 확대

독일정부는 경제활성화를 위해 세금인하와 규제완화를 단행하였다. 즉 민간소비 및 기업투자 활성화를 위해 기업, 근로자 및 가계를 대상으로 하는 세제개혁을 2003년부터 단계적으로 시행하였다. 이는 제2차 세계대전 이후 최대 감세계획으로 2001~2009년 중 약 60억 유로를 감세한 것이다. 이에 따라 소득세는 기본세율 및 최고세율을 2001년의 19.9%, 48.5%에서 2005년에는 15%, 42%로 각각 인하하였고, 법인세의 경우에는 2000년 40%에 달했던 세율을 2004년부터 25%로 대폭 인하하였다.

독일정부는 경기침체 심화와 실업률 급증에 대응하여, 2005년 3월 법인세율 대폭 인하 및 대규모 재정투자 실시 등을 주요 내용으로 하는 경제활성화대책을 발표하였다, 여기에서 법인세율을 종전의 25%에서 19%로 대폭 인하하였다. 이에 따라 지방세 및 통일세 등을 포함한 독일 대기업들의 실질적 법인세율 부담수준이 종전의 38%에서 32%로 낮아져, 경쟁국 수준(프랑스 34%, 영국 30%)

에 근접하게 되었다. 아울러 운수기반시설 구축을 위해 재정에서 향후 4년간 20억 유로를 투자하는 한편 주택재개발 및 고령층의 직업알선을 위해 재정에서 각각 50억 유로, 2억5천만 유로를 지원하는 계획을 시행하기로 하였다.

법인세인하에 따른 세수부족을 메우기 위해 2007년부터 부가가치세를 16%에서 19%로 인상하였다. 2001년 이후 독일은 성장잠재력에 미치는 부정적인 영향을 줄이기 위해 경쟁국보다 높은 직접세 부담을 줄이고 간접세 부담을 늘리는 세제개혁을 추진해 왔다.

2) 규제완화 및 기업지원대책

독일정부가 2003년 3월에 발표한 노동 및 경제개혁조치인 '아젠다 2010'에서 창업관련 규제를 대폭 완화하였다. 그 내용으로 제조업체 설립에 있어서 장인 자격요건을 유연화하여 제3자에게 위험요인이 없는 실내장식가 등의 직종에 대해서는 제조업체 설립·인수의 전제인 장인자격 구비요건을 면제(총 94개 직종 중 41개를 제외하고 예외 인정)하고, 설비, 전기공 등 위험요인이 있는 직종의 경우에도 5년 이상 업무전담 또는 경영직위 포함 10년 경험 기능공에 대해서는 제조업체 운영권을 부여하였다.

그리고 소유자원칙폐지 등 창업촉진 및 투자확대 방안을 실시하여서 제조업 소유주는 반드시 장인자격을 소지하도록 하던 것을, 향후에는 경영책임자만 자격을 가져도 무관하도록 하여 기업양도 및 존속을 보장하고 자기고용방식 창업도 활성화하였다. 제조업 창업시 연간 영업이익이 25,000유로가 되기 전에는 상공회의소 회비를 면제하였다. 지자체 사회간접자본·서비스분야 투자지원에 70억 유로, 주택개선지원 80억 유로 등 총 150억 유로의 장기저리융자 등 내수진작을 도모하였다.

독일정부의 2005년 3월 경제활성화 대책에는 창업지원, 금융지원 및 각종 규제완화 등 기업지원 대책이 포함되어 있다. 즉 중소기업에 대한 국영개발은행(KfW)의 저금리(2%) 자금지원 등 대규모 금융지원 실시, 창업 및 주택투자에 대한 세액공제 등이 있다.

창업업체의 최저자본금 요건 축소, 등록소요시간 단축을 위한 기업의 전자등

록제실시, 연방정부 및 주정부 간 행정처리 간소화 등 각종 규제완화도 추진하였다. 독일정부는 2012년까지 유럽지역 기업의 행정비용을 25% 감소하기로 한 EU집행위원회의 지침에 따라 규제완화를 지속적으로 추진할 계획을 가지고 있다. 독일의 대표적 기업형태인 유한책임회사(GmbH)의 설립요건을 완화하고, 설립절차를 간소화하는 '유한책임회사법의 현대화와 남용방지법안'이 각의에서 의결되어 유한책임회사 설립에 소요되는 최소자본금을 기존 25,000유로에서 10,000유로로 인하하고, 자본금이 필요 없는 미니 유한책임회사의 설립도 가능하도록 하였으며, 표본 회사정관에 설립자가 내용을 기입한 후 서명만으로 회사설립신청이 가능하도록 하여 설립절차를 간소화하였다.

중소기업관련 행정부담의 간소화도 실시했다. 세무회계와 영업 관련 자료제공을 의무화하는 매출액기준을 상향조정해서 대차대조표 공개기준 영업이익을 3만 유로에서 5만 유로로 상향조정했고, 부가가치세 과세대상 최소액을 구서독지역에서는 12만5천 유로에서 25만 유로로, 구동독지역에서는 기존의 50만 유로 기준을 2009년까지 연장 시행하는 등 세무절차의 간소화를 실시하였다.

5. 인수 · 합병을 통한 산업구조조정

독일기업들은 인수·합병(M&A)을 통해 구조조정 노력을 강화하고 있으며, 경쟁압력에 적극적으로 대응하는 자세를 보이고 있다. 2005~2006년 중 독일기업들의 M&A 규모는 연평균 1,600억 달러로 2002~2004년 중 평균 840억 달러의 약 2배에 달한다.

M&A시장의 활황은 대내외여건이 복합적으로 작용한 결과이다. 대내여건으로는 독일기업들의 향상된 자금력, 국내독과점 규제, 독일 자본시장의 M&A에 대한 인식변화, 저렴한 금융비용 등이 있다. 독일 기업들은 신규기업 설립보다 검증된 회사 인수로 사업확장을 시도해 왔다. 그 동안의 구조조정 노력이 비용 감소와 수익구조 개선으로 이어졌고, 이에 따른 자금력의 향상이 M&A 실행자금을 공급해 왔다. 또한 유로화의 강세는 M&A 비용 감소효과를 가져왔고, 독

과점에 대한 국내규제는 독일기업들의 해외기업 인수를 촉진해 왔다.

독일기업들은 개선된 수익구조의 혜택을 주주들에게 돌려주는 대신, M&A에 나서고 있으며, 이는 주주들이 M&A를 지지하고 있다는 것을 반증한다고 볼 수 있다. 독일기업의 M&A 증가에는 장기기업대출금리가 하락세를 나타내 인수자금 조달비용이 줄어든 것도 주요요인으로 작용해 왔다. 대외적으로는 독일기업들은 유로화 강세의 이점을 활용하여 인도와 중국에 맞서 국제 M&A 시장에서 우위확보에 적극적으로 나서고 있다.

최근 독일 M&A 활황은 거액의 자금이 동원되는 등 90년대와는 다른 양상을 나타내고 있다. 주식 위주로 이루어졌던 1990년대의 M&A 붐과는 달리 최근 M&A는 대부분 현금과 채권 발행 위주로 이루어지고 있다. 독일에서는 주로 화학, 제약산업 관련 부문에서 대규모 M&A가 이루어져 왔다. M&A가 활발해지면서 주주가치의 중요성이 강조되는 등 M&A에 대한 인식이 변화하고 있다.

6. 신성장동력 확충

독일경제가 1990년대 후반 이후 침체된 데는 미국·영국에 비해 산업구조의 상대적 낙후성이 주요 원인이 된다. 독일경제에서는 부가가치가 낮은 전통제조업의 비중이 미국·영국에 비해 높은 반면 전기전자, 정보통신(IT)·바이오, 우주항공 등 부가가치와 고용창출효과가 큰 기술집약산업과 서비스에서 열세를 나타내었다. 산업구조가 낙후된 것은 90년대 전반 통일비용의 과다지출로 연구개발 투자여력이 약화된 탓이 크다.

이에 따라 독일은 전통적 주요 산업인 제조업의 경쟁력 강화 뿐 아니라 생명공학(BT)과 정보통신(IT) 산업 등 첨단산업을 신성장동력으로 육성해 왔다. 이에 따라 바이에른 주는 IT산업, 베를린은 BT산업의 중심지로 부상하였다.

예를 들어, 독일 내 BT 관련 회사들과 연구기관들이 베를린-브란덴부르크 지역에 집중되어 있으며 1995년 이후 이 지역에 위치한 생명분야 기업의 수는 100여 개 이상으로 증가하였으며, 산학연계로 신기술개발 노력을 하고 있다.

현재 생명공학 비즈니스파크를 건설 중에 있다. 그 결과 2001년 이후 베를린의
BT 관련 수출이 크게 증가해 왔다. 바이에른 주에는 2만 개 이상의 IT기업들이
약35만 명을 고용하고 있다. 고용측면에서 컴퓨터 제조업, 전자부품생산, 텔레
비전과 커뮤니케이션 부문, 소프트웨어 산업의 각 29%, 36%, 28%, 그리고 20%
를 차지하고 있다.

　1990년대 중반 이후, 독일은 '협력을 위한 경쟁'과 수월성원칙을 기본철학으
로 각종산업 및 지역혁신정책들을 펴고 있다. 지역클러스터 지원과 산업경쟁력
강화 프로그램들을 집중적으로 지원하고 있으며, 그 대표적 예로 바이오레기오,
이노레기오, EXIST 등을 들 수 있다. 바이오레기오 프로그램은 바이오산업의
경쟁력강화를 주목적으로 1995년에 연방교육연구부(BMBF)에 의해 개시되었는
데 17개 지역 중 4개 지역이 선발되어 2002년까지 지원을 받았다. 현재는 다양
한 후속프로그램(BioProfile, BioChance, BioFuture)들이 운용되고 있다. 이노레기오
프로그램은 구동독지역의 혁신능력 강화를 주목적으로 하며, 1999년에 개시되
었다. EXIST 프로그램은 대학과 민간부문간 지식이전과 대학창업을 증진하려
는 목적으로 1997년에 도입되었다.

　독일의 나노·바이오 관련 첨단기술산업의 가장 큰 취약점은 우수한 기술혁
신력이 효과적으로 상업화되지 못하고 있는 것이며 이러한 취약점을 개선하기
위해 산학연 공동연구가 활성화되고 있다. 독일은 이미 1980년대 말부터 독일
연방교육연구부의 '소재연구', '물리기술' 등 혁신기술 연구개발 지원프로그램
을 통해 나노기술육성을 시작했다. 특히 기술적 우위를 지니고 있는 재료·제조,
전자광학, 바이오테크·의료와 장비개발 부문 등에 중점적으로 지원해 왔다.
1990년대 후반부터 나노기술개발이 전국적으로 확산되는 국면에 접어들었고
2002년에 예산계획, 신진과학자육성, 나노기술의 기회와 위험성에 관한 국가나
노기술계획을 수립하였다. 2004년에는 새로운 나노기술개발전략을 발표하였고
제품화가 가능한 나노기술분야에 대해서 적극적인 투자를 약속하였다. 2005년
11월 기준으로 나노기술 관련 독일기업 수는 약 450개에 달하고 있으며, 약
22,000명에서 32,000명이 직·간접적으로 나노기술관련 기업에서 종사하고 있
다. 독일 내 나노기술관련 업체는 주로 연구소 또는 대기업으로부터 분리되어

나온 스핀오프기업이다.

   연방교육연구부는 나노전자, 나노소재 등의 우선 전력연구분야를 중심으로 지원해 왔으며, 공공연구기관은 기초연구에 중점을 두고 있다. 독일정부는 주정부와 공동지원프로젝트인 산학연협력의 나노기술관할센터(Competence Center Nanotechnology) 육성으로 소위 클러스터 형성을 지원해 왔다. 클러스터는 지역적 개념이 아닌 관련 기업 및 연구기관간 협력을 촉진하는 협회 성격이 강하다. 정부지원으로 구성된 CCN은 9개, 기타 대학내 연구센터가 4개로 집계되며, 참여기업은 440여개에 달하고 있다.

   독일은 기술적 우위를 보유하고 있는 화학, 자동차, 전자, 광학, 생명과학분야에서 나노기술의 연구를 중점적으로 지원하고 있다. 나노전자공학과 관련된 독일전자제품 및 부품시장은 현재 약 200억 유로에 달하고 있다. 자동차산업의 경우, 기술적 특수성으로 인해 상대적으로 시장성이 낮은 형편이지만, 나노기술을 이용하여 에너지 절감형 엔진 개발, 공해물질 감소 등의 환경관련 부분과 승객의 안전과 편의 등에서 경쟁우위를 확보하는 장기목표를 설정하고 있다.

   독일정부는 바이오산업의 육성을 위해 ‘Bio Industry 2021’을 통해 관련기술을 상업화하는 산학공동의 투자기회를 제공해 왔다. 2021년까지 6천만 유로를 지원할 계획이며 민간에서의 추가지원을 합치면 총 1억 5천만 유로 규모의 산업용 연구개발프로젝트가 성사될 전망이다. 대학과 연구소들이 아이디어를 신속하게 상품화해 시장에 내놓을 수 있도록 연구시설과 기업간 가치창출을 위한 네트워크 구축이 목표이다. 클러스터 형성을 위한 연구개발 계획은 5년간 지원되며, 지원금의 범위는 기업은 비용의 50%, 대학연구소는 100%이다(안순권·김필헌, 2007).

V. 시사점

1. 한·독 경제협력의 발전

한국과 독일 양국은 1955년 12월 1일 국교수립 이후 긴밀한 협력관계를 유지하고 발전해오고 있다. 양국은 분단국으로서의 고통을 공유했으며, 양국 모두 세계에 유래를 찾기 어려운 경제개발에 대한 경험도 비슷하여, 미래의 선진 국가 건설을 위한 치열한 노력에서도 공통점을 갖고 있다. 한국이 절대 빈곤을 벗어나기 위한 노력을 전개하기 시작한 1960년대 초, 당시 서독정부는 국제사회에서 처음으로 한국에 자본과 기술 원조를 제공했다. 또한 한국이 1970년대와 1980년대를 걸쳐 국제경제 무대에 등장하는 것을 다양한 측면에서 지원했다. 한국도 독일의 많은 기업들에게 좋은 사업기회를 제공하며, 아시아 시장 진출의 주요 교두보 역할을 하고 있다. 1997년 외환위기시 독일 기업들은 가장 적극적으로 한국에 투자함으로써 한국의 대외신인도 및 경제 회복에 결정적 기여를 하였다. 외환위기 이후 한국과 독일 간 교역 및 투자는 급격하게 증가하고 있다(이성봉, 2008).

1) 한국경제개발과 독일의 경제원조

한·독 경제협력은 한국이 한국전쟁 이후 극심한 빈곤에서 벗어나기 위한 경제개발을 본격적으로 추진한 1960년대 초부터 시작되었다고 할 수 있다. 이 당시 경제협력은 당시 서독의 한국에 대한 일방적인 자본원조 및 기술지원이었다고 할 수 있다. 1961년 12월에 체결된 '경제와 기술원조에 관한 의정서'에 따라 서독은 한국에 공공차관 및 상업차관 형태로 자본원조를 개시하였고 기술원조도 이루어진다. 한편, 개발원조의 일환으로 한국에 대한 기술지원도 60년대 자본원조와 함께 병행된다. 1966년에는 기술협력분야에 별도로 한·독기술협력협정이 체결되어 기술지원협력이 이루어졌다.

(1) 공공차관

공공차관의 경우 주로 재정지원 형태로 이루어져 당시 경제개발 초기단계에 있었던 한국에게 물자지원방식보다 그 유용성이 매우 높았다. 1962년부터 1977년까지의 공공차관의 경우 10년 거치 30년 상환, 연리 2%의 이자율로 제공되었다. 1978년부터 제공된 경제개발원조의 경우 5년 거치 20년 상환, 연리 5%의 이자율로 제공되었다. 한국은 당시 서독으로부터 받은 공공차관을 주로 사회간접자본 확충에 사용하였다. 구체적인 사업으로 전화설비, 전기 공급, 철도신호체계, 부산상하수도 등을 들 수 있다. 또한 농촌개발사업, 공공금융기관을 통해 중소기업에 대한 여신제공, 광산개발 등으로 사용되었다.

독일은 공공차관에 있어서 경제개발초기인 1962~1965년까지 전체의 17.5%로 미국 다음으로 큰 규모를 제공하였다. 특히, 독일은 한국의 경제개발 초기 미국이 당시 박정희 혁명정부에 대한 반감 등을 이유로 자본원조를 주저하는 상황에서 먼저 한국에 대한 자본원조를 개시함으로써 한국이 경제개발정책을 추진하는 데 결정적 도움을 제공하였다고 하겠다.

(2) 상업차관

서독으로부터 도입된 상업차관은 비록 공공차관과 같은 유리한 금융조건은 아니었지만 여전히 한국의 경제개발에 큰 도움이 되었다. 제1차 장기상업차관은 1,875만 달러 규모로 1961년 도입되었는데, 시멘트 공장, 전기기계공장, 인조견직물 공장 등의 건설에 사용되었다. 제2차 장기상업차관은 제1차와 비슷한 규모로 1964년 도입되었다. 동 자금은 인천제철소, 제지공장, 화학비료공장, 섬유기계공장 등의 건설에 사용되었다. 제3차 장기상업차관은 1966년에 210만 달러 규모가 되었고, 나일론 공장 건설 등에 사용되었다.

독일의 한국에 대한 상업차관도 공공차관과 마찬가지로 경제개발초기인 1962년부터 1965년까지 32.4%로 미국 이외의 다른 선진국들에 비해서 높은 비중을 차지하고 있다. 이는 독일이 한국의 경제개발 초기에 상업차관에서도 중요한 역할을 담당했음을 보여준다고 하겠다.

(3) 기술원조

개발조의 일환으로 독일의 한국에 대한 기술원조도 1961년 체결된 '경제와 기술원조에 관한 의정서'를 기초로 시작되었다. 1962년 3월에 독일이 제공한 475,000달러의 자금으로 한독직업학교가 설립되었다. 이 직업학교에서는 기계, 전자, 용접 등의 분야에서 매년 60명의 학생이 기술교육을 받았다. 1962년에는 한국 기술자들이 독일에 파견되어 기술연수를 받았으며, 1964년부터 3년 동안 독일경제자문단은 한국에 기술지원을 제공하였다. 1970년대 초에는 부산에 390 명의 교육생이 기술교육을 받을 수 있은 한독기술센터가 설립되었다. 이러한 독일의 한국에 대한 기술원조는 한국이 경제발전 과정에서 가장 중요한 역할을 수행한 양질의 산업인력을 안정적으로 공급하는데 중요한 계기였다고 평가할 수 있다.

2) 한·독 무역관계의 발전과정

1960년대부터 2007년까지 한독 무역관계에서 특징은 1965년부터 1980년대 말까지의 기간과 1990년대 이후 현재까지로 기간 등 두 시기를 구분하여 살펴 보았다.

먼저 1965년부터 1989년까지의 기간을 보면, 1965년부터 1973년까지 한국은 독일과 무역수지 적자를 보였지만, 수출주도형 경제개발의 성과가 가시화되었던 1970년대 중반부터 1988년까지 독일에 대해서 지속적인 무역수지 흑자를 보였다. 이는 당시 서독이 한국에 대해서 섬유제품 등 한국의 주력수출품에 대해서 개도국 지위를 인정하고 쿼터 등을 적용하지 않았다는 점에 크게 기인한다고 하겠다.

동 기간 한국과 EU의 무역관계를 보면 독일과의 무역관계와 비슷한 추세를 확인할 수 있다. 즉, 한국은 EU와 무역관계에서 1970년대 이후 80년대 말까지 지속적인 무역수지 흑자를 보였다. 한편, 한국의 전 세계 무역관계의 추세와 비교하면, 한국이 80년대 중반까지 지속적인 무역수지 적자를 보였다. 한국의 수출주도형 경제성장과정에서 독일을 포함한 유럽시장은 한국의 중요한 수출시장으로서 기능하였음을 알 수 있다.

〈그림 7-1〉한·독 무역관계 추이(1965년~1989년)

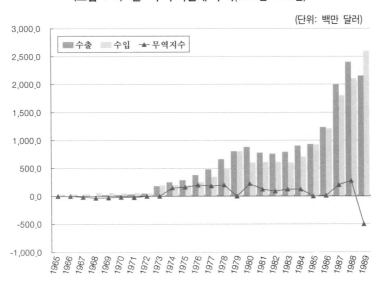

(단위: 백만 달러)

* 자료: 한국무역협회, KOTIS

〈그림 7-2〉한·독 무역관계 추이(1990년~2007년)

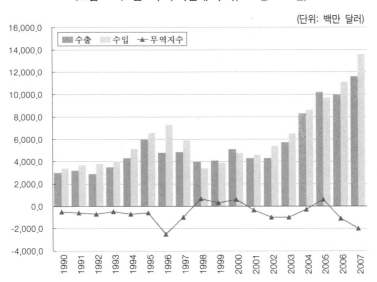

(단위: 백만 달러)

* 자료: 한국무역협회, KOTIS

1990년대 이후 양국간 무역관계를 보면(<그림 7-2>), 1990년 60억 달러이던 양국 교역규모는 2004년에 200억 달러를 넘어섰으며, 2007년에는 250억 달러의 규모로 성장하였다. 양국간 무역규모는 외환위기로 일시적으로 정체가 된 기간 (1997~2002년) 이후 그 규모가 크게 증가하고 있음을 알 수 있다. 무역수지측면 에서 보면 한국은 독일에 대해서 외환위기 이전까지 지속적으로 무역수지 적자 를 기록하였고, 외환위기 극복시기인 1998년부터 2000년까지 3년간 일시적인 흑자를 보였지만, 그 이후 2005년을 제외하고는 계속 적자를 보이고 있다.

한국의 대 EU 및 전 세계와의 무역수지는 1998년부터 2007년까지 지속적인 무역수지 흑자를 보이고 있는 반면, 독일과의 무역수지는 1998년~2000년까지 3년 및 2005년 등 4년 동안만 무역수지 흑자를 보인 반면, 나머지 기간에 대해 서는 무역수지 적자를 기록하였다. 이는 외환위기 이후 원화의 환율평가절하 등에 따른 한국의 대 독일 수출의 증가에 비해서 독일로부터의 수입이 더 크게 증가했기 때문이다. 특히, 독일 기업의 대 한국 수출품목의 상당 부분이 중간재 성격이 강하다는 점에서 다른 수출시장과는 다른 무역구조를 보이고 있다고 하 겠다.

3) 한·독 투자관계의 변천과정

<그림 7-3>은 양국간 직접투자의 주요 기간별 금액을 보여주고 있다. 1960년 부터 2007년까지 독일의 한국에 대한 투자는 총 77.2억 달러인 반면, 한국의 독일에 투자는 20.8억 달러로 독일의 대한 투자가 한국의 대 독일 투자보다 3.7 배 정도 많다.

양국간 투자추이를 시기별로 구분하여 그 변천과정을 파악할 필요가 있다 (<표 7-8>). 투자가 많지 않았던 1960년부터 1982년까지의 기간을 한 기간으로 하고, 1983년부터 5년 단위로 나누어서 살펴보면 다음과 같은 특징을 파악할 수 있다.

1983년부터 외환위기 전까지 15년 동안 양국간 투자는 모두 증가하였고, 시 간이 지나면서 한국의 대 독일 투자가 계속 증가하면서 양국간 투자금액 비율 의 차이가 점차 축소되어 왔음을 알 수 있다. 특히 김영삼 정부시절 한국이 세

〈그림 7-3〉 한·독 간 주요 기간별 투자관계 추이

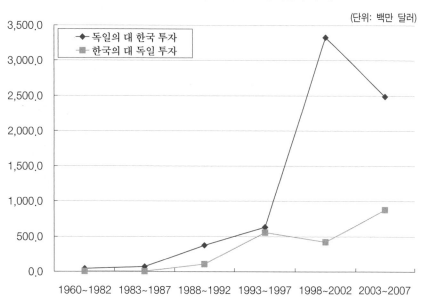

〈표 7-8〉 한·독 간 주요 기간별 투자액

기간구분	독일의 대 한국 투자(백만 달러)	한국의 대 독일 투자(백만 달러)
1960~1982	40.6	3.4
1983~1987	70.7	7.9
1988~1992	373.7	105.5
1993~1997	633.7	559.9
1998~2002	3,329.6	423.4
2003~2007	2,484.7	880.4
합계	7,718.2	2,077.4

* 자료: 지식경제부, 외국인투자통계; 한국수출입은행, 해외투자통계

계화 정책을 적극 개진하면서 한국의 대 독일 투자는 5.6억 달러로 모두 증가한 투자금액인 6.3억 달러에 근접하였다.

그러나 김대중 정부시절 외환위기 극복과정에서 독일이 한국에 대한 투자가 크게 확대된 반면, 한국의 대 독일 투자는 감소하였다. 이는 외환위기 이후 한국 기업들의 해외투자가 전반적으로 위축된 것에 기인했다고 하겠다.

노무현 정부시절인 2003년부터 2007년까지 독일의 대한 투자는 이전 정부 때보다는 감소했지만 여전히 지속적인 투자가 이루어지고 있으며, 한국의 대 독일투자도 한국기업의 글로벌 기업으로 성장이 가속화되면서 이전 시기에 비해서 2배 이상 증가하였다. 2007년에는 그 금액이 약 5.3억불로 독일의 한국에 대한 투자금액인 약 4.4억불보다 많았다. 2007년이 일시적인 투자증가로 볼 수 있지만, 향후 양국간 투자규모의 격차는 점차 줄어들 것으로 예상된다.

4) 한·독 산업 및 기술협력의 발전

(1) 다양한 경제협력 채널의 구축

1965년 양국간 정부차원의 공동위원회가 설치된 이후 다양한 경제협력 채널이 설치되었다. 1975년 한국 전경련(FKI)과 독일기업가협회(BDI)는 한·독 간 민간 부문의 경제협력을 활성화하기 위해서 소위원회를 설치하였다. 동 위원회는 양국 협회와 회원기업들의 대표로 구성되었고, 경제교류에서 기업들이 직면하는 현실적인 문제들을 논의했으며, 동시에 지속적인 산업협력의 가능성을 모색하였다.

1981년에는 독일-한국 경제연합이 결성되었는데, 독일 경영자와 독일에 거주하는 한국기업인들이 참여한 것이다. 동 경제연합은 1979년 독일 뒤셀도르프 상공회의소와 한국 무역협회간 협력의정서에 따른 것이다. 동 경제연합은 한국 무역협회, 중소기업진흥공단, 주한외국인협회 등을 한국측 협력기관으로 지정하여 양국간 경제교류를 증진하고 있다.

또한 1981년에 주한 독일상공회의소가 설치되었으며, 한국 KOTRA 사무소가 프랑크푸르트, 베를린, 함부르크, 뮌헨 등에 설치되어 양국 경제협력의 가교

역할을 담당하고 있다. 1997년에는 양국간 산업 및 기술협력의 공동관심사를 논의하는 산업협력공동위원회가 설치되었다. 동 위원회는 민관 공동의 경제협력기구로 양국의 정부와 기업의 대표자가 참여하고 있다.

(2) 민간 기술협력의 발전

'경제와 기술원조에 관한 의정서(1961)' 및 '한독기술협력협정(1966)'에 의거해서 이루어진 독일의 대개도국 기술원조 차원에서 이루어진 일방적인 기술지원은 1993년에 동 협력 사업들이 공식 종료되고, 1986년 9월 한독 과학기술협력협정의 체결을 계기로 양국의 관련 기관간 상호협력방식으로 발전되어 오고 있다.

한국과학재단(KOSEF)과 독일연구협회(DFG) 및 훔볼트재단간 협력을 통해서 1999년까지 450명의 한국 과학자가 독일로 파견되어 연수를 받았으며, 350명의 독일전문가의 초청을 통한 교류가 있었다. 국내 정부출연 연구소들과 독일의 막스 플랑크(Max Plank) 연구소 등과의 협력관계도 있었다. 1996년에는 키스트-유럽(KIST-Europe) 현지 연구소가 자브뤼켄에 설치되었고, 한독민간과학기술협력위원회가 매년 양국을 번갈아가면서 개최되고 있다. 또한 양국이 기초과학분야에서 양국의 석박사 과정생의 상호교환 프로그램을 운영하고 있으며, 환경, 신소재, 생명공학 등의 첨단기술분야에서 공동연구비를 투입하여 연구를 진행시키고 있다. 기업간 자발적인 기술협력 사례도 많다. 쌍용과 벤츠사 간 자동차 부품 기술협력, 삼성과 지멘스의 통신설비분야 협력, 삼성의 Rollei 카메라 연구센터 설립, POSCO의 유럽연구센터 설립 등을 예를 들 수 있다.

2. 한·독 경제협력의 전망과 발전방안

한독경제협력의 초기단계에서 독일측의 일방적이고 시혜적인 차원에서 시작된 경제협력이 한국경제개발 촉진으로 연계되고, 나아가 한국경제가 성장발전하면서 대등한 동반자적 관계가 형성되고 있다. 향후, 이러한 양국의 대등하고 상호보완적인 경제협력이 한층 더 고도화될 것으로 전망된다. 특히, 현재 협상 중인 한·EU 자유무역협정이 성공적으로 체결될 경우 한·독 경제협력은 이러 한 새로운 경제협력을 더욱 공고히 할 것으로 예상된다.

한·EU FTA가 이른 시일 내에 체결될 것으로 전망되는바, 이를 계기로 EU에 서 경제력이 가장 큰 독일과 한국 간 경제협력은 새로운 지평을 열 것으로 기대 된다. 특히, 양국간 시장통합에 따라 한·독 기업간 경쟁 및 보완 관계가 더욱 강화될 것으로 예상된다. 이와 관련 양국이 한·EU FTA 이후 글로벌 세계경제 에서 양국의 경제발전과 국제경쟁력 제고를 위한 새로운 동반자적 경제협력의 모델을 재설계 해나가는 것이 중요하다. 이러한 양국기업을 중심으로 한 동반자 적 경제협력관계를 공고히 하기 위해서는 양국 정부가 경제협력 실무차원의 새 로운 사업과 제도적인 측면에서 협력을 강화할 필요가 있다. 이를 위해서는 다 음 세 가지 발전방안을 양국정부가 적극적으로 고려하는 것이 필요하다.

첫째, 기업 중심의 협력적 사업의 확대를 위한 정부차원의 지원사업 수행이 다. 한국 및 독일경제는 모두 대외지향성이 매우 높은 구조를 갖고 있으며, 양국 기업들은 다른 어느 나라보다도 국제화에 적극적이라고 할 수 있다. 국제화에서 핵심에 해외 파트너와의 협력적 사업의 추진이 있다. 세계 시장을 목표로 한· 독 양국기업이 그들이 각자 갖고 있는 경영자원을 공유하고 위험을 분담하는 다양한 형태의 협력적 사업을 확대할 필요가 있다. 이를 위해서 양국 기업간 협력 가능성을 제고할 파트너 매치 메이킹을 양국 정부가 적극적으로 추진할 필요가 있다. 대표적으로 양국의 해외진출 지원조직 간 연계를 강화하여 낮은 거래비용으로 양국 기업이 최적의 파트너를 만나고 서로에게 이익이 되는 사업 방식을 모색할 수 있어야 한다. 또한 양국 기업간 다양한 협력이 성공할 수 있 기 위해서는 양국 국민이 양국의 문화에 대해서 더 깊이 이해하는 것이 가장 중요하다. 따라서 양국 정부는 다양한 형태의 문화교류 사업을 확대하여 양국민 의 문화적 이해를 증진해야 할 것이다.

둘째, 1964년에 체결된 한·독투자보장협정을 투자자유화 협정으로 개정하는 것이 필요하다. 투자부문은 한·EU FTA에서 협정화 되지 않는 중요한 부문으 로 FTA의 가장 중요한 동태적 효과인 양국간 투자의 확대를 위해서 보다 발전된 형태의 투자협정으로 개정하는 것이 바람직하다(김박수 외, 2007: 247). 동 투자협정에는 투자자유화와 투자보호 강화 등이 주 내용이 되어야 할 것이다.

셋째, 다양한 분야에서 정책협력을 강화하여 양국의 경제제도 관련 유사성을 제고하는 것이 필요하다(윤종석. 2007, 유진수 외. 2006: 114쪽 이하). FTA의 체결 및 투자협정의 개정 등을 통해서 양국이 무역 및 투자와 관련하여 제도적인 틀을 마련한다고 하더라도 양국간 경제관계가 영향을 미치는 다양한 제도적 차이는 존재한다. 따라서 양국간 다양한 분야의 정책협력을 통해서 장기적으로 양국의 제도의 유사성이 확대되는 방향의 노력을 전개할 필요가 있다.

지난 50년 동안의 한·독 경제협력은 양자간 경제협력의 가장 성공적인 모델 중 하나라고 할 수 있다. 독일정부의 경제원조의 대표적인 성공사례이며, 동시에 한국에게는 외국자본과 기술을 활용한 경제발전 모델을 창출했다는 의미가 있다. 외환위기 이후에는 한국과 독일의 경제협력이 대등한 입장에서 경쟁 및 보완 관계의 강화를 통한 진정한 동반자적 협력을 실현해오고 있다고 평가할 수 있다. 이제는 한국과 독일 기업들이 어깨를 나란히 하며 경쟁하고, 동시에 자신들의 경쟁우위를 서로 보완하며 세계 시장에서 새로운 경쟁력의 창출해나가고, 이를 통해 보다 더 큰 과실을 함께 공유할 수 있는 협력관계를 정립해야 할 것이다. 양국 정부는 이러한 양국 기업 중심의 경제협력이 활성화될 수 있도록 파트너 매칭 지원, 다양한 문화교류 및 정책교류를 통해서 경제협력 여건을 조성해나가야 할 것이다.

▌참고문헌

Borrmann, A. 1990. *Soziale Marktwirtschaft*. Hamburg.

Erhard, L./Mueller-Armack, A. 1972. *Soziale Marktwirtschaft*. Berlin.

Eucken, W. 1959. *Grundsätze der Wirtschaftspolitik*. Tuebingen.

_____. 1989. *Grundlagen der Nationalökonomie*. Berlin.

Giersch, H. 1991. *Allgemeine Wirtschaftspolitik- Grundlagen*. Wiesbaden.

Hayek, F.A. 1972. *The Road to Serfdom*. The University of Chicago Press.

Herder-Dorneich, P. 1993. *Soziale Marktwirtschaft als weltweites Modell*. Köln.

Klein, W. Hrsg. 1994. *Soziale Marktwirtschaft*. Berlin.

Kloten, N. 1986. *Der Staat in der sozialen Marktwirtschaft*. Tübingen.

Kremer, J. 1993. *Reform der Sozialen Marktwirtschaft*. Bielefeld.

Mueller-Armack, A. 1946. *Wirtschaftslenkung und Marktwirtschaft*. Hamburg.

_____. 1948. *Wirtschaftsordnung*. Oberursel/Berlebach.

_____. 1974. *Genealogie der Sozialen Marktwirtschaft*. Bern/Stuttgart.

Paetzold, J. 1994. *Soziale Marktwirtschaft*. Berlin.

Radke, D. 1994. *Soziale Marktwirtschaft-eine Option für Transformations-und Entwicklungsländer*. Köln.

Starbatty, J. 1983. "Ordoliberalismus." In: *Wirtschaftsstudium(Wist)*. Tübingen.

Zeppernick, R. 1987. *Zur Rolle des Staates in der Sozialen Marktwirtschaft*. Tübingen.

Zinn, K-G. 1982. *Soziale Marktwirtschaft*. Mannheim.

김박수 외. 2007. 「한국의 주요국별·지역별 중장기 통상전략: EU」. KIEP 중장기통상전략 연구 07-11.

김적교·김상호. 1999. 「독일의 사회적 시장경제: 이념, 제도 및 정책」. 한국경제연구원.

김흥종·김균태·강준구. 2005. 「한·EU FTA의 경제적 효과분석」. 대외경제정책연구원 연구용역보고서.

김흥종 외. 2005. 「최근 독일의 정치·경제 현황과 한·독 경제관계」. 지역리포트 05-04. 대외경제정책연구원.

대외경제정책연구원. 2007. "독일경제 호조 요인과 지속가능성 분석." KIEP 지역경제 포커스.

삼성경제연구소. 2007. "독일 수출의 호조 원인과 시사점." SERI 경제 포커스. 2007.8.13.
_____. 2008. "다시 주목받는 독일경제." SERI 경제 포커스. 2008.6.23.
안석교. 1987. "독일의 사회적 시장경제제도: 그 사상적 배경과 정책의 개요를 중심으로."
　　『경상논총』. Vol.5.
안순권·김필헌. 2007. "독일 경제의 회복현황과 시사점." 한국경제연구원.
유진수 외. 2006. 「선진통상국가 실현을 위한 중장기 통상전략 연구: 선진경제의 통상정
　　책과 시사점」. 연구자료 06-06. 대외경제정책연구원.
윤종석. 2007. "독일의 한국 정책 모델 배우기." 국정홍보처.
이성봉. 2008. "한독경제협력의 변천과정과 발전방안." 한독경상학회 2008년 춘계학술대
　　회 발표논문.
임채민. 2008. "한국 산업, 대가(大家)와 어깨동무." 『조선일보』, 2008.4.25.
퀼러 패트릭. 1999. 『한·독 경제 교류 50년』. 프리드리히에버트재단(한국).
황준성. 1995. "독일 사회적 시장경제의 사적 전개과정." 『경영사학』. Vol.10.

www.interbrand.com
www.tatsachen-ueber-deutschland.de

|제8장|
독일의 사회와 문화예술

변학수 | 경북대

I. 시작하는 말

문화란 자연이나 본능처럼 주어진 것과는 달리 인간이 살아가면서 개척, 개발한 모든 제도나 관습, 지식들을 말한다. 그래서 독일어의 문화 "Kultur"란 '경작하다', '재배하다'란 뜻의 어원 라틴어 'colere'에서 보다시피, 유기체가 영위하는 의식주 문화를 바탕으로 하여 경제, 정치, 법률, 교육 등과 같은 현실적인 문화, 그리고 나아가 의식이나 사고의 결과물인 도덕, 습속, 신앙, 예술에 이르기까지 다양한 형태로 존재한다. 그러므로 만약에 인간이 본능과 자연에 속한 경우라면 동물과 다를 것이 없고 인간에게 문화란 없다.

하지만 인간은 삶을 영위하면서 동물에 비해서 본능적인 열세가 더욱 확연하다. 인간은 이런 본능적 열세를 학습을 통해 보완해나간다. 인간이 이렇게 선천적 결함을 후천적 학습을 통해 보완하는 생활방식을 우리는 문화라고 한다. 이런 보완의 방식은 자연히 역사의 진행과정에서 유의미한 것을 선택하여 패턴화하게 마련인데, 이 패턴화를 우리는 문화라 칭하고, 이와 같은 맥락에서 막스

베버는 문화를 "의미의 그물망"이라고 표현하였다.

우리가 다루려는 독일의 문화예술은 독일의 역사 전개과정에서 그들의 삶이 만들어낸 정신적, 의식적 실천의 이면을 보여준다는 점에서 독일연방공화국의 역사를 해석하는 데 필수불가결한 구성요소이다. 독일인들이 지난 60년간 그들만의 특수한 상황을 갖고 있었다면 그 문화의 굴절도 특수한 것일 수밖에 없다. 그래서 우리는 독일의 문화예술을 파악하되 어떤 변화와 추이를 거친 끝에 남은 핵심적인 것만을 다룰 수 있어야 한다. 왜냐하면 독일연방공화국의 경우 이전의 문화와 크게 단절되는 요소(전쟁과 재통일)가 많았으므로 문화적 추이가 급변하였다고 볼 수 있기 때문이다. 이런 이유로 인해 우리는 독일연방공화국의 문화를 살펴볼 때 외적인 제도나 사건 이외에 좀 더 중층적인 측면을 살펴볼 필요가 있다. 중층기술을 통한 관찰 없이는 독일연방공화국의 문화가 외적 동일시로 인한 피상적 보고로 끝나버릴 수 있기 때문이다.

하지만 우리는 이 짧은 글에서 독일연방공화국의 문화예술의 바탕이 된 문화사 전반을 모두 다룰 수는 없다. 그래서 우리는 그들 문화예술의 사회적 전제조건을 살펴보는 것으로 만족해야 한다. 그리고 그들이 전후 또는 재통일 이후의 생존의 과정에서 어떤 문화적 전략을 폈는지 살펴보는 것도 중요한 의미를 띤다. 그것은 문화가 사회적 관계에서 결정되는 것이 사실이지만 항상 과거의 문화가 현재를 지배하지만은 않기 때문이다. 문화는 끊임없이 과거를 문화적 현재에 통합하는 역동 속에 놓여 있다.

이런 의미에서 모세스 멘델스존(Moses Mendelssohn)은 문화를 계몽이란 말과 대립되는 것으로 설명하였다. 공동체의 문화는 현재의 삶, 의식에서 출발하여 만들어지되 다시 문화적 공동체로서의 문화소(文化素)에 영향을 미치는데 이를 우리는 변증법적 관계로 이해할 수 있다. 또한 문화는 파악하는 사람의 입장에 따라 굴절되기 마련이다. 미국인이 보는 독일의 문화예술과 한국인이 보는 시각은 다를 수 있다. 또한 우리가 1960년대 본 독일과 현재의 시점에서 보는 것은 전혀 다른 가치를 가질 수 있다. 그렇기 때문에 논의의 전개과정에서 발생할 수 있는 문화적 상대주의에 대해서는 어느 정도의 이해를 구한다.

II. 독일 문화예술의 토대

독일의 문화예술을 따로 떼어서 현대적인 관점에서 볼 때 외견상 미국이나 다른 서방의 것과 닮아 있고 경우에 따라서는 한국의 것과도 별 차이 없어 보인다. 이렇게 되면 타자로서의 독일연방공화국의 문화예술에 대한 이해가 보편적인 것이 되거나 역사적 나열에 지나지 않을 것이다. 그 문화가 개성적인 어떤 것이 되기 위해서 우리는 간단하게나마 공화국 수립 이전의 문화, 예술적 토대를 짚어보고 넘어가야 한다. 현대의 문화는 이질적인 방향보다는 동질적인 방향으로 발전하기 때문에 유전자와 같은 특수한 개별문화는 앞 시대에 전제된 것을 통해서만 제대로 해석할 수 있기 때문이다.

1. 독일 문화의 전제조건

우리가 만약 독일 문화를 한국과는 다른 그 무엇이라고 보고, 또한 아시아의 것과 대조되는 것이라 본다면 그것은 아마도 고대 그리스와 로마의 영향을 받았다는 점에서 그럴 것이다. 그러나 미국이나 유럽의 제 민족들의 문화를 탄생시킨 것이 기독교일 수 있으므로 우리는 독일인들이 그들만의 독특한 프로테스탄티즘을 갖고 있다는 점을 염두에 두어야 한다. 또한 그들의 게르만적 유산 또한 함께 생각하지 않을 수 없다.

괴스만(Wilhelm Gössmann)에 따르면 모든 게르만 종족들은 자연에 나타나는 신적인 요소에 종교적 경외심을 갖고 있었다고 한다. 신을 경외하는 그들은 자연현상을 종교적으로 이해했다. 예를 들어, 우리가 알고 있는 독일의 요일 이름은 게르만족의 신화에서 나온 것이다. 그들의 삶은 자연스러운 공동체인 지페(Sippe)를 형성했는데 이 공동체는 권리와 법과 명예를 존중하였다고 한다. 심지어 그들은 피를 흘리면서까지 법과 명예를 지키려고 노력했다고 한다. 물론 이런 명예의식과 법의식은 후일 문서로 고정된 로마법의 영향을 받아 법전으로 고정화되지만, 고대 게르만의 민족적·종교적 유산은 그들의 기독교화와 더불어 소실되어가고 없다.

고대 게르만 인들은 로마 사람들과는 달리 두운법이 있는 언어를 사용했고 남쪽으로 이동하여 농사를 짓기도 하였으나 근본적으로는 수렵과 목축에 종사하였다. 게르만 남성들은 여성들을 멸시하지 않았으며 오히려 그들의 말과 행동에 귀를 기울였다. 여성들로 인하여 전시에서 승리를 한 것이 이를 말해준다. 우리가 독일에 가서 놀라는 것은 독일 여성들이 남성들이 하는 일을 할 때이다. 그럼에도 불구하고 게르만족이나 독일민족은 남성중심의 사회이다.

4세기경 남쪽으로 이동한 게르만 민족들은 로마의 경계선 너머에서 끊임없는 이동을 했다. 그 후 게르만 민족들은 프랑크 왕국과 신성로마제국의 시기에도 결속력이 약한 분열된 왕국이나 공국들로 존재했다. 독일이 유럽의 다른 국가들과는 달리 1871년이 되어서야 비로소 통일된 국가를 형성할 수 있었던 이유가 여기에 있다. 오늘날 독일연방공화국 각 주의 이름이 된 작센(Sachsen), 프랑켄(Franken), 튀링겐(Thüringen), 알레만(Alleman), 바이에른(Bayern) 등의 이름은 게르만족의 각 종족 이름에서 유래하였다.

연방공화국이라는 이름에 조응하는 이런 역사적 배경은 전후에도 각 연방주의 독립과 자율성을 최대한 보장하는 이유에 대한 답을 제공한다. 독일이 지방마다 독특한 문화를 갖고 있는 배경이라고 할 수 있다. 그럼에도 불구하고 철학이나 음악에서 그 성격을 짚어낼 수 있듯이 프로테스탄트적 내면성이라는 독특한 성격은 유럽의 인접 국가들과는 다른 독일 문화의 심층적 구조를 형성하고 있다. 그것이 바로 우리가 전제하는 게르만의 기독교화이다.

기독교의 신앙은 개인의 운명이 하느님의 절대적인 섭리에 달려있다는 것이다. 그리고 그들은 경전의 일부분을 유대교와 공유하고 있으며, 개신교는 가톨릭과 같이 유럽문화 전반에 걸쳐 영향을 미친 종교이다. 그러나 독일 문화에서 특이한 점은 마르틴 루터의 종교개혁과 그 이후 끊임없이 반복되는 프로테스탄트정신은 게르만의 원시신앙과 결부되어 독특한 독일정신을 낳았다. 우리가 독일정신이라는 것이 무엇인지는 규정할 수 없지만 그런 프로테스탄트정신이 독일의 독특한 문화소로 자리 잡게 된 것만은 분명한 것 같다. 그런 문화소를 우리는 루터와 중세의 음유가인들, 칸트와 헤겔과 마르크스, 쇼펜하우어와 니체,

괴테와 휠덜린, 하이네와 아이헨도르프 같은 시인들, 그리고 바흐나 베토벤, 바그너나 슈트라우스 같은 음악가들의 전통에서 쉽게 찾아볼 수 있다.

마지막으로 독일 문화는 그런 북유럽적 특성에도 불구하고 그리스-로마라는 남유럽적 전통의 맥락에 서있다는 것을 잊지 말아야 한다. 호메로스의 작품에까지 거슬러 올라가는 독일 교양의 역사에서 읽을 수 있다시피, 그리스-로마의 철학사상과 문명은 근대 이후의 독일 문화 형성에 결정적인 역할을 하게 되었다. 우리가 잘 알다시피 트로이아(Troia)를 재발견한 고고학자 슐리만(Heinrich Schliemann: 1822-1890)이나 그리스-로마의 예술을 해석한 빙켈만(Johann Joachim Winckelmann: 1717-1768)을 위시하여 고전-낭만주의 작가, 시인들이 얼마나 남유럽의 전통에 경도되어 있었나 하는 것을 통해 독일의 문화가 분명 그리스-로마의 토대에서 세워진 것이라는 점을 알 수 있다.

2. 독일정신의 형성기

독일의 문화예술을 탐구하기 위해 우리는 중세까지 거슬러 올라갈 필요는 없을 것 같다. 그 이유는 우선 독일이 강력한 문화적 정체성을 가진 것은 그들의 정신형성기라고 볼 수 있는 계몽주의 시대이기 때문이다. 그럼에도 단 두 가지의 사건, 즉 1440년 구텐베르크(Johannes Gutenberg: 1397-1468)의 인쇄기술의 발명과 1517년부터 시작된 루터(Martin Luther: 1483-1546)의 종교개혁운동과 성서번역은 후일 독일 문화에 획기적인 영향을 미친 사건으로 기록될 수 있다. 성서번역과 인쇄술은 독일어의 통일과 독일 문화의 정체성 확립에 결정적인 역할을 하게 되었다. 이때부터 독일어는 정신적인 표현과 감정적인 표현을 하는 데 적합한 언어가 되었고 후일 독일 정신의 내면성을 형성하는 데 결정적인 역할을 하게 되었다.

우리가 다루게 될 독일의 예술이 왜 경건함과 진지함을 띠고 법과 정의가 진정성을 갖게 되었는지에 대한 의문을 풀어줄 수 있는 좋은 답이 될 수 있다. 이런 정신적, 사회적 기반 위에서 독일 정신이 형성된 시기는 훨씬 뒤인 18세기 중반 독일의 계몽주의의 시작기로 볼 수 있다. 영국의 경험주의와 대륙의 합리주의를 종합한 철학을 출발시킨 칸트(Immanuel Kant: 1724-1804)는 경험과 선험의 관계를 규명하면서 독일 계몽의 전열에 섰다. 레싱(Gotthold Ephraim Lessing: 1729-1781)은 문학형식에서 셰익스피어의 전범을 본받을 것을 주장했고 문학을 통해 종교적 관용을 역설했다. 민속과 문학, 인류에 대해 헤르더(Johann Gottfried Herder: 1744-1803)는 역사주의적 관점에서 각 민족의 총체로 이해되었다.

이런 분위기가 고조되면서 독일 문화는 곧바로 시대의 핵심이라고 말할 수 있는 '천재성의 시대'를 만나는데 그 정점에 괴테(Johann Wolfgang von Goethe: 1749-1832)가 서있다. 『젊은 베르테르의 슬픔』, 『파우스트』, 『빌헬름 마이스터의 수업시대』 등의 작품으로 불후의 이름을 남긴 것은 물론 철학, 자연과학, 미술비평 등의 독일정신 형성과정에 특별한 흔적을 남겼다.

이외에도 실러(Friedrich Schiller)나 훔볼트(Wilhelm von Humboldt) 등을 꼽을 수 있겠고, 음악가로는 글룩(Christoph Willibald Gluck: 1714-1787), 하이든(Josef Haydn), 모차르트(Wolfgang Amadeus Mozart: 1756-1791)를 꼽을 수 있다. 비록 모차르트는 오늘날 오스트리아 잘츠부르크에서 태어나긴 했지만 독일 문화에 끼친 영향은 지대하다. 어린 시절 이미 신동으로 유럽에 알려졌으며 이탈리아에서 배운 오페라를 독일식 오페라로 옮긴 <마술피리>를 위시해서 수많은 피아노 협주곡, 바이올린 협주곡을 작곡해 독일 고전주의 음악을 열었다.

독일정신문화사에서 완전히 새로움을 보여준 사조는 낭만주의다. 이 낭만주의는 문학, 음악, 예술, 법학, 의학, 과학 등 독일정신의 모든 분야에 영향을 미치고 태동시킨 그야말로 진보적이며, 보편적인 사조였다. 그들은 독일의 중세에 대한 무한한 동경과 창의적 주관성을 통해 천재적 예술을 지향했다. 노발리스라는 필명으로 글을 쓴 하르덴베르크(Friedrich von Hardenberg)는 일명 파란 꽃이라는 부제가 붙은 「하인리히 폰 오프터딩엔」이라는 작품에서 종교적 비의와 시인의 경험이 결부된 사랑과 죽음을 그렸다. 그 이외에도 이 시기는 민요와 민담, 동화를 수집하여 작품화한 경향이 뚜렷하였는데 아르님(Achim von Arnim)과 브렌타노(Clemens Brentano), 야콥과 빌헬름 그림(Jacob und Wilhelm Grimm), 즉 그림 형제들이 뚜렷한 족적을 남겼다. 브렌타노의 작품은 후일 말러의 음악에도 영향을 미친다.

회화에서는 역시 프리드리히(Caspar David Friedrich: 1744-1840)의 수채화 같은 그림, 그 중에서도 정면이 아닌 후면을 그린 <창가의 여인>을 위시한 자연풍경을 주제로 동경을 그린 작품들이 하나의 사조를 이루었고, 그 이외에도 비더마이어 풍의 그림을 그린 슈빈트(Moritz von Schwind), 슈피츠벡(Karl Spitzweg)을 들 수 있다. 미술이 크게 두각을 나타내지 못하는 대신 독일의 낭만주의 음악은 세계문화사에 하나의 거대한 이정표를 남겼다.

우선 낭만주의는 소나타 형식 이외에 즉흥곡, 서정적 피아노곡이 작곡가들의 낭만적 상상과 궤도를 같이 했다. 특히 악보에 구애됨이 없이 즉석연주를 하는 것도 하나의 새로운 형식이었다. 프랑스 혁명 후의 정신적 불안정을 베토벤(Ludwig van Beethoven: 1770-1827)은 불후의 심포니로 작곡했다. 음악사에서는 보통 고전주의에 종속시키는 이 작곡가는 창조적 주관성을 강조했다는 점에서, 엄격한 형식에 얽매이지 않았다는 점에서 낭만주의적 요소를 갖고 있다.

예술가곡이 이 시기에 새로운 표현가능성으로 부상했고 그 이후 독자적인 음악영역으로 자리매김하게 되어 현대에 이르기까지 무수히 연주되고 독일인뿐만 아니라 세계의 음악애호가들에게 사랑받는 장르가 되었다. 여기에는 슈베르트(Franz Schubert: 1797-1828)를 가장 먼저 꼽을 수 있다. <아름다운 물방앗간의 처녀>, <겨울나그네> 등에는 기쁨과 절망, 아름다운 기억과 현실의 불안 등이 교차하면서 서정적으로 표출되어 있다. 그가 태생적으로 오스트리아 출신이라 주장하는 사람들이 있으나 그가 주로 텍스트로 사용한 괴테나 뮐러(Wilhelm Müller: 1794-1827)의 시는 독일 사람들의 낭만성과 독일정신을 구현하였다고 볼 수 있다. 그 이외에도 슈만(Robert Schumann: 1810-1856)이나 멘델스존(Jakob Ludwig Felix Mendelssohn Bartholdy: 1809-1847), 베버(Carl Maria von Weber: 1786- 1826)를 빼놓을 수 없다.

독일정신형성기의 철학자로서 우리는 피히테(Johann Gottlieb Fichte: 1762-1814), 셸링(Friedrich Wilhelm Joseph Schelling: 1775-1854), 헤겔(Georg Friedrich Hegel)을 들 수 있다. 셸링은 예술철학에서 예술과 예술 작품은 자연과 정신의 합일된 모습이며 의식적인 것과 무의식적인 것의 통일이며 유한과 무한이 교차된 것이

라고 말했다. 이는 그의 초월철학(Transzendentalphilosophie)에서 나온 사상이라 할
수 있다. 헤겔은 그의 주저서인 『정신현상학』과 『법철학 기초 또는 자연법과
국가학 입문』에서 자연과 정신의 통일체로서의 절대정신이 변증법적인 과정을
통하여 자기 스스로에게 회귀하기 위하여 자연과 자연의 다양한 현현 형태 중
어떤 모양을 통하여 자기 정신을 드러내고 있는지를 설명하고 있다. 그에 의하
면 역사란 정신이 시간 속에 전개되는 것이므로 역사는 세계사이며 동시에 구속
사이다. 이런 의미에서 그의 철학은 곧 역사철학인 것이다.

3. 19세기와 20세기 전반기

기실 독일 문화의 전성기인 '괴테시대'라고 이름 붙인 앞의 시기는 창의적이
고 천재적인 예술의 시기라고 말할 수 있는 데 비해, 19세기는 문화적으로 전시
대의 유산을 실천하려고 애쓴 시대이다. 그래서 문화예술보다는 오히려 학문,
과학, 기술문명, 산업화, 철학적 실천, 정치적 격동으로 그 중심이 옮겨간 것
같은 분위기였다. 또한 20세기 전반기 독일 문화는 세계무대에 불후한 업적을
장식한 예술가들이 빈을 중심으로 형성되었으므로 독일어는 썼지만 독일연방공
화국의 전신으로 보기가 미흡하며, 또한 이들의 독일의 정치에 의해, 즉 유대인
박해와 더불어 와해되었다는 점 또한 이 글에서 중시해야 할 부분이다.

중요한 사건은 1848년 혁명기를 들 수 있으며 1871년 독일의 통일을 들 수
있다. 이 시기의 중요한 인물로는 역사학자 랑케(Leopold von Ranke: 1795-1886)를
들 수 있다. 그는 역사를 "원래 있는 그대로(wie es eigentlich gewesen sei)" 보자는
역사실증주의의 방법론을 태동시켰다. 그리고 역사가 정치사상과 법에 이정표
역할을 해야 한다고 보았다. 마치 박정희 시대를 연상시키는 그의 역사주의적
사상은 프로이센을 두둔하였고 이는 당시 정치적인 자유를 요구하는 혁명과는
배치되었다.

혁명적 세력에 불을 붙인 사상은 마르크스(Karl Marx: 1818-1883)와 엥겔스
(Friedrich Engels: 1820-1895)였다. 마르크스는 철학이 사회를 변혁해야 하는데 지

금까지의 철학은 그것을 해석하는 데 머물렀다고 주장했다. 마르크스는 대학시절 청년헤겔학파로 활약할 만큼 헤겔을 신봉했지만 철학의 과제가 종교비판을 넘어 경제·정치비판에 있다고 생각한 후 헤겔 비판에 나선다. 헤겔의 변증법을 수용한 마르크스는 다시 포이어바흐(Ludwig Andreas Feuerbach: 1804-1872)의 인간학적 유물론을 소화한 후 경제적 삶의 유물론을 만들어 낸다.

쇼펜하우어(Arthur Schopenhauer: 1788-1860)는 라이프니츠로 대변되는 낙관론에 반해 염세적 세계관을 갖고 있었다. 그는 인간생활이란 바로 자기의 의지를 무한하게 관철시키려는 노력 때문에 슬픔과 고통과 두려움이 의미 없이 반복되는 것이라고 가르쳤다. 니체(Friedrich Nietzsche: 1844-1900)는 철학자 쇼펜하우어와 음악가 바그너에게 영향을 받아 자신만의 고유한 철학을 건설했다. 그는 바그너의 전통 도덕과 야합하는 천민사상을 비판하며 전통가치의 전도를 시도했다. 또한 쇼펜하우어의 허무주의에 머물지 않고 부정을 긍정으로 전도시키는 '힘에의 의지' 철학을 펴게 된다. 또한 그는 역사적 전승에 회의를 품고 새로운 것을 얻기 위해서는 과거의 것을 망각해야 한다고 주장했다.

문학에서는 산업화와 혁명의 와중에서 소외된 작은 것, 즉 비더마이어 문학이 독일 남부를 중심으로 하나의 사조를 이루었다. 서정적 은둔세계를 민요조의 분위기로 글을 쓴 슈바벤 시인 뫼리케(Eduard Mörike)와 소시민의 자연적 삶을 미시적인 눈으로 그린 빈의 소설가 슈티프터(Adalbert Stifter: 1805-1868), 그릴파르처(Franz Grillparzer: 1791-1872), 그랍베(Christian Dietrich Grabbe: 1801-1836)를 이 시대의 작가로 꼽을 수 있다. 그리고 당시에는 알려지지 않았으나 후일 독일문학의 한 분수령을 이룬 천재적 작가 뷔히너(Georg Büchner: 1813-1837)는 전후 독일에서 그의 이름을 딴 뷔히너 문학상(Büchner Preis)이 제정될 만큼 영향력을 가진 작가였지만 당시에는 주목을 받지 못했다. 같은 시기라도 역사의식에 투철하였으며 혁명성을 띤 작품은 후일 자연주의에 큰 영향을 미쳤다. 베를린 같은 도시화의 물결에서 독일문학에서는 예외적인 사회소설을 쓴 작가로 폰타네(Theodor Fontane: 1819-1898)가 유명하다.

이 시기의 음악은 아무래도 제일 먼저 바그너(Richard Wagner: 1813-1883)를 꼽지 않을 수 없다. 그는 종합예술로서의 악극이론을 펴고 낭만적 요소가 뚜렷한 작품을 쓰는데 주로 <로엔그린>, <탄호이저>, <트리스탄과 이졸데>, <파르치 팔>과 같이 게르만족의 영웅서사시와 중세의 독일을 그리고 있다. 그의 음악은 그의 의도와 상관없이 독일적-게르만적 특성을 지닌 것으로 파악되어 나치의 이데올로기에 이용된다.

그 외에도 후기 낭만파의 음악으로 우리는 말러(Gustav Mahler: 1860-1911)와 슈트라우스(Richard Strauss: 1864-1949)를 들 수 있다. 이들은 화성, 조성 등에 있어서 전기 낭만파의 음악을 해체하면서 독자적인 길을 열었다. 그가 쓴 많은 가곡들, 예를 들어 <대지의 노래>(1908), <한탄의 노래>(1880), <소년의 마술피리> 같은 작품들은 전통과는 다른 불협화음이 많이 든 조성을 사용함으로써 형식의 질서를 벗어나려는 의도, 엄격한 형식 속에서의 표현의 문제를 해결하려는 의도를 읽을 수 있다.

후기 낭만파 작곡가 중에서 말러와 견줄 만한 음악가로는 리하르트 슈트라우스다. 그는 바그너와 리스트, 베를리오즈의 영향하에 교향곡이 아닌 교향시 (Symphonische Dichtungen)의 영역을 개척했다. 교향곡과는 달리 악장이 없는 교향시는 문학적이고 시적인 내용을 다룬다. 그렇게 함으로써 좀 더 자유롭게 음악의 정신을 끌고 나가고자 하였다. 그의 <짜라투스트라는 이렇게 말하였다>, <죽음과 변용>, <틸 오일렌슈피겔>등이 대표적인 작품들이다. 그러나 그는 나치 봉사 문제로 독일 문화에서 곱지 않은 시선이 있는 것도 사실이다.

바그너에서 태동하기 시작한 현대음악의 조짐은 20세기 초, 표현주의 미술사조에 편승하여 세계적인 사조가 되었다. 현대인의 불안 긴장, 소외 등을 표현하는 점에서는 낭만주의를 계승한다 하겠으나 낭만주의의 동경이 아닌 사회에 대한 반항으로 나타난다. 이 시기의 음악은 획기적인 전기를 마련하는데 나치의 등장과 더불어 정체를 겪어야 했다. 여기에 속한 음악가로는 12음기법의 쇤베르크(Arnold Schönberg: 1874-1951), 베르크(Alban Berg: 1885-1935), 베버른(Anton Webern: 1883-1945) 그리고 힌데미트(Paul Hindemith: 1895-1963)를 꼽을 수 있다.

두 전쟁 사이의 문화예술을 장식한 시인들로는 게오르게(Stefan George: 1868-1933)와 릴케(Rainer Maria Rilke: 1875-1926)를 꼽을 수 있다. 소설가로는 만(Thomas Mann), 헤세(Hermann Hesse), 카프카(Franz Kafka), 극작가로는 브레히트(Berthold

Brecht)의 뛰어난 작품들이 돋보인다. 이들은 각기 세기말의 불안, 몰락을 정서로 대변하거나 서사로 표현하였다. 서사극과 '낯설게 하기'를 주장한 브레히트는 전후에 독일연방공화국의 문화에 큰 영향을 끼쳤다.

III. 독일 문화의 변화 60년

독일의 문화와 예술은 다른 나라의 경우와는 좀 더 색다른 특징을 갖고 있다. 그것은 우선 전쟁과 재통일로 인하여 다른 나라 문화가 갖는 것처럼 그렇게 평범한 변화가 아니라 역사적 단절을 겪었다는 점에서 그렇다. 그래서 우리는 독일연방공화국 60년의 역사를 크게 세 시대로 나누어서 보아야 한다.

전쟁 직후인 1949년부터 68년 학생운동까지, 그리고 1968년부터 독일 재통일 (1989-90)까지 그리고 그 이후. 이 세 단락은 이미 이데올로기적으로 판이하게 다른 문화 예술적 특성을 지닌다. 문학에 비해 미술과 음악은 구체적으로 말하지 않으므로 아래에서는 우선 문학적 이슈들을 중심으로 시대변화에 따른 문화예술의 경향변화가 어떻게 일어났는지 살펴볼 것이다.

1. 전후 독일 문화의 이슈는 무엇인가

얀들(Ernst Jandl)의 다음 시에서 우리는 시각적으로 독일인들이 얼마나 평화를 그리워했는가를 볼 수 있다. 몇 년이라는 것의 상징으로 열두 달 내내 "전쟁 (Krieg)", 그리고 이듬해 넉 달 그리고 "오월(Mai)"로 상징되는 평화를 맞았으니 말이다. 그러나 그런 희망도 잠시 전쟁 후의 생활조건은 피폐하기 이루 말할 수 없었다. 파스빈더 감독의 《마리아 브라운의 결혼》(1979)을 통해서 그들이 자신들로 인한 과거에 대해 속으로 울분을 삼키며 어떤 고통을 받았는지를 구체적으로 볼 수 있을 것이다. 그들은 구호품으로 살아야 했고 그들의 삶은 여러 가지 이유에서 미국의 문화에 종속되지 않을 수 없었다.

전쟁　　　전쟁
전쟁　　　전쟁
전쟁　　　전쟁
전쟁　　　전쟁
전쟁　　　오월
전쟁
전쟁
전쟁
전쟁
전쟁
전쟁

　　　　　　　　　　　　　　　　　　　　__얀들 「전환점의 표시」

　이런 측면에서 일반적으로 생각하면 법이나 정치가 전후 독일인들에게 오히려 큰 부담이 되었을 법한대도 반대로 문학이나 예술, 사상이 쇠퇴하는 결과가 초래된 것은 큰 아이러니가 아닐 수 없다. 독일인들은 미국의 전쟁 포로 상태에서 재교육과 민주화 프로그램을 통해 나치의 범죄에 대해 계몽되었고 또 그런 범죄를 행하게 한 민족주의적 사고의 오류에 대해 계몽되었다. 이런 일련의 상황은 과거극복이란 말로 요약할 수 있는데 이 말은 '과거를 이긴다'든가, '과거를 정리하겠다'는 뜻으로 들릴 수도 있다. 그러나 그 말은 '과거를 제어한다'는 뜻으로 일본처럼 자기네들의 과거를 '어물쩍' 넘어가는 것이 아니라 전쟁의 책임과 전후의 보상 문제를 통해 전쟁책임을 자각하고 그 책임을 완수하겠다는 의지로 풀이된다.

　문학이라는 영역에서의 상징적 인물들인 뵐(Heinrich Böll: 1917-1985)이나 그라스(Günther Grass: 1927-), 발저(Martin Walser: 1927-)로 연결되는 47그룹의 변화만 보더라도 독일의 사회와 문화가 지난 60년 간 어떤 문제로 고민을 했으며,

어떤 변화의 추이를 경험했는지 짐작할 수 있다. 전쟁 책임자들에 대한 청산도 다 끝나기 전에 전쟁의 비극을 다룬 작가 뵐, 그리고 그 이후에 좌파적 시각으로 시대를 탄핵한 그라스, 초기에는 그런 분위기에 동조하다가 70년대 중반부터 급작스레 오른쪽으로 급선회한 발전, 이들을 통해서만도 간략하게나마 지난 60년의 문화예술을 요약할 수 있을 것이다.

그러나 재통일이 되기 전 지난 수십 년 간 독일사회의 과거극복은 자의든 타의든 실질적으로 이루어졌다. 그뿐만 아니라 지식인들은 하나 같이 독일국민 전체가 전쟁과 학살에 대한 책임이 있음을 강조했다. "타인을 죽이는 행위를 막기 위해 생명을 바치지 않고 팔짱낀 채 보고만 있었다면 그것은 바로 내 자신의 죄라고 생각한다. 그러한 일이 벌어진 뒤에도 아직 내가 살아 있다는 것은 씻을 수 없는 죄가 되어 나를 뒤덮는다."고 철학자 칼 야스퍼스는 그의 속죄론에서 마치 기독교인이 회개를 하는 듯 한 자세로 말하고 있다. 그렇기 때문에 이 시기의 작품들은 전쟁과 분단에 대한 것들이 많다. 우베 욘존의 「야콥에 대한 추측」 같은 작품이 대표적이다.

한편 독일인들은 나치 이데올로기하에서 '독일적인 것'을 대표했던 자기네들의 과거를 되도록 밝히고 싶지 않았으므로 아데나워 체제하에서 문화적 복고주의로 접어들게 되었다. 특히 이 시기는 동서 냉전이 시작된 시기였기 때문에 독일 사람들이 유럽적인 것으로 자기네들의 사상이나 행위를 포장할 수 있는 좋은 기회였다. 이런 사상은 하이데거가 파리에서 연설한 '철학이란 무엇인가'에도 잘 나타나 있다. 여기서 그는 기회 있을 때마다 철학은 '서구적-유럽적'임을 누누이 강조하는데, 그 말이 맞다 하더라도 그 뒤에는 이런 시대적 배경이 깔려 있다.

이런 사상은 또한 에른스트 로베르트 쿠르티우스의 『유럽문학과 라틴 중세』라는 저서에서도 그 면면이 나타나고 있다. 그는 이 책에서 유럽의 각 민족 문학보다는 그것을 태동시킨 원동력인 유럽공통의 중세 라틴 문학이 결정적이었다는 것을 보여준다. 이런 전통은 전후에 특히 독일문학을 쇠잔하게 하는 주요 인이기도 했다. 개개 작품을 예로 들자면 무수히 많겠지만 1950년대에 쓰인 노삭(Hans Erich Nossak: 1901-1977)의 『늦어도 11월에는』 같은 소설에서는 아들에게는 회사의 실권을 넘겨주었지만 며느리에게는 아직 힘 있고 품위 있는 시아버지를 등장시킴으로써 아버지 세대를 그리워하는 그들의 의식을 엿볼 수 있게 했으며, 요즘 미국에서 ≪더 리더≫라는 제목으로 영화화된 『책 읽어주는 남자』에서는 나치에 봉사하였지만 문맹(文盲)인 한나를 그림으로써 나치 전범행위와는 다른 인간성을 공감으로 연결하려는 시도도 엿보인다.

그들 쪽에서 보면 독일의 교양인들은 독일 문화의 특수성보다는 유럽문화의 일원으로서의 독일 문화를 생각하고 있다. 그것이 오늘날 결실을 맺어 오늘날 독일이 유럽통합을 주도적으로 이끌게 한 원동력이 되었다고 볼 수 있다. 그뿐 아니라 이 시기는 문화적으로 포스트모던이나 다원주의 같은, '민족'과는 거리를 둔, 그리고 미국을 위시한 다른 서방과의 교류, 제3세계의 지원 프로그램 등에 기대어 그들은 그들의 과거 세척에 몰두했다.

철학자들도 이런 생각을 갖고 있었는데 앞에서 언급한 하이데거는 말할 것도 없고 그의 스승인 로타커라는 철학자는, 철학이란 그리스에서 시작하여 라틴 시대를 거쳐 풍성해진 서구의 문제라고 보았다. 자기들의 수치스런 과거를 문제 삼지 않으려는 지식인의 분위기를 짐작케 하는 대목이다. 그렇기 때문에 전후에 독일적이라고 말할 수 있었던 것은 그저 근면, 검소, 시간엄수 등 2차적인 가치만 남게 되었지 독일적 정신 가치는 크게 부각되지 않았다. 그리고 독일인들이 이 문제에 대해 말하지 않는 이상 한국에서 이야기될 이유는 더더욱 없었다. 더욱이 독일도 우리나라와 마찬가지로 반공을 우선시하는 당시 풍조 때문에 그런 철학자들의 서구중심주의 사상은 나치 문제를 덮어둘 수 있었던 것이다.

다른 한편 이런 문제 뒤에는 다양한 비판정신(나는 이것을 독일 특유의 프로테스탄티즘이라 부르고 싶다)이 싹을 틔우게 되었다. 그 대표적인 경우가 위에서 언급한 47그룹의 탄생이다. 자유는 주어졌지만 감시의 상태로 귀환한 작가들은 방송에서, 잡지에서 새로 습득한 도덕적 의식을 문학적으로 써 내려가기 시작했다. 그리고 그 회원들은 — 정기적인 모임이 해체된 이후에도 — 오늘날까지 현대 독문학을 대표할 만한 사람들이 되었다(심지어 그들 중 두 사람, 즉 뵐과 그라스는 노벨문학상을 수상했다).

이 47그룹은 그런 초기의 정치 언론 영역을 넘는 영역까지 영향을 미쳤다.

예컨대 독일의 작가들은 끊임없이 그들의 과거 문제를 집고 넘어갔다. 여기서 우리는 문학이 문학답지 못하고 예술이 예술답지 못한 이유에 대한 근거를 읽을 수 있다. 독일의 문학자 하인츠 슐라퍼는 문학이 이렇게 성찰적이거나 내면적이 되면서 문학의 원래적 기능, 즉 오락성과 유희성이 말살되는 것을 두고 독일문학은 "문학의 옷을 입은 신문기사(Schlaffer, 2002)" 같다고 꼬집었다.

그러나 이런 경향성은 독일연방공화국에서 지속되어 자본주의 사회의 자유에 대한 허상을 고발하고 소비사회에 빠진 소시민의 정신을 비판하는 논쟁과 저항의 문화로 확산되었는데, 이는 모두 47그룹의 '재교육 의도', 프랑크푸르트 학파의 '비판철학', 녹색당의 등장, 68학생운동 등과 같은 프로테스탄티즘의 후예로 각기 그 모습을 다양하게 드러낸 것에 불과하다.

독일의 문학과 예술, 사상과 현실에서 비치는 성찰적, 비판적, 내면적 경향성은 일상의 생활형식에도 큰 영향을 미치는데, 1968년 이후의 남녀관계의 변화, 교수와 학생들의 호칭이 평등하게 변하는 것, 존칭 '지(Sie)'의 사용이 줄어들고 동료나 친근함을 나타내는 범칭 '두(du)'의 사용이 늘어난 것을 대표적인 경우로 꼽을 수 있다. 이와 맥을 같이 하여 전후 독일에서 교수와 학생 간에, 지식인들과 일반인들 간에 지식의 권력이 급격히 감소하고 있다는 것 또한 지적할 일이다. 이것은 이른바 가류주의(可謬主義/Fallibilismus)라고 불리는데, 진리에는 특권적인 통로가 없다는 뜻이다.

이런 태도는 교수가 학생의 의견을 존중하고 그 사람 자체로 평가하는 학풍을 낳게 되었다. 교수가 학생의 의견에 절대적으로 영향을 미치는 미국이나 한국, 일본과는 근본적으로 차이나는 것이 아마도 기독교에서 파생된 사상, 즉 신만이 오류가 없지 인간은 언제나 실수를 한다는 가류주의를 낳은 것이 아닌가 한다. 그래서 독일 대학에서나 학교에서는 교수나 교사가 일방적으로 세미나를 이끌고 가는 것이 아니라 학생도 교수가 되어 리포트를 발표하고 학생 스스로 학위논문의 테마를 정하는 것이며 교수에 대해 심한 공박까지도 서슴지 않는 것이다.

비교적 독일정신이나 사상, 이데올로기가 직접적으로 드러나는 문학이나 철학에 비해 음악이나 미술은 한결 숨통이 트일 만한 영역이었다. 물론 구동독에서 철학자 니체의 금서조치와 함께 동서독 전반에 걸쳐 바그너의 음악이 이데올로기의 그늘에 덮인 것은 사실이나 문학에 비해 음악이나 미술은 간접적인 이미지로 도피할 수 있었기 때문에 나치의 폐해에서 쉽게 회복할 수 있었다고 볼 수 있다. 예술이나 문화는 때때로 낯선 이미지들, 모험적인 사유, 예상치 못한 상상이 자유분방한 언어로 형상화되어야 할 터인데 이런 그들의 과거는 족쇄가 되고 말았다. 쉽게 말하면 예술은 불경스러운 것의 소산이어야 하는데 독일이 과거 극복으로 인한 경건성은 예술의 발전을 저해한 것이다.

2. 68 학생운동 이후의 문화예술

청재킷을 입은 남자가
곡괭이를 어깨에 걸치고 퇴근한다.
나는 그를 정원 울타리 뒤에서 바라본다.

저녁마다 이렇게 가나안 땅에서도 집을 찾았을 것이고
미얀마의 논에서 일하던 농부도 집으로 돌아갈 것이며
메클렌부르크의 감자밭에서도 그럴 것이며
부르군트의 포도밭에서도 칼리포니아의 정원에서도 그럴 것이다.

[중략]

청재킷을 입은 남자가 퇴근한다.
그런데 어깨에 걸친 곡괭이가
여명 속에서 총을 멘 것처럼 보인다.

—권터 아이히 「청재킷을 입은 남자」

68학생운동 이후의 독일 문화는 라인강의 기적으로 대표되는 앞 세대와는 달리 질적인 삶을 추구하려는 경향을 띠고 있다. 물론 서서히 바뀐 것이긴 하지만 적어도 1980년대 이후에 독일에서 공부한 사람은 교수와 학생 간에 평등한 호칭인 'Herr Schmidt', 또는 'Herr Kim', 즉 슈미트 씨, 김 씨 식으로 부르는 것에 대해 의아하게 생각했을 것이다. 반 권위적 학생운동으로 대표되는 68년도의 학생운동이 만약 없었다면 아마도 독일 사회는 한참 더 그들의 교수를 'Herr Professor', 즉 교수님이라고 불러야 했을 것이다. 학생들은 서독 계급사회의 적법성과 서구적 자본주의의 진보개념에 대해 의문을 제기하였는데 우리는 이 상황을 문화예술에 대한 하나의 메타포로 볼 수 있다.

이런 움직임은 연방공화국을 문화국으로 바꾸게 했다. 예술가들은 국가로부터 간섭을 받지 말아야 한다는 생각이 주도적이 되었고 대도시들은 여러 문화예술적 제도들을 설립하게 되었다. 그리고 1980년대에 들어서서는 녹색당이 등장하면서 이런 움직임은 더욱 확대되었다. 그러나 이런 문화적 확장은 아이러니컬하게도 부의 증가와 밀접한 관계에 있었다. 독일에서는 서방세계의 다른 어느 나라보다도 오페라하우스와 박물관이 더 많이 건립되었고 더 많은 문학상이 제정되었다. 텔레비전 방송국은 기존의 두 개 채널 이외에도 네 개가 더 개국했고 신문사는 더욱 많아졌다.

이런 상황은 그 이전 세대에 아도르노와 호르크하이머가 자신들의 저작『문화산업. 대중기만으로서의 계몽』또는『계몽의 변증법』에서 부정적으로 바라본 대로의 논거가 더 이상 타당하지 않다는 염려를 자아낼 정도였다. 1970년대 이후의 문화산업은 바로 이러한 문화에 대한 비판을 담아낼 수 있는 수단이 되었다는 것은 매우 역설적이다. 68세대의 대학생들은 이런 문화산업의 매체를 이용해서 서독 사회를 자기만족에 빠진 부르주아적 무감각상태로부터 구출하고 노동자들에게서 허위의식을 제거하며, 베트남 전쟁에 대한 반대와 같은 비판적 시민정신을 도출하고자 하였다.

1970년대 후반과 1980년대의 서독인들은 이런 비판적 저항정신을 바탕으로 범서구적 포스트모더니즘에 편승할 수 있었다. 그들은 독일정신형성기의 문화적 변화나 프랑크푸르트학파의 비판정신을 넘어서는 일을 수행했다. 정치나 철학, 사회과학, 문화예술 등의 다방면에서 이런 탈근대의 움직임이 간파되었다. 다음 항에서 구체적으로 살펴보겠지만 포스트모더니즘을 뚜렷이 인지할 수 있는 분야는 우선 건축이었다. 그리고 보이스(Joseph Beuys)의 행위예술, 헨체(Hans

Werner Henze: 1926-)의 포스트 모더니즘적 작곡은 그런 사회현상을 대변해주는 일이었다. 문학 영역에서는 엔첸스베르거(Hans Magnus Enzensberger: 1929-)가 서구문화를 탈 근대적 시각으로 보는 것을 대표적으로 꼽을 수 있다. 그는 문명의 거대한 흔적들을 부정적인 시각으로 또는 양가적 시각으로 보고 있다. 그라스는 여성 지배 역사로의 전환 같은 고정관념을 흔들어 놓는 인식이 자리하고 있다.

이런 맥락에서 성장한 80년대의 문화예술은 페미니즘과 다문화 또는 이주민 문화, 영화 장르에서처럼 문화의 미국화 같은 것이 하나의 분위기로 편승하게 된다. 그 이외에도 이 시기는 포스트모더니즘적 경향이 주된 분위기로 자리하게 된다. 이런 분위기는 옐리넥(Elfriede Jelinek: 1946-), 쥐스킨트(Patrick Süskind: 1949-), 슈트룩(Karin Struck: 1947-2006), 슈테판(Verena Stefan: 1947-)에 의해 주도된다. 또한 이 시기는 외국인 노동자 2세들이 성장해서 그들이 더 이상 그야말로 외국인이 아니라 서독문화에 편입된 문화 담지자로서의 다문화 문학을 창출해낸다. 슐라거(Schlager)나 히트퍼레이드(Hitparade) 등의 부흥도 이 시기에 이루어진 문화적 산물이다. 이 시기는 독일이 경제적으로 아주 부흥한 시기이므로 자본주의적 물결이 문화예술에까지 큰 영향을 미쳤다.

3. 재통일 이후의 문화예술

> 태어나자마자 내가 손을 뻗어 잡은 것은 모두 독일어였다.
> 나의 조국애는 글자의 조합에 근거하고 있다.
> 그것은 어떤 사물이 낱말과 충돌할 때마다
> 내 소리에 대한 기억이다.
> 더도 덜도 아니다.
> 나는 나의 기억이다—그 이외에 무엇이란 말인가?
>
> ——말코브스키 「세기의 기억」(1998)

말코브스키의 시를 보면 독일문학을 공부한 사람의 비애를 느낄 수 있다. 멋모르고 전혜린이나 슈베르트의 음악, 릴케의 시에 감동을 받은 사람들이 독일을 마치 사랑하는 사람처럼 대하게 되고, 그 문화와 문학을 탐닉하였더니 정작 그 사랑하는 사람은 살인자의 멍에를 지고 과거에 괴로워하며 나에게 사랑할 마음을 줄 여유를 갖지 못한 경우를 보는 듯하다. 이 시에서 보다시피 독일인들은 차츰 그들이 지고 있는 이런 멍에에 대한 분명한 기억에서 벗어나 어쩔 수 없이 태어난 독일의 운명에 자신의 과거를 맡기는 듯한 인상을 준다.

그러나 통일이 물리적으로 가시화된 1989년 여름과 가을 내내 세계인은 눈과 귀를 텔레비전에 집중시키고 있었다. 그들은 공산주의의 독일이 붕괴되는 과정을 지켜보았다. 군중들은 분단의 종말을 축제처럼 즐기고 있었다. 장벽이 무너지자 하임(Christoph Heim), 볼프(Christa Wolf) 같은 예술가들은 허탈하게 그들을 보고만 있을 수밖에 없었다. 그러나 몇 년이 지나지 않아 그들의 꿈(Traum)은 트라우마(Trauma)로 변했다. 통일비용은 곧 그들의 사회보장체계를 압박했으며 극우파들의 등장으로 인해 민주주의는 위협 당했다.

문화적 통일 또한 쉬운 일이 아니었다. 구동독의 문화는 사회주의 이데올로기의 제한을 받고 있었고 구서독은 너무나 미국 쪽으로 경도되어 있었다. 구동독과 구서독 사이의 사람들이 서로를 비하해서 지칭하는 말, 오시(Ossi)와 베시(Wessi) 사이에 문화적 분단은 여전히 남아 있었다. 그것은 볼프 논쟁으로 표출되었고 한동안 중요한 문학논쟁으로 자리 잡았다. 어떤 작가가 과거 슈타시의 감시 하에 어쩔 수 없이 작가생활을 한다는 내용의 글은 독일을 또다시 과거극복의 회오리 속으로 밀어 넣었다. 독일연방공화국의 역사 속에서 문화와 예술은 이렇게 많은 상처를 갖고 기형적으로 발전할 수밖에 없었다.

1990년대에 들어오면서 독일문학은 젊은 신진작가들의 등장으로 붐을 이루게 된다. 이는 1945년 이후의 서적시장의 확대와도 밀접한 관련이 있다. 이들은 소위 팝음악이라는 말로 대변되는 팝 문학을 시도하였다. 포스트모던적 경향을 띤 작가들도 많이 등장하였다. 영국으로 이민 간 작가 제발트는 독일어권 전후문학에서 국제적인 명성을 얻은 경우다. 그가 일찍 교통사고로 사망하지 않았다면 노벨문학상까지 기대되었던 작가다. 그 이외에도 주목해야 할 것은 이주민문학을 꼽을 수 있다. 그 이외에는 유년시절의 기억 같은 전통적인 문학이 주를 이루었는데, 정치적 무관심을 보여주는 문학으로 혹평을 받았다. 이런 가운데

2004년 독어권 작가 옐리넥의 노벨문학상 수상은 다소 의외의 일로 받아들여졌다. 왜냐하면 그의 작품이 정치적이고 페미니즘적인 경향성이 있었기 때문이다.

거기다가 우리는 근래에 있었던 발저 논쟁에서 보듯이 독일인들이 더 이상 과거를 회상하고 싶어 하지 않는다는 경향성에 주목하지 않을 수 없다. 47그룹의 중요 일원으로 활약을 하던 발저가 1990년경에(즉, 통일 후) 보수적이고 민족적인 입장으로 돌아선 일이다. 그는 같은 해 자전적 소설 『분수』를 발표했는데 이 작품에서 그는 앞서 읽어본 말코브스키처럼 자기가 태어난 사회와 화해하고 나치의 이데올로기 또는 폭력에 대해서는 눈감아 버렸다. 그는 이 작품으로 독일출판협회 평화상을 받았는데, 그는 수상연설에서 나치의 범죄에 대한 뉘우침을 거부했다. 그는 양심이란 개인이 스스로 조용히 결정해야할 사안이지 공적으로 표명하는 것은 허위의식이라고 가감 없이 주장했다.

이런 태도가 그의 논쟁적이고 저 유명한 『어느 비평가의 죽음』이라는 책으로 결실을 맺었다. 이 책에서 비판의 표적이 된 비평가는 유대인 출신 라이히-라니츠키로서 그는 제3제국에 대해 말하려는 자는 나치의 범죄를 꼭 다루어야 한다는 주장을 한 사람이다. 물론 독일 사람들은 정치적 과거에서 벗어나자는 뜻이 이 작품에 갈채를 보냈다. 그러나 이것이 도화선이 되어 유태인 중앙협의회의장인 이그나츠 부비츠는 그 작품을 "정신적 방화"라고 맹비난했다.

이런 논쟁에서 우리가 읽을 것은 역사 혹은 정치와 문학은 뚜렷이 다른 길을 가고 있다는 점이다. 전자는 언어를 공유하는 민족이 현실에서 위해 되지 않을 기억을 대변하지만 후자는 그런 정치적 역사적 맥락에서 소실된 기억, 즉 반기억(Gegenerinnerung, Counter-memory)을 기술하고 있다는 사실이다. 독일문학에 이런 현상이 독이 될지 약이 될지는 모르지만 독일연방공화국 60년사에서 잊어버렸던 것, 또는 잊어버리고 싶은 것 이면에 있는 그들의 환상과 소원을 새로 쓸 수 있다는 것은 주목할 만한 하나의 전기가 될 것임에 틀림없다.

IV. 독일의 문화예술

시대사나 정치, 경제와는 달리 문화적 업적에 대한 평가나 정전형성 (Kanonbildung)은 대개 50년 이후에나 가능한 것으로 평가되기 때문에 독일의 예술을 다루면서 지금 활성화되고 있는 예술 활동 중에서 대표적인 것을 선정한다는 것은 불가능한 일일 뿐 아니라 독일 내에서 이를 체험하면서 연구한 연구서 또한 부족하기 때문에 이 짧은 60년간의 문화예술사나 활동을 의미 있게 기술하는 것은 여간 어려운 일이 아니다. 그럼에도 불구하고 우리는 이런 정치적 역사적 맥락 속에서 구체적으로 문화예술의 산물을 살펴보면서 그것이 앞 장에서 기술한 시대정신을 어떻게 반영하였는지, 또는 시대정신을 어떻게 거스르는지, 나아가 전통을 어떻게 계승하는지, 또는 어떻게 부정하는지를 살펴보고자 한다.

1. 문학

우리가 보통 외국의 문학을 시작할 때는 그 나라에 대한 애정으로 시작한다. 그러나 전후 독일문학을 대하는 사람들은 그런 애정을 갖지 못하는 것이 당연하다. 심지어 제3제국의 범죄에 대해 직접적인 관계가 없는 한국인들 또한 그들의 문학적 특성에 대해 매우 주의 깊게 이야기를 해야 함은 당연한 일인 것처럼 되었다. 한마디로 독일의 작가나 교수나 비평가는 물론 그 문학을 바라보는 우리들 또한 애정을 가지고 독일의 언어와 문화에 대해 접근하지 못하는 것은 분명한 일이다. 특히 이제 50여년의 세월이 흐르면서 제3제국을 넘어 구동독의 인권 범죄까지 겹쳐져서 독일의 문학은 정치에서 자유로울 수 없는 상황이 되었다.

전쟁 후 아무것도 과거에 대해서는 말할 수 없었던 독일인들은 기성작가들에 의해 비정치적이고 존재론적인 경향의 문학을 생산할 수밖에 없었다. 또한 전후의 독일인들은 "영시점", "잿더미 문학" 등의 개념이 보여주듯 우선 전쟁의 폐허 속에서 정신적인 폐허를 경험해야 했다. 볼프강 보르헤르트, 파울 첼란, 고트 프리트 벤 같은 시인들은 전후의 비참한 현실에 대해 자신의 감정을 간결하게 묘사했다. 그리고 비정치적인 자연시나 관념시 같은 전통적인 시 형식을 추구하였다. 1970년대 한국에서 헤세와 카프카, 릴케의 열풍이 휩쓸고 지나갔지만 아무도 그 이유에 대해서 말하지 않았다. 역사나 문학의 역사는 시간이 지나간 이후에야 판단할 수 있는 사후적 성격을 가지고 있기 때문에 지금에서야 우리는 그 이유를 생각해볼 수 있다.

내가 보는 독일문학은 적어도 20세기 초반부에 그 수명을 다하고 사실상 전후에는 이렇다 할 특성을 보여주지 못하고 있다. 우리 독문학계에서도 고작 통일문학이니 전후문학이니 유대인 논쟁이니 하는 주제가 오르내리지 후기 구조주의나 포스트모더니즘, 해체주의 같은 특별한 문학 사조로 파악하지는 않는다. 특히 괴테 시대 이래로 프로테스탄트적 내면문학의 경향은 과거극복의 문제와 더불어 더욱 강한 분위기를 자아냈다. 이를테면 독일문학은 재미가 없다, 지루하다 등의 서술어로 마감되는 경향을 지적하지 않을 수 없다.

그러나 그런 경향성이 시나 음악에서는 큰 문제가 되지 않는다. 그래서 독일의 소설은 진행되지 않고 깊은 사변이나 성찰에 빠지는 경우가 허다하다. 발저의 『어느 비평가의 죽음』이나 그라스의 작품, 쥐스킨트 어느 작품을 보아도 사회소설의 흔적이라곤 찾을 수 없다. 누가 독일의 소설은 시와 같다고 하거나 철학의 문학적 버전이라고 말한다면 그것이 기실 틀린 말은 아니다.

그라스는 우리에게 작품과 영화로 너무나도 잘 알려진 소설 『양철북』(1959)을 씀으로써 나치 과거를 고발하고 있다. 이 소설은 세 번째 생일날 지하실에서 떨어져 신체적 성장을 멈춘 난쟁이 오스카에 대한 이야기다. 그는 생일선물로 받은 양철북을 두드리며 전 도시를 깨우고 다니는 특별한 아이로 성장한다. 성인들의 세계에 대한 거부로 스스로의 성장을 거부했을 뿐만 아니라 또한 그 세계에 대한 저항으로 높은 소리로 사물을 망가뜨리는 초능력을 보여준다.

60년대 독일 출판계를 뒤흔들었던 과거극복의 소설로는 지그프리트 렌츠의 『독일어 시간』(1968)을 들 수 있다. 이 작품은 자신의 의도와 상관없는 일로 어린 시절이 고통으로 얼룩지고 결국 체제의 희생자가 된 한 아동(소시민)의 삶을 정치 있게 그려놓았다. 그림 절도죄로 감화원에서 복역 중인 소년 지기는 작문 시간에 '의무의 기쁨'이라는 제목을 부과 받고, 전시 중 고향의 화가 난젠에게 내려졌던 창작금지와 그것을 감시하던 아버지의 행동을 떠올리는 내용으로 시작하는 이 소설은 그들의 과거와 미적 화해를 이루기에 충분하다.

1970년대 젊은 지식인 계급은 뵐, 엔첸스베르거, 그라스 같은 전업 작가들의 영향을 받아 기술진보에 의해 평등하고 풍요로운 사회가 이루어질 수 있다는 모더니즘에 심각한 회의를 하기 시작했다. 진보라는 이름하에 자연은 과학의 종속이 되어버리고 만 현실을 엔첸스베르거는 그의 『타이타닉호의 침몰』에서 비판하고 있다. 혁명분위기는 가라앉고 탈정치화, 탈이데올로기의 경향이 뚜렷하게 각인되었고, 과거극복, 인간해방, 사회정의 같은 거대담론에 지배되어 왔던 개인적 욕구가 분출하였다. 이에 따라 경향전환, 신주관주의 등의 문학이 이 시기의 화두가 되었다.

그라스는 『넙치』(1977)에서 인간 문명의 시작으로 거슬러 올라가 남녀 사이의 관계가 어떻게 변하여 오늘날 페미니즘에 이르게 되었는가를 형상화하고 있다. 1977년 9월 한 인터뷰에서 그라스는 소설을 집필하게 된 동기에 대해 이렇게 밝힌 바 있다. "그때 나는 우리의 역사 서술에서 빠진 부분과 마주치게 되었습니다. 그것은 여성들이 역사 형성에서 이름 없이 이루어낸 몫을 말합니다. 요리사로서, 가정주부로서, 식량 구조를 혁명적으로 개선할 때, 즉 기장을 감자로 대체할 때 중요한 역할을 한 인물로서 말입니다."

산문이 아닌 시에서는 50년대까지의 난해시나 절대시, 60년대의 정치시 중심의 경향에서 벗어나 일상적 현실을 다룬 서정시들이 주류를 이루게 되었다. 엔첸스베르거, 테오발디(Jürgen Theobaldy: 1944-), 프리트(Erich Fried: 1921-1988) 등은 전체주의 이데올로기가 퇴조하고 난 뒤의 문화적, 정신적 이슈를 주제로 잡았다. 동독에서의 이 시기 문학 또한 큰 성과를 이루었는데 브라운, 비어만, 쿤체, 키르쉬 등의 문학을 들 수 있다. 이들은 현실사회주의의 모순을 비판하거나 회피하여 서정적인 영역에서 큰 성과를 이루었다. 특히 1976년 서독에 나와 공연하고 있던 가수이자 시인인 볼프 비어만의 추방에 대한 작가들의 항의와 더불어 여러 작가들이 서독으로 넘어오는 사건들이 일어나기도 했다.

80년대에 들어오면 페미니즘 혹은 반페미니즘의 전위에 노벨상 수상작가로 알려진 오스트리아의 옐리넥을 위시해서 슈트룩과 슈테판의 자서전적 고백, 솔직한 성적 담론이 뚜렷하게 드러난다. 동독에서는 크리스타 볼프가 환경과 핵문제를 여성적 관점에서 서술한 『카산드라』를 발표했다. 80년대의 독일 작가로서 우리에게 잊을 수 없는 자취를 남긴 사람은 역시 쥐스킨트이다. 그는 『향수』(1985)와 『콘트라베이스』(1984) 등으로 국제적인 작가로 발돋움하였다. 혼성모방(pastiche)과 포스트모던적 기법으로 쓴 그의 기법이 예사롭지 않다. 이 시기는 창작도 중요하지만 지난 세대의 문학 특히 문학정전의 변화가 화두로 떠오른다.

어느 시대나 괴테의 수용은 항상 있어 왔지만 슐레겔(Friedrich Schlegel: 1772-1829)을 혁명적 관점에서 본 독일 낭만주의의 재조명, 뷔히너(Georg Büchner: 1813-1837), 야콥 미하엘 라인홀트 렌츠(Jacob Michael Reinhold Lenz: 1751-1792)의 발견 등은 새로운 현상이 아닐 수 없다. 나치나 독일적 특성의 그늘에 가려서 — 물론 이들도 독일적 특성을 가지고 있다 — 또는 실러나 그림 형제 등과 같은 소위 민족적 작가의 명성에 가려 있던 그들이 오히려 이 시기에 명성을 날린 것은 특기할 만한 일이다. 알반 베르크의 오페라 <보첵>이나 찜머만의 <군인들>은 각기 뷔히너와 렌츠의 산문 작품이기도 하다.

재통일 이후의 독일문학, 즉 90년대의 문학은 갓 등단한 젊은 작가들의 시대였다. 이런 현상은 1945년 이후 점진적으로 확장된 서적시장의 영향을 받은 것이다. 1990년 이후에는 좋은 문학이라는 것도 살아남기가 힘들 정도였다. 이들 세대는 소위 말하는 언어적, 미학적으로 팝 문화에 익숙한 세대의 젊은 작가들이 팝 문학을 생산했다. 이 세대에 속한 작가들로는 슈투크라트-바레(Benjamin von Stuckrad-Barre), 알렉사 헨니히 폰 랑에(Alexa Hennig von Lange) 또는 크라흐트(Christian Kracht)를 들 수 있다. 그 이외에도 1990년대 독일은 이민자들의 문학, 다시 말해 다문화 문학이 부상하였다. 음악이나 미술에서처럼 포스트모던 또한 중요한 사조로 등장했는데 여기에 속하는 소설가로는 뫼어스(Walter Moers), 비이너(Oswald Wiener), 볼슐레거(Hans Wollschläger), 란스마이어(Christoph Ransmayr) 등을 들 수 있다.

독일 현대문학뿐만 아니라 유럽 현대문학에서 첫 손가락에 꼽히는 작가 중한 사람인 작가 제발트(Winfried Georg Sebald: 1944-2001)는 영국에서 대표작『이민자들』에서 감성과 시적인 문체, 때로는 유머감각을 동원해 유럽에 고향을 두었지만 자의로든 타의로든 그곳에서 다른 나라로 떠난 네 이민자들의 삶과 결코 채워지지 않는 그리움, 치유되지 않는 고통의 이야기를 그리고 있다.『아우스터리츠』에서는 네 살 때 혼자 영국으로 보내진 프라하 출신의 유대 소년이 노년에 이르러 자신의 과거와 부모의 흔적을 찾아 나선다는 내용을 다루고 있다. 이런 경향을 대변하기라도 하듯 독일어권의 문학에는 정치적 무관심이 지배한다는 비난이 일었고 유년의 회상 같은 자전적 주제들이 단골손님이었다. 베른하르트 슐링크의『책 읽어주는 남자』가 대표적인 작품이다. 그러나 이를 비웃기라도 하듯 페미니즘과 정치참여 작가인 옐리넥에게 노벨문학상이 주어졌다.

2. 영화

2차 대전 후의 독일 영화 또한 침체기에 접어들었다고 볼 수 있다. 이전의 표현주의 영화에서 보여주었던 힘이 사라지고 난 이후 독일 영화는 미국 영화에 종속될 수밖에 없었다. 이는 이미 허두에서 밝힌 바대로 재교육과 민주화 프로그램의 영향도 있었지만 과거의 그림자 때문에 새로운 이슈를 찾을 수 없었던 때문이기도 하였다. 그러다가 60년대 초 뉴저먼 시네마가 등장하면서 한껏 분위기가 고조되기 시작했다. 그들의 이름은 듣기만 해도 금방 영화가 떠오를 만큼 색다르고 강렬한 것이었다.

이들은 다름 아닌 바로 알렉산더 클루게(1932-), 베르너 헤어초크(1942-), 폴커 슐렌도르프(1939-), 라이너 베르너 파스빈더(1945-1982), 빔 벤더스(1945-) 등이다. 파스빈더의 ≪불안은 영혼을 잠식한다≫, ≪마리아 브라운의 결혼≫ 등에서는 전후 독일의 소외 계층을 그리되, 그 이전 표현주의 영화가 그려냈던 예술적 안목으로 역사를 그려냈다. 그 이외에도 빔 벤더스의 ≪베를린 천사의 시≫, 폴커 슐렌도르프의 ≪양철북≫, ≪카타리나 블룸의 잃어버린 명예≫, 알렉산더 클루게의 ≪어제와의 이별≫, 베르너 헤어초크의 ≪아귀레, 신의 분노≫

등이 잘 알려져 있다.

파스빈더 감독의 영화 ≪마리아 브라운의 결혼≫(1979)은 마리아와 헤르만의 결혼식 장면으로 시작된다. 그러나 결혼식장은 2차 대전의 시작을 알리는 폭격으로 아수라장이 된다. 이튿날 남편 헤르만은 전쟁터로 나간다. 전쟁이 끝나자, 마리아는 헤르만이 전사했다는 소식을 접하게 된다. 그 후 마리아는 술집에서 흑인 미군 빌을 만나고, 그의 아이를 임신하게 된다. 때마침 그와 정사를 벌이려는 순간 헤르만이 돌아와 그녀는 빌을 죽이고 헤르만은 마리아의 살인죄를 자신이 뒤집어쓴 채 감옥으로 간다. 마리아는 사업가인 오스발트와 새로운 관계를 맺고 삶을 꾸려 나가면서 부를 축적한다. 그러나 헤르만은 출옥을 한 뒤에도 끝내 그녀에게 돌아오지 않는다. 그리고 마리아는 가스폭발로 파란 많은 삶을 마감한다. 이 영화는 그 자체가 전후 독일의 역사 기술이라고 할 만큼 리얼하게 그들의 삶과 문화를 보여준다.

빔 벤더스 감독의 ≪베를린 천사의 시(詩)≫(1987)는 개봉된 이듬해 칸 영화제에서 최우수 연출상을 받은 걸작이다. 어느 겨울날 베를린에 내려온 두 천사 다미엘과 카시엘이 인간 세계의 여러 면을 두루 살펴보는 줄거리와 2차 대전 직후 독일 출신 미국인이 형사 콜롬보로 유명한 피터 포크를 사설탐정으로 채용하여 자기 동생의 자식을 찾으러 보내는 내용이다. 그 위에 인간의 모습이 천사에 가장 가까웠던 어린 시절의 특징을 천사 다니엘의 내면의 소리로 간간히 들려줌으로써 이 영화의 주제를 강조하는가 하면, 각기 맡은 구역의 인간 세계를 돌아본 두 천사가 다시 만날 때는 지구의 역사를 훑어보기도 하고, 서구의 불멸의 서사시인 호메로스를 등장시켜, 세상이 변화된 모습에 대한 회한을 드러내는 가운데 인간들이 이야기를 잃어버렸음을 애석하게 여기고 있다.

슐뢴도르프(Volker Schlöndorff: 1939-)는 그라스의 『양철북』을 영화화해서 세계적인 명성을 얻었다. 영화 ≪양철북≫은 성장하기를 거부한 오스카라는 아이의 눈에 비친 20세기 초 독일의 역사와 나치의 몽매함을 알레고리적으로 표현하고 있다. 그의 작품은 그 이외에도 ≪젊은 퇴를레스≫와 ≪카타리나 블룸의 잃어버린 명예≫가 있다. 뉴저먼 시네마는 비록 흥행에서는 성공을 거두지 못했지만 진지한 주제를 통해 세계의 주목을 끌었다. 이런 측면은 우리가 앞서 말한 독일 문화의 프로테스탄트적 성격을 재현하는 것으로 판단할 수 있다. 이는 동시에 할리우드의 영화에 압도당한 1980년대 중반 이후로는 독일영화가 이렇다 할 추진력을 얻을 수 없었다는 것을 의미한다. 국제적인 명성을 갖고 있던 베를린 영화제 또한 정치적 사회적 감각을 잃어버리고 상업적으로 전락하고 있다는 비판을 받고 있다.

그럼에도 불구하고 꾸준히 제작된 영화중에서 한국에 개봉된 영화로는 아그네츠카 홀란드 감독의 ≪유로파 유로파≫(1990), 도리스 되리의 ≪파니핑크≫(1994), 카롤리네 링크의 ≪비욘드 사일런스≫(1996), 토마스 얀의 ≪노킹 온 헤븐스도어≫(1997), 카챠 폰 가르니에의 ≪밴디트≫, 파티 아킨의 ≪짧고 고통 없이≫(1998), 톰 튀크베어의 ≪롤라런≫, 롤프 슈벨의 ≪글루미 선데이≫(1999) 등이 있는데 내용적으로는 고통스런 나치에 대한 여운을 그린 작품도 있으나 시대 반항적인 작품과 개인의 개성의 확장이라는 측면을 다룬 영화가 주도하게 되었다.

2000년대로 접어들면 올리버 히어쉬비겔의 ≪익스페리먼트≫(2001), 촐탄 슈피란델리의 ≪신과 함께 가라≫(2001), 헬마 잔더스-브람스의 ≪독일, 창백한 어머니≫(2005), 플로리안 헨켈 폰 도노스마르크의 ≪타인의 삶≫(2006), 크리스 크라우스의 ≪포미니츠≫(2006), 마틴 집킨스의 ≪단지 유령일 뿐≫(2006), 에스터 그로넨보른의 ≪알래스카≫(2007), 울리 에델의 ≪바데르 마인호프 콤플렉스≫(2008), 안드레아스 드레센의 ≪우리도 사랑한다≫(2008), 도리스 되리의 ≪사랑 후에 남겨진 것들≫(2008), 마렌 아데 ≪에브리원 엘스≫(2009) 등이 있는데 이들은 90년대 이전의 영화보다는 그래도 독일적인 모습을 담은 영화가 많다. 특히 ≪익스페리먼트≫, ≪신과 함께 가라≫, ≪타인의 삶≫ 등은 독일인들의 내면적 특성을 그대로 담고 있다. 이로 인하여 할리우드 영화에 익숙한 사람들은 스토리 전개가 다이나믹하지 않은 독일영화를 이해하기가 쉽지 않다.

3. 조형예술

이미 언급한 바와 같이 나치의 문화정책은 독일의 표현주의 다다이즘과 같은
조형예술의 사조 또한 퇴폐주의로 규정하고 이를 사장시켰다. 특히 나치의 파시
즘은 표현주의, 다다이즘, 추상미술과 같은 현대미술을 퇴폐주의로 매도하고 박
해하고 그런 미술가들을 축출하였다. 다른 예술분야도 마찬가지지만 이것이 독
일미술을 황폐하게 만든 주요인이라 할 수 있다. 미국에서 추상표현주의가, 프
랑스에서 다시즘이 유행하던 50~60년대 서독의 미술계도 추상화가 유행하였다.
전쟁 전에 유행하였던 추상미술이 이 시기에 다시 빛을 보게 된 것은 전쟁에
대한 반응이다. 파시즘 이후 독일에서는 개인과 사회의 자유를 추상화로 분출하
였던 것이다. 반면 이 시기 동독의 미술은 다른 예술 장르와 마찬가지로 사회주
의 리얼리즘의 절대적인 영향권 하에 있었다. 나치만큼이나 동독에서는 다양한
조류의 유입이 차단되었고 사회주의 리얼리즘에 부합되는 미술만 허용되었다.
독일의 분단과 더불어 미술의 방향은 극단적인 분열을 초래했다. 구서독은
세계적인 모더니즘의 추세를 지향하였고 구동독은 사회주의 리얼리즘의 세계를
추구했다. 말하자면 양쪽 독일의 미술이 사실은 독일미술의 공통분모를 상실한
상황이 되었다. 그것은 양쪽 모두 독일미술의 전통에 기대기보다는 그들이 처한
세계의 철학에 맞게 그들의 미술활동을 한 결과라고 볼 수 있다. 조형예술의
영역은 독일에서 표현주의 이후에 큰 두각을 나타내는 사조가 없긴 하지만 문
학과는 달리 비언어적 장르로서의 매체적 특성 상, 독일의 과거와 관련짓지 않
고 부활하는 데 큰 어려움이 없었다.
68학생운동 등을 통한 지식인들의 저항의식이 가장 잘 드러난 문화운동은
역시 예술분야에서의 포스트모더니즘을 꼽을 수 있을 것이다. 이런 경향성은
80년대에 들어오면서 모더니즘 비판이나 프랑크푸르트학파의 비판이론을 훨씬
넘어서는 것이었다. 건축분야에서도 포스트모더니즘의 뚜렷한 의식은 강철, 콘
크리트, 유리를 이용하여 꾸밈없는 네모상자를 짓는 바우하우스의 딱딱한 기능
주의를 넘어서는 것이었다. 순수한 경제적 효율성을 강조하는 음산한 기하학에
반발하여 화려한 색상, 비직각선, 아름다운 장식, 장난기 섞인 우아함을 열망하

는 욕구가 분출된 건축을 보여준 것은 제임스 스털링(James Stirling)의 슈투트가르트 국립 현대미술관이다.

이 건물은 비록 영국의 건축가가 설계한 것이기는 하지만 고대 이집트와 전통적인 유럽의 건축구조, 모더니즘 양식, 팝아트의 색채 같은 특징들을 담은 새로운 기하학적 예술로서 시대상을 반영한다. 여기서 우리는 상대적 가치관, 고급문화와 대중문화의 경계를 허무는 양식, 독단과 권위의 무시 과거문화의 향수 등을 지향한 독일 문화의 분위기를 짐작할 수 있다.

이러한 유사한 경향성은 회화와 조각에서도 나타나는데 대표적으로 요세프 보이스(Joseph Beuys: 1921-1986)를 꼽을 수 있다. 70년대 미국에서 등장한 팝아트는 대중매체와 미술을 결합하려는 시도를 했다. 또한 행위미술, 개념미술, 설치미술 등의 양식은 기존의 미술개념을 전복하는 것이었다. 보이스는 그간 예술이 특권층에 봉사한다는 데 반발을 하고 그에 반하여 행위미술을 보여줌으로써 그의 신념을 행동으로 실천한 화가이다. 그의 행위미술은 미술가의 연기가 끝나면 기록 이외에는 아무것도 남아있지 않는 예술이다. 이런 행위예술은 감상자의 정신을 각성시키는 기능을 가지고 있었다. 보이스는 행위미술을 통해 항상 새로운 차원, 새로운 의미영역에 도전하지 않으면 안 되며 삶과 예술은 분리되어서는 안 된다는 신념을 가지고 있었다. 특히 그의 극단적 반엘리트주의는 그의 작품들이 완성된 것이 아니라 오관을 자극하는 미완성의 삶의 기록으로 보게 만들었다.

이런 방향으로 예술 활동을 한 미술가로 우리는 포스텔(Wolf Vostell: 1932-1998)을 꼽는 것을 주저하지 않을 것이다. 그는 보이스와 같이 플럭서스(Fluxus) 그룹의 일원으로 활약하였다. 비디오 아트의 방향으로 데콜라주란 개념을 창시한 미술가다. 데콜라주란 바탕으로부터 이미지를 떼어내는 기법으로 파괴, 남용, 이탈, 소멸 등의 이념을 실천하는 예술방식이다. 포스텔은 이런 작업을 통해서 매체의 사용이 관객들에게 끼치는 심리적 기제를 발가벗기고자 하였다. 그의 작품으로는 베를린 샬로텐부르크의 라테나우 광장에 설치된 <콘크리트-캐딜락>(1987)이 유명하다.

소재에 있어서는 다르지만 같은 맥락에서 우리는 신표현주의 거장 안젤름 키퍼(Anselm Kiefer: 1945-)를 만날 수 있다. 그가 비록 나치 세대와는 무관한 전후세대임에도 불구하고 그는 그림을 통해 나치의 과거를 비판한다. 비판하는 그의 그림 속에 독일적 상징들이 다의적인 방식으로 제시되어 있다. 이때 '독일 적'이라는 말은 이데올로기로서의 독일을 의미하지 않는다. 시인들 같으면 이 경우 언어로 그 상징을 표현했을 것이다. 그러기 위해서는 적어도 명백히 과거 를 부정적으로 판단할 때만 가능했을 것이다.

그는 나치를 보여주려고 애쓰지만 공포의 현장을 그림의 전경에 두려고 애쓰 지 않는다. 그보다는 신념, 희망, 사랑이 사라진 폐허의 세계, 허무의 세계를 보여준다. 굳이 그의 그림에서 독일적인 요소를 찾는다면 '절대 우위로서의 기 표' 그 자체에 있을 것이다. <예루살렘>, <뉘른베르크>, <마이스터징어>, <마가 레테> 등은 나치가 표방하던 언어들이며 동시에 독일 낭만주의가 추구했던 것 이기도 하다. 관념주의, 그노시스, 프로테스탄트, 비장함 등과 같은 요소는 그의 미술에서 빠질 수 없는 독특함으로 드러나고 있다.

게오르크 바젤리츠(Georg Beselitz: 1938)의 붓놀림 또한 독일연방공화국의 조 형미술에서 빼놓을 수 없다. 그는 표현주의 화가 놀데(Emil Nolde: 1867-1956)의 그것을 닮아 있다. 그가 즐겨 그리던 거꾸로 된 그림은 전통적 회화에 대한 저 항의식에서 나온 것일까? 그런 그림에서 독일 낭만주의의 거장인 카스파 다비 드 프리드리히가 그린 '뒷모습의 여인', '뒷모습의 방랑자'가 보이는 것은 우연 이 아닐 것이다. 그것은 나아가 분단된 독일의 모습, 정체성을 상실한 현대인의 모습일 수도 있다. 이렇게 독일연방공화국의 그림 또한 그들의 전통과 과거에서 벗어날 수 없다는 것을 볼 수 있다.

4. 음악

우리가 사는 현대의 세계는 독일에 음악으로 빚진 바가 많다. 독일 문화는 바흐, 헨델, 하이든, 모차르트, 베토벤, 슈베르트, 슈만, 브라암스, 바그너, 슈트 라우스, 말러, 쇤베르크 등 이루 말할 수 없는 작곡가들을 배출했다. 그러나 모

든 예술장르가 다 그렇듯이 음악 또한 나치의 파시즘적 예술관에 의해 축출되
거나 음악가가 망명을 가거나 함으로써 이 시기의 사조들, 특히 음렬음악, 무조
음악, 신고전주의 등의 음악이 제대로 기능을 발휘할 수 없었다.

　대표적인 음악가로 힌데미트(Paul Hindemith: 1895-1963)를 꼽을 수 있다. 그는
신고전주의를 대표하는 작곡가로서 무조음악과 같은 전위적인 양식들을 음악의
효율성 상실이라고 비판하며 대중들에게 잘 접근할 수 있는 작품들을 썼다. 특
히 그는 사회 각 계층의 요구를 수용할 수 있는 어린이 극음악, 아마추어 연주
곡, 놀이 음악 등과 같은 실용음악을 개척하여 거장이 되었다. 하지만 히틀러의
등장과 함께 그의 음악은 다른 예술 장르와 마찬가지로 침체의 길을 걷게 되었
다. 결국 그는 당대의 음악 거장들이라 할 수 있는 쇤베르크, 아이슬러(Hans
Eisler: 1898-1962), 바일(Kurt Weill: 1900-1950) 등과 함께 망명을 했다. 나치는 유
대인의 음악과 실험적인 음렬음악을 탄압했다.

　다른 분야와 마찬가지로 전쟁이 끝나자 특히 독일음악은 정치, 사회, 문화
전반에 걸쳐 갱생과 치유가 필요했다. 그중에서도 12음 기법을 철저히 지킨 베
베른의 작품이 새로운 가치로 평가 받는다. 그리고 이 음렬주의 음악은 총렬음
악으로 발전하게 된다. 이런 음악은 역시 파시즘에 의해 황폐해진 상황을 음악
의 본고장인 독일에서 복구하려는 움직임에서 비롯되었다.

　여기에 가장 큰 영향을 발휘한 것은 역시 1946년부터 시작된 다름슈타트 국제
하계 강좌(Die Internationalen Ferienkurse für Neue Musik Darmstadt)일 것이다. 정치
적 상황에 의해 연주가 금지되었던 작품들이 큰 호응 속에서 연주되기 시작했다.
그들은 우선 나치에 의해 전 세계로 흩어진 제2빈학파들을 모으는 데 주력하였다.
제2총렬 주의에 대한 연구, 헨체 같은 천재적 작곡가의 발굴 등을 주요 현안으로
내걸었다.

　총렬음악이란 12음기법의 음렬음악을 음악구성의 모든 매개변수로 그 범위
를 확장한 것이다. 여기서는 음악이론이나 음악사를 다루는 곳이 아니므로 그
이론에 대해 살펴보는 것보다는 이러한 이론이 사회문화적 상황과 어떤 관계를
맺는지를 되짚어보는 것이 더 중요할 것이다. 나치의 파시즘이 독일의 신고전주
의나 바그너, 슈트라우스의 음악을 선호하고 그것을 토대로 검열기준을 만들었

다면 그것은 필시 특정한 조성과 특정한, 이를테면 독일적인 것을 대변할 수 있는 독일적인 것을 선호했을 것이다. 그러나 이 시기의 음악은 그로부터의 해방이 하나의 과제가 되었다.

음은 단지 소리로서만 생각과 느낌을 표현하는 것이므로 지속이나 강약, 표현, 음색 등에 변화를 주면 자연히 특정한 이데올로기에서 벗어날 수 있다. 그리고 그것이 특정한 인종이나, 계층, 또는 시대를 표현하는 특정한 조성이나 화성에서 벗어날 수 있는 계기가 된다. 총렬주의의 전신이라 할 수 있는 순열적 사고는 전통적인 개념인 동기와 주제, 박절적으로 배열되어 미리 계산되어질 수 있는 시간 경과에 대한 개념을 해체하는 결과를 초래했다. 이런 총렬적 음악의 경향성의 대표적 작곡가로는 재작년에 타계한 슈톡하우젠(Karlheinz Stockhausen: 1928-2007)과 아이머트(Herbert Eimert: 1897-1972)를 들 수 있다. 지난 세기 최고의 비디오 아티스트라는 백남준 또한 슈톡하우젠을 만나면서 그의 세계를 개척했다.

이런 특수한 길을 다른 방향에서 개척한 다른 사람으로 천재적 작곡가인 한스 베르너 헨체는 중요한 자리를 점하고 있다. 그 또한 총렬음악을 절충적으로 추구하면서도 1949년에 초연된 <마술극장(Das Wundertheater)>에서부터는 다름슈타트 학파의 추상적 음렬개념과는 거리를 두었다. 헨체의 광범위한 음악극적 작품은 점차적으로 확고한 위치를 차지하고 나아가 전쟁 후의 미학을 위한 전형적인 예로서 간주할 수 있다. 헨체는 진보적 사고와는 대립적 위치에 있던 전통에 편승하였다. 대신 그는 독일의 전통 위에서 타문화의 영향을 흡수하였고, 동시에 새롭게 지양하였다.

사회운동의 바람이 강하게 불던 1967~68년부터 정치적 색깔을 작품에 구체적으로 반영하기 시작했다. 1969~70년에는 쿠바에 머물렀으며, 베를린에서 반베트남전쟁 운동에 참여했다. "나는 사회에서 음악가가 만나는 부조리들을 음악에 수용하고 반영하는 것이 매우 중요하다고 본다.", "나는 오늘날 내가 배운 것, 할 수 있는 것, 감정에 가지고 있는 것을 내가 참여하는 것에 쓴다."고 말하면서 그는 정치적 현실을 작품에 수용하였다.

헨체의 중심 장르는 오페라와 발레 등 줄거리를 갖는 음악작품이다. 이러한 그의 작품들은 새로운 처방의 "음악극"으로 부각되었다. 이탈리아의 성악전통에 접목하여 "거리의 노래가 단절 없이 오페라 극장의 무대에 연결됨"으로써 음악과 정치, 그리고 삶을 "현실적"으로 표현한다. 그의 작곡방식에는 총렬음악, 전자음악, 알레아 음악 등 1950년대의 아방가르드 유행에 빠지지 않으면서 전통의 발전을 이끌어내는 모더니즘적 세계가 들어 있다. 그의 정치 성향이 들어있는 중기의 성악작품들이 물의를 불러일으켰지만, 그의 모더니즘적인 창작 세계는 이보다 더 원천적으로 작품의 바탕을 이루고 있다. 그래서 그의 작품들에서는 막연한 의미의 다양성이 아니라 의도적인, 매개적인, 현실 고발적인 다양성이 지배한다.

서두에서 언급했듯이 나치의 과거는 하나만의 의미를 추구하다 생긴 오류이므로 그는 이것을 탈피하기 위해 노력했던 것으로 보인다. 특히 냉전의 종식과 함께 근래의 작품에서는 인간의 실존에 대한 고뇌가 보다 직접적인 촉매역할을 한다. 헨체는 특정한 양식이나 테크닉에 얽매이는 것을 싫어했다. 그는 이미 실험음악시기에 신고전주의를 지향했던 스트라빈스키를 모범으로 삼았다. 그는 끊임없이 과거와 현재를 연결 짓는 데 몰입하였다. 하인리히 폰 클라이스트 「홈부르크 왕자」와 빌헬름 하우프의 작품, 프레보의 「마농 레스코」는 그에게 좋은 소재였고 영화음악을 위해 슐뢴도르프, 알랭 르네 감독과도 함께도 작업했다. 특히 그는 고전 문화가 지니는 엘리트적 특성에 대해 과감히 도전했다. 그렇다고 그런 품위 있는 전통을 그저 폐기처분한 것은 아니다. 오히려 미술이나 문학, 음악에 나오는 역사적 인물들을 때로는 계몽적 차원에서, 때로는 유희적이고 아이러니적 차원에서 적절히 사용하고 있다.

독일연방공화국의 음악을 논하면서 찜머만(Bernd Alois Zimmermann: 1918-1970) 또한 중요한 위치를 점하고 있다고 할 수 있다. 그는 자신의 대표작인 <군인들>에서 보듯이 포스트모더니즘을 선도하는 통합적인(심포니, 발레음악, 오페라) 음악을 창시했다. 뿐만 아니라 이 작품은 그의 시간에 대한 철학, 즉 시간의 구형상(球形象)에 바탕을 둔 작품으로 줄거리 전개가 지배적인 전통의 배열을 벗어나 다양한 음의 구성 원칙(Prinzip der "pluralistischen Klangkomposition")에 따라 작곡된 작품이다. 이렇게 여러 공간에서의 작품은 영화와의 관계를 통한 여러 매체의 구성에 의해 이루어진다.

렌츠의 문학작품이었던 <군인들>이라는 오페라는 비동시성의 동시성이라는 시간현상의 의식화에 기여하였고 그 결과 1965년에 큰 성공을 거두었다. 비록 그의 작품 수는 적었으나 이런 그의 천재성은 그를 전후 독일의 중요한 음악가로 남게 하였다. 그는 음렬주의 음악(serielle Musik)을 수용하였을 뿐 아니라 다름슈타트 아방가르드의 엄격함 또한 받아들여 이를 독특한 방식으로 재즈음악 그리고 역사적 작곡가들의 인용과 결부했고 결국 이것이 포스트모더니즘을 선취한 결과를 낳았다.

찜머만과 같은 폴리포니의 음악세계를 구축한 슈톡하우젠은 순수음악으로부터 벗어나 실험적 음악극의 길에 접어든 독일의 첫 번째 작곡가이다. 그는 1953년 쾰른의 라디오 방송국에서 전자음향을 실험하기 시작하여 1956년에 <젊은 이들의 노래>라는 전자음악을 발표한다. 아이들이 성서를 읽는 소리와 전자음향을 합성한 이 작품은 전자음악의 고전으로 간주된다. 미리 결정된 총렬적 사고에 의한 그의 초기 작품들은 존 케이지 미학과의 대결을 보여준 후기 음악극의 유형으로 넘어간다. 그의 실험적 음악극은 1970년 이후부터 '공식의 작곡(Formel-Komposition)'에서 '슈퍼공식(Superformel)'으로 발전된다. 슈퍼공식 작곡이란 엄격한 음렬, 나아가 총렬주의와는 달리 하나의 선율적이고, 어느 정도는 단순하고 계속해서 들을 수 있는 '공식'이 한 작품의 전체적 형식으로부터 개별적인 음악적 매개변수 또는 장면적 행위까지의 구조 전반적인 계획을 포함하는 것을 말한다.

전통 오페라 하우스에서 건물의 구조를 고치지 않은 관중석, 서로 연결된 세 개의 무대 등은 그의 작품, 예를 들어 빛에서 가장 중요한 슈퍼공식인 무대적 폴리포니를 위한 것이다. 이러한 그의 음악관은 찜머만의 <군인들>과 모종의 상관관계에 있다고 할 수 있으며 통합적 오페라를 위한 발판이 되는 셈이다. 이런 경향성은 전통과의 단절을 요구하고 그것을 우리는 반 오페라(Anti-Opera)라고 칭한다. 이런 오페라의 특성은 우연성, 인용, 전자매체의 활용, 다원화된 공간성을 그 특징으로 삼고 있다. 이런 분위기에서 독일연방공화국의 음악은 자신의 과거 특성을 변증법으로 수용하면서 차츰 국제적인 맥락에서 이해되기 시작했다.

V. 마치는 말

우리는 독일연방공화국의 사회와 문화예술이 여러 가지 전제들 위에서 형성된 것임을 살펴보았다. 우선 기독교적 문화와 그리스-로마적 전통, 그리고 그들의 전통적인 문화유산인 게르만적 전통을 살펴보았다. 이 세 가지 요소의 바탕 위에 독일은 18세기 중반의 계몽주의와 18세기 말에서 19세기 초반에 이르는 낭만주의적 사유 위에 그들의 문화를 꽃피웠다. 그들이 일구어낸 문화적 특성은 진지하고 경건하며 합리적이고 도전적인 문화라 할 수 있다. 그러나 법의식이나 계몽적 특성은 독일문학이나 예술에도 그대로 반영되어 있어서 우리의 예술과는 사뭇 다른 특성을 느낄 수 있다. 우리의 예술이 구체적 표현에 중점을 둔다면 그들은 내면적인 데 더 중점을 둔다.

이런 문화적 전승 위에 전개된 그들의 예술은 20세기 초 두 번에 걸친 전쟁을 통해 단절을 겪게 된다. 그들이 이룬 과거는 특히 나치의 만행 때문에 마치 전혀 존재하지 않은 것으로 버려져야 했기 때문이다. 전쟁이 끝나자 당연히 의식의 변화가 요구되었고 이는 문학과 예술의 발전을 저해하는 요인으로 자리 잡게 되었다. 그 결과 급진적인 다시 말해, 독일은 더 이상 없었으며 동시에 독일의 문화예술도 없었다고 할 만한 상황이 전개되었다.

나치에의 과거로 인해 자유로워야 할 문화예술이 금지되거나 억압되었기 때문에 예술적 상상력은 원만하게 표출될 수 없었다. 그래서 독일연방공화국 수립 후의 문화 예술은 우선 과거극복이란 문제에 골몰해야 했다. 귄터 그라스를 그 대표적 인물로 꼽을 수 있다. 68 학생운동 이후에는 그 문제에서 눈을 떼기 위해 세계적 조류인 포스트모더니즘이나 페미니즘으로 흘러갔으며, 신주관주의 같은 영역으로 도피하기도 하였고 생태문제에 눈을 돌리기도 하였다. 한스 마그누스 엔첸스베르거를 대표적인 인물로 꼽을 수 있는 시기였다. 그리고 영화에서는 파스빈더를 대표로 하는 뉴저먼 시네마가 그 중심에 서 있었다.

재통일 이후에는 동과 서로 갈라졌던 과거에 대한 새로운 문제로 인해 문학이 현실적인 관계를 다루기보다는 내면으로 침잠하고 철학적인 경향을 띠게 되었다. 그리고 전후에 태어난 세대와 함께 전쟁 전 세대 또한 더 이상 과거와 관련짓지 않고 그것을 탈피하거나, 경우에 따라서는 보수적이고 민족적인 경향성을 보이기도 한다. 마르틴 발저, 크리스타 볼프, 파트릭 쥐스킨트를 이 시기의 대표적인 인물로 꼽을 수 있겠다. 뚜렷하지는 않지만 이것은 예술 전반에 걸친 대체적인 경향이기도 하다.

문화예술의 이런 경향성은 조형예술이나 음악에서도 마찬가지였으나 언어예술과는 다른 매체로 인한 편의성은 있었다. 조형예술이나 음악에서는 과거와 관련된 직접적인 언어와 심상을 사용하지 않아도 되기 때문이다. 현대의 우리에게 잘 알려진 미술가 요세프 보이스, 안젤름 키퍼, 음악가 베른트 알로이스 찜머만, 슈톡하우젠 등의 예술을 살펴보면 우리와는 사뭇 다른 진지한 독일의 감춰진 얼굴을 볼 수 있을 것이다.

독일 사회문화예술은 한마디로 드라마틱한 운명을 겪었다고 할 수 있다. 그것은 과거-변주-회복이라는 말로 요약되는 사회적 변화에서 새로운 비상을 꿈꾸고 있다. 그간 과거문제 때문에 경제나 법, 정치로 눈을 돌렸던 독일이 찬란했던 괴테시대를 다시 재건할 수 있을까? 그리고 릴케나 카프카, 헤세 같은 대문호를 다시 배출할 수 있을까? 바흐, 베토벤, 바그너 같은 음악가를 다시 만들어 낼 수 있을까? 아니면 그것이 다시 다른 족쇄가 되어 그들의 문화예술을 피폐하게 만들까? 독일의 문화예술을 억압된 것의 회귀로 바라보는 우리로서는 사뭇 진지하지 않을 수 없다.

▎참고문헌

Belting, Hans. 1992. *Die Deutschen und ihre Kunst. Ein schwieriges Erben.* München: C.H. Beck.

Benz, Wolfgang. 1997. *Deutschland seit 1945. Entwicklung in der Bundesrepublik und in der DDR.* München.

Beutin, Wolfgang u.a. 1994. *Deutsche Literaturgeschichte. 5. Aufl.* Stuttgart. Metzler. *Gegenwart, 4. Aufl.* Stuttgart. Weimar.

Glaser, Hermann. 1991. *Kleine Kulturgeschichte der Bundesrepublik Deutschland 1945-1989.* Bonn.

Gössmann, Wilhelm. 1996. *Deutsche Kulturgeschichte im Grundriß.* München.

Schiller, Wieland. 1986. *Reclam UB 9714.* Stuttgart.

Schlaffer, Heinz. 2002. *Die kurze Geschichte der deutschen Literatur.* C.H. Beck.

Vogt, Martin (Hrsg.). 1997. *Deutsche Geschichte. Von den Anfängen bis zur.*

Warnke, Martin. 1999. *Geschichte der deutschen Kunst. 3 Bde.* München. C.H. Beck.

Was ist Aufklärung? Kant, Erhard, Hamann, Herder, Lessing, Mendelssohn, Riem.

Weber, Hans. 1990. *Vorschläge. Internationes.* Bonn.

서울대학교 독일학 연구소. 2000. 『독일 이야기』. 거름.

신인선. 2006. 『20세기 음악』. 음악세계. 서양음악사.

이석원. 1997. 『현대음악―아방가르드에서 포스트모더니즘까지』. 서울대학교출판부.

양혜숙. 1998. 『15인의 거장들―현대 독일어권 극작가 연구』. 문학동네.

이종구. 1999. 『20세기 시대정신과 현대음악』. 한양대학교출판부.

이원양. 1998. 『우리 시대의 독일연극』. 분도출판사.

전영애. 1998. 『독일의 현대문학―분단과 통일의 성찰』. 창작과 비평사.

클리퍼드 기어츠. 1998. 『문화의 해석』. 까치.

| 제9장 |

독일의 과학기술정책

김기은 | 서경대

I. 과학기술의 목표와 과제

역사적으로 독일에서는 기술교육과 기술자를 중요하게 여기는 분위기에서 기술을 바탕으로 하는 여러 가지 사업 분야들이 국가형태를 갖추기 훨씬 이전부터 거의 전 지역에서 지속적으로 발전되어 왔다. 이러한 분위기는 독일 사회의 주류를 이루고 있으며 국가발전의 원동력이 되고 있다. 어린 나이부터 기술교육이 실제 현장에서 시작되고, 산업현장에서 인력이 양성되는 교육은 독특한 전문기술인 교육으로 자리잡았다. 기술을 생업으로 하는 기술 보유자가 사회적으로 존중받는 분위기는 안정된 독일사회의 모습이었다. 기술과 창의적 아이디어에 의해 개발되는 제품들이 생산되면서, 상업과 교역이 필요하게 되므로, 이에 동반하여 발전하는 계기가 되었다.

각 지방정부는 독립적으로 교역을 촉진하고 기술개발을 증진하면서 지방정부마다 자립적으로 생존하면서 지역별 자체 산업을 발전시키는 데 집중하였다. 지방정부 간에 교류가 활성화되면서 경쟁체제가 형성되었다. 따라서 기술의 개발과 교역의 증진에 더 많은 노력을 기울이게 되었고, 각 지방정부들 간 경계선을 넘어 물자의 교역이 빈번해지므로 그에 따른 세금정책이 도입되었다. 근세에 들어오면서 과학기술과 이에 따라 형성되는 산업을 더욱 중요하게 여기게 되었고, 이는 기술과 과학의 발전에 기여하였다. 국가체제가 형성되기 전에도 각 지방정부마다 기술개발에 의한 상품생산을 촉진하였고, 이를 상업에 연계하여 수익창출과 경제발전을 꾀하였다.

독일은 이러한 산업의 발전을 교육제도와 연계하였다. 일찍이 장인제도가 정착되어 어릴 때부터 학문과 기술자의 길을 선택하게 하여, 기술을 익히고 연마시켜 전문가로 양성하는 직업교육이 전통적으로 이루어졌다. 직업교육 외에 학문의 길을 선택하게 되는 경우, 대학에서 전문가 교육이 이루어지고, 직업교육을 선택한 경우에도 후에 대학에 입학하여 다시 학문의 길에 들어설 수 있게 하였다. 독일의 과학기술은 전문가 교육과 연계되어 이론과 실제가 늘 공존하였고, 이는 곧 산업의 발전을 의미하여, 독일발전의 원동력이 되었다.

이미 지난 세기부터 이미 과학기술을 바탕으로 하는 여러 가지 산업시설, 특히 기계, 에너지, 화학, 농업과 생활기기 등이 대량생산되어 미국에도 진출하였고, 과학기술과 산업부문에서 전 세계에서 선두적인 위치를 차지하였다. 두 차례의 세계대전을 겪으면서 많은 과학자들과 기술자들은 해외로 이주하여, 그곳에서 산업시설의 발전에 기여하는 역할을 하였다.

제2차 세계대전 후에는 동서독의 분단에도 불구하고, 서독에서는 경제부흥과 함께 교육과 과학기술의 연구부분에 투자하여 기초기술에 기반을 둔 첨단산업 분야의 발전을 이룩하였다. 통일 후에는 구동독지역에 투자를 집중하였고, 많은 분야에서 발전되어 만족할 만한 성과를 가져왔다. 독일정부에서는 산업발전의 원동력은 과학기술의 발전에서 시작된다는 명제하에 과학기술정책의 목표를 교육개혁, 교육제도 개선, 과학기술분야로 정하여 2006년부터 여러 가지 과학기술 정책을 수립하였다. 특히 새로운 과학기술정책에서는 혁신과 국제화 및 두뇌유치 부분에 중점적을 두고 장기적으로 투자하고 있다.

독일 과학기술의 목표는 과학기술을 통해 학습과 일, 노동이 가능하도록 하는 데 있다. 또한 과학기술분야에서 전문가를 양성하며, 과학기술분야의 직업을 통해 사회참여도를 높이고, 개인의 발전이 가능하도록 여러 가지 가능성을 국가 정책적으로 준비하여 이에 투자할 수 있게 한다는 것이다.

연구와 교육에 대한 장기적인 투자를 통해 국가 과학기술의 수준을 유지시킴 으로써 국가경쟁력을 키우며, 과학기술분야에서 특히 창의력과 혁신에 바탕을 둔 기술발전에 투자하고, 이를 산업에 연계하여 새로운 일자리 창출에 기여하도 록 한다는 것이다.

II. 혁신을 통한 성장

21세기의 시작과 함께 전 세계적으로 국가발전에서 창의와 혁신은 가장 중요 한 화두 중의 하나였고, 독일도 예외는 아니었다. 과학기술정책에서 독일정부에 서 추구하는 중요한 개념도 창의와 혁신이다. 과학기술분야는 물론 사회의 모든 분야, 문화와 국가정책에서 혁신은 중요한 화두가 되고 있다.

과학기술 발전을 도모하려면 교육은 물론, 연구와 개발을 지원하는 투자가 필수적이다. 이러한 투자를 통해 과학기술분야에서 창의력을 바탕으로 하는 혁 신과 개혁의 실현이 가능하게 한다. 즉, 새롭고 진보적인 정책으로 기술분야에 서의 혁신을 이루고 산업분야에서 실행하는 것은 국가경쟁력의 원천이 된다. 독일정부는 이러한 혁신과 성장을 화두로 하여 정책을 입안하는데, 이는 다음과 같이 여러 단계를 거쳐 실현되고 있다.

1. 첨단기술개발정책

국가 과학기술정책에서 삼고 있는 가장 중요한 목표는 미래시장에서 경쟁력 있는 최고의 산업국가가 되는 것을 목표로 한다. 미래 경쟁력을 강화하려면 무 엇보다도 현재시점에서 미래 기술개발에 투자해야 한다. 따라서 독일정부는

2006년 8월 첨단기술정책에 대한 의회의 동의가 이루어진 후 공식적으로 연구개발과 혁신을 가장 중요한 화두로 삼고 있다. 특히 환경, 의료, 나노분야에서 신기술 개발을 통해 장기적으로 산업적으로나 환경면에서 성장을 이룰 수 있을 것이다. 2006년에서 2009년까지 미래지향적 기술인 생물공학, 나노기술, 정보통신과 방송기술 등에 투자하여 독일 연구의 중심이 되게 하는 것이 목적이다. 이에는 효율적인 지원과 함께 우수한 연구시스템이 조직되도록 지원하고, 대학과 연구소에서는 연구는 물론 우수한 교육여건을 조성하는 것이 목적이다. 또한 연구와 교육의 일정 수준을 유지하기 위해 많은 노력과 투자를 하고 있다.

이러한 첨단기술정책에는 4가지 혁신정책의 목표를 설정하였다.

우선 과학기술의 발전을 통해 일자리를 창출하고, 특히 독일의 경제발전과 국가 위상을 증진시킬 수 있는 17가지 미래유망기술을 결정하였다. 각 분야별로 명확한 목표를 선정하고, 연구와 개발을 촉진시키기 위해 연구조건을 최적화할 수 있는 여러 가지 여건을 마련하는 것을 목표로 정하고 있다. 나아가 여건은 물론 경제적인 투자와 정책적인 배려가 마련되어 있다. 또한 현재 독일 기술의 강점과 취약한 부분을 분석하고, 국제사회에서의 독일 수준을 파악한다. 각 분야에서 목표가 되는 신기술과 신제품에 대한 예측과 이들 제품의 시장성도 분석하고, 새로운 사업 분야에 대한 시장개척을 준비한다. 이러한 모든 정책의 핵심은 국가적 관점은 물론 과학기술분야와 산업분야, 그리고 보건기술, 안전기술과 에너지 연구개발에도 무게의 중심을 둔다.

첨단기술정책의 두 번째 사안에서는 산업과 과학을 한 축으로 삼고 있다. 산학협력 연구과제와 학문분야 간 연구과제 등의 지원이 촉진된다.

세 번째 사안에서는 첫 번째와 두 번째 사안의 지원을 통해 개발된 연구결과와 기술을 산업화 및 상품개발과 연계하도록 촉진한다. 구체적 방안으로는 새로운 연구지원 기관을 만들거나 기존 연구기관을 정하여 산업적으로 응용하고 이용할 수 있는 가능성을 신속하게 검사할 수 있게 한다. 산업경쟁력을 높이기 위한 방안으로 표준과 기준을 설정하고, 신제품 구매와 시장성을 촉진하여 신기술 개발을 증진시킨다.

네 번째 사안으로는 중소기업의 경쟁력 증진에 있다. 이를 위해 우선 중소기업에서 신기술과 신제품을 개발할 수 있는 여건을 마련하는데, 이에는 경제적인 지원과 정책적 지원이 마련된다. 이러한 지원을 통해 개발된 신기술과 신제품이 시장에 진출할 수 있도록 제도적으로 지원한다. 이에 대한 방안으로 중소기업에 대한 여러 가지 세금제도에 대한 편의와 혜택사안을 준비한다. 또한 은행과 연계하여 투자지원책을 마련한다.

연구와 개발을 지원하기 위해 2009년까지 150억 유로를 투자하여 신기술개발이 가능하도록 하고, 또한 이를 구체적으로 실현하기 위해 여러 가지 제도들이 준비되었다. 이를 위하여 독일정부는 연구 개발에 대한 투자가 정부예산의 3%까지 증액시키는 것을 목표로 정하였고, 이는 유럽공동체의 리스본정책에서 제안하는 예산안과 일치한다. 이와 동시에 독일의 각 주정부에서는 중소기업증진정책과 아울러 산업분야에 대한 투자 증진을 목표로 하고 실현하고 있으며, 이는 젊은 세대들을 위한 고용증대정책에 그 목표를 두고 있다.

첨단기술정책의 일환으로 독일정부에서는 장기적인 계획을 세웠는데, 우선 '산학연구연맹(Forschungsunion Wirtschafts-Wissenschaft)'을 조직하였고, 여기에는 산업분야와 과학기술분야에서 각각 책임자들이 참여하여 정책을 입안하기까지 조언하도록 하였다.

또한 지속적으로 첨단기술정책을 위한 노력으로 실시된 여러 가지 정책의 결과들을 검토하고 분석하였다. 이를 위하여 연구 및 기술개발분야에서 발전과 혁신의 목표에 도달한 정도를 자주 평가하였다.

2. 기대효과

지속적인 첨단기술정책에의 일환으로 실시된 여러 가지 정책의 결과들을 검토하고 분석하여, 연구 및 기술개발분야에서 발전과 혁신의 목표에 도달한 정도를 평가한 결과 2007년 이후부터 연구개발과 혁신부분에서 발전이 있다는 평가가 있었다.

이외에도 여러 가지 긍정적 결과가 관찰되었다. 특히 중소기업에 대한 기술개발 촉진정책에서는 많은 중소기업들이 연구와 기술개발을 위해 대학이나 연구소들과 다양한 형태의 컨소시엄을 만들었고, 그 결과로서는 긍정적인 평가를 얻었다. 전통적인 분야인 화학공학, 기계공학, 자동차공학 등의 분야는 물론 광전지분야(photovoltaic)와 생물공학분야에서는 백색생물공학, 녹색과 적색생물공학분야, 재생 가능한 에너지분야 등에서 다양한 형태의 연구와 개발이 이루어졌다.

이에는 많은 경제적인 투자가 선행되었으며, 여러 가지 긍정적인 평가와 함께 앞으로 65억 유로가 추가적으로 더 투자될 것이다.

III. 국가경쟁력 쇄신

과학기술정책에서 가장 중요한 부분은 산업계와 과학계의 협력에 있다. 정계, 경제계, 과학계의 전문가들로 구성된 위원회에서 하이텍정책을 조언한다. 회사경영자, 협회와 연구소 등의 책임자들은 각각 미래 주요기술을 제안하였고, 취합 및 평가되었다. 따라서 과학과 경제계가 협력하여 과학기술정책의 실현에 협력하고, 이는 독일의 경쟁력을 상승시킨다.

독일정부는 현 정부 집권기간 동안 60억 유로를 연구개발에 투자할 예정이며, 이러한 규모는 혁신을 통해 미래시장에 목표를 두고 있다. 독일정부는 연구기관과 생산기술을 동반 향상시킬 것이다. 2010년까지 국민총생산의 3%까지 예산을 증가시킬 예정이다.

경제발전과 사회보장제도의 발전은 과학기술과 경쟁력의 향상에 있다. 성장과 혁신을 촉진시키려면 발전된 과학기술이 산업에 적용 및 응용되어져야 한다. 60억 유로 프로그램은 이러한 혁신정책에 기본을 두고 있다.

1. 연구와 혁신

과학기술과 연구분야에 대한 지원은 장기적으로 국가의 국제경쟁력을 높이는 것에 궁극적인 목적을 두고 있으므로 미래지향적인 기술개발에 대한 투자와 효율적인 투자에 무게를 두고 있다. 독일의 중앙정부와 지방정부는 2005년 과학기술부문의 연구지원과 혁신적인 지원을 합리적으로 하기 위한 정책을 입안하는 데 동의하였다. 이를 위하여 2006년부터 과학단체와 연구기관에 대한 대규모의 지원이 시작되었다.

이러한 경제적 지원으로 국가경쟁력을 증진시키고, 가능한 많은 젊은이들이 과학기술분야의 직업에 종사하게 하고자 여러 가지 형태로 지원하고 있다. 또한 장기적으로 젊은 과학기술자들에게 동기를 부여하고, 국제 사회에서 경쟁력강화는 물론 네트워킹을 강화시키기 위해 연구자 교류, 협력연구 등을 촉진하는 여러 가지 프로그램을 마련하였다.

과학기술분야에서 전통적으로 기초과학분야는 물론 첨단 과학기술분야, 그리고 산업화와 관련된 분야에도 지속적으로 지원되고 있다. 모든 분야와 지원 프로그램에서 지방정부와 중앙정부가 협력하여 지원효과를 상승시키고, 과학기술분야에서 연구와 교육의 수준을 높이고자 한다.

우수과학자를 위한 지원 프로그램을 만들고 수상제도를 만들어서 우수과학자들에게 동기부여를 하고 있다. 과학기술분야는 물론 다른 학문분야와의 교류를 촉진하여 새로운 학문분야에 대한 연구도 지원한다. 또한 교육과정에서부터 장래 여성 과학기술자들의 참여를 독려하기 위해 여러 가지 지원 프로그램을 준비하였다. 이렇게 과학기술교육과 교류연구 등에 2010년까지 정부예산의 3%까지 지속적으로 증액하고 있다.

2. 국가경쟁력 및 국제경쟁력 개선

중앙정부의 연구 관리는 '독일연구재단(DFG: Deutsche Forschungs Gemeinschaft)'

에서 담당하고 있다. 독일연구재단에서는 정부의 지원이 효율적으로 이루어져 각 연구소와 대학 및 기업 등에서 이루어지는 국책과제에서 연구능력이 발휘되도록 연구 관리를 경제적인 측면과 관리적인 관점에서 최적화하기 위해 노력하고 있다. 현재 독일정부에서 과학기술에 지원되는 예산은 2.5% 수준이나 2010년까지 3%로 증액시킬 것이다.

이는 유럽공동체 차원에서 리스본조약을 통해 세계에서 지식기반 산업부분에서 경쟁력을 갖추고 지역을 발전시키려면 연구에 대한 지원이 중요하고, 보다 개선되는 조건에서 혁신을 화두로 선택하여 과학기술정책에 대한 지침을 정한 결과이다. 이러한 정책에서는 각 유럽공동체 회원국들이 현재와 마찬가지로 미래사회에서 경제적으로 과학기술에 바탕을 둔 산업화로 부를 축적할 수 있을 것이며, 또한 국제사회에서 경쟁력을 갖추려면 각국 내에서의 과학기술수준과 연구능력을 향상시켜야 한다는 논지에서 시작되었다. 따라서 유럽공동체 회원국들은 정부예산에서 3%까지 증액시킬 것을 제안하고 결정하였다.

IV. 대학교육과 과학기술정책

과학기술정책은 교육정책, 산업화정책과 밀접하게 연계되어 있다. 과학기술정책은 연구지원정책으로 시작되고, 이를 안정되게 진행시키려면 우수한 과학인력이 절대적으로 필요하다. 따라서 과학에 관련된 교육정책은 저학년에서 대학까지 장기간 소요되는 교육기간을 포함하여 장기적인 관점에서 입안되고 실행되고 있다. 이러한 정책은 교육과 직업선택은 물론 일반시민의 삶의 안정과 발전에 중요하다. 개인의 발전이 가능하도록 여러 시점에서 교육의 기회와 가능성을 제공하도록 여러 가지 정책을 입안하여, 독일에서는 본인의 의지만 있다면 평생교육이 가능하도록 하고 있다. 이는 물론 국가의 경쟁력을 유지하고, 고용가능성을 높인다.

과학기술정책은 과학에만 국한되어 있지 않고 문화와 연계하고 있다. 연구와 개발의 투자와 인센티브제도를 만들어 동기를 부여할 뿐만 아니라, 연구와 개발을 증진시키기 위한 여러 가지 여건을 조성한다. 국가경쟁력의 관점에서 혁신기술을 지원하기 위해 정책의 혁신을 추구하여 새로운 시스템과 아이디어를 도입하여 장기적으로 계획을 수립하고 실행하고 있다.

특히 생물공학분야, 나노기술, 환경기술, 정보기술과 메스미디어 기술 등에 집중적으로 투자하여 독일을 연구의 중심에 서게 하는 것이 목적이다. 이에는 효율적인 지원과 함께 우수한 연구시스템이 조직되도록 지원하고, 대학과 연구소에서는 연구능력은 물론 우수한 교육여건을 조성하는 것이 목적이다. 또한 연구와 교육의 수준을 유지하기 위해 많은 노력과 투자를 하고 있다.

2006년부터 중앙정부와 지방정부는 '대학 2020(Hochschulpakt 2020)'이라는 프로그램을 만들어서 교육과 연계되는 연구과제들을 총체적으로 지원한다. 또한 대규모 연구지역을 형성하도록 투자하여 연구, 교육과 산업계가 공존하도록 하는 정책을 수립하였다.

기초연구분야와 여러 연구분야에서 우수한 연구자들을 물색하여 여러 가지 수상식을 거행하여 연구자에게 동기를 부여한다. 사회가 발전하려면 열린 정신과 마음을 필요로 한다. 산업, 과학, 정치의 일반적인 목표는 젊은 과학자들을 지원하고 뛰어난 연구자들을 독일로 끌어들인다. 따라서 교육기관에서는 젊은 학생과 미래 전문가를 양성하기 위해 여러 가지 교육과정과 연구과정을 준비한다. 독일 외 지역에 독일어로 진행되는 강의와 실험, 워크숍이 이루어지도록 여러 가지 투자와 가능성을 준비한다. 젊은 연구자와 미래 전문가를 위하 여러 가지 여건 마련에 계속적으로 지원하는데, 특히 교육과정에서는 '새내기 직장인(Jobstarter)'을 위한 인턴십 프로그램을 지원한다. 젊은 연구자들을 위해서는 '젊은 과학자 포럼(Young Scientists Forum)'을 지원하여 교육과정에서도 연구를 지원한다.

혁신과 창의의 의미는 더 낳은 가능성을 위해 새로운 가능성을 창출하는 데 있다. 국가정책에서는 이러한 가능성을 창출하기 위해 여러 가지 방법을 제안하는데, 특히 교육과 과학기술은 산업발전에서도 핵심적인 역할을 하고 있음을 우리는 지난 세기에 확인할 수 있었다. 과학기술이 기반이 되어 산업이 발전되는 국가만이 선진국이 될 수 있었다. 따라서 교육의 질을 높이고 교육여건의 개선은 가장 기본적이고 필수적인 조건이다. 그리고 평생교육을 통해 모든 연령층에 균등하게 기회를 제공할 수 있어야 한다. 또한 사회계층과 관계없이 능력 있는 여성의 사회참여를 독려하고 기회를 부여한다. 교육시스템을 개발하여 교육의 기회를 제공하여, 사회에서의 가능성을 개선할 수 있도록 한다.

2006년에는 교육의 기회를 놓쳤으므로 사회에 진출가능성이 낮은 젊은 층을 교육 또는 훈련하여 고용의 기회를 부여하는 프로그램을 만들어서 실시하고 있다.

과학기술을 촉진하는 정책으로, 2006년은 '정보통신의 해', 2007년은 '인문학의 해'로 정하여 과학분야와 인문학분야 간 협력 또는 대화를 촉진하고, 사회과학분야, 인문학, 문화과학분야를 2006년부터 지원하여, 사회적·문화적·미학적 관점에서 연구와 기술에 대한 토론의 장을 마련하였다. 기초분야의 연구를 지원하고, 지역별로 또한 연구단체별로 여러 가지 형태로 지원한다. 보건 의료기술, 전자정보기술, 생태학연구, 자동차, 항공, 우주, 해양연구, 환경보존 및 보호기술, 기후변화연구, 극지연구분야 등을 핵심연구로 축을 형성하고, 이외에 사회학이나 심리학분야와 연계하는 학제 간 연구를 증진시키고 교육과 연계한다.

유럽연합은 2009년을 창조와 혁신의 해로 정하였다. 현대 사회에서는 국제화와 함께 창조와 혁신이 발전의 기본적인 요소로 평가되고 있으며, 두 가지 개념 역시 밀접하게 연계되어 있다. 사람의 창의력은 사회를 발전시키고 혁신시키는 데 가장 중요한 요소로 평가되고 있다. 창의력은 여러 가지 분야에서 다양하게 표현된다. 예술과 디자인, 과학기술뿐만 아니라 창의력은 모든 분야에서 여러 가지 아이디어를 발굴하고 실현하는 데 가장 중요한 요소로 현대 사회에서 강조되고 있다. 한 사회의 혁신과 경쟁력은 그 사회를 구성하고 있는 구성원들의 창의력의 정도에 따라 달라질 수 있다. 이러한 내용들은 국가 과학기술정책에 반영되고 있다. 유럽연합은 혁신을 또한 개인, 직업, 사회, 경제의 경쟁력을 발전시키기 위한 성장동력엔진으로 삼고 있다.

독일정부는 유럽연합의 정책을 지원하고, 정책입안부문에서 동반자의 역할을 수행한다. 유럽연합에서는 창의성과 혁신을 산업발전과 연구지원에서 가장 중요한 화두로 삼고 있다. 교육정책 또한 창의성과 혁신에 기본 개념으로 하여 정책이 수립되고 실행되고 있다.

1. 고등교육기관 지원을 위한 제도

대학에서의 연구능력을 증진시키고 동기부여를 위해 소위 '최우수 대학'이라 하여 분야별로 최우수 능력과 여건이 배양된 대학들을 선정하였다. 이에 선정된 대학에는 19억 유로를 지원하고, 이 중 75%는 중앙정부에서 지원한다. 대학에 대한 평가와 선정은 독일 연구재단과 과학위원회를 중심으로 심의되었다. 2007년 10월 19일 2차 심의를 통하여 결정하였고, 이때 6개의 대학들이 최우수 대학으로 선정되었다.

선정과정은 두 단계로 구성되어 있다. 일단 각 분야에서 각 대학에서 제출된 제안서를 검토한 후 일차 선정된 후, 다음 단계에서 심의과정을 거친 후 최종적으로 선정된다. 2차 지원은 2006년 공고 후 대략 70개 대학에서 261개 제안서를 제출하였다. 우수클러스터(Excellenzcluster)에 대해서는 독일연구재단(DFG)에 123개 제안서가 제출되었고, 118개는 대학원과정, 20개는 미래제안서였다. 우수대학 선발위원회와 공동으로 2007년 1월 12일에 305개 제안서가 심의되었다. 2차 공고에서는 새로운 제안서와 함께 일차에 제출되었던 제안서들이 동시에 심의되었다.

대학원과정에는 44개 대학, 우수클러스터로는 40개, 미래 제안으로는 8개 대학이 선정되었다. 2007년 4월 13일까지 선정된 대학들은 자세한 제안서를 2007년 10월 19일까지 제출하였고, 다시 심의되었다. 세 번째 단계에서는 대학원, 우수클러스터, 미래제안서와 함께 35개 대학에서 제안서를 제출하였다. 이 단계에서는 2007년 분야별로 대학들이 선정되었다. 이러한 프로젝트에 대해 연방과학기술부는 선정된 대학과 연구소들은 과학분야에서 새로운 역사를 쓰게 될 것이며, 국제적으로 커다란 성공을 거둘 것이라고 단언하였다.

2. 대학교육의 지원 및 증원

저출산현상과 사회의 노화현상으로 장기적으로 전문 인력의 공급이 사회와 국가발전에 중요한 요소로 지적되고 있다. 독일정부에서는 2020년까지 대학입학지원자의 수를 늘리고 대학교육을 확산시키기 위해 여러 가지 정책을 준비하였다. 다른 한편으로는 대학의 연구수준을 높이고, 교육의 질을 개선시키는 것도 중요한 목적이다. 대학의 입장에서는 국제적으로 외국의 대학들과 경쟁관계에서 살아남아야 하는 무거운 숙제를 안고 있다.

대학의 수준을 유지하고, 입학지원자들을 수용할 수 있으면 여러 분야와 부분에서 변화가 있어야 하므로 중앙정부와 지방정부는 '대학 2020 프로그램'을 계획하고 실행하게 되었다. 이 프로젝트에 의하면 독일의 대학들은 2005년과 비교하여 2010년까지 91,370명의 신입생의 입학을 허용할 수 있도록 하고, 나아가 연구분야에서도 많은 지원을 받게 된다.

대학에서의 연구능력과 연구자의 능력을 향상시키는 일은 산업화 및 경제성장에 직접적으로 영향을 주게 된다. 따라서 이는 장기적으로 국가와 사회발전에 가장 중요한 요소 중의 하나로 평가되고 있다. 한 미래 과학자와 연구자들의 교육의 질을 높인다. 연구분야에 이러한 젊은 연구자들이 참여하게 함으로써 연구시스템에서 역할을 하게 한다. 대학입학자가 늘어나듯이 대학졸업자의 수도 지속적으로 증가할 것이며, 이들을 위한 고용창출은 정책입안에서 매우 중요한 요소이다.

중앙정부와 지방정부는 협력하여 대학의 이러한 기능이 실행되도록 한다. 중앙정부와 지방정부는 특히 대학졸업자에게 필요한 일자리를 만들고, 대학의 연구역량을 강화시킨다. 2007년 중앙정부와 지방정부는 행정적으로 '대학 2020' 정책에 동의하였고, 2007년 1월 1일에서 2010년 12월 31일까지 프로그램을 결정하였다. 이렇게 하여 2007~2008년 겨울학기부터 실시되었는데 첫 번째 결과는 그 전 학기와 비교하여 입학지원자 수가 감소되지 않았다. 독일정부에서는 2010년까지 대학교육을 받게 될 입학생의 수를 예측하여, 대학입학생에게 4년간 11,000유로를 지원하는데, 2010년까지 대략 5억 6천5백만 유로가 예산으로 책정되어 있다.

중앙정부에서 전체 예산을 준비해야 하지만, 경제적인 상황에 따라 달라질 수 있다. 조기에 예산을 집행하지만, 2011년부터는 실제 대학입학자의 수에 따라 예산이 집행된다. 이러한 예산집행의 목적은 정부의 예산을 확실하게 대학입학생들에게 공급하는 데 있다. 또한 전문대학에도 청년들의 입학을 독려하여, 가능한 많은 수의 젊은이들이 가능한 다양한 전문 교육의 기회를 받을 수 있도록 한다. 여성인력의 사회진출과 참여를 촉진시키기 위해 여러 가지 지원정책을 마련하고 있다.

3. 프로그램의 경제적 지원

대학지원정책에서는 다른 나라와 비교하여 과학기술분야와 다른 분야에서도 연구와 개발의 역량을 특히 증진시키는 데 정부지원의 목적이 있다. 이와 함께 연구의 우수성을 높이고 지속시키려면 젊은 연구자들에게 더 많은 동기를 부여함으로써 증진시킬 수 있다. 이것은 프로그램의 경제적 지원으로 실현될 수 있는데, 즉 대학에서의 연구과제를 총체적으로 지원함으로써 촉진할 수 있다. 예를 들면, 독일연구재단(DFG)에서 지원받는 과제의 경우 20%를 추가적으로 지원한다. 2007년에서 2010년까지 중앙정부는 예산의 100%를 지원한다. 2007년부터는 대학 및 연구소과제, 2008년부터 '독일연구재단'에서 지원되는 모든 과제의 경우 오버헤드가 면제된다.

4. 과학기술분야와 국제관계에서 독일의 역할 강화

전통적으로 독일은 유럽뿐만 아니라 세계적으로 과학, 연구개발 분야에서 선구적 입장에 있었다. 독일기업은 신제품과 혁신적 제품생산에서 선구자였고, 'Made in Germany'는 품질 인증을 의미했다. 글로벌화된 세계에서는 과학과 기술의 발전이 국가 내부에 머물러 있지 않고, 경쟁자와 협력하기도 하고, 교환하기도 한다. 이러한 상황을 인식하여 독일정부에서는 2008년 초 과학기술과 연구의 국제화를 위한 여러 가지 정책을 입안하게 되었다. 국제협력에 의한 연구프로그램은 물론, 연구인력 유치를 위해 인력의 국제화를 촉진하는 정책을 준비하였다. 독일대학과 연구소들에게 국제적으로 공동의 연구테마에 대해 협력연구를 촉진한다. 또한 독일의 과학기술의 선진성과 우수성을 알리는 데 의의가 있다.

2006년부터는 "독일에서의 연구 – 아이디어의 나라(Research in Germany – Land of Ideas)"라는 이름으로 독일에서의 연구와 교육의 우수성을 전 세계에 알리는 데 적극적인 노력을 기울이고 있다.

한편, 2007년에는 한국이 처음으로 파트너 국가로 선정되어 과학기술부장관을 위시하여 각 연구단체의 장과 대학총장들이 한국을 대거 방문하여 성공적으로 독일의 과학기술과 오늘날의 독일을 한국의 연구자들뿐만 아니라 미래 연구세대들에게 알리는 데 성공하였다. 그 다음 해에는 인도가 파트너국가로 선정되었다. 독일과 인도는 과학기술분야에서 이미 오랜 기간 긴밀하게 협력하였는데, 독일 교육과학기술부로부터 자세한 정보와 홈페이지에서 독일과 인도의 협력연구 지원과 산학, 문화부분에서의 지원내용 등이 자세히 설명되어 있다.

2020년에는 기계와 자동차분야보다 환경공학기술분야에서 매출이 더 높아질 것으로, 환경공학분야가 성장 동력으로 실질적으로 작용할 것이다. 독일은 이미 이 분야에서 선구적으로 기술개발과 실용화를 도입하여 세계시장에서 앞서고 있으며, 지속적으로 혁신되어질 것이다. 나노기술은 전 세계적으로 가장 중요하고 선진적인 기술분야로 알려져 있다. 독일은 특히 이 분야에서 경쟁력이 있으므로, 연구마케팅에서 이 부분을 강조하고 있다.

5. 성장과 혁신

사회의 모든 분야에서 혁신을 위하 새로운 문화가 필요하다. 사회의 발전을 위해 혁신적 접근이 필요하다. 연구와 개발의 투자에 대한 인센티브와 연구와 개발을 증진시키기 위한 여러 가지 여건을 조성하여 연구개발과 혁신이 가능하도록 한다. 글로벌 사회에서 경쟁하려면 혁신적 기술과 서비스는 필수적이므로,

혁신적 정책을 입안한다.

독일에 효율적이고, 세계 최우수 연구시스템을 형성되도록 지원한다. 따라서 더 많은 투자가 효율적으로 이루어질 것이다. 대학과 연구소들은 뛰어난 연구능력과 교육조건을 조성하기 위해 연구와 교육의 수준의 질적 우수성을 확보하기 위해 많은 노력과 투자를 하고, 또한 산업계는 물론 국제적인 수준에서 네트워킹을 조성한다.

기본적으로 독일정부는 유럽공동체에 정책을 제안하여 정책입안부분에서 동반자의 역할을 하며, 정책을 적극적으로 지원한다. 유럽과 독일 과학기술정책에서는 '창의성'과 '혁신'을 가장 중요한 화두로 삼고 있다. 세부정책과 실행방법 및 시기에 대한 설명은 웹사이트에 자세히 설명되어 있다.

V. 분야별 연구지원시스템

1. 신기술

인간의 역사는 기술의 발전으로 변화한다. 농업사회에서 현대사회로 변화하는 데 있어서 단순히 식품의 공급방법을 변화시키는 차원이 아니라, 사회 전반에 영향을 미치게 된다. 기술의 발전은 사회를 변화시킨다. 인쇄술의 발전으로 교육을 일반화하는 데 기여하였고, 의학분야에서의 새로운 기술은 사람의 수명을 연장하여 새로운 형태의 라이프스타일을 필요로 하게 되었다. 또한 기술의 발전은 한 국가를 산업화하고, 국가의 부를 발전시키는 데 중요한 역할을 한다.

독일연방교육연구부(BMBF)는 미래지향적인 관점에서 연구와 개발을 종합적으로 지원한다. 이러한 미래지향적 기술로 분류되는 분야는 마이크로시스템 기술, 환경기술, 노화관련 기술, 의학기술, 기초기술분야 등이 있다.

2. 안전기술분야

사회의 발전과 함께 테러와 범죄에 발전된 기술이 적용되고 또한 글로벌화로 시민의 안전망은 네트워크화되고 있는데, 위험정도 역시 같은 영향을 받고 있다. 자연재해와 사업장에서의 사고, 기술적 사고 등도 시민의 안전을 위협하는 요소이다. 수출위주의 경제시스템에는 정보와 사람, 제품의 자유로운 교류가 무엇보다 중요하다. 높은 인구밀도와 하이텍 인프라구조의 일반화로 에너지와 로지스틱 네트워킹, 인터넷, 식량의 공급, 일반 의료시설 등 사회 보존을 위해 모두 필수적인 요소들이다. 교통시설과 주거시설의 밀집으로 모든 시설과 기능들이 네트워크화되어 있으므로, 이러한 네트워크는 종종 테러와 범죄의 목표가 되기도 하고, 수단으로 악용되기도 한다.

이러한 여러 가지 안전에 위협이 되는 요소들을 미리 예측하거나, 감지하여 사전에 예방할 수 있는 기술에 대한 개발이 지속적으로 필요하다. 여기에는 최첨단 장비 개발에 필요한 여러 가지 기초기술을 적용하여 실용화기술과 연계할 수 있다. 이에 대한 경제적이고 장기적인 투자가 지속적으로 필요하다.

안전기술에 관련된 연구분야와 프로그램은 다음과 같다. 첫 번째 프로그램으로 시나리오에 바탕을 둔 안전연구가 있다. 이에는 모든 자연과학분야, 인문학, 사회과학과 기술분야가 취합되어 해결책과 방안을 모색한다. 더 나아가 시나리오에는 국가기관과 중소기업이 협력하여 기술개발을 하고 제품을 출시하여 공급한다. 여기에서 각 문제에 대한 해결책을 찾는 것도 중요하지만, 혁신적 시스템을 찾는 것도 주요 목적 중의 하나이다. 주요 목표로는 사람의 생명을 보호하고, 교통수단과 인프라를 유지하여, 시스템과 안전망의 붕괴를 예방하는 데 있다.

두 번째 프로그램으로는 시나리오에 필요한 여러 가지 기술에 대한 연구를 진행시킨다. 이러한 네트워크는 사람과 위험인자를 빠르고 확실하게 인식하여 안전성을 높이는 것이다. 이 분야에서도 안전연구에 필요한 기초기술을 바탕으로 소비자에게 공급할 수 있는 제품을 생산할 수 있는 산업화기술까지 연계한다.

이 두 가지 프로그램에서 과학이 기술개발에 적용되어 위험요소를 인식하고, 데이터를 보호하여 사람에 대한 위험요인을 제거하는 데 목적이 있다. 특히 이 연구에서는 과학적 지식을 일반인에 전달하는데, 워크숍이나 교육을 통해 안전에 관련된 이슈를 전달하고 연구정책에 대한 관심도를 높이는 것도 이 연구의 성공을 높이는 데 중요하다. 이 연구에는 2010년까지 예정되어 있고, 2010년 평가 후 지속적인 지원이 결정된다.

3. 생명과학분야

21세기의 생명과학의 시대이다. 생명과학은 생명과 생태시스템에 대한 이해를 통해 여러 가지 과학적 진실을 규명하고, 또한 문제해결에 대한 기초적 지식을 제공한다. 유전적 질병이나 다른 원인에 의한 질병의 원인을 분석하고 치료법을 연구한다. 동시에 미래지향적인 일자리를 공급하는데, 독일연방교육연구부(BMBF) 생물공학 과제에서 지원하고 있다.

생명과학에 관련된 과학지식과 기술은 의료분야, 환경분야와 영양학 연구와 아울러 보건의료는 물론 이에 영향을 미치는 환경적 요소에 대한 연구를 통해 이를 조절하는 방법도 개발한다. 동시에 새로운 일자리를 창조하고 보존하는 데 중요한 목적이 있다.

연방교육연구부에서는 "생물공학의 활용(Biotechnology)"과 "보건분야 – 사람을 위한 연구(Health Research)"의 두 가지 명제하에 대학 외 연구소에도 연구비를 지원하고 있다.

유전자연구는 생명공학분야에서 중요한 기초연구분야로서 앞으로도 새로운 연구가 지속될 것이다. 따라서 연방교육연구부는 식물유전체와 미생물 유전체 분석 연구에 지원을 계속하고 있으며, 독일인간유전자과제(GHGP: German Human Genome Project)와 국가 유전체연구 네트워크에 2001년부터 이미 연구를 지원하고 있다. 생명공학분야의 새로운 연구의 중요성과 위험성에 대해서는 이미 많이 알려져 있다. 특히 윤리적 관점, 합법적 여부, 경제적 관점과 연구적 관점에 대해서는 많은 논란이 있다.

4. 예방의학분야

예방의학의 중요성과 실효성에 대해서는 이미 알려져 있다. 독일연방교육연구부는 2003년부터 삶의 질을 높이고, 시민의 건강을 개선하기 위한 목적으로 예방의학분야에 지원하였다. 생활습관의 변화로 당뇨, 비만과 정신질환 등을 예방할 수 있다. 이러한 질병들은 사회적 환경과 개인의 생활습관과 많은 관련이 있으나, 개인에게 생활습관을 바꾸는 것은 주위 환경과 밀접한 관련이 있어서인지 쉽지 않다. 그럼에도 불구하고 이런 부분에서의 예방은 가장 중요한 부분이다.

예방의학과 건강증진 계획에서 목표는 개인에게 적극적인 자기관리를 하게 하여 조기은퇴를 예방하고 삶의 질을 증진시키면서 나이 들게 하는 것에 있다. 보건의료행정에서 예방의학은 중요한 위치를 차지하고 있으나 측정 기준과 적정 나이 등에 대한 표준이 없다.

따라서 건강증진을 위한 프로그램과 예방의료 차원에서 평가를 위한 기준안이 마련될 필요가 있다. 연방교육연구부는 2003년 이에 대한 지원안으로, 표준화와 평가기준에 중점을 둔 학제 간 연구와 동양예방의학을 겸한 혁신적 과제를 준비하였다. 이러한 측정과 분석에 대한 목표그룹은 어린이, 성장기 청소년들과 중년층에 두고 있다. 각각 4차에 걸쳐서 연령대 별로 목표그룹을 정하여 연구를 지원하였고, 2007년에 네 번째 그룹으로 '사회적으로 어려움에 처한 사람들'을 선정 발표하였다. 이 과제에 현재까지 대략 2천만 유로를 지원하였다.

5. 의료분야와 네트워크

한 개인에게나 국가적으로 건강하게 나이 들어가는 일은 아무리 강조해도 지나치지 않다. 보건과 의학기술의 발전으로 사람의 평균수명은 지속적으로 증가하여 거의 100세에 이르고 있다. 그럼에도 불구하고 대부분의 사람들은 나이 들면서 이런저런 형태의 가볍거나 무거운 질병으로 병원출입이 잦아지게 된다. 노화와 함께 오는 대표적인 질병으로는 치매, 파킨슨씨병, 혈관질병, 우울증이나 암 등을 예를 들 수 있다.

일반 보건의료분야는 물론 의료연구분야와 특정 질병의 치료기술개발에도 건강한 노화를 위한 지원이 필요하다. 연방교육연구부는 각 분야에 걸쳐서 새로운 연구과제는 물론 학제 간 연구분야에서 다양하게 지원하고 있다. 노화관련 과제들은 다음과 같다.

연방교육연구부에서는 건강한 노화와 관련하여 6가지 협력연구분야를 계획하여 2010년까지 1,500만 유로를 지원하고, 그 이후에도 비슷한 규모로 지속적인 지원을 계획하고 있다. 동시에 유럽연합에서 진행시키고 있는 ERA-AGE (European Research Area Network on Ageing)의 프레임워크로 FLARE(Future Leaders of Ageing Research in Europe)에 참여하고 있다.

1999년부터 기초연구분야와 의학연구를 연계하기 위해 17개의 네트워크를 만들어서 기초분야에서의 연구결과를 의료기술분야에 적용하고, 환자에 도움이 되게 하는 프로젝트를 진행하고 있다. 현재 6개 네트워크가 운영되고 있으며 여기에서는 노년에 주로 발생하는 여러 가지 질병에 대한 정보를 수집하여 관리하고 있다. 이에 대한 정보는 인터넷상에서 누구나 쉽게 접할 수 있다. 이 네트워크에서는 기초과학과 의료기술을 연계하고, 특히 일반에게는 의료에 대한 지식을 널리 알리고 교육한다. 우선 치매예방 프로그램에 12년간 5천만 유로를 지원할 예정이다.

소아와 청년단계 이후 50세 이상의 연령층을 위한 예방의학분야에는 7개 과제에 420만 유로가 지원되고 있다. 이 과제들에서는 주로 건강증진 프로그램과 예방을 효율적으로 진행시키는 부분에 초점을 맞추고 있다. 이 프로젝트들은 사고를 사전에 예방하고, 영양섭취를 최적화하고, 운동의 중요성을 강조하며 이 주민들이 가지고 있는 특정 문제와, 또한 장기 실업의 경우 발생되는 문제 등에 대해 다루고 있다.

장애인에 대한 혁신적인 지원과 재활의학분야에도 많은 지원을 하고 있다. 의학의 발전과 의료기술의 개발로 질병 발생 후 남게 되는 장애를 효율적으로 치료하고, 재활까지 연계하는 의료기술분야에도 많은 진전이 있었다. 이 프로젝트에서는 환자에게 잃어버린 신체의 기능을 재생시켜준다거나 보조해줄 수 있는 기술개발에 목적을 두고 있다. 특히 이러한 프로젝트의 결과로 노년층과 장애인에게도 사회적 참여를 독려할 수 있다.

소가족화와 독신의 증가, 수명의 연장으로 병원과 요양원 등에 대한 수요도 증가하고 있다. 보건간호기술분야에서는 기초과학과 전통적인 의료기술을 연계하여 효율적인 간호기술을 개발하고 있다. 연구가 진전되면서 연구 성과들이 간호기술에 적용 및 응용되고 있다. 이 분야에는 2004년부터 9백만 유로를 지원하고 있다.

국가 유전자연구 네트워크(NGFN: National Genome Research Network)에서는 국가 경제에까지 영향을 줄 수 있는 질병들의 유전적 원인 등에 관한 연구는 국가 유전자연구 네트워크를 중심으로 관리하고 있다. 개인 유전자가 원인이 되는 질병들을 기초 유전체연구, 시스템 유전체연구, 의료 유전체연구, 질병 유전체 연구분야에서 전 세계적으로 네트워크를 결성하여 질병진단 방법과 치료기술 등에 대한 정보를 교환하고 발전시키고 있다.

분자생명과학으로 의료분야에서는 바이오메디칼 연구분야로 새로운 지평을 열 수 있게 되었다. 2000년 6월 휴먼게놈 프로젝트로 사람의 유전체에 대한 전반적인 분석이 이루어진 후 여러 가지 지식과 정보를 의료기술에 적용하고 응용할 수 있었다. 분자생명과학의 핵심 분야는 사람 유전체연구, 프로테옴 연구, 시스템 생물학과 바이오인포메틱스분야 등으로서 생명을 분자생물학 수준에서 다루고 분석하는 새로운 방법을 개발하여 생물학적 반응을 이러한 시간에서 다루고 있다. 바이오메티칼 연구분야는 다양한 분야에서 적용할 수 있다. 세포와 생물체에서 일어나는 반응에 대한 지식으로 예방과 치료기술을 개발한다. 특히 독일정부에서는 유전체연구와 의료기술을 연계하면서 유전공학적 측면에서의 위험성을 인식하고 있으며 장기적으로 동물실험을 축소시키는 방향으로 지원하고 있다.

생물과학분야의 빠른 발전으로 일반 의학분야에도 영향을 주었다. 사람 유전체는 분석되었고, 다음에는 각 기능에 대한 분석과 이해가 이루어지고 있다. 지속적으로 이러한 과학적 지식이 질병치료에 적용되고 응용되고 있다. 생물공학분야는 특히 이러한 관점에서 국가적으로 새로운 가능성을 가지고 매우 중요하게 다루고 있다.

생물공학분야에서는 유전공학기술, 화학, 물리학, 정보학, 재료과학 등 기초과학분야에서의 과학적 지식들을 취합하여 사람을 위한 여러 분야에 적용 및 응용하고 있다. 특히 생산분야에서는 친환경적인 공정을 개발하여 생물학적 계면활성제, 비타민, 식품첨가물과 항생물질 등이 생산되고 있으며, 장기적으로 더욱 촉진될 것이다. 오늘날 생물공학분야는 중요한 신성장동력분야의 하나로 성장과 혁신을 도모하고 고용효과도 증대시킬 것으로 예측하고 있다.

의료와 관련하여 식품분에 대한 연구와 지원도 매우 중요하다. 일반적으로 독일음식은 지방질이 많고, 너무 달고, 염분의 농도가 높으며, 특히 양적으로 과다하게 섭취되곤 하여 일반 성인의 50% 이상이 비만으로 알려져 있다. 결과적으로 많은 질병들은 이러한 잘못된 식품에 대한 지식과 섭취에 기인하고 있다. 따라서 이러한 잘못된 영양이 원인이 되는 질병을 사전에 예방하기 위해 식품과 영양에 대한 연구를 지원하고 있다.

이에 대해 두 가지 관점에서 프로젝트를 지원하고 있다. 2002년 3월 3개의 '분자유전학과 영양학 연구를 위한 네트워크'가 시작되었는데 잘못된 영양섭취에 의한 질병을 예방하는 방법을 찾고, 또한 영양섭취를 통해 치료하는 방법을 연구하는 것을 목적으로 하고 있다. 생물공학과 유전공학기술분야에서 개발된 방법으로 영양과 건강의 상관관계를 규명한다. 또한 영양에 의한 건강효과에 대한 과학적 지식과 이를 보건의료에 적용하는 방법을 찾는데, 이 과제에 대해서는 1,000만 유로가 책정되었다.

이미 1999년 10월 이러한 프로젝트의 일환으로 『영양 – 식품생산의 새로운 기술』이라는 보고서를 출판하여, 과학계와 산업계를 연계하여 과학적 지식을 바탕으로 건강한 식품 또는 기능성 식품에 대한 생산을 촉진하였다. 또한 일반 대중에게는 적정한 식품소비량을 제시하고, 건강한 식습관과 잘못된 식습관에 의한 질병을 알림으로써 암과 혈관질병 등의 예방에 노력하고 있다. 특히 과학계, 산업계, 소비자, 정책입안자 간에 이러한 식품소비와 생산에 대한 여러 가지 장점과 중요성을 공유하도록 하고 있다. 이에는 2천 4백만 유로가 2004년까지 지원되었다.

6. 연구윤리와 관련법

윤리적인 관점에서 사람과 생물에 대한 연구는 물론 생체줄기세포 등에 대한 연구를 제한하는 일은 매우 까다로운 여러 가지 논쟁거리를 가지고 있다. 여러 가지 논쟁 끝에 2002년 7월 생체줄기세포의 반입을 허용하는 법을 제정하였다.

생명과학과 생명의학분야에는 사람과 그 환경에 관련된 여러 가지 논쟁사항이 있다. 많은 연구분야에서 생물윤리가 중요한 이슈가 제기되면서 1998년에 '생명과학분야 윤리연구센터(DRZE)'를 만들어서, 생물과학과 의학분야에서 일어나는 윤리에 대해 논의하고 연구하고 있다.

궁극적으로 생물윤리에 대한 문제는 연구자들에 의해 제안되고 논의되고 있다. 2001년 결성된 국가윤리위원회는 생명과학분야에서 이슈화되고 있는 대표적인 윤리적 사안들에 대해 의견을 정리하고 국제적·사회적으로 과학자들과 네트워크를 만들어 논의하고 있다. 26명의 위원으로 구성되어 있는 이 윤리위원회는 독일정부는 물론 의회에도 조언하고 있다.

7. 환경기술과 지속가능성

기후변화와 자원고갈에 대비하여 독일에서는 이미 1980년대부터 환경기술개발에 지속적인 투자를 하여 세계에서 독보적이며 이러한 위치를 계속 유지할 것이다. 2006년 환경관련 기술 및 제품을 수출하여 560억 유로를 수주하였고, 이는 전 세계 환경제품 교역량의 16%를 차지한다.

"독일에서는 신기술이 가져다주는 여러 가지 장점과 이익에 대해 좀 더 많은 관심과 애정을 가져야 한다. 또한 지식의 이용과 진보는 사람들을 위해서 실현되어져야 하고, 사람의 삶을 보호하고, 소비자에게 안전해야 하며, 자연에 손상을 입히지 않아야 한다"는 교육과학기술부의 명제하에 8억 유로 펀드를 조성하여 과학기술의 산업화에 지원하였다.

지구의 자원을 지속적으로 사용하려면 우리들의 산업사회와 소모되는 지구에 대해 더 많이 알아야 한다. 대기오염, 온실효과, 기후와 관련된 해양의 변화는 열대우림의 파괴같이 중요한 변화이다. 산업화 과정에서 기후변화의 원인과 지속가능성은 밀접한 관계가 있다. 보건, 농업, 산림, 생산, 분해, 자원 활용, 로지스틱, 에너지 사용 등 모든 분야에서 효율적으로 환경을 사용하기 위해 노력하고 있다. 자원의 생산성을 높임으로써 혁신과 환경보호를 실현한다. 환경기술계획에서는 환경정책을 혁신적 입장에서 입안하고, 환경기술의 상품화에 연계한다. 독일 대학과 기업에서 환경기술은 중추적인 역할을 하고 있으며, 혁신정책의 중심에 있다. 전체적인 계획은 환경시장과 세 가지 관점에서 다루어진다.

수(水)처리기술에서는 1994년과 비교하여 2020년까지 자원생산성과 이용효율을 높이도록 하고 있다. 기후보호기술에 대한 정책은 연방정부의 에너지 기후프로그램(IEKP)에서 다루고 있다. 또한 연구를 촉진하고, 기술이전과 기술확산시 특히 중소기업을 보호하고 지원한다. 나아가 혁신에 바탕을 둔 조건을 최적화하고 환경기술의 가능성과 경향을 분석한다.

구동독지역에서의 경제발전과 고용상황을 개선시키기 위해 보다 창조적이고 혁신적인 정책이 필요하다. 구동독지역에는 아직 개발이 미진하고, 구조적으로 취약하므로 독일정부에서는 여러 가지 프로그램을 제안하고 있다. 이 프로그램들은 산업과 과학기술부분에서 경쟁력을 키우고, 젊은 과학자들을 양성하고, 전문가들의 이주를 억제하며 혁신적으로 스타트업(start up) 회사들을 지원하다.

이 프로그램은 젊은 과학자들에게 동기를 부여하고, 지역에서 친기업적인 정책을 실시한다. 중앙정부는 기술개발과 기술적용을 위해 지역 간 협력을 독려한다. 예를 들면 지역공단을 개발하여 경제적인 지원과 투자를 위한 펀드를 조성하고, 지역 간 시장을 공유하는 등 성공률을 높이는 여러 가지 방법을 제안하고 있다.

독일정부에서는 혁신적으로 산업계, 과학분야, 교육계가 협력할 것을 권장하고 있다. 이러한 혁신적 체제와 협력을 통해 기술의 가치를 산업과 연계하여 지역의 경쟁력을 높일 수 있다. 분야별로 또한 협력주체들 간에 경제적인 가치와 연구분야별로 계획과 일정을 수립한다. 또한 각 지역에서는 지역의 전문가와 전통을 존중하고 유지하면서, 그 지역의 경쟁력을 높일 수 있는 새로운 기술이나 생산을 개발하는 혁신적 정책을 수립해야 한다.

8. 제약산업분야

최근에는 생물공학적인 방법으로 많은 질병을 부작용없이 치료하는 기술들이 개발되고 있다. 많은 연구들이 독일에서 진행되고 있으나, 의학분야에서는 외국에서도 많은 연구결과들을 얻고 있다. 독일의 생물공학과 제약공학분야를 지원하고, 경쟁력을 키우기 위해 여러 가지 지원정책을 준비하였다. 신약개발분야는 지속적으로 발전하였는데, 특히 혈관질환, 당뇨, 암 등에 효과적인 여러 가지 새로운 치료법이 개발되었다. 2007년 현재 독일에서는 제약산업에서 생물공학연구실에서 대략 4조 유로가 투자되고 있으며, 약 15% 정도가 생산성과 이익에 도움이 되고 있다.

제약분야에서는 경쟁력을 높이기 위해 구조조정을 실시하였다. 과학분야와 의약분야의 작은 회사와 큰 회사들이 협력하여 효율적으로 신약을 개발한다. 국제적으로 전문가들을 위원으로 하는 위원회에서 37개 지원자를 평가하여 10개의 컨소시엄을 선정하였다. 현재 3개 컨소시엄이 선정되어 1억 유로를 앞으로 5년간 지원할 예정이다.

막스플랑크 재단에서는 '막스 플랑크 신약개발 센터'를 설립하였다. 이곳에서는 산업적으로나 상업적으로 가능성이 있고, 이미 개발이 진행된 의약품원료물질을 효율적으로 그리고 집중적으로 개발하여 상품화까지 연결하는 연구프로젝트를 주로 진행하고자 한다. 과거에는 의약품원료물질 개발에서 상품화까지 매우 오랜 기간과 비용이 소요되었으나, 막스 플랑크 신약개발 센터에서는 인력과 시설, 투자에서 효율적이고 집중적으로 이루어질 것이므로 짧은 시간 내에 개발이 가능할 것이다. 장기적으로 새로운 의약품을 개발하고 상품화될 수 있을 것으로 기대하고 있다.

신경조직 및 관련 질병 치료법에 대한 연구를 체계적으로 하기 위해 컨소시엄(Neuroallianz)을 만들었다. 이 컨소시엄은 국가에서 지원하는 연구소와 제약회사, 생물공학분야 회사들 간에 협력을 통해 효율적으로 연구결과를 도출하고, 산업화와 연계하여 부가가치를 높이고자 하는 것이 그 목적이다. 여러 연구소와 대학, 산업체들이 파트너로 협력하여 신경관련 질병의 치료법과 진단방법을 개발하고 산업화 및 실용화하고자 한다. 학계와 산업계가 동시에 연구개발에서 상품화까지 동시에 참여하여 연구자를 통해 학계와 산업계를 자연스럽게 연계한다.

또한 다발성신경증후군(multiple sclerosis)의 치료법과 진단법에 대해 연구하고, 새로운 치료물질을 개발한 결과들은 이 컨소시엄을 통해 임상실험에도 적용할 수 있도록 하고 있다. 북부독일에 위치한 대학과 연구소, 생명공학회사와 제약회사들이 참여하여 연구개발에 임하고 있으며, 자체적으로 연구와 투자가 병행되고 있다.

다양한 지원정책과 연구개발을 통해 독일은 제약산업의 다시 부흥시키는 것을 주목적으로 하고 있다. 1980년대까지 뛰어난 연구 성과의 상품화로 독일의 제약회사들은 세계적인 규모와 면모를 갖추고 있었다. 그러나 여러 해를 거쳐 높은 비용과 연구개발의 한계로 신약개발과 상품화가 한계에 이르게 되었다. 제약회사들 간의 인수와 합병을 통해 세계적으로 거대 제약회사들이 주류를 이루게 되면서 독일의 제약회사들의 경쟁력이 약화되었다. 이에 제약회사들은 과감한 정책으로 그 위상은 다시 제자리를 찾게 되었다. 또한 생물공학분야에 대한 적극적이고 지속적인 지원을 통해 많은 생물공학분야의 벤처회사들과 제약회사들의 협력으로 연구와 개발에 협력하고 있다.

유럽국가 중에서 독일은 다양한 규모와 기술을 보유한 생물공학회사들이 가장 많으며, 이들은 대부분 새로운 질병치료법 개발과 의약품 원료물질, 진단시약, 바이오메디칼 등의 개발에 많은 시간과 비용, 노력을 투자하고 있다. 대략 10년간 5억 유로가 지원되고 있으며, 개발된 기술과 물질을 환자에 적용하거나 실용화하는 테스트 등을 하고 있다. 여기에서 원료물질의 대량생산과 기술이전은 중요한 사업이다. 또한 개발된 기술의 경우, 대량생산 시스템에 적용하기까지 개발에 소요된 비용과 기간 이상으로 투자되는 것이 일반적인 상황이다. 이러한 제약업을 지원하기 위해 새로운 투자펀드를 조성하여, 보건의료분야와 생물공학분야에서 연구를 지원하고 있으며 부가가치를 높이고, 연구역량을 증진시켜 새로운 의료기술의 개발에 목표를 두고 있다.

제약산업에서 장기적으로 생물제약산업의 부가가치를 높이고 생물제약부분의 연구결과를 클리니컬테스트와 연계하여 실용화를 지원한다. 우선 연구개발을 지원하고, 의료치료기술과 생산기술의 관점에서 연구결과를 지속적으로 발전시키는 것을 목표로 삼고 있다. 의약학 부분의 정책에서는 미래 보건의료부분에서 경쟁력을 키우고, 독일 내 연구개발부분에서 산업화까지 혁신적인 제약산업의 발전을 목적으로 한다. 또한 네트워킹의 지원으로 국제경쟁에 대비하기 위한 여러 가지 자원을 배양한다.

9. 기초연구분야

기초연구분야에서는 질병 발생의 경로와 원리를 연구한다. 여기서 얻게 되는 연구결과는 질병치료나 신약개발과 연계하여 응용하는 것을 목적으로 하고 있다. 2007년에서 2011년까지 3억 7천2백만 유로가 지원된다. 유전체와 단백질체 연구방법을 주로 사용하고 있으며, 연구결과들은 국가 유전자연구 네트워크(NGFN)에서 취합하고, 시스템생물학분야에서 분석법을 개발한다. 특히 시스템생물학분야는 EU차원에서 협력되고 있다. 이러한 기초과학지식을 상용화하려면 추가적인 노력이 필요하다. 이에 독일정부에서는 특허 가능성은 있으나, 동시에 리스크가 높은 연구분야를 지원하기 위해 투자펀드를 조성하여, 2007년에서 2011까지 3천만 유로를 지원하고 있다. 또한, 기초연구분야에서 개발된 신물질이나 새로운 치료법은 임상에 연계하도록 유도하고 있다.

거대 제약회사들뿐만 아니라 생물공학분야 중소업체들 간의 협력을 증진시키고 중소벤처기업들 간의 협력연구와 기술개발에 지원하고 있다. 특히, 연구자와 보건의료분야 담당자들 간에 협력하여 학계에서의 연구결과가 용이하게 이전되도록 여러 가지 방법과 가능성에 지원한다. 이에는 2007년부터 2011년까지 1억 5천9백만 유로가 지원되고 있다. 새로 개발된 치료법이나 의약품을 실용화 및 제품화하려면 클리니컬테스트를 실시해야 한다. 클리닉에서 환자를 대상으로 하는 클리니컬테스트를 집중적이고 용이하게 하기 위해 클리니컬센터와 클리니컬테스트 코디센터(Coordination Center for Clinical Trials)를 설치하여, 연구개발된 치료법과 의약품을 실제 환자에 적용한 결과를 통해 실용화 및 상품화를 촉진시킨다.

산업화와 대량생산 기술개발을 위한 정책으로 생물공학분야에서 많은 치료법과 신물질들이 개발되었고, 현재도 개발되고 있는데, 이들의 상품화까지 걸리는 시간과 비용이 막대하므로, 이를 수월하게 하기 위해 2007년에서 2011년까지 1천만 유로를 지원하고 있다. 이를 통해 장기적으로 제약 산업 분야의 발전과 고용창출의 효과를 기대할 수 있다.

독일 연방교육연구부에서는 독일사회에서 교육과 연구부분에서 연구비를 분배하고 파트너가 된다. 여러 가지 사업을 수행하기 위해 정부는 단독으로 또는 지방정부와 함께 지원한다. 예를 들면, 막스플랑크 재단의 경우 교육연구부에서 여러 가지 필요한 재정적 지원을 받고 있는데, 연구에 필요한 시설이나 프로그램 등 다양하다. 일반적으로 교육연구부가 직접 이사회에 참여하여 여러 가지 형태로 지원하고, 법적 차원에서뿐만 아니라, 협회나 재단에서 교육과 연구에 영향을 미친다. 이러한 지원은 독일법의 기본법에 따라 정부와 지방정부의 연구지원이 규정되어 있다. 연구소 지원과제들 중 대부분이 중앙과 지방정부에 의해 공동으로 지원되고 있다. 중앙정부에서 많은 부분을 지원하고 있다.

정부지원재단들 중 연구재단으로는 막스플랑크 연구재단, 프라운호퍼 연구재단, 헤름홀쯔 재단, 라이브니쯔재단 등이 있다. 연구시설로는 유럽 연구 센터 (Center of Advanced European Studies and Research)가 있다. 또한 독일 외에 있으면서 독일정부의 지원으로 운용되는 프로그램을 수행하는 외국소재 기관으로 "독일정신과학연구재단(DGIA: Stiftung Deutsche Geisteswissenschaftliche Institute im Ausland)"이 있다. 또한 연구소와 대학, 산업체에서 수행되는 연구과제를 지원하는 재단들이 있는데, 독일환경재단(DBU: Deutsche Bundesstifung Umwelt), 오토 폰 게릭케 재단(Otto von Guericke" e.V. AiF), 독일평화재단(DSF: Deutsche Stiftung Friedensforschung) 등이 있다.

교육사업과 연구교류를 증진하는 것을 목적으로 설립된 재단으로는 독일학
술교류처(DAAD: Deutsche Akademischer Austauschdienst), 알렉산더 폰 훔볼트 재
단(Alexander von Humboldt-Stiftung), 독일국민재단(Studienstiftung des deutschen
Volkes), 카사누스재단(Cusanuswerk-Bischaefliche Studienfoerderung), 장로교재단
(Evangelisches Studienwerk Villinst), 한스 뵈클러재단(Hans Boeckler Stiftung), 클라
우스 무어만재단(Stiftung der Deutschen Wirtschaft fuer Qualifizierung und Kooperation-
Studienfoerderwerk Klaus Murmann) 등이 있다.

한편 정치재단으로는 콘라드 아데나워재단(Konrad Adenauer Stiftung), 하인리
히 뵐재단(Heinlich Boell Stiftung), 프리드리히 에버트재단(Friedrich Ebert Stiftung),
로자 룩셈부르크재단(Rosa Luxemburg Stiftung), 프리드리히 나우만재단(Friedrich
Naumann Stiftung)과 한스 자이델재단(Hans Seidel Stiftung) 등이 있어서 독일 학생
은 물론 전 세계에서 선발된 외국학생들에게도 장학사업을 활발하게 시행하고
있다.

VI. 국제협력 네트워크

협력연구와 기술개발, 그리고 공동마케팅은 이미 여러 산업분야에서 성공적
으로 이루어지고 있다. 효율적인 시스템과 경제성 있는 생산과 공급으로 국내에
서는 물론 국제적으로도 협력과 교류는 21세기의 중요한 이슈가 되고 있다. 독
일정부에서는 이미 오래 전부터 국가 간, 대학 간, 연구소 간 또한 기업과 이들
조직 간의 연구와 협력을 촉진하였으며, 최근에는 협력국가들이 계속적으로 증
가하고 있다. 이에 대한 정부적 · 경제적 지원에 많은 예산을 편성하고 있다. 두
개의 국가 간 협력, 다자간 협력 등 다양한 형태로 유연하게 운영되고 있다.

유럽공동체에서는 회원국가 간에 연계된 프로그램을 지원하고 있으며, 6차와
7차 프레임워크 프로그램을 통해 많은 여러 가지 미래지향적 과제를 지원하고
있다. 난치성 질병, 신경계통 질병 연구 및 치료법 개발, 현대사회에서 고연령층

의 확산에 대비하기 위해 노화억제 또는 건강한 노화를 위한 연구 등을 지원하고 있다. 노화연구(ERA-AGE)와 희귀병(E-RARE), 신경질환(NEURON)으로 분류되어 에라네트(ERA-Nets)에서 협력·교류되고 있다. 또한 환경오염이나 보존과 관련하여 여러 가지 형태로 환경처리기술과 친환경적 제품 생산기술과 연구정보교류를 위한 커뮤니케이션시스템기술 등에서도 많은 협력연구와 공동연구 및 개발을 지원하고 있다.

정보교환 및 협력은 유럽연구네트워크가 있어서 인터넷을 통해 이루어질 수 있다. 연구자 간에 또는 연구소와 국가 간에 교류 협력을 통해 벤치마킹이 가능하고, 공식적인 프로그램을 마련하여 경제적인 지원과 함께 협력이 원활하게 이루어지도록 한다.

프레임워크 프로젝트(Framework Project)에서는 주로 회원국 간의 협력연구를 통해 막대한 연구비를 장기적으로 지원한다. 장기적인 관점에서 불치병에 대한 치료법에 대한 연구과 개발에 적극적으로 지원하고 있다. 또한 특정분야에서는 비회원국과의 교류 및 협력을 증진하고 있다. 비회원국 중에서 분야별로 또는 테마에 따라 경제적인 지원을 통해 향토병이나 감염질병에 대한 백신이나 치료제 개발에 빠르게 예산을 편성하여 지원한다.

산업적으로는 경제적으로 가능성이 있는 분야에서 연구소나 중소기업과의 협력을 촉진하여, 개발과 발전이 필요한 곳에 대한 지원도 활발하게 하고 있다. 비회원국의 경우 경제적인 수준에 따라 유럽공동체에서 예산을 지원하기도 하나, 이미 경제적으로 개발된 국가의 경우에는 국가예산으로 지원하는 것으로 약정되어 있다.

국제협력연구에서 중요한 부분은 젊은 연구자들 간의 교류로서 프로젝트 그룹의 일원으로 일찍부터 교류협력의 기회를 부여하는 것이다. 이를 위해 조인트 프로젝트, 장학금, 워크숍, 인턴제 등 여러 가지 방법과 가능성을 제시하고 있다. 유럽공동체 회원국 간에는 물론 비회원국과도 활발하게 진행시키고 있다. 이에 여러 가지 프로그램을 개발하였는데, 특히 젊은이들에게 동기를 부여하기 위해 홍보하는 데도 많은 지원을 하고 있다. 회원국과 비회원국의 대학을 직접 방문하여 직접 학생과 젊은 연구자들을 만나서 알리는 데 많은 노력을 하고 있다. 이러한 행사는 유럽연합 회원국의 대사관을 중심으로 정기적으로 실시되고 있다.

독일정부는 이러한 유럽연합 정책에 회원국으로서 제안하기도 하고 동시에 해당 정책을 적극적으로 지원하고 있다.

▌참고문헌

Bericht der Bundesregierung. 2006. *Neue Impulse fuer Wachstum und Innovation.* Bonn. Berlin.

Best Practices from EU Programmes. 2009. *Creativity & Innovation.* Office for official publications of EC. Louxembourg.

Bundes Umweltministerium. 2008. *Berlin Hightech Strategy for Climate Protection.*

Bundesministerium fuer Bildung und Forschung. 2004. *Zukunft Navigation.* Bonn.

_____. 2005. *Frauen im Studium.* Bonn.

_____. 2008. *Gruenderpotenzielle fuer Studierenden.* Bonn.

_____. 2009. *Forschung fuer die Sicherheit. Referat Sicherheitsforschung.* Bonn.

_____. 2009. *10 Jahren Kompetenznetze in der Medizin.* Bonn.

GreenTech Made in Germany. 2007. Munich: Verlag Franz Vahlen.

http://www.bmbf.de

www.research-in-germany.de

|제10장|
독일의 지속가능한 환경기술과 녹색성장

이우균 | 고려대

I. 독일의 환경정책 발달

독일의 환경정책 발달과정은 태동기, 침체기, 전환기, 현대화 등의 4단계로 구분할 수 있다.

1. 태동기

독일에서는 지난 1969년 사회진보연합과 함께 환경문제에 대한 인식이 생기면서 환경문제를 해결하고자 하는 방안들이 나오기 시작하였다. 독일연방정부는 1970년 환경보호에 대한 긴급프로그램을 내놓았고, 1971년에는 첫 번째 환경프로그램을 내놓은 이래, 100여 개의 법률이 제정되었고, 일부에 대해서는 이미 예산도 확보되어 있는 상태다.

이러한 정부의 환경프로그램은 국민의 환경의식을 고취시키는 효과를 보았다. 1970년에 실시한 설문에서 불과 41%만이 환경보호의 개념에 대해 알고 있었던 것에 비해, 1971년에 실시한 설문조사에서는 국민의 92%가 환경보호의 개념에 대해 인지하는 것으로 나타났다.

당시 독일연방정부에서 환경정책의 주무부서는 내무부로 되어 있었다. 1971년 연방정부는 환경문제에 대한 협의체를 두었고, 1972년 환경부 신설에 대한 논의를 거쳐 1974년 환경청을 두게 되었다.

2. 침체기

1973년 일어난 오일쇼크로 인해 성공적인 태동기를 가진 환경보호는 경제적인 논쟁에 휘말리게 되었다. 환경보호가 경제를 위축시키고 궁극적으로는 일자리를 없앤다는 사회적 논쟁과 함께 정부차원의 환경보호 활동은 위축되었다. 그러나 정부차원의 이러한 위축된 환경보호는 역으로 민간차원의 환경운동과 각종 환경단체를 태동시키게 되었다. 1972년에는 정치적 저항세력의 성격을 갖는 전국 단위의 환경보호단체가 결성되었다.

3. 전환기

1980년대 초, 환경정책상의 다양한 문제, 시민들의 높은 환경의식, 녹색환경을 표방하는 정치정당 태동 등과 함께 환경보호는 주요 정치적 이슈가 되었다. 1983년 녹색당의 태동은 이러한 독일 환경정책 전환에 큰 역할을 하게 된다. 녹색당은 환경문제를 정치적 무대에서 본격적으로 다루어지게 하였으며, 다른 정당으로 하여금 환경문제에 대한 정당차원의 대응책을 마련하도록 영향을 미쳤다. 경제상황이 호전되기 시작한 이때부터 대형소각시설 규정, 대기정화를 위한 기술조항 등 구체적인 환경정책적 방안들이 제시되기 시작하였다.

4. 현대화기

체르노빌 방사능 오염사고를 비롯한 각종 환경재난이 일어나면서 1980년 후반부에는 환경정책상 또 다른 전환기를 맞는다. 이때부터 브룬트란트(Brundtland) 보고서를 통해 환경오염을 사후에 해결하는 사후처리 중심의 접근방식에서 사전에 환경문제를 예방하고자 하는 사전예방 중심의 지속가능한 발전 개념이 도입되게 된다. 이러한 지속가능한 발전이라는 새로운 패러다임 아래에서 환경보호에 대한 다양한 대체기술들이 개발되기 시작하였다.

II. 독일의 지속가능한 발전전략

독일연방정부는 현재와 미래를 동시에 고려한 환경문제의 해결책으로써 2008년 지속가능전략을 마련하였다. 연방정부는 지속가능한 발전을 위해 온실가스배출, 신재생에너지 비율, 교육률, 흡연, 비만 등 사회전반에 걸친 다양한 지표를 개발하여 그 지표에 도달하기 위한 실질적인 정책과 기술개발을 하고 있다.

2008년 독일연방정부는 기후변화와 에너지, 지속가능한 자원이용, 사회결속, 지속가능한 식량(영양)공급, 지속성원칙 강화, 지속가능 협력체계 등에 대한 중점 전략방안을 마련하여 실행하고 있다.

1. 기후변화와 에너지

독일연방정부는 2020년까지 에너지생산성을 두 배로 올린다는 목표를 설정하고 있다. 또한, 온실가스를 1990년 대비 2020년까지 40% 줄이고, 전기 생산에서의 신재생에너지 사용비율을 30%까지 올린다는 계획을 가지고 있다.

독일연방정부에서는 이와 같이 온실가스를 줄이고 기후변화에 대응하기 위해 신재생에너지 이용지원, 열병합발전, 생태적 세제개혁, 단계적 원전폐기 등의 다양한 에너지정책을 실현하고 있다. 독일정부는 '신재생에너지법'과 '열병합발전법'을 시행하여 신재생에너지 및 열병합발전전기 구매조건 및 목표점유율을 법으로 규정하고 신재생에너지 산업을 육성시키고 있다. '생태적 세제개혁 도입법'을 통해 기존의 화석연료를 이용한 에너지와 신재생에너지에 대한 차별화된 세금정책으로 신재생에너지 산업을 세제측면에서 지원하고 있다.

또한 단계적 원전폐기법을 통해 신규원전을 금지시키고 기존원자로를 단계적으로 폐쇄하는 것을 규정하고 있어, 지구온난화에 대응한 에너지공급을 원자력이 아닌 신재생에너지로 충당한다는 원칙을 분명히 하고 있다. 이외에도 에너지 절감을 위한 건축물 개·보수지원프로그램을 통해 민간 및 공공부문에서의 에너지 절약을 정책적으로 지원하고 있다.

2. 지속가능한 자원이용

독일연방정부는 자연자원의 효율적인 이용을 원료절약, 새로운 원료개발, 재활용 향상, 재생가능자원이용율 증대 등의 차원에서 추진하고 있다. 독일의 지속가능한 발전전략에서는 원료사용의 생산성을 2020년까지 두 배로 올린다는 목표를 세우고 있다. 중소기업에서는 에너지효율을 높일 수 있는 연구프로젝트를 통해 이와 같은 목표를 달성하는 계획을 가지고 있다.

3. 사회적 결속

독일연방정부는 지속가능한 발전에 시민의 자발적 참여를 유도하고 있다. "시민의 지속성을 이끈다"라는 취지아래 독일연방정부는 복지증진, 세금제도 개선, 시민활동에 대한 다양한 경연대회 등을 통해 시민사회의 결속을 유도하고 있다. 이러한 시민사회의 결속강화가 궁극적으로는 지속가능한 사회의 초석이 라는 철학이 내재되어 있는 발전전략으로 볼 수 있다.

사회적 결속이라는 측면에서 독일연방공화국은 인구분포의 변화에 따른 사회의 변화를 중시하고 있다. 인구감소 및 노령화는 독일 사회의 또 다른 특징이다. 이로 인한 사회·문화적 체계뿐만 아니라 정치·경제적 체계가 변화되고 있다. 노인소비층의 증가로 이를 겨냥한 제품들이 개발되고 있다. 예를 들면, 노년층을 대상으로 하는 주택, 음식, 차량, 여가활동상품, 기능이 간단하고 큰 전기제품, 건강보조기구 등 다양한 기술 및 제품이 개발되고 있다.

또한, 노년층을 대상으로 하는 여가시간, 도우미, 간호 등의 새로운 일자리가 계속 증가되고 있다. 특히, 노년층의 간호는 개인적 차원에서 이루어지는 것이 한계가 있다는 인식하에 전문적이고 경제성을 갖춘 시설 및 서비스가 제공되고 있다. 이와 함께 지속적인 재교육을 통해 노년층의 전문성이 유지되도록 하고 이를 활용함으로써 노인층의 건강한 삶은 물론 사회적 인력활용도 제고 시키고 있다.

4. 지속가능한 식량공급

2015년까지 기아비율을 반으로 줄인다는 세계적인 목표가 생활용품 및 에너지에 대한 국제시장가격의 상승으로 위험에 처해 있다고 보고 독일연방정부는 이를 해결하기 위한 국제적 협력을 시도하고 있다. 이러한 국제협력을 통해 단기적인 처방 뿐만 아니라 기아의 근본원인을 해결하고자 하는 장기적인 계획도 함께 마련하고 있다. 변화된 음식문화, 인구증가, 농업부문위축, 식량을 이용하는 바이오에너지 수요 증대 등이 근본적으로 해결되어야 한다는 인식하에 이를 해결하기 위한 장기적인 계획을 국제협력을 통해 수립하고 있다.

5. 지속성원칙 강화

독일연방정부는 지속성의 원칙을 정부의 정책적 결정에 중요한 의사결정요인으로 삼고 있다. 모든 법규 및 법률조항은 그것이 지속성의 원칙에 부합되는지를 검토 받아야 한다. 지속가능한 발전을 담당하는 정부조직의 역할도 점차 강화되고 집중화되고 있다.

6. 지속가능 협력체계

지속가능한 발전은 연방정부만의 일이 아니라는 인식하에 독일연방정부는 주정부, 시민사회 및 지역사회와 긴밀한 협력을 꾀하고 있다. 독일연방정부는 지속가능한 발전위원회에 각 주 및 지역의 대표협의회를 초정하여 정책적 결정을 함께 진행하고 있다.

III. 독일의 기후변화 대응전략

1. 정책적 대응전략

독일연방정부는 기후변화와 관련하여 저감 및 적응측면에서 다양한 정책적 대책을 강구하고 있다. 독일은 1990년 대비 2020년까지 온실가스배출을 40% 감축한다는 목표를 두고 있으며, 이는 유럽연합의 30%보다도 10% 많은 수준이다. 독일은 이와 같은 온실가스 감축을 위해 신재생에너지 사용증대, 에너지효율 증강, 전기손실감소, 국제협력 등의 다양한 노력을 경주하고 있다.

특히, 2007년과 2008년에 마련된 '에너지-기후 통합프로그램(IEKP: Integrierte

Energie- und Klimaprogram)'을 통해 21개 법규 및 규정을 두어 기후와 에너지에 대한 통합적인 대책을 강구하고 있다. 이를 통해 연구개발 및 친환경산업에 상당량의 예산이 이미 집행되고 있다. IEKP는 에너지 공급의 안정성, 경제성, 친환경성의 목표아래 온실가스 저감기술, 전기절약기술, 차량 등 다양한 분야에서 기후변화에 대한 정책적 대안을 강구하고 있다. 대형 산업시설에서 뿐만 아니라 주거환경 등 가정생활에서 대응할 수 있는 전략 및 방안을 적극적으로 마련하는 것이 특징이라 할 수 있다.

① 전력-열-병합

독일연방정부는 전력분야에서 전력과 열 병합생산법을 제정하였다. 고효율의 전력-열-병합시설이 현재 전력생산에서 12%의 비중을 차지하고 있는데, 2020년까지 이 비중을 약 25%로 늘릴 예정이다.

② 신재생에너지법

전력분야에서 신재생에너지가 현재 차지하고 있는 13%의 비중을 2020년까지 25~30%로 늘릴 예정이다.

③ 신재생에너지 및 열 법

열 생산에서 신재생에너지가 차지하는 비중을 2020년까지는 14%로 늘릴 예정이다. 또한 이법에서는 새로운 건물을 지을 때 신재생에너지를 포함시킬 것을 의무화하고 있다.

④ 바이오가스 구매

바이오가스를 천연가스 네트워크에서 구매할 수 있도록 법률을 정비하였다.

⑤ 네트워크 확장

신재생에너지전송망건설법을 제정하였다.

⑥ 측정자유화를 위한 에너지경제법(EnWG) 수정

에너지경제법의 수정으로 전력 측정 기관들이 상호경쟁하도록 하였다. 전력 측정에 자율성을 보장함으로써 측정방법의 개선이 이루어져 소비자의 에너지비용을 줄일 수 있게 되었다.

⑦ 에너지절약규정

건축물부분에 있어서 에너지절약에 대한 요구정도를 점진적으로 강화시킬 예정이다(2009년에는 30%를 줄이고, 2012년에는 더 많이 줄일 예정).

⑧ 건물이나 사회기반시설의 보수를 위한 지원프로그램

CO_2-건축물보수프로그램은 2011년까지 계속될 예정이고, 여기에 사회기반시설을 통해 에너지를 절약하기 위해 2억 유로가 자치단체에 투입될 예정이다. 연방건물의 에너지보수프로그램은 2011년까지 계속될 예정이다. 사회기반시설의 에너지현대화를 위해서는 2008년부터 2억 유로가 투입되고, 연방주와 지역들의 참여로 총 6억 유로의 장려금이 확보되어 있는 상태이다.

⑨ 에너지효율적인 제품생산과 업무를 위한 일반 행정규정 및 가이드라인

독일연방정부는 친환경적이고 에너지 효율적인 제품생산과 업무를 지원하고 있다.

⑩ 바이오 연료 확대

연방정부의 에너지 및 기후 정책적 목표를 달성하기 위해 2015년부터 바이오연료의 비중을 증가시킬 것이다. 이를 위해 바이오연료비율법이 제정될 예정이다.

⑪ 오염물질 및 이산화탄소에 근거한 자동차세금의 전환

2009년부터 신차의 세금은 오염물질과 이산화탄소에 근거하여 부과된다.

⑫ 승용차 에너지소비량 표시 규정

에너지가 적게 소모되고 이산화탄소 배출량이 낮은 승용차를 사람들이 선호하게 만들기 위해 소유자들이 이해하기 쉬운 표시법이 도입된다.

⑬ 화물차의 통행료제도 보완

이산화탄소를 적게 배출하는 트럭은 통행료를 적게 내고 많이 배출하는 화물차량은 통행료를 많이 지불하게 하는 제도를 도입한다.

⑭ 불소화된 온실가스배출량 감축

연방정부는 이동 및 이동하지 않는 냉방설비에서 나오는 불소화된 온실가스를 줄일 수 있는 규정을 제정하였다.

⑮ 에너지 연구와 혁신

연방정부는 기후보호, 에너지효율성, 신재생에너지, 이산화탄소 저장 등의 연구에 중점을 둔 새로운 지원제도를 발의하였다.

⑯ 연방재정으로부터의 지원조처

2008년 기후정책 지원을 위해 연방재정에 33억 유로를 확보하였다.

2. 연구개발을 통한 전략

또한, 다양한 연구지원을 통해 기후변화에 대한 장기적인 대응책도 강구하고 있다. 독일 연방교육연구부(BMBF)에서는 기후변화에 대한 이해증진을 위해 기후변화 관련 다양한 연구개발을 지원하고 있다. 기후보호 및 기후영향으로부터의 보호라는 두 가지 측면을 지원하고자 "기후 II(Klimazwei)"라는 연방교육연구부 연구지원프로그램을 발족하여 연구를 지원하고 있다.

연구지원은 기후변화의 두 가지 축을 이루고 있는 감축(Verminderung/Mitigation)

과 적응(Anpassung/Adaptation) 분야에서 이루어지고 있다. 이러한 연구 사업을 산학협력, 다학제 간 협동연구를 통해 성공적으로 수행한다는 전략으로 진행하고 있다. '기후 II'를 통해 이루어지는 주요 연구사업은 다음과 같다.

1) 저감분야
  - 재생가능 에너지 사용을 통해 발전소, 선박등과 같은 다량의 디젤을 사용하는 시설에서의 온실가스 감축 기술 개발
  - 기후변화정책상의 각종 제한을 고려한 기업운영방안
  - 생태적으로나 기술적으로 최적화된 시멘트개발
  - 바이오연료 저장시설에 대한 화재예방기술
  - 온실가스를 최소화 할 수 있는 비행노선 개발
  - 지속가능한 위생, 건축, 주거환경 기술개발
  - 원예 및 정원 작물 재배에 신재생 유리폴리에를 사용한 50% 에너지 절감 연구
  - 신재생건축자재개발을 통한 온실가스 저감방안연구
  - 철강생산에서의 CO_2 배출 저감방안 연구개발
  - 냉장고, 에어컨 등 가전제품에서의 온실가스 감축연구

2) 적응분야
  - 지속가능한 지하수관리를 위한 기후변화 적응전략
  - 건조 및 가뭄에 민감한 지역에 대한 기후변화 적응전략
  - 지속가능한 산림경영을 위한 기후변화 적응전략
  - 중저 산간지역에서의 관광을 위한 기후변화 적응전략
  - 도시계획, 웰빙, 보건 등에서의 기후변화 적응전략
  - 과수재배를 위한 기후변화 적응전략
  - 해안지역 관광을 위한 기후변화 적응전략
  - 지방 및 농촌지역에서의 기후변화 적응전략
  - 재정분야에서의 기후변화 적응전략

- 이상기후에 대한 조기 경고시스템 개발
- 대형빌딩의 냉방시설에 대한 기후변화 적용전략
- 도시지역 물관리를 위한 기후변화 적용연구
- 밀 생산을 위한 기후변화 적용전략
- 저지대에서의 기후변화 적용전략

IV. 독일의 녹색성장기술

독일은 신재생에너지, 효율적인 에너지 이용, 지속가능한 연료 이용, 재활용 등에 대해 선도적인 기술을 보유하고 있다. 이들의 세계시장 점유율은 10%에서 30%에 달하고 있다.

1. 신재생에너지

독일은 바이오메스, 태양열, 풍력, 지열, 수력 등의 신재생에너지 산업을 중소기업 위주로 선도해 나가고 있으며, 이들 신재생에너지 산업은 세계시장의 30%를 점유하고 있다.

독일연방정부는 화석연료사용에 의한 지구온난화는 사회적으로나 경제적으로 현실적인 문제로 인식하고 이에 대한 국가적 전략을 마련하고 있다. 지구온난화의 주된 원인인 화석연료의 가격상승으로 이를 대체할 수 있는 신재생에너지의 개발 및 사용은 이미 경제적으로 상당한 의미를 가지고 실행되고 있다.

현재 독일연방정부가 역점사업으로 추진 중인 대표적인 신재생에너지로는 태양에너지, 풍력에너지, 수력발전소, 바이오에너지, 지열에너지 등이 있다. 이러한 신재생에너지 산업으로 창출된 일자리는 2006년 이미 230,000명을 넘었으며, 2020년까지 415,000명의 일자리를 마련한다는 계획이다.

1) 신재생에너지 사용 현황

2007년 현재 전체 에너지 사용량의 9.8%를 신재생에너지가 차지하고 있다. 2000년 3.8%에 비하면 두 배 이상의 신장세를 보이고 있는 것이다. 전체 전기소비량의 14%, 열소비의 7.5%, 연료소비의 7.3%를 신재생에너지가 담당하고 있다(<표 10-1>).

전기 생산을 위해서는 풍력에너지가 가장 많은 6.4%를 차지하고 그 다음이 바이오메스 3.7%, 수력발전소 3.4%를 차지하고 있으며, 태양에너지는 0.5%를 차지하고 있다. 지열은 전체 전기 생산의 0.1% 미만을 차지하고 있다. 열 생산을 위해서는 대부분 바이오에너지가 사용되는데, 바이오고형연료가 6.0%를 차지하고, 바이오 액상 및 가스연료가 약 1.0%, 태양에너지가 0.3%, 지표면 열에너지가 0.2% 정도를 차지하고 있다.

전체 연료사용에서 신재생 바이오연료가 차지하는 비율은 7.3%를 차지하고 있다. 그 중, 바이오디젤이 5.4%, 식물오일이 1.4%, 바이오에타놀이 0.5%를 차

〈표 10-1〉 독일연방정부의 신재생에너지 비율(2007)

신재생 전기			신재생 열			신재생 연료		
종류	비율	백분율	종류	비율	백분율	종류	비율	백분율
풍력	6.4	46	바이오고형연료	6.0	80	바이오디젤	5.4	74
바이오에너지	3.7	26	바이오액상/가스연료	1.0	13	식물오일	1.4	19
수력	3.4	24	태양에너지	0.3	4	바이오에타놀	0.5	7
태양에너지	0.5	4	지표면열	0.2	3			
지열	〈0.1	0	지하열	〈0.1	0			
합계	14.0	100	합계	7.5	100	합계	7.3	100

* 자료: BMU(2008), Erneuerbare Energien in Zahlen

〈그림 10-1〉 독일연방공화국의 신재생에너지 점유비율 변화

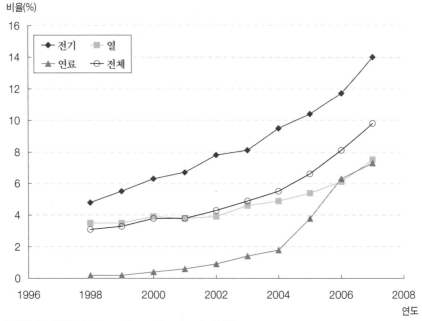

비율(%)

* 자료: BMU(2008), Erneuerbare Energien in Zahlen

지하고 있다.

  풍력에너지는 신재생 전기 생산에 가장 중요한 역할을 하고 있으며, 바이오
에너지 및 수력발전소가 그 뒤를 잇고 있다. 신재생 전기는 풍력에서 약 46%,
바이오에너지에서 26%, 수력에서 24%를 생산하고 있다. 태양에너지는 현재로
서는 그 비율이 낮지만 세계최고의 기술을 유지하고 있으며, 지열은 그 비율이
낮으나 계속 건설 중에 있다.

  신재생 열은 바이오 고형연료에서 약 80% 생산되며, 바이오액상 및 가스연료
에서 약 13% 차지하고 있어, 바이오 연료가 신재생 열 생산의 93% 정도를 차지하
고 있다. 또한, 신재생 연료의 74%는 바이오 디젤로부터 생산되고 있다.

  1998년 이후 독일연방공화국의 신재생에너지 점유비율은 꾸준히 증가해 왔
으며, 특히 2004년 이후 그 증가세가 강하게 나타나고 있다(<그림 10-1>).

398 | 독일연방공화국 60년

2) 신재생에너지의 CO_2 저감효과

이러한 신재생에너지 사용으로 2007년 1억 1,700만 톤의 CO_2를 저감하는 효과를 보고 있다. 신재생 전기사용으로 인한 CO_2 저감이 7,900만 톤으로 CO_2 저감효과의 68%를 차지하고 신재생 열 생산으로 인한 CO_2 저감이 2,300만 톤으로 20%, 나머지가 1,500만 톤(12%)이 바이오연료에 의해 저감되었다.

3) 신재생에너지 매출규모

2007년 독일연방공화국의 신재생에너지 관련 매출규모는 255억 유로에 달한다. 바이오메스분야가 가장 큰 107억 유로(약 42%)를 차지하고 있으며, 다음으로 태양열(70억 유로, 28%), 풍력(58억 유로, 23%)이 뒤를 잇고 있다.

신재생에너지 관련 매출액은 2003년 100억 유로 규모에서 2007년에는 255억 규모로 4년간 155%의 신장세를 보였다. 시설관련과 운영관련 매출액이 비슷한 규모를 보이고 있는데, 2007년까지는 시설관련 매출액이 운영관련 매출액보다 많았으나 2007년에는 운영관련 매출액이 많은 것을 주목할 만하다.

〈그림 10-2〉 신재생에너지 관련 전체 매출규모(2007)

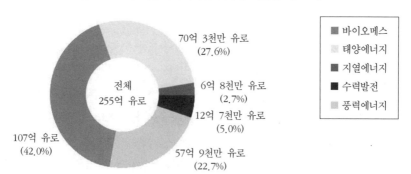

* 자료: BMU(2008), Erneuerbare Energien in Zahlen

〈그림 10-3〉 신재생에너지 관련 전체 매출규모 변화

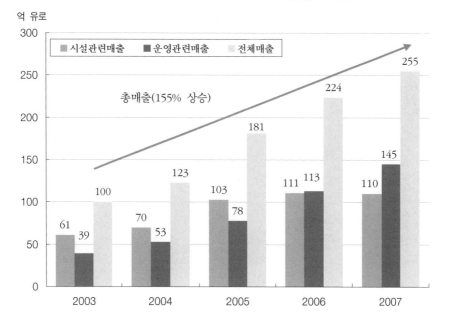

* 자료: BMU(2008), Erneuerbare Energien in Zahlen

4) 신재생에너지의 고용창출효과

신재생에너지관련 산업은 고용창출의 효과를 보이고 있다. 2007년 현재 신재생에너지관련 산업으로 인한 고용은 250,000명에 이른다. 2004년의 160,000명에 비하면 55%의 고용창출효과를 의미한다. 바이오메스가 가장 많은 96,100명의 고용효과(38%)를 보고 있으며, 그 뒤를 풍력(84,300명, 34%), 태양에너지(50,700명, 20%)가 잇고 있다.

5) 신재생에너지 사용목표

독일연방정부는 2008년 6월 신재생에너지 및 열 법률(EEWG: Erneuerbare-Energien-Wärme gesetz)을 제정(2009년 1월부터 적용)하고, 2050년 까지는 에너지 52%를 신재생에너지로 공급한다는 목표를 설정하고 있다(<그림 10-4>).

〈그림 10-4〉 독일연방공화국의 신재생에너지 점유율 계획

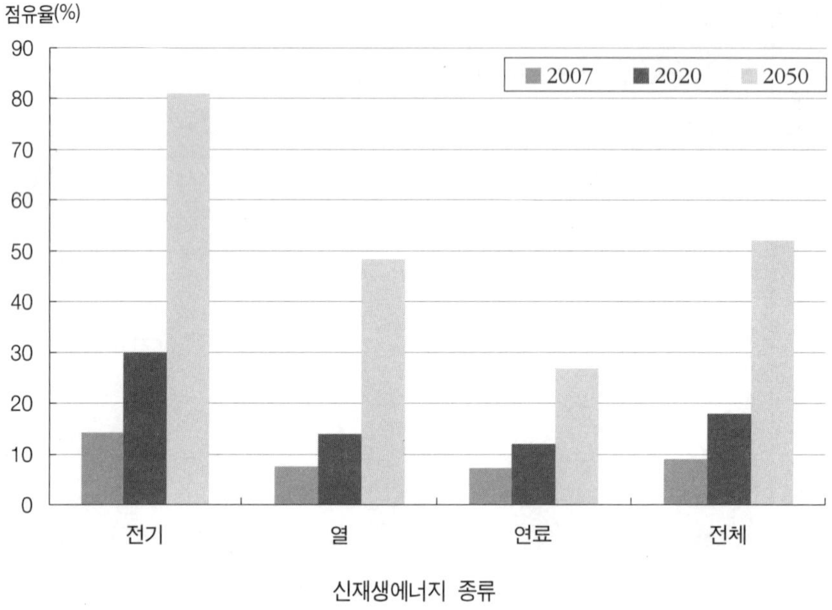

점유율(%)

신재생에너지 종류

　　독일연방정부는 신재생에너지 사용비율을 2007년 9.8%를 2020년까지 18.2%
로, 2050년 까지는 52.1%로 올린다는 계획을 가지고 있다. 전기 생산 분야에서
의 신재생에너지 사용비율은 현재의 14.2%를 2020년에 30.4%, 2050년에는
80.9%로 향상시킬 계획이다. 열 생산 부문에서는 2007년 7.5%를 2020년에
14.4%로, 2050년에는 48.3%로, 바이오에너지 부문에서는 2007년의 7.3%를,
2020년에 12.0%로, 2050년에는 26.9%로 끌어 올린다는 계획이다.

2. 효율적인 에너지 이용

　　에너지효율성이 높은 주택, 가정용품, 차량 등은 이미 기후변화 및 환경에
대한 관심과 더불어 주된 산업분야로 자리잡고 있다. 에너지효율성이 높은 주

택, 단열재, 창문, 냉·온방에 대한 독일의 기술은 세계적인 경쟁력을 확보하고 있으며, 이러한 에너지 고효율 산업은 독일의 현재 및 미래 대외산업경쟁력을 높이고 있다. 독일의 이러한 효율적인 에너지이용 관련 산업은 세계시장의 10%를 점유하고 있다.

또한, Green IT의 일환으로 각종 산업시설에서의 효율적인 에너지 이용기술이 개발되어 현장에 적용되고 있다. 특히, 가정용 주택에서도 에너지 고효율을 위한 각종 기술이 개발되어 이미 보급되고 있는 수준이다. 바이오디젤, 디젤필터, 전기전환장치 등의 산업도 세계시장에서 강세를 보이고 있다. 이 또한, 주로 중소업체에 의해 주도되고 있다.

3. 지속가능한 연료 이용

화석연료를 비롯한 광물자원은 세계적으로 그 수요가 증가되고 있어 공급이 부족한 현실에 직면해 있다. 이러한 공급부족은 가격상승으로 이어져 자원공급 부족을 각 국가의 경제적 부담으로 전이시키고 있다. 이러한 자원공급부족을 독일연방공화국에서는 고가장비의 수리를 통한 사용연수연장, 자원의 안정적 확보, 재생가능자원사용증대, 대체자원 활용, 자원 활용의 효율성 증대 등으로 해결하고 있다. 지속가능한 연료 이용에 대한 독일 업체의 시장점유율은 20%에 달한다. 이는 주로 바이오디젤과 디젤필터에 관련된 산업이다.

4. 재활용기술

독일은 재생에너지와 관련하여 25%의 세계시장점유율을 보이고 있다. 주정부별로 폐기물을 관리하는 시스템하에서 폐기물 처리 및 재활용기술이 중소기업위주로 이루어지고 있다. 특히, 근적외선, 레이저, 센서 등의 첨단시설을 이용한 분류장치에 대한 기술은 세계 최고인 것으로 인정되고 있다.

또한, 독일은 쓰레기 매립 금지법을 통해 쓰레기의 철저한 분리수거와 재활용으로 유명하다. 생산자가 자신의 제품포장지를 수거하는 시스템을 통해 생활 및 산업쓰레기의 약 57%를 재활용으로 구분하여 처리하고 있다. 이러한 쓰레기 분리수거 및 재활용에 약 25만 명이 종사하고 있으며, 시장규모는 약 500억 유로에 달한다.

V. 독일의 환경정보시스템

독일은 산림을 비롯한 녹색환경 역시 지속가능성 원칙하에 철저하게 관리하고 있으며, 모든 조사 및 정보 활용 체계가 디지털 환경에서 이루어지고 있다.

1. 독일의 환경포탈

독일 전체 및 주별 환경관련 자료가 2006년 6월부터 독일 환경포탈(http://www.portalu.de)에서 제공되고 있다. "독일 환경정보를 한 번의 클릭으로"라는 슬로건과 함께 환경포탈(PortalU)은 독일연방환경부에 설치되었으며, 120여 개의 공공기관 및 주정부의 100만 이상의 웹사이트로부터 방대한 환경관련 정보를 제공하고 있다.

PortalU에서는 폐기물, 토양오염, 건설, 토양, 화학물질, 에너지, 산림, 유전자기술, 지질, 건강, 소음, 농업, 대기 및 기후, 지속가능한 발전, 자연 및 경관, 방사능, 동물건강, 환경정보, 환경경제, 교통, 수질 등의 21개 항목에 대해 독일 전체 또는 주별로 법규, 개념, 보고서, 현황, 자료 및 지도, 위해성 평가 등에 대한 정보를 제공하고 있다. 자료는 다양한 방법으로 검색할 수 있으며, 주제별로는 [Topics]버튼에서 원하는 주제를 선택하고 [Bund/Länder]버튼에서 주를 선택하여 카테고리에서 보고자 하는 항목을 선택하면 정보를 볼 수 있다. 또한,

PortalU는 다음과 같은 데이터뱅크시스템과 연결되어 있어 환경관련 다양한 정보를 검색할 수 있다:

- 환경연구데이터베이스(UFORDAT: Umweltforschungsdatenbank)
- 환경문헌데이터베이스(ULIDAT: Umweltliteraturdatenbank)
- 총 물질 자료풀(GSBL: Gemeinsame Stoffdatenpool des Bundes und der Länder)
- 환경실험데이터베이스(UPB: Umweltprobenbank des Bundes und der Länder)
- 독일연방환경부의 환경자료카탈로그(UDK: Umweltdatenkatalog)

PortalU는 검색에 따라 디지털 지도를 제공한다. 환경관련 디지털 지도는 상단메뉴의 맵스(Maps)로 연결되어 있는 PortalU-GIS 모듈을 통해 검색할 수 있다. 기본적으로 독일전역의 지형도, 행정구역도, 도로망도, 수계도, 도시 및 역 위치도가 제공되고 기타 환경관련 다양한 지도는 URL주소나 지도 리스트를 이용하여 불러올 수 있다.

2. 주요 주별 환경정보지도 현황 및 활용

각 주별 환경정보지도는 환경정보시스템(UIS: UmweltInformationsSysteme)을 통해 디지털로 구축 및 제공되고 있으며, 주별로 다양한 형태를 지니고 있다. 본절에서는 주요 주에서의 디지털 환경정보구축 및 활용실태를 소개한다.

1) 베를린

(1) 개요
베를린시는 1981년에 도시개발 및 환경보호부를 설치하고 1981년에 통과된 베를린 보호법에 근거하여 자연의 기능적인 잠재성을 보전 및 복원하기 위한 새로운 토지이용개념을 도입하였다. 이러한 신토지 이용 개념을 실천하는 과정에서 환경 및 생태관련 정보부재로 인한 친환경 도시 관리의 난맥상을 해결하기 위해 1985년과 1987년에『환경지도책(Umweltatlas Berlin)』1, 2권을 각각 출판하였다. 이 지도책은 42페이지에 100여 개의 지도를 제공하고 있다. 통일 후 전체 베를린에 대한 지도책이 1994년과 1996년에 발간되었으며, 이때부터 디지털지도도 동시에 제작되기 시작하였다. 이 지도책은 계속해서 갱신 및 보완되었으며, 2000년부터는 디지털 지도만 갱신 및 보완되기 시작하였다.

지속가능한 도시 및 경관개발을 위한 환경 및 생태정보를 디지털형태로 제공하기 위해 독일 베를린시에서는 도시개발부에서는 '베를린 디지털 환경지도책(Berlin Digital Environmental Atlas)' 웹 사이트를 구축하여 80주제에 대해 400가지 이상의 환경관련 주제도를 제공하고 있다(<그림 10-5>).

〈그림 10-5〉 베를린 디지털 환경지도책의 주화면

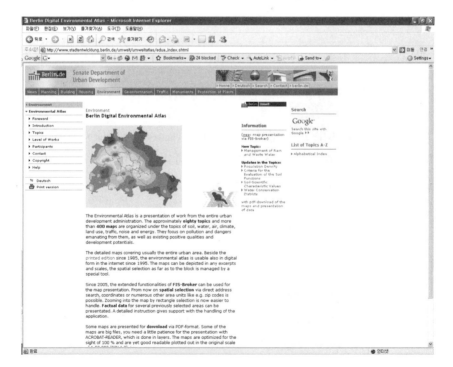

디지털 환경지도책의 기본적인 개념은 전체 베를린에 대한 정보를 등록하는 것이었으며, 그를 위해 1:50,000 축척의 지도를 기본도면으로 채택하였다. 다양한 도면 및 속성 정보는 25,000이상의 구역별로 제공되고 있다. 제공되는 대부분의 자료는 기본적으로 베를린시의 도시 계획부, 환경보호 및 기술부에서 제작되었으며, 베를린시의 타 부처, 베를린 소재 대학 및 연구소의 자료도 함께 활용하였다. 디지털 환경지도책은 사용하기 간편하게 구축되었으며, 이해하기 쉽게 하기 위하여 기본적인 지도제작형식을 취하고 있다. 예를 들면, 심하게 오염된 지구는 적색으로 보호할 가치가 있는 지역은 녹색이나 청색으로 묘사하고 있다.

(2) 주제 및 내용
베를린 디지털 환경책의 모든 주제도는 크게 토양, 수자원, 대기, 기후, 바이오톱, 토지이용, 교통 및 소음, 에너지별로 구분하여 제공되고 있으며, 피디에프(pdf)형태로 내려 받을 수가 있다.

베를린 디지털 환경지도책은 기본적인 주제도뿐만 아니라 오염수준, 오염의 원인과 영향, 잠재성과 질, 민감성 및 위협성, 이용 및 이용강도 등에 대한 정보가 평가방법과 함께 제공되고 있다. 또한, 현재 측정된 자료뿐만 아니라 대기 및 수질과 같은 동적인 환경자료는 자동 모니터링네트워크를 통해 지속적으로 관측된 자료가 제공된다.

상기 8개의 주제에 대한 다양한 지도가 제작 완료되었거나 제작 중에 있으며, 이러한 모든 주제도에 대한 개요, 제작방법, 통계, 해설 등이 웹상에서 제공되고 있다. 또한, 관련된 논문 및 보고서가 있는 경우 함께 제공되고 있다.

(3) 활용방법
베를린 디지털 환경지도책에서 토픽[Topics]에서 원하는 카테고리 및 항목을 선택하기만 하면 손쉽게 해당 지도와 해설을 볼 수 있다.

이와 같이 다양한 환경정보가 신속하게 제공됨으로써 환경관련 계획 및 의사결정 과정이 보다 신속해지고 내용면에서도 구체적이며, 투명하고 이해하기 쉬운 효과를 거두고 있다. 또한, 다양한 환경관련 제도가 웹상에서 민간에게도 제공됨으로써 환경영향평가와 같은 민간과 직접적인 연관이 있는 환경업무분야에서 민간엔지니어링 및 계획회사와 협력관계가 용이해지는 효과도 보고 있다.

2) 바덴-뷔르템베르크 주

(1) 개요
바덴-뷔르템베르크 주에서는 환경관련 디지털 정보를 환경정보시스템(UIS)과 바덴-뷔르템베르크 주 환경자료카탈로그(UDK-BW: UmweltDatenKatalog)를 통하여 제공하고 있으며, 환경관련 각종 도면은 온라인 환경데이터베이스 및 지도에서 제공하고 있다.

(2) 주제 및 내용
바덴-뷔르템베르크 주의 환경데이터베이스 및 지도 온라인에서는 기본적으로 대기, 방사능, 기후, 폐기물, 자연 및 경관, 토양 및 지질, 수자원, 지리에 대한 다양한 환경관련 지도와 해당 정보를 제공하고 있다.

(3) 활용방법
상기항목 중 원하는 항목을 선택하면, 선택한 항목에서 제공되는 주제들이 나타나는데, 보고자 하는 주제를 선택하면 된다. 해당주제에 대해 소개, 분석결과, 자료전송, 보고서, 지도 등을 화면에서 볼 수 있으며 출력도 가능하다. 지도의 경우 회원에게는 관련회사(ESRI)의 shape 파일형태로 제공하기도 한다.

3) 니더작센 주

(1) 개요
니더작센 주에서는 환경부의 환경지리정보시스템(GEOSUM: GEOinformationsSystem UMwelt) 서버로부터 환경관련 다양한 지도를 제공하고 있다. 환경관련지도는 우선적으로 검색을 통해 화면상으로 불러올 수 있으며, 해당 지도의 shape 파일

〈표 10-2〉 니더작센 주에서 제공되는 환경정보지도

항목	지도	인터넷	shape 파일	프로젝트 파일	메타파일
토양	폐기물 처리장	■			
	폐무기 처리장	■			
	지표면 포장률(불투성률)	■			
자연 및 경관	비오톱	■	■	■	■
	조류보호지구	■	■	■	■
	EU조류보호지구	■	■	■	■
	식물보호지구	■	■	■	■
	주요동식물 서식지	■	■	■	
	습·녹지	■			
	늪 보호지구	■	■	■	■
	자연공간권역	■		■	■
	자연보호법 상 특별보호지구	■	■	■	
환경보호	대형 산불 위험지구	■			
	도로소음	■			
	철도소음	■			
수자원	하천 보호구역	■	■	■	■
	하천 수질등급	■			
	하천 구조 등급	■			
	지하수 보호구역	■	■		
	수계망	■	■	■	
	인공호수 및 하천	■	■		
	수위도	■			
	수자원 보호구역	■	■		

■ : 제공함

(*.shp) 또는 프로젝트파일(*.prj)이 메타정보(*.xml)와 함께 제공된다.

(2) 주제 및 내용
니더작센 주에서는 토양, 자연 및 경관, 환경보호, 수자원 등에 대한 환경관련 지도를 제공하고 있다.

(3) 활용
니더작센에서 제공하는 전자지도 제공 홈페이지에 접속하여 상기표의 각 항목을 선택하면, 해당항목에 속한 주제도가 나타난다. 원하는 주제도를 선택하면 해당 주제도에 대한 간단한 설명과 함께 제공되는 자료형태가 제시되어 자료를 내려 받을 수 있다.

4) 기타 주정부의 환경정보지도 제공
이상의 3개 주 이외에도 독일의 주에서는 환경부 또는 도시계획부에서 환경정보시스템(UIS)을 통해서 환경정보지도를 디지털화하여 인터넷상에서 제공하는 추세에 있다. 이러한 환경정보지도의 전산화 및 온라인제공과 관련된 공통된 특징을 보면 다음과 같다:

- 지도 포맷 통일로 자료의 호환성 제고
- 사용 소프트웨어의 통일로 자료교환의 용이성 제고
- 다양한 부서 간 또는 민·관 간의 협력체계 구축을 통한 다양한 자료 공유

VI. 독일 녹색환경기술과 생활

독일의 녹색환경기술과 환경정보시스템은 생활권에 직접적으로 적용되고 있다. 주변의 환경을 최대로 활용하고, 첨단의 에너지절감기술을 적용하는 에너지

고효율 주택뿐만 아니라 환경 및 에너지 소비면에서 취약한 도시를 환경친화적
이면서도 에너지 효율적으로 관리하는데, 신재생에너지기술과 환경정보시스템
이 활용되고 있다.

1. 독일의 친환경주택

독일연방공화국의 친환경기술은 일반 생활권에서 적용되고 있다. 대표적인
것이 에너지 고효율의 파시브하우스(PassivHaus)이다. 파시브하우스는 상품명이
아닌 건축개념이다. 독일에서는 이미 실용화되고 있는 파시브하우스는 적극적

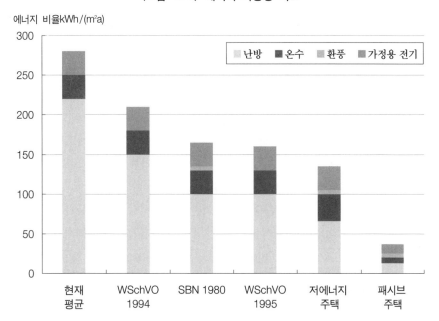

〈그림 10-6〉 에너지 사용량 비교

* WSchVO=German Heat Protection Regulation, SBN=Swedish Construction Standard
* 자료: http://www.passive.de

인(active) 난방이나 냉방장치 없이 쾌적한 실내 기온이 유지될 수 있는 건축물을 일컫는다. 자연생태로, 즉 수동적으로(passive) 온도가 조절되는 건물의 형태를 의미한다. 주변 환경 및 자연의 순환에 의해 기온을 유지하고, 부족분은 신재생 에너지원으로부터 충당한다는 원칙이 적용되는 주택이다.

이러한 파시브하우스는 에너지 효율적이고, 편리하고, 경제적이고, 친환경적인 주택이라는 특징을 지니고 있다. 파시브하우스는 기존 주택에 비해 난방비용의 90% 이상을 줄일 수 있다. 기존의 주택이 많은 열을 빼앗기고 열 공급 장치에 의해 인위적으로 열을 공급하는데 비해, 파시브하우스는 단열재·특수창 등으로 열손실을 막고, 태양에너지, 창문을 통한 태양광, 사람의 열 등을 이용하여 난방을 유지한다. 또한, 공기순환장치를 통해 항상 신선한 공기를 공급하는 순환체계를 지니고 있다. 이와 같이, 단열재, 특수창, 태양에너지, 공기순환장치의 첨단 기술과 장비를 활용하여 에너지균형을 유지하는 파시브하우스는 독일의 환경기술이 일상생활에 적용된 좋은 예로 볼 수 있다.

2. 독일의 생태 도시 관리

독일의 도시는 각종 첨단기술과 환경생태정보를 도시공간계획과 연계하여 도시를 환경 생태적으로 관리하고 있다. 여러 도시들 중 환경도시로서 바람과 녹색의 조화를 이루고 있는 슈투트가르트 시와 재생가능에너지 활용의 메카로 알려진 프라이부르크 시가 대표적인 예이다.

슈투트가르트 시는 디지털환경정보를 기반으로 도시의 토지이용과 건물형태를 제한하여 도시외곽 산지에서 발생한 찬 공기의 흐름을 자연스럽게 도심방향으로 유도하는 '바람길(The Urban Ventilation Path, Luftleitbahen)'을 열어 놓았다. 즉, 슈투트가르트 시를 둘러싸고 있는 O자형 산림은 여러 개의 작은 계곡으로 나뉘면서 도심의 녹지와 연계되어 있어, 시 외곽 산림지대의 차고 신선한 공기가 저지대인 시가지로 들어와 도심 안의 정체된 공기를 순환시킨다. 이와 함께, 바람의 흐름을 제어하기 위해 도로 폭과 건물 높이, 건물 사이의 간격에 대한

〈그림 10-7〉 슈투트가르트 시 도심외곽을 둘러싸고 있는 산림정보지도(좌)와 바람의 흐름(우)

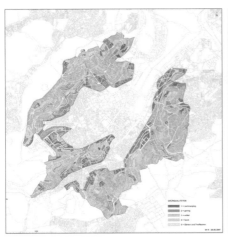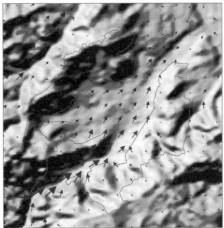

* 자료: 변우혁 외(2009)

〈그림 10-8〉 도심 외곽의 산림이 녹지축을 통해 도심으로 이어져 바람길을 형성

규제가 다음과 같이 이루어지고 있다.

① 도심에 가까운 구릉지에는 녹지의 보전, 도입 이외에 신규 건축 행위를 금지한다.
② 도시 중심부의 바람 통로가 되는 부분에서는 건축물에 대해 5층을 상한으로 건물의 간격을 최소한 3m 이상 확보한다.
③ 바람의 통로가 되는 광폭 도로나 소공원은 100m의 폭을 확보한다.
④ 바람의 통로가 되는 산림에는 바람 통로를 형성한다.
⑤ 고목으로 신선하고 차가운 공기가 머무를 수 있는 '공기댐'을 만들어 강한 공기의 흐름을 확산한다.

슈투트가르트 시의 가장 큰 특징은 숲이 끝나는 지점과 도시의 시작 지역, 즉 주택 지역과의 경계를 녹지로 자연스럽게 연결하였다는 점이다. 이처럼 공원형이 아닌 자연형 경계처리를 한 덕분에, 바람이 도시 외곽으로부터 자연스럽게 도심 내까지 들어와 순환할 수 있게 된 것이다.

3. 독일의 신재생에너지 이용 도시 관리

슈투트가르트 시가 환경정보를 적극적으로 활용하는 자연형의 환경도시라면, 프라이부르크 시는 태양에너지 등의 신재생 및 친환경기술을 바탕으로 한 첨단 친환경적이며 인간중심적 도시로 볼 수 있다.

흑림의 남부에 자리잡고 있는 프라이부르크 시는 신재생에너지의 하나인 태양열을 이용한 생태도시의 구현으로 유명하다. 2006년 태양열에 의한 전기사용은 1%에 불과하지만 2010년까지 10%로 올린다는 계획을 가지고 있다. 이를 위해 프라이부르크는 FREE SUN이라는 사업을 실행하여 인터넷을 통해 주민이 자신의 집에 설치 가능한 태양열장비의 위치와 공사비 등을 조회할 수 있고, 전자서류로 신청을 하면 공사비의 50%를 지원받을 수 있다.

프라이부르크 시는 일자리 창출, 건축과 주거, 주민투자, 연구개발, 투자와 마케팅, 교육, 관광사업의 7가지 목표를 통해 첨단 신재생에너지의 도시를 관리하는 목표를 세우고 있다:

- 일자리 창출: 태양열에너지 사업체 유치를 통한 일자리 창출
- 건축과 주거: 건축을 '에너지플러스하우스(Plusenergihaus)' 또는 '파시브하우스(Passivhaus)'로 전환
- 주민투자: 공공건물 제공하여 태양열관련 민간투자 유도
- 연구개발: '프라우엔호퍼(Frauenhofer)' 등 유수 연구소 유치
- 투자와 마케팅: 민간투자유도 및 시 주도의 마케팅
- 교육: 직업 및 고등학교에 신재생에너지 관련 교육 강화
- 관광: 태양열 및 생태도시에 대한 관광객 유치

VII. 요약

1. 독일의 환경정책 발달

독일의 환경정책 발달을 태동기, 침체기, 전환기, 현대화 등의 4단계로 구분할 수 있다. 환경문제에 대한 사회적 관심이 높아지면서 1974년 환경청을 신설한 것이 환경정책의 태동기라 볼 수 있다. 이후 오일쇼크 등의 경제문제로 정부차원의 환경정책은 위축된 반면, 민간차원의 환경보호단체가 결성된 시기를 환경정책의 침체기로 볼 수 있다. 이후 점차 시민들의 환경의식이 높아지고 환경을 표방하는 정당이 등장하면서 구체적인 환경정책들이 활발하게 제안되는 환경정책의 전환기를 맞는다. 최근 지속가능한 발전패러다임의 등장으로 사후처리중심이 아닌 사전예방중심의 환경관리기술이 적용되는 환경정책의 현대화기

에 접어들었다.

2. 독일의 지속가능한 발전전략

독일연방정부는 현재와 미래를 동시에 고려한 환경문제의 해결책으로서 2008
년 지속가능전략을 마련하였다. 연방정부는 지속가능한 발전을 위해 온실가스
배출, 신재생에너지 비율, 교육률, 흡연, 비만 등 사회전반에 걸친 다양한 지표를
개발하여 그 지표에 도달하기 위한 실질적인 정책과 기술개발을 하고 있다.

2008년 독일연방정부는 기후변화와 에너지, 지속가능한 자원이용, 사회결속,
지속가능한 식량(영양)공급, 지속성원칙 강화, 지속가능 협력체계 등에 대한 중
점 전략방안을 마련하여 실행하고 있다. 독일연방정부에서는 이와 같이 온실가
스를 줄이고 기후변화에 대응하기 위해 신재생에너지 이용 지원, 열병합발전,
생태적 세제개혁, 단계적 원전폐기 등의 다양한 에너지정책을 실현하고 있다.

3. 독일의 기후변화 대응전략

독일연방정부는 기후변화와 관련하여 저감 및 적응측면에서 다양한 정책적
대책을 강구하고 있다. 독일은 1990년 대비 2020년까지 온실가스배출을 40%
감축한다는 목표를 두고 있으며, 이는 유럽연합의 30%보다도 10% 많은 수준이
다. 독일은 이와 같은 온실가스 감축을 위해 신재생에너지 사용증대, 에너지효
율 증강, 전기손실감소, 국제협력 등의 다양한 노력을 경주하고 있다.

또한, 다양한 연구지원을 통해 기후변화에 대한 장기적인 대응책도 강구하고
있다. 독일 연방교육연구부(BMBF)에서는 기후변화에 대한 이해증진을 위해 기
후변화 관련 다양한 연구개발을 지원하고 있다. 기후보호 및 기후영향으로부터
의 보호라는 두 가지 측면을 지원하고자 '기후 II'라는 교육연구부 연구지원프
로그램을 발족하여 연구를 지원하고 있다.

연구지원은 기후변화의 두 가지 축을 이루고 있는 '감축'과 '적응' 분야에서 이루어지고 있다. 이러한 연구 사업을 산학협력, 다학제 간 협동연구를 통해 수행한다는 전략으로 진행하고 있다.

4. 독일의 녹색성장기술

독일은 신재생에너지, 효율적인 에너지 이용, 지속가능한 연료 이용, 재활용 등에 대해 선도적인 기술을 보유하고 있다. 이들의 세계시장점유율은 10%에서 30%에 달하고 있다.

1) 신재생에너지

2007년 독일연방공화국의 신재생에너지 관련 매출규모는 255억 유로에 달한다. 이러한 신재생에너지 사용으로 2007년 1억 1,700만 톤의 CO_2를 저감하는 효과를 보고 있으며, 고용은 250,000명에 이른다. 독일연방정부는 2008년 6월 신재생에너지 및 열 법률(EEWG)을 제정(2009년 1월부터 적용)하고, 2050년까지 에너지 사용의 52%를 신재생에너지로 공급한다는 목표를 설정하고 있다.

2) 효율적인 에너지 이용

에너지효율성이 높은 주택, 단열재, 창문, 냉·온방에 대한 독일의 기술은 세계적인 경쟁력을 확보하고 있으며, 이러한 에너지 고효율 산업은 독일의 현재 및 미래 대외 산업 경쟁력을 높이고 있다. 독일의 이러한 효율적인 에너지이용 관련 산업은 세계시장의 10%를 점유하고 있다.

3) 지속가능한 연료 이용

자원공급부족을 독일연방공화국에서는 고가장비의 수리를 통한 사용연수연장, 자원의 안정적 확보, 재생가능자원사용증대, 대체자원 활용, 자원 활용의 효율성 증대 등으로 해결하고 있다. 지속가능한 연료 이용에 대한 독일 업체의 시장점유율은 20%에 달한다. 주로 바이오디젤과 이를 위한 디젤필터 관련 산업이다.

4) 재활용기술

독일은 재생에너지와 관련하여 25%의 세계시장점유율을 보이고 있다. 주정부별로 폐기물을 관리하는 시스템하에서 폐기물 처리 및 재활용기술이 중소기업위주로 이루어지고 있다. 특히, 근적외선, 레이저, 센서 등의 첨단시설을 이용한 분류장치에 대한 기술은 세계최고인 것으로 인정되고 있다.

5. 독일의 환경정보시스템

독일은 산림을 비롯한 녹색환경 역시 지속가능성 원칙하에 철저하게 관리하고 있으며, 모든 조사 및 정보 활용 체계가 디지털 환경에서 이루어지고 있다.

6. 독일 녹색환경기술과 생활

이상의 독일의 녹색환경기술과 환경정보시스템은 생활권에 직접적으로 적용되고 있다. 주변의 환경을 최대로 활용하고 첨단의 에너지절감기술을 적용하는 에너지고효율 주택뿐만 아니라 환경 및 에너지 소비면에서 취약한 도시를 환경친화적 이면서 고 에너지 효율적으로 관리하는데 신재생에너지기술과 환경정보시스템이 활용되고 있다.

▌참고문헌

BMU. 2008. *Erneuerbare Energien in Zahlen*.

_____. 2008. *Megatrends der Nachhaltigkeit*.

_____. 2009. *Entwicklung der erneuerbaren Energien in Deutschland im Jahr 2008*.

_____. 2009. *Klimaschutz und Anpassung*.

_____. 2009. *Klimazwei-Forschung für den Klimaschutz und Schutz vor Klimawirkungen*.

Bundesregierung. 2007. *Bericht zur Umsetzung der in der Kabitettsklausur am 23./
24.08.2007 in Meseberg beschlossenen Eckpunkte fuer ein Integriertes Energie- und
Klimaprogram*.

Landeshauptstadt Stuttgart. 1996. *Stuttgart 21. Entwürfe für die neue Stadt*. Deutsche
Verlags Anstalt.

_____. 2008. *Rahmenplan Halbhöhenlagen*. Stuttgart.

고문형. 2005. 『독일환경법』. UUP.

박동수. 2009. 독일의 녹색산업. http://blog.daum.net/dspark4.

변우혁 외. 2009. 『세계의 도시숲을 걷는다』.

송영배. 2007. 『바람통로 계획과 설계방법』. 그린토마토.

송인주. 1999. "독일의 생태적 도시계획지침." 『국토 2』. 68-73.

이상훈. 2002. "독일의 재생가능에너지 발달 현황." 국토연구원.

임성진. 2005. 지구온난화 방지를 위한 독일의 에너지정책. 『국제정치논총』 45(3).
288-311.

차미숙. 2003. "독일의 환경수도. 프라이부르크." 국토연구원.

|제11장|
독일연방공화국의 정치교육 60년사

M. 치멕 | KAS

I. 서론

정치교육의 필요성에 대해서는 오늘날 더 이상 논란의 여지가 없다. 정치교육은 민주주의 정치문화의 필수적 요소 중 하나이기 때문이다. 그러나 정치교육이 구체적으로 무엇을 말하는가에 대해서는 학계와 정계 내의 의견이 분분하다. 누구나 동의할 수 있는 정치교육의 내용에 대한 정의를 찾는 것은 불가능하기 때문에 무의미한 일이라고 할 수 있다. 그러나 형식적인 차원에서는 정치교육에 대한 거시적, 미시적 정의가 가능하다.

거시적으로 정의했을 때 정치교육이란 사회적·정치적 질서체계 속의 구성원에게 다양한 집단, 기관, 조직, 매체를 통해 정치적 영향을 야기시키는 모든 프로세스를 가리키는 집합명사다. 미시적 차원에서의 정치교육이란 청소년과 성인이 정치 및 사회에 참여하기 위하여 갖춰야 하는 기본적 조건을 배양하기 위해 교육기관이 의도적으로 계획하고 체계화한 지속적이고 목표지향적인 교육을 말한다. 이러한 미시적 차원의 정치교육은 학교 교육과정을 통해 특정 교과목으로 또는 교수법적 원리로 설정되어 제공되거나 학교 외의 각종 기타 기관 교육프로그램을 통해 제공되기도 한다.

그 어떤 정부 즉, 민주주의 국가도 국민의 지지 없이 존속할 수는 없다. 민주주의 헌법을 토대로 한 국가는 국민에게 개인의 자유를 최대한 보장하기 위하여 국가의 개입을 최소화한다. 상충하는 사회적 세력과 이해관계 집단, 다양한 정치적 견해와 이러한 견해를 대변하는 정치적 정당들 간의 지속적인 논의와 타협은 민주주의를 가능하게 하며 국가의사를 형성하는 유일한 경로이다. 다시 말해 헌법상에 보장되어 있는 이러한 전제를 토대로 하는 국가성(Staatlichkeit)은 시민의 동의를 바탕으로 할 때에만 가능하다.

이때 시민의 동의를 무력으로 얻어내는 것은 자유국가에서는 절대 허용될 수 없다. 이는 자유국가로 만드는 가장 결정적인 특징인 개인에게 주어지는 사고와 행위의 자유를 포기하는 일이 되기 때문이다. 그렇다고 해서 자유민주주의 하에서 국가가 헌법으로 규정된 국가의 질서를 보존하거나 형성해나가는 데 전혀 관여할 수 없거나 심지어 관여해서는 안 되며, 국가질서의 형성이나 붕괴를 무기력하게 지켜보기만 해야 한다고 오해해서도 안 된다.

독일 연방헌법재판소는 "일정 범위 안에서의 국가선언(Staatsverkündigung)은 헌법에 근거하여 허용될 뿐만 아니라 정부가 홍보활동을 함에 있어 필요로 하는 방편이다."라고 하였다. 따라서 정치교육은 이러한 국가선언의 현대적인 형태로 국가유지, 헌법유지 및 각종 국가기관의 홍보활동의 수단이자 공공단체 및 사설단체가 제공하는 교육의 내용으로 보아야 할 것이다.

정치교육은 1945년 이후 독일연방공화국 그리고 1989년 이후 통일된 독일 내 자유민주주의 건설을 위하여 필수불가결했다. 초기에 정치교육을 독재와 연관짓는 문제가 있었던 반면 오늘날 정치교육은 새로운 차원의 문제와 직면한다. 오늘날 자유와 평화는 당연시 여겨지고 있으며 사람들은 자유와 평화의 상실이 어떠한 것인지 경험해보지 못하였기 때문에 경각심을 갖지 못한다.

동시에 정치적·경제적 질서의 기본 토대에 대한 사람들의 동의와 지지가 낮아지고 있다는 점도 큰 문제이다. 대형 국민정당들은 결속력을 상실하고 있는 반면 정치적 극단주의 단체들의 성공사례가 이어지고 있다. 그러기에 독일의 민주주의 질서가 시민의 참여 없이는 결코 기능할 수 없다는 사실을 알릴 필요성은 더욱 더 커졌지만 그만큼 어려워졌다. "민주주의는 민주주의자들을 필요로 한다"는 사실은 예나 지금이나 변함없는 정치교육의 기본 공식이다.

극좌파와 극우파에 의한 바이마르공화국의 붕괴에 대한 논의, 국가사회주의의 범죄 청산, 구동독이 경험한 공산주의 독재체제로부터의 회복 등은 독일 정치교육이 자유민주주의를 홍보함에 있어 여전히 중요하게 다루는 핵심적 요소이다. 정치교육은 기존 민주주의 질서의 기본 토대를 당연한 전제조건으로 여겨서는 안 되며, 민주주의 기본 토대의 형성과 유지에 관해 늘 새롭게 알려야 한다.

다음과 같이 명시한 기민당(CDU), 기사당(CSU), 사민당(SPD)의 대연정 합의문이 좋은 예가 된다. 지난 2005년 이들은 "모든 세대는 정치교육과 사회공동체적 삶에 적극 참여를 가능케 하는 국가차원의 지원을 필요로 한다. 따라서 우리는 정치교육을 강화할 것이다."라고 선언하였다.

학교에서의 정치교육은 학교 외 교육프로그램으로 대체되었고, 국가는 보충성의 원리에 따라 다양한 프로그램 제공자들에 의해 여러 가지 선택 가능한 정치교육프로그램이 제공될 수 있도록 보장하고 있다.

II. 정치교육의 시작과 발전

1945년 이후 독일에서 정치교육은 일차적으로 연합국의 사상전환교육(Umerziehungspolitik) 중심으로 이뤄졌다. 당시 민주주의는 하나의 통치 제도일 뿐 아니라 삶의 방식을 규정짓는 개념으로 인식되었고 이를 구체적으로 가르쳐야 할 필요성이 대두되었다. 즉, 학교의 민주화와 더불어 교수법적 원리로서의 사회화교육 실현, 동반자적인 교사-학생 관계를 바탕으로 한 새로운 수업방식의 도입, 향토학(Heimatkunde)을 비롯한 역사 및 지역학과 같은 주요과목을 사회화교육의 요건에 맞게 변형시키는 것, 사회 및 정치 문제를 다루는 특수 교육프로그램의 도입 등이 필요하다고 여겨졌다.

미국은 끝내 여러 가지 이유로 독일 교육체계의 제도적 개혁을 성공시키지는 못했지만, 여러 연방주는 정치교육의 필요성을 적어도 부분적으로나마 인식하게 되었다. 예를 들어 1946년 헷센 주의 경우 자체적으로 개발한 교과목을 도입하였고, 바이에른 주 역시 '장기 교육계획'에 사회교육 및 시민교육은 학교 교육의 "의무적인 교수법적 원리"라고 명시했다. 그러나 독일은 민주주의 교육과 관련하여 그 이상의 적극성을 보이지 못했고 정치교육의 목표 달성을 가능케 해줄 만한 독일만의 정치교육 이론이나 내용도 정립하지 못했다.

독일연방공화국(BRD)의 설립과 함께 독일 교육체계에 대한 연합국의 직접적인 개입은 불가능해졌고, 기본법에 의하여 각 연방주의 교육자치권이 보장되기 시작했다. 이 시기 학교에서 실시되는 정치교육에 대한 논의는 정치교육을 독립된 과목으로 제공하는 것과 정치교육을 교수법적 원리로 삼아 실현하는 것 중 어느 쪽이 더 효과적인지를 다루었다. 더 나아가 정치교육에 대한 이론적이고 개념적 문제 즉, 정치교육이 바이마르공화국의 국민교육(Staatsbürgerkunde)과 어느 정도 연관성이 있는가 또는 완전히 새로운 정치교육의 개념이 필요한가에 대한 논의가 이뤄졌다.

1950년대에는 정치교육의 새로운 이론 정립을 위한 시도로 도입되었던 동반자적 교육이라는 개념과, 바이마르공화국의 정치교육의 연장선상에 있는 교육으로서의 '국가 구성원 교육(Erziehung zum Staat)' 개념이라는 양대 개념이 주를 이뤘다. 1950년대 말은 정치교육이 독립된 교과목으로 자리 잡았던 시기다. 그러나 이러한 방법으로 제공되었던 당시의 정치교육은 지나치게 많은 수업내용과 단순한 지식전달식의 교수방식 때문에 교육효과가 떨어진다고 평가되었다. 그리고 시민들로 하여금 민주주의 기본정신을 바탕으로 사고하고, 판단하며, 행동하는 데 있어 정치교육이 어떻게 기여할 수 있을까라는 문제가 제기되었다. 교수법상의 문제와 정치적 기본관점 정립에 대한 문제가 점차 대두된 것이다.

이러한 문제에 대한 논의 결과 정치교육 교과목을 통해 기본적인 정치적 관점들에 대한 지식을 전달하고 인식을 일깨워 준다. 그리고 피교육자들은 이를 향후 정치적 의견 및 의사 형성 시 기본척도로 그리고 시민으로서 해야 할 이성

적인 정치적 행위의 기본 토대로 활용할 수 있게 도와주는 것이 정치교육의
목표라고 정의되었다.

정치교육은 학교생활 전체를 통해 실시되어야 하지만, 사회과목을 통해서는
정치적 판단과 국가 및 사회 구성원으로서 책임감 있는 국가 및 사회 참여를
가능케 하는 기본적 자격 갖추기를 위한 지식과 관점이 전달되어야 한다는 것
에 중점을 두고 있다. 수업시간을 통한 정치교육은 학생들이 극단적이거나 편협
한 문제해결방식 즉, 인권을 침해하는 해결방식을 선택하는 것을 방지하는 것이
다. 나아가 청소년들에게 개인 또는 전체에게 피해를 주지 않기 위해 지켜야
할 일정한 한계를 인식하고 지킬 수 있도록 교육해야 한다는 것이었다.

1960년대 초반 반유대주의자들이 <하켄크로이츠(Hakenkreuz, 나치즘을 상징하
는 갈고리 십자가 문양)>로 전국을 도배하고 공동묘지를 훼손하는 일련의 사건들
에 의해 정치교육의 효과가 매우 낮았다는 경험적 연구결과가 발표되자, 학교교
육을 통한 정치교육의 실태와 효과 문제가 공론화되었다. "정치교육 어떻게 할
것인가?" 라는 문제는 그 어느 때보다 시급한 문제로 대두되었다. 헷센 주의
교육학자들은 사회적·정치적 갈등을 보다 적극적으로 고려하는 방식의 새로운
길을 제시한 바 있었다. 그러나 이제는 갈등에 접근하는 전략을 개발하고 갈등
을 극복하기 위한 보다 다각적인 해결 방안을 제시해야 할 때이다.

1965년 헤르만 기세케(Hermann Giesecke)는 『정치교육 교수법』이라는 저서에
서 "우리는 정치적 갈등 분석을 토대로 한 교수법적이고 방법론적인 전략을 필
요로 한다"고 밝히면서 갈등과 갈등 상황에서의 태도가 정치교육과 관련하여
가장 중점적인 논의대상으로 부상한 새로운 시기의 시작을 알렸다. 기세케는
정치교육 수업에서 무엇보다 정치적 갈등에 대한 분석을 중점적으로 다뤄야 한
다고 보았다. 정치교육은 화합적인 사회의 이상에서 벗어나 있는 그대로의 현실
을 다뤄야 한다는 것이다. 정치교육 수업의 대상은 항상 정치이어야 하는데,
정치는 "아직 미정상태의 것"이라고 정의되며, 이것은 "논쟁의 대상인 시사문
제"를 통해 가장 두드러지게 드러난다는 것이 기세케의 입장이다.

이러한 기세케의 개념 및 정의만큼 큰 파급효과를 발생시킨 정치교육의 이론
적 개념도 없다. 기세케의 정의는 오늘날에 이르기까지 정치교육을 둘러싼 정치

적 토론의 중심대상이며 과거 극심했던 정치적·학술적 논쟁의 대상이었다. 기세케의 이론에 대해 갈등전략이 절대화될 위험이 있으며 통합, 화합, 합의 등과 같은 개념이 등한시될 위험이 있다는 경고에서부터 갈등교수법은 단지 기존의 지배구조를 강화시키는 데 기여할 뿐이라는 비난에 이르기까지 다양한 비판이 있었다.

1960년대 말, 1970년대 초 정치교육을 둘러싼 격한 논쟁의 중심에는 무엇보다 각 입장의 목표가치 즉, '보수'와 '진보' 및 '좌파'와 '우파'와 같이 부상하기 시작한 정치적 극단이 반영되는 가치들이 있었다. 베른하르트 수토르(Bernhard Sutor)는 정치교육의 궁극적 목표가 "자유 민주주의적 질서와 기본규범의 기준에 부합하며 가능한 고정관념이 없는 판단 및 책임감 있는 결정을 통하여 정치에 참여하기 위해 필요한 능력과 준비된 자세를 함양하게 하는 것"이라고 정의했다.

정치교육은 결국 스스로 정치적 논쟁의 대상이 되었고 손상을 입었다. 정치적 기관과 교육대상자들을 비롯하여 정치교육 관련 개념들의 극단성과 함께 정치교육이 현실과 너무 동떨어져 있다는 사실을 비난했던 학교교사들 앞에서 정치교육의 위상은 추락했다.

1970년대 말에는 정치교육자들마저도 딱딱한 이론의 벽을 깨고 아무런 열매를 맺지 못했던 이데올로기적 침체상태에서 벗어나고자 노력했다. 그 결과 정치교육의 학술적 스펙트럼이 전반적으로 확장되었다. 무엇보다 정치교육의 개념이 수많은 학문분야의 교차지점 위에 존재하는 개념이기에 이 학문분야들의 연구결과를 통합하여 고려해야 한다는 인식이 이에 가장 크게 기여했다. 정치이데올로기적 논쟁과 궁극적 목표를 둘러싼 싸움은 점차 관심 밖으로 밀려났고 정치교육을 둘러싼 생산적인 학술적 담화를 활성화시키고자 하는 시도가 부상했다.

1980년대 정치교육의 발달은 다음과 같은 특징을 지닌다. 1980년대는 민주주의 체계의 존속과 발전에 있어 시급한 의문점들이 부각되면서부터 정치교육이 종합적 교육개념으로 발전하던 시기였다. 예를 들어, 정치교육에 있어 재교육은 어떤 역할을 담당하는가? 합리적인 정치적 의사결정의 목표는 정치교육을 위한 감성적 전제조건과 어떤 관련이 있는가? 정치교육의 새 영역 중 어떠한 영역들이 사회, 자연과학, 기술분야에 변화를 야기시키는가? 등의 의문점들이다.

1990년 대 초 정치교육은 무엇보다 다음과 같은 질문에 대한 답을 찾아야만 했다. 통일된 독일 내 구동독과 구서독 시민들에게 동일한 정치교육을 실시했을 때 얼마나 효과가 있는가? 통일 이후 정치교육이 직면한 새로운 과제에는 어떤 것들이 있는가? 정치교육은 신연방주의 재건과 민주주의적 체계의 정착에 있어 어떠한 임무를 수행하는가?

이러한 질문에 대응하여 비교적 짧은 시간 안에 그리고 충분한 공적 논의 없이 각 연방주를 위한 정치교육 임시 기본계획이 수립되었다. 이 과정에서 다양한 명칭(사회: Sozialkunde, 게젤샤프트: Gesellschaftskunde, 정치교육: Politische Bildung) 하에 정치교육이 학교교육의 한 과목으로 자리잡았다. 그 결과 신연방주들의 특수한 역사적 경험과 그로 인한 특별한 문제점들은 고려되지 못했다. 새로운 교과목에 대해 초기에는 불신이 있었지만 몇 년 후 대다수의 학부모, 교사, 학생들은 정치교육의 필요성을 인정하게 되었다.

1991년부터 구동독 지역에서 제공되고 있는 재교육프로그램을 통해 전문교육을 받은 1세대 교사들이 정치교육 과목을 담당하게 되었다. 그럼에도 불구하고 대부분의 경우 정치교육은 비전문 교사에 의해 실시되고 있는 것이 현실이다. 매우 역동적인 독일 통일의 과정이 정치교육 및 정치교육 인프라에 대한 필요성 인식 및 정치교육에 대한 반응 등을 활성화시키고 자극하리라는 기대는 실현되지 못했다고 평가된다.

III. 정치교육의 교육프로그램 제공자

민주주의 국가성의 가장 큰 특징은 책임의 원리이다. 정부의 대표를 비롯하여 의회와 원내 교섭단체에 속한 의원들 및 지방자치단체의 장 등에 이르는 국가 공무원들이 자기가 하는 일과 자기가 내리는 결정을 대중에게 알리고 설명하는 것만으로도 책임 원리는 충족된다.

여기에 정당, 각종 단체, 종교단체, 사상 및 가치를 공유하는 집단, 미디어 등과 같이 사회의 의견을 대변하는 단체의 다양한 목소리가 마치 합창단의 노래처럼 한대 어우러져 더해지면 그 사회에 속한 시민은 정치교육의 척도이기도 한 판단능력을 발휘할 수 있게 된다. 그리고 다음 선거 때나 의사결정 기회 시 그에게 요구되는 결정을 내릴 수 있게 된다. 정치교육은 학교에서 특정 교과목으로 제공되기도 하며 교수법적 원리로서 교육에 반영되기도 하고 학교 외 기관을 통한 교육프로그램을 통해서 제공되기도 한다.

독일에서는 공적 과제로서의 정치교육이 연방정치교육원과 주정치교육원을 통해 실시된다. 연방정치교육원(BpB: Bundeszentrale für politische Bildung)은 초당적 기관으로 연방내무부 산하에 있다. 연방정치교육원은 각종 서적, 잡지, 멀티미디어 상품을 발간 및 생산하며, 회의나 세미나를 주최하고 정치교육의 교육프로그램 제공자들을 지원한다. 그 외 새로운 문화적 상호작용 플랫폼을 제시하며 정치교육 관련 포괄적인 온라인 포털사이트를 소개한다.

제2차 세계대전 후 초기 몇 년간은 연방차원에서 지역업무를 위한 연방본부가 설립되었고, 이것이 훗날 연방정치교육원으로 이름이 바뀌었다. 이 시기 구서독 지역의 경우 각 주에 주정치교육원이 설립되었고, 독일 통일 후에는 신연방주에도 주정치교육원이 세워졌다.

이들 교육원의 주된 과제는 자유민주주의 기본질서에 대한 인식을 확산 및 정착시키고 시민들의 정치적 참여를 촉진하는 것이다. 연방 및 주 차원의 정치교육원은 다른 정치교육의 프로그램 제공자들과 협력하거나 그들을 지원하면서 이 임무를 수행한다. 그리고 자체적으로 교육프로그램을 주관하기도 하고 관심 있는 시민들에게 서적, 수업자료 및 수업매체를 제공하기도 한다.

각 주의 주정치교육원과 연방정치교육원은 서로 독립된 기관이다. 그러면서도 긴밀히 협력하며 공동의 회의 및 토론회, 주교육원들의 공동 인터넷 포털사이트(www.politische-bildung.de)와 연방정치교육원의 사이트(www.bpb.de)를 통해, 그리고 공동으로 출판물을 발간 또는 행사를 주관하면서 협력한다. 주교육원들은 서로 다른 강점과 주력분야를 가지므로 이러한 협력관계를 바탕으로 상호 정보 등의 교류를 통해 모든 주교육원들이 이득을 취할 수 있다.

연방정치교육원은 2001년 1월 24일자 설립정관 제2조에 다음과 같이 명시하고 있다. "연방정치교육원은 정치교육 정책을 통해 정치적인 현실 및 상황에 대한 이해를 촉진하고, 민주주의적 정체성을 확립하며, 정치적 참여에 대한 적극적 자세를 강화시킬 임무가 있다."

각 주의 주정치교육원에 비해 연방정치교육원은 보다 큰 의미의 임무를 수행해야 하므로 연방정치교육원의 역사, 조직의 구성, 연방정치교육원의 주제별 사업중점을 보다 자세하고 구체적으로 살펴보고자 한다. 독일 연방내무부의 가이드 라인 제3호에 입각하여 자격이 인정된, 그리고 연방정치교육원의 지원을 받을 수 있는 기타 교육프로그램 제공자의 수는 상당히 많다.

소위 '자유 프로그램 제공자'라 불리며 사회에 정착하였지만 공공 지원을 받는 기관들이 있다. 예를 들면 정치교육의 촉진과 강화 임무가 있다고 법이 정한 정당들, 각종 단체들, 각 활동영역과 가치 및 이해를 바탕으로 정치교육의 임무를 수행하는 종교단체들, 소위 정치재단이라고 불리는 기관들이 그들이다. 이 중 정치재단은 다양한 (민간) 형태를 갖추고 특정 정당에 가까운 기관들로 연방예산으로부터 정치교육프로그램 시행을 위하여 지원을 받는(그리고 지원금 사용에 대하여 국가의 감시를 받는) 기관들이다. 정치교육은 각 재단의 정관에도 명시된 그들의 임무이다.

프리드리히 에베트 재단의 경우 "독일국민의 민주주의 교육"이라는 목표를 추구한다. 콘라드 아데나워 재단은 "기독교 민주주의적 토대 위에 공익적 목적"을 추구하기 위한 정치교육을 제공한다. 프리드리히 나우만 재단은 "프리드리히 나우만의 자유주의적·사회적·국가적 목표와 관련한 지식을 전달하고, 개인의 가치를 생생하게 보존하며, 정치의 도덕적 토대를 다지는 것"을 목표로 한다.

한스 자이델재단은 "기독교정신을 바탕으로 한 민주주의 및 시민교육"을 장려한다. 하인리히 뵐 재단의 특징적인 목표는 무엇보다 성의 민주주의 및 문화적·인종적 소수자들의 평등, 이민자들의 사회적 및 정치적 참여를 달성하는 것이다. 연방하원은 연방헌법재판소의 판결을 토대로 이들 재단들이 모두 "사람들로 하여금 기본지식을 갖추어 정치적 의사결정과정에 적극 참여하도록 돕는다"고 밝힌 바 있다.

콘라드 아데나워 재단은 활발하게 활동하는 다자적인 독일의 정치교육 프로그램 제공자 중 하나다. 아데나워 재단의 핵심적 사업 중 하나가 바로 정치교육이다. 독일에서뿐 아니라 독일 외 지역에서도 활발하게 정치교육을 시행하고 있다. 물론 이들 활동영역들 간의 연계는 더욱 촉진되어야 할 필요가 있다. 아데나워 재단은 성숙한 자유민주주의 시민을 양성하고 동시에 정치 및 사회에서 적극적인 역할을 담당하고자 한다. 그러기 위해 정치 및 경제의 기본지식 전달과 적극적인 민주주의 시민이 갖춰야 할 능력 배양을 지원하다. 이때 정치교육은 제도에 대한 단순한 지식전달이나 계몽포럼 이상의 의미를 지닌다. 정치교육 프로그램을 통하여 민주주의 질서의 기본 토대를 적극적으로 소개한다.

많은 정치교육의 프로그램 제공자들이 동의하는 이러한 민주주의 지원을 위한 보편적 임무 외에도 아데나워 재단은 재단의 정관이 명시하고 있는 '기독교 민주주의 기본토대' 위에서 다양한 프로그램을 지원한다는 점에서 다른 제공자들과 차별화된다. 그 결과 아데나워 재단은 민주주의 및 정치와 관련하여 '어떻게' 뿐만 아니라 '무엇을' 그리고 '왜'에 대한 답을 찾는 일에 주력한다. 아데나워 재단은 지식전달에 그치지 않고 기본가치에 따른 정치적 행위를 위한 전제와 목표설정을 가능케 하고자 한다. 이러한 임무 수행이 기독교 민주주의적 책임감으로부터 이뤄진다는 점에서 아데나워 재단은 다른 프로그램 제공자들과 차별화 된다.

통일독일에서 아데나워 재단은 (본과 쾰른 사이에 위치한) 아이히홀츠 교육원과 (베를린과 마그데부르크 사이에 위치한) 벤드그레벤 교육원을 비롯하여 16개 지역 교육원을 통하여 포럼, 토론회, 세미나, 워크숍 등을 제공하고 있다. 매년 12만 명 이상의 시민들이 아데나워 재단의 행사에 참가한다. 각 지역에 있는 아데나워 재단 사무소는 재단의 가장 큰 강점이자 힘이다. 이들 사무소들은 기존의 재단임무 외에도 주도(州都)사무소로서 주 차원에서 큰 의미를 지니는 행사들을 주관한다. 그리고 각 주의 특성에 따른 발전 정도를 나타내는 척도로서의 역할을 담당하며 지역적 소통의 장으로서 기능한다. 또한 재단사무소들은 정치, 경제, 학계, 단체, 미디어, 예술, 문화 등 각종 분야의 인사들 간 네트워크를 형성하고 유지해나가는 데 기여한다.

아데나워 재단은 새로운 미디어와 인터넷이 정치교육의 효과와 매력을 향상시키는지, 또 어떻게 향상시키고, 그로 인해 교육이 보다 장려되었는가를 연구해 왔다. 이를 위해 전문적으로 그리고 대상그룹별로 분석하기 위한 혁신적인 프로젝트들을 시행하였다. 재단은 처음부터 단 하나의 모델을 고집하지 않았다. 우선 디지털화와 인터넷의 사용이 정치교육의 기회를 확대하였는지를 조사하기 위해 6개의 다양한 성격의 모델을 시험적으로 적용해보았다.

그 중 원격교육프로그램과 가상세미나프로그램이라는 2개 프로젝트의 경우 기존의 정치교육 세미나 및 회의를 발전시킨 형태의 프로젝트였다. 이는 기존의 오프라인행사와 가상교육의 합리적 연계가 가능한지 시험하기 위해 지금은 널리 알려진 '혼합학습(Blended Learning)'의 가치 및 효과를 알리기 위하여 개발 및 시도되었다. 가상 라운드테이블과 베스트프렉티스포럼이라는 또 다른 2개의 프로젝트는 지역정치의 기능을 모방하여 개발되었다. 인터넷 덕분에 언제 어디에서나 접근이 가능한 재단의 지식네트워크와 데이터베이스의 제공 가능성을 활용한 것이다. 남은 2개의 프로젝트 즉, 청소년대회와 정치가채팅은 완전히 새로운 정치교육의 길을 개척한 프로젝트로서 다양한 매체와 사회형태를 혼합했다는 점에서 특히 새롭고 기존의 정치교육 방법을 넘어서는 보다 새로운 방법의 시도로서 큰 의미를 지닌다.

연방정치교육위원회(Bundesausschuss für politische Bildung)에는 연방전역에 있는 약 30개의 독립적인 학교 밖 정치교육프로그램 제공자가 속해 있으며 서로 협력한다. 1997년 11월 "학교 밖 정치교육은 민주주의 정치문화의 구성요소다"라는 연방정치교육위원회의 설명을 통해 위원회의 정당성을 밝혔다. 연방위원회의 임무와 활동은 정관에 명시되어 있다. 위원회는 세 명으로 구성된 대표단을 선출한다. 그리고 매년 최소 2회의 총회를 열어 절차적 문제가 아닌 이상 만장일치로 안건에 대한 결정을 내린다. 위원회는 전문분과위원회 또는 프로젝트팀을 결성하고 개별 기관이나 개인에게 과제를 부여하기도 한다. 연방정치교육위원회는 한 회원기관에게 위원회의 사업을 담당시킨다.

1966년 연방 전역에 있는 학교 밖 정치교육의 자유 프로그램 제공자들이 모여 연방정치교육위원회(과거에는 전문위원회)를 결성하였다. 대표적인 회원기관으로는 성인교육을 위한 연방가톨릭협회(Katholische Bundesarbeitsgemeinschaft für Erwachsenenbildung) 및 독일연방공화국 가톨릭사회교육사업회(Arbeitsgemeinschaft Katholisch-Sozialer Bildungswerke in der Bundesrepublik Deutschland) 등이 있다.

위원회의 총회시 표결권을 갖는 회원들 외에도 청소년 및 성인의 정치교육을 담당하는 연방기관의 대표들도 자문으로 참석한다. 위원회는 정치교육 촉진을 위한 다양한 프로젝트, 활동, 행사 등을 제안한다. 정치교육 캠페인, 정치교육 상 수여, 전일학교에서의 정치 및 참여 프로젝트, 정치교육 발전 프로젝트, 정치 교육을 위한 경험적 지식 획득과 활용을 위한 연구 등을 예로 들 수 있다. 그 외에도 연방정치교육위원회는 학교 밖 정치교육을 위한 지면포럼의 역할을 하는 매거진(PBB: Praxis Politische Bildung)을 발행하며 정치교육과 관련된 기타 출판물도 다양하게 출간하고 있다.

IV. 인터넷을 이용한 정치교육

오늘날 인터넷을 통한 정치교육은 전성기를 누리고 있다. 정치교육과 관련된 인터넷사이트의 방대한 수가 이를 반영해준다. 웹사이트를 통한 정치기관과 정당들의 홍보를 비롯하여 인터넷을 통해 제공되는 학교나 단체의 정치 관련 행사의 자료, 인터넷을 통해 제공되는 교육프로그램 등은 인터넷과 정치교육의 긴밀한 관계를 잘 나타낸다.

인터넷상에서는 주로 정치 관련 내용이 소개된다. 즉, 인터넷을 이용한 정치 교육에서 하이퍼텍스트 형태의 정보나 지식의 제공이 주를 이룬다. 그러나 인터 넷이 제공하는 커뮤니케이션 및 참여의 기회, 소비자를 생산자로 변화시킬 수 있는 다양한 가능성은 대부분 무시되고 만다. 인터넷상에서 정보제공을 넘어 독일어로 상호작용의 가능성을 활용하는 예는 많지 않으나 그 형태는 다양하게 나타난다. 인터넷사용자들은 채팅방, 뉴스그룹, 메일링리스트 등을 통해 상호작 용에 참여할 수 있으며, 시민으로서 인터넷을 통해 민주주의의 실현과정에 동참하거나 가상 회의장에서 정치 관련 주제에 대한 의견을 교환할 수 있다.

정치교육이 전자 커뮤니케이션망과 정보망을 통해 이뤄진다 하더라도 지난 수십 년간 '과거의' 매체를 통한 정치교육으로 축적된 지식, 방법, 경험은 상실되지 않으며 이러한 지식, 방법, 경험의 가치 역시 손상을 입지 않는다. 오히려 정치교육의 가능성이 확대되어 축적된 지식, 방법, 경험을 적극 활용하고 비판적으로 발전시킬 수 있게 되었다. 따라서 인터넷 사용을 거부할 이유는 없다.

전 세계가 인터넷망을 통해 연결됨으로써 모든 매체가 새로워진다고 해서 기존의 지식, 방법, 경험의 가치가 손상되는 것은 아니다. 그 가치는 그대로 유지되며 결코 위기에 처하지 않는다. 물론 인터넷이라는 새로운 대중매체에 미디어분석과 미디어비판에 의해 도출되었던 고전적이고 전통적인 질문을 던질 수도 있고 그래야만 한다.

정치교육이 인터넷을 통해 누리게 된 또 하나의 기회와 가능성은 기존의 문제들에 새로운 강조점이 부여되며 기존의 문제들이 새로운 관점에서 새롭게 제기될 수 있다는 점이다. 예를 들어, 형형색색의 광고 등으로 장식된 신문가판대의 모습이나 텔레비전 속 끊임없이 움직이는 장면들의 경우 매체의 생산물이 갖는 미적 효과에 집중하게 만든다.

예컨대 인터넷을 사용하는 사람이라면 신문가판대가 갖는 포맷의 미적 효과에 놀랄 것이다. 신문가판대에서 일간지를 선택할 때, 일간지 지면의 디자인이나 글씨체, 일간지에 실린 그래프, 사진의 품질은 거의 선택을 좌우하지 않는다. 반면 인터넷이 제공하는 문서 등의 경우 그것을 활용할 때 미적 효과가 중요하게 작용한다.

텍스트나 '내용'이 혁신적인 형식으로 표현될 경우 그것은 지속적인 인터넷 커뮤니케이션 참여를 위한 동기유발 및 텍스트와 내용의 수용을 위한 결정적인 요인으로 작용한다. 바로 이러한 이유 때문에, 그리고 끊임없이 새로워지고 심화되는 인터넷이라는 매체의 멀티미디어적 성격 때문에 텍스트, 그림, 오디오 형식의 정보를 다룰 수 있는 능력을 발전시켜야 한다는 과제가 도출된다.

지금까지 다양한 매체에 분산되어 있던 정치 관련 지식은 아직 일부분이기는 하지만 하나의 멀티미디어적 성격을 지닌 매체에 집중되기 시작했으며, 그 결과 해당 지식의 활용도나 활용품질이 개선되었다. 매체의 멀티미디어적 성격은 정치교육 차원에서 봤을 때 정치문화 참여도를 높일 수 있는 긍정적인 요소로 받아들여지고 있으며, 이는 올바른 평가이다. 그러나 이러한 매체의 변화가 수반하는 문제가 간과되고 있다.

인터넷상의 정보 역시 여전히 텍스트가 주를 이루고 있다. 그러나 기술적으로 가능해지기만 한다면 동영상이나 그림이 주를 이루게 될 수도 있다. 태초에 말씀이 있었다면 마지막에는 정치적 아이디어와 내용을 대체하는 그림, 심벌, 슬로건, 상표 등만이 존재할지도 모른다. 이 때문에 다음과 같은 간단한 질문을 던질 필요가 있다. 말이나 언어에서 그림으로의 전환은 텍스트를 토대로 한 민주주의에 어떠한 영향을 미치는가? 정치 관련 대중커뮤니케이션 영역에 자리를 잡기 시작한 인터넷은 영상커뮤니케이션과 영상비평 및 영상사용비평 능력 배양을 매우 시급한 과제로 대두시켰다. 왜냐하면 인터넷상에서 정치는 미적 장치들을 이용하여 표현될 것이기 때문이다.

예를 들어, 인터넷상에 통용되는 정치 관련 그림, 가상의 우상, 표준화되고 정형화된 정치 관련 사진들, 큰 영향력을 지닌 글로벌한 정치적 기호들이 있을 수 있다. 정치적 네트워크망을 만든 사람들은 그들이 만든 상품의 미에 대해 계속해서 고민하며, 실험정신을 발휘하고 최선을 다해 미적 형식을 날마다 바꿔 사람들의 관심을 사로잡고 정치교육적 효과를 극대화하기 위해 노력하고 있다.

사용자의 입장에서 미적 강점은 어디에 있는가? 정치교육은 정치 관련 커뮤니케이션이 일어나는 네트워크라는 매우 미적 밀도가 높은 공간 속에서 유연하게 대처할 수 있는 능력을 길러야 한다는 것이다.

전자 정보 및 커뮤니케이션 미디어가 정치교육에 가져다 준 세 번째 가능성과 기회는 인터넷이라는 매체가 제공하는 양적 가능성으로부터 도출된다. 이와 관련하여 인터넷을 더욱 매력적으로 만드는 세 가지 특성이 있다. 첫 번째 특성은 정치체제와 정치의 행위자 등에 대한 정보의 양이나 질 자체의 확대나 향상이 아닌, 정보에 대한 접근성 개선으로 인해 활용 가능한 정보의 양이 확대되었다는 점이다. 접근성이라는 새로운 특성 외에도 인터넷이 다른 매체보다 분명하게 앞선 두 번째 이유는 인터넷이 제공하는 정보의 깊이 때문이다. 쉽게 말해 무제한적인 인터넷의 용량은 놀라운 정보 및 커뮤니케이션의 다양성을 가능케 해주며, 다른 매체로서는 기본적으로 불가능한 '축적'이 가능하기 때문에 인터넷은 정보를 보관하고 일종의 기억장치 역할을 수행한다.

인터넷이 다른 매체보다 우수한 세 번째 이유는 온라인 숙의(Deliberation) 특히, 상호작용적인 숙의가 가능하기 때문이다. 이제 상호성에 대한 무조건적인 예찬의 시대는 지났다. 인터넷은 '다수 대 다수(many-to-many)'와 '다수 대 일인(many-to-one)'의 대화를 가능케 했고, 소비자와 생산자 간 역할 교체를 가능케 한 것은 사실이다. 그러나 상호작용을 하기 위해서는 적어도 둘 이상의 행위자가 있어야 하며, 둘 이상의 행위자가 존재하면 어쩔 수 없이 권력관계가 형성된다.

인터넷망은 이미 지금도 그렇지만 앞으로는 더 더욱 고객추적에 이용될 것이다. 예컨대 투표권자들이 어디에 있는지, 그들이 어떤 선호를 가졌는지, 소비자들은 어디에 있는지, 그들의 선택을 어떻게 유도해낼지 등은 인터넷을 통해 충분히 알아낼 수 있는 정보이다. 또한 정치가는 검색엔진을 이용하고 일정 지역 안에 사는 시민들에 대한 정보를 구입할 수 있다. 이는 무료 이메일 주소가 대량 제공되어 사람들이 실제 주소보다는 이메일을 주고받기 시작한 이후 아주 간편하게 가능해졌다. 유저넷이나 검색엔진을 통해 특정한 사람이 최근 어떤 활동을 했는지에 대한 정보 역시 쉽게 구입이 가능하다. 누가 정치적 경쟁자나 특정한 정보 및 웹사이트를 검색했는지 알아볼 수 있다는 것이다.

V. 정치교육 수용과정의 특징

정치교육의 수용은 객관적인 부분과 주관적인 부분으로 분리되어 이뤄진다고 볼 수 있다. 객관적인 요소란 학습된 지식, 주관적인 요소란 가치의 수용을 말한다. 정치교육의 객관적 요소의 수용결과는 구체적인 측정 결과로도 제시가 가능하다. 설문조사를 통해 1989년 11월 9일 무슨 일이 있었는지를 조사할 수 있다. 『슈테른(Stern)』지는 이 질문으로 대규모 설문조사를 실시한 바 있다. 그 결과 3명 중 1명만이 그날 베를린 장벽이 무너졌다는 사실을 알고 있었다. 또한 3명 중 1명만이 독일연방공화국의 건국일과 구동독(DDR)의 건국일을 알고 있었다. 다시 말해 독일인의 70%는 언제 장벽이 무너졌는지, 언제 독일연방공화국이 설립되었는지 모르고 있었다는 것이다.

독일시민들에게 귀화시험을 이용한 설문도 실시하였다. 그 결과 역시 정치나 역사와 관련된 독일인들의 일반상식수준이 높지 않다는 사실이 밝혀졌다. 독일인의 70%가 독일 현대사 중 가장 중요한 사건들을 모른다면 정치교육이 잘 이뤄졌다고 보기는 힘들다. 물론 이러한 사건들에 대한 지식이 있다고 무조건 정치교육수준이 높다고 할 수는 없다. 일반 역사 및 정보지식의 전달만으로 정치교육이 달성되지는 않기 때문이다. 사실 정치교육의 주관적 요소야말로 정치교육의 핵심요소라고 할 수 있다.

정치교육의 가장 우선되어야 할 과제는 민주주의적 규칙을 가르치는 것 즉, 시민들의 의식 속에 민주주의적 가치를 심어주는 것이다. 민주주의적 의식은 일차적으로 단순한 지식의 내면화를 통해 달성할 수 없는 민주주의에 대한 이해를 통해서 달성되기 때문에 학습 가능한 지식과 구별된다. 이러한 의식이 스스로 형성되는 것이 아님은 수많은 연구결과를 통해 입증되었다.

VI. 정치교육의 현 상황과 경향

정치교육의 학문화가 보다 발전하고, 정치교육의 실무가 보다 전문화되면서 정치교육에 대한 최근 논의에서 새로운 문제점들과 답을 요하는 의문점들이 생겨났다. 정치교육의 이론과 실무 사이의 간극이 커지는 문제 및 학술적이고 정치교수법적 지식과 실질적인 정치수업 실무 사이의 거리를 좁히는 방법을 찾기 위한 다양한 시도에 대한 집중 논의 등이 대표적인 예다.

시사적 논의의 또 다른 쟁점은 학교 및 학교 밖 기관을 통한 정치교육에 있어서 정치에 대한 어떠한 이해 및 관점을 전달하는 것이 적절한가라는 의문점에 맞춰지고 있다. 정치교육은 점점 스스로를 방어해야 하는 위치로 내몰리고 있는 것이 현실이다. 사실 정치교육의 가장 큰 임무이자 숙제는 정치교육이라는 과목으로부터 정치교육의 핵심 내용이나 지식을 분리시켜 이를 경제나 법 같은 다른 과목이나 최근 들어 가치형성 과목이라고 불리는 윤리 수업 등에 맞추어져 있다. 그리고 극복해야 할 사회적 문제가 있거나 장려해야 할 좋은 일이 있을 때 무조건 정치교육을 갖다 붙이려고 하는 성향으로 인한 정치교육의 정체성 상실을 방지하는 일이다.

그러나 정치교육의 이러한 상황이 앞으로는 나아질 것이라고 보기는 힘들다. PISA와 같은 교육평가 결과는 대중의 관심을 정치교육에게 불리한 쪽으로 몰아가고 있다. 또한 독일의 민주주의는 더 이상 정치교육을 필요하지 않을 만큼 안정화되었다는 믿음이 확산된 듯한 분위기도 고려해야 한다.

많은 민주주의 국가에서 갈수록 더 많은 시민들이 정치에 등을 돌린다는 우려의 목소리가 높아진다. 주요 개혁의 목표에 정치참여 촉진과 성숙한 시민교육이 포함되어 있었던 1990년대 독일의 교육개혁은 이 점에서 실패한 것일까? 학력이 높은 경우 정치적 참여의 주체라고 느끼며 높은 정치적 참여도를 나타내는 반면, 교육수준이 낮은 집단들은 정치적 참여가 저조하여 큰 격차가 나타난다.

그럼에도 불구하고 연방정부의 예산안 중 정치교육을 위한 예산은 대폭 삭감될 것으로 예상된다. 이는 정치교육을 장려하는 모든 설명과 극명하게 모순되는 조치로 정치교육에 있어 치명적인 결과를 초래할 것이다. 예산삭감은 곧 연방정치교육원이 지원하는 다양한 교육기관에서 실시되는 교육프로그램에 대한 지원금 삭감을 의미하기 때문이다. 규모가 작은 프로그램 제공자들의 생존이 위협받게 되는 상황이다. 대형 기관이나 프로그램 제공자들의 경우 제공할 수 있는 프로그램을 제한할 수밖에 없게 된다.

각 주차원의 지원을 통한 지원금 충당도 기대할 수 없다. 주차원의 지원 특히, 시설 인프라를 위한 지원금 역시 크게 줄어들었기 때문이다. 니더작센 주의 주정치교육원 폐쇄는 심각한 사태에 대한 경고로 보아야 할 것이다. 향후 몇 년간 예상되는 정치교육분야에 대한 독일연방의 예산 삭감으로 인하여 빠른 시간 안에 유의미한 정치교육을 가능케 하는 프로그램 제공자에 대한 지원이 하한선에 도달하게 될 것이다. 그 결과 독일의 정치교육과 정치문화는 회복하기 힘든 손실을 입을 위기에 처할 수도 있을 것이다.

연방정치교육위원회에 따르면 정치교육은 필수불가결한 교육분야이지만 정치적·재정적인 측면에서 등한시되고 있다. 정치교육이 민주주의 문화를 위해 필수적이라는 사실에 대한 입증요구가 커진다는 점, 정치교육과 관련한 지원금 삭감에서부터 시작하여 기관의 폐쇄 등은 독일의 정치교육 상황을 심각하게 악화시키고 있는 증거들이다. 그래서 연방정치교육위원회는 청소년 및 성인 정치교육을 위한 프로그램 제공자와 시설의 중요성을 강조하고 있다.

연방정치교육위원회가 지원하는 340개의 정치교육 프로그램 제공자뿐만 아니라 연방어린이청소년계획(Kinder- und Jugendplan des Bundes)의 지원을 받는 청소년정치교육 프로그램 제공자 등이 대표적이다. 재정지원 확보와 새로운 과제 및 문제에 대처하기 위한 혁신적인 방법의 사용을 가능케 하는 지원원칙의 유연화, 새로운 전략이나 실무방법에 대한 연구 및 실험을 위한 지원은 정치교육의 발전을 위하여 필수적인 기본전제이다.

VII. 결론

정치교육의 중요성은 갈수록 커지고 있다. 민주주의 사회의 완성을 위한 모든 노력을 다하고 있더라도 분명하게 드러나는 이 시대의 경고를 간과해서는 안 된다. 민주주의, 정치가, 정치적 무관심 등은 단지 학술적인 용어가 아니다. 이는 일상생활 속에서 날이 갈수록 명확하게 드러나는 다양한 현상을 지칭하는 용어들로, 이러한 현상의 결과는 점점 더 극명하게 드러난다.

사람들이 갈수록 정치를 신뢰하지 않게 되는 가장 큰 이유는 실질적으로 일어나는 정치적 절차 및 과정에 대한 이해가 부족하기 때문이다. 한 나라의 정치, 특히 잦은 비난의 대상이 되는 유럽정치, 국제사회의 정치 과정 등은 너무나 복잡하기 때문에 정치교육을 통한 정치에 대한 기본적 지식을 갖추기 전에는 도저히 이해할 수 없다. 그 결과 사람들은 정치라고 하면 당황스러워하며 거부감을 느끼게 되는 것이다. 기초적인 것도 이해할 수 없는 상태에서는 신뢰할수가 없는 법이다.

 따라서 우리가 직면한 다양한 정치적 난제는 정치교육을 받은 시민의 수가많아야 극복이 가능하다는 주장은 매우 타당하다. 더 나아가 점차 극단적 단체및 정당으로 사람들이 몰려드는 심각한 현상을 간과할 수 없다. 특히 극우주의, 극좌주의, 광신적 종교집단 등은 정치교육이 지속적으로 풀어나가야 할 숙제중 하나이다. 정치교육에 있어서 종착점이란 있을 수 없다. 정치교육은 영원한과제이다. 정치교육은 평생교육에 속하는 중요한 개념이다. 정치교육을 받은 시민은 안정된 민주주의의 근간을 구성한다.

▌참고문헌

Andersen, Uwe/Wichard Woyke. Hg. 2003. *Handwörterbuch des politischen Systems der Bundesrepublik Deutschland.* Opladen: Bundesausschuss politische Bildung.

Frommelt, Reinhard. 2004. *Politische Bildung nach der Medienrevolution.*

Klein, Hans Hugo. 2004. *Der Auftrag der politischen Bildung für unsere Demokratie.*

Klossek, Joachim. 2007. *Politische Bildung im staatlichen Auftrag – Die Bundes- und Landeszentralen für politische Bildung.* München.

Mösgen, Peter. 1999. *Selbstmord oder Freitod? Das Phänomen des Suizides aus christlich-philosopischer Sicht.* Eichstätt.

Plenarprotokoll 16/193 des Deutschen Bundestags. 2008. *Stenografischer Bericht. 193. Sitzung.* Tagesordnungspunkt 9 a) "Zur Lage der politischen Bildung in Deutschland" und b) "Politische Bildung zur Bekämpfung von Rechts- und Linksextremismus effektiver fördern und nutzen" und Zusatztagesordnungspunkt 5 "Politische Bildung zur Stärkung der Demokratie und Bekämpfung des Rechtsextremismus weiterentwickeln." Berlin.

Rilling, Rainer. 1999. "Elektronische Kommunikations-und Informationsnetze – Chancen und Aufgaben für die politische Bildung." In: *FAB Jahrbuch. Arbeit – Bildung – Kultur.* Band 17. S.69-78.

부 록

〈부록 1〉

독일연방공화국 기본법

1949년 5월 23일 의회제헌위원회가 제정하고, 2006년 8월 28일 대폭 개정된 독일연방공화국 기본법(Grundgesetz fuer Bundesrepublik Deutschland)을 연방 의회로부터 입수하여 번역한 것으로(2009년 3월판), 내용 번역과정과 편집과정상의 기술적인 문제로 책임 번역·편집자의 동의 없이 무단 전재(前載)를 금한다.

_책임 번역 및 편집: 심익섭(동국대 교수)

전문

독일 국민은 신과 인간에 대한 책임을 자각하고 합일된 유럽의 동등한 권리를 갖는 구성원으로서 세계평화에 기여할 것을 다짐하며 헌법제정권력에 의해서 이 기본법을 제정한다.

바덴-뷔르템베르크·바이에른·베를린·브란덴부르크·브레멘·함부르크·헷센·메클렌부르크-포어폼메른·니더작센·노르트라인-베스트팔렌·라인란트-팔츠·자알란트·작센·작센-안할트·슐레스비히-홀스타인·튀링겐의 각 주(州)의 독일국민은 자유로운 자기결정에 따라 독일의 통일과 자유를 성취하였다. 이에 따라 이 기본법은 전체 독일국민에게 적용된다.

I. 기본권(제1조-제19조)

제1조 【인간존엄, 인권, 국가권력의 인권보호】

(1) 인간의 존엄은 불가침이다. 그를 존중하고 보호하는 것은 모든 국가권력의 의무이다.

(2) 독일국민은 불가침·불가양의 인권을 세계의 모든 인간공동체, 평화 그리고 정의의 기초로서 인정한다.

(3) 이하의 기본권은 직접 효력을 갖는 권리로서 입법·집행 및 사법을 구속한다.

제2조【일반적 자유권】

(1) 누구든지 타인의 권리를 침해하지 않고 헌법질서나 도덕률에 반하지 않는 한 자신의 인격을 자유로이 발현할 권리를 갖는다.

(2) 누구든지 생명권과 신체를 훼손당하지 않을 권리를 갖는다. 신체의 자유는 불가침이다. 이 권리들은 법률에 근거하여서만 침해될 수 있다.

제3조【법률 앞에서의 평등】

(1) 모든 인간은 법률 앞에서 평등하다.

(2) 남자와 여자는 동등하다. 국가는 남녀평등의 실질적 실현을 촉진하고 현존하는 불이익의 제거에 노력하여야 한다.

(3) 누구든지 성별·가문·종족·언어·출신지와 출신·신앙·종교적 또는 정치적 견해 때문에 불이익을 받거나 특혜를 받지 아니한다. 누구든지 장애를 이유로 불이익을 받지 아니한다.

제4조【신앙의 자유와 양심의 자유】

(1) 신앙과 양심의 자유 그리고 종교적·세계관적 고백의 자유는 불가침이다.

(2) 종교행사를 방해받지 않을 자유는 보장된다.

(3) 누구도 양심에 반하여 집총병역을 강요당하지 아니한다. 상세한 내용은 연방법률로 정한다.

제5조【의사표현, 예술, 학문의 자유】

(1) 누구든지 말, 글 그리고 그림으로써 자유로이 의사를 표현하고 전파하며 일반적으로 접근할 수 있는 정보원으로부터 방해를 받지 않고 정보를 얻을 권리를 갖는다. 신문의 자유와 방송 및 필름을 통한 보도의 자유는 보장된다. 검열은 행하여지지 아니한다.

(2) 이 권리들은 일반법률의 조항과 소년보호를 위한 법률규정에 의해서 그리고 개인적 명예권에 의해서 제한된다.

(3) 예술과 학문, 연구와 교수는 자유이다. 교수의 자유는 헌법에 대한 충성으로부터 벗어나지 못한다.

제6조【혼인, 가족, 자녀】

(1) 혼인과 가족은 국가질서의 특별한 보호를 받는다.

(2) 자녀의 양육과 교육은 양친의 자연적 권리이고 일차적으로 그들에게 부과된 의무이다. 그들의 실행에 대하여 국가 공동체가 감시한다.

(3) 교육권자가 의무를 태만히 하거나 또는 그 밖의 이유로 자녀가 방치될 우려가 있을 때에는 그 자녀는 법률에 근거하여서만 교육권자의 의사에 반하여 가족과 분리될 수 있다.

(4) 어머니는 누구든지 공동체의 보호와 부조를 청구할 권리를 갖는다.

(5) 사생아의 육체적, 정신적 성장과 사회적 지위에 관하여는 입법을 통하여 적자와 동일한 조건이 마련되어야 한다.

제7조 【학교제도】

(1) 모든 학교제도는 국가의 감독을 받는다.

(2) 교육권자는 자녀의 종교교육 참가에 대한 결정권을 갖는다.

(3) 종교교육은 종교와 관계가 없는 학교를 제외한 공립학교에서는 정규과목이 된다. 종교교육은 국가의 감독권을 침해하지 않은 범위에서 종교단체의 교리에 따라 행해진다. 어떤 교사도 자기의 의사에 반하여 종교교육을 행할 의무를 지지 않는다.

(4) 사립학교를 설립할 권리는 보장된다. 공립학교를 대신하는 사립학교는 국가의 인가를 필요로 하며 주(州) 법률에 따른다. 사립학교는 그 교육목적, 설비 및 교사의 학력에 있어 공립학교에 뒤지지 않고 학부모의 자산상태에 따라 학생을 차별하지 않는 한 인가되어야 한다. 교사의 경제적 및 법적 지위가 충분히 보장되지 않을 때에는 인가가 거부되어야 한다.

(5) 사립초등학교는 교육청이 특별한 교육학적 이익을 인정하는 경우, 교육권자들의 신청에 따라 사립초등학교가 교단의 구별이 없는 연합학교, 특정 교단이 설립한 학교 또는 세계관학교로서 설립되어야 할 경우 그리고 이러한 성격의 공립초등학교가 그 지방자치단체에 없는 경우에만 인가되어야 한다.

(6) 예비학교는 폐지된다.

제8조 【집회의 자유】

(1) 모든 독일인은 신고나 인가 없이 평화로이 무기를 휴대하지 않고 집회할 권리를 갖는다.

(2) 옥외집합의 경우에는 법률에 의해서 또는 법률에 근거하여 이 권리가 제한될 수 있다.

제9조 【결사의 자유】

(1) 모든 독일인은 단체와 조합을 결성할 권리를 갖는다.

(2) 그 목적이나 활동이 형법에 위반되거나 헌법질서 또는 국제이해의 사상에 반하는 단체는 금지된다.

(3) 노동조건과 경제조건의 유지와 개선을 위하여 단체를 결성할 권리는 누구에게나 그리고 모든 직업에도 보장된다. 이 권리를 제한하거나 방해하려는 협정은 무효이며 목적으로 하는 조치는 위법이다. 제12a조, 제35조 2항 및 3항, 제87a조 제 4항과 제 91조에 의한 조치는 1문의 의미에서의 단체가 노동조건과 경제조건의 유지와 개선을 위해서 하는 노동쟁의에 대하여 취해질 수 없다.

제10조 【서신, 우편 및 통신의 비밀】

(1) 서신의 비밀과 우편 및 전신의 비밀은 불가침이다.
(2) 그 제한은 오로지 법률에 근거하여서만 행해질 수 있다. 그 제한이 자유민주적 기본질서나 연방 또는 어떤 주(州)의 존립 또는 안전의 보호에 도움이 될 때에는 그 제한을 관계자에게 통지하지 않는다는 것과 쟁송수단 대신 의회가 임명하는 기관과 보조기관으로 하여금 심사하게 하는 것을 법률이 정할 수 있다.

제11조 【이전의 자유】

(1) 모든 독일인은 모든 연방지역에서 이전의 자유를 누린다.
(2) 이 권리는 법률에 의해서만 또는 법률에 근거하여서만 제한될 수 있다. 그리고 충분한 생활근거가 없고 이로 말미암아 일반에게 특별한 부담을 지우는 경우나 연방 또는 어떤 주(州)의 존립이나 그 자유민주적 기본질서를 위협하는 위험을 방지하기 위하여 전염병의 위험·자연재해 또는 특별히 중대한 사고를 극복하기 위하여, 소년을 방치로부터 보호하기 위하여 또는 범죄행위의 예방을 위하여 필요한 경우에만 제한될 수 있다.

제12조 【직업의 자유】

(1) 모든 독일인은 직업·직장 및 직업훈련장을 자유로이 선택할 권리를 갖는다. 직업행사는 법률에 의해서 또는 법률에 근거하여 규제될 수 있다.
(2) 전통적으로 일반적이며 모든 사람에게 평등하고 공적인 역무의무를 제외하고는 누구도 특정한 노동을 강요당하지 않는다.
(3) 강제노동은 법원이 명하는 자유박탈의 경우에만 허용된다.

제12a조 【병역의무와 대체복무의무】

(1) 만 18세 이상의 남자에게는 군대, 연방국경수비대 또는 민방위대에 복무할 의무를 지울 수 있다.
(2) 양심상의 이유로 집총병역을 거부하는 자에게는 대체복무의 의무를 지울 수 있다. 대체복무의 기간은 병역의 기간을 초과할 수 없다. 상세한 내용은 법률로 정한다.

동 법률은 양심에 따른 결정의 자유를 침해할 수 없고 군대나 연방국경수비대와 무관한 대체복무의 경우도 규정해야 한다.

(3) 제1항 및 제2항에 의한 복무를 위해 징집되지 아니한 병역의무자에게는 방위사태 에 있어서 법률에 의해서 또는 법률에 근거하여 민간인의 보호를 포함한 방위목적 을 위하여 노동관계를 갖도록 민간적 역무의 의무를 지울 수 있다. 공법상의 근무 관계를 갖도록 의무를 지우는 것은 경찰임무의 수행을 위해서만 허용된다. 제1문 에 의한 근로관계는 군대·군보급분야 및 공공행정에서 설정될 수 있다. 민간인의 급양분야에서 근로관계를 갖도록 의무를 지우는 것은 민간인의 생활에 필요한 수 요를 충족시키거나 그 보호를 확보하기 위해서만 허용된다.

(4) 방위 긴급사태에서 민간의 보건시설과 의료시설 및 상주 야전병원에서의 민간역무 수요가 지원으로 충족 될 수 없는 때에는 만 18세 이상 55세까지의 여자를 법률에 의해서 또는 법률에 근거하여 징집할 수 있다. 여자는 어떤 경우에도 집총복무를 해서는 안 된다.

(5) 방위사태 발생 이전에는 제3항의 의무를 제80a조 제1항에 따라서만 부과될 수 있 다. 특별한 지식과 숙련을 필요로 하는 제3항에 따른 역무에 대비하기 위하여 훈련 행사에 참가할 의무가 법률에 의해서 또는 법률에 근거하여 부과 될 수 있다. 이 경우에는 제1문은 적용되지 아니한다.

(6) 방위사태시 제3항 2문에 규정된 분야에서 노동력의 수요가 지원으로 충족될 수 없는 때에는 이 수요를 확보하기 위하여 법률에 의해서 또는 법률에 근거하여 직 업행사나 직장을 포기할 수 있는 독일인이 자유가 제한 될 수 있다. 방위사태 발생 이전에는 제5항 1문이 준용된다.

제13조 【주거의 불가침】

(1) 주거는 불가침이다.

(2) 수색은 법관에 의해서만 명해진다. 지체의 우려가 있는 경우에만 법률에 규정된 다른 기관에 의해서도 명하여지며 법률에 규정된 방식으로만 행해질 수 있다.

(3) 특정사실에 근거해 누군가 법률에 의해 규정된 심각한 범죄를 행했다는 혐의가 명백하면, 범죄를 추적하기 위해 법관의 명령에 근거하여 혐의자가 있을 것이라고 추측되는 주거에 대한 청각적 감시 장치는 사실관계가 다른 방법으로 명백해지기 어렵거나 감시가 불가능할 때에 설치될 수 있다. 이러한 조치는 시간적으로 제한 되어야 한다. 명령은 법관 3명으로 구성된 판결기구에 의해 발부된다. 긴급한 경 우 이 명령은 개별법관에 의해 결정될 수 있다.

(4) 공공안전을 위해 급박한 위험, 특히 공공위험이나 생명에의 위험을 방지하기 위해 주거감시 장치가 법관의 명령에 의하여 설치될 수 있다. 또한 급박한 경우 그 조치

는 법규상 특정한 장소에 설치될 수 있다. 법관의 결정이 즉각 뒤따라야 한다.

(5) 장치가 주거에 배치되어 활동하는 사람의 보호만을 위할 경우, 그 조치는 법규상 특정 장소에 설치될 수 있다. 이에 요구되는 인식에 대한 그 밖의 평가는 형사추적의 목적 또는 위험으로부터의 방어 그리고 그 조치의 합법성이 법규상에 규정되어 있을 때에만 가능하다. 긴급한 경우 법관에 의한 결정이 즉각 뒤따라야 한다.

(6) 연방정부는 연방의회에 제3항 및 연방의 관할범위 내에서의 제4항, 그리고 법규상 감시가 필요한 때의 제5항에 의한 기술적 장치의 설치에 대해 매년 보고해야 한다. 연방의회에서 선출된 위원회가 이 보고에 대해 의회에 의한 통제를 실시한다. 각 주는 이와 동일한 의회에 의한 통제를 실행한다.

(7) 그 밖에 침해와 제한은 공동의 위험 또는 개인 생명의 위험을 방지하기 위하여, 그리고 동시에 법률에 근거하여 공공의 안전과 질서에 대한 긴박한 위험을 방지하기 위하여, 특히 주택난의 해소, 전염병의 위험 방지, 또는 위험에 처해 있는 소년의 보호를 위해서도 행해질 수 있다.

제14조【재산권, 상속권 및 공용수용】

(1) 재산권과 상속권은 보장된다. 그 내용과 한계는 법률로 정한다.

(2) 재산권은 의무를 수반한다. 그 행사는 동시에 공공복리에 봉사하여야 한다.

(3) 공공수용은 공공복리를 위해서만 허용된다. 공공수용은 보상의 종류와 범위를 정한 법률에 의해서 또는 법률에 근거하여서만 행하여진다. 보상은 공공의 이익과 관계자의 이익을 공정하게 형량하여 정해져야 한다. 보상액 때문에 분쟁이 생길 경우에는 정규법원에 제소할 길이 열려 있다.

제15조【사회화】

토지, 자연자원 및 생산수단은 사회화를 목적으로 보상의 종류와 범위를 정한 법률에 의해서 공유재산 또는 다른 형태의 공동관리 경제로 옮겨질 수 있다. 보상에 관하여는 제14조 제3항 3문과 4문이 준용된다.

제16조【국적-인도비호권】

(1) 독일인의 국적은 박탈당하지 아니한다. 국적의 상실은 법률에 근거하여서만 행해지고 이로 인하여 당사자가 무국적이 되지 않는 때에만 당사자의 의사에 반하여 국적이 상실될 수 있다.

(2) 어떤 독일인도 외국에 인도되지 아니한다.

제16a조 【망명권】

(1) 정치적 박해를 받는 자는 망명권을 갖는다.

(2) 유럽공동체를 구성하는 국가로부터 입국하는 자 또는 난민의 법적 지위에 관한 조약과 인권 및 기본적 자유의 보장에 관한 조약이 적용되는 기타의 제3국으로부터 입국하는 자는 제1항을 원용할 수 없다. 유럽공동체 이외의 국가는 제1문의 전제조건에 해당하는 경우에 연방상원의 동의를 필요로 하는 법률로 정한다. 제1문의 경우에는 체류를 종료시키는 조치와 이에 대하여 중립적, 법적 구제절차와는 별도로 수행할 수 있다.

(3) 연방상원의 동의를 요하는 법률로써 국가의 법적상태, 법적용 및 일반적 정치상황으로부터 정치적 박해도 행해지지 않고 잔혹하거나 모욕적인 처벌 혹은 처우도 행해지지 않는 국가임을 결정할 수 있다. 이러한 국가에 속한 외국인은 정치적으로 박해를 받고 있는 자라고 간주되지 않는다.

(4) 제3항의 경우 및 명백히 증거가 없거나 또는 명백히 근거가 없는 것으로 보이는 기타의 경우에 체류를 종료시키는 조치의 수행은 그 조치의 적법성에 중대한 의문이 존재하는 경우에 법원에 의해서 이것이 정지된다. 심사의 범위는 제한될 수 있고, 지체하여 제출된 신청은 고려하지 않을 수 있다. 상세한 내용은 법률로써 정한다.

(5) 제1항 내지 제4항은 유럽공동체회원국 상호간의 국제법상의 조약 및 체약국에 있어서 그 적용이 확보되어 있지 않으면 안되는 난민의 법적 지위에 관한 협정과 인권 및 기본적 자유의 보장에 관한 조약에 의거한 모든 의무를 준수하고 망명결정의 상호승인을 포함한 망명청원의 심사에 관한 규제를 행하는 제3국과의 국제법상의 조약체결을 방해하지 아니한다.

제17조 【청원권】

누구든지 단독으로 또는 다른 사람과 공동으로 문서의 방식으로 관할기관과 의회에 청원 또는 소원을 할 권리를 갖는다.

제17a조 【특수상황의 기본권제한】

(1) 병역과 대체복무에 관한 법률은 군대와 대체복무의 소속원에 대하여 병역 또는 대체복무 기간 중에는 말, 글 그리고 그림으로 자유로이 의사를 표현하고 전파할 기본권(제5조 제1항 1문 전단), 집회의 자유에 관한 기본권(제8조) 그리고 다른 사람과 공동으로 청원과 소원을 할 권리가 부여되는 경우에는 청원권(제17조)을 제한하도록 규정할 수 있다.

(2) 국토방위와 시민보호 관련 법률에 의하여 자유권(제11조)과 주거불가침권(제13조)

의 제한을 유발할 수 있다.

제18조 【기본권의 상실】

의사표현의 자유 특히 출판의 자유(제5조 제1항), 교수의 자유(제5조 제3항), 집회의 자유(제8조), 결사의 자유(제9조), 서신·우편 및 전신 전화의 비밀(제10조), 재산권(제14조) 또는 망명권(제16조 제2항)을 자유민주적 기본질서를 공격하기 위해 남용하는 자는 이 기본권들을 상실한다. 상실과 그 범위는 연방헌법재판소에 의해서 선고된다.

제19조 【기본권의 제한】

(1) 이 기본법에 따라 기본권의 법률에 의해서 또는 법률에 근거하여 제한될 수 있는 때에는 그 법률은 일반적으로 적용되어야 하고 개별적 경우에만 적용되어서는 안 된다. 그 법률은 또한 기본권의 해당 조항을 명시하여야 한다.
(2) 기본권의 본질적 내용은 어떤 경우에도 침해되어서는 안 된다.
(3) 기본권이 그 본질상 내국법인에 적용될 수 있는 경우에는 그들에게도 적용된다.
(4) 공권력에 의해서 그 권리를 침해당한 자에게는 소송의 길이 열려있다. 다른 관할권이 입증되지 않는 한 정규소송이 인정된다. 제10조 제2항 2문에는 해당되지 아니 한다.

II. 연방과 주(제20조-제37조)

제20조 【헌법적기초 – 저항권】

(1) 독일연방공화국은 민주적·사회적 연방국가다.
(2) 모든 국가권력은 국민으로부터 나온다. 그것은 국민에 의해서 선거와 투표를 통해서 행사되고, 입법·행정 및 사법의 특별기관에 의해서 행사된다.
(3) 입법은 헌법질서에 구속되고, 집행권과 사법은 법률과 법에 구속된다.
(4) 모든 독일인은 이러한 질서를 폐제(廢除)하려고 기획하는 모든 자에 대하여 다른 구제수단이 없을 경우에는 저항할 권리를 갖는다.

제20a조 【자연적 생활기반의 보호】

국가는 장래의 세대에 대한 책임으로서 헌법질서의 범위 내에서 입법에 의거하거나 법률과 규범에 따른 행정과 판결을 통하여 자연적 생활기반을 보호한다.

제21조 【정당】

(1) 정당은 국민의 정치적 의사형성에 참여한다. 정당의 설립은 자유이다. 정당의 내부 질서는 민주적 원칙에 부합해야 한다. 정당은 그 자금의 출처와 사용에 관하여 그리고 그 재산에 관하여 공개적으로 보고해야 한다.

(2) 그 목적이나 추종자의 행태에 있어 자유민주적 기본질서를 침해 또는 폐지하려 하거나 또는 독일연방공화국의 존립을 위태롭게 하려고 하는 정당은 위헌이다. 위헌성의 문제에 관하여는 연방헌법재판소가 결정한다.

(3) 상세한 내용은 연방법률로 정한다.

제22조 【연방수도 - 연방국기】

(1) 독일연방공화국의 수도는 베를린이다. 수도에서의 국가전체를 대표하는 것은 연방의 임무로 한다. 이에 관한 자세한 사항은 연방법률로 정한다.

(2) 연방의 국기는 흑·적·황색이다.

제23조 【유럽연합 - 기본권 - 보충성원칙】

(1) 통일된 유럽을 실현시키기 위하여 독일연방공화국은 민주적·법치국가적·사회적 및 연방주의적 제 원리와 함께 보충성의 원칙에 구속되며, 기본법에 실질적으로 대응하는 기본권보장에 필적하는 유럽연합의 발전을 위해 노력한다. 이를 위하여 연방은 연방상원의 동의를 얻은 법률에 의해서 고권을 이양할 수 있다 기본법이 그 내용상의 변경 또는 보충되거나 변경 또는 보충될 가능성이 있는 유럽연합의 창설과 그 조약에 따른 근거의 변경이 있으면 기본법 제79조 제2항 및 제3항이 적용된다.

(2) 연방의회는 유럽연합에 관계되는 사항에 협력하고 주(州)도 연방상원을 통하여 이에 협력한다. 연방정부는 연방의회 및 연방상원에 대해 포괄적으로 또한 가능한 한 신속하게 보고하여야 한다.

(3) 연방정부는 유럽연합의 입법행위에 협력하기에 앞서 연방의회에 태도결정의 기회를 준다. 연방정부 교섭에 즈음하여 연방의회의 태도결정을 고려한다. 상세한 내용은 법률로 정한다.

(4) 연방상원은 연방의 의사형성에 대한 국내적 조치에 협력해야 하거나 또는 각 주가 국내적으로 권한을 가지고 있는 경우에 그 한도에서 연방의 의사형성에 참가하여야 한다.

(5) 연방이 전속적인 권한을 가지고 있는 영역에서 각 주의 영향을 미치는 경우 또는 기타 연방이 입법의 권리를 가지고 있는 경우에는 그 한도에서 연방정부는 연방상원의 태도결정을 고려한다. 각 주의 입법권한, 그 행정기관의 설치 또는 그 행정절

차가 중요한 사항에 관계되어 있는 때에는 그 한도에서 연방의 의사형성에 즈음하여 연방상원의 견해가 권위 있는 것으로 고려된다. 이 경우에 연방전체의 국가적 책임이 유지되어야 한다. 연방의 세출증가 또는 세입감소로 될 가능성이 있는 사항에 관하여는 연방정부의 동의를 필요로 한다.

(6) 학교교육, 문화 또는 방송영역에 대한 주들의 전속적인 입법권이 중요한 사항으로 되는 경우에는 유럽연합의 구성원으로서의 독일연방공화국에 귀속하고 있는 제권리의 주장은 연방으로부터 연방상원이 지명하는 각 주의 대표에 이양되어야 한다. 이들의 권리의 주장은 연방정부의 참가와 또한 연방정부와의 의견조정을 통하여 성립되며, 이에 즈음하여 연방전체의 국가적 책임이 유지되어야 한다.

(7) 제4항 내지 제6항에 관하여 상세한 내용은 연방상원의 동의를 요하는 법률로 정한다.

제24조 【국가고권의 이양, 집단안전보장체제】

(1) 연방은 법률에 의해서 국제기구에 고권을 이양할 수 있다.

(1a) 각 주가 국가적 권능의 행사 및 국가적 임무를 수행하는데 권한을 가진 한도에서 각 주는 연방정부의 동의를 얻어서 인접한 제국가기관에 고권을 이양할 수 있다.

(2) 연방은 평화의 유지를 위하여 상호집단안전보장체제에 가입할 수 있다. 이 경우 연방은 그 주권을 제한하거나 유럽 및 세계각국가간의 평화적·항구적 질서를 달성하고 보장하는데 동의한다.

(3) 국제분야의 해결을 위하여 연방은 일반적·포괄적·의무적인 국제중재재판에 관한 협정에 가입할 것이다.

제25조 【국제법의 우선】

국제법의 일반원칙은 연방법의 구성성분이다. 국제법의 일반원칙은 법률에 우선하며, 연방영역의 주민에 대하여 직접 권리와 의무를 발생시킨다.

제26조 【평화보장】

(1) 국가간의 평화로운 공동생활을 교란시키기에 적합하고 그러한 의도로 행해지는 행동과 특히 침략전쟁수행의 준비는 위헌이다. 이러한 행위는 처벌되어야 한다.

(2) 전쟁수행용으로 저장된 무기는 연방정부의 허가를 얻어야만 제조·운송 그리고 거래될 수 있다. 상세한 내용은 연방법률로 정한다.

제27조 【상선단】

전 독일상선은 하나의 통일상선단을 구성한다.

제28조 【주헌법과 지방자치행정】

(1) 각 주의 헌법질서는 이 기본법에서 의미하는 공화적·민주적 및 사회적 법치국가의
제 원칙에 부합하여야 한다. 주(州), 군(Kreis) 및 게마인데(Gemeinde)의 주민은
보통·직접·자유·평등 및 비밀 선거로 선출된 대표기관을 가져야 한다. 군 및 게
마인데의 선거에서는 유럽공동체 조약의 권리의 규정에 따라 유럽공동체 구성국의
국적을 가지는 자도 선거권과 피선거권을 갖는다. 게마인데에서는 대표기관에 대
신하는 주민회의를 도입할 수 있다.

(2) 게마인데는 법률의 범위 내에서 그 지역공동체의 모든 사항을 자기 책임하에 규율
할 권리가 보장되어야 한다. 게마인데조합도 그 법률상의 임무영역의 범위 내에서
법률의 규정에 따라 자치권을 갖는다. 재정적 자기책임의 기초하에 자치권은 보장
된다.

(3) 지방자치단체연합체도 법률에 따라 그 법률상의 과제의 범위에서 자치행정권을
갖는다.

(4) 연방은 주의 헌법적 질서가 기본권과 본조 제1항 및 제2항의 규정에 부합하도록
보장한다.

제29조 【연방영역의 재편성】

(1) 연방영역은 주가 그 크기와 능력에 따라 그들에 부과된 과제를 효과적으로 수행할
수 있도록 보장하기 위하여 새롭게 편성될 수 있다. 이 경우 향토적 결속, 역사적·
문화적 관련, 경제적 합목적성, 공간규제와 주계획의 요청을 고려하여야 한다.

(2) 연방영역의 재편성 조치는 주민표결에 의한 확인을 요하는 연방법률에 의해서야
한다. 이때 관련된 주들의 협의를 거쳐야 한다.

(3) 주민결정(Vollksentscheid)은 그 영역 또는 영역의 일부로부터 새로운 주가 형성
되거나 주의 경계가 새로 구획되는 경우 그들 주에서 행해진다. 관련된 주가 지금
까지와 마찬가지로 존속하느냐 아니면 새로운 주가 형성되거나 주의 경계가 새로
이 구획될 것인가의 문제에 대하여 투표가 행해져야 한다. 새로운 주를 형성하거
나 주의 경계를 새로이 확정하기 위한 주민표결은 그 주의 장래의 영역에서 그리
고 주 소속이 동일하게 변경될 관련된 주의 영역이나 그 영역의 일부에서 다함께
각각 다수가 그 변경에 동의할 때에 성립된다. 주민표결은 관련된 주들 중의 한
주의 영역에서 다수가 변경을 거부하면 성립되지 못한다. 그러나 그러한 거부는
관련된 주에의 소속이 변경될 영역 일부에서 3분의 2의 다수가 개정에 동의할 때
에는 무시된다. 단 관련된 주의 전체영역에서 3분의 2의 다수가 변경을 거부할
때에는 예외이다.

(4) 그 부분들이 여러 주에 걸쳐 있고 최소한 100만의 인구를 가지는, 관련은 되나

경계가 나누어지는 주거지역과 경제구역에서 그 연합의회선거권자 10분의 1이 이러한 지역을 단일한 주 소속으로 해줄 것을 주민발안(Volksbegehren)으로 요구하는 경우 주(州) 소속을 제2항에 따라 변경할지 여부를 결정하든지 관련된 주들에서 주민질의(Volksbefragung)를 실시하든지를 연방법률로 2년 내에 결정하여야 한다.

(5) 주민질의는 법률에서 제안된 주 소속의 변경이 동의를 얻을 수 있는지 여부를 확인하는 것을 목적으로 해야 한다. 법률은 상이한 그러나 둘을 넘지 않는 제안을 주민문의에 제시할 수 있다. 제안된 주 소속의 변경에 다수가 동의하면 주 소속이 제2항에 따라 변경되는지 여부를 연방법률로 2년 이네에 결정하여야 한다. 주민문의에 제시된 제안이 제3항 3문과 4문의 법률에 따른 동의를 얻으면 주민문의에 의한 확인을 더 이상 요하지 않는 제안된 주의 형성에 관한 연방법률을 주민문의의 실시 후 2년 내에 제정하여야 한다.

(6) 주민표결과 주민문의에 있어서의 다수란 그것이 적어도 연방의회선거권의 4분의 1을 포함하는 경우 투표자 과반수의 다수이다. 그 밖에 주민표결, 주민발안, 주민문의에 대한 상세한 내용은 연방법률로 정한다. 이 연방법률은 주민발안은 5년의 기간 내에 반복될 수 없음을 규정할 수도 잇다.

(7) 주의 기존영역의 그 밖의 변경은 주 소속이 변경되는 영역이 5만 명 이하의 인구를 가지고 있는 경우에는 관련된 주 간의 국가조약에 의해서 또는 연방참의원의 동의를 얻은 연방법률로 행해질 수 있다. 상세한 내용은 연방상원의 동의와 연방의회의 재적과반수의 찬성을 요하는 연방법률로 정한다. 이 연방은 관련된 주, 군과 읍의 관계인의 의견을 청취하는 청문규정을 두어야 한다.

(8) 주는 제2항부터 제7항의 규정에도 불구하고 주 간 조약으로 각각 그들이 포괄하는 영역 또는 그 부분영역에 관해 재편성할 수 있다. 이 경우 관계있는 군과 읍은 청문을 한다. 주 간 조약은 참가하는 각 주의 주민표결에 의한 승인을 요한다. 주의 부분영역 변경에 대한 주 간 조약일 경우 승인은 당해 부분영역에서의 주민표결로 한정할 수 있다. 5문 후단은 이에 적용하지 아니한다. 주민 표결에서 투표총수가 적어도 연방의회 유권자수의 4분의 1이상의 참여와 투표수의 과반수로 결정한다. 상세 내용은 연방법률로 정한다. 주 간 조약은 연방의회의 동의를 요한다.

제30조 【주(州)의 고권】

국가적 기능의 행사와 국가적 임무의 수행은 이 기본법이 다른 규정을 두지 아니하거나 허용하지 않은 한 주의 사항이다.

제31조 【연방법의 우위】

연방법은 주법에 우선한다.

제32조【외교관계】

(1) 외국과의 관계를 담당하는 것은 연방의 사항이다.

(2) 어떤 주의 특별한 사정에 관계되는 조약체결시에는 체결 전의 적당한 때에 그 주의 의견을 들어야 한다.

(3) 주가 입법에 관한 권한을 갖는 한 주는 연방정부의 동의를 얻어 외국과 조약을 체결할 수 있다.

제33조【국민의 평등－공직제도】

(1) 독일인은 누구나 어느 주에서나 국민으로서 동등한 권리와 의무를 갖는다.

(2) 독일인은 누구나 그의 적성·능력 및 전문적 업적에 따라 모든 공직에 취임할 평등한 권리를 갖는다.

(3) 시민적·국민적 권리의 향유·공직취임의 허용 그리고 공적 직무상 취득하는 권리는 종교적 교파와는 무관하다. 누구도 어떤 신앙이나 세계관에 속하거나 속하지 않는다고 하여 불이익을 받아서는 안 된다.

(4) 고권적 권한의 행사는 일반적으로 공법상의 근무관계와 충성관계에 있는 공직종사자에게 계속적 임무로서 위탁되어 있다.

(5) 공직근무에 관한 법은 직업공무원제의 전통적인 제 원칙을 고려하여 규정되어야 하며 지속적으로 발전시켜야 한다.

제34조【직무상 의무위반에 있어서의 배상책임】

자기에게 위임된 공무의 수행중 제3자에 대한 그의 직무의무를 위반한 자는 국가나 그가 근무하는 단체에 대하여 원칙적으로 책임을 진다. 고의 또는 중과실의 경우에는 구상권이 유보된다. 손해배상청구권과 구상권에 대하여 정규소송이 배제되어서는 안 된다.

제35조【법적구조, 직무상 지원, 위기구호】

(1) 연방과 주의 모든 관청은 상호간의 법적 지원과 직무상의 지원을 행한다.

(2) 공공의 안전과 질서의 유지나 회복을 위하여 한 주는 특별히 중대한 경우 경찰이 연방국경수비대의 힘과 시설의 지원 없이는 임무를 수행할 수 없거나 현저한 어려움하에서만 수행할 수 있는 때에는 경찰에 대한 지원을 요청할 수 있다. 자연재해 또는 특히 중대한 사고의 경우 그 구호를 위하여 주는 다른 주의 경찰력 다른 행정청과 연방국경수비대 및 군대의 힘과 시설을 요청할 수 있다.

(3) 자연재해나 사고가 한 주 이상의 영역을 위협할 때에 효과적인 극복에 필요한 한에서 연방정부는 주정부에게 다른 주의 경찰력을 사용하도록 지시할 수 있으며 또한

경찰력을 지원하기 위하여 연방국경수비대와 군대의 부대들을 투입할 수 있다. 1 문에 따른 연방정부의 조치는 연방참의원의 요구가 있을 때는 항상 그리고 그 밖에 도 위험이 제거된 후에는 지체없이 폐지되어야 한다.

제36조 【연방공무원】

(1) 연방최고관청의 공무원은 모든 주(州)로부터 적당한 비율로 채용되어야 한다. 그 밖의 연방관청에 종사하는 사람들은 원칙적으로 그들이 근무히는 주에서 채용되어야 한다.

(2) 병역법도 연방이 각 주로 나누어 편성되어 있다는 것과 각 주의 특별한 향토적 상황을 고려해야 한다.

제37조 【연방강제】

(1) 주가 기본법이나 그 밖의 연방법률에 따라 부과된 연방의무를 이행하지 아니한 때에는 연방정부는 연방상원의 동의를 얻어 연방강제의 방법으로 그 주로 하여금 그 의무를 이행하기 위한 필요한 조치를 취할 수 있다.

(2) 연방강제의 집행을 위하여 연방정부나 그 수임자는 모든 주와 그 관청에 대한 지시 권을 갖는다.

III. 연방의회(제38조-제49조)

제38조 【선거】

(1) 독일 연방의회의 의원은 보통·직접·자유·평등 및 비밀선거에 의해서 선출된다. 그들은 국민전체의 대표자이고, 명령과 지시에 구속되지 않으며, 자신의 양심에만 따른다.

(2) 만 18세가 된 자는 선거권을 가진다; 성인의 연령에 달한 자는 피선거권을 가진다.

(3) 그 세칙은 연방법으로 정한다.

제39조 【의회회기, 회의소집, 의원임기】

(1) 연방의회는 4년마다 선거된다. 의회회기는 새 연방의회의 집회와 동시에 종료한 다. 새로운 선거는 의회회기 개시 후 빨라도 45개월 이후 늦어도 47개월 이전에 실시된다. 연방의회가 해산된 경우에는 60일 이내에 새로운 선거가 실시된다.

(2) 연방의회는 늦어도 선거후 30일 이내 집회된다.

(3) 연방의회는 회의의 종료와 재개를 정한다. 연방의회 의장은 의회를 보다 일찍 소집 할 수 있다. 또한 의장은 의원의 3분의 1, 연방대통령 또는 연방수상이 요구하면

연방의회를 소집해야한다.

제40조【의장단, 의사규칙】

(1) 연방의회는 의장, 의장대리 및 사무총장을 선출한다. 연방의회는 의사규칙을 제정한다.

(2) 의장은 연방의회의 건물 내에서 가택권과 경찰권을 행사한다. 의장의 허가 없이는 연방의회의 구내에서 수색이나 압수를 할 수 없다.

제41조【선거심사】

(1) 선거심사는 연방의회의 사항이다. 연방의회는 연방의회의 의원이 그 자격을 상실했는가의 여부도 결정한다.

(2) 연방의회의 결정에 대하여는 연방헌법재판소에 대한 헌법소원이 허용된다.

(3) 상세한 내용은 연방법률로 정한다.

제42조【회의의 공개, 다수결원칙】

(1) 연방의회는 공개로 심의한다. 10분의 1 또는 연방정부가 제의하는 경우 3분의 2의 다수에 의해 공개가 배제될 수도 있다. 이 제의에 대하여는 비공개회의에서 결정한다.

(2) 연방의회의 의결에는 이 기본법에 다른 규정이 없는 한 투표의 과반수가 필요하다. 연방의회에 의해서 행해지는 선거에 있어서는 의사규칙에 예외를 두는 것이 허용된다.

(3) 연방의회와 그 위원회의 공개회의에서 행하는 진실한 보고는 어떤 책임도 지지 아니한다.

제43조【연방정부 출석요구권 등】

(1) 연방의회와 그 위원회는 연방정부의 어느 구성원의 출석이라도 요구할 수 있다.

(2) 연방상원과 연방정부의 구성원 및 그 수임자는 연방의회와 그 위원회의 모든 회의에 출석할 수 있다. 그들의 의견은 언제라도 청취되어야 한다.

제44조【조사위원회】

(1) 연방의회는 그 공개심의로 필요한 증거를 조사할 조사위원회를 설치할 권한을 가지며 의원의 4분의 1의 제의가 있으면 설치할 의무를 진다. 공개는 배제될 수 있다.

(2) 증거의 조사에는 형사소송에 관한 조항이 적절히 적용된다. 서신 우편 및 전신의 비밀에는 해당되지 않는다.

(3) 법원과 행정관청은 법적 지원과 직무상의 지원을 할 의무가 있다.

(4) 조사위원회의 의결은 사법적 심의의 대상이 되지 아니한다. 조사의 토대가 되는 사실의 평가와 판단에 있어 법원은 자유이다.

제45조 【유럽연합위원회】
연방의회는 유럽연합의 사무를 위하여 유럽연합위원회를 설치할 수 있다. 연방의회는 제23조에 따른 연방의회의 제권리를 연방정부에 대하여 주장하는 권한을 이 유럽연합위원회에 부여할 수 있다.

제45a조 【외교위원회와 국방위원회】
(1) 연방의회는 외교위원회와 국방위원회를 설치한다.
(2) 국방위원회는 조사위원회의 권한도 갖는다. 그 구성원 4분의 1의 제의가 있으면 국방위원회는 일정한 사항을 조사대상으로 할 의무를 진다.
(3) 제44조 제1항은 국방의 영역에는 적용되지 아니한다.

제45b조 【국방전권위원 – 국방옴부즈만】
기본권을 보호하기 위하여 그리고 연방의회의 통제권 행사시의 보조기관으로서 연방의회의 국방전권위원이 임명된다. 상세한 내용은 연방법률로 정한다.

제45c조 【청원위원회】
(1) 연방의회는 제17조에 따라 연방의회에 제출된 청원과 소원을 다룰 청원위원회를 둔다.
(2) 소청을 심사할 위원회의 권한은 연방법률로 정한다.

제46조 【면책특권과 불체포특권】
(1) 의원은 연방의회나 그 위원회에서 행한 투표 또는 발언을 이유로 어떠한 경우에도 재판상 또는 직무상 소추를 받지 아니하며 연방의회의 외부에서 책임을 지지 아니한다. 이것은 중상적 모욕에는 적용되지 아니한다.
(2) 의원은 연방의회의 허락이 있는 경우에만 범죄행위를 이유로 책임을 지거나 체포될 수 있다. 단, 현행범인 경우나 그 익일 중에 체포되는 경우에는 그러하지 아니하다.
(3) 연방의회의 허락은 의원의 신체의 자유에 관한 모든 그 밖의 제한의 경우에 관하여 또한 제18조에 따라 의원에 대한 소송절차를 개시하기 위해서도 필요하다.
(4) 의원에 대해 행해지는 일체의 형사절차와 제18조에 따른 소송절차, 의원의 구금과 그 신체적 자유의 그 밖의 제한은 연방의회의 요구가 있으면 중지되어야 한다.

제47조 【증언거부권】

의원은 그의 의원으로서의 자격을 신뢰하여 그에게 사실을 밝힌 사람에 대하여 또는 그가 의원의 자격으로 사실을 밝힌 상대방 사람에 대하여 증언을 거부할 권리를 갖는다. 이 증언거부권이 미치는 한 서류의 압수도 허용되지 아니한다.

제48조 【청구권, 대표성, 보수청구권】

(1) 연방의회에서 의석을 획득하고자 하는 자는 그의 선거준비에 필요한 휴가를 청구할 수 있다.

(2) 누구든지 의원직의 취임과 행사를 방해받아서는 안 된다. 이러한 사유로 인한 해고의 통지와 해고는 허용되지 아니한다.

(3) 의원은 독립성을 유지하기 위한 적절한 보수청구권을 갖는다. 의원은 모든 국유교통수단을 자유로이 이용할 권리를 갖는다. 상세한 내용은 연방법률로 정한다.

제49조 (삭제)

IV. 연방상원(제50조-제53조)

제50조 【임무】

주(州)는 연방상원을 통하여 연방의 입법과 행정과 그리고 유럽연합의 사무에 협력한다.

제51조 【구성】

(1) 연방상원은 주정부가 임명하고 해임하는 주정부의 구성원으로 이루어진다. 그들은 그 정부의 다른 구성원에 의해서 대리될 수 있다.

(2) 모든 주는 최소한 3개의 의결권을 갖는다. 200만 이상의 인구를 가진 주는 4개, 600만 이상의 인구를 가진 주는 5개, 700만 이상의 인구를 가진 주는 6개의 의결권을 갖는다.

(3) 각 주는 표수와 동수의 구성원을 파견할 수 있다. 주의 투표는 통일적으로 행사되고 출석한 구성원이나 그 대리인에 의해서만 행사될 수 있다.

제52조 【의장, 의결, 의사규칙】

(1) 연방상원은 매년 그 의장을 선출한다.

(2) 의장은 연방상원을 소집한다. 최소한 두 주의 대표자나 연방정부의 요구가 있으면 의장은 연방상원을 소집해야 한다.

(3) 연방상원은 최소한 투표의 과반수로 의결한다. 연방상원은 의사규칙을 제정한다. 그 심의는 공개되나 공개가 배제될 수도 있다.

(3a) 유럽연합의 사무를 위하여 연방상원은 유럽심의회를 구성할 수 있고 유럽심의회의 의결은 연방상원의 결정으로서의 효력을 갖는다. 각 주들이 균등하게 제출한 표의 총수는 제51조 제2항에 따라 결정된다.

(4) 주정부의 다른 구성원이나 수임자는 연방상원의 위원회에 소속할 수 있다.

제53조 【연방정부의 참가】

연방정부의 구성원은 연방상원이나 그 위원회에 참가할 권리를 가지며 또한 요구가 있으면 참가할 의무를 진다. 연방정부의 구성원의 의견은 언제든지 청취되어야 한다. 연방상원은 연방정부로부터 그 업무수행에 관하여 상시 보고를 받는다.

IVa. 합동위원회(제53a조)

제53a조 【위원회구성과 의사규칙】

(1) 합동위원회는 연방의회 의원의 3분의 2, 연방상원 구성원의 3분의 1로 구성된다. 의원은 교섭단체의 세력에 따라 연방의회에서 확정된다; 그들은 연방정부에 속해서는 아니된다. 각 주(州)는 주가 임명한 연방상원 구성원에 의해서 대표된다. 이들 구성원은 지시에 구속되지 아니한다. 합동위원회의 구성과 그 절차는 연방의회에 의해 의결되고 연방상원의 동의를 필요로 하는 의사규칙으로 정한다.

(2) 연방정부는 긴급한 방위사태의 계획에 관해 합동위원회에 보고해야 한다. 제43조 제1항에 따른 연방의회와 그 위원회의 권한에는 해당되지 아니한다.

V. 연방대통령(제54조-제61조)

제54조 【선거-임기】

(1) 연방대통령은 연방회의(Bundesversammlung)에서 토의없이 선출된다. 연방의회 의원의 선거권을 갖는 만 40세 이상의 모든 독일인은 피선거권을 갖는다.

(2) 연방대통령의 임기는 5년이다. 연임은 1회에 한한다.

(3) 연방회의는 연방의회 구성원과 비례선거의 원칙에 따라 각 주의 의회(Volksvertretung)가 선출한 동수의 구성원으로 구성된다.

(4) 연방회의는 늦어도 연방대통령의 임기만료 30일전에, 임기 전에 종료한 경우에는

종료시부터 30일 내에 집회한다. 연방회의는 연방의회 의장에 의해서 소집된다.

(5) 의회회기만료 후 제4항 제1문의 기간제한은 연방의회의 첫 집회일로부터 시작된다.

(6) 연방의회 의원의 재적과반수의 투표를 얻는 자가 당선된다. 2차 투표에서도 이 과반 수를 얻는 후보자가 없을 때에는 3차 투표에서 최다득표를 얻는 자가 선출된다.

(7) 상세한 내용은 연방법률로 정한다.

제55조 【겸직금지, 영리사업금지】

(1) 연방대통령은 연방이나 주의 정부 또는 의회에 속할 수 없다.

(2) 연방대통령의 그 밖의 어떠한 유급공직·영업 및 직업에 종사할 수 없으며, 영리를 목적으로 하는 이사회나 감사회에 속할 수 없다.

제56조 【취임선서】

연방대통령은 그 취임에 있어 연방의회와 연방참의원의 구성원 앞에서 다음과 같은 선서를 한다:

"나는 독일 국민의 복리를 위하여 전력을 다할 것이며, 그 이익을 증진하며, 그 장해를 제거하며, 기본법과 연방의 법률을 보전하고 수호하며, 나의 의무를 양심껏 이행하고, 모든 사람에 대하여 정의를 행할 것을 선서한다. 나에게 신의 가호가 있기를."

선서는 종교적 서약 없이도 행하여질 수 있다.

제57조 【권한대행】

연방대통령의 권한은 유고시 또는 임기 만료 전에 궐위된 경우에는 연방상원 의장이 행사한다.

제58조 【부서】

연방대통령의 명령과 처분이 유효하기 위해서는 연방수상이나 소관 연방장관의 부서 가 필요하다. 이것은 연방수상의 임면, 제63조에 의한 연방의회의 해산 및 제63조 제3 항에 의한 요청에는 적용되지 아니한다.

제59조 【국제법상의 연방대표권】

(1) 연방대통령은 국제법상 연방을 대표한다. 그는 연방의 이름으로 외국과 조약을 체 결한다. 그는 사절을 신임하고 접수한다.

(2) 연방의 정치적 관계를 규정하거나 연방의 입법사항과 관련을 갖는 조약은 연방법 률의 형식으로 하되 그때마다 연방입법에 관한 권한을 가진 기관의 동의나 참여를 필요로 한다. 행정협정에 관하여는 연방행정에 관한 조항이 준용된다.

제59a조 (삭제)

제60조 【연방공무원과 군인의 임면, 사면권】

(1) 연방대통령은 법률에 다른 규정이 없는 한 연방법관, 연방공무원, 장교 및 하사관을 임면한다.
(2) 연방대통령은 연방을 위하여 개별적인 경우에 사면권을 행사한다.
(3) 연방대통령은 이 권한을 다른 관청에 이양할 수 있다.
(4) 제46조 제2항에서 제4항까지는 연방대통령에 준용한다.

제61조 【연방헌법재판소에의 탄핵소추】

(1) 연방의회나 연방상원은 기본법 또는 그 밖의 연방법률의 고의적 침해를 이유로 연방대통령을 연방헌법재판소에 탄핵소추 할 수 있다. 탄핵소추는 최소한 연방의회 재적의원의 4분의 1 또는 연방상원의 4분의 1로 발의되어야 한다. 탄핵소추의 의결은 연방의회 재적의원의 3분의 2 또는 연방상원의 표수 3분의 2의 다수를 필요로 한다. 탄핵의 소추는 소추기관의 수임자에 의해서 행해진다.
(2) 연방헌법재판소가 연방대통령이 기본법 또는 그 밖의 연방법률을 고의로 위배한 책임이 있다고 확인하면 연방헌법재판소는 탄핵의 소추 후 가처분으로 연방대통령의 직무수행을 정지시키는 결정을 할 수 있다.

VI. 연방정부(제62조-제69조)

제62조 【구성】

연방정부는 연방수상과 연방장관들로 구성된다.

제63조 【연방수상의 선출】

(1) 연방수상은 연방대통령의 제청으로 연방의회에 의해서 토의 없이 선출된다.
(2) 연방의회 재적의원의 과반수의 표를 획득한 자가 선출된다. 선출된 자는 연방대통령에 의해서 임명된다.
(3) 제청된 자가 선출되지 않은 때에는 연방의회는 투표 후 14일 이내에 재적의원의 과반수로써 연방수상을 선출할 수 있다.
(4) 선출이 이 기한 내에 이루어지지 않은 때에는 지체 없이 새로운 투표가 실시되고 최다득표자가 선출된다. 선출된 자가 연방의회 재적의원의 과반수의 표를 획득한 때에는 연방대통령은 선거후 7일 내에 그를 임명해야 한다. 선출된 자가 이 과반수

를 획득하지 못한 때에는 연방대통령은 7일 내에 그를 임명하거나 연방의회를 해
산해야 한다.

제64조 【연방장관의 임면】
(1) 연방장관은 연방수상의 제청으로 연방대통령에 의해 임면된다.
(2) 연방수상과 연방장관은 취임에 있어 연방의회에서 제56조에 규정된 선서를 한다.

제65조 【지침권, 부처책임원칙 및 동료원칙】
연방수상은 정책계획의 국정방향을 결정하고 이에 대한 책임을 진다. 각 연방장관은
이 지침 내에서 그 소관 사무를 자주적으로 그리고 자기 책임하에서 처리한다. 연방장
관간의 의견 차이에 관하여는 연방정부가 결정한다. 연방수상은 연방정부가 의결하고
연방대통령의 재가를 얻은 직무규칙에 따라 사무를 처리한다.

제65a조 【군대의 명령권과 지휘권】
(1) 국방장관은 군대에 대한 명령권과 지휘권을 갖는다.
(2) (삭제)

제66조 【겸직금지, 영리사업금지】
연방수상과 연방장관은 다른 유급공직·영업 및 직업에 종사할 수 없으며, 영리를 목적
으로 하는 기업의 이사회나 연방의회의 동의 없이는 그 감사회에도 속할 수 없다.

제67조 【불신임투표】
(1) 연방의회는 그 재적의원의 과반수로 후임자를 선출하고 연방대통령에게 연방수상
의 해임을 요청하는 방법으로써만 연방수상에 대한 불신임을 표명할 수 있다. 연방
대통령은 이 요청에 따라야 하고 선출된 자를 임명해야 한다.
(2) 동의와 선거에는 48시간의 간격이 있어야 한다.

제68조 【신임문제】
(1) 신임을 요구하는 연방수상의 동의가 연방의회 재적의원의 과반수의 찬성을 얻지
못하면 연방대통령은 연방수상의 제청으로 21일 내에 연방의회를 해산시킬 수 있
다. 연방의회가 그 재적의원의 과반수로써 다른 연방수상을 선출하면 해산권은 즉
시 소멸된다.
(2) 이 동의와 투표 간에는 48시간의 간격이 있어야 한다.

제69조【연방수상의 권한대행 – 임기】

(1) 연방수상은 1인의 연방장관을 자기대리인으로 임명한다.

(2) 연방수상이나 연방장관의 직은 언제나 새로운 연방의회의 집회와 더불어 종료하며, 연방장관의 직도 연방수상의 직이 다른 이유로 끝날 때 함께 종료한다.

(3) 연방수상은 연방대통령의 요청으로, 연방장관은 연방수상이나 연방대통령의 요청으로 후임자가 임명될 때까지 그 사무를 계속 처리할 의무를 진다.

VII. 연방입법과정(제70조-제82조)

제70조【연방과 주의 입법권한】

(1) 주는 이 기본법이 연방에 입법권한을 부여하지 않는 경우에는 입법권을 갖는다.

(2) 연방과 주(州)간의 관할의 획정은 전속적 입법과 경합적 입법에 관한 이 기본법의 조항에 따라 정해진다.

제71조【연방의 전속적 입법】

연방의 전속적 입법영역에 있어서는 연방법률이 명시적으로 권한을 위임한 경우에만 그리고 그 범위 내에서만 주는 입법권을 갖는다.

제72조【경합적 입법】

(1) 경합적 입법영역에 있어서는 연방이 법률로써 입법권을 행사하고 있지 않을 때 그 범위 내에서 주가 입법권을 갖는다.

(2) 제74조 제1항의 제4호, 제7호, 제11호, 제13호, 제15호, 제19호의 a호, 제20호, 제22호, 제25호, 제26호에 대하여 연방은 이러한 영역에서 연방영역에서의 균등한 생활여건의 조성 또는 국가전체의 이익을 위한 법적·경제적 동일성의 유지를 위하여 연방법률로 규율할 필요가 있는 경우에 그 범위 내에서 입법권을 갖는다.

(3) 연방은 그의 입법권한을 행사하며 주들은 연방의 입법관할에서 제외되는 다음의 사항을 법률로써 규정할 수 있다.

1. 수렵(수렵면허에 관한 법은 제외함)

2. 자연보호와 경관보호에 관한 사항(자연보호의 일반원칙, 생물 종의 보호 혹은 해양보호에 관한 법은 제외함.

3. 토지분배

4. 국토개발계획

5. 물의 관리(수질 혹은 수자원 시설에 관련된 규정제외)

6. 대학의 입학 및 수료

이러한 영역에서의 연방법률은 연방참사원이 달리 정하지 않는 한, 공포일로부터 6개월이 경과하여야 효력을 발생한다.

(4) 전 항의 필요성이 더 이상 존재하지 않는 연방법률규정은 주 법에 의하여 대체될 수 있음을 연방법률로 규정할 수 있다.

제73조 【연방의 전속적 입법사항】

(1) 연방은 다음 사항에 관하여 전속적 입법권을 갖는다.

1. 외교문제와 민간인보호를 포함한 국방
2. 연방에서의 국적
3. 이전의 자유, 여권제도, 국내외로의 이민, 신고 및 신분증명제도 및 범인인도
4. 통화, 화폐 및 주화제도, 표준도량형과 표준시간
5. 관세구역과 통상구역의 통일, 통상조약과 항해조약, 상품교역의 자유, 관세와 국경보호를 포함한 외국과의 상품교역과 지불거래
5a. 독일 문화재의 외국으로의 유출방지를 위한 보호
6. 항공교통
6a. 연방철도의 노선건설 유지와 경영 그리고 철도노선의 이용에 대한 요금의 징수
7. 우편제도와 장거리 통신
8. 연방과 연방직속의 공법상의 단체에 근무하는 자의 법적 관계
9. 영업상의 권리보호, 저작권 및 출판
9a. 국제 테러리즘의 위험에 대한 방위는 각 주에 파급되는 위험이 존재하는 경우, 주 경찰청의 권한이 인정되지 않는 경우나 또는 최상급의 주관청이 방위의 인계를 요청하는 경우에 연방사법경찰관리에게 있다.
10. 다음 사항에 있어서의 연방과 주는 상호 협력한다.
   a) 범죄수사경찰
   b) 자유민주적 기본질서, 연방 또는 주의 존립과 안전의 보호(헌법보장)
   c) 폭력의 사용이나 그것을 목적으로 하는 표준행위로써 독일연방공화국이 대외적 이익을 위태롭게 하는 연방영역에서의 기도의 방지 그리고 연방범죄수사경찰관서의 설치와 국제적인 범죄 진압
11. 연방용 통계
12. 무기와 폭발물에 관한 법
13. 전상자와 전몰유가족에 대한 부조 및 과거의 전쟁포로를 위한 구호
14. 평화목적의 핵에너지의 생산과 이용, 핵에너지의 방출 또는 전리방사선에 의하여 발생하는 위험으로부터의 보호와 방사성물질의 제거, 이러한 목적에 따

른 공공시설의 설립 및 운영
  (2) 제1항 제9호에 의한 법률은 연방상원의 동의를 필요로 한다.

제74조 【연방의 경합적 입법사항】

  (1) 경합적 입법은 다음 분야를 그 대상으로 한다.

   1. 민법, 형법 및 행형, 법원조직, 재판절차(미결구금의 집행에 관한 법 제외), 변호사, 공증인 및 법률상담

   2. 호적제도

   3. 결사와 집회법

   4. 외국인의 체류에 관한 법 및 정주에 관한 법

   4a. (삭제)

   5. (삭제)

   6. 망명자 및 추방된 자에 관한 사무

   6a. 연방의 전부 또는 다수지분으로 되어 있는 철도의 교통, 이러한 궤도의 이용에 대한 요금의 인상과 같이 연방철도궤도의 경영과 유지, 건설

   7. 공적부조(사회복지시설법 제외)

   8. (삭제)

   9. 전쟁으로 안한 피해와 그 복구

   10. 전몰자묘지와 전쟁희생자 및 폭력지배의 희생자묘지

   11. 폐점, 음식점, 도박장, 연기장, 견본시, 어음증서의 발행 및 시장설치에 관한 법을 제외한 경제(광업, 공업, 동력산업, 수공업, 영업, 상업, 은행 및 주식제도, 사법상의 보험제도)에 관한 법

   11a. (삭제)

   12. 경영조직 근로보호 및 직업소개를 포함한 노동법과 실업보험을 포함한 사회보험제

   13. 직업훈련지원규정과 학술적 연구의 진흥

   14. 제73조와 74조의 사항영역에서 문제되는 공용수용에 관한 법

   15. 토지, 천연자원 및 생산수단의 공유재산 또는 그 밖의 공동관리 경제형태로의 전환

   16. 경제력의 남용예방

   17. 농·임업생산의 진흥(경지정리법 제외), 식량의 확보, 농·수산물의 수출입, 원양어업과 연해어업 및 연안보호

   18. 도시계획 상의 토지거래, 토지법(보상액에 관한 권리 제외)과 주택수당법, 구채무보조법, 주택건설비과세공제법, 광산노동자주택건설법 및 광원주택법 및

농업상의 임차제도 이주 및 정착제도
19. 공공의 위험이 있거나 전염성이 있는 가축의 질병에 대한 조치, 의료업 및 의료의 허가와 약국, 의약품, 치료제, 마취 및 독극물의 거래
19a. 병원의 경제적 안전과 병원치료비의 규제
20. 식료품을 포함한 그 생산에 이용되는 동물에 관한 법, 기호품, 생활필수품, 사료 농·임업용의 종자 및 묘목의 거래의 보호, 식물의 병해로부터의 보호 그리고 동물의 보호
21. 원양과 근해항해 및 선로표지, 내수항행, 기상업무, 해수항로 및 일반운수에 이용되는 내수항로
22. 도로교통, 자동차제도, 장거리교통을 위한 주(州)도로의 건설과 유지, 자동차에 의한 공도의 이용에 대한 요금의 징수와 분배
23. 연방철도가 아닌 산악철도 이외의 철도
24. 폐기물 경제, 오물제거 대기정화 및 소음방지(생활소음으로부터의 보호 제외)
25. 국가배상책임
26. 인간의 생명을 위한 의학적 촉진제의 생산, 인간의 인공수정, 유전자정보(Erbinformation)의 연구 및 인공적 변경과 장기 및 조직과 세포이식에 관한 규율
27. 주·자치단체 기타 공법상 단체의 공무원과 주 법관의 지위부여, 급여 및 연금을 제외한 신분에 관한 권리와 의무
28. 수렵
29. 자연보호와 경관보호
30. 토지분할
31. 국토개발계획
32. 수자원관리
33. 대학의 입학 및 수료
(2) 전항 제25호 및 제27호에 의한 법률은 연방상원의 동의를 요한다.

제74a조 (삭제)

제75조 (삭제)

제76조 【법률안】
(1) 법률안은 연방정부, 연방의회 의원들 또는 연방상원에 의해서 연방의회에 제출된다.
(2) 연방정부의 법률안은 우선 연방상원에 이송되어야 한다. 연방상원은 6주 내에 이

법률안에 대하여 태도를 표명할 권한을 갖는다. 연방상원이 중대한 이유로 인하여, 특히 법률안의 범위를 고려하여 기간의 연장을 고려하는 경우 기간은 9주로 한다. 연방정부는 법률안을 연방상원에 이송하는 경우에는 예외적으로 특별히 긴급을 요한다고 표시한 법률안일 때 3주 후에 또는 연방상원이 3문에 관한 요구를 제출한 경우에는 6주 후에 연방상원의 태도표명이 연방정부에 도달하지 않더라도 그 법률안을 연방의회에 이송할 수 있다. 연방정부는 연방상원의 태도표명이 있으면 접수 후에 지체 없이 그것을 연방의회에 이송하여야 한다. 이 기본법 개정안과 제23조 또는 제24조에 관한 고권이양의 제안에 대하여는 태도 표명을 위한 기간은 9주로 하며 4문은 적용하지 아니한다.

(3) 연방상원의 법률안은 연방정부를 통하여 6주 이내에 연방의회에 이송되어야 한다. 이때에 연방정부는 자신의 견해를 제시해야 한다. 연방정부가 중대한 이유로 인하여 특히 법률안의 범위를 고려하여 기간의 연장을 요구하는 경우에는 그 기간은 3주로 하며 연방정부가 3문에 관한 요구를 제출할 경우에는 6주로 한다. 이 기본법 개정안과 제23조 또는 제24조에 관한 고권이양의 제안에 대하여는 기간을 9주로 하며 4문은 적용하지 아니한다. 연방의회는 적당한 기간 내에 심의하고 의결하여야 한다.

제77조 【입법절차 – 중재위원회】

(1) 연방법률은 연방의회에 의해서 의결된다. 연방법률은 채택 후 지체 없이 연방의회 의장에 의해 연방상원에 송부되어야 한다.

(2) 연방상원은 의결된 법률안의 접수 후 3주 내에 법률안의 합동심의를 위하여 연방의회와 연방상원의 의원으로 구성되는 위원회가 소집되도록 요구할 수 있다. 이 위원회에 구성과 절차는 연방의회에 의해서 의결되고 연방상원의 동의를 필요로 하는 의사규칙으로 정한다. 이 위원회에 파견된 연방상원의 동의가 필요할 때에는 연방의회와 연방정부도 소집을 요구할 수 있다. 위원회가 의결된 법률의 변경을 제외하면 연방의회는 재의결해야 한다.

(2a) 법률이 연방상원의 동의를 요하는 한 제2항 1문에 관한 요구가 제출되지 않거나, 양원협의절차가 법률의 수정의결을 제안하지 아니하고 종결된 경우에는 적당한 기간 내에 동의를 의결하여야 한다.

(3) 연방상원의 동의를 필요로 하지 않는 법률인 경우에는 연방상원은 제2항에 따른 절차가 종결되었을 때에는 연방의회에 의해 의결된 법률에 대해 2주 내에 이의를 제기할 수 있다. 이의기간은 제2항 5문의 경우에는 연방의회에 의한 재의결의 접수와 동시에 시작되고 그 밖의 모든 경우에는 제2항에 규정된 위원회의 위원장이 동위원회에서의 절차가 완결되었다고 하는 보고의 접수와 동시에 시작된다.

(4) 전항의 이의가 연방상원의 과반수투표로 의결되면 연방의회는 재적 과반수의 의결로 그것을 각하할 수 있다. 연방상원이 최소한 그 투표의 3분의 2의 다수로 이의를 의결한 경우에는 연방의회에 의한 그 각하는 최소한 연방의회 의원의 재적과반수를 포함한 3분의 2의 다수를 필요로 한다.

제78조 【법률의 성립】
연방의회에 의해 의결된 법률은 연방상원이 동의할 때, 제77조 제2항에 따른 요구를 하지 아니할 때, 제77조 제3항의 기한 내에 이의를 제기하지 아니하거나 이의를 철회할 때 또는 이의가 연방의회에 의해 각하될 때에 성립한다.

제79조 【기본법의 개정】
(1) 기본법은 기본법의 문구를 명시적으로 변경 또는 보충하는 법률에 의해서만 개정될 수 있다. 강화조약, 강화조약의 준비 또는 점령법적 법질서의 폐지를 그 대상으로 하거나 연방공화국의 방위에 도움이 될 국제법적 조약인 경우에는 기본법의 조항들이 그러한 조약의 체결과 발효에 저촉되지 아니함을 해명하기 위해서는 이 해명에 국한되는 기본법의 문구의 보충으로써 족하다.
(2) 이러한 법률은 연방의회 의원의 3분의 2의 찬성과 연방상원 표수의 3분의 2의 찬성을 필요로 한다.
(3) 연방을 각 주로 편성하는 입법에 있어서 주의 원칙적인 협력 또는 제1조와 제20조에 규정된 원칙들에 저촉되는 기본법 개정은 허용되지 아니한다.

제80조 【법규명령의 제정】
(1) 연방정부, 연방장관 또는 주정부는 법률에 의해서 법규명령을 제정할 권한을 위임받을 수 있다. 이 경우 위임된 권한의 내용, 목적 및 범위는 법률에 확정되어야 한다. 법규명령에는 그 법적 근거가 명시되어야 한다. 위임받은 권한을 다시 위임할 수 있음을 법률이 규정하고 있는 때에는 위임받은 권한의 위임을 위해 법규명령이 필요하다.
(2) 우편제도 및 장거리 통신의 시설이용에 관한 원칙과 자금 그리고 연방철도 건설이용에 대한 요금의 징수원칙, 철도의 건설과 운영에 관한 연방정부 또는 연방장관의 법규명령 및 연방상원의 동의를 필요로 하는 연방법률에 근거한 법규명령 또는 연방의 위임에 의하거나 고유의 사무로서 주에 의해 수행되는 연방법률을 근거로 하는 법규명령은 연방법률의 다른 규정이 있는 경우를 제외하고는 연방상원의 동의를 필요로 한다.
(3) 연방상원은 자기의 동의를 요하는 법규명령을 제정할 것을 요구하는 제안을 연방

정부에 제출할 수 있다.

(4) 주정부가 연방법률에 의해서 또는 연방법률에 근거하여 법규명령 제정권을 가지는 경우 그 범위에서 주는 법률에 의해서 규율을 할 수 있다.

제80a조 【긴급사태】

(1) 기본법 또는 민간인의 보호를 포함한 방위에 관한 연방법률이 본조에 따라 법조항 이 적용될 수 있다고 규정한 때에는 그 적용은 방위사태의 경우를 제외하고는 연방 의회가 긴장사태의 발생을 확인한 경우 또는 그 적용에 특별히 동의한 경우에만 허용된다. 긴장사태의 원인과 제12a조 제5항 1문 및 제6항 2문의 경우의 특별동의 는 투표된 표의 3분의 2의 다수를 필요로 한다.

(2) 제1항에 따라 법조항에 의거한 조치는 연방의회의 요구가 있으면 폐지되어야 한다.

(3) 이러한 법조항의 적용은 재1항에 상관없이 국제기구가 연방정부의 동의를 얻어 동맹조약의 테두리 내에서 행하는 의결에 따라 그리고 그에 근거하여서도 허용된다. 본 항에 따른 조치는 연방의회가 재적과반수로 요구하는 때에는 폐지되어야 한다.

제81조 【입법위기】

(1) 제68조의 경우에 연방의회가 해산되지 않으면 연방대통령은 연방정부가 법률안을 긴급한 것이라고 표시했음에도 불구하고 연방의회가 그 법률안을 거부했을 때에는 연방정부의 제의로 연방상원의 동의를 얻어 법률안에 관한 입법 긴급사태를 선포 할 수 있다. 연방수상이 어떤 법률안을 제68조의 제의와 결부시켰음에도 불구하고 그 법률안이 부결된 때에도 마찬가지이다.

(2) 입법긴급사태의 선포 후 연방의회가 동 법률안을 재차 부결하거나 동 법률안을 연방정부가 수락할 수 없는 안으로 통과시킬 때에는 동법률은 연방상원이 동의하 는 한 성립된 것으로 효력을 발생한다. 위 법률안이 재의에 붙여진 후 4주 내에 연방의회에 의해 의결되지 않은 때에도 또한 같다.

(3) 한 연방수상의 임기 중 연방의회가 부결한 그 밖의 모든 법률안도 제1항 및 제2항 에 의한 입법긴급사태의 최초의 선포 후 6개월의 기간 내에 의결될 수 있다. 동기 간의 경과 후에는 동일한 연방수상의 임기 중에는 재차의 입법긴급사태의 선포는 허용되지 아니한다.

(4) 기본법은 제2항에 따라 성립되는 법률에 의해서 개정될 수도 없고 전부 또는 일부 가 실효되거나 또한 정지될 수도 없다.

제82조 【법률의 공고와 발효】

(1) 기본법의 조항에 따라 성립한 법률은 부서 후 연방대통령이 서명하고 연방법률공

보에 공고된다. 법규명령은 그것을 제정하는 관청이 서명하고 법률에 다른 규정이 없는 한 연방법률공보에 공고된다.

(2) 모든 법률과 법규명령은 효력발생일을 규정해야 한다. 그러한 규정이 없을 때에는 연방법률공보가 발행된 일의 경과 후 14일째에 효력을 발생한다.

VIII. 연방법의 집행과 연방행정(제83조-제91조)

제83조 【주에 의한 연방법 시행】

주는 이 기본법이 달리 규정하거나 허용하지 않는 한 연방법률을 그의 고유사무로서 집행한다.

제84조 【주고유행정 - 연방감독】

(1) 주가 연방법률을 고유사무로서 집행하는 경우 연방상원의 동의를 필요로 하는 연방법률에 달리 규정하지 않는 한 주는 관청의 설치와 행정절차에 관한 사항을 규정할 수 있다. 주에서 제2문에 따라 다른 규율을 하는 경우에는 연방상원의 동의로 달리 규정하지 않는 한, 해당 주에서는 이와 관련된 연방의 행정관청의 설치 및 행정절차에 관한 최근의 법률 규정은 공포 후 6개월이 경과한 후에 발효된다. 제72조 제3항 3문은 이를 준용한다. 예외적으로 연방은 연방통일적 규율이 필요하다는 이유로 다른 규정을 행할 가능성을 주에 인정하지 않는 행정절차를 규정할 수 있다. 이 법률은 연방상원의 동의가 있어야 한다. 연방법률로서 지방자치단체 및 지방자치단체연합에게 이러한 업무를 위임할 수 없다.

(2) 연방정부는 연방상원의 동의를 얻어 일반행정규칙을 제정할 수 있다.

(3) 연방정부는 주가 연방법률을 현행법에 맞게 집행하는가를 감독한다. 연방정부는 이 목적을 위하여 주 최고관청에 수임자를 파견할 수 있다. 그리고 주 최고관청의 동의를 얻거나 이 동의가 거절되면 연방상원의 동의를 얻어 주의 하급관청에도 수임자를 파견할 수 있다.

(4) 연방정부가 주에서의 연방법률의 집행에서 확인한 결함이 제거되지 아니할 때에는 연방상원은 연방정부나 주의 제의로 주가 법을 침해하였는가의 여부를 결정한다. 연방상원의 결정에 대하여는 연방헌법재판소에 제소할 수 있다.

(5) 연방정부에게 연방상원의 동의를 필요로 하는 연방법률에 의해서 연방법률을 집행하기 위해 구체적인 경우 개별적 제시를 할 권한이 부여될 수 있다. 그 제시는 연방정부가 긴급한 경우라고 인정하는 때 이외에는 주 최고관청에 대하여 행해져야 한다.

제85조 【위임행정】

(1) 주가 연방의 위임에 따라 연방법률을 집행할 때에는 연방상원의 동의를 필요로
하는 연방법률에 다른 규정이 없는 한 관청의 설치는 주의 소관사항이다. 연방법
률에 의하여 지방자치단체 및 지방자치단체연합이 그의 업무를 위임하는 것은 허
용되지 않는다.

(2) 연방정부는 연방상원의 동의를 얻어 일반행정규칙을 발할 수 있다.

(3) 주관청은 관할 연방최고관청의 지시에 따른다. 그 지시는 연방정부가 긴급한 경우
라고 인정하는 경우 외에는 주 최고관청에 대해 행해져야 한다. 지시의 집행은 주
최고관청에 의해 확보되어야 한다.

(4) 연방감독은 집행의 합법성과 합목적성에 미친다. 연방정부는 이 목적을 위하여 보
고와 서류의 제출을 요구할 수 있고 모든 관청에 수임자를 파견할 수 있다.

제86조 【연방고유행정】

연방이 연방고유의 행정 또는 연방직속의 단체 또는 공법상의 시설을 통해 법률을 집
행할 때에는 법률에 특별한 규정이 없는 한 연방정부는 일반행정규칙을 제정한다, 연
방정부는 법률이 달리 규정하지 않는 한 관청의 설치를 정한다.

제87조 【연방고유행정의 대상】

(1) 외교사무, 연방재무행정 및 제89조에 따른 연방수로 및 선박항해행정은 연방자신
의 하급행정조직을 갖춘 연방 고유행정으로 수행된다. 연방국경수비관청과 경찰상
의 정보와 통신제도를 위한 중앙관청 및 헌법수호와 폭력행사나 폭력행위를 목적
으로 하는 준비행위로서 독일연방공화국의 외교상의 이익을 위태롭게 하는 기도의
방지를 목적으로 필요한 자료수집을 위한 중앙관청은 연방법률에 의해서 설치될
수 있다.

(2) 관할구역이 한 주의 영역을 넘어서는 사회보험자는 공법상의 연방 직할단체로서
운영된다. 그 관할구역이 하나의 주를 넘지만 3개의 주에 미치지 아니하는 사회보
험자는 1문에도 불구하고 관계 각 주에 의해 감독주(州)가 결정되는 경우에는 주
직속 공법단체로 한다.

(3) 그 밖의 연방에 입법권이 부여되는 사무를 위하여 독립된 연방상급관청과 새로운
연방직할단체 및 공법상의 시설들이 연방법률로 설치될 수 있다. 연방에 입법권이
부여되어 있는 영역에서 연방의 새로운 임무가 발생하면 긴급한 필요가 있는 경우
연방상원과 연방의회의 재적과반수의 동의를 얻어 연방고유의 중급 및 하급관청이
설치 될 수 있다.

제87a조 【군대】

(1) 연방은 방위를 위한 군대를 편성한다. 군대의 병력수와 조직의 대강은 예산안에 나타나야 한다.

(2) 방위를 위한 경우 외에는 기본법이 명문으로 허용하는 경우에만 군대가 투입될 수 있다.

(3) 군대는 방위사태와 긴장사태의 경우에 그 방위임무의 수행을 위해 필요한 한 민간인과 그 재산을 보호하고 교통정리의 임무를 수행할 권한을 갖는다. 또한 방위사태와 긴장사태의 경우에는 경찰상의 조치를 지원하기 위하여서도 민간재산의 보호를 군대가 수행할 수 있다. 이 경우 군대는 직할관청과 협력한다.

(4) 연방과 주의 존립 또는 자유민주적 기본질서를 위협하는 위험의 방지를 위해 연방정부는 제91조 제2항의 요건이 존재하고 경찰력과 연방 국경수비대만으로는 불충분한 경우에는 민간인·민간재산을 보호하고 조직되고 군사적으로 무장된 폭도들과 투쟁하는 경찰과 연방국경수비대를 지원하기 위해서 군대를 투입할 수 있다. 군대의 투입은 연방의회나 연방상원의 요구가 있으면 중지되어야 한다.

제87b조 【연방군 및 국방행정】

(1) 연방국방행정은 자신의 하급행정조직을 갖춘 연방 고유행정으로 수행한다. 연방국방행정은 군대의 인사와 그 물적수요의 직접적인 충당의 과제에 기여한다. 상이군인의 원호와 건축의 사무는 연방상원을 필요로 하는 연방법률에 의해서만 연방국방행정에 위임될 수 있다. 또한 법률에는 연방 국방행정에 제3자의 권리를 침해할 권한을 위임하는 때에는 이 법률도 연방상원의 동의를 필요로 한다. 인사영역에 관한 법률에는 해당하지 않는다.

(2) 그 밖의 장병사무와 민간인 보호를 포함한 국방에 관한 연방법률은 연방상원의 동의를 얻어 그 전부 또는 일부가 그 자신의 하급행정조직을 갖춘 연방 고유행정으로 수행되거나 또는 연방의 위임을 받아 주에 의해 수행된다는 것을 규정할 수 있다. 이런 법률이 연방의 위임에 따라 주에 의해 수행될 때에는 연방상원의 동의를 얻어 제85조를 연방정부와 직할 연방최고관청이 갖는 권한들의 전부 또는 일부가 연방 상급관청에 이관되도록 규정할 수 있다. 이때 이들 관청은 제85조 제2항 1문에 의한 일반행정규칙을 제정함에 있어서 연방상원의 동의를 필요로 하지 않는다고 규정할 수 있다.

제87c조 【핵에너지의 생산과 이용】

제73조 제1항 제14호에 근거하여 제정되는 법률은 연방상원의 동의를 얻어 그 법률이 연방의 위임에 따라 주에 의해 수행된다는 것을 규정할 수 있다.

제87d조 【항공교통행정】

(1) 항공교통행정은 연방 고유행정으로 수행된다. 그 조직이 공법적 형태를 할 것인가 사법적인 형태로 할 것인가에 관하여는 연방법률로 정한다.

(2) 연방상원의 동의를 필요로 하는 연방법률에 의해서 항공교통행정 임무를 위임행정으로 주에 위탁할 수 있다.

제87e조 【철도교통행정】

(1) 연방철도에 대한 철도교통행정은 연방 고유행정으로 운영된다. 연방법률에 의해서 주의 고유사무로 철도행정 사항을 위탁할 수 있다.

(2) 연방은 연방 철도영역을 넘는 연방법률에 의해서 주의 고유사무로 철도행정 사무를 인수한다.

(3) 연방의 철도는 사법적 형태의 경제적 기업으로 경영된다. 이들 철도는 그 경영활동이 철도의 경영과 건설 유지를 포괄하는 법위에서 연방소유에 속한다. 2문에서 기업에 대한 연방지분의 처분은 법류의 근거가 있어야 한다. 이에 대한 지분의 과반수는 연방이 소유한다. 상세한 내용은 연방의 법률로 정한다.

(4) 연방은 연방철도의 노선망을 보강하거나 유지하는 경우와 근거리 철도여객교통과 관계없는 범위에서 연방철도를 이 노선에 공급하는 경우에는 공공복리 특히 교통수요를 고려한다. 자세한 것은 연방법률로 정한다.

(5) 제1항부터 제4항까지의 근거에 관한 법률은 연방상원의 동의를 필요로 한다. 연방철도기업의 해산·합병·분할 그리고 연방철도 노선의 제3자에 대한 양도와 연방철도노선의 폐지를 규율하거나 근거리 철도여객교통에 영향을 미치는 법률은 연방상원의 동의를 요한다.

제87f조 【연방우편, 통신】

(1) 연방은 연방상원의 동의를 요하는 연방법률의 기준에 따라 우편제도와 장거리 통신분야에서 전 국토에 보편적으로 제공되는 적절하고 충분한 서비스를 보장한다.

(2) 제1항의 서비스는 사경제적 활동으로서 독일연방우편에 유래하는 기업 및 사적 제공자를 통하여 수행하며, 우편제도와 장거리 통신분야에서 고권적 임무는 연방 고유의 행정으로 수행한다.

(3) 제2항 2문에도 불구하고 연방은 연방직속의 공법상 운영물의 법 형성으로 특별재산인 독일연방우편에 유래하는 기업에 관한 임무를 연방법률의 기준에 따라 수행한다.

제88조 【연방은행 – 유럽중앙은행】

연방은 연방은행으로서 통화 및 발권은행을 설립한다. 그 임무와 권한은 유럽연합의 범위 내에서 유럽중앙은행에 이양할 수 있으며, 유럽중앙은행은 가격안정의 확보라는 우선적 목적에 따라야 한다.

제89조 【연방수로와 해운행정】

(1) 연방은 종래의 제국수로의 소유자가 된다.

(2) 연방은 자신의 관청을 통해 연방수로를 관리한다. 연방은 한 주의 영역을 넘어서는 내수항행의 국가적 임무와 법률로 연방에 이양되는 해양항행의 임무를 수행한다. 연방은 한 주의 영역 내에 위치한 한 연방수로의 행정을 위임행정으로서의 신청에 따라 2주에 이양할 수 있다. 수로가 여러 주에 걸쳐 있으면 연방은 관련된 주의 신청에 따라 주에 위임할 수 있다.

(3) 수로의 행정, 확장 또는 신설에 있어서 토지경작과 영리의 수요가 주들과 협의해서 보존되어야 한다.

제90조 【연방도로】

(1) 연방은 종래의 제국고속도로와 제국도로의 소유자가 된다.

(2) 주 또는 주법에 의해 관할권을 가진 자치행정단체가 연방의 위임에 따라 연방고속도로와 그 밖의 장거리교통용을 위한 연방도로를 관리한다.

(3) 연방은 주의 신청에 따라 연방고속도로와 그 밖의 장거리교통용 연방도로를 그 도로들이 그 주의 영역 내에 있는 때에는 연방 고유행정으로 맡을 수 있다.

제91조 【내적위기상황관리】

(1) 연방 또는 주의 존립이나 자유민주적 기본질서를 위협하는 위엄의 방지를 위하여 주는 다른 주의 경찰과 다른 주의 경찰력을 자신의 지시하에 둘 수 있고 연방국경수비대의 부대들을 투입할 수 있다.

(2) 위험에 직면하고 있는 주가 그 위험을 방지하기 위한 준비를 갖추지 못했거나 또는 그러한 상태에 있지 아니하는 경우, 연방정부는 그 주의 경찰과 다른 주의 경찰력을 자기의 지휘하에 둘 수 있으며, 동시에 연방국경수비대의 단위부대를 동원할 수 있다. 명령은 위험이 제거된 후 연방상원의 요구가 있으면 언제라도 폐지되어야 한다. 위험이 한 주 이상의 영역에 미칠 때에는 연방정부는 효과적인 극복을 위해 필요하다면 주정부에 지시를 내릴 수 있다. 1문과 2문에는 해당되지 않는다.

VIIIa. 공동과제(제91a조-제91b조)

제91a조 【연방의 협력과 비용분담】

(1) 주의 과제가 전체를 위해 중대한 것이고 생활관계의 개선을 위해 연방의 협력이 필요한 경우(공동사무)에는 연방은 다음의 분야에서 주의 업무수행에 협력한다.
1. 지역 경제구조의 개선
2. 농업구조와 연안보호의 개선

(2) 공동사무와 개별적 협력에 관한 자세한 사항은 연방상원의 동의를 필요로 하는 연방법률로 규정한다. 동 법률에는 공동과제의 수행에 관한 일반원칙이 포함되어야 한다.

(3) 동법률은 공동의 대강계획을 위한 절차와 시설에 관해 규정한다. 대강계획에 사업계획이 포함 될 때에는 그 사업계획이 실행될 주의 동의를 요한다.

(4) (삭제)

(5) (삭제)

제91b조 【교육기획과 연구지원】

(1) 연방과 주는 협정에 근거하여 교육기획과 소지역적 중대성을 지닌 학술적 연구의 시설과 계획의 촉진에 협력할 수 있다. 비용부담은 협정에서 정한다.
1. 고등교육기관 이외의 연구시설과 연구계획
2. 고등교육기관의 과학 프로젝트 및 연구
3. 대규모 과학시설을 포함한 고등교육기관의 시설
제1항 제2호에 의한 협정은 모든 주의 동의를 요한다

(2) 연방과 주는 국제적 비교와 관련 보고서 및 권고 초안에 대한 교육체계 이행의 평가를 위해 상호 협력할 것을 합의할 수 있다.

(3) 비용부담은 관련 협정에서 정한다.

IX. 사법(제92조-제104조)

제92조 【사법권의 조직】

사법권은 법관에게 맡겨진다. 사법권은 연방헌법재판소, 기본법에 규정된 연방법원 그리고 주법원에 의해 행사된다.

제93조 【연방헌법재판소의 관할】

(1) 연방헌법재판소는 다음 사항을 결정한다.

1. 연방최고기관의 권리와 의무의 범위 또는 기본법이나 연방최고기관의 업무규칙에 의해서 고유의 권리를 갖는 그 밖의 관계자의 권리와 의무의 범위에 관한 분쟁을 동기로 하는 기본법의 해석

2. 연방정부, 주정부 또는 연방의회 재적의원 3분의 1의 신청에 따라 기본법과 연방법, 주법과 형식적·실질적 부합성에 관한 또는 그 밖의 연방법과 주법의 양립성에 관한 의견차이나 의문

2a. 연방상원, 주정부 또는 주의회의 신청에 의해서 법률이 제72조 제2항의 요건을 충족하고 있는지의 여부에 관한 의견대립이 있는 경우

3. 연방과 주의 권리와 의무에 관한 특히 주에 의한 연방법의 집행과 연방감독의 행사에 있어서 의견차이

4. 다른 쟁송수단이 없는 경우 연방과 주 간의 그리고 주 상호간의 또는 주 내부에서 다른 공법상의 쟁의

4a. 누구나 공권력에 의해서 기본권 또는 제20조 제4항, 제33조, 제38조, 제101조, 제103조 및 제104조에 규정된 권리가 침해되었다는 것을 제기할 수 있다는 헌법소원

4b. 제28조의 자치행정권이 법률에 의해 침해되었거나 주헌법재판소에 소원이 제기될 수 없는 경우로서 주에 의해 침해되었음을 이유로 지방자치단체와 지방자치단체조합이 제기하는 헌법소원

5. 기타 기본법이 규정한 경우

(2) 연방상원의원, 주정부 또는 주의회의 요청에 따라 연방헌법재판소는 또한 제72조 제4항의 요건을 충족하는 사안 중 연방법률에 의한 규제의 필요성이 더 이상 존재하지 않거나 제125a조 제2항 1호에서 언급된 사안 중 연방법률이 더 이상 규정되지 않는 사항에 대해서도 재판한다. 폐지할 필요가 있거나 더 이상 규정될 수 없는 연방헌법재판소의 결정은 제72조의 제4항이나 제125a조의 제2항의 규정에 따라서 연방법률에 갈음한다. 제1문의 요구는 제72조 제4항 또는 제125a조 제2항 제2문 하에서 독일 연방의원에 의하여 거부되었거나 1년 이내 결정되지 않았거나 연방의회에 의해 거절되었을 경우에만 용인될 수 있다.

(3) 연방헌법재판소는 또한 그밖에 연방법률에 의해 배정된 사건에 대해서도 재판한다.

제94조 【연방헌법재판소 구성】

(1) 연방헌법재판소는 연방법관과 그 밖의 구성원으로 조직한다. 연방헌법재판소의 구성원은 연방의회와 연방상원에 의해 각각 반수씩 선출된다. 연방헌법재판소의 구

성원은 연방의회, 연방상원, 연방정부, 그에 대응하는 주의 기관에 소속될 수 없다.
(2) 연방헌법은 연방헌법재판소의 조직과 절차를 규정하고 어떤 경우에 그 판결이 법률상의 효력을 갖는지를 규정한다. 연방법률은 헌법소원에 대하여 소송수단이 소원제기 이전에 남김없이 취해졌어야 한다는 것을 요건으로 할 수 있고 특별한 수리절차를 규정할 수 있다.

제95조 【연방최고법원】

(1) 연방은 일반·행정·재정·노동 재판 및 사회 재판의 영역에 대한 최고법원으로서 연방법원, 연방행정법원, 연방재정법원, 연방노동법원 및 연방사회법원을 설치한다.
(2) 위의 각 법원의 법관의 임명은 각각 해당 분야를 관할하는 연방장관이 각각 해당분야를 관할하는 당해 주장관들과 연방의회에 의해 선출되는 동수의 의원으로 구성되는 법관선출위원회와 공동으로 결정한다.
(3) 판결의 통일성을 유지하기 위해 제1항에 열거된 법원의 합동부가 구성되어야 한다. 상세한 내용은 연방법률로 정한다.

제96조 【연방법원】

(1) 연방은 영업상의 권리보호에 관한 사안을 위하여 연방법원을 설치할 수 있다.
(2) 연방은 연방법원으로 군대를 위한 군사법원을 설치할 수 있다. 군사법원은 방위사태의 경우와 외국에 파견되거나 군함에 승선한 군대의 소속원에 대하여만 형사재판권을 행사할 수 있다. 상세한 내용은 연방법률로 정한다. 이 법원들은 연방법무장관의 소관분야에 속한다. 그 전임법관은 법관직의 자격을 가져야 한다.
(3) 제1항 제2항에 열거된 법원의 최상급법원은 연방법원이다.
(4) 연방은 연방에 대해 공법상의 근무관계에 있는 자들에 대한 징계절차와 소원절차를 결정하기 위한 연방법원을 설치할 수 있다.
(5) 아래 열거된 사항들은 형사절차를 위해 연방법률은 연방상원의 동의를 얻어 주법원이 연방의 재판권을 행사하도록 규정할 수 있다.
  1. 인종살상
  2. 반인륜적인 인종상해
  3. 평화적인 다민족공동체를 훼손하려는 행위들(제26조 1항)
  4. 국가보호의 영역

제97조 【법관의 독립】

(1) 법관은 독립적이며 법률에만 따른다.
(2) 전임으로 그리고 계획에 따라 종국적으로 임용된 법관은 법원의 판결에 의해서

법률에 규정된 이유와 방식에 의해서만 그 의사에 반하여 임기 전에 면직되거나 계속적 또는 일시적으로 정직되거나 전보 혹은 퇴직시킬 수 있다. 법률로 정년을 정할 수 있고 정년에 달한 종신법관을 퇴직시킬 수 있다. 법원의 조직이나 구역이 변경될 경우에는 법관은 다른 법원에 전속되거나 퇴직될 수 있지만 봉급의 전액이 지급되어야 한다.

제98조【법관의 지위 - 법관소추】

(1) 연방법관의 법적 지위는 특별한 연방법률로 정해야 한다.

(2) 연방법관이 직무상 또는 직무 외에서 기본법의 원칙이나 주의 헌법적 질서에 위반한 때에는 연방헌법재판소는 연방의회의 신청에 따라 3분의 2의 다수로 그 법관의 전직이나 퇴직을 명할 수 있다. 그 위반이 고의적인 경우에는 파면시킬 수 있다.

(3) 제74조 제1항 27호가 달리 규정하지 않는 한, 주 법관의 법적 지위는 주 특별법으로 정해야 한다. 제74a조 제4항이 달리 규정하지 않는 한 연방은 대강법률을 정할 수 있다.

(4) 주는 주 법무장관이 법관선출위원회와 공동으로 주법관의 임명을 결정하도록 규정할 수 있다.

(5) 주는 제2항에 준하는 규정을 둘 수 있다. 현행 주 헌법에는 해당되지 않는다. 법관탄핵에 관한 결정권은 연방헌법재판소에 속한다.

제99조【주 내부에서의 헌법분쟁】

하나의 주 내부에서의 헌법쟁송에 관한 결정은 주 법률에 의하여 연방헌법재판소에 할당할 수 있으며, 주법의 적용이 문제되는 사항에 관한 최종심판결은 제95조 제1항에 열거된 최고법원에 배정될 수 있다.

제100조【실질적 규범통제】

(1) 법원이 재판에서 그 효력이 문제되는 법률이 위헌이라 생각할 때에는 그 절차를 중지해야 하며 또한 주 헌법의 침해가 문제될 때에는 그 주의 헌법쟁송에 관해 관할권을 갖는 법원의 판결을 구해야 하고 이 기본법의 침해가 문제될 때에는 연방헌법재판소의 결정을 구해야 한다. 이는 주법에 의한 이 기본법의 침해가 문제되거나 연방법률과 주 법률의 불합치성이 문제되는 경우에도 적용된다.

(2) 어떤 소송에서 국제법의 규정이 연방법의 구성부분이 되는지의 여부와 그것이 개인에 대하여 직접적인 권리·의무를 발행케 하는지(제25조)의 여부가 의심스러울 때에는 법원은 연방헌법재판소의 결정을 구해야 한다.

(3) 주의 헌법재판소가 기본법의 해석시에 연방헌법재판소 또는 다른 주 헌법재판소의 결

정과 달리하고자 할 때에는 동 헌법재판소는 연방헌법재판소의 결정을 구해야 한다.

제101조 【특별법원】

(1) 특별법원은 허용되지 아니한다. 누구든지 법률로 정한 법관에 의한 재판을 받을 권리를 박탈당하지 아니한다.

(2) 특별사항 분야를 위한 법원은 법률에 의해서만 설치될 수 있다.

제102조 【사형의 폐지】

사형은 폐지된다.

제103조 【피고인의 기본권】

(1) 누구든지 법정에서 법률상의 청문을 요구할 수 있다.

(2) 어떤 행위는 그것이 행해지기 이전에 그 가벌성이 법률로 규정된 경우에만 처벌될 수 있다.

(3) 누구도 동일한 행위를 이유로 일반형법에 근거하여 거듭 처벌되지 아니한다.

제104조 【자유박탈 경우의 권리보장】

(1) 신체의 자유는 형식적 법률에 근거해서만 그리고 거기에 규정된 방식에 따라서만 제한될 수 있다. 구금된 자는 정신적으로나 육체적으로 학대되어서는 안 된다.

(2) 자유포기의 허용과 계속은 법관만이 결정한다. 법관의 지시에 의하지 않은 모든 자유포기는 지체 없이 법관의 결정을 받아야 한다. 경찰은 자기의 절대적 권력으로 누구도 체포익일이 종료한 후까지 구금할 수 없다. 상세한 내용은 법률로 정한다.

(3) 누구든지 범죄행위의 혐의 때문에 일시적으로 체포된 자는 늦어도 체포 익일에 법관에게 인치되어야 하며 법관은 체포된 자에게 체포이유를 알려야 하며 그를 신문하고 그에게 이의를 제기할 기회를 주어야 한다. 법관은 지체 없이 이유를 첨부한 체포영장을 발부하거나 석방을 명하여야 한다.

(4) 자유박탈의 명령이나 계속에 대한 법관의 모든 결정은 지체 없이 피구금자의 가족 또는 그가 신임하는 자에게 통지되어야 한다.

X. 재정제도(제104a조-제115조)

제104a조 【비용분담 – 연방의 재정지원】

(1) 연방과 주는 이 기본법에 다른 규정이 없는 한 그 업무수행에서 오는 필요한 비용

을 부담한다.

(2) 주가 연방의 위임을 받아 행동할 때에는 거기에서 오는 비용은 연방이 부담한다.

(3) 금전적 급부를 포함하고 주에 의해서 집행되는 연방법률은 금전급부의 전부 또는 일부를 연방이 부담하도록 규정할 수 있다. 동 법률이 비용의 절반 또는 그 이상을 연방이 부담한다고 규정할 때에는 그 법률은 위임을 받아 집행된다.

(4) 주에게 금전의 급부, 제3자에 대한 이익이나 그에 상응하는 재화를 제공해야 할 의무를 규정한 법률과 주의 고유한 권한에 의하거나 연방의 위임을 받아 제3항 제2문에 따라 집행하도록 한 법률은 그 지출이 주에 의해서 발생한 경우 연방상원의 동의를 요하게 된다.

(5) 연방과 주는 그 관청에 소요되는 행정비용을 부담하고 그 상호간의 관계에 있어서 질서 있는 행정을 보증한다. 상세한 내용은 연방상원의 동의를 요하는 연방법률로 한다.

(6) 권한과 책임의 내부적 배분에 따라서, 연방과 주는 국제법상으로 주어지는 독일의 의무에 대한 위반으로 발생한 비용을 부담하여야 한다. 유럽연합에 의한 재정상의 변경이 어느 특정 주를 넘어선 효력이 있는 경우, 연방과 해당 주는 그러한 비용을 15대 85의 비율로 부담한다. 이 경우, 주는 일반적 관행에 따라서 전체가 연대하여 총 35의 책임을 진다. 책임의 50은 재정적 수단의 총 규모를 조정하여, 채무를 야기한 해당 주가 지게 된다. 세부사항은 연방상원의 동의를 요하는 연방법률에 의해서 규정한다.

제104b조 【투자를 위한 재정지원】

(1) 이 기본법이 그 입법권을 부여하는 한도 내에서, 연방은 주 또는 지방자치단체(지방자치단체연합)에 의한 특히 중요한 투자에 대하여 주에게 다음 사항에 필요한 재정적 지원을 할 수 있다.
   1. 전체적인 경제적 불균형을 피하는 경우
   2. 연방 내 경제적 능력의 차이를 없애기 위하는 경우
   3. 경제성장을 촉진하기 위하는 경우

(2) 상세한 내용 특히 촉진될 투자의 종류는 연방상원의 동의를 요하는 연방법률이나 연방예산법에 근거한 행정협정으로 정한다. 급부기간은 한정적이며, 해당 급부는 그것이 사용된 방법에 따라서 정기적으로 갱신되어야 한다. 재정적 지원은 그 지원비율이 매년 감소되도록 계획되어야 한다.

(3) 연방의회, 연방정부 및 연방상원은 상기 조치의 집행과 목표된 개선들을 고려해야 한다.

제105조 【세법상 권한배분】

(1) 연방은 관세와 재정전매에 관한 전속적 입법권을 갖는다.

(2) 연방은 그 밖의 조세수입의 전부 또는 일부가 그에 귀속하든가 제72조 제2항의 요건이 존재하는 때에는 그 밖의 조세에 관한 경합적 입법권을 갖는다.

(2a) 주는 연방법률로 규정되는 조세와 동일한 것이 아닌 한 지역적인 소비세와 사치세에 관한 입법권을 갖는다. 주는 부동산 취득에 대한 세율을 결정할 권한을 갖는다.

(3) 주가 지방자치단체(지방자치단체연합체)에 전부 또는 일부의 수입이 귀속하는 조세에 관한 연방법률은 연방상원의 동의를 요한다.

제106조 【조세수입의 분배와 재정전속수익】

(1) 재정전매수익과 다음의 조세수입은 연방에 귀속한다.

    1. 관세

    2. 제2항에 따라 주에 귀속하지 않고 제3항에 따라 연방과 주에 공동으로 귀속하거나 제6항에 따라 지방자치단체에 귀속하는 소비세

    3. 도로운송세

    4. 자본거래세, 보험세 및 어음세

    5. 일회에 한한 재산세 및 부담의 조정을 위한 조정세

    6. 소득세와 법인세에 대한 부가세

    7. 유럽공동체 범위 내에서 과하는 공과금

(2) 다음의 조세수입은 주에 귀속한다.

    1. 재산세

    2. 상속세

    3. 자동차세

    4. 제1항에 따라 연방에 귀속되지 않거나 제3항에 따라 연방과 주에 공동으로 귀속되는 거래세

    5. 맥주세

    6. 박람장의 공과금

(3) 제5항에 따라 소득세의 수입이 지방자치단체에 속하지 않는 한 소득세 법인세 및 판매세는 연방과 주에 공동으로 귀속한다. 소득세와 법인세의 수입에 관하여는 연방과 주가 반분한다. 판매세에 관한 연방과 주의 몫은 연방상원의 동의를 요하는 연방법률로 확정된다. 이 몫을 정함에 있어서는 다음의 원칙을 따른다.

    1. 연방과 주는 통상수입의 범위 내에서 각기 필요한 지출을 충당할 동등한 청구권을 갖는다. 이때 지출의 범위는 수년에 걸친 재정계획을 참작해서 정한다.

    2. 연방과 주의 충당요구는 공정한 조정이 이루어지고 납세의무자의 과중한 부담

이 회피되고 또한 연방영역에서 생활수준의 균형이 보장되게끔 상호 조정되어야 한다. 판매세에 관하여 연방과 주의 몫을 정함에 있어서 1966년 1월 1일부터 어린이를 위하여 발생하게 되는 주의 조세수입 부족은 추가된다.

(4) 판매세에 대한 연방과 주의 몫은 연방과 주의 수입·지출의 비율이 근본적으로 변경될 때에는 새로 정해져야 한다. 제3항 5문에 따른 판매세의 몫의 확정에 추가로 포함되는 조세수입 부족은 이때 계정하지 않는다. 연방법률에 의해서 주에 추가지출을 과하거나 수입을 삭감할 때에는 추가부담은 단기간에 한 한다면 연방상원의 동의를 필요로 하는 연방법률에 의해서 연방의 재정보조로 조정될 수 있다. 이러한 재정보조의 산정과 주에 의한 분배에 관한 원칙은 법률에서 규정되어야 한다.

(5) 지방자치단체는 각 주가 주민의 소득세납부를 근거로 지방자치단체에 교부해야 할 소득세의 수입에서 몫을 받는다. 상세한 내용은 연방상원의 동의를 요하는 연방법률로 정한다. 동법률은 지방자치단체가 그의 몫에 관한 징수율을 결정하는 것을 규정할 수 있다.

(5a) 지방자치단체(게마인데)는 1998.1.1일부터 판매세 수입의 일정액을 보유한다. 그 몫은 각 주에게 그 자치단체에 대한 지역연관성 및 경제연관성을 근거로 도출된다. 자세한 사항은 연방상원의 동의를 요하는 연방법률에 의해 규정된다.

(6) 실물세의 수입은 지방자치단체에 귀속되고 지역적 소비세 및 사치세의 수입은 지방자치단체 또는 주 입법에 따라서 지방자치단체연합체에 귀속된다. 지방자치단체에는 법률의 범위 내에서 실물세의 징수율을 정할 권한이 부여된다. 어떤 주에 지방자치단체가 없는 때에는 실물세수입과 소비세 및 사치세의 수입은 주에 귀속한다. 연방과 주는 할당액에 따라 영업세의 수입에 참여할 수 있다. 할당액에 관해 상세한 내용은 연방상원의 동의를 필요로 하는 연방법률로 정한다. 주 입법에 따라서 실물세와 지방자치단체의 소득세수입 몫이 징세율의 산정근거가 될 수 있다.

(7) 공동세의 수입전체에 대한 각 주의 몫 중에서 주 입법에 의해서 확정되는 백분율에 따라 지방자치단체와 지방자치단체연합체에 총체적으로 배정된다. 또한 주 입법은 주세의 수입이 지방자치단체에 귀속될지의 여부 및 어느 정도로 배정될 것인가를 정한다.

(8) 연방이 주 또는 지방자치단체(지방자치단체연합체)에게 동 주 또는 지방자치단체(지방자치단체연합체)의 직접적인 가중지출이나 수입감소의 원인이 되는(특별부담) 특별한 시설을 하게 할 때에는 연방은 한 주나 지방자치단체(지방자치단체연합체)가 그 특별부담을 하리라고 기대될 수 없을 때에는 필요한 조정을 한다. 제3자의 보상급부와 해당 주나 지방자치단체(지방자치단체연합체)가 시설의 결과로서 얻게 되는 재정적 이익은 조정의 경우에 참작된다.

(9) 지방자치단체(지방자치단체연합체) 외 수입과 지출도 본조에서 말하는 주의 수입

과 지출에 해당한다.

제106a조 【공공 여객교통에서의 재정평등】

1996년 1월 1일부터 공공여객교통에 대한 연방의 조세수입의 총액의 일정가액은 주에 속한다. 상세한 내용은 연방상원의 동의를 필요로 하는 법률로 규정한다. 1문에 따른 가액은 제107조 제2항에 따른 재정능력의 조정에 있어서 고려하지 않는다.

제107조 【재정조정과 보조금할당】

(1) 주의 세수입과 소득세·법인세수입에 대한 주의 몫은 그 조세가 주영역 내의 재정 관청에 의해 징수(지역적 수입)되는 때에는 각 주에 귀속한다. 법인세와 근로소득 세에 관한 지역적 수입의 한계와 종류 및 그 배분 범위에 관한 상세한 규정은 연방 상원의 동의를 필요로 하는 연방법률로 정한다. 동 법률은 그 밖의 지역적 세수입 의 한계와 배분에 관하여도 규정할 수 있다. 판매세 수입에 관한 주의 몫은 주민 수에 비례하여 각 주에 귀속된다. 이 주 몫의 일부 최고 4분의 1까지는 연방상원의 동의를 필요로 하는 연방법률에 의해서 주세와 소득세 및 법인세로부터의 그 주민 당 수입이 주의 평균수입 이하인 주에 대하여는 추가 몫으로 규정 될 수 있다. 부동산 취득에 관한 세금에 대해서는 세수력이 고려되어야 한다.

(2) 각 주의 상이한 재력의 적절한 조정이 법률에 의해서 확보되어야 한다. 이 경우 지방자치단체(지방자치단체연합체)의 재정력과 재정수요를 고려하여야 한다. 조정 을 요구할 수 있는 주의 조정청구권과 조정에 응해야 할 주의 조정의무에 관한 요건과 조정급부액의 기준은 법률에서 정해야 한다. 동 법률은 연방은 급부능력이 약한 주에 대하여는 일반적인 재정수요를 충당시켜주기 위해 연방의 재원으로부터 교부금을 지급한다는 것(보조금 할당)도 규정할 수 있다.

제108조 【연방과 주재무행정 – 재정정당성】

(1) 관세, 재정전속 그리고 수입판매세를 포함한 연방법률 상의 소비세와 유럽공동체 의 범위에서 과하는 공과는 연방재정관청이 관리한다. 이 관청들의 조직은 연방법 률로 정한다. 그 중급관청의 장은 주정부와 협의해서 임명된다.

(2) 그 밖의 조세는 주 재정관청이 관리한다. 이 관청들의 조직과 공무원들의 획일적 연수는 연방상원의 양해를 얻어 임명되어야 한다.

(3) 주 재정관청이 그 전부 또는 일부가 연방에 귀속하는 조세를 관리할 때에는 연방의 위임에 따라 활동한다. 제85조 제3항과 제4항은 연방재무장관이 연방정부를 대리 하는 정도에 비례하여 적용한다.

(4) 조세행정에 있어서 조세법의 집행이 그 때문에 현저히 개선되거나 수월해 질 때에

는 그러한 한도 내에서 연방상원의 동의를 필요로 하는 연방법률에 의해서 연방재
정관청과 주재정관청의 협력이 규정될 수 있고 제1항에 해당하는 조세에 관하여는
주재정관청에 의한 관리가, 그 밖의 조세에 관하여는 연방재정관청에 의한 관리가
규정될 수 있다. 오로지 지방자치단체(지방자치단체연합체)에 귀속되는 조세에 관
하여는 주 재정관청의 권한에 속하는 주에 의한 관리의 전부 또는 그 일부가 지방
자치단체(지방자치단체연합체)에 이양될 수 있다.

(5) 연방재정관청에 의해 적용될 절차는 연방법률로 정한다. 주재정관청과 제4항 2문
의 경우에 지방자치단체(지방자치단체연합체)에 의해 적용될 절차는 연방상원의
동의를 얻어 연방법률로 정할 수 있다.

(6) 재정재판은 연방법률이 통일적으로 규정한다.

(7) 연방정부는 일반행정규칙을 제정할 수 있고 조세행정이 주재정관청이나 지방자치
단체(지방자치단체연합체)의 의무일 때에는 연방상원의 동의를 얻어야 한다.

제109조 【연방과 주의 예산운용】

(1) 연방과 주는 각자의 예산운용에 있어 자주적이고 상호독립적이다.

(2) 연방과 주는 그 예산운용에 있어 경제전체의 균형의 요청을 고려해야 한다.

(3) 예산법과 경기에 상응한 예산비용 그리고 여러 해에 걸친 재정운용 그리고 여러
해에 걸친 재정계획에 관하여 연방과 주에 공동으로 적용되는 원칙은 연방상원의
동의를 필요로 하는 연방법률로 제시할 수 있다.

(4) 경제 전체의 균형의 교란을 방지하기 위해 연방상원의 동의를 필요로 하는 연방법
률에는 다음의 사항이 해당한다.
   1. 영역단체와 목적단체에 의한 신용대금의 최고액, 조건 및 기한
   2. 독일연방은행에서의 무이자대출을 유지하기 위한 연방과 주의 의무(경기조정
   준비예치금)에 관한 법규명령을 제정할 권한은 연방정부에게만 위임될 수 있
   다. 법규명령은 연방상원의 동의를 필요로 한다. 연방의회의 요구가 있으면 그
   법규명령은 폐지되어야 한다. 상세한 내용은 연방법률로 정한다.

(5) 예산상의 운용의 유지를 위하여 유럽공동체설립조약 제104조에 준하여 유럽공동
체의 법률행위로 인해 발생한 독일연방공화국의 의무는 연방과 주에 의해서 공동
으로 이행되어야 한다. 상세한 내용은 연방상원의 동의를 필요로 하는 연방법률로
정한다.

제110조 【연방의 예산안】

(1) 연방의 모든 수입과 지출은 예산안으로 편성되어야 한다. 연방기업체와 특별재산
에 관하여는 전출금 또는 전입금만을 포함시키면 된다. 예산의 수입과 지출은 균

형이 유지되어야 한다.

(2) 예산안은 일회계연도 또는 다회계연도가 개시되기 전에 예산법으로 확정된다. 예산안의 각 부분에 관해 기한이 상이한 것은 회계연도별로 분리되어 적용되는 것이 규정될 수 있다.

(3) 제2항 1문에 의한 예산안과 예산법률 및 예산안의 변경에 관한 제안은 연방상원에 이송함과 동시에 연방의회에 제출된다. 연방상원은 6주 내에 수정제안의 경우에는 3주 내에 그 제안에 관한 태도를 표명할 수 있다.

(4) 예산법률에는 연방의 수입·지출과 예산법률에 의해 의결된 기한에 관한 조항만이 규정되어야 한다. 예산법률은 그 법조항이 차기 예산법률의 공포와 더불어 비로소 효력을 상실하거나 제115조에 의한 수권의 경우에는 그보다 늦게 효력을 상실한다고 규정할 수 있다.

제111조 【예산승인전의 지출】

(1) 회계연도의 종료시 차년도의 예산안이 법률에 의해서 확정되지 아니하면 연방정부는 그 법률의 시행시까지 다음 각항에 필요한 일체의 지출을 할 수 있는 권한을 갖는다.

    a) 법률로 설치된 시설을 유지하고 법률로 의결된 조치를 수행하기 위하여

    b) 법적 근거가 있는 연방의 직무를 수행하기 위하여

    c) 전년도의 예산안에 의해 그 액수가 이미 승인된 경우의 건축 조달 및 그 밖의 급부를 계속하기 위하여 또는 이들 목적을 위한 원조를 지속하기 위하여 필요한 모든 경비를 지출할 권한을 갖는다.

(2) 특별법에 근거를 갖는 조세·공과 및 그 밖의 재원 또는 사업용 적립금으로부터의 수입이 제1항의 지출을 충당하지 못할 때에는 연방정부는 그 경비운용을 위해 필요한 자금을 전년도 예산안의 최종총액 4분의 1의 액까지 차입하여 자금화 할 수 있다.

제112조 【예산초과지출 및 예산외 지출】

예산외 지출과 예산 초과지출은 연방재무장관의 동의를 필요로 한다. 그러한 동의는 오직 예견할 수 없었던 그리고 불가피하게 필요가 있는 경우에만 행해질 수 있다. 상세한 내용은 연방법률로 정할 수 있다.

제113조 【지출의 증액, 수입의 감소】

(1) 연방정부가 제안한 예산안상의 지출을 증액하거나, 새로운 지출을 포함하거나, 장차 새로운 지출을 초래할 법률은 연방정부의 동의를 필요로 한다. 수입감소를 포함

하거나 장차 수입감소를 초래할 법률에 관하여도 마찬가지이다. 연방정부는 연방의회가 그러한 법률의 의결을 연기하도록 요구할 수 있다. 이 경우에는 연방정부는 6주 내에 연방의회에 대한 태도를 표명해야 한다.

(2) 연방의회가 동법률을 의결한 후에는 연방정부는 4주 내에 연방의회가 재의결을 하도록 요구할 수 있다.

(3) 법률이 제78조에 따라 성립되면 연방정부는 6주 내에 한해서만 그리고 연방정부가 제1항 3문과 4문이나 제2항에 따른 절차를 개시했을 때만 그 동의를 거부할 수 있다. 이 기간의 경과 후에는 동의가 있는 것으로 간주된다.

제114조【회계보고, 연방회계검사원】

(1) 연방재무장관은 모든 수입과 지출에 관해 그리고 과년도의 자산과 채무에 관하여 연방정부의 책임면제를 위하여 차기 회계연도 중에 연방의회와 연방상원에 결산보고를 해야 한다.

(2) 그 구성원이 장관과 같은 독립성을 갖는 연방회계검사를 결산과 더불어 예산집행 및 경제운용의 경제성과 적정성을 심사한다. 회계검사원은 매년 연방정부 외에 연방의회와 연방상원에 직접 보고해야 한다. 그밖에도 연방회계검사원의 권한은 연방법률로 정한다.

제115조【신용조달의 한계】

(1) 장래의 회계년도에 있어서 지출이 될 수 있는 신용차입금, 담보제공 또는 그 밖의 보장들은 그 최고액이 결정되어 있거나 결정될 수 있는 연방법률에 의한 수권을 필요로 한다. 신용차금으로부터의 수입은 예산안 중의 계상된 투자지출 총액을 넘을 수 없다. 경제전체의 균형의 장해를 방지하기 위해서만 예외가 허용된다. 상세한 내용은 연방법률로 정한다.

(2) 연방의 특별재산에 관하여는 연방법률로 제1항에 대한 예외가 허용될 수 있다.

Xa. 방위긴급사태(제115a조-제115I조)

제115a조【방위긴급사태의 확인】

(1) 연방의회는 연방상원의 동의를 얻어 연방영역이 무력으로 공격받거나 이러한 공격이 직접적으로 위협되고 있다는 것(방위사태)을 확인한다. 이 확인은 연방정부의 신청에 따라 행해지며 투표수의 3분의 2의 다수 적어도 연방의회 재적의원의 과반수를 필요로 한다.

(2) 상황이 즉각적인 행동을 불가피하게 요구하고 극복할 수 없는 장애 때문에 연방의회의 적시의 집회가 어렵거나 연방의회가 결의불능인 때에는 합동위원회가 투표수의 3분의 2의 다수, 즉 적어도 그 구성원의 특별다수로 확인한다.

(3) 이 확인은 제82조에 따라 연방대통령에 의해 연방법률 공보에 공포된다. 이것을 적시에 할 수 없는 때에는 다른 방법으로 공포한다. 사정이 허락하면 즉시 연방법률 공보에 추록해야 한다.

(4) 연방영역이 무력으로 공격받고 권한을 가진 연방기관이 즉각 제1항 1문에 의한 확인을 할 수 없는 때에는 확인은 행해진 것으로 간주되고 공격이 개시된 시점에 공포된 것으로 간주한다. 연방대통령은 사정이 허락하면 즉시 이 시점을 공포해야 한다.

(5) 방위사태의 확인이 공포되고 연방영역이 무력으로 공격받게 되면 연방대통령은 연방상원의 동의를 얻어 방위사태의 성립에 관한 국제법상의 선언을 할 수 있다. 제2항의 전제하에서는 합동위원회가 연방의회를 대신한다.

제115b조 【연방수상의 군통수권】

방위사태의 공포와 더불어 군에 대한 명령권 및 지휘권은 연방수상에게 위임된다.

제115c조 【연방의 입법권능 확대】

(1) 연방은 방위사태를 위하여 주의 입법권에 속하는 사항분야에 대하여도 경합적 입법권을 갖는다. 이 법률은 연방상원의 동의를 필요로 한다.

(2) 방위사태기간 중 상황이 요구하면 방위상의 긴급사태에 관하여 연방법률로써 다음의 조치를 할 수 있다.

1. 공용수용의 경우 제14조 제3항 2문과는 달리 보상을 잠정적으로 규정한다.
2. 법관이 정상 시에 적용되는 기한 내에 활동할 수 없는 때에 자유박탈의 경우 제104조 제2항 2문과 제3항 1문과는 달리 기한을 정할 수 있으나 최고 4일을 넘을 수 없다.

(3) 현재의 또는 직접적으로 위협되고 있는 공격의 방지를 위해 필요한 때에는 방위사태에 있어 연방상원의 동의를 얻어 연방법률로 연방과 주의 행정 및 재정제도가 제8장, 제8a장, 제10장과는 달리 규정될 수 있으며 그 경우 주 지방자치단체 및 지방자치단체연합체의 존속능력 특히 재정적인 면에서의 존속능력은 유지되어야 한다.

(4) 제1항과 제2항 1호에 의한 연방법률은 그 집행준비를 위하여 방위사태발생 이전에 이미 적용될 수 있다.

제115d조 【긴급연방입법절차】

(1) 방위사태의 경우에는 연방의 입법에 관해 제76조 제2항, 제77조 제1항 2문과 제2
항에서 제4항까지 제78조와 제82조 제1항과는 달리 제2항과 제3항의 규정이 적용
된다.

(2) 긴급한 것으로 표시된 연방정부의 법률안의 연방의회에 제출됨과 동시에 연방상원
에 이송된다. 연방의회와 연방상원은 이 법률안을 지체 없이 합동으로 심의한다.
이 법률에 대해 연방상원의 동의가 필요하면 법률의 성립을 위하여 연방상원 과반
수 동의가 있어야 한다. 상세한 내용은 연방의회가 의결하고 연방상원의 동의를
필요로 하는 의사규칙으로 정한다.

(3) 법률의 공포에는 제115a조 제3항 2문이 준용된다.

제115e조 【연방의회와 연방상원 합동위원회의 권한 수행】

(1) 방위사태의 경우에 합동위원회가 투표수의 3분의 2의 다수, 적어도 그 구성원의
과반수로써 연방의회의 적시의 집회를 방해하는 극복할 수 없는 장애가 있거나
연방의회의 의결불능을 확인하면 합동위원회는 연방의회와 연방상원의 지위를 가
지며 그들의 권한을 통일적으로 수행한다.

(2) 기본법은 합동위원회의 법률에 의해서 개정될 수도 없고 그 전부 또는 일부가 효력
을 상실하거나 적용이 배제될 수도 없다. 합동위원회는 제23조 제1항 2문, 제24조
제1항과 제29조에 의한 법률을 제정할 권한을 합동위원회는 갖지 아니한다.

제115f조 【국경수비를 위한 연방정부의 특별권능】

(1) 긴급한 방위사태의 경우에 연방정부는 상황이 요구하는 한 다음을 행할 수 있다.
1. 연방국경수비대를 연방전역에 투입할 수 있다.
2. 연방행정청 외에 주정부에 대하여도 긴급하다고 인정할 때에는 주관청에 대하
여 명령을 할 수 있고 또한 이 권한을 그가 정하는 주정부의 구성원에게 이양할
수 있다.

(2) 연방의회, 연방상원 및 합동위원회는 제1항에 의해서 행해진 조치에 관하여 지체
없이 보고를 받는다.

제115g조 【연방헌법재판소의 지위】

연방헌법재판소와 그 판사들의 헌법상의 지위와 헌법상의 임무의 수행은 침해될 수
없다. 연방헌법재판소법은 연방헌법재판소의 견해에 의해서도 동 재판소의 기능유지
를 위해 필요한 경우에 한에서만 합동위원회의 법률로 개정될 수 있다. 그러한 법률이
제정되기까지는 연방헌법재판소는 동 재판소의 활동능력의 유지를 위하여 필요한 조

치를 취할 수 있다. 연방헌법재판소는 2문과 3문에 의한 결정을 재석판사의 과반수로 행한다.

제115h조 【방위사태의 발생중의 선거 등】

(1) 방위사태기간 중에 종료한 연방의회 또는 주 의회의 의회기는 방위사태가 종료된 때로부터 6개월 후에 끝난다. 방위사태기간 중에 종료한 연방대통령의 임기와 그 임기전의 직위종료로 인한 연방상원 의장에 의한 대통령 권한의 대행은 방위사태가 종료된 때로부터 9개월 후에 끝난다. 방위사태기간 중에 종료한 연방헌법재판소 구성원의 임기는 방위 사태가 종료된 때로부터 6개월 후에 끝난다.

(2) 합동위원회에 의한 연방수상의 새로운 선출이 필요한 때에는 동 위원회는 그 구성원 과반수로 새 연방수상을 선출한다. 연방대통령은 합동위원회에 추천을 한다. 합동위원회는 그 구성원 3분의 2의 다수로 후임자를 선출함으로써만 연방수상에 대해 불신임을 표명할 수 있다.

(3) 방위사태의 계속 중에는 연방의회의 해산은 배제된다.

제115i조 【주정부와 주관청의 권한】

(1) 연방의 소관기관이 위험의 방지를 위한 필요한 조치를 할 수 없고 상황이 연방의 각 영역에서 즉각적·독자적인 행동을 불가피하게 요구할 때에는 주정부 또는 그 것에 의해 지정된 관청이나 수임자가 그 권한 내에서 제115f조 제1항에서 말하는 조치를 취할 수 있다.

(2) 제1항에 의한 조치는 연방정부에 의해서 그리고 주관청과 연방 하급관청에 대한 관계에서는 주 총리에 의해서도 언제든지 폐지될 수 있다.

제115k조 【합동위원회의 법률의 폐지, 강화조약】

(1) 제115c조, 제115e조 및 제115g조에 의한 법률과 이 법률에 근거하여 제정된 법규명령은 그 적용기간 중 그것들에 저촉되는 법의 적용을 배제한다. 제115c조, 제115e조 및 제115g조에 의거하여 제정된 구법에 대하여는 그렇지 아니하다.

(2) 합동위원회가 의결한 법률과 그러한 법률에 의거하여 제정된 법규명령은 늦어도 방위사태종료 후 6개월에는 효력을 상실 한다.

(3) 제91a조, 제91b조, 제104a조, 제106조 및 제107조와 상이한 규정을 내용으로 하는 법률은 길어도 방위사태종료 후의 두 번째 회계연도말까지 적용된다. 동법률은 방위사태종료 후 제8a장과 제10장에 의한 규율을 받도록 연방상원의 동의를 얻어 연방법률로 개정될 수 있다.

제115l조 【특별조치의 해제 - 평화도래】

(1) 연방의회는 연방상원의 동의를 얻어 언제라도 합동위원회의 법률을 폐지할 수 있다. 연방상원은 연방의회가 이에 관한 의결을 하도록 요구할 수 있다. 위험의 방지를 위해 취해진 합동위원회 또는 연방정부의 그 밖의 조치는 연방의회와 연방상원의 의결이 있으면 폐지되어야 한다.

(2) 연방의회는 연방상원의 동의를 얻어 언제라도 연방대통령에 의해 공포될 의결로써 방위사태가 종료하였음을 선언할 수 있다. 연방상원은 연방의회가 이에 관한 의결을 하도록 요구할 수 있다. 방위사태의 확인에 관한 요건이 더 이상 존재하지 않게 된 때에는 방위사태는 지체 없이 종료된 것으로 선언되어야 한다.

(3) 강화조약은 연방법률로 결정된다.

XI. 경과 및 종결규정(제116조-제146조)

제116조 【 '독일인' 의 개념 - 독일국적】

(1) 이 기본법에서 말하는 독일인이란 법률에 달리 규정이 없는 한 독일국적을 가진 자이거나 1937년 12월 31일 현재 독일 국가영역내의 독일혈통을 가진 망명자 또는 피추방자 또는 그 배우자나 비속으로 인정되었던 자이다.

(2) 1933년 1월 30일에서 1945년 5월 8일까지의 기간 중 정치적·종족적 또는 종교적 이유로 국적을 박탈당한 구 독일국적 보유자와 그 비속은 신청에 따라 다시 귀화된다. 1945년 5월 8일 이후 독일 안에 주소를 가져왔고 반대의사를 표명하지 않는 한 이들은 국적을 상실하지 않는 것으로 본다.

제117조 【2중적 기본권의 효력】

(1) 제3조 제2항에 저촉되는 법은 그것이 이 기본법규정에 적용하기까지 효력을 가지나 1953년 3월 31일 이후부터는 효력을 갖지 아니한다.

(2) 현재의 주택난을 고려하여 이전의 자유의 권리를 제한하는 법률은 연방법률에 의해서 폐지될 때까지 효력을 갖는다.

제118조 【바덴과 뷔르템베르크의 재편성】

바덴, 뷔르템베르크-바덴 및 뷔르템베르크-호헨촐레른 주를 포함하는 영역에서의 재편성은 제29조의 규정과는 달리 관계주의 협정으로 행해질 수 있다. 협정이 성립되지 않을 때에는 재편성은 주민투표를 규정해야 하는 연방법률로 규정한다.

제118a조 【베를린과 브란덴부르크의 재편성】

베를린과 브란덴부르크의 두 개 주를 포함하는 영역의 새로운 구성은 제29조의 규정에도 불구하고 양 주(州)의 유권자의 참가하에 양쪽 주의 합의로써 결정할 수 있다.

제119조 【망명자와 피추방자】

망명자와 피추방자의 특히 그들을 각주에 할당하기 위한 업무에 관하여는 연방정부가 연방상원의 동의를 얻어 법률의 효력을 가진 명령을 제정할 수 있다. 이때 특별한 경우에는 연방정부에게 개별적 지시를 할 권한이 위임될 수 있다. 지시는 지체될 위험이 있는 경우를 제외하고는 주 최고관청에 대해 행해진다.

제120조 【전쟁결과의 부담】

(1) 연방은 점령비용으로 소요되는 경비와 그 밖의 내·외 전쟁결과 부담은 연방법률의 상세한 규정에 따른다. 이 전쟁결과 부담이 1969년 10월 1일까지 연방법률로 정해지는 경우에는 연방과 주는 그러한 연방법률의 기준에 따라 경비를 둘 사이에서 나누어 분담한다. 연방법에 규정되지도 않았고 규정되지도 않을 전쟁의 경우 둘 사이에서 나누어 분담한다. 연방법에 규정되지도 않았고 규정되지도 않을 전쟁결과 부담에 소요되는 경비가 1965년 10월 1일까지 주, 지방자치단체(지방자치단체 연합체) 또는 주 혹은 지방자치단체의 과제를 수행하는 그 밖의 업무부담자에 의해 지출된 이상 연방은 이 시기 이후에도 이 같은 경비를 인수할 의무가 없다. 연방은 실업보험과 실업자 구제를 포함한 사회보험 부담을 위한 보조금을 부담한다. 본 항에 의해 규정되는 전쟁부채의 연방과 주에의 할당은 전쟁결과에 관한 보상청구권의 법적 규정과는 관계가 없다.

(2) 수입은 연방이 지출을 인수한 때에 연방에 이전한다.

제120a조 【부담조정】

(1) 부담조정을 위한 법률은 연방상원의 동의를 얻어 동 법률이 조정작업의 영역에서 일부는 연방에 의해 일부는 연방의 위임으로 주에 의해 집행된다는 것을 규정할 수 있고 또한 그러한 이상 제85조에 의거하여 연방정부와 관계 연방최고관청에 귀속되는 권한의 전부 또는 일부를 연방조정청은 이 권한을 행사함에 있어서 연방 상원의 동의를 필요로 하지 않는다. 그 지시는 긴급한 경우 외에는 주 최고관청(주 조정청)에 대하여 행해져야 한다.

(2) 제87조 제3항 2문에는 해당되지 않는다.

제121조【'다수'의 개념】

이 기본법에서 말하는 연방의회와 연방회의에서 구성원의 다수란 그 법적 구성원수의 다수를 말한다.

제122조【지금까지의 입법의 관할권】

(1) 연방의회의 집회 후부터는 법률은 오로지 이 기본법에서 인정된 입법권에 의해서만 의결된다.

(2) 제1항에 따라 그 관할권이 소멸하는 입법기관과 입법에의 심의·참여기관은 이 시점으로부터 해산된다.

제123조【구법의 효력】

(1) 연방의회의 집회 이전부터 있던 법은 그것이 기본법에 반하지 않는 한 계속 효력을 갖는다.

(2) 이 기본법상 주입법권의 관할에 속하는 사항과 관련하는 것으로서 독일제국에 의해 체결된 조약은 그것이 일반적인 법원리에 따라 유효하고 계속 효력을 갖는 것일 때에는 관계자의 모든 권리와 이의의 유보 하에 계속 효력을 가지나 이 기본법에 따라 관할권을 갖는 기관에 의한 새로운 조약이 체결되거나 그 중에 포함된 규정을 근거로 하여 그 종결이 따로 행해질 때까지이다.

제124조【전속적 입법의 영역에서의 구법】

연방의 전속적 입법사항에 해당하는 법은 그 적용범위 내에서 연방법이 된다.

제125조【경합적 입법의 영역에서의 구법】

연방의 경합적 입법권의 대상에 해당하는 법은 그 적용범위 내에 있어서 다음에 의하여 연방법이 된다.

1. 그것이 하나 또는 그 이상의 점령지역 내에서 통일적으로 적용되는 경우
2. 그것이 1945년 5월 8일 이후에 구 제국법을 개정한 법에 관한 것인 경우

제125a조【구 연방법의 효력지속】

(1) 연방법률로 제정되었으나 제74조 제1항, 제84조 제1항 제7문의 삽입, 제85조 제1항 제2문이나 제105조 제2a항 제2문의 수정의 효력에 의하여, 또는 제74a조, 제75조 또는 제98조 제3항의 제2문으로 폐지되어 더 이상 연방법으로 규정되지 않는 법이라도 연방법으로서의 효력이 있다. 이는 주법에 의하여 대체될 수 있다.

(2) 제72조 제2항에 의하여 제정되어 1994년 11월 15일까지 존속하였으나, 제72조

제2항의 수정에 의해 더 이상 연방법으로 규정될 수 없는 법은 연방법으로서의 효력을 유지한다. 연방법은 이 법률이 주법에 의해서 대체될 수 있음을 규정할 수 있다.

(3) 주법으로 제정되었으나 제73조의 수정으로 인하여 더 이상 주법으로 규정되지 않는 법은 주법으로서의 효력을 유지한다. 이는 연방법에 의해서 대체될 수 있다.

제125b조 【대강법의 지속효】

(1) 제75조에 준하여 재정되어 2006년 12월 1일까지 존속하였고, 이 시점 이후에도 연방법으로 제정될 수 있었던 법은 연방법으로서의 효력을 유지한다. 이로 인하여 입법에 대한 주의 권리와 의무는 영향을 받지 않는다. 제72조 제3항의 제1호에 따른 사항에서, 주는 이 법에서 벗어난 규정을 제정할 수 있으나, 제72조 제3항의 제1호 2, 5, 6에 의해 규정되는 사항에서 주는 연방이 그 입법권을 행사한 때만 그리고 그러한 범위에 한하여 그렇게 할 수 있다.

(2) 주는 제84조 제1항에 의하여 제정되어 2006년 12월 1일까지 존속한 연방규정에서 벗어난 규정을 2008년 12월 31일까지 제정할 수 있다. 그러나 이러한 규정들은 2006년 12월 1일 이후 관련된 연방법 내 행정절차에 관한 규정이 수정되어온 경우에만 행정절차에 관한 규정에서 벗어날 수 있다.

제125c조 【공동사무 범위에 포함되는 법의 지속효】

(1) 제91a조 제2항의 효력에 의하여 제정된 법으로 제1항의 제1호에 부합하여 2006년 12월 1일까지 존속하는 법은 2006년 12월 31일까지 효력이 유지된다.

(2) 제104a조 제4항에 의한 지방교통재정 및 공공주택의 증진에 관하여 규정되었고 2006년 12월 1일까지 존속한 규정들은 2006년 12월 31일까지 효력을 유지한다. 지방교통재정법 제6조 제1항에 의한 특별 조치들을 위한 지방교통재정에 관한 규정들뿐 아니라 제104a조 제4항에 의하여 제정되어 2006년 12월 1일까지 존속한 다른 규정들은 2019년 12월 31일까지 효력을 유지한다. 단 이보다 앞서 폐지되었거나 결정된 것은 그렇지 아니하다.

제126조 【구법의 효력존속에 관한 분쟁】

법이 연방법으로 계속 효력을 갖는가에 관한 의견의 대립은 연방헌법재판소가 결정한다.

제127조 【프랑스점령지역과 베를린 경합경제지역의 법】

연방정부는 관계주정부의 동의를 얻어 경합경제지역의 행정에 관한 법을 그것이 제124조 또는 제125조에 따라 연방법으로서 계속 효력을 갖는 한 이 기본법의 공포 후

1년 이내에 바덴, 大베를린, 라인란트-팔츠 및 뷔르템베르크-호헨촐레른의 각 주에서 시행할 수 있다.

제128조 【지시권의 존속】

계속 효력을 가지는 법이 제84조 제5항에서 말하는 지시권을 규정하고 있는 때에는 지시권은 다른 법률적 규정이 있을 때까지 존속한다.

제129조 【법규명령을 제정할 수권의 효력의 계속】

(1) 연방법으로서 계속 효력을 갖는 법규 중에 법규명령이나 일반행정규칙을 제정할 수권과 행정행위를 할 수권이 포함되고 있는 때에는 그 수권은 이제부터 실제로 관할권을 가진 기관에 이행한다. 의문이 있을 때에는 연방정부가 연방상원과 협의해서 결정한다. 그 결정은 공개되어야 한다.

(2) 주법으로 계속 효력을 갖는 법규 중에 그러한 수권이 포함되고 있는 때에는 그 수권은 주법상 관할권을 가진 기관에 의해 행사된다.

(3) 제1항과 제2항에서 말하는 법규가 그 법규의 개정이나 보충을 위한 권한 또는 법률을 대신하는 법규를 제정할 권한을 위임하고 있는 때에는 이 권한위임은 소멸된다.

(4) 법규 중에 더 이상 효력이 없는 규정이나 더 이상 존재하지 않는 제도가 규정되고 있는 때에는 제1항과 제2항의 규정이 준용된다.

제130조 【구(舊)행정관청의 수용】

(1) 주(州)법이나 주 간의 협약을 근거로 하지 않는 행정기관과 그 밖의 공공행정이나 사법을 위한 제도 그리고 서남독일철도의 경영협의체와 프랑스 점령지역에서의 우편·통신에 관한 행정위원회는 연방정부에 속한다. 연방정부는 연방상원의 동의를 얻어 그 이관, 해산 또는 청산을 규정한다.

(2) 이런 관리체와 제도들의 소속원의 복무상 최고관청은 연방 주무관청이다.

(3) 주직속이 아닌 그리고 주 간의 협약을 근거로 하지 않는 공법상의 단체와 공공시설은 관할 최고연방관청의 감독을 받는다.

제131조 【구(舊)공직종사자】

망명자와 피추방자를 포함하여 1945년 5월 8일에 공직에 있었던 자로서 공무원법상 또는 임금법상에 존재하는 이유 이외의 이유로 퇴직하여 이제까지 임용되지 않았다든가 그들의 이전의 지위에 상응하게 임용되지 아니한 사람들의 법률관계는 연방법률로 정한다. 망명자와 피추방자를 포함하여 1945년 5월 8일에 연금을 받을 권리를 가지며 공무원법상에 존재하는 이유 이외의 이유로 전혀 또는 적당한 연금을 받지 못하는 사람들에 대하여도 동일한 것이 준용된다. 주법에 다른 규정이 없는 한 연방법률의 시행 시까지는 법적 청구권은 행사할 수 없다.

제132조【공무원의 연금부 퇴직】

(1) 이 기본법의 발효시에 종신직으로 임명되었던 공무원과 법관은 그들이 그들의 직을 위한 인적 또는 전문적 자격을 갖추고 있지 아니하다면 연방의회의 최초의 집회로부터 6개월 내에 퇴직, 대기 또는 낮은 봉급의 직에 전직될 수 있다. 통지에 의해 해직될 수 없는 사무직원에 대하여도 이 규정이 준용된다. 통지에 의해 해직될 수 있는 사무직원의 경우에는 임금법상의 규정을 초과하는 해직통지 기간은 위와 동일한 기한 내에 폐지될 수 있다.

(2) 전항의 규정은 그 중대한 이유가 개인에게 있지 않는 한 "국가사회주의와 군국주의로부터의 해산"에 관한 규정에 해당되지 않거나 국가사회주의의 박해를 받았다고 인정되는 공직종사자에게는 적용되지 아니한다.

(3) 전항의 해당자에게는 제19조 제4항에 따라 제소의 길이 열려 있다.

(4) 상세한 내용은 연방의원의 동의를 필요로 하는 연방정부의 명령으로 규정한다.

제133조【통합경제지역의 행정권 승계】

연방은 통합경제지역의 행정상의 권리와 의무를 승계한다.

제134조【제국재산에 관한 권리승계】

(1) 제국재산은 원칙적으로 연방재산이 된다.

(2) 제국재산은 당초의 목적규정에 따를 때 이 기본법상 연방의 행정업무가 아닌 행정업무를 위하여 주로 사용될 것으로 규정되었던 것이면 이제부터 관할권을 가지는 업무의 담당자에게 무상으로 이전되며 일시적이 아닌 현재의 사용에 따를 때 이 기본법상 이제 주가 수행해야 할 행정업무에 봉사하는 것이면 주에 이전할 수 있다.

(3) 주와 지방자치단체(지방자치단체연합체)가 무상으로 제국의 처분에 맡겼던 재산은 연방이 그것을 고유의 행정업무를 위해 필요로 하지 않는 한 다시 주와 지방자치단체(지방자치단체연합체)의 재산이 된다.

(4) 상세한 내용은 연방상원의 동의를 필요로 하는 연방법률로 정한다.

제135조【주경계변경시 재산】

(1) 1945년 5월 8일 이후 이 기본법 발효시까지 어떤 지역의 주 소속이 변경된 때에는 그 지역이 당시 소속하고 있던 주의 재산은 현재 그 지역이 소속하는 주에 귀속된다.

(2) 당초의 목적규정에 따를 때 주로 행정업무를 위하여 사용할 것이라고 규정 되었던

가 또는 일시적이 아닌 현재의 사용에 따를 때 주로 행정업무에 봉사하고 있는 것인 한 이미 존재하지 아니하는 주와 그 밖의 공법상의 단체 및 공공시설의 재산은 현재 위의 과제를 수행하는 주 또는 공법상의 단체 또는 공공시설에 이전된다.

(3) 이미 존재하지 아니하는 주의 재산종물을 포함하는 부동산은 그것이 제1항에서 말하는 재산에 속하지 아니하는 한 그 재산소유지인 주에 이전된다.

(4) 연방의 주요 이익이나 한 지역의 특별한 이익을 필요로 하는 때에는 제1항에서 제3항까지와는 다른 규정이 연방법률로 규정될 수 있다.

(5) 그 밖의 권리 승계와 청산은 1952년 1월 1일까지 관계주, 공법상의 단체나 공공시설 등의 협정에 의해서 행해지지 않는 한 연방상원의 동의를 요하는 연방법률로 정한다.

(6) 사법상의 기업에의 구프로이센 주의 출자는 연방에 이전된다. 상세한 내용은 예외도 또한 규정할 수 있는 연방법률로 정한다.

(7) 제1항에서부터 제3항까지에 따라 주 혹은 공법상의 단체 또는 공공시설에 귀속하게 될 재산에 관하여 그것이 기본법의 발효시에 주 법률에 근거하여 또는 다른 방법으로 권리자가 처분한 때에는 그 재산 이전은 그 처분 이전에 행해진 것으로 간주한다.

제135a조 【제국과 그 밖의 단체의 의무】

(1) 제134조 제4항과 제135조 제5항에서 유보된 연방의 입법에 의해서

1. 제국의 의무와 더불어 구프로이센 주와 이미 존재하지 않는 그 밖의 공법상의 단체 및 공공시설의 의무

2. 제89조, 제90조, 제134조 및 제135조에 따라 재산적 가치의 이전과 관계가 있는 연방 또는 그 밖의 공법상의 단체와 공공시설의 의무 그리고 제1호에 규정된 권리주체의 처분에 근거를 가지는 의무

3. 동 권리주체가 1945년 8월 1일 이전에 점령당국의 명령의 집행을 위하여 또는 제국에 의해서 이관된 행정임무의 테두리 안에서 전쟁 상황에 의해서 야기된 긴급사태의 배제를 위하여 취해진 조치로부터 발생하는 주와 지방자치단체(지방자치단체연합체)의 의무를 전혀 또는 완전한 정도로 이행할 수 없음을 또한 규정할 수 있다.

(2) 제1항은 독일민주공화국(구동독)의 재산이 연방, 주 및 게마인데에 양도되면서 발생하는 독일민주공화국 또는 그 법인의 책임, 연방 또는 공법상의 법인 및 기타 기관의 책임, 그리고 독일민주공화국과 그 법인이 취한 조치로 인한 책임에 대하여 적용된다.

제136조 【연방상원 최초의 집회】

(1) 연방상원은 연방의회의 최초의 집회일에 처음으로 집회한다.

(2) 최초의 연방대통령의 선출시까지 연방대통령의 권한은 연방상원 의장에 의해서 행사된다. 연방의회의 해산권은 그의 권한에 속하지 아니한다.

제137조 【공무원 등의 피선자격】

(1) 연방, 주 및 지방자치단체의 공무원 공직근무사무직원, 직업군인, 일시지원병 그리고 법관의 피선자격은 법률로 제한될 수 있다.

(2) 연방공화국의 초대 연방의회 및 초대 연방대통령의 선거에 관하여는 의회위원회 (헌법제정회의)에 의해서 의결될 선거법이 적용된다.

(3) 제41조 제2항에 따라 연방헌법재판소에 부여되는 권한은 그것이 설치되기까지는 통합경제지역을 위한 독일 상급법원은 그 절차규정에 따라 판결한다.

제138조 【남독일공증인】

바덴, 바이에른, 뷔르템베르크-바덴 및 뷔르템베르크-호헨촐레른 주의 현재 공증인제도의 변경은 이들 주정부의 동의를 요한다.

제139조 【탈나치화를 위한 해방법률】

"국가사회주의와 군국주의로부터 독일국민의 해방"을 위하여 제정된 법규는 이 기본법의 규정에 의해서 침해받지 않는다.

제140조 【바이마르헌법 조항의 적용】

1919년 8월 11일 독일헌법 제136조, 제138조, 제139조 및 제141조의 규정은 이 기본법의 구성부분이다.

제141조 【브레멘 조항】

제7조 제3항 1문은 1949년 1월 1일에 별단의 주법의 규정이 존재하고 있는 주에는 이를 적용하지 아니한다.

제142조 【주헌법에서의 기본법】

제31조의 규정에도 불구하고 주(州)헌법의 규정은 그것이 이 기본법 제1조에서 제18조까지 조항과 일치하여 기본법을 보장해 주는 한 역시 효력을 갖는다.

제142a조 (폐지)

제143조 【경과법으로서의 기본법 규정】

(1) 상이한 여건으로 인하여 기본법질서를 기준으로 한 완전한 조정이 성립하지 않을 경우 통일조약 제3조에 열거한 동독지역의 법에 대해서 늦어도 1992년 12월 31일까지 기본법의 효력을 유예할 수 있다. 그러나 기본법 제19조 제2항에 반해서는 안 되며 또한 기본법 제79조 제3항에 명시된 기본원칙에 합치되어야 한다.

(2) 제2장, 제8장, 제8a장, 제9장, 제10장과 제11장은 1995년 12월 31일까지 그 효력을 유예한다.

(3) 상기 제1항과 제2항에도 불구하고 통일조약 제3조에 명시된 영역(동독지역)에서의 재산권침해에 대한 원상회복의 가능성을 배제하는 동 조약(통일조약) 제41조와 그 시행규정들은 유효하다.

제143a조 【연방철도의 독점적 입법】

(1) 연방 고유행정으로 수행된 연방철도를 경제적 기업으로 변경의 결과로 초래하는 모든 사무에 대한 독점적인 입법권은 연방이 갖는다. 제87e조 제5항은 준용된다. 연방철도공무원은 법률로써 그의 법적 지위를 유지하고, 고용당국의 책임 하에 복무수행을 위하여 사법적으로 조직된 연방철도 복무에 배치할 수 있다.

(2) 제1항에 따른 법률은 연방이 실시한다.

(3) 궤도여객 근거리수송의 영역에서 종래의 연방철도의 임무의 실천은 1995년 12월 31일까지 연방의 사무이다. 이것은 또한 철도교통행정의 적절한 임무에 대하여도 적용된다. 상세한 내용은 연방상원의 동의를 요하는 연방법률로 정한다.

제143b조 【특별재산인 독일연방우편의 사적기업형태로 변경】

(1) 특별재산인 독일연방우편은 연방법률의 기준에 따라 사법 형식의 기업으로 변경한다. 연방은 이 기업으로부터 발생하는 모든 사무에 대한 전속적 입법권을 갖는다.

(2) 이 변경 이전에 존재한 연방의 전속적 권리는 연방법률로 과도적으로 독일연방우편인 장거리 통신사업에 유래하는 기업에게 부여할 수 있다. 독일연방우편인 우편사업의 승계사업에 있어서 자본의 과반수는 연방이 5년 후에 포기하는 것을 허용한다. 이것은 연방상원의 동의를 요하는 연방법률로 정한다.

(3) 독일연방에 근무하는 연방공무원은 그 법적 지위를 유지하면서 고용당국의 책임 하에 사기업에 근무한다. 그 기업은 고용당국의 권한을 행사한다. 상세한 내용은 연방법률로 정한다.

제143c조 【연방법률의 지속효 – 공동사무이양에 대한 부담】

(1) 2007년 1월부터 2019년 12월 31일까지, 주는 공동 업무 확대의 폐지와 대학병원

과 교육계획을 포함한 고등교육기관의 설치뿐 아니라 지방교통 기반시설과 공공주택의 증진을 위한 재정적 지원의 손실의 결과로 인한 연방 예산에서 연방 기금 분담의 손실에 대한 보상으로 매년 지불을 받을 권한을 얻게 된다. 2013년 12월 31일까지, 총액은 2000년부터 2008년까지 연방 재정 할당의 평균에 의하여 결정될 것이다.

(2) 2013년 12월 31일까지, 제1항에 따른 지출은 다음과 같은 형태로 주에 배분된다.

1. 2000년부터 2003년 동안 각 주의 평균할당에 따라 결정된 양을 매년 정기적으로 지급

2. 이전 공동재정의 기능적 영역을 위하여 특별 지급

(3) 2013년 말까지, 연방 및 주는 제1항에 의하여 주민 개인에게 할당된 재정이 적합한지의 여부와 그들의 업무를 종료할 필요가 있는지에 대하여 심사할 수 있다. 2014년 1월 1일을 시작으로 제1항 하에서 할당된 재정수단 제2항의 제2호에 따른 특별금을 중지해야 한다. 투자의 목적에 따른 특별금의 양은 변경되지 않는다. 연대협정 II로 인한 합의는 영향을 받지 않는다.

(4) 세부사항은 연방상원의 동의를 요하는 연방법률에 의하여 규율된다.

제144조 【기본법의 비준】

(1) 이 기본법은 우선 적용될 독일 각 지방의 3분의 2에서 의회에 의한 수락을 필요로 한다.

(2) 이 기본법의 적용이 제23조에 열거된 주의 일부에서 제한될 때에는 당해 주 또는 주의 일부는 제38조에 따라 연방의회에 그리고 제50조에 따라 연방상원에 대표를 파견할 권리를 갖는다.

제145조 【기본법의 공포】

(1) 의회위원회(헌법제정회의)는 大베를린 대표의 참여하에 공개회의에서 이 기본법을 확정하고 작성하여 공포한다.

(2) 이 기본법은 공포일의 경과와 동시에 효력을 발생한다.

(3) 이 기본법은 연방법률공보에 공고된다.

제146조 【기본법의 유효기한】

이 기본법은 독일통일과 자유가 완성된 후 전체 독일국민에게 적용되며, 독일국민의 자유로운 결정에 의해 새로운 헌법이 효력을 발생하는 날에 그 효력을 상실한다.

〈부록 2〉

독일연방공화국 60년 연표

아래의 연표는 독일연방공화국 정부수립 60년사(1949년~2009년)를 전사(前史) 일부를 포함하여 시계열로 재구성한 것이다. 특히 편집 과정에서 다음 자료가 큰 도움이 되었음을 밝힌다: Der Fischer Weltalmanach, *Chronik Deutschland 1949-2009*(Fischer Taschenbuch Verlag, 2009)

_**책임 편집:** 심익섭(동국대 교수)

1943 : 제2차 세계대전 종료 준비

1.14-24   카사블랑카 회담(루즈벨트, 처칠)

11.22-26   카이로회담

11.28-12.1   테헤란 회담(루즈벨트, 처칠, 스탈린)에서 독일 분할문제 협의. 독일문제 유럽자문위원회로 회부

1944 : 전쟁 이후 대비

6. 6   연합군 사상최대의 노르망디 상륙작전 감행

9.12   런던의정서 체결(유럽자문위원회 독일 4개국 분할 점령 결의)

11.14   런던협정(독일 지역 통치기구로 '연합국 통제위원회' 설치 합의)

1945 : 종전과 독일의 패전

2.4-11   얄타회담. 루즈벨트, 처칠, 스탈린 독일 분할 통치 확정 및 4대국 공동관리위원회 베를린 설치 결정

4.30   히틀러 자살(베를린)

5. 7   독일 무조건 항복 서명(5월 8일 23:01분 발효. 전쟁 종결)

6. 5   베를린 선언으로 4대 연합국(미국, 영국, 소련, 프랑스) 독일의 주권 공식 인수. 연합국통제위원회(Allierter Kontrollrat) 구성

6. 9   소련, 동독에 군정청 설치

6.10   소련, 동독지역에서 정치활동 중지 선포

7.17-8.2   포츠담회담(트루먼, 처칠[선거패배로 이후 애틀리 수상이 참석], 스탈린). 독일 전후처리와 오데르-나이세 선 동쪽 땅을 폴란드에 편입시키는 문제 합의

11.20   뉘른베르크 국제전범재판 시작

1946 : 군정체제

4.21   동독 사회주의통일당(SED) 창당(소련 점령지역 내 사회민주당과 공산당 통합)

5.29   헷센 주, 나치범죄에 관한 특별법(공소시효) 제정

9. 6   번즈 미 국무장관, 대독일 정책전환 선언

1947 : 서방연합국과 소련 점령지역

1. 1   미국과 영국, 점령지역(Bizone)에 대한 경제정책통합 및 경제심의회 창설

3.12   트루먼 독트린(Truman-Doktrin) 발표

6. 5   미국무장관 마샬, 유럽부흥계획(ERP) 발표(마샬플랜 선언)

6.6-7   전독일 주 수상 회담, 뮌헨에서 개최(독일에 한 국가를 세우는 문제 협의)

6.16   베를린 4개국 통합사령부 해체. 공동관리 기능 마비

10. 5   코민포름 설치

1948 : 냉전체제의 시작

2.23   런던6자회의에서 미국·영국·프랑스·베네룩스 3국이 독일의 서방점령지역을 마샬플랜 적용지역으로 할 것을 합의

3. 6   소련, 공동관리위원회 탈퇴. 공동관리 기능 정지

4.16   파리에서 유럽경제협력기구(OEEC) 창설됨

6.12-20   서독지역 화폐개혁 실시

6.24-28   동독지역 화폐개혁 실시

6.24   소련 서베를린 육상교통 봉쇄. 연합국 서베를린에 생활필수품 공수작전으로 대응(1949.5.12 해제)

7. 1   서방연합군사령관 점령지역 11개 주정부 수상들에게 헌법제정 위임

8.10-23   사전 헌법전문가 회의(바이에른 헤렌킴제)에서 기본법 원칙 확정

9. 1   헌법 마련을 위한 '의회위원회(Parlamentarischer Rat)' 발족

10.22   동독 인민회의, 독일민주공화국 헌법초안 마련

1949 : 서독과 동독 정부수립

3.19	독일민주공화국(동독) 헌법채택 결의
4. 4	나토(NATO) 조약 체결
5.23	독일연방공화국(서독) 기본법(GG) 제정 및 공포(발효)
8.14	서독 최초 연방의회 선거(총선). 기민당/기사당 승리
9.12	테오도르 호이스(T. Heuss) 초대 연방대통령으로 선출
9.15	콘라드 아데나워(K. Adenauer) 서독 초대 연방수상으로 선출
9.21	서독 연방정부 수립(기민당-기사당-자민당 연정의 아데나워 내각 성립)
9.30	본(Bonn)을 서독 수도로 확정
10. 7	독일민주공화국(동독) 정부 수립
10.31	서독, 유럽경제위원회에 가입
11.22	페터스베르크 협정 체결(서독 최초의 외교적 성과)
12. 7	동독, 최고재판소와 대검찰청 설립
12. 8	동독, 국가공안국 설립

1950 : 한국전쟁으로부터의 불안한 기류

3.22	서독, 국제사회 감시하에 자유선거에 의한 통일 호소
5. 9	프랑스 슈망(R. Schuman), 유럽의 석탄·철강산업의 공동체화 제안 (슈망선언)
6.15	연방의회, 서독의 유럽위원회 가입 결정
6.25	한국전쟁 발발
7. 6	오데르-나이세 선을 국경으로 하는 동독과 폴란드 간 괴를리츠 협정 체결
7. 8	서독, 유럽위원회 가입
9.29	동독, 상호경제원조회의(COMECON) 가입

1951 : 재무장과 분극화

3.15	서독 연방외무부 창설(외교권 회복, 아데나워 수상, 외무부장관 겸직)
4.18	파리조약으로 서독, 프랑스, 이탈리아, 베네룩스3국 등 유럽석탄철강공동체(ECSC) 조약 조인. 이는 후에 유럽공동체의 모태가 됨
9.20	동·서독 베를린 협정 체결(내독 무역문제 규정)
9.28	연방헌법재판소 설립

1952 : 동서로의 분리경향

3.10	스탈린 외교각서 발표(독일의 중립화 통일 제안)

5.26	서독과 서방 3국간 '독일조약(일반조약)' 서명
5.27	서독을 포함한 서유럽 6개국, 유럽방위공동체(EDC) 조약 체결(1954.8. 30 프랑스 의회의 비준 거부로 무산됨. '독일조약' 역시 발효되지 못함)
5.26	서독과 미국·영국·프랑스 등 서방 승전국 독일조약 조인 (점령위기에서 벗어남)
7.9-12	동독 2차 당대회(사회주의 건설 천명)
7.25	유럽석탄철강공동체 설립조약 발효. 루르 규약 해제
7.23	동독 행정구역개편(14개 지구, 143개 군)

1953 : 견고화 전략

1.14	유고연방 티토 대통령 취임
3. 5	소련의 스탈린 사망
6. 9	동독공산당 '신노선정책' 선언. 동독국민 무마에는 미흡하여 시위가 지속됨
6.17	시민 시위 절정에 이름. 전국적으로 500여 곳에서 시민봉기로 비상사태 선포. 특히 동베를린 대규모 시민봉기는 소련군에 의해 강제 진압됨
8. 4	서독 연방의회 동독시민 봉기일인 6월 17일을 '독일통일의 날(Tag der Deutschen Einheit)'로 지정함
9. 6	제2대 연방의회 선거 실시
10. 7	콘라드 아데나워, 연방수상으로 재선출 됨

1954 : 승자/패자로부터 동반자로

1.25-2.28	베를린 4대 승전국 외상회의(베를린과 독일문제를 협의했으나 합의 무산)
3.25	소련, 동독의 주권회복 선언
7.17	테오도르 호이스 연방대통령 재선
10.21-23	파리조약 서명(서독의 주권행사와 나토 가입 등 규정)

1955 : 서방지역 주권회복과 동부지역 주권종속

1.25	소련, 독일과의 전쟁상태 종결 선언
5. 5	파리조약 발효에 의거 서독에 대한 주권국가 인정
5. 9	서독의 NATO 가입. 서독의 재무장 시작
5.14	바르샤바 조약기구 설립(동독 가입)
7.17-23	4대 승전국 제네바 정상회담(독일문제 해결방안을 협의했으나 합의도출은 무산됨)

9.9-13	아데나워 수상 소련 모스크바 방문. 독일 전쟁포로 송환 및 양국 간 외교관계 수립 합의
9.20	동독, 소련으로부터 주권회복
10.23	자알란트 지역주민, 주민투표를 통하여 자르규약 반대 확인
12.8/9	할슈타인 독트린(Hallstein-Doktrin) 발표

1956 : NATO편입과 동구의 짧았던 봄
1.18	동독 인민군 창설에 관한 법률 제정
4.17	코민포름 해체
7. 7	병역 의무제도 신설
8.12	독일 연방헌법재판소 독일공산당(KPD) 위헌으로 금지 판결
10.23	헝가리 부다페스트에서 소련에 저항하는 대규모 시위 발생(소련 군사 개입)

1957 : 국민복리(서)와 권력안정(동)
1. 1	전후 프랑스의 지배를 받던 자알란트 지역 서독에 복귀
1.30	동독 울브리히트 국가연합으로 독일통일 제안
3.25	유럽경제공동체(EEC)와 유럽원자력공동체(EURATOM) 조약이 로마에서 서명됨(로마조약)
9.15	제3대 연방의회 총선거
10. 3	빌리 브란트 베를린 시장 당선
10.19	서독, 동독과 외교관계를 맺은 유고슬라비아와 할슈타인 독트린에 의거하여 외교관계 단절
10.22	콘라드 아데나워 수상 3선 선출
11.14	동서독 간 교역협정 체결

1958 : 핵무기에 대한 저항
1. 1	로마조약 발효. 서독이 참여한 유럽경제공동체 설립
3.27	흐루시초프, 소련 수상 취임
5.23	사민당(SPD) 전당대회에서 통독의 군사적 중립화 채택
11.27	소련의 흐루시초프 서방 연합국에게 최후통첩 발표 (서베를린을 독자적인 정치체로 만들 것을 주장)로 베를린 위기
12.31	서방연합국은 베를린 권리포기 불가 선언 및 소련의 최후통첩 거부. 서독 역시 흐루시초프의 통첩 거부

1959 : 베를린 최후통첩(서독)과 7개년계획 수립(동독)

1. 5	소련 정부 2개의 독일 승인
1.10	소련, 동서독 평화회담 및 평화조약 제안
4. 4	나토 각료이사회에서 베를린 보장 재천명
5.11-6.20, 7.13-8.5	
	제네바 4대국 외상회의 개최(제네바회담: 독일문제 해결을 위한 베를린의 지위 협의)
7. 1	하인리히 뤼프케(H. Luebke), 제2대 연방대통령으로 선출
9. 4	전 독일 단일 올림픽 선수단 구성 협상
9. 8	빌리 브란트 베를린 시장, 서베를린의 자결권 등 베를린 4대 기본원칙 발표
10.	동독, 경제발전 7개년 계획 수립
11.15	사회민주당(SPD) 특별전당대회에서 새로운 노선의 '고데스베르크 강령' 채택

1960 : 야당의 노선변경(서)과 '사회주의의 봄(동)'

1. 8	아데나워 수상 흐루시초프에게 평화조약 관련 서한 발송
1.23	동독 울브리히트, 서독에 군축평화조약 체결 및 연방수립 요구
1.24	동계올림픽에 전독일 선수단 참가 합의
3.4-4.14	4대 승전국 파리 정상회담
4.17	미 정찰기 U2기 사건으로 흐루시초프 파리 4대국 정상회담 거부
4.14	동독 농업집단화 완료. 탈출자 증가
6.30	헤르베르트 베너, 연방의회에서 사민당의 새로운 외교정책 선언
8.29	동독 정부, 서독에 여행 제한 조치
9.12	동독대통령 피크 사망(9.7)으로 국가평의회 설치 및 울브리히트 서기장 국가원수 겸임
11. 8	존 F. 케네디 미국 대통령에 당선
12.15	동독 울브리히트 동서독 간의 10년간 무력포기 제안
12.31	서독과 소련 간 무역협정 체결

1961 : 베를린장벽-독일정책의 파국과 새로운 시작

1.17	소련, 대독각서 발표
6. 3-4	케네디-흐루시초프 비인(오스트리아)에서 정상회담 개최
6. 6	동독인민회의 양독 간 평화조약체결 및 베를린문제 해결 제의

8.13	동독정부 동·서베를린 간의 교통차단. 늘어나는 동독 탈출자를 막기 위해 베를린 장벽 구축 시작(1949-1961 사이 약 273만 명 동독 탈출)
8.22	최초 장벽탈주자 사망사건 발생(이후 1989년 장벽붕괴까지 최소한 136명이 월경 중 희생됨)
8.23	동독, 서베를린 시민 동독방문 금지
9.17	제4대 연방의회 선거
10.27	동서베를린 접경 찰리검문소에서 미국과 소련 전차 대치상황 발생
11. 7	콘라드 아데나워 연방수상 4선 선출
11.27	동독 울브리히트 국가연합안 제안

1962 : 슈피겔 스캔들과 절제논란

3.11	미소 외무장관(딘 러스크-안드레이 그로미코) 독일문제로 회담
3.22	동독정부 서독인들을 위한 동독방문 비자발급 시작
7.-9.	아데나워와 드골의 상호방문으로 독일과 프랑스 유대강화
10.22	쿠바위기사태 발생(케네디, 소련미사일 반입을 이유로 쿠바해안 봉쇄)
10.26	슈피겔 사건 발생(시사주간지 슈피겔 발행인과 편집위원들이 반국가혐의로 체포된 사건)
11.30	슈트라우스 국방장관 슈피겔 사건과 관련하여 사임
12.14	아데나워 수상, 슈피겔 사건과 관련하여 새로운 내각 구성

1963 : 아데나워 시대의 종언

1.22	독일-프랑스 우호협력조약 체결(엘리제 조약)
2. 6	동서독 공동 올림픽선수단 결성
3. 7	서독 무역대표단, 폴란드 바르샤바 방문
3.11	중소 국경분쟁 발발
4. 1	전국적 공중파 방송인 '제2TV(ZDF)' 방송 시작
4. 7	체코슬로바키아 두브체크 제1서기 선출
4.19	드골, 프랑스의 핵전력 창설 발표
4.23	기민-기사당, 루드비히 에르하르트를 차기 수상후보로 결정
6.11	뤼프케 대통령, 동독 시민봉기일(6월 17일)을 국민기념일로 선포
6.23-26	케네디 미대통령 서독방문. "나는 베를린시민(Ich bin ein Berliner)"이라는 유명한 서베를린 연설(6.26)
7.15	연방홍보처장 에곤 바르(E. Bahr), "접근을 통한 변화" 전략 선언
8.30	워싱턴과 모스크바 간 핫라인 설치

10.15	아데나워 수상 사임
10.16	연방의회, 루트비히 에르하르트를 2대 연방수상으로 선출
11.21	미국 케네디 대통령 피살됨
12.17	동·서 베를린 간 통행권협정 체결(서베를린 시민 동베를린 친지방문 가능)

1964 : '교육위기'

1. 6	울브리히트, 서독에 핵무기포기조약 체결 제의
2.5-7	서독총장협의회(WRK)에서 '교육위기' 진단과 새로운 대학교육 방안 모색
2.16	빌리 브란트 사회민주당 특별전당대회에서 당수로 선출
3.19	새로운 대학설립 승인(보쿰대학, 브레멘대학, 콘스탄츠대학, 레겐스부르크대학, 도르트문트대학 창립)
6.12	동독과 소련 상호원조조약 체결
7. 1	하인리히 뤼프케, 연방대통령 재선
9. 9	동독 연금자에 서독방문 허용
9.24	서베를린-동독 간 제2차 통행증발급협정 체결
9.24	동독 빌리 슈토프 수상 취임(인민회의 추인)
10.15	소련 흐루시초프 실각. 브레주네프 당 제1서기 취임
12. 1	동독 서독인들에게 강제환전제도 시행

1965 : "정형화된 사회(게젤샤프트)"

1.13	서독 4대국위원회 설치 제안
3.17	서독청년연합회, 동독 청년과의 접촉 희망 천명
3.31	제13차 기민당 전당대회에서 에르하르트 수상이 계급이나 집단이 아닌 '정상적인 게젤샤프트(formierte Gesellschaft)' 개념 제안
4. 8	세 개의 유럽공동체(ECSC, EEC, EURATOM) 기구의 합병조약 서명
4.13	연방의회, 공소시효특별법(나치 범죄시효 무기연기 법안) 가결
5. 5	서독, 이스라엘과의 외교관계 수립
5.28	슈뢰더 서독 외무부장관 동구권 국가들과 외교관계 수립 표명
9. 9	프랑스 드골 대통령 나토 탈퇴 발표
9.19	제5대 연방의회 선거
9.15	롤링 스톤스 베를린 '발트뷔네' 특설무대에서 대공연
10.20	루트비히 에르하르트 연방수상 재선출
11.25	동서독 간 제3차 통행협정 조인

1966 : 대연정(서)과 이념강화(동)

1.28   함부르크에서 동서독 청년 대표 회담 개최

2.11   울브리히트 서독 사민당에 양독관계 개선 토의 제안. 사민당 울브리히트 제의 수락(2.26). 그러나 양독 의회지도자 TV토론 좌절(3.31)

3.25   에르하르트 수상, 동서독 무력포기 제안. 서독 외교관계를 맺고 있는 모든 국가에게 평화공한 발송

5.26   사민당(SPD)과 동독공산당(SED) 상호 연설가교류협정(Rednerauschtausch) 합의(6.29 동독SED 연설교환 합의 취소)

6.28-30   양독 대학총장회의 개최

10.27   자민당 연방장관 4명의 사퇴로 기민/기사당-자민당 연정 붕괴

11. 3   에르하르트 수상 사퇴

12. 1   기민/기사당-사민당 대연정 내각 수립. 기민당의 쿠르트 게오르크 키징거(K.G. Kiesinger) 3대 수상, 사민당의 브란트 부수상 겸 외무부장관 취임

12.31   울브리히트 독일연합 10개항 정책 선언

1967 : 학생운동과 '집중행동'

1.14   노동조합, 기업, 정부 등 노사정 합의로 경제위기 극복을 위한 '집중행동' 공동 합의(시작)

1.31   서독-루마니아 국교수립(1955년 이후 지속된 할슈타인 독트린 포기)

4.19   콘라드 아데나워 91세로 사망

5. 1   "양 독일 국가 간의 관계정상화" 제안

6. 2   이란 전제군주 팔레비의 서베를린 방문 반대시위 과정에서 경찰총격으로 대학생 사망사건 발생. 본격 학생운동의 도화선이 되면서 동시에 바더-마인호프 등에 의한 적군파(RAF) 테러의 빌미가 됨

6.13   키징거 수상 동독 슈토프 수상에게 양측 전권자지명 제의

7. 1   유럽경제공동체 등 3개 공동체가 유럽공동체(EC)로 통합

12. 1   동독화폐단위 마르크(M) 공식 선언(서독마르크는 DM).

1968 : '원외저항세력(APO)' 의 시대

1. 1   부가가치세 제도 시행

1. 9   서독총장협의회 대학운영의 민주화와 현대화를 위한 '대학개혁프로그램' 결의

1.31   서독-유고슬라비아 외교관계 재개

2.-3월	대학정책, 베트남전쟁, 긴급조치계획(비상조치법) 등에 반대하는 학생운동 확산
3.11	키징거 수상, 연방의회 연설에서 동독에게 무력포기에 관한 협상 제의
3.18	브란트 외무방관 오데르-나이세 국경선 인정
4. 6	동독 신헌법 제정 및 발효(4.19)
4. 9	서독, 소련에 무력포기 협상 제의
6.11	동독, 서독-베를린 간 동독지역 통과시 여권비자 요구
6.28	비상조치법 발효로 서독사회 논쟁 심화
7. 1	유럽공동체 관세동맹 형성 완료
8.21	바르샤바조약기구 군대 20만 명 체코슬로바키아 전국토 제압
9.25	브레주네프 독트린 발표(소련 프라우다)
9.27	과거 독일공산당(KPD)이 헌법재판소 판결로 강제해산 후 12년 만에 재조직된 독일공산당(DKP)이 새로 창당됨

1969 : "보다 많은 민주주의(서)"와 고립시대의 종언(동)

3. 5	연방회의에서 구스타프 하이네만 제3대 연방대통령으로 선출
3.17	바르샤바조약기구 유럽안보회의 제의
4.17	두브체크 체코슬로바키아 제1서기 해임
5.30	서독 할슈타인 독트린 포기 선언
9.28	제6대 연방의회 선거. 전후 처음으로 사민당이 승리함
10.21	빌리 브란트(W. Brandt) 제4대 연방수상으로 취임. 발터 쉘(FDP) 외무부장관 임명으로 사민당-자민당 연정수립.
10.28	빌리 브란트 수상 동독 실체를 인정하는 "신동방정책(Ostpolitik)" 발표
11.28	서독, 핵확산금지조약 서명
12. 7	서독-소련 간 불가침조약 협상 개시(서독 제의)
12.18	울브리히트 동독 제1서기장, 하이네만 서독대통령에게 동등권을 바탕으로 한 조약초안 제시

1970 : 새로운 동방정책과 에어프르트 양독정상회담

1. 1	유럽공동체, 공동 대외무역정책 시행
1.22	브란트 수상, 동독 슈토프 총리에게 무력포기 관련 영수회담 제의
2. 5	서독과 폴란드, 관계 개선을 위한 정상회담 시작
2.11	슈토프 동독수상, 국제법적 승인아래 규제된 병존과 유엔 동시가입을 강조하면서 양독 정상회담 제의

3.19	제1차 동서독 정상회담(브란트-슈토프, 동독 에르푸르트에서 열림)
5.21	제2차 동서독 정상회담(브란트-슈토프, 서독 카셀에서 열림)
7. 7	뷔르템베르크 주와 바덴 지역 분리를 위한 주민투표 실시
	(82% 주민이 통합상태를 지지하여 분리안 부결)
8.12	독·소 불가침협정(모스크바 조약) 체결
11.27	동서독 간 관계개선 협상 시작(에곤 바르 서독 수상실차관과
	미하일 콜 동독 외무차관)
12. 7	서독-폴란드 바르샤바 조약 체결

1971 : 접근을 통한 긴장완화와 동독의 정권교체

1.31	동서 베를린 1961년 장벽으로 단절 후 10년 만에 전화 재개통
5. 3	에리히 호네커 동독 사회주의통일당(SED) 서기장 선출
	(발터 울브리히트 실각)
9. 3	4대 강대국(미국, 영국, 소련, 프랑스) 베를린 지위에 관한 협정 조인
9. 3	브란트, 소련 브레주네프 당 서기장과 회담
9.16-18	브란트수상 소련 방문. 브레주네프 당서기장과 정상회담에서
	서독의 유엔가입 원칙에 합의
12.10	브란트 연방수상 노벨평화상 수상
12.17	동·서독, 서독과 서베를린 간 통과협정 체결

1972 : '동방정책' 의 승리

1.20	동서독 외무장관 양독 간 통행협정 조인
4.12	동서독 간 무역협정 체결
4.19	유럽공동체, 유럽대학기구 협정 서명
4.27	기민/기사당이 제안한 브란트 수상에 대한 건설적 불신임안 부결(연방의회)
5.17	소위 '동방조약(모스크바 조약과 바르샤바 조약)' 연방의회 비준
5.26	동서독 교통협정 체결
6. 3	베를린에 관한 4대 강대국 협정(의정서) 체결
6. 3	동독 울브리히트 사망. 슈토프 국가평의회 의장 선출
7.24	서베를린과 동독 32개 지역 간의 자동식 전화 개통
8.26	양독의 유엔 동시가입 논의. 발트하임 UN사무총장
	동서독 유엔가입 희망(8.28)
8.26-9.11	제20회 뮌헨올림픽 개최.(9.5 올림픽 기간 중 이스라엘 선수 17명,
	아랍 테러조직 '검은 9월단' 습격으로 사망)

7. 4	서독 전화이용자 90%가 동베를린으로 전화 가능
9. 4	미국과 동독 간의 외교관계 수립
10. 7	동독 헌법개정으로 '전독일', '독일국민' 등의 개념 삭제
12. 8	솔제니친 뒤늦은 노벨문학상 수상. 소련 등 동구권국가 반발
12.19	베를린 통행협정 체결

1975 : 공화국 방어와 유럽안보협력회의 결의

1.16	서독 고위정치인으로는 최초로 기사당 당수 슈트라우스(J. Strauss) 중국 방문
4.14	서독에서 동독으로의 전화 개·증설
7.8-12	이스라엘 라빈(Y. Rabin) 총리 최초로 서독과 서베를린 방문
7.30	헬싱키 유럽안보협력회의(CSCE)에서 슈미트-호네커 접촉
8. 1	서독 유럽안보협력회의 최종 의정서 서명
10. 7	동독-소련 간 우호협력조약 체결
10.28	슈미트 수상, 서독수상으로는 처음으로 중국 방문
12.19	서독 베를린 교통조건 개선 요구

1976 : '독일모델'의 안정화

1.14	양독 무역상한수준연례협정 체결
3.30	동서독 우편협정 체결
6.24	서독에서 반테러법 제정됨
10. 3	제8대 연방의회선거 실시
10. 3	동독 호네커 당 서기장이 슈토프 수상 임명
12.15	헬무트 슈미트 연방수상 재선

1977 : "독일의 가을", 그리고 적군파와 테러

3. 1	동독, 서베를린의 동베를린행 자동차도로 사용료 10마르크 인상
3. 9	유럽공동체, 유럽직업훈련개발센터(CEDEFOP) 발족(베를린)
4. 7	적군파(RAF) 테러리스트 서독 검찰총장 살해
6.29-10.2	카셀의 "documenta 6"에서 처음으로 동독의 문화예술 전시소개
9. 5	"독일의 가을(Deutscher Herbst)" : 테러단체 적군파 독일경영인총연맹 및 산업연맹 회장 슐라이어 납치 후 살해(슈투트가르트형무소 동료 석방을 요구). 이어진 루프트한자 항공기 납치(10.13) 등으로 테러공포가 이어짐

1978 : 새로운 정당의 등장(서독)과 새로운 야당의 시작(동독)

2.23	미 달러화 처음으로 독일 화폐 대비 2마르크 이하로 떨어짐
5.4-7	소련 브레주네프 공산당 서기장 두 번째 서독 방문
7.13-15	미국 카터대통령 서독 방문
8.26-9.3	독일최초 우주인 옌(S. Jaehn), 소련우주선 소유즈31호 탑승 우주여행
10.16	크라카우(폴란드)의 대주교가 교황으로 선출됨(바오로2세)
10.27	독일 철강산업 50년 만에 처음으로 파업
11.25	동·서독, 본-동베를린 간 교통협정 체결. 아울러 베를린-함부르크 간 고속도로 건설 합의

1979 : 동서갈등과 무력강화

3.13	유럽통화제도(EMS) 발족
5.23	칼 카르스텐스(C. Carstens) 제5대 연방대통령으로 선출
6.7-10	보통, 직접 선거에 의한 최초의 직선 유럽의회 선거
9. 7	동서독, 장기무역협정 체결
10. 7	녹색당, 브레멘 시의회 선거에서 5.14%를 획득하여 역사상 처음으로 주의회로 진출하는데 성공
12.12	나토, 중거리 핵미사일의 현대화와 소련과의 군축협상 결의 (소위 "이중결의")
12.27	소련군의 아프가니스탄 침공

1980 : 환경파괴에 대한 저항

1.12-13	지방자치 차원에 머물던 녹색당, 연방정당 결성(칼스루에)
1.30	바움(G. Baum) 내무부장관, 극우 성향의 '호프만 군사스포츠 그룹' 금지시킴
4.30	동서독, 신통행협정 체결
7. 3	지난 1964년부터 1980년 사이 약2만 명의 동독정치범과 3만 명의 동독인 가족이 서독으로 넘어왔음을 밝힘(내독관계부)
10. 3	호네커, 서독의 동독 승인과 상주대표부의 대사관 전환 등 관계정상화 제의(서독 거부)
10. 5	제9대 연방의회 선거
10. 9	동독, 최저 환전 금액 인상(13마르크에서 25마르크로)
11. 5	헬무트 슈미트 연방수상 3선 성공

1981 : 무력강화 갈등심화와 평화운동

2. 9	폴란드 야루젤스키 수상 취임
2.28	약 8만 명의 시민들이 브록도르프 핵발전소 건설반대 시위
8.31	동독 호네커 서기장, 서독 슈미트 수상에게 건설적 양독관계의 지속을 희망하는 서한 발송
9. 4	에곤 바르 사민당 군축전문가 동독 방문
10.10	전후 최대 규모인 약 30만 명의 시민들이 본의 호프가르텐에서 평화와 군비축소지지 시위
12.11-13	제3차 동서독 정상회담(슈미트-호네커, 동독 베르벨린 호수)

1982 : 사민당-자민당시대의 종언(서)과 경제위기(동)

1.30	프랑크푸르트 국제공항 서부활주로 공사반대 시위
2. 3	서독 사민당의 좌경노선에 반발하여 자민당 장관 사퇴로 슈미트 수상 연방의회에 신임투표 제의. 연방의회 신임 의결(2.5)
6.9-11	미국 레이건대통령 서독 방문. 서베를린 국경검문소 체크포인트찰리 방문
9.17	자민당, 사민당과의 연정 탈퇴
9.28	양독 간 수자원보호 협정
10. 1	슈미트 수상 사임(불신임안 가결). 기민당의 헬무트 콜(H. Kohl)이 제6대 수상으로 선출
11.10	소련 브레주네프 사망. 후임에 안드로포프
12.17	연방의회, 의도적으로 콜 수상에 대한 신임 거부

1983 : 핵무기배치에 대한 저항

1. 7	카르스텐스 연방대통령 연방의회 해산
3. 6	제10대 연방의회 선거. 기민/기사의 승리. 독일 녹색당 신생정당으로는 처음으로 연방의회에 진출 성공
3.29	헬무트 콜 연방수상으로 재선
6.29	서독, 동독에 대해 10억 마르크 차관 제공(동독 여행조건 완화 약속)
7.24	슈트라우스 기사당 당수 동독방문. 호네커와 회담
10. 5	동독, 서독과의 국경에 자동발사장치 일부 제거 발표
10. 5	바웬사 노벨평화상 수상
10.22	서독, 전국에서 1백50만 명이 참가한 대규모 반핵시위
11.22	연방의회, 미국 중거리 핵탄두 배치 결의('이중결의' 채택)

1984 : 정당기부금스캔들과 임금갈등

2. 9	소련 안드로포프 서기장 사망. 후임에 체르넨코
2.13	안드로포프 소련공산당 서기장 장례식. 이 자리에서 동서독 정상간 접촉
4. 4	금속·인쇄노조, 임금협상 결렬 후 주 35시간 근무돌입
5.23	리하르트 폰 바이체커(R. von Weizsaecker) 제6대 연방대통령으로 선출됨
7.13	출입국규제 점진적 폐지를 위한 독·불협정 서명(자르브뤼켄)
7.25	서독, 동독에 9억 5천만 마르크 차관 제공
11.30	동독, 양독국경선의 자동살상무기 및 베를린 장벽에 있는 자동기관총 모두 철거
12.31	양독 교역량 160억 마르크 달성

1985 : 동서독의 종전40주년 단상

3.10	소련 체르넨코 서기장 사망. 후임에 미하일 고르바초프 소련공산당 서기장에 취임(3.11)
5.5-8	레이건 미국 대통령 독일 방문
5. 8	독일 항복 40주년, 폰 바이체커 대통령 연방의회에서 연설
6. 8	헝가리 복수 입후보제 의회선거
6.11	동서독 스파이 27명 상호 교환 석방
9.18-20	브란트 사민당 당수 동독방문, 호네커와 회담
10. 1	소련, 서베를린에 가스공급 시작

1986 : 원자력에너지 논쟁

2.11	베를린-포츠담 사이 글리니케다리에서 3명의 서방측 간첩과 5명의 동구권 간첩 및 소련 반체제인사 차란스키 포로맞교환
2.17	유럽통합을 위한 단일유럽의정서(SEA) 서명
4.26	소련 원자력발전소 체르노빌 폭발 사고 발생. 전 유럽 및 전 세계 원자력에너지 문제의 안전성이 제기됨
4.26	서독의 자르루이스시와 동독의 아이젠휘텐슈타트 시간에 최초로 동·서독 도시간 자매결연 체결(공식적 지방자치단체간 교류 시작)
5. 6	장기간의 협상 끝에 동·서독 문화교류협정 체결. 영화 등 대중문화 교류 가능
6. 6	연방정부 환경전담을 위한 '환경 및 자연보호부' 신설
12. 5	연방의회, 테러조직 격퇴법안 의결

1987 : "독일판 워터게이트: 바르쉘 스캔들"

1.25	제11대 연방의회 선거(기민/기사당 승리)
3.11	헬무트 콜 연방수상으로 3선 성공
3.23	빌리 브란트, 사민당 대변인 선정 관련 스캔들로 1964년부터 이어진 당수직 사임
3.25	서독연방군 장교, 동독에서의 바르샤바조약기구 기동훈련 최초 참관
5.25	총인구조사
6.14	한스-요하임 포겔(Vogel) 사민당 신임 대표 당선
7. 1	단일유럽의정서(SEA) 발효
9. 1	서독방문 동독인에게 지급하던 환영비 연간 1회 100마르크로 인상
9.7-11	에리히 호네커 동독 서기장 서독 방문. 제4차 동서독 정상회담(콜-호네커)
9. 8	양독 간 과학기술협정, 환경협정, 방사선연구협력 체결
10. 2	슐레스비히-홀슈타인 주 수상 바르쉘(U. Barschel), 슈피겔지의 "키일의 워터게이트 추문" 보도 사건(바르쉘-파이퍼 사건)으로 사임. 제네바에서 살해된 채 발견됨

1988 : 조세대개혁(서독)과 '자유여행(동독)'

2.20	소련 아르메니아인 봉기
3. 1	서독인을 위한 "동독1일여행" 기간을 48시간으로 연장
3.31	동독지배하의 동베를린 일부 지역을 서베를린으로 이양(베를린 중심 장벽서쪽에 있었던 4헥타르 규모의 레네삼각주지역 교환)
5. 2	폴란드 그다니스크 레닌조선소 파업
5.26	나치정권하의 1938년 "11월 박해" 50주년을 맞아 동독기독교계(BEK)와 서독기독교계(EKD) 합동기도회
6. 4	연방의회 대규모 조세개혁 의결(1990.1.1 발효).
7. 1	뵈르너(M. Woerner) 전 국방장관 나토 사무총장에 취임.
8.15	유럽공동체(EC)와 동독 간의 외교관계 수립.
9.15-16	콜 독일수상 소련 방문하여 4자회담의 중요성 강조/합의
9.19	폴란드 정권퇴진. 라코프스키 과도정부 수립
10. 3	프란츠 요셉 슈트라우스 바이에른 주수상 사망(73세)
11. 2	동독정부 정치적인 소요에 대한 통제 강화 천명
11.9-10	연방수상실 장관 쇼이블레 동베를린 방문. 양독 간의 관계 논의
11.20-24	유럽의회 대표단 최초로 동독(인민회의) 방문
11.30	동독 국가평의회 새로운 외국여행 자유화조치 선언(89.1.1 발효).

1989 : 베를린장벽 붕괴와 대규모 동독이탈

1. 1	새로운 여행자유화 규정 발효로 동독인 대탈출 시작됨
3.26	소련 인민대의원대회 선거. 개혁파 다수 당선
4.12	동서독 정부 양독 국경선에 대한 안전프로토콜 조인
5. 2	헝가리 국경수비대 오스트리아 국경장애물 철거(동독탈출자 이탈 묵인)
5.23	리하르트 폰 바이체커 연방대통령 재선
6. 4	중국 천안문 대규모 시위와 무력 진압
6. 6	소련 공산당 서기장 고르바초프 서독방문
6.26-27	마드리드 유럽이사회에서 유럽통화동맹(EMU) 계획 수용
8.-	동독인들 실질적인 대규모 동독탈출 시작. 헝가리, 폴란드, 체코슬로바키아 등 주재 서독대사관 경유.
9.10	동독, 반체제 시민조직 '신포럼(Neues Forun)' 발족
9.11	헝가리 국경개방(동독인들이 서독으로 넘어가는 것을 허용)
10. 7	동독 건국 40주년 기념(전국적 시위발생). 소련 공산당 서기장 고르바초프 참석. 브레주네프 독트린 종식 선언
10.18	호네커 당 서기장 사임. 크렌츠(E. Krenz) 당 서기장 취임
10.23	라이프치히에서 30만 명 대규모 반정부 시위. "월요시위" 시작
10.25	드레스덴에서 대규모 반정부시위 및 10만 명 토론회 개최. 이를 기점으로 동독 전역으로 시위 확산
10.31	동독 크렌츠 당 서기장 소련방문
11. 7	동베를린 100만 명 시위(11.4) 여파로 동독정부 슈토프 내각 총사퇴. 개혁파 한스 모드로(H. Modrow) 내각 성립(11.13)
11. 9	베를린 장벽 붕괴. 동서독 국경 개방
11.20	라이프치히 250만 명 시위. 독일통일 플래카드 등장
11.28	콜 수상 연방의회에서 10개항의 통일방안 발표
12. 2	몰타에서 미-소(부시-고르바초프) 정상회담 개최
12. 3	드레스덴에서 양 독일 수상 점진적 통일방안 합의. 동독 크렌츠 당(SED) 서기장 사임
12. 7	동독의 14개 정파대표(당)와 시민사회단체(재야) 대표들로 원탁회의(Runder Tisch) 구성. 자유선거 실시 합의
12. 8	동독 사회주의통일당 특별전당대회. 그레고르 기지(G. Gysi) 당수 선출. 모드로는 수상에 선출됨
12.14	라운드테이블 결정으로 동독비밀경찰 조직 슈타지(Stasi) 해체
12.16	로타 드 메지에르가 '동독기민당' 의장에 선출됨

12.19	동·서독 드레스덴 정상회담(콜-모드로)에서 양독일 '공동체' 구성 선언. 동독에 경제지원 약속
12.22	독일분단의 상징인 브란덴부르크 문이 개방됨
12.25	루마니아 차우세스크 대통령 부부 처형
12.31	동서독 국경지대에서 양독 합동 축제

1990 : 독일연방공화국 통일 원년

1.11	동독 여행자유화에 관한 법률제정
1.14	독일-폴란드 국경 추인조약
1.18	모드로 동독총리와 원탁회의 대표들 3월 18일 자유선거 결정
1.30	고르바초프 서기장 통독에 반대 안한다는 입장 표명
2. 1	모드로 총리, 연방제를 목표로 한 4단계 통일방안 제의("독일통일에의 길" 성명 발표)
2. 5	동독에 거국내각 구성. 8개 야당 참여
2.10	콜-고르바초프 정상회담(모스크바). 여기서 독일통일의 열쇠(동서독 통합인정)를 건네 받음
2.13	동독 모드로 수상 서독방문. 통화동맹 창설에 합의
2.14	오타와에서 나토-바르샤바 조약기구 회담(동서독의 자결권 인정). 이곳에서 양독일과 4대국 "2+4회담" 설치 합의
2.20	콜 수상 동독 에어프르트 방문. 동독 시민과의 만남
2.24	콜 수상 미국방문. 부시 미대통령과 독일 통일문제 협의
3.18	동독 마지막 총선 실시. 우파연합 압승
4. 7	동독 인민회의, 기민당의 메지에르(L. de Maiziere) 수상 선출
4.23	서독, 동독화폐와 1:1 교환원칙 결정
4.28	더블린 유럽연합특별정상회의에서 독일통일 공식수용
5. 5	동·서독과 4대 승전국 간 제1차 "2+4 회담" 개최(본). 독일의 자결권 확인
5. 6	동독 최초의 지방선거 실시(기민당 승리)
5.18	동·서독 "화폐·경제·사회 통합을 위한 조약" 체결(7.1일 발효)
6.17	동독의회, 동독 국가 해체하고 통일한다는 안건 채택
6.17	동독 재산처리 문제 담당기구 '신탁관리청' 설립
6.22	제2차 "2+4 회담" 개최(동베를린)
7. 1	동서독 국경 완전 철폐. 동독의 실질적인 서독체제 편입
7. 6	기본법 제23조에 따른 동·서독 통일협상 시작

7.16   콜 수상 소련방문. 고르바초프와 통일독일의 NATO 귀속 승인 및
        통일된 독일의 완전한 주권 회복에 합의를 이끌어 냄
7.17   제3차 "2+4 회담" 개최(파리). 여기서 통일독일과 폴란드 간
        오데르-나이세 국경선 재확인
7.22   동독의회, 동독지역의 새로운 5개 주(州)를 구성하는 주도입편성법 제정
8.23   동독 인민회의, 서독 기본법 제23조에 의거하여 10월 3일 서독편입 결정
8.30   겐셔 서독 외무장관, 통독군 34만 명으로 제한한다는 의견 표명(빈회담)
8.31   동·서독 통일평화조약 체결(베를린)
9.12   제4차 "2+4회담(모스크바, 외무부장관 회의)"에서
        "2+4조약" 체결과 독일 통일 승인
9.13   독일-소련 선린우호협력조약 체결
9.20   동·서독 의회, 통일평화조약 비준
9.24   동독 바르샤바조약기구에서 공식 탈퇴
9.29   1천페이지에 달하는 통독조약 문서 발효
10. 2   동독 인민의회 '독일민주공화국'의 소멸 공식 선언
10. 3   독일 통일(통일조약 효력발생). 동서독 분단 45년 만에 재통일(서독 기
        본법 제23조에 의해 동독의 5개 연방주가 서독으로 편입됨). 동시에 구
        동독 5개 주는 통일 독일의 일부로서 EU 편입
10.12   동독주둔 소련군 철수에 관한 조약체결
10.14   동독지역 5개 주 편성법 효력발생과 동시에 주의회 선거 실시
12. 2   통일 이후 최초의 통합 연방의회(제12대) 선거 실시

1991 : 통일독일을 위한 새로운 결정
1.17   콜 수상 총선거 결과 최초의 통일독일 수상으로 재선임 됨(4선)
1.17   제2차 걸프전 시작됨
2.28   콜 연방수상과 16개 주총리 연석회의에서 구 동독지역
        재정지출 확대 결의
3.31   바르샤바 조약기구 해체
4.14   유럽부흥개발은행(EBRD) 업무개시
4.30   동독 자동차 공장, 마지막 '트라비(Trabi)' 생산후 문 닫음
6.17   독일-폴란드 상호우호협력조약 조인
6.20   연방의회, 베를린을 의회와 행정부 소재지로 결정(수도변경 확병)
10.21   유럽공동체(EC)와 유럽자유무역연합(EFTA)이
        유럽경제지역(EEA) 형성에 합의

11.21   러시아 옐친 대통령 독일 방문(본)
12.11   네델란드 마스트리히트에서 열린 유럽이사회에서
              유럽연합(EU) 조약에 합의(마스트리히트조약)

1992 : 방향 잃은 민족

4. 9   연방헌법재판소 정당기부금(재정)에 대한 위헌 판결(정당간
              기회균등의 보장 촉구)
5.17   18년 독일외무부장관 기록의 겐셔(H.-D. Genscher) 사임
7.29   호네커 재판 시작(구동독 책임자를 대상으로 한 소위 "장벽수호재판").
8.22   외국인과 이주자에 대한 극우주의자들의 폭력행위 확산(로스톡).
              묄른(Moelln)에서의 반외국인 방화로 터키인 3명 사망(11.23)
10. 9   빌리 브란트 전 수상, 79세로 사망
11.26   연방내무부 극우극단주의 조직(단체) 금지 선언
12. 4   유럽연합 설립에 대한 마스트리히트 조약 연방의회에서 인준
12.25   반외국인 폭력에 반대하는 촛불집회 전국에서 동시 거행

1993 : 유럽연합으로 가는 길

1. 1   유럽역내 단일시장 형성
1. 1   통일재원 조달 목적으로 부가가치세 인상(14%에서 15%로)
1.13   호네커 전 동독 당 서기장 건강악화로 석방 후 칠레로 망명
4.21   연방 내각 소말리아에 연방군 1,700명 파견 결정
5.27   연방의회, 연방-주 간의 '연대협력' 결정. 연방재정조정프로그램에
              의거 1995년부터 서독지역으로부터 동독지역으로 매년 1조 마르크
              재정지원 결의
6.25   루돌프 샤르핑 라인란트-팔츠 주 수상이 사민당대표에 선출 됨
11. 1   유럽연합(EU) 출범. 마스트리히트 조약에 의해 유럽통일
              선언 효과 및 유럽연합 내 단일통화제 효력 발생.
11.15-20   콜 수상 중국 방문. 포괄적 경제협력조약 체결

1994 : 독일의 새로운 국제정치적 책임

1. 1   독일 연방철도와 제국철도가 합병하여 독일철도주식회사 설립
5.23   로만 헤어초크(R. Herzog) 제7대 연방대통령으로 선출
5.29   에리히 호네커 전 동독서기장, 망명지 칠레에서 82세로 사망
6.12   유럽의회 선거(독일 투표율 62.1%)

7.27	연방의회에서 독일 연방군의 해외파병(아드리아)을 처음으로 추인함
9. 1	마지막 러시아 군용열차 귀국으로 소련군 동독지역에서 완전철수.
	제2차 세계대전 승전국의 군정이 실질적으로 종식됨
9.23	연방상원에서 논란 끝에 헌법(기본법) 개정을 결의함
10.16	제13대 연방의회 선거 실시. 기독/기사당-자민당 연립 총선에서 승리.
11.13	미하엘 슈마허 독일 최초의 F1 챔피언 등극
11.15	헬무트 콜, 연방수상으로 5선 당선
12.31	동독 재산처리기구 '신탁관리청' 해체

1995 : "기억한다는 것만으로도 미래의 위험을 막을 수 있다!"

1. 1	유럽안보협력회의 CSCE가 OSCE로 변경됨
2.24	헌법재판소 위헌관결에 의거 연방내무부 극우단체 금지 조치
3.26	유럽연합국가 간의 출입국 검사 폐지(쉥겐협약 발효)
4.28	연방의회와 연방상원 제2차 대전 종전 50주년 합동회의. 추모행사 진행
5. 8	승전연합국 특사초청 전 국가적 종전 50주년 참회 행사. 콜 수상은
	런던(5.6), 파리(5.8), 모스크바(5.9)로 이어진 종전행사에 참석
6.22	베를린 시의회와 브란덴부르크 주의회 "베를린-브란덴부르크"로
	통합을 결의. 주민투표 결과(1996.5.5) 부결로 계속 통합 논의 중
11.16	오스카 라폰텐 자알란트 주 수상이 사민당 대표로 선출됨
12.20	연방의회, 연방군 4,000명 규모 보스니아 파병 결정(12.6).
	연방군 4,000명, 보스니아로 파병(12.20)

1996 : "사회국가에 대한 공격"

1. 1	병역 의무복무기간 단축시행(12개월~10개월로 단축)
1.30	연방정부 "투자와 일자리를 위한 실천프로그램"으로서
	긴축정책 제안/통과
2. 9	연방의회 실업지원 기간 단축 의결
2.15	'노동조합연맹' 노사정협상에서 경영자만을 위한 임금정책 및
	긴축정책을 비판
5.7-8	'사회연대회의'에서 긴축정책 전반에 대한 저항 결의
6.23	교황 바오로2세 베를린 올림픽경기장에서 대중 미사 집전
7. 9	사회 및 경제 긴축정책 통과. 강력한 긴축정책 적용.
	전 사회적인 논란과 갈등을 야기시킨 사회법 개정

1997 : 개혁체증

1.21	독일-체코 간의 관계긴밀화협정 조인
1.23	연방재무장관 총체적인 조세체계 개혁 제안. 이후 전 사회적 찬반 논란과 치열한 정치권의 논쟁 후 결국 10.17일 부결됨
1.27	'연금제도개선정부위원회'에서 연금제도개혁법 제안. 독일 실업자 수, 전후 최초 400만 명 돌파(실업률10.8%) 등 상황 악화가 주 요인
5. 4	러시아와 나토, 파리에서 유럽안보협력 합의.
5.22	연방정부, 독일노총(DGB), 독일전문가노조(DAG), 독일경영자총연맹, 금융연합 등 "동독지역 일자리창출을 위한 공동이니셔티브" 선언
6.17	유럽연합, 암스테르담 조약 체결
7. 5	연방상원에서 총체적인 외국인법 개정안 의결
7.17	기록적인 오데르 강 범람으로 폴란드국경지역 침수
7.23	연방정부 "독일통일 실태분석보고서" 공개
11. 1	폐점법 개정으로 영업시간이 연장됨(평일 06:00~18:30 → 06:00~20:00, 토요일 06:00~14:00 → 06:00~16:00).

1998 : 정권교체

2.13	연방의회, 지역 선거구를 2002년 차기 총선부터 29개 줄인 299개로 조정하여 총 의석수를 598석으로 결정
3. 1	니더-작센 주 주의회 선거에서 사민당 최대승리(47.9%).
3.12	런던에서 열린 유럽정상회의에서 공동외교안보정책(CFSP)과 사법 및 내무(JHA)에 관련된 사안에 대해 유럽 차원의 협의 시작
4. 1	부가가치세가 15%에서 16%로 인상됨
4.20	적군파(RAF) 해체 선언(지난 1970년 결성 이래 약 60명이 이들의 테러로 희생됨)
5. 2	독일 등 11개 EU회원국이 1999년 1월 1일부로 유로화 출범 자격 획득
6. 1	유럽중앙은행(ECB) 독일 프랑크푸르트에서 창립
6. 3	독일 초고속열차 ICE 탈선사고로 101명 사망(에쉐데)
9.27	제14대 연방의회 선거 실시. 지난 1972년 이후 콜 수상의 패배와 함께 두 번째로 사민당 승리
10.27	사민당 게르하르트 슈뢰더(G. Schröder) 연방 수상 선출/취임으로 권력교체됨(사민당과 녹색당의 연립정부 구성)

1999 : 코소보의 독일군대

1. 1	독일 마르크(DM) 대신 11개 EU회원국에서 EU공통화폐 유로화(EURO) 출범
3.11	오스카 라폰텐 사민당 대표 겸 연방재무부 장관이 모든 직위에서 사퇴를 선언
4.13	슈뢰더 연방수상 사민당 대표로 선출됨
4.19	베를린의 구 제국의회의사당이 8년간의 리모델링을 거쳐 새로운 독일 연방의회 의사당으로 재탄생(업무시작)
5. 1	EU 암스테르담 조약 발효
5.23	요하네스 라우(J. Rau) 제8대 연방대통령으로 선출
6.10	연방의회, 연방군 8,500명 규모 코소보 파병 결정. 종전 54년 만에 코소보연합군대(KFOR)에 독일군 처음으로 외국 파병(6.13)
6.13	유럽의회(EP) 선거(독일 투표율 45.2%)
6.23	고용, 성장 및 사회 안정을 위한 '미래프로그램' 발표.
9. 1	연방정부와 연방의회, 베를린에서 공식적으로 업무 시작(수도 베를린 시대의 시작)

2000 : 독일통일 10년의 개혁성과

1.12	연방헌법재판소 전 동독 서기장 크렌츠에 대해 발포명령 범죄 인정
5.18	연방의회 야당의 반대속에 조세개혁안 통과. 이어진 연방상원에서도 파격적으로 조세개혁 의결(7.14)
5.23	연방국방부 독일연방군 구조개혁 제안
6.1-10.31	하노버 국제무역박람회(EXPO 2000) 개최
6.14-16	러시아 신임대통령 푸틴 베를린 방문
7.17	독일연방, 제2차 세계대전 중 강제 노역종사자들에게 보상금으로 100억 마르크 조성 합의
8. 2	연방 및 주 내무장관 연석회의에서 통일 이후 극우주의 준동에 대한 척결 결의
8.29	정당재정 및 정당기부금 문제 법적 문제로 비화. 통일과정에서 기민당 재정운영에 대한 콜 전수상의 인지여부 쟁점화
10. 3	독일통일 10년에 대한 연방정부의 "전체적으로 긍정적 발전" 성과 표명
12.20	유럽이사회가 니스조약에 합의. EU 정상들이 공식적으로 유럽연합 기본권 헌장 제창

2001 : "조용한 정치" 와 미국과의 연대

1. 1	베를린 행정구역 통합(23개 관구를 12개로 통합)
2.15	연방의회에서 대학생을 위한 연방교육지원법(BAFoeG) 개정안 의결
2.26	니스조약 서명. 유럽연합의 신속대응군(RRF) 창설을 위한 규정 수용
3.29	서비스 분야 노동조합 '베르디' 창설
7.5-13	연방의회와 연방상원 16개 연방주 간의 재정조정제도 재정비. 구동독 지역에 대한 재정 지원 계획인 '연대패키지 II(Solidarpakt II)' 수립
9.11	미국 뉴욕과 워싱턴에서 초대형 테러 발생. 연방정부와 연방의회 즉각 대테러성명 발표
9.19	연방의회, 9·11테러 후 미국이 추진하는 테러와의 전쟁 무한 지지선언
11. 7	대테러연대의 일환으로 독일연방군 탈리반 정권과 연계된 알카에다 제거를 위한 아프가니스탄 평화유지군에 파견(3,900명)
12. 8	국민안전을 위한 총체적 대테러법 발효. 연방내무부장관 대테러법 강화 제안(12.12). 추가적인 강화된 대테러법 시행(2002.1.1)

2002 : "적-록(사민당-녹색당)연정" 의 지속

1. 1	독일 등 EU 12개 회원국 법정통화로서 유로화(EURO) 단일 사용 및 EMU 국가의 기존 통화를 영구적으로 대체(영국, 덴마크, 핀란드 사용안함)
3.27	새로운 노동시장정책 개혁안 발효
4.19	정당재정 투명성 보장 및 정당기부금 합법화를 위한 정당법 개정(7.1 발효)
9.22	제15대 연방의회 선거 실시. 598개의 선거구로 치러진 최초의 총선
10.22	게르하르트 슈뢰더 총성 지지율 하락에도 불구하고 연방의회에서 사민당과 녹색당에 의해 연방수상으로 재선 성공
10.24	새로운 연방내각 구성. 경제와 노동을 통합한 공룡부처 '연방경제노동부' 탄생
12.20	연방의회, 노동시장 현대화를 위한 4가지 사안이 포함된 "하르츠법 (Hartz-Gesetze)" 의결(8.26 인사담당이사 Peter Hartz가 이끄는 전문가회의가 제안한 것)

2003 : 지속적 개혁과 독·불연대

1. 1	하르츠-I법(Hartz-I 인적서비스), 하르츠-II법(Hartz-II 개인창업회사) 발효
2. 1	유럽연합, 니스조약 발효
2.15	베를린에서 이라크전쟁에 반대하는 50만 명이 대규모 시위/행진
3.14	슈뢰더 수상, 최고의 노동복지국가를 지향하기 위한 '아젠다 2010

(Agenda 2010)' 선언. 노동조합들의 반발이 이어짐

3.20   독일수상, 프랑스와 함께 미국과 영국의 이라크 침공 비난 성명 발표

5.12   연방과 주 합동으로 전일제 학교교육프로그램 도입 결정

5.22-23   대형화물차에 대한 아우토반 통행료 징수제도 도입(실시가 계속 연기되다가 2005.1.1일 시행됨)

10.16/17   연방의회와 연방상원 개헌을 위한 '연방제개혁위원회' 구성

11. 1   '아젠다 2010'에 반대하는 대규모 시위가 베를린에서 열림

11.30-12.2   기민당 연방전당대회(라이프찌히)

2004 : 여론의 침묵

1. 1   하르츠-III법(Hartz-III 실업정책 및 실업수당) 발효

3.31-4.1   국제 아프가니스탄회의 독일이 제안

4.29/6.11   집권당 연금개혁 결정. 2040년까지 순차적으로 개혁 결의

5. 1   폴란드, 헝가리 등 동구권 10개 국가 유럽연합 가입으로 EU-25개 국가로 확대

5.23   호르스트 쾰러(H. Koehler) 제9대 연방대통령으로 선출됨.

5.28   연방의회 기후보호를 위한 국가추진계획 결정

7. 9   '아젠다 2010'의 마지막 복지개혁부분(하르츠-IV)인 노동시장과 사회보장 분야들이 장기간 논란 끝에 연방상원에서 가결됨. 시민들의 정치에 대한 실망감 심화

9.24   연방의회 대테러조치 강화를 위한 '영공안전법' 결정

10.29   모든 EU회원국 정부가 유럽헌법 제정을 위한 조약에 서명. 헌법 발효를 위해서는 모든 회원국의 조약 비준을 요하나 국민투표 등 절차상의 문제로 현재 진행형의 과제로 남음(리스본조약)

11.26   연방의회 인간줄기세포 연구 등 바이오기술개발 수용(유럽연합 기준)

12.13   '연방제개혁위원회' 헌법개혁안 합의 실패

2005 : 승패 없는 선거와 대연정

1. 1   하르츠-IV법(Hartz-IV 실업수당 2차조정) 발효

1.26   연방헌법재판소 대학수업료 징수금지는 위헌임을 결정.

3.17   여야합의로 기본법 개헌을 위한 연방제개혁 재추진을 결의

5. 22   노르트라인-베스트팔렌 주의회 선거에서 권력 교체(사민당 집권연장 실패)로 사민당 정치노선에 적신호 켜짐

7. 1   슈뢰더 수상 연방의회에 신임투표 요청결과 불신임 받음. 연방대통령에

9.18	제16대 연방의회 선거. 기민-기사당 근소한 차 승리로 정권교체가 이루어 짐(10.18 제16대 연방의회 개원)
10. 3	연방정부 독일통일의 날을 기념하여 통일15년과 지속적 동독재건 강조
11.22	동독 출신의 안겔라 메르켈(A. Merkel), 독일 최초의 여성 수상으로 선출됨. 기민/기사당-사민당간의 대연정 구성
12. 9	니더작센 주의회 전국 최초로 대학생에 대한 수업료징수법 의결

의한 연방의회 해산과 총선 실시 결정(7.21). 연방의회 9.18일 선거결정에 연방헌법재판소 승인(8.25)

2006 : 최소의 연방제적 공통분모

3. 6	여야 연방제개혁을 내용으로 한 개헌안 합의
4. 7	전후 최대의 연방정보처(BND) 스캔들로 연방의회 조사위원회 구성
5. 5	연방과 주 내무장관 연석회의에서 외국인정책 및 다민족간 통합정책의 강화를 제안
5.15-6.2	개헌안(연방제개혁) 연속공청회 개최
5.19/6.16	연방의회/연방상원 부가가치세 개혁 결정(16% → 19%로 상향)
6.9-7.9	독일월드컵 대회(이탈리아 우승)
6.30	전후최대규모의 개헌 단행. 연방의회 독일기본법(GG) 개헌안 결의. 핵심 내용인 연방제개혁으로 '새로운 연방-주관계 질서(신 정부간관계론)' 결의. 유럽통합을 지향하고 독일식 연방주의 합리화를 위한 새로운 연방제 개혁은 연방상원 결정(7.7)을 거쳐 9.1일 발효됨
7.14	메르켈 연방수상 지도하에 외국인정책 및 통합정책에 대한 원탁회의 개최
12. 1	연방의회 '반테러보강법' 의결(2007.1.11 발효)
12.15	양원이 함께 연방과 주의 새로운 역할관계, 연방-주 간 재정관계 합리화 결의

2007 : 기후의 역습

1. 1	루마니아, 불가리아 가입으로 현 EU-27개 국가체제 정립
2.2/2.16	양원에 의해 논란이 있었던 건강보험개혁 4.1일 시행 결정
3.8-9	독일주최 EU 정상회의에서 기후보호와 공동에너지정책 만장일치 합의
4. 1	사회보장법(건강보험) 개정안 발효
4. 26	"기후아젠다 2020(Klimaagenda 2020)" 선언. 연방환경장관 2020년까지의 구체적인 기후보호프로그램 발표(8개항 집중계획)
6.6-8	발트해의 하일리겐담에서 G8 정상회담 개최

6.14/7.6   연방의회와 연방상원 이민정책과 통합정책 개혁안 결의
7.24   연방철도공사의 부분적 민영화 승인(연방정부)
10. 9   바이에른 슈토이버(E. Stoiber) 사퇴 후 벡슈타인(G. Beckstein)을
            신임 총리로 선출
10.24   바이마르의 전통, 안나 아말리아(A. Amalia) 도서관 화재 3년 만에 재개관

2008 : 트렌드 변화?

1. 1   베를린, 하노버, 쾰른(도르트문트 일부 포함)
            제1차 '환경존(Umweltzone)' 도시 선언
1.27   헷센 주의회 선거. 사민당은 선거승리에도 불구하고 좌파정당의 거부로
            집권 실패. 벡(K. Beck) 당대표 사퇴 등 사민당은 당 안팎으로부터의
            위기에 직면함
2.14   경제범죄 척결을 위한 리히텐슈타인 스캔들 수사 본격화. 조세피난처에
            대한 대규모 수사 진행
2.24   함부르크 주 선거결과 최초의 기민당-녹색당 연정 출범
4. 7   미국발 재정금융위기의 여파로 독일금융권 혼란
4.24/5.23   연방의회와 연방상원 유럽연합 개혁조약 비준
6. 4   국내안전을 위한 연방범죄수사국법(BKA-Gesetz)의 보완개정
6.18   연방정부 제2차 '기후보호패키지(Klimaschutzpaket)' 제안
7. 4   연방의회(2007.12.6)에 이어 연방상원에서 기후보호패키지 가결

2009 : "독일연방공화국 60년"

1.27   헷센 주의회 선거
5.23   독일연방공화국 60주년 기념일
5.23   호르스트 쾰러(H. Koehler) 연방대통령 재선 성공
6. 7   유럽의회(EP) 선거. 27개 국가의 4억7천만 명을 대표하는 총 785명
            (최대 독일 97명부터 최소 몰타 등의 6명까지) 유럽의원 선출
6. 7   바덴-뷔르템베르크, 메클렌부르크-포어폼머른, 라인란트-팔츠, 자알란트,
            튀링겐, 작센(일부), 작센-안할트(일부) 주들의 지방선거. 슈투트가르트
            구역선거(Regionalwahl)
8.30   자알란트, 작센, 튀링겐 주의회 선거. 노르트라인-베스트팔렌 주 지방선거
9.27   연방의회 선거(제17대 총선). 브란덴부르크 주의회 선거

색 인 |

편자 및 필자 소개 |

:: 심익섭(沈翊燮, Ik-Sup Shim), shim@dongguk.edu
　　현 | 동국대학교 사회과학대학 행정학과 교수
　　　독일국립슈파이어행정대학원(DHV-Speyer) 행정학 석사(1984) 및
　　　행정학 박사(1987), 동국대학교 행정학과 행정 학사(1979) 및 행정학 석사(1981)
　　　한국행정학회 상임이사, 한국정책학회 운영이사, 한국지방자치학회 부회장
　　　한국민주시민교육학회 회장, 한독사회과학회 회장, 한국독일학회 회장(현)
　　주요 논문 및 저서 | 『한국지방정부외교론』(오름, 2006)
　　　『한국민주시민교육론』(엠애드, 2005), 『독일지방정부론』(엠애드, 2004)
　　　『북한정부론』(백산, 2003), 『한국지방자치론』(삼영사, 2002)

:: 마르크 치멕(Marc Ziemek), kas@kaskorea.org
　　현 | 독일 콘라드-아데나워재단(KAS) 한국사무소 대표
　　　독일 본대학교(Univ. Bonn) 경제학부 졸업(경제학 석사)
　　　본대학교 ZEF연구소 연구원, 독일 테크니데이터·모자익소프트웨어·
　　　프라이스워터하우스 매니저, DIHK & SEQUA(인도네시아)·
　　　대우자동차(독일)·한독상공회의소(한국) 프로젝트 어시스턴트
　　주요 논문 및 저서 | 『북한이탈주민 리포트』(KAS, 2009)
　　　Korea, Germany and the European Union (KAS, 2007)

:: 김강식(金康植, Kang-Sik Kim), kskim@kau.ac.kr

　　현 | 한국항공대학교 경영학과 교수
　　　　독일 만하임대학교(Uni. Mannheim) 경영학부 경영학 박사(1990)
　　　　서울대학교 대학원 경영학과 경영학 석사(1984), 영남대학교 경영학과 경영 학사
　　　　(1981), 서울지방노동위원회 공익위원, 독일 자유베를린대학교 객원 교수
　　　　한국인사관리학회 부회장, 한독경상학회 편집위원장, BMW 학술상 수상(2007)
　　主要 논문 및 저서 | 『인적자원관리』(삼영사, 2006), 『한국의 노사관계』(박영사, 2005)
　　　　『북한의 인적자원과 노동』(서울대학교출판부, 2003)
　　　　『항공운송산업의 노사관계』(중앙경제, 2003)

:: 김기은(金奇垠, Gi Eun Kim), gkeun@skuniv.ac.kr

　　현 | 서경대학교 이공대학 생물공학과 교수
　　　　독일 베를린공과대학교(TU Berlin) 공학 석사(Diplom Ing. 1984) 및
　　　　공학박사(Dr. Ing. 1988), 고려대학교 생물공학과 졸업(1980)
　　　　한국미생물학회·한국여성공학기술인협회·환경통계정보학회·
　　　　한독과학기술자협회 이사, 베를린 막스플랑크연구소 연구원, 강원대 연구교수
　　主要 논문 및 저서 | 『생명과학』(지코사이언스, 2009), 『살아있는 유전자』(북스힐, 2007)
　　　　『지구환경과학』(북스힐, 2006), 『식물미생물학』(북스힐, 2004)
　　　　『환경과 인간』(동화기술, 2000)

:: 변학수(卞學洙, Hak-Su Byun), hsbyun@knu.ac.kr

　　현 | 경북대학교 사범대학 독어교육과 교수
　　　　독일 슈투트가르트대학교(Uni. Stuttgart) 문학/철학 석사 및 문학 박사(Dr.phil.)
　　　　경북대학교 사범대학 독어교육과 졸업
　　　　교육부 학술연구지원사업 학술연구심사평가위원(1999-2000)
　　　　BK 21사업 문학치료사업팀장(2007-2008)
　　主要 논문 및 저서 | 『문학치료』(학지사, 2007), 『프로이트 프리즘』(책세상, 2004)
　　　　『문화로 읽는 영화의 즐거움』(경북대출판부, 2004)
　　　　『문학적 기억의 탄생』(열린책들, 2008)

::안병직(安秉稷, Byung-Jik Ahn), ahnbj@snu.ac.kr

현 | 서울대학교 인문대학 서양사학과 교수
독일 빌레펠트대학교(Uni. Bielefeld) 역사철학부 졸업(박사 1991년)
서울대학교 인문대학 서양사 학과 졸업(1981), 서울대학교 대학원 졸업(석사 1983)
콘라트 아데나워 재단 장학생(1986-1991년), 서울대학교 인문대학 교무부학장(2004-
2006년), 한국독일사학회 회장(현)
주요 논문 및 저서 | 『세계의 과거사 청산』(푸른역사, 2005)
『오늘의 역사학』(한겨레신문사, 1998)
『유럽의 산업화와 노동계급』(까치사, 1997)

::이승철(李承喆, Seung-Cheol Yi), scyi@hnu.kr

현 | 한남대학교 사회과학대학 행정학과 교수
독일 콘스탄츠대학교(Uni. Konstanz) 행정학과 박사(Dr. rer. soc)
중앙대학교 법과대학 행정학과 및 동 대학원 행정학과 졸업(행정학 석사)
교육인적자원부 국립대학 발전계획 평가위원회, 행정자치부 지방자치단체 혁신과제
심의위원회, 병무청 자체평가 심의위원회, 대전광역시 및 충청남도 자문위원
주요 논문 및 저서 | 『유럽공동체론』(문성, 1990), 『현대행정론』(한남대, 1994)
『유럽연합의 현황과 전망』(집문당, 1996), 『지방재정론』(글누리, 2009 개정)
『지방자치행정론』(한남대, 2000)

::이우균(李祐均, Woo-Kyun Lee), leewk@korea.ac.kr

현 | 고려대학교 생명환경과학대학 환경생태공학부 교수
독일 괴팅겐대학교(Uni. Goettingen) 임학 박사
고려대학교 농과대학 임학과 학사, 고려대학교 농과대학 임학과 석사
고려대학교 환경 GIS/RS센터장, 서울특별시 도시공원 위원회 위원
한국임학회 이사, 한국GIS학회 부회장, 한국원격탐사학회 이사
주요 논문 및 저서 | "공간통계와 GIS를 이용한 소나무림과 참나무류림의 분포패턴"
"기온 및 강수량의 시공간 변화예측 및 변이성"
"산림에 대한 기후변화 영향평가 모형의 국내 적용성 분석"

:: 이원우(李元雨, Won-Woo Lee), lww@snu.ac.kr

    현 | 서울대학교 법과대학/법학전문대학원 교수

      독일 함부르크대학교(Uni. Hamburg) 법학 박사

      서울대학교 법과대학(법학사), 서울대학교 대학원(법학 석사)

      육군사관학교 법학과 전임 강사, 독일 함부르크대학교 경제법연구소 객원 연구원

      한림대학교 법학부 조교수, 한양대학교 법과대학 부교수

    주요 논문 및 저서 | *Privatisierung als Rechtsproblem*(1997)

      『방송통신법연구』 I, II, III, IV, V(2008), 『식품안전법연구 I』(2008)

      "경제규제와 공익", "규제완화와 규제개혁"

:: 이장희(李長熙, Jang-Hie Lee), asri@hanafos.com

    현 | 한국외국어대학교 법학과 교수

      독일 키일대학교(Uni. Kiel) 법학 박사

      서울대학교 법과대학 법학 석사, 고려대학교 법과대학 졸업

      대한국제법학회회장, 세계국제법협회(ILA) 한국 본부회장, 국제상설중재재판소(PCA)

      재판관(헤이그 소재), 한국외국어대 대외부총장, 대한적십자사 인도법자문위원장

      민족화해범국민협의회 상임의장, 제2차 남북정상회담(2007) 자문위원

    주요 논문 및 저서 | 『나는야, 통일 1세대』(아사연, 2001)

      『통일교육활성화를 위한 과제와 정책방안』(아사연, 2003)

:: 최병규(崔秉珪, Byeong Gyu Choi), choeb@konkuk.ac.kr

    현 | 건국대학교 법학전문대학원 교수

      독일 프랑크푸르트대학교(Uni. Frankfurt) 법학 박사

      고려대학교 법과대학 졸업, 고려대학교 대학원 법학 석사

      고려대학교 법학연구원 전임 연구원, 사법시험·행정고등고시·변리사 시험위원

      금융감독원 금융분쟁조정 전문위원, 법무부 상법개정위원, 국립한경대학교 교수

    주요 논문 및 저서 | 『상법총칙·상행위법』(공저, 박영사, 2008)

      『회사법』(공저, 박영사, 2009), 『어음·수표법』(공저, 박영사, 2009)

      『보험·해상법』(공저, 박영사, 2008)

독일연방공화국 60년

1949~2009 분단국가에서 민주통일국가로

인 쇄: 2009년 8월 19일
발 행: 2009년 8월 25일

공편자: 심익섭, M. 치멕
발행인: 부성옥
발행처: 도서출판 오름
등록번호: 제2-1548호 (1993. 5. 11)

서울특별시 서초구 서초동 1420-6
전 화: (02) 585-9122, 9123 / 팩 스: (02) 584-7952
E-mail: oruem@oruem.co.kr
URL: http://www.oruem.co.kr

ISBN 978-89-7778-320-1   93340   정가 22,000원

* 잘못된 책은 교환해 드립니다.